Wissenschaftliche Untersuchungen
zum Neuen Testament · 2. Reihe

Herausgegeben von
Martin Hengel und Otfried Hofius

89

Die Verkündigung der Gottesherrschaft

Exegetische Studien zum lukanischen
Verständnis von βασιλεία τοῦ θεοῦ

von

Alexander Prieur

J.C.B. Mohr (Paul Siebeck) Tübingen

Die Deutsche Bibliothek – CIP-Einheitsaufnahme

Prieur, Alexander:
Die Verkündigung der Gottesherrschaft: exegetische Studien zum lukanischen Verständnis von basileia tu theu / von Alexander Prieur.
– Tübingen: Mohr, 1996
 (Wissenschaftliche Untersuchungen zum Neuen Testament: Reihe 2; 89)
 ISBN 3-16-146574-1
NE: Wissenschaftliche Untersuchungen zum Neuen Testament / 02

© 1996 J.C.B. Mohr (Paul Siebeck) Tübingen.

Das Werk einschließlich aller seiner Teile ist urheberrechtlich geschützt. Jede Verwertung außerhalb der engen Grenzen des Urheberrechtsgesetzes ist ohne Zustimmung des Verlags unzulässig und strafbar. Das gilt insbesondere für Vervielfältigungen, Übersetzungen, Mikroverfilmungen und die Einspeicherung und Verarbeitung in elektronischen Systemen.

Das Buch wurde von Gulde-Druck in Tübingen auf alterungsbeständiges Werkdruckpapier der Papierfabrik Niefern gedruckt und von der Großbuchbinderei Heinr. Koch in Tübingen gebunden.

ISSN 0340-9570

Vorwort

Die vorliegende Arbeit wurde im WS 1992/93 bei der Evangelisch-theologischen Fakultät der Eberhard-Karls-Universität zu Tübingen als Dissertation eingereicht. Sie ist für den Druck nur geringfügig überarbeitet worden. Obwohl eine Kette widriger Umstände dazu führte, daß die Arbeit erst jetzt publiziert werden konnte, war ich leider nicht mehr in der Lage, die seit ihrem Abschluß erschienene Literatur einzuarbeiten. Da die Untersuchung aber nach wie vor eine wesentliche Lücke der Lukasforschung füllt, wird sie hoffentlich dennoch interessierte Leser finden.

Zu danken habe ich meinem neutestamentlichen Lehrer, Prof. Dr. Gert Jeremias, der die vorliegende Arbeit angeregt und kritisch begleitet hat, sowie dem Korreferenten, Prof. Dr. Otfried Hofius, dem ich einige wichtige Hinweise verdanke. Ihm wie auch Prof. Dr. Martin Hengel gilt ferner mein Dank für die Aufnahme der Arbeit in die zweite Reihe der Wissenschaftlichen Untersuchungen zum Neuen Testament.

Rauschenberg, im August 1996   Alexander Prieur

Inhaltsverzeichnis

1. Kapitel: Einleitung 1
   1. Die spezifisch lukanische Verwendung von βασιλεία τοῦ θεοῦ 1
   2. Zur Interpretation des Befundes in der Lukasforschung 9
   3. Zur Wahl des Ausgangspunktes dieser Untersuchung 18

2. Kapitel: Die Verkündigung der βασιλεία τοῦ θεοῦ nach der Apostelgeschichte 20
   1. Der Inhalt der Summarien mit der Verbindung von verbum dicendi und βασιλεία τοῦ θεοῦ 20

      1.1 Apg 28,23.31 im Kontext von Apg 28,17-31 20
         1) Einleitung 20
         2) VV 17-22: Erstes Zusammentreffen des Paulus mit den Juden Roms 23
         Exkurs: Die "Hoffnung Israels" 31
         3) V23: Die paulinische Basileiaverkündigung vor Juden 41
         Exkurs: μάρτυς im lukanischen Doppelwerk 50
         4) VV 24-28: Die Verstockung der ungläubigen Juden und das Heil für die Heiden 65
         5) VV 30f: Die paulinische Basileiaverkündigung vor Heiden 73

      1.2 Apg 1,3 im Kontext von Apg 1,1-8 84
         1) Einleitung 84
         2) VV 1-2: Das Prooemium 86
         3) V3: Summarium über die Erscheinungen des Auferstandenen und sein Reden über die βασιλεία τοῦ θεοῦ 89
         4) VV 4-5: Die Verheißung des Geistes 95
         Exkurs: Die Bedeutung Jerusalems im lukanischen Doppelwerk 96
         5) VV 6-8: Die Frage nach dem Zeitpunkt der Wiederherstellung der Basileia für Israel und die Antwort Jesu 101
         6) Zusammenfassung und Folgerungen 115

2. Die Funktion der Summarien mit der Verbindung von verbum dicendi und βασιλεία τοῦ θεοῦ 118

2.1 Die Abschiedsrede des Paulus in Milet (Apg 20,17-35) 118
    1) Einleitung 118
    2) Gliederung 121
    3) Zur Gattung der Abschiedsrede bzw. des literarischen Testaments 122
    4) Das Auftreten von Irrlehrern und die Verkündigung des Paulus 129
        a) Die Irrlehrer 129
        b) Die paulinische Verkündigung nach den VV 18b-24 132
        c) Die Selbstentlastung des Paulus in den VV 25-27 137
        d) Zukunftsansage und Paränese (VV 28-31) 139
        e) Der Abschiedssegen (V32) 141
        f) V35b: "...und der Worte des Herrn Jesus zu gedenken" 143
    5) Ergebnis und Folgerungen: 144

2.2 Die Funktion von Apg 19,8 im Kontext von Apg 18,19-19,12 146
    1) Der Aufenthalt des Paulus in Ephesus am Ende seiner zweiten Missionsreise 146
    2) Apollos und seine Unterweisung durch Priszilla und Aquila 147
    3) Die ungetauften "Jünger" in Ephesus 150
    4) Die paulinische Verkündigung der βασιλεία τοῦ θεοῦ in Ephesus 152
    5) Der Zusammenhang von Basileiaverkündigung und göttlichen Machterweisen 153

2.3 Die Funktion von Apg 8,12 im Kontext von Apg 8,4-40 ... 154

3. Zusammenfassung 160

3. Kapitel: Die Verkündigung der βασιλεία τοῦ θεοῦ nach dem Lukasevangelium 165
    Vorbemerkung 165
    1. Lk 4,43: Die Basileiaverkündigung als Grund der Sendung Jesu 167
        1) Die lukanische Neuinterpretation von Mk 1,35-39 in Lk 4,42-44 167

2) Zum "Wesen" der βασιλεία τοῦ θεοῦ 174
3) Zum Inhalt der Verkündigung der βασιλεία τοῦ θεοῦ 175
4) Zur Wirksamkeit der Verkündigung der βασιλεία τοῦ θεοῦ 177

2. Lk 8,1-3: Jesu Ausführung seines Sendungsauftrages und die Ohrenzeugen seiner Basileiaverkündigung 181

3. Die Gabe der Erkenntnis der Geheimnisse der βασιλεία τοῦ θεοῦ (Lk 8,10) und ihre Bedeutung nach der Gleichnisrede Lk 8,4-18 188
    1) Literarkritische und redaktionsgeschichtliche Überlegungen zu Lk 8,4-8.11-15 189
    2) Der Kontextbezug von V10, sein Verhältnis zu Mk 4,11f bzw. Mt 13,11 und das lukanische Verständnis des Verses 193
    3) Zum Verständnis der Gleichnisdeutung Lk 8,11-15 auf dem Hintergrund der Aussage von V10 197
    4) Zum lukanischen Verständnis von Lk 8,16-18 200
    5) Ergebnis 202

4. Die Aussendung der Zwölf zur Verkündigung der βασιλεία τοῦ θεοῦ (Lk 9,2) 203

5. Der Auftrag an den Nachfolger, die βασιλεία τοῦ θεοῦ zu verkündigen (Lk 9,60b) 208

6. Lk 10,1-12: Die Aussendung der 72 zur Verkündigung der Nähe der βασιλεία τοῦ θεοῦ 211
    Exkurs: 70 oder 72? 212
    1) Literarkritische Vorbemerkungen: 221
    2) Das lukanische Verständnis der Aussagen ἤγγικεν (ἐφ' ὑμᾶς) ἡ βασιλεία τοῦ θεοῦ in VV 9.11 225

7. Lk 16,16: Johannes der Täufer und die Verkündigung der βασιλεία τοῦ θεοῦ 228
    1) Der Kontextbezug von Lk 16,16 228
    2) Tradition und Redaktion in Lk 16,16 233
    3) Zum lukanischen Verständnis von Lk 16,16 234

8. Lk 18,29: Das Verlassen von Familie und Besitz um der βασιλεία τοῦ θεοῦ willen 241

9. Zusammenfassung 244

4. Kapitel: Die Frage nach dem Zeitpunkt des Kommens der βασιλεία τοῦ θεοῦ und die Antwort Jesu 246
    Einleitung 246
    1. Lk 17,20f: Wann kommt die βασιλεία τοῦ θεοῦ? 247
        1) Abgrenzung vom und Einordnung in den Kontext 247

	2) Tradition und Redaktion	249
	3) Das lukanische Verständnis der VV 20f.	252
2.	Lk 19,11-27: Die Parabel von den anvertrauten Minen als Korrektur einer falschen Basileiaerwartung	261
	1) Das literarkritische Problem	262
	2) V11 als hermeneutischer Schlüssel für das lukanische Verständnis der Parabel von den anvertrauten Minen	265
	3) Das lukanische Verständnis der Parabel Lk 19,12-27	271
3.	Lk 21: Die Frage nach dem Zeitpunkt der Tempelzerstörung (V7) und die Nähe der βασιλεία τοῦ θεοῦ (V31)	273
4.	Zusammenfassung	279

5. Kapitel: Ergebnis 281

Literaturverzeichnis 284
    1   Abkürzungsverzeichnis 284
    2. Quellen 285
    3. Hilfsmittel und Sekundärliteratur 288

Bibelstellenregister 323
    1. AT 323
    2. NT 326

1. Kapitel

Einleitung

1. Die spezifisch lukanische Verwendung von βασιλεία τοῦ θεοῦ

"Daß 'die Predigt Jesu vom Reiche Gottes' das Zentrum seiner Verkündigung und daß der Begriff 'Reich Gottes' eschatologisch zu verstehen ist - diese Erkenntnis ist durch J.Weiß und A.Schweitzer Allgemeingut der theologischen Forschung geworden"[1]. Dieses Resümee *Vielhauers* hat bis heute Gültigkeit[2]. Ferner gehört es zum Allgemeingut der ntl. Wissenschaft, daß in der nachösterlichen Gemeinde eine Themenverschiebung stattgefunden hat, insofern als dort die Person Jesu, sein Tod, seine Auferstehung und seine zu erwartende Parusie zur Mitte des Kerygmas geworden sind. Dem korrespondiert, daß der Gebrauch des Terminus βασιλεία τοῦ θεοῦ außerhalb der synoptischen Evangelien im Vergleich mit diesen relativ schwach bezeugt ist[3].

Die gleiche Beobachtung trifft auch für das lukanische Doppelwerk zu. Während im dritten Evangelium 35 mal der Begriff βασιλεία τοῦ θεοῦ begegnet[4], finden sich unter Einschluß von Apg 1,6 (ἡ βασιλεία τῷ Ἰσραήλ) in den Acta apostolorum nur acht Belege[5]. Zudem steht in fast allen Reden der Apostelgeschichte die Person Christi im Mittelpunkt, während das Stichwort βασιλεία τοῦ θεοῦ hier völlig fehlt. Von der Anzahl der

---

[1] *Vielhauer*, Gottesreich 55.
[2] Vgl. zuletzt *Lindemann*, Herrschaft Gottes 201; *Merkel*, Gottesherrschaft 119.
[3] Bei den Synoptikern findet sich βασιλεία im Sinne von βασιλεία τοῦ θεοῦ oder βασιλεία τῶν οὐρανῶν 97 mal (48 mal bei Matthäus; 14 mal bei Markus; 35 mal bei Lukas). Im sonstigen NT lassen sich ca. 25 Belege zählen.
[4] 4,43; 6,20; 7,28; 8,1.10; 9,2.11.27.60.62; 10,9.11; 11,2.20; 12,31.32; 13,18.20. 28.29; 14,15; 16,16; 17,20a.b.21; 18,16.17.24.25.29; 19,11; 21,31; 22,16.18; 23,51. Hinzu kommen noch vier Stellen, die von der Basileia Jesu reden: 1,33; 22,29f; 23,42.
[5] Apg 1,3.6; 8,12; 14,22; 19,8; 20,25; 28,23.31.

Belegstellen her zeigt sich beim auctor ad Theophilum demnach die gleiche Tendenz wie im übrigen NT: Das Thema der βασιλεία τοῦ θεοῦ verliert gegenüber der Verkündigung Jesu für die nachösterliche Gemeinde an Bedeutung[6].

Zu einem anderen Ergebnis gelangt man freilich, wenn man auf den literarischen Ort blickt, an dem der Begriff βασιλεία (τοῦ θεοῦ) innerhalb der Apostelgeschichte begegnet. Der Terminus findet sich nämlich an den Zentralkoordinaten der Acta: zweimal im einleitenden Abschnitt (1,3.6) und zweimal in der Abschlußerzählung (28,23.31), bzw. noch präziser: im ersten Satz nach dem obligatorischen Rückblick auf den vorausgegangenen ersten Band und im letzten Satz der Apostelgeschichte, also betont am Anfang und am Ende des Buches. Dieser Befund wird bei einem so durchdacht gestaltenden Schriftsteller wie dem auctor ad Theophilum kein Zufall sein. Berücksichtigt man weiter, daß die Wendung im Zusammenhang der Nachrichten über die erste christliche Verkündigung außerhalb Jerusalems belegt ist (8,12), daß sie ferner die öffentliche paulinische Verkündigung in der Weltstadt Ephesus zu Beginn der sog. dritten Missionsreise summarisch zusammenfaßt (19,8) und endlich in der für die Apostelgeschichte so bedeutenden Abschiedsrede des Paulus in Milet[7] begegnet (20,25), dann legt schon der literarische Ort innerhalb der Apostelgeschichte trotz der geringen Anzahl der Belege die Vermutung nahe, daß das Stichwort βασιλεία τοῦ θεοῦ für den auctor ad Theophilum von nicht geringer Bedeutung ist[8]. Letzteres wird durch einen Blick auf Lk 4,43 bestätigt, wo Lukas sehr bewußt im Unterschied zu seiner Markusvorlage (1,38) die Verkündigung der βασιλεία τοῦ θεοῦ zum alleinigen Grund der Sendung Jesu erhebt.

Es ist von daher nicht verwunderlich, daß in der exegetischen Forschung immer wieder die Forderung nach einer ausführlicheren Untersuchung zum lukanischen Verständnis von βασιλεία τοῦ θεοῦ erhoben worden ist. Dies ist m.W. zum ersten Mal in der 1948 erschienenen Arbeit von *B.Noack* "Das Gottesreich bei Lukas. Eine Studie zu Luk.17,20-24" der Fall. Gegen Ende seiner hauptsächlich auf Lk 17,20f konzentrierten Abhandlung schreibt

---

[6] *Schnackenburg*, Gottes Herrschaft 51, spricht von einem "Nachhall der Redeweise Jesu". Entsprechend sind für ihn die Belege der Apostelgeschichte "offensichtlich Nachklang von Lk" (ebd. Anm. 4). An ihnen falle "eine gewisse Farbblässe auf" (a.a.O. 183).

[7] Vgl. hierzu *Dibelius*, Aufsätze 133-136.

[8] Ähnliche Beobachtungen bei *Weiser*, Apg II 526f; *ders.*, Reich Gottes 127f. 130-132.

Noack: "Eine gründlichere Untersuchung über das Reich Gottes in den Schriften des Lukas wäre wünschenswert"[9]. Den Wunsch erfüllte teilweise *H.Conzelmann* 1954 im Rahmen einer größeren Untersuchung zur lukanischen Theologie[10], die richtungsweisend für alle weitere Arbeit am Thema wurde, und - weniger ausführlich - 1958 *R.Schnackenburg* im Kontext einer Untersuchung über βασιλεία τοῦ θεοῦ im NT[11]. Doch hat *Schnackenburg* in der vierten Auflage seines Werkes von 1965 seine Äußerungen über das lukanische Verständnis von βασιλεία τοῦ θεοῦ als "Ansätze, die noch weiter verfolgt, geprüft und ausgebaut werden müßten", bezeichnet[12]. So konnte *R.Pesch* 1970 bezüglich der oben zitierten Äußerung von *Noack* zustimmend als von "einer noch gültigen Bemerkung" reden[13]. Wenige Jahre später erschienen ungefähr zeitgleich zwei Aufsätze zum Thema: 1974 äußerte sich *M.Völkel* "Zur Deutung des ´Reiches Gottes´ bei Lukas" und ein Jahr darauf veröffentlichte *O.Merk* seine Einsichten über "Das Reich Gottes in den lukanischen Schriften". Daß mit diesen beiden Veröffentlichungen in keiner Weise das Thema ausreichend behandelt wurde, hat *Merk* selbst durch die Charakterisierung seines Aufsatzes als "Skizze einer umfangreicheren Untersuchung"[14] kenntlich gemacht. Doch wurde eine deratige Untersuchung (bisher) nicht publiziert. So mußte *G.Schneider* im Jahre 1980 weiterhin konstatieren, daß "eine umfassende Untersuchung über den

---

[9] Gottesreich, 45 Anm. 86.
[10] Die Mitte der Zeit. Studien zur Theologie des Lukas.
[11] Gottes Herrschaft und Reich. Eine biblisch-theologische Studie.
[12] Gottes Herrschaft 261.
[13] Anfang 24 Anm. 67. Zwar gab es zu diesem Zeitpunkt schon zwei Dissertationen zu βασιλεία τοῦ θεοῦ in der Apostelgeschichte bzw. im Lukasevangelium: 1. *Wieser, T.*; Kingdom and Church in Luke-Acts. Diss. masch. (Microfilm), New York 1962; 2. *Johnsonn, E.E.*; A Study of ΒΑΣΙΛΕΙΑ ΤΟΥ ΘΕΟΥ in the Gospel of Luke, diss., Dallas 1968. Doch während die erste Arbeit weniger exegetisch orientiert als vielmehr von der reformierten Dogmatik her geprägt ist, war mir - wie wohl auch für *Pesch* - die zweite Arbeit nicht zugänglich; vgl. hierzu aber *Carroll*, Response 81 Anm. 167. - Die These von *Wiesers* Arbeit lautet knapp zusammengefaßt: Für das Evangelium steht das Kommen der Basileia noch bevor. Mit der Erhöhung Jesu hat sie sich etabliert. Mit der Apostelgeschichte will Lukas ihre Gegenwart und ihre Macht, die sich in der Heils- und Weltgeschichte manifestiert, bezeugen. In der universalen Mission folgt die Kirche ihrem Herrn, der wie die Basileia vom Himmel her gegenwärtig ist, auf seinem Weg durch die Welt.
[14] Reich Gottes 201 Anm. *.

Begriff der βασιλεία im lukanischen Werk zur Zeit noch fehlt"[15]. Auch wenn seitdem zwei weitere kürzere Aufsätze erschienen sind[16], ist die Forschungslücke damit keineswegs gefüllt. Das gilt trotz der Tatsache, daß seit Beginn der redaktionsgeschichtlichen Evangelienforschung nahezu jede über ein zentrales Einzelthema oder über die lukanische Theologie insgesamt erscheinende Arbeit mehr oder weniger lange Ausführungen über βασιλεία τοῦ θεοῦ bei Lukas enthält. Doch pflegen diese meist über die Erhebung und Beschreibung des Befundes sowie dessen Bewertungen durch *Conzelmann*, *Völkel* oder *Merk* kaum hinauszukommen. Von einem auch nur annähernden Konsens kann dabei jedoch keine Rede sein. Die Bearbeitung des Themas der vorliegenden Untersuchung erweist sich von daher als ein Desiderat der Lukasforschung und bedarf deshalb keiner weiteren Rechtfertigung[17].

Freilich kann unsere Arbeit auf eine Reihe von Vorarbeiten und Thesen zum Thema zurückgreifen, wobei aber z.T. eine kritische Auseinandersetzung dringend nötig erscheint. Was zunächst die acht Belege von βασιλεία τοῦ θεοῦ in der Apostelgeschichte betrifft, so ist in der exegetischen Forschung längst erkannt worden, daß mindestens sechs von ihnen nicht auf Tradition basieren, sondern der lukanischen Feder entstammen, da sie βασιλεία τοῦ θεοῦ mit einem verbum dicendi verbinden (Apg 1,3; 8,12; 19,8; 20,25; 28,23.31). Derartige Verbindungen finden sich im NT nur im lukanischen Schrifttum, und zwar neben den genannten Belegen nur noch sechsmal im Evangelium: Lk 4,43 (diff. Mk 1,38); Lk 8,1; 9,2 (diff. Mk 6,7); Lk 9,11 (diff. Mk 6,34); Lk 9,60 (diff. Mt 8,22); Lk 16,16 (diff. Mt 11,12). Dabei kann das verbum dicendi durchaus variieren und wie in Lk 8,1 und Apg 19,8 doppelt auftreten. Viermal finden sich κηρύσσειν (Lk 8,1; 9,2; Apg 20,25; 28,31) und εὐαγγελίζεσθαι (Lk 4,43; 8,1; 16,16; Apg 8,12). Ansonsten treffen wir je einmal auf sechs weitere Verben: λαλεῖν (Lk 9,11); διαγγέλλειν (Lk 9,60); λέγειν (Apg 1,3); διαλέγειν (19,8); πείθειν (19,8); διαμαρτύρεσθαι (28,23). Für vier dieser zwölf Stellen ist zudem charakteristisch, daß sie βασιλεία τοῦ θεοῦ noch mit der Prä-

---

[15] Apg I 193.
[16] 1987: *R.F. O'Toole*, The Kingdom of God in Luke-Acts; 1991: *A. Weiser*, "Reich Gottes" in der Apostelgeschichte.
[17] Wenn hingegen etwa *Michel*, Abschiedsrede 87, zu κηρύσσων τὴν βασιλείαν in Apg 20,25 schreibt: "Der Ausdruck ist kaum problematisch", zeugt das nur von seinem mangelnden Problembewußtsein.

position περί (cum genitivo) verbinden (Lk 9,11; Apg 1,3; 8,12; 19,8), was im NT ebenfalls nur für das lukanische Doppelwerk bezeugt ist. Die Einfügungen in den Markusstoff bzw. die Differenzen zur von Matthäus gebotenen Q-Version wie das auf das lukanische Doppelwerk beschränkte Vorkommen der Verbindung von verbum dicendi mit βασιλεία τοῦ θεοῦ lassen an der lukanischen Autorschaft dieser Wendung deshalb keinen Zweifel aufkommen. Wir haben an diesen Stellen den spezifisch lukanischen Gebrauch von βασιλεία τοῦ θεοῦ vor uns[18]. Hier werden wir deshalb einzusetzen haben, wenn wir nach dem lukanischen Basileiaverständnis fragen.

Daneben gibt es jedoch noch eine weitere Besonderheit der lukanischen Verwendung von βασιλεία τοῦ θεοῦ. Schon vor Beginn der eigentlichen redaktionsgeschichtlichen Fragestellung in der ntl. Wissenschaft und vor der wohl zuerst von *H.Conzelmann* geäußerten Einsicht, daß die Verbindung von verbum dicendi und βασιλεία τοῦ θεοῦ spezifisch lukansich ist[19], hat *B.Noack* 1948 in seiner oben genannten Studie darauf aufmerksam gemacht, daß sich von Lk 17,20 über 19,11 bis zu Apg 1,6 ein von Lukas gestalteter Spannungsbogen bezüglich der Gegenwärtigkeit und der Zukünftigkeit der Basileia erstreckt[20]. Heute ist in der exegetischen Forschung weithin anerkannt, daß es sich bei der in Lk 17,20a; 19,11; 21,7 und Apg 1,6 im Hintergrund stehenden Frage nach dem Zeitpunkt des Kommens der βασιλεία τοῦ θεοῦ und ihrer Beantwortung um ein besonderes lukanisches Anliegen handelt, wenn auch das dahinterstehende Problem und der lukanische Lösungsversuch unterschiedlich eingeschätzt und bewertet werden. Der mit diesen vier Stellen gegebene Fragenkomplex muß also einen weiteren Schwerpunkt unserer Untersuchung des spezifisch lukanischen Verständnisses von βασιλεία τοῦ θεοῦ bilden.

Als auf Lukas zurückgehende und für ihn typische Verwendung von βασιλεία τοῦ θεοῦ können also die erwähnte Verbindung mit einem verbum dicendi und die Frage nach dem Zeitpunkt ihres Kommens angegeben werden. Die genannten Belege verteilen sich auf alle Bereiche des

---

[18] Von diesem Gebrauch zu unterscheiden ist die ähnlich klingende Wendung in 1.Clem 42,3: ἐξῆλθον εὐαγγελιζόμενοι τὴν βασιλείαν τοῦ θεοῦ μέλλειν ἔρχεσθαι.
[19] Vgl. *Conzelmann*, Mitte 33. 104 und passim.
[20] Vgl. *Noack*, Gottesreich 45-49.

Doppelwerkes: Markusstoff[21], sog. Q-Stoff[22], lukanisches Sondergut[23] und die Apostelgeschichte[24]. Ist damit schon der lukanische Anteil an den βασιλεία τοῦ θεοῦ - Belegen genannt oder lassen sich für seine Redaktionstätigkeit noch weitere Stellen namhaft machen?

Von den acht Versen der Apostelgeschichte mit βασιλεία (τοῦ θεοῦ) läßt sich nur Apg 14,22 nicht in eine der beiden Gruppen einordnen. Bei der Rückkehr von der ersten Missionsreise heißt es von Paulus und Barnabas: "Sie stärkten die Seelen der Jünger, ermahnten sie, im Glauben zu bleiben, und: 'Wir müssen durch viele Trübsale in die Königsherrschaft Gottes hineingehen'." Die hier begegnende Wendung εἰσέρχεσθαι εἰς τὴν βασιλείαν τοῦ θεοῦ ist auch anderweitig aus der synoptischen Tradition bekannt[25], also nicht spezifisch lukanisch. Die sich daraus ergebende Vermutung, daß Lukas hier auf Traditionsstoff zurückgreift[26], erhält durch Barn 7,11 eine Unterstützung, wo es in einem fiktiven Logion Jesu heißt: "So müssen (ὀφείλουσιν) diejenigen, die mich sehen und meine Basileia berühren wollen, mich als Betrübte (θλιβέντες) und Leidende empfangen." Da der Barnabasbrief das lukanische Doppelwerk nicht kennt, dürfte der Gedanke, daß der Eingang in die Basileia notwendig an viele Trübsale gebunden ist, nicht speziell auf Lukas zurückgehen[27], sondern der vorlukanischen Überlieferung entstammen. Apg 14,22 kann deshalb für unsere Frage nach dem lukanischen Verständnis von βασιλεία τοῦ θεοῦ unberücksichtigt bleiben[28].

Entstammt von den acht Belegen der Apostelgeschichte nur einer der Tradition, so sieht der Befund im dritten Evangelium anders aus. Was zunächst den Markusstoff bei Lukas betrifft[29], so begegnet hier βασιλεία

---

[21] Lk 4,43; 9,2.11; (21,7).
[22] Lk 9,60; 16,16.
[23] Lk 8,1; 17,20f; 19,11.
[24] Apg 1,3.6; 8,12; 19,8; 20,25; 28,23.31.
[25] Mk 9,47; 10,23-25 par.; Mt 5,20; 7,21; 18,3; vgl. auch Joh 3,5.
[26] Vgl. hierzu auch *Stählin*, Apg 196.
[27] So aber *Conzelmann*, Mitte 144 Anm. 4; 196; *ders.*, Apg 89. Ihm sind viele Exegeten gefolgt.
[28] Der traditionelle Charakter von Apg 14,22 legt sich erst recht nahe, wenn die Bemerkung *Vielhauers*, Benedictus 272 Anm. 86, zutreffen sollte, daß βασιλεία τοῦ θεοῦ an dieser Stelle eine andere Bedeutung hat als sonst in den Acta apostolorum.
[29] Ich zähle zum Markusstoff die Blöcke Lk 4,31-6,19 (= Mk 1,21-3,19); Lk 8,4-9,50 (= Mk 4,1-25; 3,31-35; 4,35-6,44; 8,27-9,40); Lk 18,15-43 (= Mk 10,13-52); Lk 19,23-

τοῦ θεοῦ elfmal: Lk 4,43; 8,10; 9,2.11.27; 18,16.17.24.25.29; 21,31. Auf Markus (15,43) geht wohl auch Lk 23,51 zurück[30]. Von diesen 12 Belegen hat Lukas siebenmal aus seiner Markusvorlage das Stichwort βασιλεία τοῦ θεοῦ übernommen: Lk 8,10 par. Mk 4,11/Mt 13,11 (!); Lk 9,27 par. Mk 9,1; Lk 18,16.17.24.25 par. Mk 10,14.15.23.25; Lk 23,51 par. Mk 15,43. Für das lukanische Verständnis von βασιλεία τοῦ θεοῦ sind hier vor allem 8,10 und 9,27 von Interesse, während die übrigen fünf Belege (Lk 18,16.17.24.25; 23,51) keine lukanische Akzentsetzung sichtbar werden lassen und deshalb in der vorliegenden Untersuchung nicht besprochen werden. Hingegen hat der dritte Evangelist in 4,43; 9,2.11; 18,29 und 21,31 den Terminus βασιλεία τοῦ θεοῦ erst in seine Markusvorlage eingefügt. Neben den ersten drei Stellen, die βασιλεία τοῦ θεοῦ mit einem verbum dicendi verbinden, bedürfen deshalb auch 18,29 und 21,31 einer eingehenderen Besprechung.

In dem nur Matthäus und Lukas gemeinsamen Spruchgut findet sich die Rede von der βασιλεία (τοῦ θεοῦ) zehnmal: Lk 6,20 (par. Mt 5,3); Lk 7,28 (par. Mt 11,11); Lk 10,9 (par. Mt 10,7); Lk 11,2 (par. Mt 6,10); Lk 11,20 (par. Mt 12,28); Lk 12,31 (par. Mt 6,33); Lk 13,18.20 (par. Mt 13,31.33); Lk 13,29 (par. Mt 8,11); Lk 16,16 (par. Mt 11,12). Daß der auctor ad Theophilum bei diesen Stellen eigene Akzente gesetzt hat, wird für Lk 16,16 allgemein anerkannt und bei Lk 10,9 rege diskutiert. Die übrigen acht Belege lassen keine theologisch beachtenswerte lukanische Redaktionsarbeit erkennen, so daß sie außerhalb der Überlegungen der vorliegenden Studie bleiben können.

Abgesehen von den genannten Stellen gehören die folgenden 13 Belege mit βασιλεία (τοῦ θεοῦ) zum sog. lukanischen Sondergut: 8,1; 9,60b.62; 10,11; 12,32; 13,28; 14,15; 17,20a.b.21; 19,11; 22,16.18. Da hier jeweils eine Parallele fehlt, ist der spekulativen Interpretation größerer Raum gegeben, so daß in der Sekundärliteratur schon wechselseitig alle genannten

---

22,13 (= Mk 11,1-14,16). Ob darüber hinaus noch weitere Verse von Markus abhängig sind, etwa in den Abschnitten 3,1-4,30 sowie 22,14-24,53, wird im Einzelfall zu prüfen sein, soll hier aber nicht vorausgesetzt werden.

[30] Nicht berücksichtigt hat Lukas aus seiner Markusvorlage Mk 1,15; 4,26; 9,47 und 12,34. Der Grund dafür liegt m.E. darin, daß der dritte Evangelist die dazugehörigen Perikopen aus Mk 1,14f; 4,26-29; 9,42-50 und 12,28-34 nicht übernommen hat, sei es wie im ersten und letzten Fall, weil er seiner Sonderüberlieferung folgt, oder einfach, weil ihm die theologischen Aussagen der ausgelassenen Verse suspekt waren.

Belege der lukanischen Redaktion zugeschrieben worden sind[31]. Falls dafür überhaupt Gründe angegeben werden, sind sie nur für wenige Stellen überzeugend. Kriterien für die Zuweisung an die Hand des dritten Evangelisten müssen jedoch aus dem Vergleich mit Markus und Matthäus und den hier erkennbaren lukanischen Intentionen sowie aus der Untersuchung der Apostelgeschichte gewonnen werden. Dann aber lassen sich mit aller Wahrscheinlichkeit 8,1; 9,60b; 17,20a; 19,11 der Hand des Lukas zuweisen, da sich an den ersten beiden Stellen die typisch lukanische Verbindung von verbum dicendi und βασιλεία τοῦ θεοῦ findet und an den beiden zuletzt genannten Stellen die auch im Hintergrund von Lk 21,7 und Apg 1,6 stehende Frage nach dem Zeitpunkt des Kommens der Gottesherrschaft begegnet. Für Lk 10,11 und 17,20b.21 wird das Problem der lukanischen Verfasserschaft ausführlicher untersucht und bei 9,62 kurz besprochen werden, während es bei 12,32; 13,28; 14,15 und 22,16.18 offen bleiben kann[32]. Am Ende dieser Studie sollte jedoch das lukanische Verständnis von βασιλεία τοῦ θεοῦ derart bestimmbar sein, daß entsprechend dem Konvergenzkriterium auch die mögliche lukanische Herkunft zweifelhafter Stellen beurteilt werden kann. Diese Arbeit wird aber in der vorliegenden Untersuchung nicht mehr geleistet werden.

---

[31] Vgl. *Merklein*, Gottesherrschaft 23f mit Anm. 47-66.
[32] Für 13,28; 14,15 und 22,16 sei dennoch ein Hinweis erlaubt: Hier begegnet wie in 7,28 und 13,29 der Ausdruck ἐν τῇ βασιλείᾳ τοῦ θεοῦ. An drei Stellen ist damit die Vorstellung des eschatologischen Mahles verbunden (13,29; 14,15; 22,16) und eine vierte Stelle (13,28) legt diese Vorstellung durch ihre Nähe zu 13,29 (par. Mt 8,11) nahe. Einzig Lk 7,28 (par. Mt 11,11) redet von ἐν τῇ βασιλείᾳ τοῦ θεοῦ in Verbindung mit einer künftigen Rangstellung. Wo sonst in der synoptischen Tradition der Ausdruck ἐν τῇ βασιλείᾳ τοῦ θεοῦ gebraucht wird, begegnen jeweils die gleichen Vorstellungen vom Mahl (Mk 14,25 par. Mt 26,29) oder von der Rangstellung (Mt 5,19 [2x]; 18,1.4 diff. Mk 9,34.36). Auch wenn letzteres matthäisch ist, so wird doch der Ausdruck ἐν τῇ βασιλείᾳ τοῦ θεοῦ und die damit verbundene Vorstellung vom eschatologischen Mahl der vorlukanischen Überlieferung entstammen.

2. Zur Interpretation des Befundes in der Lukasforschung[33]

a) Wenn nun im folgenden nach dem spezifisch lukanischen Verständnis von βασιλεία τοῦ θεοῦ gefragt werden soll, dann dürfte es methodisch angemessen sein, sich vor allem den Stellen zuzuwenden, in denen primär der Schriftsteller und Theologe Lukas am Werk ist. Das ist vor allem bei den *Verbindungen von verba dicendi mit* βασιλεία τοῦ θεοῦ der Fall. In der Forschung umstritten ist freilich, was der auctor ad Theophilum unter βασιλεία τοῦ θεοῦ als Inhalt der Verkündigung versteht.

Sieht man sich die zwölf Belege mit der Verbindung von verbum dicendi und βασιλεία τοῦ θεοῦ näher an, so fällt ihr *summarischer Charakter* auf. Es wird mit dieser Verbindung zusammengefaßt:

Lk 4,43: Der Grund für die gesamte Sendung Jesu
    8,1: Die Verkündigungstätigkeit Jesu in Stadt und Dorf
    9,2: Der Grund der Aussendung der Zwölf
    9,11: Die Verkündigung Jesu vor der Volksmenge in Bethsaida
    9,60: Die von Jesus geforderte Aufgabe eines Nachfolgers
    16,16: Das Charakteristische der Zeit seit Johannes dem Täufer
Apg 1,3: Die Verkündigung des Auferstandenen während der 40 Tage seines Erscheinens
    8,12: Die Predigt des Philippus in Samaria
    19,8: Die Predigttätigkeit des Paulus in Ephesus
    20,25: Die Predigttätigkeit des Paulus unter den Ephesern bzw. (vgl. 20,18) in der Asia
    28,23: Die Predigt des Paulus zu den Juden Roms
    28,31: Die Predigttätigkeit des Paulus während zweier Jahre in Rom

Beachtet man nun, welche gewichtigen Inhalte Lukas in den oben zusammengestellten Belegen zusammenfassen kann, dann wird es noch einmal recht wahrscheinlich, daß trotz des quantitativ geringen Vorkommens in der Apostelgeschichte ἡ βασιλεία τοῦ θεοῦ ein für Lukas bedeutender theologischer Terminus ist.

Die oben genannten Stellen machen aber noch ein weiteres evident: In Verbindung mit einem verbum dicendi oder gar mit der Präposition περί

---

[33] Die folgenden Ausführungen stellen keinen Forschungsüberblick dar und sind deshalb auch nicht auf Vollständigkeit hin angelegt. Sie wollen lediglich den Rahmen sichtbar machen, innerhalb dessen sich seit *Conzelmann* die Interpretationsmodelle bewegen.

(cum genitivo) gibt βασιλεία τοῦ θεοῦ den Inhalt der Predigt an. Damit hat sich die Verwendung des Terminus gegenüber der Verkündigung Jesu geändert. Hatte Jesus die Nähe der eschatologischen Gottesherrschaft angesagt (Mk 1,15: ἤγγικεν ἡ βασιλεία τοῦ θεοῦ), so wird in Verbindung mit einem Verb des Redens im lukanischen Schrifttum etwas über (περί) die βασιλεία τοῦ θεοῦ ausgesagt. Aus dieser Beobachtung hat *H. Conzelmann* in seinem für die Lukasforschung grundlegenden Werk "Die Mitte der Zeit" gefolgert: "Die Wendung εὐαγγελίζεσθαι τὴν βασιλείαν τοῦ θεοῦ ist die typisch Lukanische, enteschatologisierte Form der Reichsverkündigung, Ersatz der Urform ἤγγικεν"[34]. Diese "*Botschaft* vom Reich" sei "gegenwärtig"[35], während "das Reich Gottes, weit entfernt, vergeschichtlicht zu werden, in die metaphysische Ferne rückt"[36], "eine zukünftige Größe"[37] bzw. "überzeitlich-jenseitig"[38] sei. Diese Interpretation führte ihn zu dem in der exegetischen Wissenschaft bis heute weit verbreiteten Urteil, daß Lukas das "Wesen" der βασιλεία τοῦ θεοῦ "wichtiger ist als ihre Nähe"[39]. Die seit *Conzelmann*[40] bis hin zum neuesten deutschsprachigen Lukaskommentar von *Bovon* immer wieder begegnende Rede vom "Wesen" der Basileia[41] bedarf zunächst einer Erklärung.

Nach *Conzelmann*[42] muß grundsätzlich zwischen eschatologischer Erwartung und eschatologischer Vorstellung differenziert werden. Nun hat nach seiner Meinung Lukas die Naherwartung bewußt aus seinen Quellen eliminiert[43], so daß die christliche Existenz auch nicht mehr durch die eschatologische Nähe der Basileia bestimmt wird. Was nach Abzug der eschatologischen Erwartung aber übrig bleibt, sind "die Vorstellungen des Erwarteten"[44], d.h. das Wesen der Basileia, die sich tradieren lassen[45]. Wenn

---

[34] Mitte 33.
[35] Mitte 113; vgl. 98. 204 u.ö.
[36] Mitte 104.
[37] Mitte 113.
[38] *Conzelmann*, RGG V 916.
[39] *Bovon*. Lk I 226.
[40] Mitte 95. 105 u.ö.
[41] Vgl. auch *Gräßer*, Parusieverzögerung 140f.205.213.
[42] Mitte 89.
[43] Mitte 88.
[44] Mitte 89.
[45] Die Überlegung, ob sich bei Lukas die Vorstellung von der Basileia geändert hat, kommt bei Conzelmann merkwürdigerweise überhaupt nicht in den Blick.

Conzelmann also vom "Wesen" der Basileia spricht, dann beruht das einerseits darauf, daß er an allen Stellen des lukanischen Schrifttums von der frühchristlichen Traditionsgeschichte her für βασιλεία τοῦ θεοῦ die gleiche Bedeutung voraussetzt, deshalb einen futurisch-eschatologischen bzw. transzendenten Gehalt vermutet, so daß angesichts der Parusieverzögerung und der zurückgedrängten Naherwartung die als "eine zukünftige Größe"[46] verstandene Basileia bei Lukas in die "metaphysische Ferne"[47] rückt und damit ihre Verkündigung nicht ihre gegenwärtige Existenz oder ihre sich in die Gegenwart drängende Nähe, sondern nur ihr Bild, d.h. ihr Wesen, thematisieren kann[48]. Gegenwärtig ist die Basileia nur als "Inhalt der Predigt", hingegen "[kann] das *Kommen* ... nur als künftiges Faktum ... *verkündet*" werden[49]. Wo also die βασιλεία τοῦ θεοῦ verkündigt wird, da gilt: "Dieses Wort tut künftige Dinge kund"[50].

Andererseits - das ist die andere Spielart des im Kern gleichen Gedankens - meint *Conzelmann*, für den auctor ad Theophilum sei das Reich Gottes in Jesus "erschienen"[51], mit Jesu Weggang sei auch die Basileia[52] in die Ferne gerückt, und erst bei Jesu Parusie trete sie wieder hervor[53], jedoch begründe das Leben Jesu die Hoffnung auf das künftige Reich[54]. Der in der Verfol-

---

[46] Mitte 113.
[47] *Conzelmann*, Mitte 104.
[48] Mitte 110; vgl. 98.
[49] Mitte 96.
[50] Mitte 205.
[51] So Mitte 116, während nach Mitte 30f "im Leben Jesu" nur "das Bild der künftigen Heilszeit vorgebildet [ist]".
[52] Es verdient Beachtung, daß *Conzelmann* zur Aufrechterhaltung seiner Theorie βασιλεία immer mit dem statischen Begriff "Reich" wiedergibt, nie aber mit dem dynamischen Begriff "Herrschaft" übersetzt.
[53] Die These findet sich ähnlich schon bei *Noack*, Gottesreich 39-50 (besonders 46ff), wenn auch mit etwas anderer Begründung. *Noack* konstatiert zunächst, daß für die gesamte synoptische Überlieferung der Menschensohn einerseits als der irdische in Jesu Tagen gegenwärtig war und andererseits seine Parusie erwartet wird. Zum anderen beobachtet er, daß sich im lukanischen Doppelwerk sowohl Aussagen über die Gegenwart als auch über die Zukünftigkeit der Basileia finden. Aus der postulierten Zusammengehörigkeit von Menschensohn und Basileia zieht er dann die Folgerung: "Die Kirche lebt zwischen Auferstehung und Parusie, d.h. sie hat das erste Kommen Christi hinter sich und erwartet das zweite. Das bedeutet aber auch, dass die Christen zwischen dem ersten und dem zweiten Erscheinen des Reiches Gottes leben" (47).
[54] Vgl. *Conzelmann*, Mitte 30f. 113. 116 und passim. Ihm folgt *Gräßer*, Parusieverzögerung 188f. Ähnlich auch *Busse*, Nazareth-Manifest 93, der freilich der Meinung ist,

gung stehenden Gemeinde werde nämlich gezeigt, was die erwartete Basileia eigentlich ist, insofern "das Neue" an Jesu Predigt "die Botschaft ... vom Reich überhaupt" sei[55] und die Kirche in dem "Bericht von Jesus" das unverlierbare Bild des Reiches besitze[56], denn "sein Wesen ist an der geschichtlichen Gestalt Jesu zu erkennen"[57]. Steht die These, "das Reich ist in Christus erschienen und wird mit seiner Parusie endgültig (wieder)kommen"[58], auch in Spannung zur Betonung der reinen Zukünftigkeit der Basileia, so konvergieren beide Spielarten der Überlegungen *Conzelmanns* doch dahin, daß für die Kirche die βασιλεία τοῦ θεοῦ fern ist.

Diese Deutung ist freilich nicht unwidersprochen geblieben. Nach *Schnackenburg* etwa "soll das 'Verkündigen' die Gegenwartsbedeutung der Gottesherrschaft nicht abschwächen, sondern - vom Standpunkt des urchristlichen Missionars aus (vgl. Lk 9,60 62) - verdeutlichen"[59]. "Im Wort der Verkündigung und in den Machttaten" sei die Basileia nämlich anwesend, da sie "schon mit Jesu Kommen wirksam wurde und es in der Sendung der Jünger weiter ist"[60]. Gerade hier liege "ein von Lukas gesetzter Akzent"[61]. *Taeger*[62] hat daraus gefolgert: "Weil die Basileia Gegenstand der Verkündigung und ... in dieser gegenwärtig ist, ist die Ausweitung der Verkündigung ... mit der Ausweitung der Basileia verbunden". Inhalt der Basileiaverkündigung sei "nicht nur das, was in Christus erschienen ist, auch das, was (wieder)kommen wird", wobei "die Vergangenheit (Gegenwart des Reiches im Jesusgeschehen) nicht abgetan ist, sondern noch weiterwirkt, und die Zukunft (insofern dem Reich auch ein Zukunftscharakter eignet) nicht etwas belanglos Künftiges ist, sondern jetzt gewonnen werden kann und

---

daß "das Heil der einstmals in Jesus gegenwärtigen Königsherrschaft Gottes, die zu einem unbestimmten Termin in der Zukunft plötzlich und endgültig einbrechen wird", durch die Verkündigung auch weiterhin gegenwärtig bleibt. "Unter der Bedingung, daß die Christen das Reich Gottes und die mit ihm teilweise identische Jesusgeschichte verkünden, bleibt das eschatologische Heilsangebot aktuell" (117).

[55] Mitte 105.
[56] Mitte 116.
[57] *Conzelmann*, RGG V 916.
[58] *Conzelmann*, Mitte 116.
[59] Gottes Herrschaft 95.
[60] Ebd. Zustimmend etwa *Taeger*, Mensch 170.
[61] *Schnackenburg*, Gottes Herrschaft 96.
[62] Mensch 174.

muß. Der Akzent liegt dabei auf der Gegenwart, auf der Zeit der Kirche, die eine Zeit der Verkündigung und der Entscheidung ist"[63].

In eine etwas andere Richtung geht bei ähnlicher Intention der Widerspruch von *Merk*, dessen Ausführungen viel Zuspruch erfahren haben. Nach seiner Meinung war zwar - ähnlich wie bei *Schnackenburg* - für Lukas die Basileia "in der Person Jesu" gegenwärtig, doch wird ihre Aktualität für die Kirche nicht durch die Wirksamkeit der Jünger, sondern durch die Qualifizierung der "Jesuszeit als die entscheidende, Gegenwart bleibende Heilszeit" garantiert[64]. "Denn indem der Auferstandene und doch Gegenwärtige vom Gottesreich spricht (Apg 1,3), aber die baldige Aufrichtung dieses Reiches verneint und stattdessen auf die Verheißung des Geistes und den Auftrag zur Weltmission verweist (Apg 1,6-8), bindet Lukas auch für die Kirche das Reich Gottes an die Heilsgegenwart Jesu"[65]. So bedeute Verkündigung der βασιλεία τοῦ θεοῦ "die Information über das Gekommensein Jesu ... wie die Verkündigung des in Jesus bleibend gegenwärtigen und an ihn in Zukunft gebundenen Gottesreiches"[66]. Ähnlich wie *Merk* betont auch *Weiser* das Gebundensein der βασιλεία τοῦ θεοῦ "an die Person Jesu"[67], d.h. "an den irdischen und nun erhöhten Herrn"[68]. Entsprechend dieser Differenzierung muß aber nach *Weiser* auch der Inhalt der Basileiaverkündigung vor und nach der Himmelfahrt unterschieden werden. Vor der Erhöhung wird "das durch die Gegenwart des irdischen Jesus anfanghaft gewirkte und in seiner Vollendung noch ausstehende Heil" verkündigt, während nach der Erhöhung hinzukomme, "daß dieses Heil durch den gesamten gottgewollten Weg Jesu ermöglicht wurde, wozu sein Tod, seine Auferweckung und Erhöhung gehören"[69].

Daß mit Jesu Verkündigung die eschatologische Gottesherrschaft angebrochen ist, hat *Busse*[70] hervorgehoben, wobei freilich "Lukas das gesamte ... Wirken Jesu als Reichsverkündigung" gekennzeichnet habe. Von daher hat man dann sogar "Basileiaverkündigung als Verwirklichung der Basileia"

---

[63] A.a.O. 173.
[64] *Merk*, Reich Gottes 211.
[65] Ebd.
[66] *Merk*, Reich Gottes 219.
[67] Apg II 527.
[68] *Weiser*, Reich Gottes 133.
[69] *Weiser*, Reich Gottes 133; vgl. *ders.*, Apg II 526f.
[70] *Busse*, Wunder 89.

zu interpretieren versucht[71]. Auch *Luz* hat gegen *Conzelmann* eingewandt, daß in Jesus nicht nur das Wesen, sondern die Basileia selbst "geschichtlich präsent gewesen ist". Sie bleibe zudem "durch den Geist" weiterhin "für die Kirche präsent"[72]. Doch weiß er andererseits ebenso hervorzuheben, daß die Basileia, die "in Jesus epiphan war und auf dessen Zukunft hin die Kirche lebt, ... in ihrer Gegenwart ... gerade nicht epiphan [ist]"[73].

In eine ganz andere Richtung geht *Franklin* in seinem Widerspruch gegen *Conzelmann*. Er versucht zu zeigen, daß nach Lukas die präsente und doch zugleich transzendente Basileia bezeugt wird, auf deren himmlische Realität, nicht aber deren irdische Realisierung, etwa die Wunder verweisen[74]. Für das lukanische Basileiaverständnis gelte, "that in the heavenly sphere the kingdom of God is established and that it throws its presence over the lives of Christians here and now who will one day enter into it"[75].

Die vorgestellten Deutungen dürften deutlich gemacht haben, wie unterschiedlich das lukanische Verständnis von βασιλεία τοῦ θεοῦ beurteilt werden kann. Dabei sind sich die Interpretationsvorschläge weithin einig, daß das von *Conzelmann* dargelegte und für die Lukasexegese so bedeutsame Verständnis der lukanischen Intention nicht oder nur unzureichend angemessen ist. Entsprechend gestalten sie sich alle mehr oder weniger explizit als Gegenentwurf zur Position *Conzelmanns*. Mit *Conzelmann* ist zwar nicht strittig, daß der Basileia ein Zukunftscharakter eignet. Deutlich ist aber - mit Ausnahme von *Franklin* - die Tendenz zu beobachten, das lukanische Basileiaverständnis in Verbindung mit Wort, Werk und Person Jesu als eine geschichtlich präsente, wenn auch vergangene Größe zu interpretieren. Ob die Basileia hingegen nach der Himmelfahrt noch präsent ist, und wenn ja, in welcher Weise, und welche aktuelle Bedeutung ihr für die Kirche zukommt, diese Fragen werden recht unterschiedlich beantwortet. Insgesamt kann somit trotz gemeinsamer Tendenzen keineswegs von einem Konsens in der heutigen Lukasforschung gesprochen werden.

So stellen sich nicht nur angesichts des exegetischen Befundes, sondern auch angesichts der verschiedenen Interpretationen dieses Befundes für die

---

[71] *Nützel*, Jesus 114; vgl. hierzu auch *Busse*, Nazareth-Manifest 80-82.
[72] EWNT I 489.
[73] EWNT I 490.
[74] *Franklin*, Christ 24.
[75] A.a.O. 25.

vorliegende Untersuchung eine ganze Reihe von Fragen und Problemen: Ist die Basileia nach Lukas vergangen, gegenwärtig, zukünftig oder mehreres zugleich? Hat βασιλεία τοῦ θεοῦ in Verbindung mit einem verbum dicendi die gleiche Bedeutung wie in der sonstigen synoptischen Tradition oder gebraucht Lukas den Terminus vielleicht uneinheitlich[76]? Woran denkt der auctor ad Theophilum, wenn er die βασιλεία τοῦ θεοῦ als Inhalt der Verkündigung angibt? Trifft *Schnackenburg*[77] die lukanische Intention, wenn er zu den Belegen der Apostelgeschichte schreibt: "An allen diesen Stellen ist ... der gleiche Begriff wie im Lukasevangelium festgehalten, nämlich der der eschatologischen Gottesherrschaft". Geht es dann um die von Israel erwartete Basileia, die Gott seinem Volk verheißen hat und die mit der als Inthronisation zu verstehenden Auferstehung Jesu verwirklicht wurde[78]? Oder muß trotz des Widerspruchs von *Robinson*[79] mit *Vielhauer*[80] erwogen werden, ob Lukas an einer Reihe von Stellen "möglicherweise ... gar nicht das eschatologische Reich Gottes, sondern ... die christliche Religion" meine? Hat *Gräßer* vielleicht Recht mit seiner Bemerkung: Lukas "spricht vom Reich und meint die christliche Botschaft"[81]? Und wenn dies richtig wäre, gehört dann die eschatologische Thematik, die dem Begriff

---

[76] So hat etwa *Flender*, Heil 134, vorgeschlagen, daß Basileia "als Gegenstand der Verkündigung ... für Lukas eine himmlische (und zugleich zukünftige) Größe" sei, während "in Stellen wie Lk. 10,9.11; 11,20; 17,20f ... von der *Gegenwart* des Reiches Gottes in Jesus" geredet würde. Genau umgekehrt urteilt *Baarlink*, Eschatologie 131f, bezüglich der Belege über die verkündigte Basileia: "Wenn wir all den Stellen bei Lukas nachgehen, an denen über das Reich Gottes gesprochen wird, dann zeigt sich schnell, daß der Sinn dieses Ausdrucks nicht immer derselbe ist. An sehr vielen Stellen wird über das Reich Gottes als eine primär zukünftige Größe gesprochen, so z.B. in 9,27; 12,32; 18,29; 19,11; 21,31; 22,16.18.29; 23,51. Dem stehen aber auf jeden Fall einige Stellen gegenüber, wo mit Nachdruck über die Gegenwart des Reiches Gottes gesprochen wird. Zu nennen sind hier vor allem *4,43; 8,1; 9,60*; 10,9.11; 11,20; *16,16*; 17,21" (Hervorhebung von mir). Auch *Maddox*, Purpose 133, meint, "that 'to proclaim the Kingdom' means to announce its presence".
[77] Gottes Herrschaft 184.
[78] *Jervell*, Twelve 90f.
[79] Weg 59-67, besonders 62f.
[80] Gottesreich 59.
[81] Parusieerwartung 110. Ähnlich äußerten sich auch schon *Vielhauer*, Benedictus 272 Anm. 46; *Conzelmann*, Mitte 204. Mit dieser Einsicht ist freilich "solange nichts gewonnen, wie nur ein Begriff an die Stelle eines anderen gesetzt ist und das, was christliche Verkündigung ist, offenkundig erst auf Grund einer Analyse des Reichsbegriffes beschrieben werden kann"; *Völkel*, Reich Gottes 62.

βασιλεία τοῦ θεοῦ von seiner Tradition her anhaftet, in die christliche Botschaft hinein? Meint demnach βασιλεία τοῦ θεοῦ - etwa in der Apostelgeschichte - wirklich das Ereignis, das mit dem Ende der Geschichte und der Welt anbricht[82]? Geht es also um die Parusie Christi[83] oder wenigstens um das "Wesen" der kommenden Basileia, wenn nach der Apostelgeschichte die βασιλεία τοῦ θεοῦ verkündigt wird? Oder ist - wofür sich *Völkel* ausgesprochen hat - die verkündigte βασιλεία τοῦ θεοῦ auf dem Hintergrund von Verheißung und Erfüllung sowie der Person Jesu zu interpretieren, so daß sie mit dem "Erfüllungscharakter des Jesus-Geschehens" und der "Weise dieser Erfüllung in Kreuz und Auferstehung" zusammenhängt[84]? "Bedenkt" diese Verkündigung dann auf Grund ihres Inhalts und der an die Stelle Israels tretenden einzelnen Glaubenden aus Juden und Heiden als Heilsempfänger die "Christologie und Ekklesiologie mit"[85]? Oder muß man - etwas einschränkender - mit *Merk* den "Inhalt der Botschaft vom Reich" als "vollständiges Bild des Wirkens Jesu (einschließlich des Todes und seiner Auferstehung)" beschreiben, wie Lukas es in seinem Evangelium zeichne[86], so daß man von der "Gegenwart des Reiches in der Person Jesu"[87] sprechen kann? Und sind dann Christologie und Ekklesiologie so aufeinander zu beziehen, daß es um die Lösung des Problems geht, wie die Basileia, "die in Jesus bleibende Gegenwart für die Kirche ist", in der Zeit der Kirche zu verkündigen sei[88]? Oder ist die schlichte Deutung von *O´Toole* zu bevorzugen, daß Lukas an vielen Stellen Jesus und die Basileia irgendwie identifiziere[89], ansonsten aber βασιλεία τοῦ θεοῦ "not an univocal term" sei[90], so daß man den Begriff mit nahezu allen Themen lukanischer Theologie in Verbindung bringen kann[91]? Die Beantwortung dieser Fragen wird die vorliegende Untersuchung wesentlich bestimmen.

---

[82] So *Hiers*, Delay 154f.
[83] Nach *Burchard*, Zeuge 141, ist von "seiner [sc. Jesu] endzeitlichen Funktion in Gottes Heilsplan" die Rede.
[84] So *Völkel*, Reich Gottes 68.
[85] *Völkel*, Reich Gottes 70.
[86] *Merk*, Reich Gottes 206.
[87] *Merk*, Reich Gottes 211. Vgl. auch *Ernst*, Herr 56f.
[88] *Merk*, Reich Gottes 219.
[89] Kingdom 150f.
[90] Kingdom 147.161.
[91] Vgl. nur die elf Zwischenüberschriften auf den Seiten 148-159.

b) Auch bei der für das lukanische Schrifttum spezifischen zweiten Gruppe von Belegen, die die *Frage nach dem Zeitpunkt des Kommens der* βασιλεία τοῦ θεοῦ thematisieren (Lk 17,20; 19,11; 21,7; Apg 1,6), divergiert die Forschung erheblich. Soll hier das Problem der Parusieverzögerung bewältigt werden[92]? Will der auctor ad Theophilum "eine mit Jerusalem verbundene Naherwartung"[93] bzw. "eine Naherwartung mit national-jüdischem Einschlag"[94] korrigieren? Oder sollen gar "Fragen nach dem *Termin* und der *religiös-nationalen Begrenzung* des 'Reiches Gottes' als grundsätzlich unsachgemäß abgewiesen [werden]"[95]? Intendiert Lukas eine "Übersetzung der zeitlich verstandenen Naherwartung in die Anschauung eines räumlichen Sich-Nahen des Reiches", indem er das "Kommen des Gottesreiches ... in dem Wirken Jesu" beschreibt[96]? Geht es dem auctor ad Theophilum darum, die Basileia an die Person Jesu zu binden, so daß "durch Jesu Gegenwart ... die Frage nach dem 'Wann' entschieden" ist[97]? Oder hat Lukas an der "Vollendung des Reiches Gottes besonderes Interesse"[98], so daß "auf die noch ausstehende Zukunft verwiesen [wird]"[99]? Die Fragen ließen sich entsprechend der Anzahl der diversen exegetischen Positionen vermehren. Ihre Beantwortung ist nicht unabhängig vom sonstigen lukanischen Verständnis von βασιλεία τοῦ θεοῦ.

---

[92] Vgl. hierzu *Kümmel*, Einleitung 112f.
[93] *Luz*, EWNT I 489f.
[94] *Luz*, EWNT I 490.
[95] *Weiser*, Reich Gottes 130.
[96] *Robinson*, Weg 66.
[97] *Merk*, Reich Gottes 216.
[98] *Baarlink*, Eschatologie 151.
[99] *Schweizer*, Lk 217.

3. Zur Wahl des Ausgangspunktes dieser Untersuchung

In der ntl. Exegese hat sich weithin die Einsicht durchgesetzt, daß der auctor ad Theophilum bei der Konzeption und Ausarbeitung der Apostelgeschichte eine größere Gestaltungsfreiheit in Anspruch genommen hat als bei der Abfassung seines Evangeliums[100]. Bei letzterem war er an Vorgänger gebunden, denen er sich sowohl im Stoff als auch in der Anordnung verpflichtet fühlte (Lk 1,1.3). Dies ist bei der Apostelgeschichte nicht der Fall. Auswahl und Anordnung des Stoffes dürften allein auf Lukas zurückgehen, da ihm keine zusammenhängenden Quellen wie im Evangelium zur Verfügung standen. Entscheidende Ereignisse und der Verlauf von Geschichte werden dabei in seiner Darstellung mit Hilfe eingeschobener Summarien und Reden gedeutet[101]. Daß der Autor der Acta apostolorum diese teilweise mit Traditionsstücken gestaltet hat, soll hier freilich keineswegs bestritten werden. Doch im ganzen wird in den Summarien und Reden der Apostelgeschichte primär der auctor ad Theophilum mit seinen theologischen Überzeugungen zu Wort kommen. Es empfiehlt sich deshalb, für unsere redaktionsgeschichtliche Frage beim zweiten Teil des Doppelwerkes anzusetzen[102].

Nun haben wir oben gesehen, daß die Verbindung von βασιλεία τοῦ θεοῦ mit einem Verb des Redens als Zusammenfassung einer Predigt bzw. einer über einen längeren Zeitraum sich erstreckenden Predigttätigkeit ein Spezifikum des Lukas ist. Diese Summarien verhindern jedoch durch ihre formelhafte Ausdrucksweise eine konkrete Vorstellung dessen, was der auctor ad Theophilum unter βασιλεία τοῦ θεοῦ versteht. Deshalb muß zunächst gefragt werden, welche Inhalte eigentlich mit diesen Predigtsummarien zusammengefaßt werden. Als Ausgangspunkt zur Beantwortung dieser Frage wird Apg 28,17-31 gewählt, insbesondere die Bemerkungen über die paulinische Basileiaverkündigung in Rom in den VV 23.31. Dieser Einsatz bietet sich zum einen deshalb an, weil so die von Lukas gestalteten Paulusreden daraufhin befragt werden können, was sie zur Explikation der

---

[100] Vgl. etwa *Dibelius*, Formgeschichte 3; *von Baer*, Geist 2; *Schnackenburg*, Gottes Herrschaft 181; *Schulz*, Stunde 242; *Michel*, Abschiedsrede 70; *Eltester*, Israel 77; *Lohfink*, Sammlung 47; *Roloff*, Apg 8. - Kritisch hingegen ist *Marshall*, Luke: Historian and Theologian 89.

[101] Vgl. *Vielhauer*, Geschichte 394-398, und seine Verweise auf *Dibelius*, Aufsätze.

[102] Schon *Marxsen*, Markus 141, hatte gemeint: "Redaktionsgeschichtlich wird man ... den dritten Evangelisten vor allem von der Apg her verstehen müssen."

Zur Wahl des Ausgangspunktes dieser Untersuchung

auf Lukas zurückgehenden Summarien über die paulinische Verkündigung der βασιλεία τοῦ θεοῦ in Rom beitragen können. Zum anderen folgt die Wahl dieses Ausgangspunktes einer Anregung von *Mußner*, der vorgeschlagen hat, von der "Schlußperikope aus[zu]gehen (28[16-31])", "um die eigentliche Erzählintention des Lk in der Apg zu erkennen"[103], da die Verse "den Rang eines hermeneutischen Schlüssels für das 'Verstehen' der Apg"[104] haben.

Die weitere Untersuchung wird zunächst die übrigen Belege der Apostelgeschichte besprechen, um sich dann dem Evangelium zuzuwenden. Sie gestaltet sich dabei als mehr oder weniger ausführliche Exegese von Texten, die das Vorkommen von βασιλεία τοῦ θεοῦ in ihrem Kontext zu betrachten und von daher darüber hinausgehende Einsichten zu gewinnen sucht. Diese Arbeitsweise scheint mir zum einen deshalb nötig, weil die bisherigen Äußerungen zum Thema zu thesenfreudig sind, ohne daß die Aussagen exegetisch abgesichert und nachvollziehbar erscheinen. Ferner hat die isolierte Betrachtung einzelner Verse und Halbverse abgesehen von ihrem Kontext zu einem verzerrenden Bild des lukanischen Verständnisses von βασιλεία τοῦ θεοῦ geführt. Die Analyse von Texten ermöglicht zudem nicht nur eine begründetere Auseinandersetzung mit den oben dargestellten Positionen, sondern bietet zugleich die Möglichkeit, notwendige Konturen einer lukanischen Theologie zu erarbeiten, auf deren Hintergrund erst die Bestimmung des lukanischen Verständnisses von βασιλεία τοῦ θεοῦ möglich ist. Die Arbeit beginnt deshalb mit zwei ausführlichen Exegesen, die über die konkrete Themenstellung hinausgehen und der exegetischen Erarbeitung und Begründung eines größeren Rahmens der lukanischen Theologie dienen wollen. Da sich dazu Apg 28,17-31 hervorragend eignet, bietet sich die Perikope auch aus diesem Grund als Ausgangspunkt für unsere exegetischen Studien an.

---

[103] *Mußner*, Apg 8.
[104] *Mußner*, Erzählintention 32.

2. Kapitel

Die Verkündigung der βασιλεία τοῦ θεοῦ nach der Apostelgeschichte

1. Der Inhalt der Summarien mit der Verbindung von verbum dicendi und βασιλεία τοῦ θεοῦ

1.1 Apg 28,23.31 im Kontext von Apg 28,17-31

1) Einleitung

Mit ἐγένετο δέ und nachfolgendem Infinitiv, einer Zeitangabe und dem Einsetzen einer neuen Handlung wird in V17 der Beginn einer neuen Texteinheit signalisiert. Das in den VV 17-31 berichtete Geschehen ist speziell durch V16, allgemein jedoch durch das ganze lukanische Doppelwerk hindurch vorbereitet. Mit den Ereignissen in Rom tritt nach lukanischer Darstellung der Heilsplan Gottes in sein letztes Stadium vor der Parusie, indem die Erstverkündigung des Evangeliums sich nun endgültig von den Juden zu den Heiden wendet (VV 25b-28). Was zu Beginn des Evangeliums noch als Verheißung laut (Lk 2,30-32; 3,6) und dann im Verlauf der "Apostelgeschichte" vereinzelt Wirklichkeit geworden war, manifestiert sich mit dem Romaufenthalt des Paulus als endgültig: die - nahezu ausschließliche - Ausrichtung der Heilsverkündigung auf die Heiden.

Doch nicht nur die Heilsgeschichte allgemein, sondern insbesondere auch die in den Acta apostolorum dargestellte paulinische Wirksamkeit zielt auf die Evangeliumsverkündigung in der damaligen Welthauptstadt Rom (Apg 19,21; 23,11; 25,10-12; 27,24). Von dort kommen ihm "die Brüder"[1] bis zum Forum Appii und Tres Tabernae entgegen (28,15). Paulus gewinnt

---

[1] Die Existenz einer organisierten römischen Gemeinde findet in der Apostelgeschichte keine Erwähnung, auch wenn von in Rom lebenden Christen schon indirekt in Apg 18,2 die Rede war.

durch diese Begegnung Mut, aber mit dem Bericht über seinen Aufenthalt in Rom verschwinden die in dieser Stadt lebenden Christen völlig von der Szenerie. Sie scheinen auch in Rom keine Missionstätigkeit ausgeübt zu haben (28,22), so daß dem lukanischen Paulus die Erstverkündigung im Zentrum des römischen Reiches zukommt[2]. Diese darzustellen ist eines der von Lukas beabsichtigten Ziele der VV 17-31.

Die Angabe der Haftbedingungen in 28,16 soll in Verbindung mit 28,23a. 30 dem Leser aufzeigen, wie es Paulus in Rom möglich war, trotz seiner stabilitas loci eine rege und für die lukanische Sicht der Heilsgeschichte so bedeutsame Missionstätigkeit zu entfalten. 28,16 kommt demnach im Kontext eine doppelte Funktion zu: Der Vers schließt den Reisebericht ab und schildert zugleich die für die folgende Szene vorausgesetzte äußere Situation.

Die VV 17-31 gliedern sich in drei Abschnitte, die jeweils mit einer Zeitangabe beginnen[3]: VV 17-22 berichten von einem ersten Zusammentreffen des Paulus mit den führenden römischen Juden, bei dem Paulus ihnen seine Haft erklärt und die jüdischen Führer ihre Unvoreingenommenheit ihm gegenüber bekunden, vor allem aber ihre Aufgeschlossenheit für seine Lehre. VV 23-28 schildern ein zweites Zusammentreffen des Paulus mit einer noch größeren Zahl von Juden, seine Verkündigung und deren Ablehnung durch einen Teil seiner Zuhörer. Im Zentrum dieses Abschnittes steht neben dem Summarium in V23 die heilsgeschichtliche Begründung des Unglaubens eines Großteils des jüdischen Volkes und die künftige Hinwendung der Heiden zu diesem ihnen gesandten Heil Gottes. Das in den VV 30f gebotene Summarium schließt die Beschreibung der paulinischen Wirksamkeit in Rom und die Apostelgeschichte mit einem Hinweis auf seine zweijährige Verkündigungs- und Lehrtätigkeit ab, wobei außer der inhaltlichen Bestimmung in V31 deren Charakterisierung als ἀκωλύτως den Ton trägt.

---

[2] So auch *Weiser*, Apg II 679. - Das gleiche Motiv bestimmte schon die lukanische Darstellung in Apg 18,19-21, wo Lukas dem Paulus die Erstverkündigung in Ephesus zuschrieb. Darauf wird später ausführlicher einzugehen sein; vgl. unten S.146f.
[3] V17: μετὰ ἡμέρας τρεῖς; V23: ταξάμενοι ἡμέραν; V30: διετίαν ὅλην; vgl. *Puskas*, Conclusion 41.

2. Kapitel: Die Verkündigung der βασιλεία τοῦ θεοῦ nach der Apg

Schon aus sprachlichen Gründen ist die Gestaltung von Apg 28,17-31 in toto dem auctor ad Theophilum zuzuweisen[4], da in diesen Versen nicht nur eine Fülle lukanischer Vorzugsworte, sondern auch typisch lukanische Konstruktionen begegnen[5]. Das weist darauf hin, daß dem Autor der Acta apostolorum für diese Verse keine schriftliche Vorlage zur Verfügung stand, sondern allenfalls Einzelnachrichten aus der mündlichen Tradition. Zudem begegnen in diesem Abschnitt auf Schritt und Tritt Gedanken des Theologen Lukas, die in einem so deutlichen Zusammenhang mit den sonstigen Akzentsetzungen des Autors des Doppelwerkes stehen, daß sie nur das Urteil zulassen, in dem Schlußabschnitt der Apostelgeschichte gelangt das seit Beginn des Evangeliums verfolgte heilsgeschichtliche Programm zu einem der Theologie des Lukas entsprechenden vorläufigen Ende. Die Begründung für die Richtigkeit dieser These wird die folgende Exegese zu geben versuchen.

---

[4] So schon *Bethge*, Reden 317 mit Anm. 4, für den allerdings Lukas bei der Versammlung anwesend war.

[5] Als Begründung sei auf die folgende Exegese verwiesen. - Die scheinbar untypischen Termini reichen als Gegenbeweis nicht aus: V22: φρονέω kommt im NT 24 mal vor, aber nur an dieser Stelle im lukanischen Doppelwerk; freilich in den ersten beiden Evangelien auch nur in Mk 8,33 par. Mt 16,23, einem Vers, den Lukas gänzlich ausgelassen hat. V23: ἡ ξενία begegnet im NT nur noch Phlm 22; allerdings benutzt Lukas siebenmal in der Apostelgeschichte das dem Substantiv entsprechende Verb ξενίζω, während es im übrigen NT nur dreimal begegnet. Πρωΐ ist im NT zehnmal belegt, in Lk/Apg nur an dieser Stelle. Von den fünf markinischen Belegen hat Lukas den Sprachgebrauch von Mk 1,35 (diff. Lk 4,42) verändert; vielleicht auch Mk 16,2 diff. Lk 24,2, falls Lk 24,1ff nicht zumindest teilweise auf lukanischem Sondergut basiert. Bei den übrigen drei Belegen (Mk 11,20; 13,35; 15,1) bietet er keine Parallele.

Schließlich finden sich noch zwei ntl. hapax legomena: V25: ἀσύμφωνος (vgl. aber συμφωνέω in Lk 5,36 [diff. Mk 2,21]; Apg 5,9; 15,15; sonst nur noch dreimal bei Matthäus); V30: μίσθωμα. Einzig letzteres könnte - evtl. im Zusammenhang mit ξενία aus V23 - auf Tradition beruhen. Jedoch ist ein hapax legomenon kein sicheres Argument für unlukanischen Sprachgebrauch, wie schon das Prooemium Lk 1,1-4 mit seinen sechs ntl. bzw. lukanischen hapax legomena lehrt.

Berücksichtigt man insgesamt, daß alle diese auf Grund der Vokabelstatistik als eher unlukanisch zu bezeichnenden Termini in eindeutig lukanisch geprägten Satzgefügen stehen, wird ihnen als Gegenbeweis für eine vorlukanische Tradition keine große Bedeutung beizumessen sein.

2) VV 17-22: Erstes Zusammentreffen des Paulus mit den Juden Roms

Mit ἐγένετο δέ und folgendem a.c.i.[6], der Zeitangabe μετὰ ἡμέρας τρεῖς[7] und dem lukanischen Vorzugswort συγκαλέω[8] wird in V17 die erste der drei Szenen eingeleitet. Kurze Zeit nach seiner Ankunft in Rom läßt Paulus τοὺς ὄντας τῶν Ἰουδαίων πρώτους[9] zusammenrufen, um "zu ihnen"[10] zu reden. Diese Vorgehensweise entspricht dem typisch lukanischen Schema, wonach Paulus an allen wichtigen Orten seine Verkündigung der Christusbotschaft bei den Juden beginnt[11]. Ungewöhnlich ist allerdings die Kennzeichnung der Adressaten als οἱ ὄντες τῶν Ἰουδαίων πρῶτοι. Wahrscheinlich denkt Lukas bei dieser Gruppe an die Leiter und Autoritäten der jüdischen Gemeinden Roms. Schon einmal hatte der auctor ad Theophilum von den "Ersten der Juden" gesprochen (Apg 25,2), wobei er wie in Lk 19,47 (οἱ πρῶτοι τοῦ λαοῦ) wohl das Synhedrium im Blick hatte. Daß die jüdischen Autoritäten gerade in Jerusalem und Rom in derartiger Weise besonders hervorgehoben werden, wird kein Zufall sein, sondern der Bedeutung der jeweiligen Stadt[12] wie der jeweiligen Situation entsprechen. Hatten sich in Jerusalem die πρῶτοι der Juden gegen Paulus entschieden und damit den Weg des Evangeliums nach Rom geöffnet (25,9-12), so werden nun die πρῶτοι der römischen Juden vor die Entscheidung gestellt. Ihre Ablehnung der Christusbotschaft, heilsgeschichtlich mit Jes 6,9 als Verstockung gedeutet (VV 26f), läßt die letzte Phase der Ausbreitung des Evangeliums beginnen, indem nun Jes 40,5 - vom Täufer noch als Ver-

---

[6] Die Einleitungsformel begegnet im lukanischen Doppelwerk überaus häufig, fehlt hingegen im restlichen NT völlig. Zu dieser Einleitungsformel vgl. *Jeremias*, Sprache zu 1,8f Red.

[7] In Lk 2,46 ist die gleiche Formulierung dem Redaktor zuzuschreiben; vgl. *Jeremias*, Sprache zu 2,46 Red.

[8] Im NT begegnet dieses Verb außer Mk 15,16 nur siebenmal in Lk/Apg: Lk 9,1; 15,6.9; 23,13; Apg 5,21; 10,24; 28,17.

[9] Πρῶτος mit zugehörigem Genetivus partitivus ist neben Mk 6,21 und 1.Tim 1,15 nur noch Lk 19,47 (diff. Mk 11,18); Apg 13,50; 25,2; 28,7 und eben 28,17 belegt; von οἱ πρῶτοι τῶν Ἰουδαίων ist neben V17 noch Apg 25,2 die Rede; vgl. aber auch Lk 19,47.

[10] "Πρός c.acc. nach Verba dicendi zur Bezeichnung des (der) Angeredeten ... ist ausgesprochen lukanisch", *Jeremias*, Sprache zu 1,13 Red, mit ausführlicher Begründung.

[11] 9,19f; (9,28f); 13,5.14ff; 14,1; 16,12-14; 17,1ff.10f.17; 18,4.19; 19,8.

[12] Zur Bedeutung Jerusalems im lukanischen Doppelwerk vgl. u.S.96-98.

heißung proklamiert (Lk 3,6) - in Erfüllung geht[13]. Indem die ὄντες τῶν Ἰουδαίων πρῶτοι in Jerusalem und Rom, für Lukas offenbar die Repräsentanten des Welt- bzw. Diasporajudentums, die christliche Botschaft ablehnen, öffnet sich der Verkündigung nun endgültig der ökumenische Horizont.

Die Anrede ἄνδρες ἀδελφοί[14] begegnet in der Apostelgeschichte nur bei jüdischen Rednern und ist immer an jüdische Zuhörer gerichtet[15], d.h. an "Söhne des Geschlechts Abrahams" (13,26), denen primär die atl. Verheißungen gelten[16]. Den römischen Juden erklärt Paulus nun, daß er *nichts gegen "das Volk"*[17] *oder die "väterlichen Sitten"*[18] *getan* habe (vgl. 25,8). Mit der Zurückweisung nimmt der lukanische Paulus das über ihn unter den Christen in Jerusalem tradierte Gerücht (21,21) und den Vorwurf der asiatischen Juden, der zum Tumult im Tempel und zu seiner Ge-

---

[13] Vgl. ausführlicher zu V28.

[14] Die Anrede findet sich im NT nur 13 mal in der Apostelgeschichte: 1,16; 2,29.37; 7,2; 13,15.26.38; 15,7.13; 22,1; 23,1.6; 28,17.

[15] Vgl. *Jervell*, Israel 78. - Eine Ausnahme könnte evtl. 13,26 sein (so z.B. *Weiser*, Apg II 333), wenn man nicht die υἱοὶ γένους Ἀβραάμ als Apposition zu ἄνδρες ἀδελφοί verstehen will, so daß wie in 13,16 οἱ ἐν ὑμῖν φοβούμενοι τὸν θεόν als eine zweite angesprochene Gruppe zu interpretieren wäre. Hingegen ist 13,38, wo die Gottesfürchtigen in diese Anrede eingeschlossen sind, auf jeden Fall als Ausnahme zu werten.

[16] Vgl. *Jervell*, Israel 79.

[17] Im lukanischen Doppelwerk begegnet λαός 84 mal, während es sich im sonstigen NT nur noch 58 mal findet. Es handelt sich also um ein lukanisches Vorzugswort. - Absolutes, im Singular gebrauchtes ὁ λαός meint in der Apostelgeschichte immer das Volk Israel teilweise oder in toto, wobei in mehr als der Hälfte der Belege die Jerusalemer Juden im Blick sind. In Apg 15,14; 18,10 sind in dem Singular λαός auch die Heiden eingeschlossen, weshalb *Wilson* (Gentiles 35) und *Jervell* (Gottes Treue 15) auf diese beiden Stellen als Ausnahmen hinweisen, doch übersehen sie, daß hier bezeichnenderweise jeweils der Artikel vor λαός fehlt. Auch *Lohfink*, Sammlung 58-60, sieht beide Stellen als Ausnahmen an, nennt daneben zusätzlich noch Apg 3,23, wo mit ὁ λαός "zumindest die Kirche" "impliziert" sei (60), doch handelt es sich hier um ein atl. Zitat, dem im Kontext die Funktion einer Warnung an die jüdischen Zuhörer zukommt.

[18] Im NT begegnet (τὸ) ἔθος abgesehen von zwei Ausnahmen (Joh 19,40; Hebr 10,25) nur zehnmal im lukanischen Doppelwerk (Lk 1,9; 2,42; 22,39; Apg 6,14; 15,1; 16,21; 21,21; 25,16; 26,3; 28,17), πατρῷος nur dreimal in der Apostelgeschichte, und zwar nur in den Apologien des gefangenen Paulus (22,3; 24,14; 28,17). Die Wendung entstammt also der Feder des Lukas, ist jedoch in ähnlichen Konnotationen in der jüdisch-hellenistischen Literatur - aber auch darüber hinaus - weit verbreitet; Belege bei *Delling*, Diasporasituation 19f, und *Klinghardt*, Gesetz 118-120.

fangennahme geführt hat (21,28), auf und weist beides als ungerechtfertigt zurück. Ähnliche Vorwürfe wurden von falschen(!) Anklägern auch gegen Stephanus erhoben (6,13f[19]; vgl. 6,11) und begegneten dem Paulus schon früher in Korinth (18,13). Daß die Erregung der Juden im Tempel jedoch grundlos ist, geht nicht nur aus dem diesbezüglichen Bericht der Apostelgeschichte hervor (21,23-29), sondern wird neben V17 noch mehrmals ausdrücklich in den paulinischen Apologien bestätigt (22,3; 23,1; 24,14-16; 26,4-7).

Angesichts der Häufung dieses Themenkomplexes in den Acta apostolorum drängt sich die Frage nach der von ihrem Autor verfolgten Intention auf. Daß es dabei um das Verhältnis von Paulus und des von ihm repräsentierten Christentums zum Alten Testament bzw. Judentum geht, dürfte kaum bestreitbar sein. Dennoch bleibt eine dreifache Stoßrichtung der lukanischen Intention möglich, je nachdem ob das Problem rein auf der Ebene der jüdisch-christlichen Auseinandersetzung liegt, ob hier innerchristliche Streitfragen etwa zwischen strengen Judenchristen und dem von Paulus repräsentierten Juden- bzw. Heidenchristentum thematisiert werden, oder ob Lukas hier die Nähe von Judentum und Christentum deshalb betont, weil ihm an einer dem Judentum analogen Anerkennung der christlichen Religion durch den römischen Staat gelegen ist. Wie auch immer man entscheidet, so ist auf jeden Fall zu berücksichtigen, daß der auctor ad Theophilum sich an christliche Leser wendet, daß also selbst dann, wenn seine Aussagen indirekt auf das Judentum oder den römischen Staat zielen, er direkt seinen Lesern Argumentationshilfen an die Hand geben will.

Daß sich Lukas auch nur indirekt an den römischen Staat wendet, dürfte allerdings durch sein Verständnis von τὸ ἔθος nahezu auszuschließen sein. Mit Ausnahme von Lk 22,39 und Apg 25,16, wo ἔθος in der Bedeutung "Gewohnheit, Brauch" begegnet[20], ist mit diesem Begriff immer das mosaische Kult- und Ritualgesetz als Ganzes oder ein entsprechendes Einzelgebot

---

[19] Allgemein werden diese Verse aus sprachlichen und theologischen Erwägungen für lukanisch gehalten, da Lukas offenbar den in seinem Passionsbericht fehlenden Vorwurf der Falschzeugen gegen Jesus aus Mk 14,56-58 hier nachträgt. Allerdings möchte *Lüdemann*, Christentum 87f, hier vorlukanische Tradition erblicken; zu den Argumenten pro und contra vgl. ebd.

[20] Vgl. *Bauer*, Wb 440f.

gemeint[21]. In Apg 15,1 und 21,21 findet sich das Wort im Zusammenhang der judenchristlichen Beschneidungsforderung für Heidenchristen bzw. der Forderung nach jüdischer Lebensweise, die im anschließenden Kontext für Heidenchristen durch die Gebote des "Aposteldekrets" abgewiesen werden (15,19f.28f; vgl. 21,25), im judenchristlichen Bereich allerdings in Geltung bleiben. Dadurch erweist sich jedoch das Christentum unter kultischem Aspekt als uneinheitliche Größe, was für den römischen Staat nicht gerade ein überzeugendes Argument sein dürfte, die Christen als jüdische Gruppierung anzusehen[22].

Auch eine Auseinandersetzung mit dem Judentum scheint nicht besonders wahrscheinlich zu sein[23], denn die Aussage, daß die Judenchristen treu den jüdischen Sitten entsprechend leben, könnte zwar die Intention verfolgen, die Judenchristen als gute Juden zu empfehlen, nicht jedoch die Tatsache rechtfertigen, daß die Heidenchristen von dieser Lebensweise ausgenommen sind. Denn wenn sich auch die Bestimmungen des "Aposteldekrets" auf das AT beziehen (s.u.), so ist doch für die Synagoge eine Integration von Heiden nicht ohne Beschneidung denkbar. Wer nach jüdischem Verständnis an den göttlichen Verheißungen Anteil erhalten will, der muß zum Judentum übertreten. Auf keinen Fall reicht es aus, nur die vier in Jerusalem beschlossenen

---

[21] Vgl. *Preisker*, ThWNT II 371. - Anders *Jervell*, Paulus 176 Anm. 1, der in 6,13f - und, a.a.O. 180, auch in 28,17 - die Gleichheit von ὁ νόμος und τὰ ἔθη ausgesagt findet; so z.B. auch *Weiser*, Apg I 172f; *Klinghardt*, Gesetz 115f, der aber, a.a.O. 117, zu Recht einschränkend bemerkt, "daß ἔθος vor allem da Verwendung findet, wo - aus jüdischer bzw. judenchristlicher (!) Sicht - jüdischer Lebensstil nach außen, dh. für heidnische Hörer, dargestellt wird." Da aber νόμος für Lukas nicht nur das Kultgesetz, sondern auch den Heilsplan Gottes enthält (z.B. Lk 24,44), wird man nicht von einer Identität beider Begriffe für den auctor ad Theophilum reden dürfen, vielmehr wird νόμος umfassender verwendet, während τὰ ἔθη den Teil des Gesetzes benennt, der die für das Judentum geltenden Kultgesetze enthält.

[22] Zudem würde die Argumentation nur sinnvoll sein, wenn das Judentum im Staat eine religio licita ist. Das hat wohl zuerst *Tertullian*, Apol 21,1, behauptet, dürfte aber für die Zeit des Lukas kaum zutreffen; vgl. *Talbert*, Gnostics 104, und die ebd. Anm. 24 genannte Literatur, vor allem *Conzelmann*, Geschichte 244f, mit weiteren Kritikpunkten. Die Botschaft des Lukas an den römischen Staat würde lauten, daß das Christentum politisch ungefährlich ist, nicht jedoch, daß es zum Judentum gehört.

[23] So aber *Jervell*, Luke 145, der aus der Beobachtung, daß die Anklagen über Mißachtung des Gesetzes mit Ausnahme von Apg 21,21 immer von außerhalb der Kirche kommen, schließt: "Luke's main concern is not a problem within the church, but the conflict between church and synagogue."

Anordnungen zu befolgen. Somit würde auch der Nachweis, daß Paulus treu die Gesetze befolgte, den jüdischen Vorbehalt gegen das Christentum in keiner Weise aufheben.

Von daher empfiehlt es sich, an ein innerkirchliches Problem zu denken, über dessen Anlaß Theophilus aufgeklärt und über dessen Lösung er vergewissert werden soll. Im Hintergrund könnte möglicherweise - wie in Apg 21,21 - der Vorwurf stehen: Paulus habe die Juden in der ganzen Welt Abfall vom Gesetz gelehrt. Eine derartige Anschuldigung, deren Wurzel bis in die Zeit des historischen Paulus zurückgeht, scheint in den Tagen des Lukas durch eine sich auf Paulus berufende Gruppe von Heidenchristen mit hyperpaulinischen Tendenzen neuen Nährboden erhalten zu haben[24]. Immer wieder erinnert der auctor ad Theophilum deshalb im Rahmen seines heilsgeschichtlichen Entwurfes angesichts dieser Gruppe von Heidenchristen seine Leser an ihre alttestamentlich-jüdische Wurzel. Derartigen Heidenchristen gegenüber steht in der lukanischen Kirche[25] offenbar eine andere Extremposition: Judenchristen, die eine positive Haltung zum Gesetz einnahmen und diese auch von den Heidenchristen forderten[26]. Das mit diesem spannungsvollen Gegeneinander gegebene theologische Problem will Lukas offenbar - im Gegensatz zum historischen Paulus - mit der Herausstellung der paulinischen Gesetzestreue lösen. Er kann dabei freilich auf einen in der Kirche seiner Zeit weithin geltenden Konsens zurückgreifen[27], der verun-

---

[24] Vgl. dazu unten S.129ff.

[25] Das hier gezeichnete Bild der lukanischen Kirche ist hypothetisch und kann nur mittels eines Rückschlußverfahrens aus besonders betonten Aussagen des lukanischen Doppelwerkes erschlossen werden. Der weitere Verlauf der Arbeit wird zeigen müssen, ob die vorgetragene Hypothese wirklich in der Lage ist, den Befund der lukanischen Schriften sinnvoll zu erklären.

[26] Vor dieser Position warnt Ignatius am Anfang des 2.Jahrhunderts in seinen Briefen an die Gemeinden in Magnesia (10,3) und Philadelphia (6,1). Ferner weiß auch Justin um die Mitte des 2.Jahrhunderts von Judenchristen zu berichten, die die Einhaltung des mosaischen Gesetzes zur Heilsbedingung erhoben haben (Dial 47,2f). Das Problem scheint demnach auch in der Kirche der nachpaulinischen Zeit noch einige Brisanz besessen zu haben.

[27] Vgl. hierzu den Aufsatz von *Barrett*, Acts and Christian consensus. Nach *Barrett* gab es in den ersten Jahrzehnten einen großen Konflikt zwischen Paulus und strengen Judenchristen (Jakobus). In späteren Jahren sei dieser Konflikt durch das Apostheldekret beigelegt worden. Die Kirche bis einschließlich zur Zeit des Lukas habe daraufhin friedlich mit diesem Konsens gelebt. Lukas sei aber der Meinung gewesen, daß die noch bestehende Einheit durch die sich anbahnende Gefahr des Gnostizismus bedroht sei. So

sicherten Lesern wie Theophilus mehrmals vor Augen gehalten und in den paulinischen Apologien interpretiert wird: das sog. Aposteldekret (Apg 15,20.29; 21,25). Hier wird gefordert, daß die zum Christentum bekehrten Juden das ganze Gesetz halten sollen, daß es hingegen in seiner Gesamtheit nicht für Heidenchristen verpflichtend ist. Auf sie sind vielmehr nur die Gesetzesbestimmungen anzuwenden, die denen gelten, die an den atl. Verheißungen Anteil erhalten haben[28]. Die vier Bestimmungen des Dekrets entsprechen nämlich dem, was nach Lev 17-18 das Gesetz von den in Israel lebenden Fremden unter Androhung ihrer Ausrottung fordert, d.h. sie wären die von den Heiden unbedingt (Apg 15,28) zu haltenden Gebotsforderungen, deren Nichteinhaltung den Verlust der Kirchengemeinschaft zur Folge hätte.

In den Zusammenhang dieser innerkirchlichen Problematik gehört nun auch die Unschuldserklärung des lukanischen Paulus in V17b. Der nach dem

---

habe er nachträglich Paulus und Jakobus diesem Konsens zustimmen lassen. Die Absicht des Lukas sei jedoch vor allem gewesen, einen neuen Konsens zu schaffen, indem er zeige, wie das ideale Bild der Kirche aussieht, und indem er den Radikalisten Paulus eine Mittelposition einnehmen ließ, ohne daß der Kirche seiner Zeit der theologische Unterschied zwischen Paulus und Jakobus bewußt gewesen wäre, da ein so völliger Konsens bestanden hätte. - Auch wenn man wohl kaum allen Thesen *Barretts* zustimmen mag, so dürfte er doch wohl darin Recht haben, daß das Aposteldekret einen nachpaulinischen und in der Kirche weitgehend anerkannten Konsens zwischen Juden- und Heidenchristen darstellt. Wie weit er zur Zeit des Lukas noch gültig war, wird man freilich kritisch fragen müssen. Ebenso scheint *Barrett* die Aktualität der Gefahr durch Irrlehrer für die Kirche des Lukas deutlich zu unterschätzen. Hingegen wird zu erwägen sein, ob nicht die einheitliche Darstellung der jesuanischen und frühchristlichen Verkündigung im Doppelwerk der von *Barrett* vermuteten Herstellung eines neuen Konsenses dient.

[28] Vgl. *Jervell*, Luke 143f; *Haenchen*, Apg 453f; *Klinghardt*, Gesetz 181-187. - Gegen diese Interpretation des Aposteldekrets wendet sich *Wilson*, Law 259. Er gesteht zwar zu, daß hier die Gebote von Lev 17-18 zusammengefaßt werden, die einst für die Fremden in Israel gedacht seien und nun für die Heidenchristen gelten sollen, aber er bestreitet, daß diese ursprüngliche Intention des Aposteldekrets auch die lukanische sei, da der Autor der Acta apostolorum das Dekret als Entscheidung des Heiligen Geistes und der Jerusalemer Versammlung darstelle, nicht aber als Zitat oder Anspielung auf das AT. Freilich muß *Wilson*, ebd, den begründenden Hinweis auf Mose in Apg 15,21 als eine von den Dekretsbestimmungen in 15,19f "independant but relevant observation" interpretieren, die trotz des Aposteldekrets die Gültigkeit des Gesetzes für Juden und Judenchristen herausstellen wolle. Wäre das richtig, dann dürfte zu Beginn von 15,21 freilich kein begründendes γάρ stehen, sondern es wäre ein δέ gefordert gewesen; vgl. auch *Schrage*, Ethik 160.

Heilsplan Gottes (vgl. Apg 13,47) durch den erhöhten Christus berufene (9,15; 22,21; 26,17f) Völkermissionar wird den Heidenchristen mit hyperpaulinischen Tendenzen entrissen und als gesetzestreuer Judenchrist dargestellt, ohne daß diese Lebensweise für die Heidenchristen verbindlich gemacht würde. Wir sehen also Lukas in einer Auseinandersetzung mit Extrempositionen seiner Kirche stehen, vor denen er verunsicherte Leser wie Theophilus zu bewahren sucht. Diese Beobachtung ist nicht unerheblich für das lukanische Verständnis von der Verkündigung der βασιλεία τοῦ θεοῦ und wird später erneut aufzugreifen sein.

Wie auch immer man nun die paulinische Unschuldserklärung interpretiert, auf jeden Fall lebt der Judenchrist Paulus für den auctor ad Theophilum dem atl. Gesetz entsprechend als treuer Jude, ohne damit seinen Christusglauben aufzugeben. V17 wird also zunächst via negationis die Konformität der paulinischen Lebensweise mit dem Judentum betont. Hier liegen offenbar keine Differenzen vor. Dennoch wurde er ἐξ Ἱεροσολύμων in die Hände der Römer übergeben. Daß diese Aussage dem Bericht über seine Gefangennahme in 21,31-33 (vgl. 23,27) widerspricht, insofern nicht die Juden Paulus den Römern überliefert, sondern die Römer den Völkermissionar vor der Lynchjustiz des Volkes gerettet haben, ist oft genug hervorgehoben worden[29]. Sie entspricht aber ebenso der auf einem Ausspruch des Heiligen Geistes beruhenden Prophetie des Agabus (Apg 21,11) wie der Passion Jesu (vgl. Apg 3,13; Lk 9,44; 18,22; 24,7), an die Lukas den Paulusprozeß angeglichen hat[30].

Wurde in V17b die Konformität des Paulus mit der jüdischen Lebensweise betont, so wird nun in *V18* seine Unschuld[31] aus römischer Perspektive hervorgehoben, wie sie zuvor schon Claudius Lysias (23,29), Festus (25,18f.25a) bzw. Festus und Agrippa (26,31) festgestellt haben[32],

---

[29] Vgl. die Kommentare z.St., sowie *Dauer*, Beobachtungen 126.
[30] Vgl. zu dieser Parallelität *Radl*, Paulus und Jesus, speziell zu 28,17-19: 252-265; *Dauer*, Beobachtungen 126-128.
[31] In 13,28 wird mit gleichen Worten die Unschuld Jesu ausgesagt!
[32] Auch das Ergebnis der Verhandlung vor Felix (24,1-23) kommt einer Unschuldserklärung sehr nahe; vgl. 24,22f und dazu *Haenchen*, Apg 630f. - Der auctor ad Theophilum hat durch die Unschuldserklärungen der römischen Behörden den Prozeß des Paulus mit den gleichen Motiven gestaltet, die ihm beim Prozeßbericht Jesu mit dem dreimaligen Bezeugen seiner Unschuld durch Pilatus (Lk 23,4.14.22) aus seiner Passionstradition vorgegeben waren (vgl. die Parallelen in Joh 18,38; 19,4.6).

auch wenn an diesen Stellen von einer beabsichtigten, aber dann schließlich doch verhinderten Freilassung keine Rede war.

Daß Paulus sich dennoch als Gefangener in Rom befindet, beruht nach *V19* einzig auf seiner Appellation an den Kaiser (25,10-12.25b; 26,32), die freilich entgegen der Aussage von V19a nicht durch den Widerspruch der Juden, sondern durch den Vorschlag des Festus, eine Gerichtsverhandlung in Jerusalem abzuhalten (25,9), provoziert wurde, wodurch das durch Festus repräsentierte kaiserliche Gericht durch ein jüdisches ersetzt worden wäre[33]. Auf jeden Fall kommt nach der Darstellung der Apostelgeschichte die römische Obrigkeit Palästinas im Paulusprozeß zu dem abschließenden Urteil: "Dieser Mensch könnte frei sein, wenn er nicht an den Kaiser appelliert hätte" (26,32)[34].

Indem der lukanische Paulus nun aber in 28,19 die Juden als Appellationsursache angibt, kann seine Gefangenschaft theologisch motiviert werden (V20b). Dem entspricht es, daß nach dem Bericht der Apostelgeschichte die Appellation "nicht zu dem Kaiser, sondern zu den Juden in Rom" führt[35]. Deshalb muß die Vorurteilslosigkeit des Paulus seinem Volk gegenüber betont werden (V19b), der umgekehrt eine Vorurteilslosigkeit der römischen Juden Paulus gegenüber entspricht (VV 21f). Auf diese Weise wird zugleich dem falschen Eindruck gewehrt, als ob die Appellation des römischen Bürgers Paulus an den Kaiser eine Lossagung des Juden Paulus von seinem Volk zur Folge gehabt habe.

Mit *V20* ist der Höhe- und Endpunkt der ersten Paulusrede erreicht. Hatte V17b betont, daß nicht der unjüdische Lebenswandel des Paulus Anklagegrund ist, und wurde in V18 gezeigt, daß Paulus auch politisch unschuldig ist, so erklärte V19a, warum er dennoch Gefangener der Römer ist, während V19b die Funktion zukommt, ein unbelastetes Verhältnis seitens des Paulus zu den römischen Juden sicherzustellen.

Die beiden Begründungspartikel διά und οὖν in V20a signalisieren, daß nun aus der "Ich-Erzählung" Folgerungen für die Zuhörer gezogen werden. Die in den VV 23-28 erfolgende "Weiterführung des Gesprächs in Verkün-

---

[33] Vgl. *Stegemann*, Bürger 208f.
[34] Nach *BDR* 358 und Anm. 2 wird mit dem Impf. ἐδύνατο die Freilassung als ein notwendiges, aber dann doch nicht realisiertes Geschehen charakterisiert.
[35] *Jervell*, Paulus 171.

digigung"[36] ist der ersten Paulusrede also durchaus angemessen, denn es geht auch in den VV 17-20 nicht um den Prozeß des Paulus, sondern der Prozeßbericht dient lediglich als "Teil einer Argumentation"[37], der die Zuhörer "zur Stellungnahme herausfordert"[38], und zwar nicht zur Person des Paulus und seinem Prozeß, sondern zu seiner Botschaft.

Mit V20b wird der eigentliche Verhaftungsgrund angegeben. Es sind innerjüdische Lehrstreitigkeiten, die dem lukanischen Paulus seine Ketten eingebracht haben. Er thematisiert sie als "*Hoffnung Israels*". Daß diese Hoffnung Anklagegrund gegen ihn ist, behauptete er schon früher (23,6; 24,15; 26,6f), widerspricht aber wiederum dem Bericht seiner Gefangennahme (21,28). Der Autor der Acta apostolorum interpretiert mit der Nennung dieses Themas den Anklagegrund auf der heilsgeschichtlich-theologischen Ebene. Nur auf dieser Ebene kann nach Meinung des Lukas das Werk und Schicksal des Paulus recht gewürdigt werden. Wir müssen deshalb dem Verständnis der "Hoffnung Israels" ein wenig genauer nachgehen, zumal sich an der Deutung dieser Wendung das Vorzeichen entscheidet, unter dem die Verkündigung der βασιλεία τοῦ θεοῦ in VV 23ff zu lesen ist.

Exkurs: Die "Hoffnung Israels"

Mit "*Israel*" ist in allen 27 Belegen des lukanischen Doppelwerkes "immer das historische Gottesvolk gemeint, an dem Gott schon in der Vergangenheit gehandelt hat und dem er jetzt die eschatologische Erfüllung bringt"[39]. Nie bezeichnet der auctor ad Theophilum mit diesem Wort die christliche Gemeinde[40] bzw. ihren judenchristlichen Teil[41], allerdings wird diese Bezeichnung auch für die die christliche Botschaft ablehnenden Juden vermieden[42]. Letztere haben die "Israelexistenz" verlassen (vgl. Apg 3,23)[43],

---

[36] *Hauser*, Strukturen 24; vgl. *Haacker*, Hoffnung 439.
[37] *Hauser*, Strukturen 24.
[38] A.a.O. 25.
[39] *Hauser*, Strukturen 91.
[40] So zu Recht *Jervell*, Israel 76f; *ders.*, Schrift 89 u.ö.; *ders.*, Gottes Treue 15; *Hoffmann*, Heil Israels 1.
[41] So freilich *Jervell*, Israel 70 und passim; allerdings kann *Jervell* keinen einzigen Beleg für seine These anführen. - Gegen *Jervell* auch *Burchard*, Zeuge 167 Anm. 23.
[42] Vgl. *Hauser*, Strukturen 91.
[43] Vgl. *Weiser*, Apg II 683; *Jervell*, Israel 71 und passim; *ders.*, Mighty Minority 29 u.ö.; *ders.*, Gottes Treue 25f; *Eltester*, Israel 119.121.

während die Judenchristen auf Grund ihres den Verheißungen entsprechenden Glaubens und auf Grund ihrer dem Gesetz konformen Lebensweise das "wahre Israel" darstellen - auch wenn dieser Begriff von Lukas nicht gebraucht wird[44] -, das sich vom empirischen "Israel" unterscheidet. Die aus Juden und Heiden bestehende Kirche ist hingegen für Lukas weder begrifflich noch sachlich[45] mit dem "wahren Israel" zu identifizieren. Der auctor ad Theophilum differenziert nämlich zum einen sehr deutlich zwischen Juden- und Heidenchristen. Zum anderen aber hat er mit dem Ehrentitel "Israel" die diesem Volk gegebenen atl. Verheißungen fest verbunden[46]. Diese betreffen zwar auch die Heiden, doch werden sie damit noch nicht zum "wahren Israel", sondern zu "einem Volk für seinen Namen" (15,14)[47]. Lukas bezeichnet also mit "Israel" das jüdische Gottesvolk, dem bestimmte Verheißungen gegeben sind und das diesen Namen verdient, solange es auf die Erfüllung dieser Verheißungen hofft bzw. an die geschehene Erfüllung dieser Verheißungen glaubt (vgl. 26,6f). In diesem Sinn kann er Paulus hier von der "Hoffnung Israels" reden lassen, d.h. von der Hoffnung, die das jüdische Gottesvolk auf Grund der göttlichen Zusagen hat. Woran aber denkt der Autor der Acta apostolorum konkret bei dieser Hoffnung?

Das Substantiv[48] ἐλπίς fehlt in allen Evangelien, begegnet aber achtmal in der Apostelgeschichte (2,26; 16,19; 23,6; 24,15; 26,6f; 27,20; 28,20). Von diesen acht Belegen haben zwei keine theologische Bedeutung (16,19; 27,20). In 2,26 erscheint das Wort in einem Schriftzitat (Ps 15,9LXX) und wird im weiteren Verlauf der Pfingstrede von Petrus als Hoffnung Jesu auf die Auferstehung gedeutet[49].

Die restlichen fünf Belege (23,6; 24,15; 26,6f; 28,20) finden sich alle in den Apologien des gefangenen Paulus und thematisieren mehr oder weniger

---

[44] Mit Recht betont von *Conzelmann*, Mitte 136 Anm. 6; *Wilson*, Gentiles 231.

[45] So freilich z.B. *Conzelmann*, Mitte 136; *Eltester*, Israel 124f; *Roloff*, Apg 23f; *Radl*, Lukas-Evangelium 71.

[46] Darauf hat *Jervell*, Gottes Treue 20-22, besonders hingewiesen.

[47] Zur lukanischen Terminologie für die christliche Kirche vgl. *Tyson*, Emerging Church 132f. - Zu Apg 15,14 vgl. *Dahl*, People 319-327, und *Jervell*, Gottes Treue 15-19.

[48] Das Verb ἐλπίζω begegnet im lukanischen Doppelwerk außer Apg 26,7 als theologisch zu interpretierender Terminus nur Lk 24,21.

[49] Die in 2,27 zitierte Fortsetzung Ps 15,10LXX wird in der paulinischen Predigt im pisidischen Antiochien erneut angeführt (13,35), um die Auferstehung Jesu als dem Heilsplan Gottes entsprechend zu beweisen (13,34-37).

explizit seinen Verhaftungsgrund. Ferner wird mit Ausnahme der hier zu behandelnden Stelle 28,20 ἐλπίς jeweils ausdrücklich mit der Auferstehungserwartung in Verbindung gebracht. Das scheint das folgende Urteil von *Weder*[50] zu rechtfertigen: "Lukas stellt in Act einen Zusammenhang zwischen der Auferstehungshoffnung und der Hoffnung des Zwölfstämmevolkes (Act 26,7) bzw. der Hoffnung auf die Verheißung der Väter (Act 26,6f) her. Damit dürfte der Übergang von der Messiaserwartung ... zur Auferstehungshoffnung recht gut getroffen sein", so daß in der Apostelgeschichte genauso wie im übrigen NT die "Hoffnung sich auf die eschatologische Errettung richtet". In umgekehrter Weise stellt hingegen *Haenchen*[51] fest: "Es kann sich nur um die - durch Jesu Auferstehung in Erfüllung begriffene - messianische Hoffnung handeln[52], die mit der Auferstehungshoffnung untrennbar verbunden ist". Eine Zwischenposition vertritt *Mayer*[53]: "Die Hoffnung erstreckt sich auf die Auferweckung der Toten und die messianische Verheißung Israels". Dies impliziere dann für Lukas, "daß diese Hoffnung nicht eine spezifisch christliche ist, sondern einem Teil Israels (23,8) bzw. ganz Israel (24,15; 26,7; 28,20) in gleicher Weise zu eigen ist." *Haacker*[54] meint sogar, das Bekenntnis des Paulus zur Hoffnung Israels so verstehen zu können, "daß der Apostel hier ein Bekenntnis tiefer Solidarität mit den wirklichen Anliegen jüdischer Existenz vor Gott ablegt".

Die Vielfalt der Verständnisse signalisiert die Schwierigkeit der Deutung. Deutlich ist - und darin konvergieren die divergierenden Positionen - zumindest, daß es sich bei allen Stellen um die Hoffnung auf die Erfüllung bestimmter Israel gegebener atl. Verheißungen handelt. Ferner bleibt festzuhalten, daß durch den Kontext die Hoffnung als Hoffnung auf die Totenauferstehung bestimmt wird und als solche den Judenchristen Paulus mit seinen pharisäischen Volksgenossen verbindet. Schließlich ist eindeutig, daß die so bestimmte Hoffnung von Paulus als Grund seiner Verhaftung genannt wird.

Nun muß aber vor allem der letzte Punkt den Leser der Apostelgeschichte in Staunen versetzen. Das gilt nicht nur deshalb, weil, wie wir gesehen ha-

---

[50] TRE XV 485.
[51] Apg 653.
[52] So z.B. auch schon *Bethge*, Reden 320: "Die Hoffnung Israels ist die messianische (act. 26,6.7), die in Jesus (28,23) erfüllt ist."
[53] EWNT I 1069.
[54] Hoffnung 441.

2.Kapitel: Die Verkündigung der βασιλεία τοῦ θεοῦ nach der Apg

ben, eine derartige Anklageursache dem tatsächlichen Hergang der paulinischen Verhaftung widerspricht, sondern vielmehr auch deshalb, weil der lukanische Paulus ebensowenig wie der lukanische Petrus die allgemeine Totenauferstehung verkündigt hat![55] Was allerdings als bestimmendes Thema die ganze Apostelgeschichte durchzieht, ist die Auferstehung Jesu[56].

Neben den Stellen 23,6; 24,15.21; 26,8, die im Zusammenhang mit dem ἐλπίς-Begriff begegnen, kann man einzig bei 4,2; 17,32 erwägen, ob eine allgemeine Totenauferstehung verkündigt oder zumindest mit im Blick ist. Sehen wir uns diese Stellen kurz der Reihe nach an:

4,2 nennt als Grund, warum die Priester, der Tempelhauptmann und die Sadduzäer, also die Bestreiter einer Totenauferstehung, über Petrus und Johannes aufgebracht sind und sie verhaften lassen: "weil sie das Volk lehrten und an Jesus die Auferstehung der Toten verkündigten". Das entspricht jedoch nicht ganz der zuvor berichteten Rede. Die beiden Apostel haben zwar die Auferstehung Jesu verkündigt (3,15) und auf das "in seinem Namen" geschehene Wunder hingewiesen (3,16), d.h. auf das durch den Auferstandenen und Erhöhten bewirkte Wunder, aber von einer darüber hinausgehenden Totenerweckung war nicht die Rede. "Auferstehung der Toten" kann also in 4,2 nichts anderes meinen als die Auferstehung Jesu, mit der dann freilich die sadduzäische Bestreitung einer Auferweckung der Toten hinfällig geworden ist.

Analoges gilt für *17,32*. Hatte Paulus in 17,31 von der Auferweckung Jesu aus den Toten gesprochen, so liefert für die gebildeten hellenistischen Zuhörer das Stichwort ἀνάστασις νεκρῶν den Anlaß für ihre die verkündigte Botschaft grundsätzlich abwertende Reaktion (17,32), wie sie zuvor schon die paulinische Verkündigung von Jesus und der Anastasis als Verkündigung von zwei ihnen unbekannten Gottheiten mißverstanden hatten (17,18). Auch hier geht es also zunächst nur um die Auferstehung Jesu, wenn auch die Aussage über den künftigen Gerichtstag in 17,31a offenbar die

---

[55] Zumindest ist in den Missionsreden der Apostelgeschichte davon nie die Rede, auch wenn Lukas sie in Apg 17,31a offenbar voraussetzt.

[56] Die Aussage, daß Jesus "von den Toten" auferweckt wurde (3,15; 4,10; 10,41; 13,30.34; 17,3.31; 26,23), wie die, die von Jesu Auferstehung ohne die Wendung "von den Toten" redet (2,24.32; 3,26; 4,2; 5,30; 10,40; 13,33.37; 17,18), zeigen durch ihre Häufigkeit, worin Lukas die Mitte der christlichen Botschaft erblickt.

Vorstellung einer künftigen Totenauferstehung zur Voraussetzung hat und deren Nichtanerkennung durch die griechischen Philosophen ins Unrecht setzt[57].

Insofern ist der Leser also nicht völlig unvorbereitet, wenn sich der lukanische Paulus in *23,6* vor dem Synhedrium verteidigt: "Wegen der Hoffnung auf die Auferstehung der Toten stehe ich vor Gericht."[58] Schon der Hinweis auf die Zusammensetzung des Synhedriums aus Sadduzäern und Pharisäern in V6a weckt in dem Leser die Erinnerung an 4,1f und macht damit schon sehr wahrscheinlich, daß hier ebenfalls die Auferweckung Jesu im Blick ist. Bestätigt wird das durch die Notiz in V11, wonach der Kyrios in der folgenden Nacht zu Paulus sagt: "Sei getrost, wie du nämlich das über mich (τὰ περὶ ἐμοῦ) in Jerusalem bezeugt hast, so mußt du auch in Rom Zeugnis ablegen." Dadurch wird die Aussage vor dem Synhedrium als Christuszeugnis ausgewiesen. Durch dieses Wort des Kyrios zeigt Lukas dem Leser an, daß die Parteinahme der Pharisäer in dem auf das Bekenntnis des Paulus in V6 folgenden Tumult zwischen den Sadduzäern und Pharisäern (VV 7-9) letztlich als von Paulus provoziertes Mißverständnis zu bewerten ist, insofern nämlich "Christians and Pharisees do not really have the same belief in the resurrection, inasmuch as Christians believe that *Jesus* has risen from the dead"[59]. Allerdings bringen Pharisäer durch ihren Glauben an die allgemeine Totenauferstehung eine bessere Voraussetzung mit für die Christusbotschaft als Sadduzäer[60]. Auf Grund von 23,11 wird man also schwer

---

[57] Zwar weiß außer der antiken Mythologie auch die griechische Philosophie von einer postmortalen Beurteilung der Seele entsprechend ihren irdischen Neigungen (vgl. etwa *Platon*, Phaidon 80c-82b), doch setzt Apg 17,31 eine lineare und keine kyklische Zeitauffassung (so *Platon*, Phaidon 72a-b) und damit einen universalen und keinen individuellen Gerichtstag voraus.

[58] Zur Interpretation des καί vgl. *BDR* 442,9 und *Bauer*, Wb Art. καί 795,1d.

[59] *Sanders*, Jews 87f; vgl. auch *Kränkl*, Knecht 146f.

[60] *Daube*, Sadducees 495, hat darauf aufmerksam gemacht, daß ein postmortaler Bezug auch in der Bemerkung in V8 über die sadduzäische Bestreitung der Existenz von Engeln und Geistern vorliegt. Auf dem Hintergrund frühjüdischer Traditionen könne mit "Engel und Geist" nur auf die Zeit bzw. den Zustand zwischen Tod und Auferstehung angespielt sein (494). V9 zeige denn auch deutlich, daß die Pharisäer "Geist und Engel" als mögliche Deutekategorien auf die paulinischen Erfahrungen vor Damaskus und im Tempel (Apg 22,6-10.17-21) anwenden, da sie die Interpretation des Paulus, daß ihm der auferstandene Messias erschienen sei, nicht akzeptieren können (495).

bestreiten können, daß es in 23,6 vor allem um die Auferstehung Jesu geht, wenn Paulus von der Hoffnung auf die Auferstehung der Toten spricht[61].

Zu dieser Deutung scheint nun allerdings *24,14f* nicht zu passen. Während seiner Verhandlung vor Felix beschreibt Paulus nämlich seine Hoffnung unter Berufung auf Gesetz und Propheten als eine Hoffnung auf die kommende Auferstehung der Gerechten und Ungerechten, die er mit seinen Anklägern teile. Fast immer wird diese Aussage als Verweis auf Dan 12,2 verstanden[62], neben Jes 25,8 und 26,18 der einzige atl. Beleg für die Erwartung einer künftigen Totenerweckung wie überhaupt die einzige atl. Stelle, die mit einer künftigen Verdammnis Auferweckter rechnet. Der Hinweis in V14, daß der Glaube des Paulus entsprechend πᾶσι τοῖς κατὰ τὸν νόμον καὶ τοῖς ἐν τοῖς προφήταις γεγραμμένοις sei, scheint diesen Schriftverweis zu empfehlen, auch wenn Dan 12,2 - anders als in Mt 25,46 - im lukanischen Doppelwerk sonst nie begegnet. Nun findet sich der Verweis auf Gesetz und Propheten in den Schriften des Lukas jedoch gewöhnlich als Hinweis auf die Auferstehung Jesu[63], die wiederum nach den Acta apostolorum Hinweis darauf ist, daß es ein künftiges Gericht gibt (10,41f; 17,31). Dieser dem Leser der Apostelgeschichte bekannte Argumentationsgang dürfte deshalb auch in 24,14f vorauszusetzen sein. Die Hoffnung auf die künftige Auferstehung der Gerechten und Ungerechten ist demnach als Verweis auf das Gericht zu verstehen, das der auferweckte Christus als der "von Gott bestimmte Richter der Lebenden und der Toten" (10,42) an dem von Gott festgesetzten Tag (17,31) vollziehen wird. Daß eben dies die Intention der paulinischen Aussage in 24,15 ist, wird durch den Anfang von V14 bestätigt, wo Paulus darauf verweist, daß sein Bekenntnis geschieht κατὰ τὴν ὁδὸν ἣν λέγουσιν αἵρεσιν. Die Funktion des paulinischen Bekenntnisses seiner Hoffnung auf eine künftige Auferstehung der Gerechten und Ungerechten im Kontext seiner Verteidigung vor Felix verdeutlicht der folgende V16. Es soll sein Bemühen um ein tadelloses Gewissen herausstellen, das gerade durch das künftige Gericht (ἐν τούτῳ) motiviert ist. Der Hinweis auf die Auferstehungshoffnung dient Paulus also dazu, seine moralische Integrität zu begründen, die nach Meinung des Lukas im

---

[61] So auch *Gnilka*, Verstockung 152f.

[62] Vgl. etwa den äußeren Rand von *Nestle-Aland* zu 26,15; *Roloff*, Apg 337; *Weiser*, Apg II 629.

[63] Lk 24,44ff; Apg 28,23. Vgl. hierzu weiter unten S.47.

Unterschied zu allen sonstigen religiösen Ansichten eine römische Behörde allein beurteilen darf.

Damit ergibt sich für das Verständnis von 24,14f: Daß Lukas bei dem Hinweis auf die Auferstehungshoffnung an Dan 12,2 denkt, ist möglich, bleibt aber unsicher. Auf jeden Fall geht die lukanische Intention weit über Dan 12,2 hinaus, denn die Hoffnung auf die kommende Auferstehung der Gerechten und Ungerechten ist nach den vorausgegangenen Reden der Apostelgeschichte nicht ohne den auferstandenen Christus als den künftigen Richter zu denken. Das unterscheidet die Gerichtserwartung des lukanischen Paulus von der seiner Ankläger und verbietet es, den Inhalt der Hoffnung unabhängig von der Auferweckung Jesu zu interpretieren. Der Hinweis auf das kommende Gericht dient im Kontext der paulinischen Apologie vor Felix dazu, sein reines Gewissen zu betonen. "Nach der Auffassung des Lukas kann das Argumentationsziel erreicht werden, ohne daß ein so spezifisch christlicher Glaubens- und Verkündigungsgehalt wie die Auferweckung Jesu ... ausdrücklich formuliert wird. Lukas hat sie jedoch im Blick, wie 25,19 zeigt"[64].

Innerhalb der gleichen Rede in *24,21* erwähnt Paulus noch einmal seinen Ausspruch vor dem Synhedrium, daß er um der Totenauferstehung willen vor Gericht stehe. Wie in 23,6 wird damit vor allem die Auferstehung Jesu gemeint sein.

26,6ff bestätigt unser bisheriges Verständnis von ἐλπίς bei Lukas. V6 nennt die an die Väter ergangenen Verheißungen als Gegenstand der Hoffnung und verweist damit wie 24,14f auf die Schrift. Diesen Verheißungen entspricht die gespannte Erwartung des Zwölfstämmevolkes (V7). Inhaltlich soll es dabei um die Auferstehung der Toten gehen (V8). Damit ist jedoch wiederum, wie die folgenden biographischen Notizen des Paulus über seine Begegnung mit dem Auferstandenen verdeutlichen (VV 9ff; besonders VV 13-15), die Auferstehung Jesu (V9: τὸ ὄνομα ʼΙησοῦ) gemeint[65]. Das macht der Abschluß der Rede in *26,22f* noch einmal vollends deutlich: Hier wird der Inhalt der paulinischen Verkündigung allgemein charakterisiert als das, was die Propheten und Mose für kommende Zeiten verheißen haben (V22). Konkret heißt das, "daß der Christus leiden muß, daß er als erster aus der

---

[64] *Weiser*, Apg II 629.
[65] Der gleiche Gedankengang begegnet Apg 13,32-37: Die an die Väter ergangene Verheißung (V32) hat Gott durch die Auferweckung Jesu erfüllt (V33a)!

38 2.Kapitel: Die Verkündigung der βασιλεία τοῦ θεοῦ nach der Apg

Auferstehung der Toten ein Licht verkündigen soll dem Volk und den Heiden" (V23). Nicht nur wird an dieser Stelle ausdrücklich die Auferstehung Jesu und ihre Stellung im Kontext der allgemeinen Totenauferstehung als in der Schrift angekündigt genannt, sondern es wird auch Christi Todesleiden und seine universale Verkündigung als zum Heilsplan Gottes gehörig ausgewiesen (vgl. Lk 24,46f). Das heißt nun aber: Weil für den auctor ad Theophilum die zentralen Akte des Christusgeschehens in der Schrift vorausgesagt sind, darum geht es um die "Hoffnung Israels" (28,20), wenn das Christusgeschehen bzw. Jesu Auferstehung verkündigt wird[66].

Wir kommen somit zu dem *Ergebnis*: Wenn Lukas von der "Hoffnung Israels" redet, dann denkt er vor allem an die Auferstehung Jesu. Sie ist Erfüllung der messianischen Verheißungen, mit der Vorstellung von Christus als dem Weltenrichter verbunden und impliziert von daher auch die Erwartung einer allgemeinen Totenauferstehung.

Es stellt sich an dieser Stelle noch die Frage, was Lukas zu seiner Sichtweise veranlaßt hat. Die Antwort muß bei seinem Verständnis der Auferstehung Jesu gesucht werden. An dieser Stelle sei nur so viel angedeutet: Für Lukas wie für das historische Israel seiner Zeit ist eine der wichtigsten atl. Verheißungen die, daß Gott einen Nachkommen Davids auf seinen Thron setzen wird (Lk 1,32f; Apg 2,30)[67]. Diese messianische Verheißung ist für den auctor ad Theophilum mit der als Erhöhung interpretierten Auferstehung Jesu[68] erfüllt (Apg 2,31; vgl. 13,33f). Auferstehung Jesu wird also als himmlische Inthronisation des Messias verstanden, der seine βασιλεία von Gott empfangen hat (Lk 22,29; vgl. 19,11-27; Apg 13,33) und damit als von Gott zu seiner Rechten Erhöhte (vgl. Lk 22,69; Apg 2,33f; 5,31; 7,55f) das Richteramt über Lebende und Tote wahrnehmen wird (10,42), aber auch

---

[66] So auch *Jervell*, Mighty Minority 27: "The resurrection of Jesus is in itself defined as 'the hope of Israel', Acts 26,6f.; 24,15 and 28,20"; vgl. noch *Mußner*, Apg 10.

[67] Vgl. *Betz*, Kerygma 138-142.

[68] An diesem Verständnis der Auferstehung scheint Lukas festzuhalten, obwohl bei ihm - anders als sonst im NT - Auferstehung und Erhöhung als zwei zeitlich aufeinanderfolgende Akte auseinanderfallen (vgl. nur Lk 24 und Apg 1). Sachlich werden sie jedoch als Einheit angesehen (Apg 2,30f; 13,32f - zu der letzten Stelle vgl. auch *Weiser*, Apg II 331f). *Betz*, Kerygma 140, dürfte also richtig gesehen haben: "The 'resurrection of Christ' means not only his being raised from the dead (Acts 2:32), but also his being raised to the throne, his exaltation to the right hand of God (Acts 2:33)."

das Heil schenkt (5,31; 10,43; 13,38f)[69]. Auf diese hier nur angedeuteten Gedanken wird noch ausführlicher einzugehen sein[70].

Wenn Paulus also in Rom den versammelten Juden als Haftursache die "Hoffnung Israels" angibt, so ist für den Leser der Acta apostolorum deutlich, daß damit primär die Auferstehung Jesu als das Zentrum der christlichen Botschaft und des göttlichen Heilsplanes angesprochen ist. Mit dieser Mitte untrennbar verbunden sind Christi Todesleiden und die Mission unter Juden und Heiden, in der der Auferstandene und Erhöhte durch seine Boten selbst am Werk ist[71].

Nach Apg 28,17-20 beruht demnach - so lassen sich unsere bisherigen Überlegungen zusammenfassen - die Differenz zwischen dem Judenchristen Paulus und seinen Volksgenossen nicht auf divergierenden Kultpraktiken, auch nicht auf einer von der pharisäisch-eschatologischen Hoffnung auf die Totenauferstehung unterschiedenen Erwartung, sondern die Divergenz liegt auf der Ebene der Christologie, in der Rolle Jesu in Gottes Heilsplan. Mit den Stichworten Heilsgeschichte und Christologie läßt sich somit das Vorzeichen angeben, unter dem 28,23ff zu lesen ist.

Die Antwort der Juden in den *VV 21f* dient ebenfalls der Vorbereitung der folgenden Szene und darf deshalb nicht historisch ausgewertet werden. Die Erklärung in V21, es sei weder eine offizielle noch eine private Nachricht[72] über Paulus von Judäa nach Rom gelangt, soll die Vorurteilslosigkeit der jüdischen Zuhörer ihm gegenüber bekunden und damit "die letzte Missionsverkündigung des Paulus unter den Juden"[73] ermöglichen.

Dem entsprechen die Formulierungen und Aussagen in V22. Die πρῶτοι τῶν Ἰουδαίων wollen die Meinung des Paulus (ἃ φρονεῖς) hören, der als Repräsentant einer αἵρεσις angesehen wird. Mit dem letzten Wort kann die Apostelgeschichte die Gruppe der Sadduzäer (5,17)[74], der Pharisäer (15,5;

---

[69] Insofern wird man also nicht mit *Hoffmann*, TRE IV 462, sagen können, Lukas versuche "die Auferstehung Jesu 'historisch' abzusichern und an ihr die Möglichkeit von Totenauferstehung überhaupt zu demonstrieren".
[70] Vgl. S. 79f.
[71] Apg 14,3; 26,23; vgl. auch *Hengel*, Geschichtsschreibung 54.57.105; *Dömer*, Heil 95 und passim.
[72] Zu diesem Verständnis von V21 vgl. *Schneider*, Apg II 416 Anm. 47 und 48.
[73] *Jervell*, Paulus 171 Anm. 1.
[74] So auch *Josephus*, Ant XIII 171. 293; XX 199; Vita 10.

40 *2.Kapitel: Die Verkündigung der* βασιλεία τοῦ θεοῦ *nach der Apg*

26,5)[75] und der "Nazoräer" (24,5.14) bzw. hier der Christen bezeichnen, ohne daß dieser Begriff unbedingt abwertend gemeint sein muß (vgl. 26,5)[76]. Das von Paulus repräsentierte Christentum wird also von den römischen Juden gekennzeichnet als eine bestimmte Partei innerhalb ihrer Religion, die auf Ablehnung durch das sonstige Judentum stößt[77]. Freilich begegnet in der Apostelgeschichte die Ansicht, daß das von Paulus repräsentierte Christentum eine Gruppierung innerhalb des Judentums sei, immer nur als Meinung der Juden.

Von dieser Partei ist den Gesprächspartnern des Paulus nur bekannt, "daß ihr überall widersprochen wird". Mit ἀντιλέγεται wird nicht nur die bisher typische Reaktion eines Großteils des Judentums auf die Evangeliumsverkündigung benannt[78], sondern auch das Ergebnis der paulinischen Predigt in Rom vorweggenommen. Aber zunächst bleibt - und das ist die eigentliche lukanische Intention bei der Gestaltung dieser Szene - die Unvoreingenommenheit der römischen Juden Paulus und seiner Botschaft gegenüber bestehen. Nur so kann für den auctor ad Theophilum ihre Reaktion auf die christliche Botschaft als die für das Judentum typische zur Geltung kommen[79].

Daß die Situation konstruiert ist, wird in V22 vor allem daran deutlich, daß den römischen Juden das Christentum unbekannt sein soll, was ja auf dem Hintergrund von Apg 18,2 und 28,15 nur heißen kann, daß die römischen Christen[80] nicht missionarisch tätig geworden sind. Auf diese - historisch sicherlich nicht korrekte - Weise erhebt die lukanische Darstellung Paulus zum Erstverkündiger im Zentrum der damaligen Welt. Freilich ist es nicht die Absicht des Autors der Acta apostolorum, dem Völkermissionar

---

[75] So auch *Josephus*, Bell II 162; Ant XIII 171. 288; Vita 10. 12. 191. 197.

[76] So z.B. bei Paulus (1.Kor 11,19; Gal 5,20) oder im 2.Petr (2,1).

[77] Vgl. *Roloff*, Apg 373; *Schmithals*, Apg 239.

[78] *Hauser*, Strukturen 98, hat darauf aufmerksam gemacht, daß ἀντιλέγειν im lukanischen Doppelwerk "immer den Widerstand der Juden gegen die Heilsbotschaft aussagt". Man muß jedoch präzisierend von einem Widerstand eines Teiles der Juden sprechen, vgl. z.B. Lk 20,27.

[79] *Roloff*, Apg 373: Lukas "will anscheinend eine Situation konstruieren, die es ihm erlaubt, modellhaft zu zeigen, daß auch Paulus und dem Christentum gegenüber völlig unvoreingenommene Juden sich dem Anspruch des Evangeliums verschließen"; ähnlich *Pesch*, Apg II 309.

[80] Von einer römischen Gemeinde redet Lukas nicht. Wie groß man sich die Zahl der "Brüder" in 28,15 vorstellen soll, bleibt völlig offen.

eine besondere Ehrenstellung zuzuweisen, sondern es geht ihm um die Darstellung der jüdischen Ablehnung der christlichen Verkündigung in Rom als dem Abschluß der paulinischen Mission. Paulus als Erstverkündiger garantiert dabei die Sachgemäßheit der christlichen Lehre[81], die die römischen Juden vernommen haben. Entsprechend wird im folgenden die paulinische Botschaft in gleicher Weise inhaltlich gekennzeichnet wie die Verkündigung des irdischen und auferstandenen Herrn sowie seiner Apostel, nämlich als Verkündigung der βασιλεία τοῦ θεοῦ.

Es dürfte deutlich geworden sein, daß die erste Szene mit ihrer Darstellung der Begegnung des Paulus mit den πρῶτοι τῶν Ἰουδαίων lediglich Einleitungscharakter für die VV 23-28 trägt[82]. Die in dieser Einleitung angesprochenen Themen signalisieren dem Leser der Apostelgeschichte, daß es einerseits um das Verhältnis des Diasporajudentums zur christlichen Botschaft geht, das nach V22 aus der Sicht der römischen Juden noch ein grundsätzlich offenes ist, daß andererseits aber auch das Verhältnis des Christentums zum Alten Testament und zu Israel thematisiert wird. Der auctor ad Theophilum möchte in der die Apostelgeschichte abschließenden Szene seinen Lesern noch einmal erklären, wie es zur Verweigerung eines Großteils des Judentums der christlichen Botschaft gegenüber kam, wobei - und hier liegt m.E. eine weitere zentrale lukanische Akzentsetzung - die Trennung des Judentums vom Christentum keine Verwerfung des Alten Testaments durch das Christentum zur Folge hat. Davon wird im folgenden noch ausführlicher zu handeln sein.

3) V23: Die paulinische Basileiaverkündigung vor Juden

Auf den ersten Blick scheint *V23* unserer Charakterisierung der VV 17-22 als "Einleitung" zu widersprechen, denn in einem Satz wird die Verabredung der römischen Juden mit Paulus, ihr erneutes Kommen und schließlich die ganztägige paulinische Verkündigung zusammengefaßt. Hier, wo man zum Abschluß der Apostelgeschichte noch eine längere Rede des Paulus erwartet hätte, muß man sich mit einem Summarium seiner Verkündigung

---

[81] Vgl. *Schmithals*, Apg 239.
[82] So schon *Bethge*, Reden 317.

zufrieden geben, obwohl die πλείονες in V23a als Überbietung der πρῶτοι τῶν Ἰουδαίων von V17 auf die Bedeutsamkeit der folgenden Szene aufmerksam machen. Dieser Sachverhalt wird sich wohl am besten dadurch erklären lassen, daß der Autor der Acta apostolorum Leser voraussetzt, die wissen, worum es bei dem Summarium inhaltlich geht.

Die πλείονες, Subjekt des Hauptsatzes in V23a, werden im Relativsatz in V23b als Adressaten der paulinischen Rede genannt. Subjekt des Relativsatzes ist Paulus, Prädikat ἐξετίθετο. Das verbum finitum selbst wird durch zwei Partizipialkonstruktionen, der Wendung ἀπό τε τοῦ νόμου Μωϋσέως καὶ τῶν προφητῶν sowie die Zeitangabe ἀπὸ πρωῒ ἕως ἑσπέρας näher bestimmt, so daß sich für V23b folgender *Aufbau* ergibt[83]:

οἷς ἐξετίθετο
 διαμαρτυρόμενος τὴν βασιλείαν τοῦ θεοῦ
 πείθων τε αὐτοὺς περὶ τοῦ Ἰησοῦ
 ἀπό τε τοῦ νόμου Μωϋσέως καὶ τῶν προφητῶν
 ἀπὸ πρωῒ ἕως ἑσπέρας.

Die Strukturbestimmung dieses Halbverses läßt zunächst zwei Fragen offen, die in der Exegese zu klären sein werden:

1. Verbindet das τε nach πείθων zwei inhaltlich gleiche Aussagen[84], so daß die zweite Partizipialwendung die erste näher charakterisiert, oder fügt sie eine zusätzliche inhaltliche Angabe zur ersten hinzu[85]?

2. Damit zusammen hängt die Frage, worauf ἀπό τε τοῦ νόμου Μωϋσέως καὶ τῶν προφητῶν zu beziehen ist: lediglich auf die zweite Partizipialwendung oder auch auf die erste und damit wie die Zeitangabe ebenfalls auf das Hauptverb des Relativsatzes?

Innerhalb des NTs begegnet ἐκτίθεσθαι nur in der Apostelgeschichte[86] und charakterisiert - wie die Zusätze zu diesem Verb in 11,4 (καθεξῆς) und 18,26 (ἀκριβέστερον) zeigen - die logische und begründete Darstellung

---

[83] Für die Interpunktion des Relativsatzes ist der Vorschlag des Greek New Testament gegenüber der 25. und 26. Aufl. des Novum Testamentum Graece zu bevorzugen, d.h. die beiden Kommata nach θεοῦ und προφητῶν sind zu streichen.
[84] So z.B. *Nellessen*, Zeugnis 243.
[85] So z.B. *Haenchen*, Apg 691.
[86] Neben 7,21, wo das Verb die Bedeutung "aussetzen" hat, beschreibt es in 11,4 das Bemühen des Petrus, seinen Jerusalemer Kritikern seinen Weg zu den Heiden zu verdeutlichen, und in 18,26 die Belehrung des Apollos durch Priszilla und Aquila, wobei Gegenstand dieser Belehrung die ὁδὸς τοῦ θεοῦ ist.

dessen, wovon die Adressaten überzeugt werden sollen[87]. Da die Zuhörer nach V23 Juden sind, denen gegenüber Paulus sonst immer mit Berufung auf die Schrift argumentiert, liegt es schon aus diesem Grund nahe, ἀπό τε τοῦ νόμου Μωϋσέως καὶ τῶν προφητῶν auf das Hauptverb zu beziehen, weil für den auctor ad Theophilum nur so die geordnete Darlegung der "Hoffnung Israels" (V20) ihre sachgemäße Begründung erhält[88]. Ist das richtig, dann kann nach Lukas auch die βασιλεία τοῦ θεοῦ vom AT her bezeugt werden.

Die beiden Partizipialwendungen geben die Art und Weise wie den Inhalt dessen an, was Paulus seinen Zuhörern "auseinandersetzt". V23b hat nun zwei enge *Parallelen in Apg 8,12 und 28,31*. In allen drei Fällen handelt es sich um ein Summarium, in dem die verkündigte Botschaft kurz zusammengefaßt wird:

Apg 8,12: ὅτε δὲ ἐπίστευσαν τῷ Φιλίππῳ εὐαγγελιζομένῳ περὶ τῆς βασιλείας τοῦ θεοῦ καὶ τοῦ ὀνόματος Ἰησοῦ Χριστοῦ, ἐβαπτίζοντο ἄνδρες τε καὶ γυναῖκες.

Apg 28,23b: οἷς ἐξετίθετο διαμαρτυρόμενος τὴν βασιλείαν τοῦ θεοῦ πείθων τε αὐτοὺς περὶ τοῦ Ἰησοῦ ἀπό τε τοῦ νόμου Μωϋσέως καὶ τῶν προφητῶν ἀπὸ πρωῒ ἕως ἑσπέρας.

Apg 28,31: κηρύσσων τὴν βασιλείαν τοῦ θεοῦ καὶ διδάσκων τὰ περὶ τοῦ κυρίου Ἰησοῦ Χριστοῦ μετὰ πάσης παρρησίας ἀκωλύτως.

Allen drei Summarien gemeinsam ist folgender Aufbau: verbum dicendi + βασιλεία τοῦ θεοῦ (+ verbum dicendi)[89] + christologische Themenangabe. Die Schwierigkeit der Deutung besteht vor allem im ersten Teil - wie überhaupt in allen Summarien des lukanischen Doppelwerkes, die ein verbum dicendi mit βασιλεία τοῦ θεοῦ verbinden -, denn "wo immer eine Predigt wörtlich wiedergegeben wird, steht nirgends das Stichwort 'Basileia', sondern es wird 'das über Jesus' erzählt"[90]. Von daher ist es methodisch angemessen, zunächst mit einer Erklärung der zweiten Partizipialwendung zu beginnen, weil wir hier auf festerem Boden stehen.

Mit πείθων τε αὐτοὺς περὶ τοῦ Ἰησοῦ wird in V23b die paulinische Christusverkündigung beschrieben. Die Apostelgeschichte verwendet das Verb πείθειν zur Charakterisierung der Predigtweise des Paulus sechsmal,

---
[87] Vgl. *Hauser*, Strukturen 126.
[88] Vgl. *Jervell*, Schrift 88f.
[89] In 8,12 ist das Verb für beide Redeinhalte identisch.
[90] *Hauser*, Strukturen 115.

doch ist der Sprachgebrauch nicht ganz einheitlich: An zwei dieser sechs Stellen begegnet das Verb im Mund von Ungläubigen und hat dann die Bedeutung "beschwatzen" (26,28) oder "verführen" (19,26)[91]. In den übrigen vier Belegen (13,43; 18,4; 19,8; 28,23) steht die Vokabel für "überreden" bzw. "überzeugen". Die letzten vier Stellen stehen in einem Zusammenhang, der einem ganz bestimmten Schema folgt: Paulus (und Barnabas: 13,43) suchen Juden (und Gottesfürchtige: 13,43; 18,4[92]) mit ihrer Botschaft zu überzeugen. Es folgt eine negative Reaktion der Juden (13,45; 18,6) bzw. einiger Juden (19,9; 28,24f)[93], der Bruch des Paulus (und des Barnabas) mit den ungläubigen Juden[94] und - damit in einem Kausalzusammenhang stehend[95] - die Wendung zu den Heiden (13,46; 18,6; 19,9; 28,28)[96]. Dieser schematische Ablauf tritt nun nicht zufällig auf, sondern während der ersten Missionsreise im pisidischen Antiochien, während der zweiten Missionsreise in Korinth, während der dritten Missionsreise in Ephesus und schließlich während der vierten Reise des Paulus am Höhe- und Endpunkt der Apostelgeschichte in Rom, also jeweils im Zentrum der entsprechenden Reisen[97]. Auf diese Weise will der auctor ad Theophilum zum

---

[91] Vgl. hierzu *Bauer*, Wb Art. πείθω 1288f unter 1b, und *Hauser*, Strukturen 131.

[92] Bei den in diesem Vers erwähnten "Griechen" wird es sich wohl um Gottesfürchtige handeln, da sie Zuhörer in einem Synagogengottesdienst sind.

[93] Die Bekehrung des Synagogenvorstehers in Korinth (18,8) zeigt, daß auch hier der Bruch des Judentums mit der christlichen Botschaft kein totaler ist. Nicht eindeutig zu klären ist, ob das auch für Apg 13 gilt, weil aus der Darstellung nicht ersichtlich wird, wie sich die auf die Botschaft des Paulus positiv reagierende Zuhörerschaft in 13,43 zu den diese Verkündigung ablehnenden "Juden" in 13,45 verhält. Ein ähnliches Problem wird uns in noch 28,24-28 begegnen.

[94] In 13,51; 18,6 und 28,25-27 ist die Abwendung von den ungläubigen Juden jeweils noch mit einer Drohgeste und/oder mit einem Drohwort verbunden; vgl. *Gnilka*, Verstockung 148.

[95] Ein solcher Kausalzusammenhang wird bestritten von *Haenchen*, Apg 487: "Falsch ist ... die Vorstellung, er (sc. Paulus) habe das Heil grundsätzlich nur den Juden angeboten und erst, wenn sie ihn abwiesen, sich an Heiden gewandt". Ihm folgt *Mußner*, Apg 102. Aber außer Apg 17,17 fehlt für eine derartige These, wonach Paulus sich aus eigenem Antrieb zu den Heiden gewandt habe, jeder Beleg; vgl. hierzu S.70 mit Anm. 194-197.

[96] Vgl. *Kemmler*, Faith 139, und ihm folgend *Hauser*, Strukturen 131.

[97] Eine ähnliche Beobachtung findet sich schon bei *Dibelius*, Aufsätze 129, - und ihm folgend *Haenchen*, Apg 697; *Gnilka*, Verstockung 146; *O'Neill*, Theology 82, u.a. - , der allerdings 19,8f nicht in seine Überlegungen einbeziht und das Vorkommen des Schemas deshalb als eine "wohl angemessene Verteilung auf die Kapitel 13, 18 und 28 und damit

Ausdruck bringen, daß erst die Ablehnung der Christusbotschaft seitens der unbußfertigen Juden Paulus zur Verkündigung unter den Heiden veranlaßte, obwohl das zunächst nicht in seiner Absicht lag[98]. Da πείθειν also immer einen Versuch mit begrenztem oder überhaupt keinem Erfolg kennzeichnet, läßt sich ἔπειθον (13,43) bzw. ἔπειθεν (18,4) nur als Impf. de conatu verstehen. Analoges gilt auch für das Ptz. Präs. πείθων (19,8; 28,23)[99].

Weil Paulus ein jüdisches Auditorium "zu überzeugen versucht", arbeitet er mit dem *Schriftbeweis*, denn bei jüdischen oder dem Judentum nahestehenden Zuhörern ist der Schriftbeweis das entscheidende Argument[100]. Eine Ablehnung der paulinischen Predigt basiert deshalb auf fehlender Erkenntnis oder erfolgt wider bessere rationale Einsicht, ist eine Tat des Unglaubens (V24b) und kann nur als Verstockung interpretiert werden (VV 26f). Gerade die Verben ἐκτίθεσθαι und πείθειν in Verbindung mit dem Hinweis, daß die Argumentation περὶ τοῦ Ἰησοῦ vom Gesetz des Mose und von den Propheten her geschieht, verdeutlichen, daß es dem lukanischen Paulus zunächst um eine rationale Einsicht[101] in das Christusgeschehen geht.

Inhaltlich ist also die paulinische Darlegung durch die Christologie bestimmt[102]. Da dieser Inhalt nur mittels einer knappen summarischen Wendung angedeutet wird, ist er mit Hilfe der Paulusreden zu ermitteln. Hierzu

---

auf alle Länder, die in Betracht kommen - Kleinasien, Griechenland, Italien -" beurteilt. - Ähnlich auch *Wilson*, Gentiles 226. 228f.

[98] Das Schema hat ferner eine gewisse Entsprechung in 22,17-21, wo die Sendung des Paulus zu den Heiden gerade damit begründet wird, daß die (Jerusalemer) Juden sein Zeugnis nicht annehmen werden (22,18). - Analoges begegnete schon früher in der Apostelgeschichte: Erst die Ablehnung der christlichen Verkündigung seitens des ganzen jüdischen Volkes in Jerusalem (6,12), die sich in dem Stephanusmartyrium manifestierte (7,57-60), hat zur Ausbreitung des Evangeliums über Jerusalem hinaus nach Samarien geführt (8,1.4).

[99] Auch das Ptz. Präs. kann eine beabsichtigte, aber unvollendete Tat ausdrücken, vgl. BDR 319$_2$.

[100] Umgekehrt fehlt natürlich der Schriftbeweis in den beiden paulinischen Reden vor heidnischem Publikum (Apg 14,15-17; 17,22-31), auch wenn Paulus in beiden Reden den "unbekannten Gott" (17,23) unter Rückgriff auf atl. Redeweise verkündigt (vgl. unten S. 75), so daß eine Darstellung der christlichen Botschaft unter Absehung des ATs auch in diesen Reden keine Stütze finden kann.

[101] Vgl. *Jervell*, Schrift 85.

[102] Das entpricht dem, was auf Grund unserer Exegese von Apg 28,17-22 als Thema der VV 23ff zu erwarten war; vgl. S. 39.

brauchen jedoch nicht alle Aussagen περὶ τοῦ ᾽Ιησοῦ berücksichtigt zu werden, sondern zunächst nur die, die sich wie V23 auf die Schrift berufen. Folgende *christologische Schrifthinweise* begegnen *in der paulinischen Verkündigung der Apostelgeschichte*:
1. Jesus ist aus dem Samen Davids und Retter für Israel (13,23).
2. Jesus mußte leiden und sterben (13,27-29; 17,3; 26,23).
3. Jesus mußte von den Toten auferstehen (13,32-37; 17,3; 26,23; vgl. 24,14f).
4. Jesus werde als der erste aus der Auferstehung der Toten dem Volk und den Heiden ein Licht verkündigen (26,23; vgl. auch 13,47).

Auf Grund dieses Schriftzeugnisses kann es demnach für den lukanischen Paulus keinen Zweifel geben, daß Jesus der verheißene Messias ist (17,3; 18,28; 26,23; vgl. 9,22[103]; 18,5).

Daß das Sterben und Auferstehen des Messias dem in der Schrift festgelegten Plan Gottes entspricht, wurde zuerst vom vorösterlichen Jesus (Lk 18,31-33 diff. Mk 10,33f; Lk 22,37; vgl. auch das δεῖ in Lk 9,22; 17,25) dargelegt. Der Auferstandene wiederholt diese Ausführungen (Lk 24,26f. 45f), fügt jedoch zusätzlich noch den Hinweis auf die universale Verkündigung hinzu (24,47). Nach der Himmelfahrt bezeugt Petrus als der Repräsentant der Apostel diesen Sachverhalt (Apg 2,22-39; 3,11-26), wobei die universale Verkündigung in den Petrusreden zwar nicht ausdrücklich genannt, aber für den Autor der Acta apostolorum wohl doch impliziert ist (3,25f)[104].

Der Inhalt der paulinischen Christuspredigt entspricht also dem der Verkündigung Jesu und der Apostel. Gemeinsam ist auch der Bezug auf die Voraussagen des ATs. Sachlich kommt bei den angeführten Belegen aus der Paulusverkündigung dem Auferstehungszeugnis Dominanz zu, weil nach Lukas allein von der Auferstehung eine heilsgeschichtliche Bedeutung für die Gegenwart ausgesagt werden kann (s.u.)[105].

---

[103] Mit συμβιβάζων wird in diesem Vers wohl auch der Schriftbeweis gemeint sein.

[104] Vor allem das πρῶτον in 3,26 scheint diese Interpretation nahezulegen. - Vgl. auch *Jervell*, Israel 85-88; *Wilson*, Gentiles 219-222.

[105] Von einem Sühnetod Jesu reden nur Lk 22,19f und Apg 20,28. Beide Stellen hat der auctor ad Theophilum seiner Überlieferung entnommen. Lukas kennt also das Bekenntnis von der soteriologischen Bedeutung des Todes Jesu, polemisiert auch nirgends dagegen (vgl. *Michel*, Abschiedsrede 89; *Roloff*, Apg 306), setzt aber selbst andere christologische und soteriologische Akzente. - Die Interpretation des Fehlens von

Paulus sucht also seinem jüdischen Auditorium in Rom auf Grund der in den Schriften vorausgesagten Verheißungen Gottes Jesus als den Messias zu beweisen, indem er vor allem sein Sterben und Auferstehen als die "Mitte der Schrift"[106] herausstellt. Wie sich Lukas den Schriftbeweis konkret gedacht hat, gibt er Apg 17,2f zu erkennen: Zuerst wird das δεῖ des Todesleidens und des Auferstehens des Messias dargelegt, also sein von Gott festgelegter Weg, wie er in den Schriften vorausgesagt ist. Sodann wird in einem zweiten Teil des Beweisganges gezeigt, daß diese Voraussetzungen auf Jesus zutreffen, so daß sich seine Messianität zwingend schlußfolgern läßt.

Daß der Schriftbeweis - anders als sonst im NT[107] - nicht auf den schändlichen Kreuzestod Jesu beschränkt, sondern auch auf seine Auferstehung ausgedehnt wird, ist für Lukas typisch[108]. Zwar kann der lukanische Paulus einmal zur Betonung der Tatsächlichkeit der Auferstehung auf die apostolischen Erscheinungszeugen verweisen (13,31), aber die Tatsache allein reicht offenbar nicht zur Messiasprädikation aus, auch wenn es sich um das Ereignis der Auferstehung handelt, sondern bedarf des Schriftzeugnisses (13,32-37)[109]. Nur weil das Geschehen von Kreuz und Auferstehung Jesu als Erfüllung des in der Schrift festgelegten Plans Gottes anzusprechen ist, kann es als heilsgeschichtliches Ereignis ausgesagt und als solches bewiesen werden. Wenn es in V23b von Paulus also heißt πείθων τε αὐτοὺς περὶ τοῦ Ἰησοῦ, dann denkt Lukas an diesen beschriebenen Vorgang, bei dem Paulus

---

Mk 10,45 in Lk 22,24ff als lukanische Abwertung des soteriologischen Verständnisses der Kreuzigung (vgl. *Conzelmann*, Mitte 188f) beruht auf einem Fehlurteil der Quellenkritik, da Lk 22,24-27 nicht von Mk 10,42-45 abhängig ist; vgl. *Wiefel*, Lk 369 und die ebd. Anm. 4 genannten Autoren. Außerdem zeigt 1.Tim 2,6, die hellenistische Version von Mk 10,45, daß es sich bei diesem Vers um ein ursprüngliches Einzellogion handelt, das erst später mit Mk 10,42-44 verbunden wurde. Überlieferungsgeschichtlich stellt also Lk 22,24-27 ein älteres Stadium dar als Mk 10,42-45.

[106] Vgl. *Jervell*, Schrift 90f, und ihm folgend *Radl*, Lukas-Evangelium 73f.

[107] Ausnahmen sind 1.Kor 15,4, wo aber m.E. nicht zu klären ist, welche Schriftstelle den Hintergrund dieses vorpaulinischen Überlieferungsstückes bildet - (vielleicht Jes 53,10f?) - , und Joh 20,9, wiederum ohne Bezeichnung einer konkreten Schriftstelle; vgl. hingegen Mt 12,40 - freilich ist hier nicht von "Auferstehung" die Rede, sondern es soll mit Jon 2,1 der dreitägige Aufenthalt des Menschensohnes "im Herzen der Erde" bewiesen werden.

[108] Vgl. *Cadbury*, Making 279; *Kränkl*, Knecht 131.

[109] Vgl. *Jervell*, Luke 90.92; *Burchard*, Zeuge 133, *Kränkl*, Knecht 143.146.

2. Kapitel: Die Verkündigung der βασιλεία τοῦ θεοῦ nach der Apg

mit Hilfe der Schrift die Zuhörer von der Messianität Jesu und ihrer heilsgeschichtlichen Bedeutung zu überzeugen sucht.

Am Ende der Apostelgeschichte redet Paulus also von nichts anderem als der auferstandene Jesus am Ende des Evangeliums (Lk 24,45-47). Ein Unterschied besteht hingegen darin, daß Paulus für die vom Auferstandenen eröffnete[110] Einsicht in das Verständnis der Schrift und ihrer messianischen Voraussagen werben muß und zumindest bei einem Großteil seines Volkes dabei auf Unverständnis und Ablehnung stößt, die allerdings ebenso wie das Christusereignis zu dem in der Schrift festgelegten göttlichen Plan gehören, wie die folgenden Verse verdeutlichen.

Ist somit der Inhalt des zweiten, christologischen Teils des Summariums geklärt, so müssen wir uns nun dem ersten Teil zuwenden. Was also meint Lukas mit διαμαρτυρόμενος τὴν βασιλείαν τοῦ θεοῦ?

---

[110] Auch wenn die Schrift für den auctor ad Theophilum an sich eindeutig ist (Lk 16,29-31), muß ihr rechtes Verstehen, d.h. ihr Reden vom Messias Jesus, doch "eröffnet" werden (Lk 24,32.45); vgl. *Jervell*, Schrift 85f. Über *Jervell* hinausgehend muß aber betont werden, daß für den Autor des Doppelwerkes diese Eröffnung erst nach Ostern bzw. mit Ostern möglich ist; vgl. *Conzelmann*, Mitte 151; *Gnilka*, Verstockung 141; *Ernst*, Schriftauslegung 191f. Wenn *Jervell*, a.a.O. 86, schreibt: "Jesus ist *lediglich* der erste, der die Schriften im Blick auf sich selbst interpretiert. Diese 'Eröffnung' wird später von anderen getan" (kursive Hervorhebung von mir), so ist dieses Urteil nur bedingt richtig. Zwar hat der lukanische Jesus von Beginn seiner irdischen Wirksamkeit an die Schriften auf sich bezogen (Lk 4,18-21) und die Zwölf auf seine durch die Propheten vorausgesagte Passion schon vor Karfreitag hingewiesen (18,31-33; vgl. auch Lk 24,6: δεῖ), was der Auferstandene noch einmal bestätigt (Lk 24,44), aber die Reaktion der Jünger auf die Leidensweissagungen (Lk 9,45 diff. Mk 9,32; Lk 18,34 diff. Mk 10,34; Lk 22,37f; vgl. hierzu *Talbert*, Gnostics 39-41), das Votum der Emmausjünger und die darauf folgende Reaktion Jesu (Lk 24,19-25) machen doch deutlich, daß die Jünger bis zur Begegnung mit dem Auferstandenen von Tod und Auferstehung des Messias nichts verstanden haben (vgl. *Roloff*, Apostolat 182-184). Ein völliges Verstehen ist also offenbar für Lukas erst nach Ostern und gerade dadurch möglich, daß der Auferstandene die Schriften eröffnet (Lk 24,27.32.45-47; vgl. *Schubert*, Struktur 355). Theologisch kommt es für den auctor ad Theophilum genau darauf an, denn darin liegt das sachliche Recht begründet, daß das auch "später von anderen getan" werden kann. Die Sachgemäßheit der späteren Schriftexegese beruht demnach auf der Interpretation des Auferstandenen, für die die Apostel (und später auch Paulus) als Zeugen in Pflicht genommen werden (Lk 24,48; vgl. ausführlicher zu diesem Verständnis des lukanischen Zeugenbegriffs den folgenden Exkurs).

Apg 28,23: Die paulinische Basileiaverkündigung vor Juden

Das verbum dicendi διαμαρτύρεσθαι wird mit Ausnahme von Lk 16,28[111] und Apg 20,23[112] nur für die Zeugentätigkeit der Apostel[113] und des Paulus[114] gebraucht, also der dreizehn lukanischen μάρτυρες[115]. Das führt zu der Frage: Ist διαμαρτύρεσθαι bei Lukas ein terminus technicus für die apostolische und paulinische Verkündigung, wobei es auf das Subjekt, den Verkündiger, ankommt[116]? Oder meint es lediglich "die (nachdrückliche) *Versicherung*, daß dies oder das so ist oder sein wird"[117]? Im ersten Fall wäre zur Erklärung von διαμαρτύρεσθαι der spezifisch lukanische Zeugenbegriff heranzuziehen, im zweiten Fall wäre das Verb nur einer von vielen Termini, wenn auch charakteristisch für den lukanischen Sprachgebrauch[118], um den paulinischen Akt der Verkündigung zu beschreiben. Das damit gestellte Problem läßt sich nur sachgemäß erörtern, wenn wir uns zuvor das spezifisch lukanische Verständnis von μάρτυς vergegenwärtigen. Da dieses sowohl für das Verstehen der Theologie des Lukas als auch für sein Verständnis von βασιλεία τοῦ θεοῦ von Bedeutung ist, soll an dieser Stelle darauf in einem Exkurs näher eingegangen werden.

---

[111] Der im Hades Qual leidende reiche Mann bittet, daß sich der in Abrahams Schoß befindliche Lazarus zu seinen fünf Brüdern aufmache, um ihnen Zeugnis abzulegen, damit sie nicht an den gleichen Ort der Qual kommen wie er.

[112] Der Heilige Geist bezeugt Paulus in jeder Stadt, daß Fessel und Trübsal auf ihn warten.

[113] 2,40: Petrus; 8,25: Petrus und Johannes; 10,41f: Die von Gott vorherbestimmten Zeugen, die mit Jesus nach seiner Auferstehung zusammen gegessen und getrunken haben.

[114] 18,5; 20,21.24; 23,11; 28,23.

[115] Vgl. hierzu ausführlicher den folgenden Exkurs.

[116] Dafür sprechen sich z.B. aus: *Beutler*, EWNT II 963; *Schneider*, Heilsgeschichte 71; *Nellessen*, Zeugnis 244; *Hauser*, Strukturen 127f.

[117] *Strathmann*, ThWNT IV 518; vgl. *Burchard*, Zeuge 133 Anm. 303: "Die Verben vom Stamm μαρτυρ- gehören zum Wortfeld 'verkündigen' und sind von der lukanischen Prägung des Substantivs μάρτυς kaum berührt".

[118] Von den fünfzehn ntl. Belegen entfallen neun auf die Apostelgeschichte und einer auf das Lukasevangelium.

Exkurs: μάρτυς im lukanischen Doppelwerk[119]

Die Bedeutung des Zeugenbegriffs[120] für den auctor ad Theophilem wird schon durch den literarischen Ort markiert, an dem dieser Terminus zuerst begegnet, am Ende von Lk 24 (V48) und in Apg 1 (VV 8.22), also den beiden Kapiteln des Doppelwerkes, in denen der Autor seine eigenen theologischen Akzente am stärksten gesetzt hat. Die übrigen Belege der Apostelgeschichte (2,32; 3,15; 5,32; 10,39.41; 13,31; 22,15; 26,16) befinden sich alle innerhalb der Reden[121], die sich der Komposition des Lukas verdanken und in denen ebenfalls deutlich seine theologische Handschrift sichtbar wird, selbst dort, wo er auf überlieferte Traditionen zurückgegriffen hat.

Doch nicht nur der literarische Ort, an dem dieser Begriff begegnet, sondern auch die *Personen*, auf die er angewendet wird, weisen seine Bedeutsamkeit für Lukas auf. Nur die zwölf Apostel und Paulus erhalten den "Titel" μάρτυς. Mehr als diese dreizehn Zeugen gibt es für den Verfasser des Doppelwerkes nicht. Wenn Lukas nun diesen "Titel" einem so engen Personenkreis vorbehält, ist damit schon a priori anzunehmen, daß μάρτυς für ihn etwas anderes bedeuten muß als Missionar oder Verkündiger. Unter dieser Voraussetzung läßt sich dann das merkwürdige Phänomen erklären, daß nach Apg 1,8 die Apostel zwar Zeugen "bis zum Ende der Erde" sein werden, nach dem Bericht der Apostelgeschichte jedoch nicht über "Jerusalem, Judäa und Samarien" hinausgekommen sind.

Was die dreizehn Zeugen von anderen Christen unterscheidet, ist zunächst einmal ihre göttliche Erwählung (Apg 10,41; 22,14) und ihre Einsetzung durch den Auferstandenen zu Zeugen (Lk 24,48; Apg 1,8; 26,16). Damit hängt offenbar zusammen, daß die Auferstehung Jesu als wesentlicher *Inhalt des zu Bezeugenden* angegeben wird (Lk 24,46b; Apg 1,22; 2,32; 3,15; 5,30a; 10,40; 13,30f; 22,15; 26,16). Bemerkenswert ist jedoch die Formu-

---

[119] Die folgenden Überlegungen verdanken sich zu einem Großteil dem anregenden Exkurs von *Burchard*, Zeuge 130-135, zum lukanischen Zeugenbegriff.

[120] Stellen wie Lk 11,48 und Apg 6,13; 7,58 gehören nicht hierher, da in ihnen der Begriff nicht die spezifisch lukanische Bedeutung hat; vgl. *Brox*, Zeuge 43. Das gilt auch für Apg 22,20, wo μάρτυς auf Grund der Verbindung mit τὸ αἷμα nichts anderes als Märtyrer bedeutet, vgl. *Haenchen*, Apg 600 Anm. 2. Diese Interpretation ist zwar von *Brox*, Zeuge 61-66, entschieden bestritten worden, doch kommt auch er zu dem Ergebnis, daß Apg 22,20 "den Begriff und das Wort μάρτυς in einer dem Lukas sonst unmöglichen Wendung und Bedeutung enthält" (66).

[121] Darauf hat *Talbert*, Gnostics 19-22, mit Nachdruck hingewiesen.

lierung, mit der Petrus und die Apostel das Ereignis beschreiben, für das sie Zeugenschaft beanspruchen:

2,32: "Diesen Jesus hat Gott auferweckt, davon (οὗ) sind wir alle Zeugen";
3,15: "welchen Gott von den Toten auferweckte, davon (οὗ) sind wir Zeugen";
5,30-32: "der Gott unserer Väter hat Jesus auferweckt..., diesen hat Gott als Führer und Retter zu seiner Rechten erhöht; und wir sind Zeugen von diesen Ereignissen (τῶν ῥημάτων τούτων) und der Heilige Geist".

Inwiefern können die Redner hier behaupten, daß *Gott* Jesus von den Toten auferweckt hat (vgl. auch 10,40; 13,30) und sie *dafür* Zeugen sind? Hätten sie nicht eigentlich nur, wie Paulus in 1.Kor 15,5-8 darlegt, die Zeugenschaft für die Christophanien beanspruchen dürfen? Nun versteht es sich auf dem Hintergrund der jüdisch-christlichen Tradition von selbst, das Ostereignis als eine Tat Gottes zu deuten. Wird also an den oben genannten Stellen das Zeugesein für diese Gottestat und nicht für die Erscheinungen proklamiert, für die die Apostel allein Augenzeugen sind, dann schließt μάρτυς zwar den Augenzeugen ein, ist aber nicht einfach mit ihm identisch. Vielmehr tritt neben den Anspruch auf Augenzeugenschaft noch eine entsprechende Deutung des zu bezeugenden Geschehens.

Dem korrespondiert eine weitere Beobachtung: Nach *Apg 1,22* soll einer derjenigen, die sowohl die Christophanien als auch die Himmelfahrt Jesu miterlebt haben, "ein Zeuge seiner Auferstehung *werden* ". Dieser Vers setzt offenbar voraus, daß nicht jeder, dem der Auferstandene erschienen ist, im lukanischen Verständnis zugleich schon Zeuge seiner Auferstehung ist[122]. Ähnliches gilt für das Verhältnis von Zeuge und Apostel. Beide sind nicht einfach gleichzusetzen, so daß die in 1,21f angegebenen Voraussetzungen für den Apostel, nämlich Begleiter Jesu von der Taufe bis zur Himmelfahrt gewesen zu sein, auch als Voraussetzungen für den μάρτυς aufzufassen wären. Diese Interpretation scheint sich zwar auf den ersten Blick zu empfehlen, doch führt sie in unlösbare Aporien bezüglich der Frage, wieso Lukas Paulus als μάρτυς bezeichnen kann, obwohl er diese Voraussetzungen gar nicht erfüllt. Viel näher liegt es deshalb, das Zeugewerden als weitere Voraussetzung neben den anderen in VV 21.22a angegebenen zu verstehen, die ein Apostel im Verständnis des Lukas nach Ostern (!) erfüllen muß. Für Lukas kann es zwar Apostel schon vor Ostern geben, Zeugen aber erst nach

---

[122] Vgl. *Kremer*, Voraussagen 164.

52 *2.Kapitel: Die Verkündigung der* βασιλεία τοῦ θεοῦ *nach der Apg*

Ostern[123], denn Hauptinhalt des Zeugnisses ist gerade der in den Schriften angekündigte auferstandene und erhöhte Messias Jesus. Ist diese Interpretation von Apg 1,21f zutreffend, dann läßt sich im lukanischen Doppelwerk ein einheitlicher Zeugenbegriff erkennen, mit dem Lukas in der Lage war, Paulus und die Apostel zusammenzusehen und das ihnen Gemeinsame hervorzuheben, ohne zugleich die in seinen Augen vorhandene Besonderheit der Apostel zu nivellieren.

Was aber versteht nun der Autor ad Theophilum unter μάρτυς? Eine eindeutige Antwort auf diese Frage gibt der dritte Evangelist an der Stelle, an der er den Zeugentitel zuerst einführt, nämlich bei der Jüngerbelehrung des Auferstandenen in *Lk 24,46-48*. Wenden wir uns deshalb diesem Abschnitt zu.

Die Verse sind Teil der letzten Rede des Auferstandenen im Evangelium und insofern eine Parallele zu den letzten Worten des Auferstandenen nach der Apostelgeschichte (1,8). Wie in Apg 1 ist auch in Lk 24 nicht ganz deutlich, wer die Adressaten der Rede sind: die elf Apostel oder eine größere Gruppe von Jüngern[124]. Auf jeden Fall geht Apg 1,21f davon aus, daß die unmittelbar folgende Himmelfahrt Jesu nicht nur von den elf Aposteln miterlebt wurde. Andererseits lassen aber diese Verse auch keinen Zweifel daran, daß bisher nur die elf Apostel als μάρτυρες anzusprechen sind, sie also die alleinigen Adressaten von Lk 24,48 und Apg 1,8 waren[125]. Da dieses Problem sowohl am Ende des Evangeliums als auch am Anfang der Apostelgeschichte begegnet, wird man annehmen müssen, daß Lukas die Adressatenfrage bewußt in der Schwebe gelassen hat[126], da er nur so die ihm überlieferte Tradition von der Apostelnachwahl mit seiner eigenen Zeugen- und Apostelvorstellung in Einklang bringen konnte.

Nach Lk 24 öffnet der Auferstandene seinen Zuhörern den Sinn, die Schriften zu verstehen (V45), mit den Worten: "So steht geschrieben, daß der Christus leidet und am dritten Tag aufersteht von den Toten und auf seinen Namen Umkehr zur Vergebung der Sünden allen Völkern verkündigt

---

[123] Judas war zwar Apostel (Lk 6,13.16), aber nie μάρτυς! Vgl. auch Apg 13,31, wo es von den Aposteln heißt: οἵτινες νῦν εἰσιν μάρτυρες αὐτοῦ.

[124] Der Kontext von Lk 24 scheint vorauszusetzen, daß sowohl "die Elf und die mit ihnen" als auch die beiden Emmausjünger anwesend waren (VV 33.36.44). Nach Apg 1,2 haben aber (nur) die Apostel den Befehl erhalten, in Jerusalem zu bleiben.

[125] Das scheint auch Apg 13,31 vorauszusetzen.

[126] So *Haenchen*, Apg 149.

wird von Jerusalem an¹²⁷" (VV 46-47). Alle drei genannten Verheißungen betreffen die Christologie¹²⁸. Können die Zuhörer zu Ostern auf die Erfüllung der ersten beiden Verheißungen zurückblicken, so vermag Lukas auch die teilweise Erfüllung der dritten Verheißung zu berichten. Das geschieht in der Apostelgeschichte. Durch das Schema von Verheißung und Erfüllung kann der auctor ad Theophilum das christologische Geschehen als Wirken Gottes interpretieren, wie es dessem in den Schriften festgelegten Heilsplan entspricht, den der Auferstandene seinen Zuhörern erklärt hatte, bevor er fortfährt: "Ihr seid Zeugen von diesen Dingen" (V 48). Die entscheidende Frage für das Verständnis dieses Verses lautet: Worauf bezieht sich τούτων? Meistens wird es auf die Tatsächlichkeit des Todesleidens und der Auferstehung bezogen, wobei dann Zeuge mit Augenzeuge gleichgesetzt wird¹²⁹. Doch ist diese Interpretation sehr unwahrscheinlich, da wir dann wieder vor dem Problem stehen, warum nur die elf Apostel Zeugen dieses Geschehens sein sollen, ist doch die Erfahrung des Todesleidens und der Auferstehung Jesu nicht auf die Elf beschränkt. Nun wird man aber wohl nicht umhin können, τούτων auf die VV 46-47 und damit auch auf die vorhergesagte universale Verkündigung zu beziehen. Davon können die Apostel aber noch keine Tatsachenzeugen sein. Dann aber sind die Elf nicht in erster Linie Zeugen dafür, daß die hier genannten Dinge sich ereignet haben, sondern vor allem dafür, daß sie im Gesetz des Mose und in den Propheten und in den Psalmen geschrieben stehen. Das heißt: Indem der Auferstandene seinen Zuhörern den Sinn öffnet, die Schriften zu verstehen, macht er sie zu Zeugen des in der Schrift niedergelegten Heilsplanes Gottes. Deshalb können die Zeugen dann auch das Erfüllungsgeschehen als Handeln Gottes prokla-

---

[127] Zur Übersetzung von ἀρξάμενοι ἀπό mit "von - an" vgl. *BDR* 419₃. Die Interpunktion der 26.Auflage des Novum Testamentum Graece (diff. 25.Auflage, Greek New Testament und *Huck/Greeven*, Synopse) zieht ἀρξάμενοι ἀπὸ 'Ιερουσαλήμ zum folgenden Vers 48, doch wird dadurch weder die schon von den alten giechischen Handschriften empfundene (vgl. den kritischen Apparat) schwierige grammatische Konstruktion erleichtert, noch besteht dazu aus inhaltlichen Gründen ein Anlaß. Soweit ich sehe, sind bisher nur wenige - vgl. *Bachmann*, Jerusalem 86-92; *Staudinger*, Verkündigen 217 mit Anm. 31, und unter den älteren Kommentaren *Zahn*, Lk 730 - dieser Interpunktion gefolgt, vgl. die neueren Kommentare z.St.
[128] Das gilt auch für die Verkündigung an alle Völker, die in Jesu Namen geschieht; vgl. *Schneider*, Lk II 502. 503.
[129] Vgl. z.B. *Zahn*, Lk 730; *Fitzmyer*, Luke II 1584.

mieren[130]. Das geschieht nach lukanischer Darstellung in den Reden der Apostelgeschichte.

V48 ist also im Verständnis des Lukas kein Missionsbefehl[131], weder der Form noch gar des Inhaltes nach![132] Vielmehr erhalten die Elf als Zusage, daß sie auf Grund der Belehrung durch den Auferstandenen Zeugen des göttlichen Heilsplanes sind. Damit haben sie die Befähigung erhalten, das in der Geschichte Wirklichkeit gewordene Handeln Gottes zu erkennen und als seinem Heilsplan entsprechend zu deuten. "Lukas zeigt am Ende seines Evangeliums ... den wiedererweckten und mit neuem Leben in Herrlichkeit begabten Jesus, der endgültig erklärt, was es mit Gottes Plan auf sich hat, und ein Gremium von Männern konstituiert, die das in seiner Abwesenheit bezeugen können - nicht nur, wie es eigentlich gewesen, sondern auch und vor allem, was es nach Jesu Offenbarung besagt. Als Zeugen sind sie nicht Rufer zu Umkehr und Glauben, sondern die Stützen des Glaubens"[133].

Die Sachgemäßheit dieser Interpretation muß nun daran überprüft werden, ob sie auch für den lukanischen *Paulus* zutrifft. Daß er für Lukas eine Begegnung mit dem erhöhten Herrn hatte, wird in der kritischen Lukasforschung noch akzeptiert, wenn auch des öfteren die Meinung begegnet, daß seine Christophanie für den Autor der Apostelgeschichte gegenüber der

---

[130] Von daher erklärt es sich, warum die Apostel behaupten können, sie seien Zeugen dafür, daß *Gott* Jesus von den Toten auferweckt hat. Es ist also im Zusammenhang mit der lukanischen Zeugenvorstellung "zu beachten, daß es nicht um nackte Tatsachen geht, etwa insbesondere das Auferstandensein Jesu als solches, sondern um die Tatsachen in ihrer vom Auferstandenen authentisch erläuterten Bedeutung als Teil des im Alten Testament geschriebenen Plans Gottes" (*Burchard*, Zeuge 133).

[131] So offenbar wieder *Fitzmyer*, Luke II 1579f.

[132] So verwundert es denn auch nicht, daß wir die Apostel nach dem Bericht der Apostelgeschichte fast nur in Jerusalem antreffen. - Nun könnte man als Gegenargument auf Apg 10,42 verweisen: "Und er [sc. der Auferstandene] befahl uns [sc. den Zeugen] zu verkündigen dem Volk ($\tau\hat{\omega}$ $\lambda\alpha\hat{\omega}$) und zu bezeugen ...". Hier wird in der Tat neben dem Zeugenauftrag auch ein Verkündigungsauftrag genannt, doch läßt sich der Vers auch bei einer Identifizierung beider Aufträge nicht mit 1,8 vereinbaren, weil determiniertes $\lambda\alpha\acute{o}_S$ bei Lukas immer das Volk Israel meint (vgl. S.24 Anm. 17), während 1,8 die weltweite Ökumene im Blick hat. Da der zitierte Auftrag nicht in Kap. 1 begegnet, dürfte es sich hier um eine der vielen lukanischen "Ergänzungen" bzw. "Variationen" von vorausgegangenem Stoff handeln, wie sie für die literarische Arbeitsweise des Autors der Acta apostolorum typisch sind; vgl. zu diesem literarischen Stilmittel: *Dauer*, Ergänzungen; *ders.*, Beobachtungen.

[133] *Burchard*, Zeuge 133.

Exkurs: μάρτυς im lukanischen Doppelwerk 55

der Apostel von minderwertigerer Natur gewesen sei[134]. Aber daß Paulus genau wie die Apostel Zeuge des durch den Auferstandenen bzw. Erhöhten kundgetanen Heilsplanes Gottes sei, will doch nicht so recht in das Bild passen, das man sich von der lukanischen Sicht des Verhältnisses von Paulus zu den Aposteln gemacht hat und das sogar die These einer "Mediatisierung" des Paulus durch die Jerusalemer Apostel bzw. sonstiger kirchlicher Amtsträger aufkommen ließ[135]. Dabei bedarf es keiner exegetischen Kunstgriffe, um zu zeigen, daß Lukas seinen oben dargestellten Zeugenbegriff in gleicher Weise auch auf Paulus anwendet[136].

In zwei Reden läßt Lukas Paulus von seinem Damaskuserlebnis berichten: In der ersten dieser beiden Reden, in *Apg 22,3-21*, erzählt der lukanische Paulus, mit welchen Worten ihm Hananias seine Christophanie gedeutet hat: "Der Gott unserer Väter hat dich bestimmt, seinen Willen zu erkennen und den Gerechten zu sehen und eine Stimme aus seinem Mund zu hören, daß du

---

[134] Vgl. unter den neueren Kommentaren z.B. *Schmithals*, Lk 238. Vgl. ferner: *März*, Wort Gottes 54.

[135] So *Klein*, Apostel 144-159; zur Auseinandersetzung mit *Klein* vgl. *Roloff*, Apostolat 202-207. Wie *Klein* urteilt auch *Schmithals*, Lk 237: "Paulus ist ..., wie die Apostelgeschichte gegen die Irrlehrer ausführlich dartun wird, nur ein von den Zwölf Aposteln abhängiger Zeuge zweiter Hand." - Immer noch am wahrscheinlichsten scheint mir hingegen die Auffassung des letzten Jahrhunderts zu sein, daß die lukanische Paulusdarstellung sehr stark von apologetischem Interesse bestimmt ist durch den Versuch, die Differenzen seiner Verkündigung zu der der Apostel und des Jakobus zu negieren, damit - und hier ist über die Tendenzkritik unserer exegetischen Väter hinauszugehen - die urchristliche Verkündigung in der Zeit des Lukas einheitlich erscheint. So zeigt z.B. der Autor der Acta apostolorum mit der ersten und einzigen vor Juden gehaltenen Missionsrede des Paulus im pisidischen Antiochien (Apg 13,16-41), daß seine Verkündigung bezüglich des Inhalts mit der der Apostel identisch ist, so daß sich Paulus auf diese berufen kann (V31). Diesem Anliegen dient in der lukanischen Darstellung auch der ständige Kontakt des Paulus mit den Jerusalemern, sowie umgekehrt z.B. die Tatsache, daß Lukas den Petrus in paulinischen Formeln reden läßt (Apg 15,10f), so daß dieser gleichsam den Part des historischen Paulus auf dem Apostelkonzil übernehmen kann. Nicht der Versuch, Paulus den Aposteln unterzuordnen, sondern die Einheit der Verkündigung darzustellen, ist Absicht des Lukas. - Zur parallelelen Darstellung der Apostel und des Paulus in der tendenzkritischen Forschung des 19. Jahrhunderts vgl. *Schneckenburger*, Zweck 44-219; *Baur*, Christenthum 127f; *ders.*, Paulus 6f.

[136] Freilich sollte man nicht in das andere Extrem fallen und behaupten, daß Lukas den Paulus als "Überapostel" darstelle und ihm eine höhere Bedeutung zuerkenne als den Aposteln; so *Jervell*, Paulus in der Apostelgeschichte 378ff. Paulus ist auch nicht "das eigentliche Ziel der Apostelgeschichte"; so *Hengel*, Zwischen Jesus und Paulus 154.

2.Kapitel: Die Verkündigung der βασιλεία τοῦ θεοῦ nach der Apg

für ihn ein Zeuge sein wirst[137] allen Menschen von dem, was du gesehen und gehört hast" (VV 14f). Inhalt des paulinischen Zeugnisses ist nach diesen Versen das, was er gesehen, d.h. die Christophanie, und gehört hat[138]. Hier wird zwar nicht berichtet, daß der dem Paulus erschienene Kyrios diesem die Schriften gedeutet und damit den Heilsplan Gottes kundgetan hat wie den Aposteln, aber das ist von Lukas offenbar impliziert, wenn er als Zweck der Erscheinung angibt, daß Paulus den Willen Gottes erkennen soll, womit "das Ganze seines Heilsplanes" (vgl. 20,27) gemeint ist[139].

Die zweite Rede findet sich in *Apg 26*. Der für unseren Zusammenhang entscheidende Vers, in dem der erhöhte Kyrios Paulus den Zweck seiner Erscheinung angibt, lautet: "Dazu nämlich bin ich dir erschienen, dich zu bestimmen als Diener d.h.[140] Zeugen dessen, was du gesehen hast [bzw: daß du mich gesehen hast] und was ich dir zeigen werde" (*V16*). Wie immer man über die Ursprünglichkeit des με urteilen mag[141], eine inhaltliche Differenz in der Interpretation ist dadurch nicht gegeben[142], denn was Paulus gesehen hat und bezeugt, ist der auferstandene und erhöhte Christus. Daß dem dreizehnten Zeugen bei seinem Damaskuserlebnis die Bedeutung Christi im Heilsplan Gottes vermittelt wurde, braucht an dieser Stelle nicht mehr gesagt zu werden. Es ist offenbar von 22,14f her vorausgesetzt[143]. Neu hingegen ist

---

[137] Ἔσῃ ist im Unterschied zu den Imperativen im folgenden V16 futurisch gemeint wie ἔσεσθε in Apg 1,8; vgl. hierzu unten S.112.

[138] Von diesem Inhalt zu unterscheiden ist der Auftrag zur Heidenmission, der als ein gesonderter Akt erfolgt (22,21). So auch Apg 26,16f: Erst wird Paulus zum Zeugen (V16), dann erfolgt die Sendung (V17).

[139] *Conzelmann*, Apg 135; zurückhaltender *Burchard*, Zeuge 108, der sich fragt, "ob nicht eher das Stück des Heilsplans gemeint ist, das die beiden folgenden Infinitive des Sehens und Hörens zum Inhalt haben: die Tatsache, daß 'der Gerechte' vorhanden ist und lebt." Selbst wenn das richtig wäre, darf diese Vermutung nicht als Gegenargument gegen *Conzelmann* verwendet werden, denn es wurde bei unserer bisherigen Exegese von Apg 28,23 deutlich, daß für Lukas die Auferweckung Jesu die Mitte des Heilsplanes bildet und sie deshalb als pars pro toto stehen kann.

[140] Καί dürfte epexegetisch sein; vgl. *Löning*, Saulustradition 137; *Nellessen*, Zeugnis 228.

[141] Aufgrund des Handschriftenbefundes scheint eine eindeutige Entscheidung nicht möglich zu sein: Der hesychianische Texttyp ist in sich gespalten; die Koine wie alle lateinischen Handschriften lassen das Personalpronomen aus; die gesamte syrische Überlieferung hingegen liest es.

[142] Vgl. *Nellessen*, Zeugnis 223 und Anm. 94.

[143] Das gilt auch für Apg 1,8 im Vergleich mit Lk 24,46-48.

Exkurs: μάρτυς im lukanischen Doppelwerk 57

die Fortsetzung ὧν ὀφθήσομαί σοι. Doch woran denkt der Autor der Apostelgeschichte bei dieser Wendung?

Meistens interpretiert man ὧν ὀφθήσομαί σοι als einen Hinweis entweder auf die weiteren Visionen in Apg 16,9f; 18,9f; 22,17-21; 23,11; 27,23f[144] oder vor allem[145] bzw. ausschließlich[146] auf die Tempelvision in 22,17-21, wobei freilich das Problem entsteht, daß diese Visionen nicht Gegenstand des paulinischen Zeugnisses sind. Nun geht es in den meisten Visionen allgemein um die Ausbreitung des von Paulus verkündigten Evangeliums nach Europa bzw. Rom, während die Tempelvision besonders die Sendung zu den Heiden thematisiert. Beides gehört auffälligerweise zum Inhalt dessen, wofür die Apostel Zeugen sind, nämlich daß der in der Schrift festgelegte Heilsplan Gottes auch die universale Verkündigung an alle Völker einschließt (Lk 24,47). Für diese vom Verfasser der Acta in den Visionen zum Ausdruck gebrachte heilsgeschichtliche Erkenntnis beruft sich in Apg 13,47 der lukanische Paulus auf ein Wort des Kyrios an ihn (und Barnabas?), ohne daß näher angedeutet wird, wann der Kyrios es zu Paulus gesprochen hat[147]. Auf jeden Fall behaupten Paulus und Barnabas: "So nämlich hat uns der Herr angeordnet: Ich habe dich zum Licht der Heiden gesetzt, daß du seist zur Rettung bis zum Ende der Erde". Man wird demnach Apg 26,16 wohl nicht fehl interpretieren, wenn man in diesem Vers einen doppelten Zeugnisinhalt genannt sieht, nämlich zum einen die Christologie (ὧν εἶδές [με]), insbesondere die Auferweckung und Erhöhung, und zum anderen die der Christologie entsprechende universale Ausbreitung der Heilsbotschaft (ὧν ὀφθήσομαί σοι). Jedoch ist Paulus - wie auch die Apostel - nicht nur Tatsachenzeuge dieser Geschehnisse, sondern vor allem Zeuge dafür, daß die genannten Ereignisse zum Heilsplan Gottes gehören.

Daß die vorgetragenen Überlegungen die lukanische Intention treffen, wird durch *Apg 26,22f* unterstützt. Nach diesen Versen berichtet Paulus, daß er mit der Hilfe Gottes seinem Zeugenauftrag nachgekommen ist. Als Inhalt seines Zeugnisses nennt er das, "was die Propheten und Mose gesagt haben, daß es geschehen soll" (V22), nämlich Todesleiden und Auferweckung des Christus sowie seine universale Verkündigung. Nach VV 22f ist also das Zeugnis des Paulus inhaltlich genau parallel zum Zeugnis der

---

[144] Vgl. *Schneider*, Apg II 374 Anm. 57; *Weiser*, Apg II 652.
[145] So z.B. *Roloff*, Apg 353; *Nellessen*, Zeugnis 224.
[146] So *Burchard*, Zeuge 112.
[147] *Rese*, Funktion 77, dürfte wohl zu Recht an das Damaskusereignis denken.

Apostel, wie es Lk 24,46-48 beschrieben wird. Als μάρτυς ist Paulus somit den elf μάρτυρες von Lk 24 bzw. den zwölf von Apg 1 als der dreizehnte[148] an die Seite gestellt und nicht untergeordnet.

Apg 13,31-33 bestätigt das gewonnene Ergebnis zum lukanischen Zeugenverständnis. In 13,31a verweist der lukanische Paulus in seiner Rede vor den Synagogenbesuchern im pisidischen Antiochien auf die Erscheinungen des Auferstandenen vor den Aposteln, bevor er in V31b die Bemerkung anschließt: οἵτινες νῦν εἰσιν μάρτυρες αὐτοῦ πρὸς τὸν λαόν. Was mit diesem Relativsatz inhaltlich gemeint ist, verdeutlichen die VV 32f. Paulus fährt nämlich fort: "*Auch wir* verkündigen euch die an die Väter ergangene Verheißung, daß Gott diese uns, ihren Kindern, erfüllt hat, indem er Jesus auferweckte, wie auch in dem zweiten Psalm geschrieben worden ist: Mein Sohn bist du, ich habe dich heute gezeugt." In diesen beiden Versen parallelisiert Paulus den Inhalt seiner Verkündigung mit dem der anderen μάρτυρες. Der μάρτυς ist demnach Zeuge dafür, daß Gott den Vätern Verheißungen gegeben und diese erfüllt hat, wobei hier wieder im Zentrum des Verheißungs- und Erfüllungsgeschehens die Auferweckung Jesu steht.

Mit seinem Verständnis von μάρτυς steht Lukas in der *Tradition* der Gerichtsreden *Deuterojesajas*. Nach Jes 43,9.10.12; 44,8 LXX bezeichnet μάρτυς (hebräisch: עֵד) denjenigen, der zuvor Geweissagtes als erfüllt verkündigen kann. Da dies nur die Zeugen Jahwes - und nach Jes 43,10.12 LXX (diff. MT) Jahwe selbst - können, vermag das Schema Voraussage - Erfüllung die Einzigkeit und Alleinwirksamkeit Jahwes zu beweisen. Das Forum, vor dem die Zeugen ihr Zeugnis ablegen sollen, ist dem Inhalt entsprechend universal: πάντα τὰ ἔθνη (43,9). Nach Deuterojesaja verkünden die Zeugen also die Herrschaft Jahwes, indem sie vor den Völkern bezeugen, daß das gegenwärtige Geschehen von Gott schon zuvor vorausgesagt wurde. Ob Lukas analog diesem traditionsgeschichtlichen Hintergrund mit dem μάρτυς-Titel auch sein Verständnis von βασιλεία τοῦ θεοῦ verbunden hat, wird nun zu fragen sein.

Zusammenfassend läßt sich zunächst festhalten: Mit μάρτυρες bezeichnet Lukas die zwölf Apostel und Paulus, die von Gott auserwählt wurden und vom Auferstandenen bzw. Erhöhten die Erkenntnis des Heilsplanes Gottes vermittelt bekamen, so daß sie nun in einzigartiger Weise Autoritäten

---

[148] Vgl. den entsprechenden Titel des Buches von *Burchard*: "Der dreizehnte Zeuge".

der Schriftauslegung sind, weil die Schrift den Plan Gottes enthält. Sie sind vom Auferstandenen dazu autorisiert, das Heilsgeschehen als in der Schrift vorausgesagt zu bezeugen und damit als Handeln Gottes zu interpretieren.

Kehren wir nach diesem Exkurs zurück zu *V23b* und zu der Frage, ob διαμαρτύρεσθαι vom spezifisch lukanischen Zeugentitel her zu verstehen ist. Nun ist zwar der in V23 erwähnte Gegenstand des Bezeugens, die βασιλεία τοῦ θεοῦ, nicht auf die Rede Jesu und der dreizehn Zeugen beschränkt (vgl. Lk 9,60; Apg 8,12), aber es ist doch auffällig, daß διαμαρτύρεσθαι wie der Zeugentitel nur auf die Apostel und Paulus appliziert werden und erst als Kennzeichnung ihrer Aufgabe und Tätigkeit für die nachösterliche Zeit Verwendung finden. Gehen wir darum dem lukanischen Gebrauch des Verbs noch ein wenig genauer nach.

Fünfmal wird in der Apostelgeschichte mit dem Verb διαμαρτύρεσθαι die paulinische Predigttätigkeit beschrieben. Dabei treten neben βασιλεία τοῦ θεοῦ in 28,23 folgende Zeugnisinhalte auf:
1. In Korinth hat Paulus den Juden Zeugnis darüber abgelegt, daß der Messias Jesus ist (18,5).
2. In Ephesus (bzw. der Asia) hat Paulus Juden und Griechen die Umkehr zu Gott und den Glauben an den Kyrios Jesus Christus bezeugt (20,21).
3. Von dem Kyrios Jesus hat Paulus den Dienst empfangen, das Evangelium von der Gnade Gottes, d.h. von "der rettenden Zuwendung Gottes, wie sie durch Jesu Person, Wort und Werk geschehen ist"[149], zu bezeugen (20,24).
4. In Jerusalem hat Paulus über den Kyrios Zeugnis abgelegt (23,11).

Inhalt dessen, wovon Paulus nach diesen Belegen der Acta apostolorum vor Juden und Griechen Zeugnis abgelegt hat, ist also die Christologie. Das entspricht genau dem, wozu der Kyrios nach 22,15 und 26,16 Paulus vor Damaskus zum μάρτυς berufen hat sowie dem in Lk 24,46-48 angegebenen Zeugnisinhalt[150]. Auf Grund dieser Entsprechungen dürfte es berechtigt

---

[149] *Weiser*, Apg II 577.
[150] Damit stimmt ferner der sonstige Befund von διαμαρτύρεσθαι in der Apostelgeschichte abgesehen von der Verkündigung des Paulus überein:
1) Zwar ist für Apg 2,40 eine eindeutige Entscheidung über den Inhalt des absolut verwendeten Verbs διαμαρτύρεσθαι kaum möglich, doch wenn es dort heißt, ἑτέροις τε λόγοις πλείοσιν διεμαρτύρατο καὶ παρεκάλει αὐτοὺς λέγων· Σώθητε ἀπὸ τῆς γενεᾶς τῆς σκολιᾶς ταύτης, dann spricht das entweder für eine Wiederaufnahme des Themas von V38, daß ein jeder sich taufen lassen

sein, das Verb διαμαρτύρεσθαι vom lukanischen Zeugenverständnis her zu interpretieren. Das paulinische Christuszeugnis in den oben genannten Stellen ist dann zu verstehen als eine Darlegung der Bedeutung Christi gemäß dem in den Schriften vorausgesagten Heilsplan Gottes.

Wenn nun Lukas in V23 an die Stelle Christi die βασιλεία τοῦ θεοῦ als Gegenstand des διαμαρτύρεσθαι setzt, dann legt es sich nahe, das lukanische Verständnis der Basileiapredigt in diesem Vers mit seiner Christologie in Verbindung zu bringen. Ist das richtig, dann heißt das: Indem Paulus die βασιλεία τοῦ θεοῦ bezeugt, spricht er von dem in der Schrift festgelegten und im Christusgeschehen Wirklichkeit gewordenen Heilsplan Gottes, nämlich daß Christus der verheißene Messias ist und als der auferstandene Gekreuzigte von Gott zum Kyrios erhöht wurde. Das hat wiederum Folgen für die Übersetzung von βασιλεία τοῦ θεοῦ an dieser Stelle wie wohl auch in den übrigen Summarien, die diese Wendung mit einem verbum dicendi verbinden. Daß nämlich die βασιλεία τοῦ θεοῦ aus den Schriften bewiesen werden kann und ihre Verkündigung die Realisierung des Heilsplanes Gottes im Christusgeschehen thematisiert, spricht dafür, βασιλεία nicht mit "Reich", sondern mit "Herrschaft" zu übersetzen.

Aus diesen Überlegungen ergibt sich für Apg 28,23b zum einen, daß sich ἀπό τε τοῦ νόμου Μωϋσέως καὶ τῶν προφητῶν auch auf διαμαρτυρόμενος τὴν βασιλείαν τοῦ θεοῦ bezieht[151], denn es geht bei der Verkündigung der βασιλεία τοῦ θεοῦ um die Bezeugung des in der Schrift festgelegten Heilsplanes Gottes.

Zum zweiten wird deutlich, daß das Verb διαμαρτύρεσθαι dem Substantiv μάρτυς korrespondiert, also vom lukanischen Zeugenbegriff her verstanden werden muß. Im Akt des διαμαρτύρεσθαι übt der μάρτυς die ihm zukommende Funktion aus. Angesichts dessen, was früher zu πείθειν

---

soll "auf den Namen Jesu Christi", d.h. auf den erhöhten Christus (vgl. 3,16; 4,10), zur Vergebung der Sünden, oder aber des Stichwortes ἐπαγγελία aus V39, wobei an die christologischen Verheißungen der Schrift zu denken ist.

2) Nach Apg 8,25 ist der Inhalt des Zeugnisses der λόγος τοῦ κυρίου, d.h. die christliche Botschaft.

3) Apg 10,42 schließlich wird die Identität des Auferstandenen mit dem eschatologischen Richter bezeugt.

[151] Zum gleichen Ergebnis führten schon oben S.42f die Überlegungen zu ἐκτίτεσθαι.

gesagt wurde[152], erscheint es fast überflüssig, darauf hinzuweisen, daß Lukas die paulinische Zeugenfunktion besonders für Korinth (18,5), Ephesus (20,21) und Rom (28,23; vgl 23,11) herausgestellt hat, also für das jeweilige Zentrum seiner zweiten, dritten und vierten Reise. Wenn daneben noch Jerusalem tritt (23,11), ist das unter Berücksichtigung der Bedeutung dieser Stadt für den auctor ad Theophilum[153] nicht weiter verwunderlich. Die Ankündigung des erhöhten Kyrios, daß Paulus auch in Rom von ihm Zeugnis ablegen "muß" (23,11), ist mit dem in V23 Berichteten eingetroffen. Das δεῖ in dieser Voraussage Jesu weist das paulinische Zeugnis in der Welthauptstadt zugleich als zum in der Schrift festgelegten göttlichen Plan gehörig aus.

Zum dritten ergibt sich aus dem bisher Gesagten die Einsicht, daß πείθων τε αὐτοὺς περὶ τοῦ Ἰησοῦ als Konkretion[154] der Basileiaverkündigung zu verstehen ist[155]. Wenn also nach Lukas die βασιλεία τοῦ θεοῦ verkündigt wird, dann geht es primär um Christus und seine Funktion im Heilsplan Gottes, was für die Zeit nach der Himmelfahrt Jesu nur heißen kann, daß im Zentrum der Basileiaverkündigung der erhöhte und von Gott zum Herrscher eingesetzte Christus steht.

---

[152] Vgl. oben S.43f.
[153] Vgl. S.96-98.
[154] Ähnlich *Prast*, Presbyter 280; *Luz*, EWNT I 489; *Schrage*, Ethik 158; *Radl*, Lukas-Evangelium 132. - *Völkel*, Reich Gottes 67, spricht in diesem Zusammenhang von "Präzisierung". Er möchte zu Recht "den Begriff der Basileia interpretiert sehen durch den Hinweis auf den Erfüllungscharakter des Jesus-Geschehens und die im περὶ τοῦ Ἰησοῦ angesprochene Weise dieser Erfüllung in Kreuz und Auferstehung" (a.a.O. 67f).
[155] Anders *Haenchen*, Apg 691, der für Apg 8,12; 28,23.31 vermutet, daß βασιλεία τοῦ θεοῦ, "neben den Jesus-Ereignissen genannt", wie 14,22 "'jenseitige' Bedeutung" hat. Zu dieser Interpretation tendieren auch *Gräßer*, Parusieerwartung 111; *Keck*, Abschiedsrede 286, u.a. Mit Recht weist jedoch *Nellessen*, Zeugnis 243, darauf hin, daß jedesmal wenn βασιλεία τοῦ θεοῦ in den lukanischen Schriften transzendente Bedeutung hat, εἰσελθεῖν bzw. ἐλθεῖν εἰς τὴν βασιλείαν τοῦ θεοῦ steht. Das ist an den drei genannten Stellen aber nicht der Fall. Ferner schließt gerade der Hinweis auf die atl. Verheißungen die Vermutung *Haenchens* aus, denn für den Schriftgebrauch des auctors ad Theophilum ist es kennzeichnend, "daß das von Gesetz und Propheten Geweissagte vor allem Passion und Auferstehung Jesu, Fall Jerusalems und Verkündigung an die Völker umschließt (Lk 21,22; 24,26f. 46f; Apg 17,3; 26,22f. 27, wohl auch 3,21-26; vgl. 2.Kor 5,19), nicht aber die eigentlichen Endereignisse", *Schweizer*, Lk 216; vgl. auch *Radl*, Lukas-Evangelium 130.

Mit dieser Interpretation unterscheidet sich diese Studie nicht nur in der Vorgehensweise, sondern auch im Ergebnis deutlich von den Überlegungen *Merks*[156]. *Merk* geht zwar m.E. zu Recht zur Beantwortung der Frage nach dem Inhalt der Verkündigung der βασιλεία τοῦ θεοῦ von Apg 8,12; 28,23.31 aus, aber er postuliert ohne Begründung, daß "mit dem Hinweis auf Jesus der Inhalt der Botschaft vom Reich im umfassenden Sinne gegeben" ist, wobei für Lukas "dieser Inhalt ... vor allem in seinem (Lk-) Evangelium gegeben" sei[157]. Mit dieser Interpretation befindet sich *Merk* zwar in Übereinstimmung mit *Conzelmann*[158] und anderen Exegeten, aber wohl nicht mit der Apostelgeschichte, denn der Hauptbeleg, auf den *Merk*[159] sich beruft, ist die Petrusrede in Apg 10 mit ihrem Hinweis auf den irdischen Jesus (VV 37-39). Derartige Hinweise spielen jedoch für die Christologie der Apostelgeschichte nur eine Nebenrolle, stehen - wenn sie überhaupt begegnen - nie im Zentrum der Reden, sondern haben dort vielmehr die Funktion von Prolegomena, die der Botschaft von der Auferweckung und Erhöhung Christi gemäß dem Heilsplan Gottes vorausgehen. Für die Acta apostolorum jedenfalls ist der vorösterliche Jesus nur insofern von Interesse, als seine Taten und sein Todesleiden zu dem in der Schrift festgelegten Willen Gottes gehören (vgl. Apg 2,22 mit 2,19; 2,33 u.ö.). Noch deutlicher wird dieser Sachverhalt in den Paulusreden, denn außer Apg 13,23 und 20,35 findet sich in diesen kein Verweis auf das Leben Jesu vor seiner Passion. Konstitutiv für die Theologie der Apostelgeschichte ist allein die Auferstehung und Himmelfahrt (= Erhöhung) Jesu, weil von ihnen eine Heilsbedeutung für die Zeit der Kirche ausgesagt werden kann. In Apg 8,12 bezeichnet τὸ ὄνομα Ἰησοῦ Χριστοῦ deshalb nicht, wie *Merk*[160] meint, "ein vollständiges Bild des Wirkens Jesu (einschließlich des Todes und seiner Auferstehung)", sondern das Wirken des Erhöhten[161]. Für die Kirche ist deshalb "die Jesuszeit als die entscheidende, Gegenwart bleibende Heilszeit"[162], nicht die Zeit des irdischen Jesus, sondern die Zeit des erhöhten Christus.

Merk dürfte völlig richtig gesehen haben, daß es in den Summarien, die ein verbum dicendi mit βασιλεία τοῦ θεοῦ verbinden, tatsächlich um die Frage nach dem Kontinuum zwischen der Zeit Jesu und der Zeit der Kirche geht, wobei freilich noch zu klären sein wird, worin die Kontinuität liegt. Zum anderen läßt sich auch schwer bestreiten, daß

---

[156] *Merk*, Reich Gottes 205f.
[157] A.a.O. 206.
[158] Mitte 204 u.ö.
[159] Reich Gottes 206.
[160] Reich Gottes 206, im Anschluß an *Conzelmann*, Apg 157.
[161] Vgl. Apg 3,16; 4,10 sowie *Kränkl*, Knecht 177-181; *März*, Wort Gottes 32f; *Prast*, Presbyter 284.
[162] *Merk*, a.a.O. 211; ihm folgt *Kosch*, Gottesherrschaft 66.

die βασιλεία τοῦ θεοῦ in diesen Summarien etwas mit der Zeit der Kirche als Heilszeit zu tun hat. Das Problem scheint mir bei *Merk* aber vor allem zu sein, daß seine Argumentation zwar eine scharfe Spitze gegen *Conzelmanns* These von der Jesuszeit als der "Mitte der Zeit" enthält, er aber andererseits doch zu sehr dessem Auslegungsschema, daß allein die Jesuszeit Heilszeit sei, verhaftet ist, indem er die so als Heilszeit charakterisierte Jesuszeit in die Zeit der Kirche verlängern will.

Auf dem Hintergrund dieser Überlegungen läßt sich vielmehr erwägen, ob das theologische Problem im lukanischen Doppelwerk nicht umgekehrt bestimmt werden muß: Weil für Lukas die Zeit der Kirche Heilszeit ist[163], stellt sich ihm die Frage, ob und wie sich das für die Jesuszeit begründen läßt[164]. Wenn *Bultmann*[165] allgemein über die Synoptiker sagt: "Die Kombination von historischem Bericht und kerygmatischer Christologie in den Synoptikern hat ja nicht den Sinn, das Christus-Kerygma durch die Historie zu legitimieren, sondern umgekehrt, die Geschichte Jesu als messianische sozusagen zu legitimieren, indem sie sie in das Licht der kerygmatischen Christologie stellt", so ist das für Lukas dahingehend zu präzisieren, daß statt vom "Licht der kerygmatischen Christologie" bei ihm vom Licht des göttlichen Heilsplanes und seiner Erfüllung die Rede sein muß. Die für die Jünger erst nach Ostern verständlichen Schriften bilden - wie wir gesehen haben - den Grund der Möglichkeit für die Erkenntnis Jesu als Messias und seiner Funktion im Heilsplan Gottes. Allein von dieser ratio cognoscendi her schreibt Lukas "über die unter uns zur Erfüllung gekommenen Ereignisse" (Lk 1,1)[166]. Ist das richtig, dann entwirft auch der viel geschmähte bzw. hoch verehrte "Historiker" sein Evangelium von Ostern her. Aller Ton liegt dabei auf der Interpretation der Geschichte Jesu wie der Kirche als gemäß den atl. Verheißungen durch Gott gelenkte Heilsgeschichte.

Wenn nun der erhöhte Christus im Mittelpunkt der Verkündigung der βασιλεία τοῦ θεοῦ steht, und zwar sowohl als ihr eigentliches Subjekt (26,23) wie als ihr Objekt, geht es dann in der Predigt auch um die *Basileia Christi*[167]? Man wird bei der Beantwortung dieser Frage wohl differenzie-

---

[163] Ausführlich begründet bei *Kränkl*, Knecht 176-186.

[164] Lukas weiß ja sehr genau, daß es für ihn als Heidenchristen zur Zeit Jesu noch keine Heilsmöglichkeit gab. Wie kann dann für ihn die Jesuszeit Heilszeit sein?

[165] Verhältnis 13.

[166] Vgl. hierzu *Lohse*, Heilsgeschichte 74; *Talbert*, Gnostics 37.

[167] Vgl. etwa *Conzelmann*, Mitte 110: "Lc kennt zwar das Reich Christi, denkt aber nicht an die Herstellung eines systematischen Zusammenhanges mit der Reich-Gottes-Vorstellung." Die Gegenthese findet sich bei *Hauser*, Strukturen 118: "Gott herrscht durch seinen Christus", und a.a.O. 130: "Die Basileia und das Jesusgeschehen (besonders seine Einsetzung als Kyrios) sind einander durchdringende Konzepte." Vgl. ferner zum

64   *2.Kapitel: Die Verkündigung der* βασιλεία τοῦ θεοῦ *nach der Apg*

ren müssen. Als Vertreter einer subordinatianischen[168] oder - wie man wohl besser sagen sollte - theozentrisch strukturierten Christologie[169] kann der auctor ad Theophilum nicht einfach βασιλεία τοῦ θεοῦ und Basileia Christi[170] identifizieren. Andererseits ist die βασιλεία τοῦ θεοῦ nicht nur als eine vergangene, einst in dem vorösterlichen Jesus präsente[171] oder abgebildete[172] oder exemplarisch verwirklichte[173] zu verstehen, auch nicht als eine (bloß) zukünftige[174], sondern sie ist im gesamten Christusereignis[175] wirksam und präsent[176]. Insofern umfaßt sie Jesu irdisches Wirken, seine Passion und Auferstehung, die Gegenwart der Kirche als die Zeit der Wirksamkeit des Erhöhten und der Verkündigung der Umkehr auf seinen Namen wie auch die Ausübung des zukünftigen Richteramtes durch Christus bei seiner Parusie. Denn in all dem wirkt Gott selbst, der Jesus als Retter zu seinem Volk Israel sandte (Apg 13,23), Wunder durch ihn wirkte (2,22; vgl. 10,38), ihn sterben ließ (3,18), von den Toten auferweckte (2,24), den Zeugen sichtbar werden ließ (10,40f) und zum Kyrios erhöhte (5,31), allen Menschen überall die Umkehr verkündigt (17,30), zugleich aber die Um-

---

Problem: *Conzelmann*, Mitte 108-110; *Schnackenburg*, Gottes Herrschaft 184-187; *Leaney*, Luke 34-37; *Marshall*, Luke: Historian and Theologian 89-91; *Tiede*, Exaltation 280-286; *Kränkl*, Knecht 151; *Tannehill*, Unity II 13f.

[168] Vgl. hierzu *Conzelmann*, Mitte 161-172; *Wilckens*, Missionsreden 139; *Schulz*, Botschaft 285f.

[169] So *Lohfink*, Sammlung 85; dort auch die entsprechenden Belege aus der Apostelgeschichte.

[170] Von Basileia *Christi* redet Lukas freilich nie. Er setzt stets das Personalpronomen (vgl. Lk 1,33; 22,29f; 23,42). Daß es sich dabei um die βασιλεία τοῦ θεοῦ handelt, wird zudem nirgends gesagt oder angedeutet.

[171] So *Luz*, EWNT I 489.

[172] So *Conzelmann*, Mitte 98.

[173] So *Radl*, Lukas-Evangelium 114.131.

[174] So *Conzelmann*, Mitte 98; *Gräßer*, Parusieerwartung 110.

[175] Vgl. *Prast*, Presbyter 280.288f.

[176] Wenn *Conzelmann*, Mitte 96, von der Präsenz der Basileia für die Zeit der Kirche redet, "sofern es (sc. das Reich) Inhalt der Predigt ist", dann übersieht er, daß der erhöhte Christus seit seiner Himmelfahrt "an der Herrschaft Gottes" "partizipiert" (*Kränkl*, Knecht 151) und diese angefangen mit der Sendung des Geistes (Apg 2,33) auch ausübt (a.a.O. 191f). - Die gleiche Kritik ist an *Delling*, Wort 193f, - ihm folgt *Koet*, Scripture 126 - , zu üben, wenn er schreibt: "Was denn das ist, die Gottesherrschaft, führt Lukas in der Apostelgeschichte nicht aus - hier wird offenbar die Kenntnis des Evangeliums vorausgesetzt."

kehr von Juden und Heiden zu sich bewirkt (5,31; 11,18)[177] und Jesus schließlich an einem von ihm festgesetzten Tag (17,31) das Richteramt ausüben lassen wird (10,42). Das alles entspricht seinem Plan, wie er ihn vor Zeiten durch seine Propheten hat kundwerden lassen. βασιλεία τοῦ θεοῦ heißt demnach: Gott sitzt im Regimente! Weil dies durch die Erfüllung der Schriften bewiesen wird, deshalb kann es auch bezeugt und verkündigt werden.

Ist damit ein erstes Ergebnis für das lukanische Verständnis der βασιλεία τοῦ θεοῦ gewonnen[178], so stellt sich für die weitere Exegese von Apg 28 die Frage, ob die paulinische Deutung der Reaktion der (römischen) Juden auch unter diesen Oberbegriff zu subsumieren und damit ebenfalls als Konkretion des Bezeugens der βασιλεία τοῦ θεοῦ aufzufassen ist, oder ob in den VV 24-28 ein neues Thema zur Sprache kommt. Wenden wir uns mit dieser Frage den folgenden Versen zu.

4) VV 24-28: Die Verstockung der ungläubigen Juden und das Heil für die Heiden

Die Reaktion des jüdischen Auditoriums besteht nach *V24* in Zustimmung[179] und Ablehnung. Ein derartig gespaltenes Echo der Christusverkündigung beschränkt sich nach Darstellung der Apostelgeschichte nicht auf die Juden, sondern findet sich ebenso in der Beschreibung der Wirkung der christlichen Botschaft bei heidnischem Publikum (17,32.34).

Die doppelte Reaktionsbeschreibung durch die beiden Verben πείθεσθαι und ἀπιστεῖν bestätigt noch einmal die Exegese von V23 in zwei Punkten.

---

[177] Vgl. auch Apg 2,39.47; 11,14; 13,48; 16,14.

[178] Es wird noch zu prüfen sein, inwieweit dieses an Apg 28,23 gewonnene Ergebnis auch für die übrigen Summarien gilt, in denen βασιλεία τοῦ θεοῦ mit einem verbum dicendi verbunden wird.

[179] *Haenchen*, Apg 691, meint, es sei in diesem Vers "nicht an eine wirkliche Bekehrung gedacht". Doch eine derartige These läßt sich exegetisch nicht begründen, da πείθεσθαι bei Lukas immer ein festes Überzeugtwerden von einer Sache meint; vgl. Lk 16,31; 20,6; Apg 5,36. 37. 39; 17,4; 21,14; 23,21; 26,26; 27,11. Freilich weiß *Haenchen* das auch. Sein Urteil ist von den folgenden Versen her bestimmt, so daß sich eine "Spannung in unserem Text, daß manche Juden ἐπείθοντο und doch alle als verstockt behandelt werden", ergibt (697). Ob die These von einer Verstockung aller Juden angemessen ist, wird weiter unten noch zu prüfen sein; vgl. S.68f.

Zum einen weist die Tatsache, daß ein Teil der Zuhörer durch das von Paulus Verkündigte "überzeugt" wurde, darauf hin, daß die Rede des Paulus mit ihrem argumentativen Werben dem Ziel einer rationalen Einsicht diente, nämlich dem angemessenen Verstehen des in der Auferstehung gipfelnden göttlichen Heilsplanes auf Grund der Schriften.

Zum anderen verdeutlicht das Verb ἀπιστεῖν, das unter den Synoptikern nur Lukas verwendet, und zwar um die Nichtanerkennung der Auferstehung Jesu zu beschreiben (Lk 24,11.41), daß die Auferstehungsbotschaft tatsächlich die inhaltliche Mitte der paulinischen Darlegung bildet. Unter "Unglaube" versteht der auctor ad Theophilum also nicht nur ein bewußtes Sich-Verweigern der Heilsbotschaft, sondern auch eine fehlende Einsicht in Gottes Heilsplan[180], die nach den Ausführungen des Paulus nicht mehr entschuldbar ist. Mit ihrer Entscheidung gegen die Christusbotschaft haben sich die ungläubigen Juden zugleich gegen die Schrift entschieden[181].

V25a berichtet den Fortgang und Abschluß der zweiten Szene, da das letzte von Paulus gesprochene Wort zeitlich dem Weggang der Juden vorausgeht[182]. Angesichts des Unglaubens eines Teiles der jüdischen Zuhörer spricht Paulus das "eine Wort"[183], worauf das untereinander uneinige Auditorium ihn verläßt[184].

---

[180] Konstitutiv zum lukanischen Glaubensverständnis gehört die "Heilsplaneinsicht"; vgl. *Schenk*, Glaube 84-88. Wenn *Schenk* (78) jedoch behauptet, daß dieses Glaubensverständnis auch im Evangelium für die Zeit vor Ostern zu finden ist, so wird man dagegen mit *Schenk* (87) selbst darauf verweisen müssen, daß Lukas erst mit Ostern "die erfolgreiche Offenbarung des Heilsplanes an die künftigen Zeugen" verbindet.

[181] Da vor Ostern ein Verstehen der Schriften nicht möglich war, wissen die Juden auch nicht, was sie mit der Kreuzigung Jesu verbrochen haben (Lk 23,34). Deshalb können sie in der nachösterlichen Verkündigung zunächst auf ihr Unverständnis angesprochen werden (Apg 3,17f u.ö.). Nachdem ihnen aber anhand der Schriften der Heilsplan Gottes und seine Verwirklichung im Christusereignis dargelegt wurde, ist alles Unverständnis gegenüber der Heilsbotschaft Unglaube und damit ein Zurückweisen der Schriften, das nun, da ein Verstehen möglich ist, unentschuldbar bleibt; vgl. *Conzelmann*, Mitte 151; *Gnilka*, Verstockung 141.

[182] Da der Genetivus absolutus, 157 mal im lukanischen Doppelwerk belegt (*BDR* 423$_2$), beim auctor ad Theophilum wie auch sonst im NT nicht selbständig ohne verbum finitum gebraucht wird (*BDR* 423$_4$), muß sich ἀπελύοντο auf εἰπόντος beziehen. Der Genetivus absolutus εἰπόντος ist dabei gegenüber dem verbum finitum ἀπελύοντο vorzeitig zu verstehen; vgl. *Puskas*, Conclusion 60f.

[183] *Bovon*, Act 28$_{25}$ 227, hat zu Recht darauf aufmerksam gemacht, daß in dem "einen Wort" des Paulus "die Symphonie der Zeugen des alten und neuen Bundes" erklingt. – Zu

Das nach dem ὅτι-recitativum folgende Wort des Paulus besteht aus einer Einleitung zum Jesajazitat (V25b), der Zitierung von Jes 6,9f (VV 26f), das den Unglauben als Verstockung deutet, und einer Heilsweissagung für die Heiden (V28), die ebenfalls auf ein Wort des "Propheten Jesaja" anspielt.

Die Einleitung in *V25b* ist aufschlußreich für das lukanische Schriftverständnis. In Übereinstimmung mit jüdischer und frühchristlicher Tradition[185] werden vom auctor ad Theophilum die biblischen Schriften als inspiriert angesehen. Vom Heiligen Geist ist bei der Einführung eines Schriftzitates zwar sonst nur noch Apg 1,16 und 4,25 die Rede, aber das mit dem Motiv der Schriftinspiration zum Ausdruck gebrachte lukanische Anliegen begegnet auch im Zusammenhang der übrigen atl. Zitate und Verweise: Im Wort der Propheten kommt Gott selbst zu Wort (vgl. Apg 2,16f), indem er künftiges, von ihm zu wirkendes Geschehen voraussagt. Das καλῶς zu Beginn der Einleitung drückt die inzwischen Realität gewordene Erfüllung der Vorhersage aus und deutet damit die ablehnende Haltung der ungläubigen Juden als Verwirklichung des göttlichen, in der Schrift vorausgesagten Planes. Der Unglaube eines Großteiles des jüdischen Volkes, dem die göttlichen Verheißungen gelten, widerspricht nicht der Macht Gottes in der Geschichte, als ob er sein Volk nicht zum Heil führen könnte, sondern entspricht seinem Plan, wie das folgende Jesajazitat beweist. Wie schon in V23 wird vom Autor der Acta apostolorum also auch hier das göttliche Geschichtshandeln von den atl. Voraussagen her aufgezeigt und damit als Realität gewordene Gottesherrschaft gedeutet.

Das folgende Zitat aus Jes 6,9f wird nach dem atl. Kontext zum Propheten selbst gesagt, während die Einleitung in V25b - durchaus dem Auftrag an den Propheten gemäß - es als "zu euren Vätern" gesprochen interpretiert.

ῥῆμα bei Lukas vgl. ferner *Bovon*, a.a.O. 230f, und *Jeremias*, Sprache zu 1,37 Red, [der versehentlich von 67 statt 68 ntl. Belegen spricht].

[184] Indem der Schriftsteller Lukas das Ende der zweiten Szene vor dem abschließenden Wort des Paulus berichtet, erzeugt er nicht nur eine Spannung für das paulinische Schlußvotum, sondern läßt auch auf literarischer Ebene die zweite Szene mit einer Heilsweissagung für die Heiden enden. Auf diese Verheißung und nicht auf das Weggehen der Juden will der Autor der Acta apostolorum den Ton gelegt wissen. - Dieser Akzent ist von einem Großteil des westlichen Textes und der Koineüberlieferung verkannt, wenn sie den unmittelbaren Abbruch in V28 als störend empfanden und noch einmal den Weggang der Juden berichteten (V29).

[185] Belege bei *Stuhlmacher*, Verstehen 53-56.

Wenn der auctor ad Theophilum in seinen Schriften von "euren Vätern" redet und dabei die nach David lebenden Israeliten meint, sind diese immer negativ qualifiziert[186]. Sie haben die Propheten getötet, d.h. diejenigen, "die die Ankunft des Gerechten vorherverkündigt haben" (Apg 7,52) und widerstreben immer dem Heiligen Geist (7,51), der doch durch die Propheten spricht (Apg 1,16; 4,25: David gilt auch als Prophet; 28,25). Da die Generation des vorösterlichen Jesus an diesen Werken Gefallen hat (Lk 11,48), den von den Propheten Verheißenen ermordete (Apg 7,52) und ebenfalls immer dem Heiligen Geist widerspricht (7,51), können die "Väter" zur Zeit der Propheten nach Lukas mit den Juden zusammengesehen werden, die Christus bzw. die Botschaft von ihm ablehnen[187]. Wie diese die Propheten, die den kommenden Messias verheißen haben, töteten, so haben jene den Messias selbst umgebracht bzw. dem aus der Schrift begründeten Zeugnis von ihm nicht geglaubt. Was deshalb der Heilige Geist durch den Propheten Jesaja zu den Vätern sagte, gilt auch den ungläubigen Juden.

Die *VV 26-27* stellen ein nicht geringes Problem dar, scheinen sie doch die völlige Verstockung des ganzen jüdischen Volkes zu behaupten und damit in Spannung zu stehen zu den VV 24f, den sonstigen Aussagen der

---

[186] Die Wendung "unsere/eure/ihre Väter" bezogen auf das atl. Gottesvolk begegnet im NT 31 mal, davon 24 mal in den lukanischen Schriften.

Im AT werden mit dieser Wendung vor allem die Erzväter und die Wüstengeneration bezeichnet. Dieser Sprachgebrauch wird als Bezeichnung für die Wüstengeneration vom Johannesevangelium (6,31.49), Paulus (1.Kor 10,1) und dem Autor des Hebräerbriefes (3,9; 8,9: beides atl. Zitate) aufgenommen. Auch Lk 1,55.72 - beides Anspielungen auf Mi 7,20 - und die meisten Belege der Acta apostolorum (3,25; 7,11.12.15.38.39.44. 45a.b; 13,17) denken an die Israeliten vor der Staatenbildung. Traditionsgeschichtlich stehen die Erzväter bzw. die Wüstengeneration ebenfalls hinter der Formel "der Gott unserer Väter" (Apg 3,13; 5,30; 22,14). Welche Vätergeneration in Apg 15,10; 26,6 gemeint ist, läßt sich nicht eindeutig bestimmen.

Auf das Volk Israel zur Zeit der Propheten wird die Wendung "unsere/eure/ihre Väter" in Mt 23,30.32; Lk 6,23.26; 11,47.48; Apg 7,51.52 bezogen, und zwar - mit Ausnahme von Lk 6,26 - im Zusammenhang mit der Prophetenermordung, wobei in Mt 23,29-32 par. Lk 11,47f Q-Stoff zugrundeliegt. Anders als Mt 23,30 bezeichnet aber Lukas die Väter als Prophetenmörder immer nur mit "eure/ihre Väter", nie jedoch mit "unsere Väter".

Positiv wird die Wendung "eure Väter" in Apg 3,25 gebraucht - freilich ist diese Lesart nicht gesichert. Was diesen Vers mit den anderen verbindet, ist der enge Zusammenhang von "euren Vätern" mit den Zuhörern der jeweiligen Rede.

[187] So auch 1.Thess 2,14. Zur Verbindung von Prophetenmord und Tod Jesu als traditionellem Topos vgl. auch *Kränkl*, Knecht 113, und die ebd. Anm. 63 und 64 genannte Literatur.

Apostelgeschichte, die von einem Gläubigwerden von Juden wissen, wie auch zu dem das Zitat hier einbringenden Judenchristen Paulus. Vielfach interpretiert man V24 von den VV 26f her, indem man ἐπείθοντο nicht als Bekehrung versteht[188], doch ist damit die Spannung zwischen dem Zitat und der Existenz von Judenchristen noch nicht aufgehoben. Es empfiehlt sich deshalb umgekehrt, das Jesajazitat von V24 her zu lesen. Dann würde ὁ λαὸς οὗτος den ungläubigen Teil des Volkes Israel meinen[189], d.h. die Nachkommen derer, die in V25b "eure Väter" genannt wurden[190]. Ist das richtig, dann deutet Lukas mit der atl. Stelle den Unglauben eines Teiles der römischen Juden - und damit pars pro toto der ungläubigen Juden überhaupt - als Verstockung durch Gott[191].

Mit der Verkündigung des Paulus vor den führenden römischen Juden im Zentrum der antiken Welt wurde nach der Darstellung der Apostelgeschichte dem ganzen *jüdischen Volk* von Jerusalem bis Rom der Heilsplan Gottes kundgetan. Ihnen zuerst sollte das Wort Gottes verkündigt werden (Apg 13,46; vgl. 3,26). Entsprechend hat sich Paulus bei seinem Dienst an der Ausbreitung des Evangeliums immer zuerst dieser Zielgruppe zugewandt. Selbst als Gefangener in Rom bleibt er seiner Praxis treu. Doch die ὄντες τῶν Ἰουδαίων πρῶτοι Roms (V17) bzw. die πλείονες (V23) haben wie zuvor schon die Jerusalemer Juden dem Heilsplan Gottes (mehrheitlich) nicht geglaubt. "Damit haben sie die ihnen als *Gottesvolk* einst geschenkten Verheißungen sowie die Prärogative, als Erstberufene zu gelten, preisgegeben"[192]. Unter der Verkündigung der Christusbotschaft hat sich Israel auf diese Weise in Gläubige und Ungläubige gespalten. Letztere stehen nicht mehr auf dem Boden der Schrift und der Verheißungen Gottes, sondern sie haben sich - darin ihren Vätern als den Prophetenmördern gleich - außerhalb des Gottesvolkes gestellt. Von ihnen gilt, was Mose im Blick auf die Hörer des "Propheten" Jesus gesagt hat: "Jeder, der nicht auf jenen

---

[188] Vgl. oben S.65 Anm. 179.
[189] So verstehen das Zitat auch *Weiser*, Apg II 677.682; *Jervell*, Israel 90.
[190] Πρὸς τὸν λαὸν τοῦτον in V26a steht in Parallele zu πρὸς τοὺς πατέρας ὑμῶν in V25b. Hat der Autor der Acta apostolorum den Text der LXX πορεύθητι καὶ εἰπὸν τῷ λαῷ τούτῳ in der ersten Zeile deshalb verändert, um diese Parallelität zum Ausdruck zu bringen und πρὸς τὸν λαὸν τοῦτον näher an πρὸς τοὺς πατέρας ὑμῶν zu schieben? Anders *Holtz*, Zitate 36, der hinter der Umstellung eine sonst nicht belegte LXX-Version vermutet.
[191] In V27 ist ἐπαχύνθη passivum divinum.
[192] *Weiser*, Apg II 683.

2.Kapitel: Die Verkündigung der βασιλεία τοῦ θεοῦ nach der Apg

Propheten hört, wird aus dem Volk ausgerottet werden" (Apg 3,23). Ihr Unglaube wird nun als Verstockung gedeutet, so daß ihnen die Heilsbotschaft nicht mehr zugänglich ist[193]. Damit ist der Weg frei geworden für die universale Heidenmission, die bisher nur vereinzelt praktiziert wurde und dabei an bestimmte Voraussetzungen gebunden war.

Mit Ausnahme von Apg 17,17, wo *die paulinische Heidenpredigt* anders als üblich motiviert (vgl. 17,16), wenn auch der Synagogenpredigt nachgeordnet ist[194], hat Paulus nach Darstellung der Acta apostolorum bisher nur unter drei Bedingungen zu Heiden gepredigt, wenn nämlich
1. Heiden Gasthörer in der jüdischen Synagoge waren[195];
2. einzelne Heiden sich von selbst an Paulus wandten, nachdem er in ihrem Gebiet bzw. in ihrer Stadt zuvor schon in einer Synagoge bzw. Proseuche gepredigt hatte[196];
3. das Evangelium von den Juden abgelehnt wurde[197].

Das Neue, das demnach mit den Ereignissen in Rom anbricht, ist die Aufhebung des bisher überall praktizierten "zuerst zu den Juden". Insofern kommt den Ereignissen in Rom nach lukanischer Darstellung die Rolle einer Schlüsselszene für die weitere Kirchengeschichte zu. Von jetzt ab geht die

---

[193] Da Verstockung noch nicht Verwerfung bedeutet, bleibt trotz Apg 3,23 bei Lukas offen, was mit den ungläubigen Juden im Endgericht geschieht. Zu Lk 19,27 vgl. unten S.265f.

[194] Die Ausnahme von der Regel in Apg 17,17 dürfte vor allem darauf zurückzuführen sein, daß Lukas das Auftreten des Paulus in Athen im Anklang an die Sokratesüberlieferung darzustellen sucht und ihn insofern gleich mit Beginn seines Aufenthaltes auf der Agora auftreten lassen will; vgl. hierzu *Elliger*, Paulus 139f.

[195] Antiochien (13,13.16.26.43.44); Ikonion (14,1); Thessalonich (17,2-4); Beröa (17,10-12); Athen (17,17a); Korinth (18,4).

[196] Zypern: Nach der Verkündigung in der Synagoge von Salamis (13,5) möchte in Paphos der Prokonsul Sergius Paulus das Wort Gottes hören (13,7) und kommt schließlich auch zum Glauben (13,12). Freilich scheint der Anlaß hierfür keine Predigt zu sein - von einer solchen erwähnt Lukas in diesem Zusammenhang nichts -, sondern die auf das Wort des Paulus hin erfolgte Erblindung des Magiers Elymas (13,10f).
Philippi: Nach der Rede des Paulus in der Proseuche (16,13), seiner Gefangennahme und den nächtlichen wunderbaren Ereignissen wendet sich der Gefängniswärter an ihn (16,30), worauf er und sein Haus die christliche Predigt zu hören bekommen (16,31f).

[197] Antiochien (13,45f); Lykaonien: Die evtl. geschehene Heidenpredigt in Ikonion (14,3f), die Heidenpredigt in Lystra (14,8ff) und vielleicht auch in Derbe (14,20f) ist durch den Unglauben der Juden in Ikonion (14,2) und die daraus resultierende Verfolgung und Flucht der Missionare veranlaßt (14,5-7); Korinth (18,6); Ephesus (19,8f).

Verkündigung des Evangeliums nicht mehr via Juden zu den Heiden, sondern von nun an sind die Heiden unmittelbare Adressaten der christlichen Predigt. "Mit der Umkehr Israels als des gesamten Gottesvolkes rechnet Lukas nicht mehr, wohl aber gilt das Heilsangebot in der Weise kirchlicher Verkündigung gegenüber den jüdischen Zuhörern auch weiterhin, jedoch nun so, wie es auch den Heiden gilt"[198].

Die Einleitung in *V28a* γνωστὸν ... ἔστω ὑμῖν weist wie in 2,14; 4,10 und 13,38 auf die Bedeutsamkeit der folgenden Aussage hin[199], die dem Verstockungsurteil über "dieses Volk" nun eine Heilsansage für die Heiden gegenüberstellt. Wird dort Jes 6,9f zitiert, so hier auf Jes 40,5 angespielt[200]. Mit dem Hinweis auf das *Heil für die Heiden* unter Anspielung oder Zitierung der Schrift greift Lukas ein Thema aus dem Anfang und dem Schluß seines Evangeliums (Lk 2,30-32; 3,6; 4,25-27; 24,47) hier am Ende der Apostelgeschichte noch einmal erneut und abschließend auf. *Wilson*[201] hat darauf aufmerksam gemacht, daß dieses Thema im Evangelium jeweils in Texten begegnet, die zeitlich entweder vor bzw. am Beginn der Wirksamkeit des irdischen Jesus oder aber nach seiner Auferstehung anzusetzen sind und denen programmatische Bedeutung für die lukanische Theologie zukommt. Dem korrespondiert die Beobachtung von *Bovon*[202], daß am Anfang und am Ende des dritten Evangeliums die Schrift eine bedeutendere Rolle spielt als in seinem mittleren Corpus. Was im Evangelium freilich noch Verheißungsgut war, ist nun am Ende der Acta apostolorum in das Stadium der Erfüllung eingetreten.

Mit dem komplexiven oder auch sog. "historischen" Aorist[203] ἀπεστάλη - wie in V27 ein passivum divinum - könnte der auctor ad Theophilum möglicherweise auf die Korneliusepisode anspielen, die von der Jerusalemer

---

[198] *Weiser*, Apg II 683; vgl. auch die a.a.O. 683f genannten Exegeten, die ähnlich wie *Weiser* interpretieren.
[199] Vgl. *Weiser*, Apg II 683.
[200] Darauf weist die Wendung τὸ σωτήριον τοῦ θεοῦ hin, denn diese begegnet in den lukanischen Schriften nur noch Lk 2,30 im Hymnus des Simeon (τὸ σωτήριόν σου ist an dieser Stelle unter Berücksichtigung des Kontextes ebenfalls als Anspielung auf Jes 40,5 zu identifizieren) und in dem Zitat dieses Jesajaverses in Lk 3,6. "Von sich aus schreibt Lukas das geläufigere σωτηρία" (*Jeremias*, Sprache zu 2,30 Trad).
[201] Gentiles 51f.
[202] Luc le Théologien 89 (= Luke the Theologian 82); vgl. auch *Koet*, Scripture 14f.
[203] Vgl. hierzu *Hoffmann/v.Siebenthal*, Grammatik 199,1b.

2.Kapitel: Die Verkündigung der βασιλεία τοῦ θεοῦ nach der Apg

Urgemeinde letztlich mit dem Gotteslob kommentiert wurde: "Auch den Heiden hat Gott die Umkehr zum Leben gegeben" (Apg 11,18). Die Sendung des Heils zu den Heiden, nach Darstellung der Apostelgeschichte äußerlich durch die Ablehnung der Heilsbotschaft seitens des Judentums jeweils neu[204] und schließlich endgültig veranlaßt, wurzelt für Lukas letztlich im universalen Heilswillen Gottes, der - darauf weist nun die Anspielung auf Jes 40,5 hin - schon im AT vorhergesagt wurde[205]. "In this manner Luke makes it clear, that the inclusion of the Gentiles is not the result of a mere quirk of history or a whim of God; rather, it is grounded in the eternal will of God and is an integral part of his promises to Israel"[206].

Paulus hat demnach nicht nur nach V23, sondern auch nach den VV 26f. 28 den Plan Gottes bezeugt. Nach V23 beinhaltete das *Zeugnis des Paulus über die* βασιλεία τοῦ θεοῦ, daß Gott in der Geschichte und vor allem in seinem Heilshandeln an und durch Christus im Regimente sitzt. Das konnte der dreizehnte Zeuge vom AT her aufzeigen, insofern Gesetz und Propheten den vorhergesagten Heilsplan Gottes enthalten, den Gott im Laufe der im Evangelium und in den Acta apostolorum beschriebenen Geschichte hat Realität werden lassen. Dieser Plan schloß nach den VV 26f die Verstockung der ungläubigen Juden und nach V28 die Sendung des Heils zu den Heiden ein. Damit gehören auch diese Ereignisse zum paulinischen Zeugnis über die βασιλεία τοῦ θεοῦ, denn an ihnen läßt sich ebenfalls von den Schriften her zeigen, daß Gott Herr der Geschichte ist[207]. Die Botschaft des Auferstandenen am Ende des Evangeliums und die Botschaft des Paulus am Ende der Apostelgeschichte sind somit auch in diesem Punkt identisch: Beide reden nicht nur von der Schriftgemäßheit des Todesleidens und Auferstehens des Christus, sondern beide sprechen damit verbunden von Umkehr und Vergebung bzw. Heilung für die Heiden. Im Unterschied zum Auferstandenen vermag Paulus freilich schon auf die geschehene Sendung des Heils zu den Heiden zurückzublicken.

---

[204] Vgl. die Belege auf S.44 und S.70 Anm. 197.

[205] Vgl. *Hahn*, Mission 119; *Jervell*, Israel 91; *Wilson*, Gentiles 222f; *Weiser*, Apg II 683; *Mußner*, Apg 9.

[206] *Wilson*, Gentiles 53.

[207] Zu dem Ergebnis, daß die Mission in den Zusammenhang des lukanischen Verständnisses der βασιλεία τοῦ θεοῦ gehört, führte schon die Exegese von V23; vgl. S. 63f.

Sein letztes Wort ist mit diesem Rückblick jedoch noch nicht gesprochen. Das gilt vielmehr der Zukunft der Heiden: "*Sie werden hören*". Natürlich weiß Lukas, daß auch Heiden die Botschaft abgelehnt haben und ablehnen werden (Apg 13,48b; 14,2.4f; 16,19.22; 17,32 u.ö.)[208]. Aber die Zukunft der Kirche - und damit ist der auctor ad Theophilum in seiner eigenen Zeit - liegt bei den Heiden, denn so hat es Gott beschlossen. Wenden wir uns mit diesen Überlegungen den beiden Abschlußversen der Apostelgeschichte zu.

5) VV 30f: Die paulinische Basileiaverkündigung vor Heiden

Die Angabe in *V30a*, daß Paulus über einen Zeitraum von zwei Jahren[209] in seiner Mietwohnung[210] blieb, entstammt möglicherweise "urchristlicher Information"[211]. Auf jeden Fall deutet Lukas mit dem komplexiven Aorist ἐνέμεινεν eine danach eintretende Veränderung an[212], wobei er wohl an das Martyrium des Paulus denkt (vgl. Apg 20,24f.37f). Aber nicht die Person des Paulus und sein Ergehen sind Inhalt der beiden die Apostelgeschichte abschließenden Verse, sondern der Ton liegt auf seiner weiteren Wirksamkeit in Rom und dem Inhalt seiner Verkündigung, wie er V 31 beschrieben wird.

Analog zu V23b gliedern sich *VV30b.31* in einen Satz mit verbum finitum und zwei dazugehörige Partizipialsätze:

---

[208] Vgl. *Bovon*, Lukas in neuer Sicht 125.
[209] Διετία kommt im NT nur Apg 24,27; 28,30 vor; vgl. auch das nur in Apg 20,31 begegnende τριετία. Die Formulierung dürfte lukanisch sein.
[210] "Diese - anderweitig nicht belegbare - Übers[etzung] wird jedenfalls von 28,16 (καθ' ἑαυτόν) und 28,23 (ἦλθον πρὸς αὐτὸν εἰς ξενίαν) her nahegelegt. Möglich wäre grundsätzlich auch die Übers[etzung] 'auf eigene Kosten' ..., aber dann wären das V[er]b ἐμμένω sowie die Formulierung ἀπεδέχετο πάντας τοὺς εἰσπορευομένους πρὸς αὐτόν V.30 schwer verständlich" (*Balz*, EWNT II 1065f). Zur Diskussion über die Bedeutung von μίσθωμα vgl. auch *Mealand*, Close 583-587.
[211] *Weiser*, Apg II 679.
[212] *BDR* 332,1.

74   2.Kapitel: Die Verkündigung der βασιλεία τοῦ θεοῦ nach der Apg

καὶ ἀπεδέχετο πάντας τοὺς εἰσπορευομένους πρὸς αὐτόν,
κηρύσσων   τὴν βασιλείαν τοῦ θεοῦ
καὶ διδάσκων   τὰ περὶ τοῦ κυρίου Ἰησοῦ Χριστοῦ
               μετὰ πάσης παρρησίας
               ἀκωλύτως.

Grammatisch nicht eindeutig zu entscheiden ist die Frage, ob sich μετὰ πάσης παρρησίας und ἀκωλύτως auf κηρύσσων καὶ διδάσκων oder auf ἀπεδέχετο beziehen. Nun begegnet μετὰ παρρησίας außer an unserer Stelle noch in Apg 2,29; 4,29.31, wo es jeweils auf ein verbum dicendi bezogen ist, so daß ein derartiger Bezugspunkt auch für V31 anzunehmen ist[213]. Schwieriger zu beantworten ist die Frage, zu welchem Verb das Adverb zugeordnet werden muß, scheint doch die Betonung der ungehinderten Aufnahme aller Besucher angesichts der römischen Gefangenschaft des Paulus sinnvoll zu sein. Jedoch wurde diese Tatsache in den VV 17a.23a als so selbstverständlich vorausgesetzt, daß es nicht recht einleuchten will, diesen Aspekt mit dem letzten Wort der Apostelgeschichte so akzentuiert zu finden, zumal sich der auctor ad Theophilum an den Haftbedingungen des Paulus sonst nicht sonderlich interessiert zeigt. Von daher ist es also viel wahrscheinlicher, daß ἀκωλύτως ebenfalls wie μετὰ πάσης παρρησίας auf die verba dicendi bezogen werden muß.

Doch sehen wir uns die einzelnen Aussagen näher an. Der sprachlich ganz lukanisches Gepräge tragende Hauptsatz in V30b[214] berichtet, daß Paulus alle zu ihm Kommenden aufnahm. Ob sich unter diesen auch Juden befinden, wird auf Grund der vorausgegangenen Exegese nicht grundsätzlich auszuschließen sein, doch dürfte Lukas hier vornehmlich an *Heiden* denken, die nun die primären *Empfänger der christlichen Botschaft* sind.

Der Inhalt der paulinischen Verkündigung hat sich trotz wechselnder Adressaten im Vergleich zu V23 nicht geändert, freilich fehlt in V31 der

---

[213] Hinzu kommt, daß das Verb παρρησιάζεσθαι siebenmal in der Apostelgeschichte als Terminus der Verkündigung gebraucht wird (9,27.28; 13,46; 14,3; 18,26; 19,8; 26,26; im sonstigen NT nur noch Eph 6,20; 1.Thess 2,2).

[214] Ἀποδέχομαι begegnet im NT nur Lk 8,40; 9,11; Apg 2,41; 18,27; 21,17; 24,3 und 28,30, dürfte also auf den Schreiber des Doppelwerkes zurückgehen. Gleiches gilt für die πᾶς-Wendung, für die Lukas eine besondere Vorliebe hat (vgl. *Jeremias*, Sprache zu Lk 1,10 Red) sowie für das im NT nur Lk 8,16 (diff. Mk 4,21); 11,33; Apg 3,2; 28,30 vorkommende "substantivierte pluralische Partizip οἱ εἰσπορευόμενοι" (*Jeremias*, Sprache zu Lk 11,33 Red).

Hinweis auf die Schrift. Nun begegnet in den beiden einzigen an Heiden adressierten paulinischen Reden der Apostelgeschichte in 14,15-17 und 17,22-31 ebenfalls kein expliziter Schriftbeweis, obwohl in 14,15b das alttestamentliche Bekenntnis zum Schöpfergott (Ex 20,11 bzw. Ps 145,6LXX) zitiert wird und in beiden Reden weitere Anklänge an das AT wahrscheinlich zu machen sind[215]. Doch wird der Heilsplan Gottes vor Heiden nicht mit den Israel gegebenen Verheißungen dargelegt. Apg 14,15-17 und 17,22-31 bringen vielmehr zum Ausdruck, worin Lukas die Besonderheit einer Heidenpredigt gegenüber einer Predigt vor jüdischem Auditorium sieht. Beide Reden sollen deshalb zur inhaltlichen Füllung des allgemein gehaltenen Summariums von V31 herangezogen werden.

Anders als die Verben in V23 gehören die *verba dicendi in V31* weniger in den Kontext argumentativer Rede als vielmehr in den Bereich der Proklamation und Darlegung der Heilsereignisse. Das gilt auch für διδάσκειν, das im lukanischen Doppelwerk neben anderen Verben des Verkündigens stehen kann[216] und in der Apostelgeschichte häufig "die missionarische Verkündigung der Apostel bzw. des P[au]l[u]s ... bezeichnet"[217]. Objekt des κηρύσσειν ist fast immer die βασιλεία (τοῦ θεοῦ)[218] oder Christus und sein Tun[219], während als Inhalt des διδάσκειν in der Apostelgeschichte neben Christus[220] meist "das Wort des Herrn" bzw. "das Wort Gottes"[221] angegeben wird. Schon dieser Überblick verdeutlicht, daß wir die inhaltliche Füllung des Summariums vorwiegend im Bereich der Christologie zu suchen haben, die - so unser Ergebnis zu V23 - im Zentrum der Verkündigung der βασιλεία τοῦ θεοῦ steht, auch wenn letztere - so unser Ergebnis zu VV 25-28 - nicht auf die Christusbotschaft reduziert werden darf.

---

[215] Vgl. *Bruce*, Paul's Use 73-76.
[216] Lk 20,1; Apg 5,42; 15,35: εὐαγγελίζεσθαι; Lk 20,21: λέγειν; Apg 4,2: καταγγέλλειν; 4,18: φθέγγεσθαι; 20,20: ἀναγγέλλειν; 28,31: κηρύσσειν.
[217] *Weiß*, EWNT I 768. - Ob διδάσκειν in Apg 20,20; 21,21.28 "im spezifischen Sinn des Lehrens" gebraucht ist, wie *Weiß* ebd. meint, wird nicht eindeutig zu entscheiden sein.
[218] Lk 4,44 im Vergleich mit 4,43; 8,1; 9,2; Apg 20,25; 28,31.
[219] Lk 8,39; Apg 8,5; 9,20; 10,42; 19,13; vgl. Lk 4,18f; 24,47.
[220] Apg 4,2; 5,42; 18,25; 28,31; vgl. 4,18; 5,28: διδάσκειν ἐπὶ τῷ ὀνόματι τοῦ Ἰησοῦ / τούτῳ.
[221] Apg 15,35; 18,11.

2. Kapitel: Die Verkündigung der βασιλεία τοῦ θεοῦ nach der Apg

Vergleicht man nun den angedeuteten Inhalt der paulinischen *Heidenpredigt* in Rom mit dem, was Paulus *in Lystra und Athen* den Heiden verkündigt hat, dann fällt der Unterschied sofort ins Auge: In Apg 14,15-17 fehlt jede Christologie, in Apg 17,22-31 folgt sie - ohne Namensnennung Jesu - scheinbar als Anhang in V31, wobei ihr nach Meinung einiger Ausleger nur eine die Aufforderung zur Buße unterstützende Funktion zukommt[222]. Dieses Fehlen der Christologie hat dem auctor ad Theophilum harte Kritik eingebracht. So konnte etwa *Vielhauer* zu Apg 17,22-31 konstatieren: "Der Verfasser dieser Rede hat aus der Heidenpredigt des Paulus die Christologie eliminiert"[223]. Freilich lehrt ein Blick auf Apg 16,31; 17,18b und 28,31, daß diese Meinung *Vielhauers* als ein grundsätzliches Urteil über das lukanische Verständnis von Heidenpredigten nicht berechtigt ist. Revisionsbedürftig ist auch das Urteil von *Dibelius*, wenn er zu Apg 17 schreibt, Lukas wolle "zeigen, wie man die christliche Botschaft predigen soll, in seiner Gegenwart, d.h. in den letzten Jahrzehnten des ersten Jahrhunderts. Und wenn er von dem großen Heidenapostel nur eine einzige Predigt an Heiden mitteilt, eben die Areopagrede in Athen, dann will er damit in erster Linie ein Beispiel dafür geben, wie man als christlicher Missionar gebildeten Heiden nahekommen soll"[224]. Nichts liegt m.E. Lukas ferner als dieses. Was der auctor ad Theophilum in den beiden Reden in Apg 14,15-17 und 17,22-31 darstellen möchte, ist vielmehr die besondere Stellung der Heiden im Heilsplan Gottes im Unterschied zu der der Juden. Nur diese besondere Stellung wird thematisiert[225], nicht jedoch der gesamte Inhalt der christlichen Verkündigung vor heidnischem Publikum. Die beiden Heidenpredigten des Paulus können deshalb nur wenig dazu beitragen, den christologischen Teil des Summariums inhaltlich näher zu beleuchten. Doch wird man hierfür unbedingt 17,31 berücksichtigen müssen. Zuvor aber soll geklärt werden, welche Hilfe Apg 14,15-17 und 17,22-31 für das inhaltliche Verständnis von κηρύσσων τὴν βασιλείαν τοῦ θεοῦ bieten.

Auszugehen ist zunächst von zwei Beobachtungen: Zum einen erkannten wir bei unserer Exegese von V23, daß die Christologie im Zentrum der paulinischen Verkündigung der βασιλεία τοῦ θεοῦ steht und hierbei die alttestamentlichen Vorhersagen eine entscheidende Rolle spielen, insofern Gott

---

[222] Vgl. *Kränkl*, Knecht 203.
[223] Paulinismus 5 [13].
[224] Aufsätze 72.
[225] Zur Begründung vgl. die folgenden Ausführungen.

selbst durch Gesetz und Propheten zu seinem auserwählten Volk geredet und ihnen die Verheißungen gegeben hat, die sich mit den im Evangelium berichteten Ereignissen zu erfüllen begannen. Damit hat er, der in Israel ante Christum natum wirksam war (vgl. Apg 13,17-22), seine Herrschaft sichtbar gemacht, so daß sie Gegenstand der Verkündigung werden konnte. Dieser *Heilsgeschichte Gottes mit Israel* läuft eine *Unheilsgeschichte* parallel, die sich darin äußert, daß die Väter die Propheten töteten und die (vornehmlich zum Synhedrium gehörenden) Jerusalemer Juden den verheißenen Messias aus Unwissenheit ans Kreuz hängten (Apg 3,17). Jetzt aber gilt es für alle Juden Buße zu tun (3,19.26 u.ö.).

Die zweite Beobachtung betrifft die Aussagen der Apostelgeschichte zum Heidentum ante Christum. Auch unter den Heiden hat sich Gott als wirksam erwiesen. Obwohl er sie nach ihrer Erschaffung ihre eigenen Wege gehen ließ, hat er sich durch die Zuwendung seiner Schöpfungsgaben nicht unbezeugt gelassen (Apg 14,16f) und war ihnen nahe (17,27b), weil auch sie von ihm abstammen und durch[226] ihn leben (17,28). Der Heilsgeschichte Gottes mit seinem Volk Israel korrespondiert also nach lukanischer Vorstellung auch eine *Heilsgeschichte Gottes mit den Heiden.* Freilich ist dieser den Heiden heilvoll zugewandte Gott der Gott Israels, wie die Anspielungen auf die alttestamentlichen Schöpfungsaussagen verdeutlichen (14,15b; 17,24-26a)[227]. Nun findet sich aber wie bei den Juden so auch bei den Heiden neben der Heilsgeschichte eine *Unheilsgeschichte.* Zwar sollten die Heiden Gott suchen und finden (17,27a), aber sie meinten, das Göttliche sei materiellen Dingen oder menschlichen Gedanken gleich (17,29), weshalb ihnen Gott unbekannt blieb (17,23). Doch wie bei den Juden so hat Gott auch die Unwissenheit der Heiden übersehen und fordert sie zur Buße auf (17,30). Freilich - und hier wird die Parallelisierung der Aussagen über Juden und Heiden durchbrochen - die Verkündigung des Heils für die Heiden ist

---

[226] Das ἐν αὐτῷ in 17,28 muß im Sinne des Lukas instrumental mit "durch ihn" übersetzt werden, weil ihm der "Sinn eines gewissen Panentheismus" (so *Dibelius,* Aufsätze 46), der der Vorstellung innewohnt (vgl. etwa *Dion Chrysostomos* XII, 28: ἅτε γὰρ οὐ μακρὰν οὐδ' ἔξω τοῦ θείου διωκισμένοι καθ' αὑτούς, ἀλλὰ ἐν αὐτῷ μέσῳ πεφυκότες, μᾶλλον δὲ συμπεφυκότες ἐκείνῳ), fern liegt; vgl. auch *Weiser,* Apg II 474.

[227] Da diese Anspielungen nur für christliche Leser verständlich sind, ist die Vermutung nicht ganz unbegründet, daß sie für Lukas die eigentlichen Adressaten seiner Ausführungen in den beiden Heidenpredigten sind.

Erfüllung der Israel gegebenen Verheißungen Gottes, wie sie in den Schriften des Mose und der Propheten zur Sprache kommen.

Es dürfte deutlich sein, *wie parallel Lukas den Geschichtsverlauf von Juden und Heiden beschrieben hat.* Auch den Heiden wird jetzt die Herrschaft des ihnen bis dahin unbekannten Gottes verkündigt. Dies geschieht durch den Verweis auf die Wirksamkeit des Gottes Israels in Natur und Geschichte der Heiden seit der Schöpfung[228]. Das geschieht aber auch und vor allem, indem jetzt - d.h. in der Zeit des erhöhten Christus - allen Menschen überall die Umkehr verkündigt wird (17,30). Unter dem Aspekt der Unwissenheit, die sich bei den Juden in der Kreuzigung Jesu bzw. in der Ablehnung Christi und bei den Heiden in der Götzenverehrung äußert[229], sowie des Aufrufs zur Buße verschwinden die Differenzen zwischen Juden und Heiden (vgl. 20,21; 26,17f.20)[230]. Beide stehen unter der Forderung, sich der Herrschaft Gottes zu unterwerfen. Diese Unterwerfung ist gerade deshalb vonnöten, weil das Ende der Geschichte von Juden und Heiden der von Gott bestimmte Gerichtstag ist, an dem er durch den Erhöhten Gericht über die ganze Ökumene halten wird (17,31). Diese theozentrisch formulierte christologische Aussage wurde bereits früher als zentraler Inhalt der Basileiaverkündigung erkannt[231].

Wenn Paulus also in Rom den Heiden die βασιλεία τοῦ θεοῦ verkündigt, dann redet er - so wird man Lukas wohl verstehen müssen - von dem Heilsplan Gottes für die Heiden. Zwar hat Gott sich ihnen in seiner Schöpfung nicht unbezeugt gelassen, aber er ließ sie ihre eigenen Wege gehen. Jetzt aber, nachdem er ihnen das Heil gesandt hat, werden sie zur Umkehr aufgefordert, die im Namen Jesu geschieht und auf Sündenvergebung zielt, die durch den Erhöhten bzw. durch den Glauben an ihn empfangen wird (Lk 24,47; Apg 10,43; 13,38f; 26,18)[232].

---

[228] Vgl. *Hahn*, Mission 117f und 118 Anm. 1 - Gegen die hier vorgetragene Deutung wird man nicht darauf verweisen dürfen, daß nach Lk 16,16 die Verkündigung der βασιλεία τοῦ θεοῦ erst mit der Zeit Jesu angefangen hat, denn die Herrschaft Gottes muß nach der lukanischen Darstellung von der Zeit ihrer Verkündigung unterschieden werden.

[229] Vgl. *Hahn*, Mission 118 und Anm. 2.

[230] Vgl. *Hahn*, Mission 114 und Anm. 4.

[231] Vgl. oben S.64.

[232] In diesen Zusammenhang gehören auch die Aussagen über die σωτηρία bzw. das σωθῆναι mittels des Erhöhten bzw. des Glaubens an ihn: Apg 2,21; 4,12; 15,11; 16,31.

Der letzte Gedanke führt uns nun unmittelbar an den zweiten Partizipialsatz in 28,31 heran, zumal es auf Grund der bisherigen Überlegungen naheliegt, wie in 28,23 so auch in V31 die christologische Aussage als Konkretion der Basileiaverkündigung aufzufassen. Ob diese Vermutung zutrifft, wird im folgenden zu prüfen sein, wenn wir nach dem Inhalt des christologischen Teils des Summariums fragen.

Mit διδάσκων τὰ περὶ[233] τοῦ κυρίου Ἰησοῦ Χριστοῦ benennt Lukas die paulinische Christusverkündigung an Heiden. Χριστός scheint in diesem Partizipialsatz nicht titular, sondern als Eigenname gebraucht zu sein. Wir haben also primär zu untersuchen, was sich nach dem auctor ad Theophilum über den Kyrios Jesus lehren läßt. Bei dieser Fragestellung ist grundsätzlich zu beachten, daß der κύριος-Titel für Jesus im dritten Evangelium nur im Sondergut oder im vorgegebenen Markusstoff begegnet, aber nie von Lukas in seinen Markusstoff eingefügt wurde[234], so daß man mit redaktionsgeschichtlichen Schlußfolgerungen, die nur auf Aussagen des Sonderguts basieren, zurückhaltend sein sollte. So viel kann jedoch mit aller Vorsicht gesagt werden: Der Kyriostitel wird auf Jesus während allen Stadien seines Lebens appliziert, aber die mit diesem Titel benannte Funktion übt er erst seit seiner Erhöhung aus. So kann Jesus schon vor seiner Geburt κύριος genannt werden (Lk 1,43). Bei seiner Geburt wird er als solcher proklamiert (Lk 2,11). Von der Taufe des Johannes bis zu seiner Himmelfahrt ging der Kyrios bei den Aposteln ein und aus (Apg 1,21f). Von dem Erhöhten schließlich kann gesagt werden: οὗτός ἐστιν πάντων κύριος (10,36). Das Präs. ἐστίν in dem zuletzt genannten Beleg deutet auf die gegenwärtige Funktion des Kyrios hin, die er offenbar vorher nicht besaß, denn an keiner Stelle im dritten Evangelium wird angedeutet, daß für Lukas schon der irdische Jesus Herr über alle Dinge ist. Insofern ist der Kyriostitel eigentlich erst für den Erhöhten völlig sachgemäß, weshalb Petrus in der Pfingstrede die

---

[233] Τὰ περί cum genitivo mit Bezug auf den irdischen, auferstandenen und erhöhten Jesus noch in Lk 24,19.27; Apg 13,29; 18,25; 23,11. - Die pluralische Wendung τὰ περί cum genitivo begegnet im lukanischen Doppelwerk neben den fünf genannten Stellen noch Apg 1,3; (19,8); 23,15; 24,10.22; 28,15; im sonstigen NT nur noch Mk 5,27; Eph 6,22; Phil 1,27; 2,19.20; Kol 4,8. - Zu τὰ περί cum genitivo in der Profangräzität, in der LXX und bei Lukas vgl. *van Stempvoort*, betekenis 349-351.

[234] Nur scheinbare Ausnahmen sind Lk 5,12 (diff. Mk 1,40) und Lk 18,41 (diff. Mk 10,51), denn in der jeweiligen Parallele bei Mt wird ebenfalls der Titel verwendet (Mt 8,2 20,33), so daß man wohl Tradition annehmen darf.

80 *2.Kapitel: Die Verkündigung der* βασιλεία τοῦ θεοῦ *nach der Apg*

Erhöhung Jesu zur Rechten Gottes so deuten kann: καὶ κύριον αὐτὸν καὶ χριστὸν ἐποίησεν ὁ θεός (Apg 2,36)[235]. D.h. also: Die mit dem Kyrios- und Messiastitel verbundene Funktion des Herrschens übt Jesus erst nach seiner Auferstehung und Himmelfahrt aus[236]. Die in Lk 1,32f noch im Futur gehaltenen Aussagen über die Herrschaft Jesu auf dem Thron Davids[237] sind mit seiner sessio ad dexteram Gegenwart geworden (Apg 2,34)[238] und kennzeichnen die Zeit der Kirche als die Zeit des erhöhten Kyrios. Dessen Wirksamkeit verwirklicht sich gegenwärtig primär in der Gabe des Geistes und der Sündenvergebung, zukünftig im Gericht (Apg 10,42; 17,31). Wenn Paulus also in Rom "das über den Herrn Jesus Christus" lehrt, dann spricht er, wenn wir Lukas richtig verstanden haben, vor allem von dem Erhöhten, seiner gegenwärtigen Heilsbedeutung und seiner künftigen Richterfunktion gemäß dem Heilsplan Gottes.

Nach dem bisher Gesagten dürfte deutlich sein, *wie der auctor ad Theophilum die Herrschaft des erhöhten Kyrios und die* βασιλεία τοῦ θεοῦ *miteinander verbunden hat*. Gemäß seinem Heilsplan hat Gott einerseits an seinem Volk Israel und andererseits an den Heiden in je verschiedener Weise gehandelt. In dem Auftreten Jesu, durch dessen Leben, Sterben, Auferstehen und Himmelfahrt Gott seine Israel gegebenen christologischen Verheißungen erfüllt hat, wurde die Herrschaft Gottes sichtbar, weil das gesamte Christusgeschehen sich als Erfüllung der von Gott gegebenen alttestamentlichen Verheißungen erwies und deshalb als Erfüllungsgeschehen Gegenstand der Verkündigung der βασιλεία τοῦ θεοῦ ist. Zur Gottesherrschaft gehört ferner, daß er Juden und - seit der paulinischen Wirksamkeit

---

[235] Vgl. *Kränkl*, Knecht 159-162.

[236] Analoges läßt sich auch an der Verwendung des Gottessohntitels in den lukanischen Schriften zeigen. Zwar ist Jesus Sohn Gottes auf Grund seiner Geistzeugung (Lk 1,35) und kann auch als Irdischer so genannt werden (Lk 3,22; 4,3.9.41; 8,28; 9,35; vgl. Lk 22,70), aber in Apg 13,33 wird die Zeugung zum Gottessohn mit Hilfe von Ps 2,7 an die Auferstehung gebunden. "Im Sinne von Ps 2 ist damit ... der Antritt der Königsherrschaft bezeichnet" (*Schweizer*, Erniedrigung 64). - Daß eine solche Vorstellung für den auctor ad Theophilum charakteristisch ist, hat *Burger* am Davidssohntitel gezeigt; vgl. *ders.*, Davidssohn 107-152. 171-174.

[237] "Gott, der Herr, wird ihm den Thron seines Vaters David geben,
und er wird herrschen über das Haus Jakob in Ewigkeit
und seine Herrschaft wird kein Ende haben."

[238] Vgl. *Burger*, Davidssohn 172; *Mußner*, Apokatastasis 302; *Lohfink*, Sammlung 24.

in Rom vor allem - Heiden zur Umkehr auffordert und im Namen Jesu Vergebung schenkt. Auch diese universale Verkündigung läßt sich als Erfüllung der prophetischen Verheißungen und damit als notwendig zum Heilsplan Gottes gehörendes Geschehen verstehen. Wenn Thema der lukanischen Schriften der so verstandene Heilsplan Gottes ist, dessen letzte Phase vor der Parusie noch nicht mit der Himmelfahrt Jesu, sondern erst mit der universalen Verkündigung an die Heiden erreicht worden ist, dann mußte Lukas seinem Evangelium einen zweiten Band folgen lassen, der den Weg des Evangeliums zu den Heiden thematisiert. Dieser Heilsplan ist Gegenstand der Verkündigung der βασιλεία τοῦ θεοῦ. Er wird nun am Ende der Apostelgeschichte den Heiden verkündigt und soll - so werden wir Lukas wohl verstehen dürfen - auch in seiner eigenen Zeit entsprechend zur Sprache kommen.

Mit μετὰ πάσης παρρησίας und ἀκωλύτως wird die paulinische Verkündigung in Rom näher gekennzeichnet und der zweite Band des Doppelwerkes beendet. Das Verständnis der beiden Wendungen ist schwierig und in der Forschung umstritten[239]. Das hängt zum einen mit der großen Bedeutungsbreite von παρρησία[240] zusammen, zum anderen mit der nicht mit Gewißheit anzugebenden Intention, die Lukas mit ἀκωλύτως[241] verfolgt. Es kann hier nicht der Ort sein, die Probleme forschungsgeschichtlich zu erörtern, sondern es sollen im folgenden nur einige Beobachtungen wiedergegeben und in Bezug auf das bisher Dargestellte ausgewertet werden.

Sieht man sich den jeweiligen Kontext der Stellen an, in denen παρρησία bzw. παρρησιάζεσθαι in der Apostelgeschichte sonst noch begegnen, so handelt dieser fast immer von einer möglichen bzw. faktischen Bedrohung eines christlichen Verkündigers, die durch diese seine Verkündigung veranlaßt werden könte bzw. wird (4,13.29.31; 9,27.28; 13,46; 14,3; 19,8; vgl. 2,29; 18,26). Das Substantiv wie das Verb beschreiben in diesem Zusammenhang das unerschrockene Auftreten des Verkündigers, der auch angesichts äußerer Bedrohung weder die zu verkündigende Botschaft ver-

---

[239] Zur Diskussion vgl. *Hauser*, Strukturen 140-150, und die dort S.140 Anm. 196 und S.144 Anm. 210 genannte Literatur.
[240] *Bauer*, Wb Art. παρρησία 1273, nennt als Grundbedeutungen "Offenheit", "Öffentlichkeit", "Freimütigkeit", "Unerschrockenheit"; ähnlich *Balz*, EWNT III 105; vgl. auch *Mealand*, Close 596f.
[241] Zur Bedeutung und Verwendung von ἀκωλύτως in der griechischen Literatur der hellenistisch-römischen Zeit vgl. *Mealand*, Close 589-595.

schweigt noch um der konkreten Zuhörer willen verkürzt zur Sprache bringt, so daß παρρησιάζεσθαι ἐν τῷ ὀνόματι Ἰησοῦ geradezu als Kennzeichen des Christseins dienen kann (9,27)[242]. Wenn *Bauer*[243] für μετὰ πάσης παρρησίας in Apg 28,31 nun die Bedeutung "in aller Öffentlichkeit" angibt, dann ist diese Übersetzung zwar möglich, aber von 28,30 her nicht wahrscheinlich, da die Betonung der Öffentlichkeit der paulinischen Predigt angesichts seiner Gefangenschaft wenig Sinn ergibt. Sehr viel näher liegt es deshalb, daß der Autor der Acta apostolorum seinen Lesern sagen will, Paulus verkündige "ohne Angst vor unangenehmen Folgen für die eigene Existenz"[244], wobei es Lukas dabei weniger um Paulus als vielmehr um die unerschrocken und unverkürzt zur Sprache gebrachte Botschaft gehen wird. Paulus wird damit zum Paradigma des wahren Verkündigers, den auch ein bevorstehender Prozeß nicht daran hindern kann, die Botschaft zu verkünden, um derentwillen er in Haft sitzt.

Trotz der Gefangenschaft des Paulus und vieler Widerstände schreitet die Verkündigung des Evangeliums voran und kann nicht gehindert werden. Das ist der Ton, den der auctor ad Theophilum mit ἀκωλύτως, dem letzten Wort der Apostelgeschichte, anstimmt. Die ungehinderte Ausbreitung des Evangeliums hat ihren Grund in dem, was Paulus nach V31 verkündigt und gelehrt hat, der Herrschaft Gottes. Weil es Gott selbst ist, der das Heil den Heiden gesandt hat und in der Verkündigung seiner Boten am Werk ist, deshalb kann nichts und niemand - sei es nun der Widerstand der ungläubigen Juden oder der des römischen Staates[245] - die Ausbreitung des Evangeliums

---

[242] Nur für Apg 26,26 ist dieses Verständnis ausgeschlossen und stattdessen mit παρρησιαζόμενος der Öffentlichkeitsanspruch der christlichen Predigt hervorgehoben.

[243] Wb Art. παρρησία 1273,2.

[244] *Mußner*, Apg 161; ähnlich verstehen auch *Schneider*, Apg II 421; *Schille*, Apg 480.

[245] Ob der Autor der Apostelgeschichte den römischen Staat hier mit im Blick hat, läßt sich nicht eindeutig bestimmen. *Delling*, Wort 203f, ist der Meinung, daß durch ἀκωλύτως eine rechtliche Unschuldserklärung gegeben und damit eine Unbedenklichkeit der christlichen Mission für den römischen Staat ausgesagt sei. Zweifellos ist das die grundsätzliche Meinung des Lukas, die er nicht nur im Prozeß Jesu und Pauli zum Ausdruck gebracht hat, sondern auch darüber hinaus (Apg 16,35-39; 18,12-17 u.ö.). Sollte der auctor ad Theophilum am Ende der Apostelgeschichte diesen Aspekt noch einmal eingebracht haben, bleibt doch zu beachten, daß er für Christen und nicht für den römischen Staat schreibt, daß also ἀκωλύτως kein "Appell an Rom" (so *Conzelmann*, Apg 160; vgl. auch *Haenchen*, Apg 694; *Schrage*, Ethik 162) ist, sondern der Verge-

aufhalten. Hatte Lukas in der Apostelgeschichte den Weg des Evangeliums von Jerusalem nach Rom, von den Juden zu den Heiden, samt den ihm entgegentretenden Widerständen dargestellt und diesen Weg als durch die Herrschermacht Gottes ermöglicht und bewirkt gedeutet, so blickt er mit dem letzten Wort der Apostelgeschichte noch einmal (vgl. V28) in die Zukunft bzw. in seine eigene Gegenwart und drückt die Gewißheit aus, daß der Weg des Evangeliums allen Widerständen zum Trotz bis zur Parusie ungehindert weitergeht, denn Gott sitzt im Regimente.

Es dürfte deutlich geworden sein, daß es Lukas in Apg 28,17-31 nicht um Paulus, sondern um seine Botschaft geht. Nach VV 23.31 kommt im Zentrum der antiken Welt das gleiche Thema zur Sprache, das in der Mitte der Verkündigung Jesu in Palästina stand (Lk 4,43f) und über das der Auferstandene in Jerusalen seine Apostel vierzig Tage lang unterrichtet hat (Apg 1,3). Trotz aller Hochschätzung der Apostel und des Paulus haben diese für den auctor ad Theophilum letztlich nur dienende Funktion und müssen deshalb hinter ihren Auftrag, Zeugen für den Heilsplan Gottes zu sein, zurücktreten. Das diesem Plan entsprechende Heilshandeln Gottes wird nach Lukas dort verkündigt, wo er die Verkündigung mit einem verbum dicendi und βασιλεία τοῦ θεοῦ umschreibt. Letzteres steht betont am Ende und - wie im nächsten Kapitel zu zeigen sein wird - am Anfang der Apostelgeschichte, rahmt den zweiten Teil des lukanischen Werkes gleichsam ein und nennt die Konstante, die als Thema in unterschiedlicher Begrifflichkeit die Apostelgeschichte durchzieht und auch mit dem Abtreten der Apostel und des Paulus ihre Gültigkeit für die Zeit der Kirche behält.

---

wisserung der christlichen Leser über die Wirksamkeit der christlichen Verkündigung dient. Damit ist freilich nicht ausgeschlossen, daß Lukas seinen Lesern auch eine Hilfe mit seinen Schriften an die Hand geben will, um sich vor der Welt zu verteidigen (so *Stagg*, Gospel 457). Nur sollte dieser Aspekt für das lukanische Doppelwerk nicht überbewertet und erst recht für das letzte Wort der Apostelgeschichte nicht überbetont werden.

1.2 Apg 1,3 im Kontext von Apg 1,1-8

1) Einleitung

Wie am Ende der Apostelgeschichte so hat ihr Autor auch am Anfang in besonderer Weise seine theologischen Akzente gesetzt. Der erste Abschnitt (VV 1-14) läßt auf das Prooemium (VV 1-2), einer summarischen Notiz sowie zwei kurzen Abschiedsszenen über Erscheinungen und Belehrungen des Auferstandenen (VV 3.4-5.6-8) die Himmelfahrtserzählung (VV 9-11) und eine Abschlußbemerkung über die Rückkehr der Jünger nach Jerusalem sowie ihren dortigen Aufenthalt (VV 12-14) folgen. Von diesem Abschnitt sind für unser Thema vor allem die VV 1-8 von Interesse.

Nicht ganz eindeutig zu entscheiden ist, ob V3 noch zum Prooemium gehört[1], wofür sprechen würde, daß ein erzählerischer Neuansatz erst mit V4 vorliegt. Da nun aber V3 hinter das ἀνελήμφθη aus V2 zurückgreift und inhaltlich durch die VV 4-8 entfaltet wird, dürfte der Vers besser als einleitendes Summarium zu verstehen sein, dem im Kontext von Apg 1 die Funktion einer Überschrift über die beiden folgenden Einzelszenen zukommt.

Schwierig ist die formgeschichtliche Beurteilung der einleitenden Verse der Apostelgeschichte. Von den verschiedenen in der griechischen Historiographie begegnenden Möglichkeiten, bei mehrbändigen Werken einen Folgeband einzuleiten, kommen als Parallelen zum zweiten Band des lukanischen Doppelwerkes zwei Typen in Betracht: Sie beginnen beide mit einem Rückblick bzw. einer kurzen Inhaltsangabe des vorangegangenen Buches (ἀνακεφαλαίωσις). Darauf folgt entweder ein Hinweis auf den Inhalt des gerade begonnenen Bandes (προέκθεσις)[2] oder der Autor beginnt ohne Überleitung gleich mit der Darstellung des neuen Stoffes[3]. Mit beiden Typen hat die Apostelgeschichte den Rückblick auf den vorausgehenden Band gemeinsam, der jeweils mit μέν eingeleitet wird. Es fehlt aber das in beiden Typen folgende δέ. Lukas gibt auch weder eine Inhaltsangabe des zweiten

---

[1] So *Schneider*, Apg I 187-189; *Weiser*, Apg I 54f; *Pesch*, Apg I 59f.
[2] *Polybius* II,1-4; III,1-3 u.ö.; *Diodorus Siculus* II,1-3; III,1-3 u.ö.; *Josephus*, Ant XIV,1 (ohne das sonst übliche μέν - δέ); XV,1; Ap II,1f; vgl. auch *Artemidorus Daldiani*, Oneirocriticon II Prooemium.
[3] *Xenophon*, An B I,1-2; G I,1-2 u.ö.; *Herodian*, Hist III,1; IV,1 u.ö.; *Josephus*, Ant VIII,1-2; XIII, 1-2.

Teiles, noch beginnt er unmittelbar mit der Darstellung neuen Stoffes[4]. Vielmehr greift er auf die in Lk 24 geschilderten Ereignisse zurück, um sie in abgewandelter Gestalt zu wiederholen. Dieser Bruch mit der literarischen Konvention, der - soweit ich sehe - in der griechischen Historiographie sonst keine Parallele hat[5], weist wegen der Doppelung des Berichteten in Lk 24 und Apg 1 zum einen auf die Bedeutsamkeit des Inhalts der VV 3-14 für den auctor ad Theophilum hin und zeigt zum anderen, daß es für den Verfasser des Doppelwerkes offenbar um etwas anderes geht als um eine Darstellung von geschichtlichen Ereignissen, die nacheinander erzählt werden können[6]. Trotz der formgeschichtlichen Besonderheit der den zweiten Band der lukanischen Schriften einleitenden Verse ist bei der Auslegung zu berücksichtigen, daß die VV 3ff an der Stelle stehen, die sonst oft eine Inhaltsangabe einnimmt. So wird zu fragen sein, ob die einleitenden Verse nicht doch einen Hinweis auf den Inhalt des Buches enthalten.

Pesch[7] hat für die VV 1-11 intensiv nach einer lukanischen Vorlage gesucht, aber nur Einzeltraditionen unterschiedlicher Herkunft gefunden. So wird man davon ausgehen dürfen, daß Lukas für diese Verse keine zusammenhängende Quelle zur Verfügung stand, sondern daß sie sich seiner Komposition verdanken[8].

Die vielfältigen Berührungen dieses Abschnittes mit dem Evangelium und hier besonders mit Kapitel 24 sind bei der Interpretation zu beachten, denn sie weisen auf ein grundlegendes Anliegen hin, das Lukas mit dieser

---

[4] Gewöhnlich verweist man auf die in der letzten Anmerkung genannten Belege, um zu zeigen, daß nicht unbedingt eine Inhaltsangabe des neuen Bandes folgen muß; vgl. *Conzelmann*, Apg 27; *Schneider*, Apg I 77 Anm. 2 und 189 mit Anm. 2; *Weiser*, Apg I 47f; *Palmer*, Background 427. Dabei bleiben aber die grundlegenden Differenzen zwischen der Einleitung der Apostelgeschichte und diesen Prooemien völlig unberücksichtigt.

[5] So auch *Bauernfeind*, Kommentar und Studien 311.

[6] Zum Verhältnis von Lk 24 und Apg 1 und den diversen Lösungsversuchen, die Differenzen zwischen den beiden Himmelfahrtserzählungen zu erklären, vgl. *Parsons*, Departure 189-199.

[7] Anfang 9-20.

[8] Zu diesem Ergebnis führten auch die Untersuchungen von *Lohfink*, Himmelfahrt 152-210; *Kremer*, Voraussagen 145-147; *Weiser*, Apg I 47-54. - Hingegen vermutet *Parsons*, Departure 141-144, daß zwar die VV 1-8 entweder ganz auf Lukas zurückgehen oder allenfalls der Dialog über die Wiederherstellung Israels auf Tradition beruht (142), daß aber hinter den VV 9-11 eine kurze vorlukanische Himmelfahrtserzählung steht (144).

86 2.Kapitel: Die Verkündigung der βασιλεία τοῦ θεοῦ nach der Apg

Perikope verfolgt, nämlich den Zusammenhang zwischen den verschiedenen Perioden der Heilsgeschichte aufzuzeigen[9]. Eine weitere Intention, die möglicherweise mit der ersten zusammenhängt, scheint mir in einer apologetischen Funktion der einleitenden Verse zu liegen, mit denen der Autor der Apostelgeschichte offenbar in seiner Zeit aufgetretene Irrlehren bekämpfen will, ohne daß letztere sich im einzelnen genau bestimmen lassen. Dennoch ist ein apologetischer Ton deutlich herauszuhören und wird bei der Auslegung Berücksichtigung finden müssen. Wenden wir uns nach diesen allgemeinen Vorüberlegungen der Exegese des Textes zu.

2) VV 1-2: Das Prooemium

Schon im ersten Vers, in dem der auctor ad Theophilum den Anspruch erhebt, *"über alles, was Jesus anfing zu tun und zu lehren"*, in seinem Evangelium[10] berichtet zu haben, ist der apologetische Tenor unüberhörbar, zumal die gleiche Akzentuierung sich auch im Prooemium des Evangeliums findet (Lk 1,3). Offenbar will sich der auctor ad Theophilum mit diesem Anspruch auf Vollständigkeit seines Berichtes über Jesu Tun und Lehren von Positionen abgrenzen, die sich ebenfalls auf Jesu Werk und Wort beriefen[11], aber dabei an irgendwelche Geheimlehren dachten. Solche gibt es jedoch nach Lukas nicht einmal für die Apostel, denn das Erdenwirken des vorösterlichen Jesus ist allgemein bekannt (Apg 10,37), so daß es nur genauerer Nachforschungen bedurfte, um alles der Reihe nach niederzuschreiben (Lk 1,3)[12].

Für seinen zweiten Band erhebt Lukas bezeichnenderweise dergleichen Ansprüche nicht. Konnte er den ersten Band περὶ πάντων, ὧν ἤρξατο ὁ Ἰησοῦς ποιεῖν τε καὶ διδάσκειν, schreiben, so war es ihm nicht mög-

---

[9] Vgl. *Lohfink*, Himmelfahrt 262-272; *Zmijewski*, Anfang 69-75.

[10] Aus τὸν πρῶτον λόγον darf nicht geschlossen werden, daß Lukas der Apostelgeschichte noch ein drittes Buch folgen lassen wollte, denn er verwendet πρῶτος nach hellenistischer Manier für πρότερος; vgl. *BDR* 62,1 und Anm. 1.

[11] Vgl. *Schneider*, Apg I 192.194.

[12] In der sich mit Irrlehrern auseinandersetzenden Rede des lukanischen Paulus in Milet findet sich in ähnlicher Weise die Betonung, daß Paulus überall und öffentlich alles Notwendige gesagt habe (Apg 20,20.27); vgl. hierzu ausführlicher S.132ff. Das spricht dafür, die Betonung der Vollständigkeit in den Einleitungen der beiden Bände des Doppelwerkes nicht allein als Formmerkmale der Gattung Prooemium zu werten.

lich, die Fortsetzung des Wirkens Jesu in der gleichen Vollständigkeit zu behandeln. Aber daß es ihm in der Apostelgeschichte auch um diese Fortsetzung geht, dürfte er durch ἤρξατο angedeutet haben, das wohl hier nicht adverbial[13] oder pleonastisch[14] zu verstehen ist, denn die Wirksamkeit Jesu hat mit der Himmelfahrt nicht ihr Ende, sondern vielmehr ihre universale, nicht mehr auf Israel beschränkte Ausrichtung erfahren[15]. So ist das im Evangelium Berichtete eben nur "alles, was Jesus *anfing*, zu tun und zu lehren"[16]. Die Fortsetzung seiner Wirksamkeit kündigt der Auferstandene selbst in den VV 4f durch den Verweis auf die Geistsendung an, als dessen Sender Petrus in der Pfingstrede den Erhöhten proklamiert (Apg 2,33)[17].

Mit ἄχρι ἧς ἡμέρας ἐντειλάμενος τοῖς ἀποστόλοις ... ἀνελήμφθη in V2 bezieht sich der auctor ad Theophilum zurück auf den Schluß seines Evangeliums (Lk 24,48.51b)[18] und gibt somit exakt das Ende der Wirksamkeit des irdischen Jesus an.

---

[13] So *Lohfink*, Himmelfahrt 218, und die ebd. Anm. 25 genannten Autoren; ferner: *Schneider*, Apg I 189 (vgl. aber 191f.194); *Roloff*, Apg 16; *Schmithals*, Apg 19; *Pesch*, Anfang 20 (anders Apg I 59); *Dömer*, Heil 110.

[14] So *Haenchen*, Apg 144 Anm. 3; die bei *Lohfink*, Himmelfahrt 218 Anm. 28 genannten Autoren; ferner: *Schille*, Apg 66; die Einheitsübersetzung und ihr folgend *Mußner*, Apg 15.

[15] Vgl. *Schneckenburger*, Zweck 197f.

[16] So die bei *Lohfink*, Himmelfahrt 218 Anm. 26, genannten Autoren; ferner: *Bartsch*, Wachet 13; *Marshall*, Luke: Historian and Theologian 87 mit Anm. 2; *ders.*, Acts 55f; *Zmijewski*, Anfang 78-80; *Pesch*, Apg I 59; *Schweizer*, Einleitung 138; sachlich auch *Schneider*, Apg I 191f.194.

[17] Man wird dagegen nicht einwenden können, daß an anderen Stellen die Geistgabe auf Gott zurückgeführt wird (vgl. zu VV 4f), denn in der Apostelgeschichte kann auch das Wirken des irdischen Jesus als Wirken Gottes gedeutet werden (2,22; vgl. auch 10,36-38 und oben S.63f).

[18] Strittig ist, worauf ἐντειλάμενος τοῖς ἀποστόλοις anspielt: *Haenchen*, Apg 145; *Jervell*, Luke 80; *Schneider*, Apg I 192; *Schille*, Apg 68, denken an Lk 24,44-49; *Pesch*, Anfang 10, an Lk 24,46-49; *Lohfink*, Himmelfahrt 220, an Lk 24,47-49; *Schneider*, Apg I 192; *Schmithals*, Apg 20, an Lk 24,49b. - Nun hat mich *O.Hofius* darauf aufmerksam gemacht, daß *Th.Beza*, Novum Testamentum, ⁴1588, 427, zu dem hier vorliegenden Sprachgebrauch des Verbums ἐντέλλεσθαι auf Num 27,19LXX verweist und die Worte ἐντειλάμενος τοῖς ἀποστόλοις sich bei Vorliegen dieses Sprachgebrauches auf den innerhalb des im Kontext von Lk 24,44-49 als Bestallung zu verstehenden Satz V48 ("Ihr seid die Zeugen dafür!") beziehen würden. Dieser Interpretation kann ich nur zustimmen.

Auffallend ist die für eine Inhaltsangabe des ersten Bandes unnötige Angabe, Jesus habe die Apostel *durch den Heiligen Geist ausgewählt*[19]. Damit wird Bezug genommen auf Lk 6,12f[20] und die dort geschilderte Auswahl der Apostel nach dem nächtlichen Gebet Jesu als Wirken des Heiligen Geistes gedeutet. Was aber soll diese Angabe im Kontext des Prooemiums? Zum einen ist es Absicht des Lukas "to demonstrate how both Jesus and the church were directed by the Spirit to fulfil the purpose of God for them"[21]. Die Wirksamkeit des Geistes, der in den folgenden Versen den Aposteln verheißen wird, ist für den Autor des Doppelwerkes eine von vielen Verbindungslinien zwischen der Zeit Jesu und der Zeit der Kirche.

Sodann ist für Lukas eine weitere Verbindungslinie mit den *Aposteln* selbst gegeben[22]. Die Bedeutung, die ihnen in Apg 1 zukommt, kann kaum überschätzt werden. Nahezu in jedem Vers dieses Kapitels sind sie - mehr oder weniger explizit - präsent[23]. Sie sind nicht nur von Jesus auserwählt und als "Augenzeugen von Anfang an" (Lk 1,2) Garanten der Jesusüberlieferung (Apg 1,22), die somit auch für die Gegenwart der Kirche ihre Gültigkeit behält (vgl. Apg 20,35), sondern sie haben zugleich - darauf liegt der zweite besonders hervorgehobene Akzent - als die durch den Auferstandenen autorisierten Zeugen Einsicht in Gottes Heilsplan genommen, der sowohl die Wirksamkeit des irdischen Jesus als auch die Zeit der Kirche zu seinem Inhalt hat. Das heißt: Die Sachgemäßheit der Jesusüberlieferung wird nach lukanischer Vorstellung von den Aposteln als den "Augenzeugen von Anfang an" garantiert und von ihnen, die "Diener des Wortes geworden" sind, als Erfüllung des in den Schriften vorhergesagten Heilsplanes Gottes, d.h. als "die unter uns zur Erfüllung gekommenen Ereignisse", gedeutet (Lk 1,1f).

---

[19] Διὰ πνεύματος bezieht sich auf ἐξελέξατο; vgl. *Haenchen*, Apg 145f und 146 Anm. 1.
[20] Lk 6,13: ἐκλεξάμενος ἀπ' αὐτῶν δώδεκα diff. Mk 3,14: ἐποίησατο δώδεκα.
[21] *Marshall*, Acts 57.
[22] Vgl. *Lohfink*, Himmelfahrt 267-270; *Schneider*, Apg I 188.
[23] Vgl. *Talbert*, Gnostics 17f.

3) V3: Summarium über die Erscheinungen des Auferstandenen und sein Reden über die βασιλεία τοῦ θεοῦ

Hatte Lukas in den VV 1-2 auf den gesamten Inhalt seines ersten Bandes bis zur Himmelfahrt angespielt, so blicken die VV 3-8 hinter das Himmelfahrtsereignis zurück auf die Zeit des Auferstandenen und zugleich wie schon in Lk 24,47-49 auf die Zeit der Kirche voraus. Mit dieser Verklammerung von Vorblick und Rückblick wird ebenfalls das in den beiden Büchern des Doppelwerkes Erzählte eng miteinander verbunden[24].

Durch den relativischen Anschluß[25] an V2 werden die Apostel betont als die Erscheinungszeugen vorangestellt. Ihnen hat sich Jesus als lebendig dargestellt. Die folgenden Ereignisse sind - trotz mancher Differenzen im einzelnen - inhaltlich parallel zu Lk 24,36-53, so daß Lukas in V3 das von ihm in Lk 24,36-49 Berichtete im Blick haben wird. Die Betonung liegt im Evangelium auf der Tatsächlichkeit, der Leiblichkeit und der Schriftgemäßheit der Auferstehung. Ob der Autor des Doppelwerkes selbst mit dieser Aussageintention auf die *Abwehr von Doketisten* zielt oder ob ihm dieser Aspekt schon vorgegeben war, kann nur vermutet werden. Ersteres scheint aber nicht unwahrscheinlich, denn die lukanische Angabe des terminus a quo der Erscheinungen μετὰ τὸ παθεῖν[26] αὐτόν anstatt des zu erwartenden "nach seiner Auferstehung" läßt sich dahingehend interpretieren, daß sie das Todesleiden des Christus, das der Auferstandene selbst als schriftgemäß proklamiert hat (Lk 24,26.46), fest an sein Lebendigsein binden will.

Daß sich die Ausführungen des Lukas gegen faktische oder potentielle Doketisten richten, die die Leiblichkeit des Gekreuzigten und Auferstandenen negieren oder zumindest geringschätzen, wird durch weitere Belege gestützt: Lk 23,49 berichtet, daß alle Bekannten Jesu und die galiläischen

---

[24] Lk 24 weist zudem zurück auf den vorösterlichen Jesus (VV 6-8.44a) wie auf Mose und die Propheten (VV 27.44b). Man wird wohl das lukanische Anliegen von Lk 24 / Apg 1 nur recht verstehen, wenn man die in diesen Kapiteln zum Ausdruck kommende starke Akzentuierung der Kontinuität der Heilsgeschichte beachtet.

[25] *Haenchen*, Apg 146 Anm. 5, weist mit Anführung von über 50 Beispielen aus der Apostelgeschichte darauf hin, daß solche "scheinbaren Relativsätze" bei Lukas als Hauptsätze fungieren.

[26] Absolut gebrauchtes παθεῖν in der Bedeutung "den Tod erleiden" begegnet im NT außer Hebr 9,26 (vgl. 13,12) nur in Lk 22,15; 24,46; Apg 1,3; 3,18; 17,3 (vgl. auch 26,23), so daß dieser Sprachgebrauch als lukanische Vorzugswendung anzusehen ist; vgl. *Jeremias*, Sprache zu 22,15 Red.

90   *2.Kapitel: Die Verkündigung der* βασιλεία τοῦ θεοῦ *nach der Apg*

Frauen die mit der Kreuzigung verbundenen Ereignisse (ταῦτα) sahen, sie also als Tatsachenzeugen des Todes Jesu anzusprechen sind. Ferner weiß Lk 23,55 zu erzählen, daß die galiläischen Frauen das Grab Jesu beobachteten und wie sein Leichnam (σῶμα) gelegt wurde. Dem korrespondiert die Notiz in 24,3, daß jene Frauen am Ostermorgen Jesu Leichnam (σῶμα) nicht im Grab fanden. Diese Nachricht scheint immerhin so bedeutend zu sein, daß sie 24,23 noch einmal wiederholt wird. Alle vier Stellen sind aus sprachlichen Gründen der Hand des Lukas zuzuweisen bzw. zumindest von ihm deutlich gestaltet worden[27]. Ferner betonen der Bericht über die Erscheinung des Auferstandenen in Lk 24,36-43 mit der Aufforderung Jesu, ihn zu berühren (V39), dem Hinweis auf seine Wundmale (V40) und seine Nahrungsaufnahme vor Zeugen (V43), sowie die Notiz in Apg 1,4a (s.u.) und schließlich der Verweis des Petrus auf die gemeinsame Mahlzeit des Auferstandenen mit den Auferstehungszeugen in Apg 10,41 ebenfalls die Leiblichkeit des vom Tode Erweckten. Diese Belege zusammengenommen machen eine antidoketische Ausrichtung der lukanischen Darstellung sehr wahrscheinlich[28].

Die beiden Partizipien in V3b erläutern παρέστησεν ἑαυτόν ζῶντα in zweifacher Hinsicht: Zum einen als ὀπτανόμενος und zum anderen als λέγων τὰ περὶ τῆς βασιλείας τοῦ θεοῦ. Die Zeitangabe δι' ἡμερῶν τεσσεράκοντα bezieht sich wohl auf beide Partizipien. Sie stellt nicht nur gegenüber Lk 24 eine zusätzliche Information dar, sondern steht auch in einer gewissen Spannung zum letzten Kapitel des Evangeliums, in dem der Eindruck erweckt wird, als ob die berichteten Erscheinungen Jesu wie auch die Himmelfahrt insgesamt am Ostertag stattfanden. Für die Zeitangabe in V3 gilt zunächst zu beachten, daß sie "nicht die Himmelfahrt datiert, sondern den Zeitraum der Erscheinungen auszieht"[29] und - damit zusammenhängend - den Zeitraum des Redens über die βασιλεία τοῦ θεοῦ Ob "die vierzig Tage erst von Lukas eingeführt wurden"[30] oder einer vorlukanischen Tradi-

---

[27] Vgl. *Jeremias*, Sprache jeweils z.St.
[28] Vgl. hierzu *Talbert*, Gnostics 30-32. - Da der dritte Evangelist freilich in Lk 24 Tradition verarbeitet hat, war wohl schon die von ihm aufgenommene Überlieferung antidoketisch akzentuiert, so daß Lukas die ihm vorgegebene Intention nur weiter ausgebaut hat. Eine Berücksichtigung dieser antidoketischen Akzentsetzung des Lukas und seiner Tradition für die Datierung des Doppelwerkes ist m.W. bisher unterlassen worden. Belegen läßt sich der Doketismus zumindest nicht vor dem ausgehenden ersten Jahrhundert.
[29] *Lohfink*, Himmelfahrt 176.
[30] *Lohfink*, Himmelfahrt 178.

tion entstammen³¹, wird sich wahrscheinlich nicht mit Sicherheit entscheiden lassen³². Wichtiger dürfte sein zu sehen, daß die vierzig Tage eine Symbolzahl darstellen³³ und - darauf weist die Differenz zu Lk 24 hin - von dem Autor des Doppelwerkes auch so verstanden werden wollen³⁴.

Wo ist nun der traditionsgeschichtliche Hintergrund für die Symbolzahl zu suchen? Häufig denkt man an den vierzigtägigen Aufenthalt des Mose auf dem Berg Sinai³⁵. Das ist nicht völlig auszuschließen, doch liegt eine andere Interpretation noch näher. In 4.Esra 14,23f.36.42-45.49[47]³⁶ und syrBar 76 begegnet die Vorstellung, daß eine vierzigtägige Zeit der Belehrung bzw. Offenbarung der Entrückung vorausgeht³⁷, wobei freilich 4.Esra 14 deutlich auf die Sinaitradition Bezug nimmt (vgl. nur 14,2-6.23f). Interpretiert man die vierzig Tage von dieser Vorstellung her, dann sollen sie die Vollständigkeit der Belehrung symbolisieren³⁸. Doch bleibt diese Interpretation insofern mit einem Unsicherheitsfaktor behaftet, als nicht geklärt werden kann, ob Lukas die in der frühjüdischen Apokalyptik belegte Tradition überhaupt gekannt hat³⁹. Bedeutender ist auf jeden Fall, daß das vierzigtägige Reden des Auferstandenen an die Apostel ergeht⁴⁰ und die βασιλεία τοῦ θεοῦ zum Inhalt hat.

Faßt nun das Summarium in V3a Lk 24,36-49 zusammen, so steht in V3b, der den Vordersatz näher erläutert, ὀπτανόμενος für Lk 24,36-43 und λέγων τὰ περὶ⁴¹ τῆς βασιλείας τοῦ θεοῦ für Lk 24,44-49. Es liegt

---

31 So *Pesch*, Anfang 10.
32 So *Conzelmann*, Apg 25; *Schneider*, Apg I 191.
33 Vgl. hierzu *Lohfink*, Himmelfahrt 179-181.
34 Apg 13,31 fehlt eine genaue Zeitangabe und es heißt lediglich: ὃς ὤφθη ἡμέρας πλείους τοῖς συναναβᾶσιν αὐτῷ.
35 Ex 24,18; 34,28; Dtn 9,9.11.18.25; 10,10.
36 Die Zählung der Schlußverse schwankt in den Textausgaben.
37 Vgl. hierzu *Lohfink*, Himmelfahrt 59-61.
38 Vgl. *Talbert*, Gnostics 28; *Schmithals*, Apg 21.
39 Das gilt noch mehr von dem Versuch, die vierzig Tage von "Exod. 34:28 and the rabbinic exegesis of them" zu interpretieren; so *Betz*, Kerygma 144 Anm. 30.
40 Αὐτοῖς ist für das Verständnis von V3b völlig unnötig, so daß man wahrscheinlich nicht fehl interpretiert, daß hier die apostolischen Zuhörer besonders hervorgehoben sind.
41 Zu τὰ περί vgl. S.79 Anm. 233. - Man kann aus der Formulierung selbst nicht darauf schließen, daß hier über das *Wesen* der Basileia gehandelt wird (so z.B. *Schneider*, Apg I 193 Anm. 38), denn dann müßte z.B. Lk 24,19.27; Apg 13,29; 18,25; 23,11; 28,31 vom Wesen Jesu und Apg 23,15; 24,10 vom Wesen des Paulus die Rede sein. -

92   *2.Kapitel: Die Verkündigung der* βασιλεία τοῦ θεοῦ *nach der Apg*

demnach auch hier - unabhängig von den Ergebnissen der Exegese zu Apg 28,17-31 - nahe, die letzten im Evangelium berichteten Worte Jesu an die Apostel zur inhaltlichen Füllung dessen, was Lukas in Apg 1,3 mit βασιλεία τοῦ θεοῦ meint, heranzuziehen. Das Reden über die βασιλεία τοῦ θεοῦ wird ferner in den beiden Abschiedsszenen der VV 4-8 in einigen Aspekten näher konkretisiert[42]. Schließlich spielt Apg 10,42f noch einmal kurz auf die Rede des Auferstandenen an die Apostel an, so daß neben Lk 24,44-49 und Apg 1,4-8 auch diese Verse für die Frage nach dem lukanischen Verständnis von V3b wenigstens anmerkungsweise Berücksichtigung finden müssen.

Wurde in den ersten beiden Versen der Apostelgeschichte schon deutlich, daß der auctor ad Theophilum in vielfältiger Weise die Kontinuität von vorösterlichem Jesus und nachösterlicher Zeit des Auferstandenen und der Kirche in den Mittelpunkt seiner Ausführungen stellt, so fügt sich in dieses Ergebnis das in V3b angegebene Thema der Belehrung ausgezeichnet ein, da es den entscheidenden Inhalt der Botschaft benennt, der seit Beginn der Wirksamkeit Jesu seine Verkündigung beherrscht (Lk 4,43 diff. Mk 1,38) und bis zum letzten Vers der Apostelgeschichte als Thema bestimmend bleibt[43]. Daß es sich dabei weder einfach um eine Wiederholung der ge-

---

Hinzu kommt, daß in der Verbindung von verbum dicendi mit βασιλεία τοῦ θεοῦ bei den Verben des Verkündigens (εὐαγγελίζεσθαι, κηρύσσειν, διαγγέλλειν, διαμαρτύρεσθαι) περί nur einmal begegnet (Apg 8,12), während bei Verben des Redens (λαλεῖν, λέγειν, διαλέγειν, πείθειν) περί bzw. τὰ περί steht, wenn βασιλεία τοῦ θεοῦ als Inhalt des Redens angegeben wird (Lk 9,11; Apg 1,3; 19,8).

[42] Vgl. *Metzger*, Begriff 220; *Lohfink*, Himmelfahrt 158.

[43] Die These, daß das Stichwort deshalb begegne, um die Frage in V6 vorzubereiten (so u.a. *Haenchen*, Quelle 315 und Judentum 343f; *Dömer*, Heil 113; *Schneider*, Apg I 189; vgl. auch *Lohfink*, Himmelfahrt 266), scheint die Relation beider Verse auf den Kopf zu stellen, da das Gespräch der VV 6-8 nur ein Ausschnitt dessen ist, was in V3b thematisiert wird. Dennoch meint auch *Wilson*, Gentiles 89, zu der eben genannten These: "This may be the correct explanation, or it may be that the reference to teaching in v.3 is no more than an artificial filling-up for the forty days, where the kingdom of God, as often in Acts, is a non-specific term equivalent to 'the whole Christian message'". So wundert es nicht, daß *Wilson*, a.a.O. 79 Anm. 1, sogar die Meinung vertreten kann, "Luke's use of the phrase in Acts appears to be somewhat loose and haphazard". Dagegen spricht allein schon der literarische Ort, an dem βασιλεία τοῦ θεοῦ in den Acta apostolorum begegnet.

samten vorösterlichen Verkündigung Jesu[44] noch um eine Belehrung über die mit der Parusie anbrechenden Endereignisse[45] handelt, wird aus den Reden der Apostelgeschichte ersichtlich, in denen diese Themen nur eine Statistenrolle spielen. Nun wird jedoch in Lk 24 zweimal ausdrücklich Bezug genommen auf die vorösterliche Verkündigung Jesu (VV 6-8.44), die für die Situation nach Ostern von besonderer Bedeutung ist. Inhaltlich geht es jeweils um das Sterben und Auferstehen Jesu gemäß dem Heilsplan Gottes. V47 nennt zusätzlich zur Verkündigung des vorösterlichen Jesus noch den an alle Völker im Namen Jesu ergehenden Bußruf zur Vergebung der Sünden. Ob in Lk 24,49 auch die Verheißung des Geistes als Thema des vorösterlichen Jesus im Blick ist, was sich von Apg 1,4f nahelegen würde, kann unentschieden bleiben. Deutlich ist auf jeden Fall, daß es dort, wo ausdrücklich auf die Verkündigung des irdischen Jesus Bezug genommen wird, um den göttlichen Heilsplan geht, wie er sich vor allem im Sterben und Auferstehen Christi verwirklicht hat[46]. Dieses Thema bestimmt nun auch entscheidend die Reden der Apostelgeschichte, so daß man in der Verkündigung der Herrschaft Gottes, die in der Realisierung seines Heilsplanes sichtbar wird, den gemeinsamen Inhalt der Botschaft vom vorösterlichen Jesus an über den Auferstandenen bis in die Zeit der Kirche ausgesagt finden kann. Hat aber dieses Thema inhaltlich mit den Aussagen der Schrift zu tun, so ist damit auch eine Verbindung von Altem Testament und kirchlicher Verkündigung gegeben. Es ist also der Gott des Alten Testaments und sein Wirken, die kontinuierlicher Inhalt der Verkündigung bleiben. Was im AT als Heilsplan Gottes angekündigt war, das erfüllt sich nun und wird seit dem Auftreten

---

[44] So z.B. *Roloff*, Apg 20; *Schnackenburg*, Gottes Herrschaft 184 und Eschatologie 263; *Lohfink*, Himmelfahrt 266.

[45] So z.B. *Delling*, Zueignung 90 und Anm. 315; *Haenchen*, Apg 147 Anm. 5.

[46] Nach *van Stempvoort*, betekenis 353, beinhaltet τὰ περὶ τῆς βασιλείας τοῦ θεοῦ das Geschick Jesu, sein Leiden und Auferstehen; die gemeinsame Mahlzeit; die Weltmission, d.h. das Hinauswachsen der Gemeinde unter die Völker; das Zeugenamt; den Heiligen Geist und den konkreten Auftrag an die Gemeinde, das neue Leben vom alten Zentrum aus anfangend zu praktizieren. Dies faßt er dahin zusammen, daß Lukas mit diesem periphrastischen Ausdruck alles meine, was Gott in Christus tue, um die Gemeinde aus der Welt zu versammeln, sowie was die Gemeinde im Auftrag des Christus tue. *Van Stempvoort* dürfte hier durchaus vieles richtig gesehen zu haben, auch wenn man in einzelnen Punkten berechtigte Zweifel haben kann. Insgesamt scheint aber die Verbindung von βασιλεία τοῦ θεοῦ mit dem heilsgeschichtlichen Programm des Lukas zu kurz zu kommen.

Jesu als Erfüllungsgeschehen verkündigt. In V3b bezeichnet deshalb βασιλεία τοῦ θεοῦ "das Heilshandeln Gottes überhaupt"[47].

Besteht die βασιλεία τοῦ θεοῦ aber für Lukas in der Wirksamkeit Gottes in der Geschichte, dann realisiert sie sich nicht erst bei der Parusie. Als Erfüllung prophetischer Verheißungen qualifiziert die sich verwirklichende Herrschaft Gottes vielmehr die Gegenwart als Erfüllungs- und Heilszeit[48]. Diese Heilszeit ist in den Tagen des Lukas keine Vergangenheit, insofern die im lukanischen Doppelwerk geschilderte und in der Heidenmission noch andauernde Erfüllung der Verheißungen den Grund der Möglichkeit zum Heil darstellt. Die Nähe der die Gegenwart qualifizierenden βασιλεία τοῦ θεοῦ ist bei Lukas - und darin liegt sicherlich eine Besonderheit seiner Theologie - nicht mehr wie bei Jesus die zeitlich unmittelbar bevorstehende und von daher die Gegenwart bestimmende Nähe der βασιλεία, sondern die in der Geschichte Wirklichkeit gewordene bzw. noch werdende und so Heil ermöglichende Herrschaft Gottes, deren Nahegekommensein gerade dadurch erkannt werden kann, daß sie sich als Erfüllung der alttestamentlichen Verheißungen erweist[49].

---

[47] *Schmithals*, Apg 21.
[48] *Gräßer*, Parusieerwartung 107, verschiebt die Perspektive, wenn er meint, allein durch die *Verkündigung* der βασιλεία τοῦ θεοῦ sei "die Gegenwart stark als Heilszeit betont".
[49] Die Tatsache, daß der auctor ad Theophilum dem letzten Aspekt so starke Bedeutung beimißt, führt mit *Eltester*, Israel 123, zu der Vermutung, daß er in einem Teil der Kirche seiner Zeit nicht mehr selbstverständlich war. Daß Lukas sich mit seinen Ausführungen gegen einen "radikalen Paulinismus" (*Schmithals*, Apg 12) wendet, dürfte - wie bei der Untersuchung der Miletrede zu begründen sein wird (vgl. unten S.129ff) - recht wahrscheinlich sein. Freilich wird man nicht "im Blick auf diese hyperpaulinische Bewegung von einem 'Prämarcionitismus' sprechen" (*Schmithals*, Apg 12) können, da die Berufung auf Geheimlehren, wie sie hinter der Miletrede wie auch hinter V1 (s.o.) sichtbar wird, für Marcion zumindest nicht zutrifft. Auf jeden Fall lassen sich eine Fülle lukanischer Aussagen besser verständlich machen, wenn er angesichts solcher Strömungen in der Kirche seiner Zeit seine Leser über die Kontinuität der Heilsgeschichte zu vergewissern sucht.

Bevor wir uns dem lukanischen Verständnis von βασιλεία τοῦ θεοῦ noch einmal explizit zuwenden, empfiehlt es sich, zuerst die folgenden Verse in den Blick zu nehmen, da sie nach dem oben Gesagten als Paradigma von V3b zu verstehen sind, also die vierzigtägige Belehrung Jesu über die βασιλεία τοῦ θεοῦ in einigen Punkten konkreter entfalten.

4) VV 4-5: Die Verheißung des Geistes

Die beiden folgenden Einzelszenen in den VV 4-5.6-8 schließen sich inhaltlich ebenfalls eng an Lk 24,44-49 an. Nimmt man für das nicht eindeutig zu erklärende συναλιζόμενος in V4a mit den meisten alten Übersetzungen die Bedeutung "zusammen essen" an[50], dann ist auch noch Lk 24,41-43 mit im Blick[51]. Das gemeinsame Essen ist eines der "Beweise" aus V3 und dokumentiert beispielhaft die Tatsächlichkeit und Leiblichkeit der Auferstehung.

Der *Befehl, nicht aus dieser Stadt zu weichen*, entspricht Lk 24,49. Er setzt voraus, was dem Leser freilich vom Evangelium her bewußt ist, daß sich die geschilderte Szene in Jerusalem abspielt. Mit dieser Aufforderung tritt Jerusalem als weiteres Glied in die Kette der Hinweise, die die Kontinuität zwischen der Zeit Jesu und der Zeit der Kirche[52] aber auch mit der Zeit vor Jesu Auftreten[53] herausstellen. An der Bedeutung Jerusalems im lukanischen Doppelwerk ließe sich paradigmatisch in ausgezeichneter Weise das theologische Programm der von Gott geführten Heilsgeschichte darstellen. Da nun Jerusalem für Lukas offenbar in einem Zusammenhang mit der βασιλεία τοῦ θεοῦ steht (vgl. zu V6) - sei es nun innerhalb seines eigenen heilsgeschichtlichen Entwurfes oder als eine falsche und zu korrigierende Vorstellung der Jünger - empfiehlt es sich an dieser Stelle, wenigstens mit einigen Stichworten auf die lukanische Sicht der Bedeutung Jerusalems einzugehen.

---

[50] Vgl. *Bauer*, Wb 1564,2; *Balz*, EWNT III 711; und alle neueren Kommentare z.St.
[51] Zwar sprechen diese Verse nur von einem Essen Jesu, jedoch erwähnt Apg 10,41 ein gemeinsames Mahl des Auferstandenen mit den Aposteln; vgl. hierzu die auffallende Parallele bei IgnSm 3,3, die ebenfalls im antidoketischen Kontext steht.
[52] Vgl. hierzu *Lohfink*, Himmelfahrt 262-265; ferner *Schneider*, Verleugnung 203.
[53] Vgl. *Conzelmann*, Mitte 198f; *Schneider*, Verleugnung 201.

96   *2.Kapitel: Die Verkündigung der* βασιλεία τοῦ θεοῦ *nach der Apg*

Exkurs: Die Bedeutung Jerusalems im lukanischen Doppelwerk

1. Jerusalem bezeugt die *Kontinuität der von Gott gelenkten Heilsgeschichte*. Hier beginnen die im Evangelium geschilderten Ereignisse (Lk 1,8ff), die noch in die vorjesuanische Zeit fallen und zur Zeit Israels[54] gehören. In dieser Stadt preisen Simeon, der den "Trost Israels" erwartet (Lk 2,25), und Hanna, die mit anderen auf die "Erlösung Jerusalems" hofft (Lk 2,36.38), Gott über die in Jesus geschehene Erfüllung (Lk 2,28-32.38), wodurch die Zeit Israels und die Zeit Jesu miteinander verklammert werden[55].

Seit Beginn des Reiseberichtes (Lk 9,51) ist Jerusalem Ziel des Weges Jesu. Dort ereignet sich sein Todesleiden, seine Auferstehung und seine Himmelfahrt. Jerusalem ist aber auch die Stadt der Pfingstereignisse und damit ein "Verbindungsglied zwischen der Geschichte Jesu und der Existenz der Kirche"[56].

In Jerusalem wirken die Apostel (Apg 2,14ff; 3,1ff; u.ö.) und von hier aus nimmt die Ausbreitung des Evangeliums ihren Anfang (Lk 24,47). Hier erhält Paulus von Jesus den Auftrag zur Heidenmission (Apg 22,17-21), und in dieser Stadt fallen die grundlegenden theologischen Entscheidungen für die Heidenchristen (Apg 15). Sie ist dann schließlich Ausgangspunkt für die letzte Reise des Paulus in das Zentrum des römischen Reiches (Apg 23,11.31; 28,17), die mit dem Übergang der Erstverkündigung des Evangeliums von den Juden zu den Heiden endete.

2. Jerusalem ist daneben jedoch auch *Zeichen für eine vergangene Phase der Heilsgeschichte*. Von den lukanischen Vorgeschichten bis zum Martyri-

---

[54] Mit "Zeit Israels" wird im Kontext lukanischer Theologie seit *Conzelmann*, Mitte 9 u.ö., allgemein die Zeit des ATs bis einschließlich Johannes des Täufers bezeichnet, die von der Jesuszeit als der Mitte der Zeit und der folgenden Zeit der Kirche abgelöst wird. Doch ist die seit *Conzelmann* herrschende Terminologie - auch unabhängig von der bei der Untersuchung von Lk 16,16 zu beantwortenden Frage, ob die Heilsgeschichte nach Lukas zwei- oder dreigeteilt und wo der Täufer einzuordnen ist - wenig glücklich, da die Zeit "Israels" nicht auf die Zeit vor Jesu Auftreten beschränkt werden darf - so *Conzelmann*, Mitte 158 -, denn für den Autor des Doppelwerkes reicht diese Zeit bis in die Zeit der Kirche hinein und findet erst mit der Ablehnung der Christusbotschaft seitens der ungläubigen Juden ihr Ende; vgl. oben den Beginn des Exkurses zur "Hoffnung Israels".

[55] Diese Verklammerung durchzieht ja die ganze Kindheitsgeschichte in Lk 1-2, weshalb *Conzelmann*, Mitte, die ersten beiden Kapitel des Evangeliums gänzlich außerhalb seiner Überlegungen lassen muß.

[56] *Conzelmann*, Mitte 124.

um des Stephanus stellt Jerusalem das Zentrum der göttlichen Heilsgeschichte dar. Mit der Ausbreitung des Evangeliums über Jerusalem hinaus tritt die Stadt dann allmählich immer mehr in den Hintergrund. Vorbereitet hat Lukas dies durch die Schrifterklärung des Auferstandenen über die universale Verkündigung "angefangen von Jerusalem" (Lk 24,47). Die jüdische Ablehnung der Heilsbotschaft, die mit der Verwerfung des Heilbringers ihren Anfang nahm, zieht zudem die Zerstörung Jerusalems und des Tempels nach sich (Lk 13,34f; 19,41-44; 21,20-24; 23,8), welche genauso wie die Verstockung der Juden (Apg 28,25-27) zum in der Schrift vorausgesagten Plan Gottes gehört (Lk 21,22). An der lukanischen "Jerusalemtheologie" läßt sich somit klar erkennen, daß für den Autor des Doppelwerkes die heilsgeschichtlichen Perioden nicht einfach aufeinanderfolgen, sondern sich vielfältig überschneiden und tief ineinandergreifen.

3. Jerusalem ist für Lukas *Ort der Erfüllung der Voraussagen Gottes* und Zentrum der Verwirklichung seines Planes[57]. Karfreitag, Ostern, Himmelfahrt, Pfingsten und Beginn der Mission sind in Jerusalem zur Erfüllung gekommene Verheißungen Gottes, wie auch die Zerstörung von Stadt und Tempel in der Schrift angekündigt wurden.

4. Insofern nun Jerusalem Ort der Belehrung durch den Auferstandenen und Sitz der Apostel und der Urgemeinde ist, hat die Nennung dieser Stadt ferner die *Funktion eines Garanten für die rechte christliche Lehre*. Die Samariamission (Apg 8,1.4f) nimmt von hier aus ihren Anfang und empfängt aus Jerusalem ihre Bestätigung durch die Apostel (Apg 8,14). Die erste Heidenbekehrung wird hier als legitim abgesegnet (Apg 11,1-18). Die "erste Heidenmissionierung großen Stils" wird aus Jerusalem mit der Sendung des Zyprioten Barnabas nach Antiochien beantwortet (Apg 11,22)[58], wodurch "die neue Gemeinde an den alten 'Vorort' gebunden" wird[59]. Die von Paulus und Barnabas während ihrer ersten Missionsreise gegründeten Gemeinden werden in Jerusalem anerkannt und erhalten von hier aus gültige Verhaltensregeln (Apg 15,22-29). Nach seiner zweiten und dritten Missionsreise reist Paulus über bzw. nach Jerusalem (Apg 18,22; 21,7), wodurch die Übereinstimmung seiner Lehre mit den Jerusalemern, deren Repräsentanten

---

[57] Vgl. *Conzelmann*, Mitte 125; *Schneider*, Verleugnung 196.
[58] Es ist bemerkenswert, daß nicht die Apostel, sondern die Jerusalemer Gemeinde Barnabas aussendet!
[59] Mußner, Apg 70.

nun nicht mehr die Apostel, sondern Jakobus und die Ältesten sind (Apg 21,18; vgl. auch 11,30), kundgetan wird. Daß hinter dieser Funktion Jerusalems als Garant der rechten christlichen Lehre lukanische Polemik gegen "christliche" Häretiker steht, dürfte als wahrscheinlich anzunehmen sein[60].

Mit dem Befehl μὴ χωρίζεσθαι ἀλλὰ περιμένειν in *V4* ist Jerusalem sowohl als Kontinuitätssymbol als auch als Erfüllungsort göttlicher Verheißung im Blick. Zudem deutet diese Anordnung zumindest indirekt schon an, daß nach dem Empfang des Erwarteten das Weichen von Jerusalem folgen wird.

Die ἐπαγγελία τοῦ πατρός, die die Apostel nach V4 erwarten sollen und die der Auferstandene ihnen senden will (Lk 24,49), ist die ἐπαγγελία τοῦ πνεύματος τοῦ ἁγίου, die der zu Gott erhöhte Jesus vom Vater empfangen und an Pfingsten ausgegossen hat (Apg 2,33). An allen drei Stellen meint ἐπαγγελία das Verheißungsgut[61]. Als die hinter der Geistgabe stehende Verheißung wird in Apg 2,17-21 die Prophetie des Joel genannt, wobei in V17 entgegen dem Wortlaut von Joel 3,1 mit λέγει ὁ θεός ausdrücklich hervorgehoben wird, daß Gott selbst diese Verheißung ausspricht, so daß er in dem Zitat auch Subjekt der Geistausgießung ist (ἐκχεῶ ἀπὸ τοῦ πμεύματός μου). Für den Theologen Lukas ist das kein Widerspruch zu Apg 2,33 und Lk 24,49, obwohl nach diesen Versen Jesus den Geist sendet, da für ihn hinter dem Wirken Jesu immer das Wirken Gottes steht. Das entspricht dem theozentrischen Charakter seiner Christologie. Deshalb wird in Lk 24,49 und Apg 1,4 der Geist als Verheißungsgabe "des Vaters" bezeichnet.

Ist es nun nach Apg 2,17 Gott selbst, der die Verheißung ausgesprochen hat, so heißt es Apg 1,4: ἣν ἠκούσατέ μου[62]. Das Relativpronomen ἥν bezieht sich auf ἐπαγγελία, setzt aber als Objekt zu ἠκούσατε nun nicht mehr die Bedeutung "Verheißungsgut", sondern "Verheißung" voraus. Woran der auctor ad Theophilum bei ἣν ἠκούσατέ μου konkret denkt, läßt sich nicht sagen. Auf jeden Fall steht für ihn nicht nur hinter dem Wirken Jesu das Wirken Gottes, sondern er kann auch die Verkündigung Jesu mit

---

[60] Vgl. hierzu *Talbert*, Gnostics 51-55.
[61] Vgl. *Kremer*, Voraussagen 151f.
[62] Der Wechsel von indirekte in direkte Rede begegnet noch öfter bei Lukas: Lk 5,14 (diff. Mk 1,44); Apg 14,22; 17,3; 23,22; 25,4f; vgl. *BDR* 470$_3$; *Weiser*, Apg I 50.

dem Reden Gottes derart verbinden, daß beide inhaltlich identisch werden, insofern sich Jesu Reden in Übereinstimmung mit dem Reden Gottes in der Schrift befindet[63].

Mit einem ὅτι wird nun in *V5* begründet, warum die Jünger in Jerusalem warten sollen[64]. Die Begründung begegnet im Evangelium als eine Ankündigung Johannes des Täufers, mit der er seine Taufe von der des nach ihm Kommenden unterscheidet (Lk 3,16)[65]. Im *Unterschied zu Lk 3,16* nennt Apg 1,5 auch nicht Jesus als Subjekt der Geisttaufe, vielmehr werden betont die Empfänger in Antithese zum Täufer gesetzt (Ἰωάννης μέν - ὑμεῖς δέ). Damit hat sich der Akzent von Lk 3,16 zu Apg 1,5 deutlich verschoben. Ging es in der Evangelientradition darum, die Bedeutung Jesu gegenüber dem Täufer hervorzuheben, so liegt in der Apostelgeschichte zusätzlich das Gewicht auf der bestimmten Menschen gegebenen Gabe sowie auf der Geistgabe als eschatologische Erfüllung der Verheißung Jesu bzw. Gottes (vgl. 2,16ff)[66]. Indem nun die Geistgabe nach Darstellung des lukanischen Doppelwerkes sowohl von Gott im AT verheißen (Apg 2,17-21), als auch von Johannes dem Täufer vorausgesagt (Lk 3,16) sowie vom Auferstandenen angekündigt (Lk 24,49; Apg 1,5) wurde, betont der auctor ad Theophilum wiederum die Kontinuität der Heilsgeschichte. Wenn auch das Pfingstereignis selbst das Wirken des Täufers von der Kirche scheidet, so verhilft seine Voraussage doch dazu, die Geistgabe als Wirken Jesu und Gottes zu identifizieren.

Die gleiche Verheißung begegnet nun fast wörtlich wieder innerhalb der Apologie des Petrus gegenüber seinen Jerusalemer Kritikern in *Apg 11,16*:

---

[63] Entsprechend heißt es Lk 24 einerseits, daß Jesus sein Todesleiden und Auferstehen voraussagte (VV 6.44), andererseits daß es schon in den Schriften geschrieben steht (VV 25-27.44-46). Ob der Autor des Doppelwerkes bei ἦν ἠκούσατέ μου an Lk 11,13 denkt: ὁ πατὴρ [ὁ] ἐξ οὐρανοῦ δώσει πνεῦμα ἅγιον (diff. Mt 7,11: ἀγαθά) τοῖς αἰτοῦσιν αὐτόν, muß offen bleiben.

[64] Vgl. *Kremer*, Voraussagen 154; *Conzelmann, Schneider, Weiser, Pesch*, jeweils Apg z. St.

[65] Vgl. Mt 3,11; Mk 1,8; Joh 1,33. - Nach *Haenchen*, Apg 149, und *Kremer*, Voraussagen 146f, ist die Umbildung des Täuferwortes in ein Jesuswort schon traditionell. Für lukanische Redaktion plädieren *Lohfink*, Himmelfahrt 153 mit Anm. 16-17, und *Weiser*, Apg I 50f.

[66] Übrigens läßt sich Lk 3,16 von Apg 2,33 her gelesen nur als eine Aussage des Täufers über den erhöhten Christus verstehen.

ἐμνήσθην δὲ τοῦ ῥήματος τοῦ κυρίου ὡς ἔλεγεν, Ἰωάννης μὲν ἐβάπτισεν ὕδατι, ὑμεῖς δὲ βαπτισθήσεσθε ἐν πνεύματι ἁγίῳ. Sie hat hier die Funktion, die Aufnahme der Heiden in die Kirche zu begründen. Die Parallele macht zweierlei deutlich. Erstens: In Apg 1,5 ist nicht auf die "Apostel" als besondere Empfänger der Geistgabe abgehoben[67], da unter ὑμεῖς in Apg 11,16 auch die Heidenchristen subsumiert sind[68]. Was Jesus nach Apg 1,5 also verheißen hat, ist die Geistgabe für die Kirche. Zweitens: Die Geistgabe zeigt das Wirken Gottes an[69] und läßt sich als solches bezeugen, insofern sie als Erfüllung der Verheißung verstanden wird, die die Apostel von Jesus gehört haben.

Mit der Zeitangabe οὐ μετὰ πολλὰς ταύτας ἡμέρας[70], die in Lk 3,16 und Apg 11,16 fehlt, erhält die Verheißung ihre Funktion als Hinweis auf unmittelbar Bevorstehendes im jetzigen Kontext. Sie soll das Apg 2 berichtete Pfingstereignis vorbereiten. Mit diesem Hinweis schließt die erste Szene in den VV 4f.

Das λέγειν τὰ περὶ τῆς βασιλείας τοῦ θεοῦ aus V3 wird also in den VV 4f konkretisiert als Ankündigung der Geistgabe. Mit diesem Thema ist eines der zentralen Ereignisse im Heilsplan Gottes angesprochen, das sich in der Zeit zwischen Jesu Weggang und seiner Parusie erfüllt hat. Nach VV 4f hat also das "Reden über die Gottesherrschaft" ein noch ausstehendes Ereignis des göttlichen Heilsplanes zum Inhalt, dessen Realisierung die Apostelgeschichte berichtet. In der zweiten Szene (VV 6-8) wird uns Ähnliches begegnen.

---

[67] So z.B. *Schmithals*, Apg 21; vgl. *ders.*, Lk 237.
[68] Vgl. auch Apg 10,47; 11,17; 15,8.
[69] Wie Apg 11,17 zeigt, ist βαπτισθήσεσθε passivum divinum.
[70] Die Litotes entspricht lukanischem Sprachstil; vgl. neben Lk 15,13; Apg 27,14 noch *Jeremias*, Sprache zu Lk 15,13 Red. - Zu parallelen griechischen Wendungen vgl. die Ausführungen von *Mealand*, After Not Many Days.

5) VV 6-8: Die Frage nach dem Zeitpunkt der Wiederherstellung der Basileia für Israel und die Antwort Jesu

Ob der Anfang von *V6* als neue Einleitung zu verstehen ist[71], wird sich schwer entscheiden lassen[72]. Inhaltlich ist zumindest kein Bruch wahrnehmbar.

Die hinter der Frage[73] der Apostel nach der Wiederherstellung der Basileia für Israel stehende Erwartung begegnet an dieser Stelle des Doppelwerkes nicht zum ersten Mal. Lukas hat diese Frage an folgenden Stellen des Evangeliums vorbereitet[74]:

2,25:   Simeon erwartet in Jerusalem den Trost Israels.
2,38:   Hanna und andere erwarten im Tempel die Erlösung Jerusalems.
17,20: Auf dem Weg nach Jerusalem (17,11) wird Jesus gefragt, wann die Gottesherrschaft kommt.
19,11: Weil Jesus nahe bei Jerusalem war, meinten seine Zuhörer, die Gottesherrschaft werde sogleich sichtbar werden.
21,7:   Nach der Ankündigung der Tempelzerstörung fragen die Jünger in Jerusalem nach dem Zeitpunkt des Ereignisses.
23,51: In Jerusalem erwartet Joseph aus Arimathäa die Gottesherrschaft.
24,21: Die Jerusalem verlassenden Emmausjünger hatten die Hoffnung, daß Jesus der Erlöser Israels sei.

---

[71] Darauf scheint das μὲν οὖν zu verweisen, "a favourite formula of Acts in opening a new story which is nevertheless connected with what goes before"; so *Lake/Cadbury*, Beg IV 7, und ihnen folgend *Haenchen*, Apg 149 Anm. 4.

[72] In diesen Kontext gehört auch die oben im Zusammenhang mit dem lukanischen Zeugenbegriff schon besprochene Frage, ob Lukas mit οἱ συνελθόντες eine größere Gruppe als die elf Apostel im Blick hat, was Apg 1,21f scheinbar voraussetzt; so mit Recht *Haenchen*, Apg 149, u.a. Vgl. S.51f.

[73] Es entspricht lukanischem Stil, Worte Jesu mit einer einleitenden Frage zu versehen, um von daher die Antwort Jesu besonders hervorzuheben; vgl. hierzu die bei *Dibelius*, Formgeschichte 162f; *Bultmann*, Geschichte 359-361; *Lohfink*, Himmelfahrt 154-157; *Pesch*, Anfang 28; *Weiser*, Apg I 51, genannten Belege.

[74] Das heißt natürlich noch nicht, daß alle diese Stellen lukanische Bildungen sind. Für Lk 21,7 und 23,51 ist das mit Sicherheit auszuschließen, wie die Parallelen in Mk 13,4 und 15,43 zeigen. Aber auch Lk 2,25.38 werden auf eine vorlukanische Überlieferung zurückgehen, was sich schon durch den teilweise unlukanischen Sprachgebrauch nahelegt; vgl. *Jeremias*, Sprache jeweils z.St. Hingegen wird man in Lk 17,20a; 19,11 die Hand des Lukas erblicken dürfen, wie bei der Besprechung dieser Stellen noch zu zeigen sein wird.

2.Kapitel: Die Verkündigung der βασιλεία τοῦ θεοῦ nach der Apg

Es ist nun auffällig, daß alle diese Stellen fest mit Jerusalem verbunden sind. Zudem gebrauchen sie entweder den Terminus ἡ βασιλεία τοῦ θεοῦ oder aber nennen "Israel/Jerusalem" ausdrücklich als Empfänger des Erwarteten[75]. Das ist auch in Apg 1,6 der Fall. Diese Beobachtung legt die Vermutung nahe, daß sich die Frage angesichts des Befehls des Auferstandenen, diese Stadt nicht zu verlassen, stellt.

Die Frage der Apostel in V6 beinhaltet nach Meinung vieler Exegeten drei Aspekte[76]:
1. Einen zeitlichen Aspekt: Wird das "in dieser Zeit" geschehen?
2. Einen räumlichen bzw. adressatenbezogenen Aspekt: Wird das "für Israel" geschehen?
3. Einen christologischen Aspekt: Wirst "du" wiederherstellen?

Nun ist aber zu beachten, daß die Intention der Frager nur auf eine Beantwortung der ersten Frage zielt. Daß es eine Basileia für Israel geben werde, gehört - wie die oben angeführten Belege aus dem dritten Evangelium zeigen - zu den Voraussetzungen der Frage. Und ob speziell nach *Jesu* Tun gefragt wird, wird man bezweifeln dürfen, denn sonst hätte Lukas diesen Aspekt durch ein Personalpronomen verstärkt. Ob diese Voraussetzungen hingegen korrekt oder korrekturbedürftig sind, muß bei der Exegese der Antwort des Auferstandenen geklärt werden.

Doch wenden wir uns zunächst der Frage in V6 genauer zu: Wonach fragen die Apostel eigentlich, wenn sie nach dem Zeitpunkt der Wiederherstellung der Herrschaft für Israel fragen? Ist die Frage der Jünger politisch motiviert? Steht hier das Problem der Parusieverzögerung zur Debatte? Warum begegnen ähnliche Erwartungen im lukanischen Doppelwerk so häufig? Gegen welche Position will Lukas sich mit der Behandlung der Frage abgrenzen? Hängt die βασιλεία τῷ ᾿Ισραήλ zusammen mit dem lukanischen Verständnis der βασιλεία τοῦ θεοῦ? Versuchen wir - so weit möglich - vom Text her Antworten zu finden.

Eine direkte Frage mit εἰ einzuleiten, ist im klassischen Griechisch sehr ungewöhnlich, findet sich aber in der LXX[77]. Es dürfte sich also um einen

---

[75] Letzteres gilt zwar auch für Lk 21,7, doch macht dieser Vers insofern eine Ausnahme, als es hier inhaltlich nicht um eine Heils-, sondern eine Unheilserwartung geht.

[76] Vgl. etwa *Dömer*, Heil 115; *Roloff*, Apg 22f; *Weiser*, Apg I 51f; *Schnackenburg*, Eschatologie 253.

[77] Gen 17,17; 43,7 u.ö.

Hebraismus bzw. Septuagintismus handeln[78]. Der Autor der Apostelgeschichte deutet demnach, so wird man vermuten dürfen, schon mit Hilfe der Grammatik an, daß die Frage der Jünger vom alttestamentlich-jüdischen Hintergrund her zu verstehen ist.

Nicht ganz eindeutig ist zu entscheiden, worauf sich die im NT singuläre und in der LXX fehlende Zeitangabe ἐν τῷ χρόνῳ τούτῳ bezieht. Zwei Lösungen werden diskutiert:

1. Die Jünger fragen nach der mit Pfingsten angebrochenen Zeit[79] und damit nach den mit der Geistausgießung beginnenden endzeitlichen Geschehnissen. Als Hauptargument für diese Interpretation läßt sich neben dem unmittelbar vorausgehenden Kontext anführen, daß nach Joel 3,1-5 die Geistgabe ein Kennzeichen der Endzeit ist und auch Lukas die alttestamentliche Stelle in gleicher Weise verstanden hat, weshalb er bei ihrer Zitierung in Apg 2,17 die Zusatzbemerkung "in den letzten Tagen" in den Text einfügte[80].

---

[78] Vgl. *BDR* 440₅. - Im Neuen Testament begegnet diese Frageeinleitung fast ausschließlich beim auctor ad Theophilum: Neben Mk 8,23; Mt 12,10; 19,3 nur noch Lk 13,23; 22,49; Apg 1,6; 7,1; 19,2; 21,37; 22,25; vgl. hierzu *Jeremias*, Sprache zu Lk 13,23 Red.

[79] So z.B. *Haenchen*, Apg 149 und Anm. 8; *Pesch*, Anfang 28; *Lohfink*, Himmelfahrt 257; *Wilson*, Gentiles 89; *Schneider*, Apg I 201; *Weiser*, Apg I 56.

[80] Nach *Haenchen*, Schriftzitate 162; *ders*., Apg 181; und *Holtz*, Untersuchungen 7f; - vermutet auch von *Schweizer*, ThWNT VI 408 Anm. 507 - soll man in Apg 2,17 die in B 076 (C pc) und einigen sahidischen Einzelhandschriften begegnende Lesart μετὰ ταῦτα für den ursprünglichen Text halten. Doch erklärt sich die Entstehung dieser außer vom Vaticanus nicht gut bezeugten Lesart als durch Joel 3,1LXX beeinflußte Variante viel einleuchtender als umgekehrt ihre Ersetzung. - *Conzelmann*, Mitte 87 und Apg 34, bestreitet die eschatologische Bedeutung des Geistes bei Lukas, ohne allerdings einen Erklärungsversuch anzubieten, warum der Verfasser der Apostelgeschichte "in den letzten Tagen" eingefügt hat. - Gegen beide Positionen vgl. *Mußner*, In den letzten Tagen 263-265. - *Gräßer*, Parusieerwartung 119-122 (vgl. auch *ders*., Parusieverzögerung 208f), greift *Conzelmann*s Position erneut auf und versucht die lukanische Zufügung damit zu erklären, daß der Autor der Acta apostolorum hier von der letzten Epoche der Heilsgeschichte rede, nicht aber von einer apokalyptischen Äonenwende (Parusieerwartung 121), weshalb die Geistausgießung für ihn "nicht das eschatologische" "Datum" sei (122). Dem ist ohne weiteres zuzustimmen, doch ist damit natürlich nicht gesagt, daß Pfingsten für Lukas nicht *ein* eschatologisches Datum ist? *Gräßer* selbst ist denn auch der Meinung, man könne bei dem auctor ad Theophilum von einer sich realisierenden Eschatologie sprechen (120). Das kann für die lukanische Theologie nur heißen: "Den Platz der [traditionellen] Eschatologie nimmt nun das Konzept einer kontinuierlichen geschichtlichen

Gegen diese Interpretation spricht aber eindeutig das Demonstrativpronomen οὗτος, das im allgemeinen "das Gegenwärtige bezeichnet"[81]. Nun kann zwar in der Koine anders als im klassischen Griechisch οὗτος auch "Hinweis auf Folgendes" sein[82], doch ist dann jeweils das unmittelbar Folgende gemeint. Von daher legt sich die zweite Lösung nahe:

2. Die Jünger fragen nach den Ereignissen, die bis zur Geistausgießung geschehen[83]. Für diese Lösung läßt sich als Argument anführen, daß nach dem Joelbuch der Geistgabe die Wiederherstellung von Volk und Land Israel vorausgehen wird. So schließt die Gottesrede unmittelbar vor Ankündigung der Geistausgießung mit der Verheißung: "Ihr werdet erkennen, daß ich in der Mitte Israels bin, und daß ich der Herr, euer Gott, bin, und daß es keinen (Gott) außer mir gibt, und daß mein ganzes Volk gewiß nicht mehr zuschanden werden wird in Ewigkeit" (Joel 2,27LXX). Erst danach (Joel 3,1: μετὰ ταῦτα) erfolgt die Geistgabe und die Errettung, die sich nach dem von Lukas nicht mehr zitierten Halbvers Joel 3,5b "auf dem Berg Zion und in Jerusalem" ereignen wird (so auch Sach 12,10). Die Apostel würden dann also danach fragen, ob die Wiederherstellung der Basileia für Israel jetzt, in dieser Zeit, in Jerusalem geschehen wird.

Das Verb ἀποκαθιστάνω legt es nahe, V6 auf jeden Fall als Frage nach der endzeitlichen Wiederherstellung der zwölf Stämme Israels zu verstehen[84]. Mit diesem Wort beschreibt nämlich Mal 3,23LXX die endzeitliche Aufgabe des Elia redivivus[85]. Sir 48,10 nimmt auf diesen Maleachivers Bezug, wenn er die Wiederaufrichtung der Stämme Jakobs zu den eschatologischen Taten des wiederkommenden Elia rechnet. Aber auch an anderen Stellen der LXX wird das Verb verwendet, um die Wiederherstellung der zerstreuten Stämme Israels anzukündigen: Jer 16,15; 23,8; 24,6[86]; 27,19; Ez 16,55; Hos 11,11; vgl. auch Ez 17,23.

Verwirklichung des göttlichen Heilsplanes ein" (124; vgl. *Conzelmann*, Mitte 123). Realisiert wird also die Erfüllung göttlicher Verheißung in der Geschichte, wodurch die Erfüllungszeit zur eschatologischen Zeit wird. Ergo ist auch die Geistgabe als ein eschatologisches Ereignis neben anderen anzusprechen.

[81] *BDR* 291,3. Vgl. auch V5: ταύτας ἡμέρας.
[82] *Hoffmann/v.Siebenthal*, Grammatik 141c mit Verweis auf Apg 2,22; Gal 3,17.
[83] Dafür spricht sich *Mußner*, Apg 16, aus.
[84] Vgl. *Oepke*, ThWNT I 386; *Müller*, EWNT I 311f.
[85] Vgl. Mk 9,12 par. Mt 17,11.
[86] Hier sind freilich nur die exilierten Bewohner Judas gemeint; vgl. Jer 24,5.

Nun scheint aber nach Meinung des Lukas in dem Zeitraum zwischen Himmelfahrt und Pfingsten mit der nachösterlichen Wiederherstellung des Zwölferkreises die Apokatastasis Israels begonnen zu haben (Apg 1,21-26), sofern man davon ausgeht, daß die zwölf Apostel für den Autor des Doppelwerkes die zwölf Stämme Israels repräsentieren (vgl. Lk 22,30b par. Mt 19,28b)[87]. Seit dem Pfingstereignis, zu dem "Juden ... von allen Völkern unter dem Himmel" (Apg 2,5) in Jerusalem versammelt waren, haben die Repräsentanten Israels die christliche Predigt an ganz Israel[88] gerichtet und damit die endgültige Wiederherstellung Israels eingeleitet. Diese Apokatastasis ist nach Meinung des Lukas entweder mit dem Beginn des Stephanusmartyriums[89] oder - wahrscheinlicher - mit der Samariamission[90] vollendet. Auf jeden Fall geht der Herrenbruder Jakobus in Apg 15,16-18 davon aus, daß dem Beginn der Heidenmission die Wiederherstellung Israels vorausgegangen ist[91], was freilich nicht die weiterhin mögliche Bekehrung einzelner Juden ausschließt. Damit dürfte deutlich sein, daß der auctor ad Theophilum zwar die Vorstellung von der endzeitlichen Wiederherstellung der zwölf Stämme Israels bejaht, ihre Realisierung gegenüber der traditionellen Erwartung aber völlig anders darstellt. Die Apokatastasis Israels ist kein Ereignis am Ende der Geschichte, sondern ein Erfüllungsgeschehen inmitten der Heilsgeschichte.

Nun kann man freilich fragen, ob die vorgeschlagene Interpretation von V6 schon völlig dem von Lukas intendierten Gehalt der Frage der Apostel entspricht. Immerhin fragen die Apostel ja nicht nach der Wiederherstellung der zwölf Stämme Israels, sondern ob Jesus τὴν βασιλείαν τῷ 'Ισραήλ

---

[87] Vgl. hierzu *Jervell*, Twelve 75-112; *Panagopoulos*, Theologie 141. - Ablehnend urteilt *Roloff*, Apostolat 197 mit Anm. 94, unter Berufung auf *Brox*, Zeuge 50 Anm. 21.
[88] Vgl. *Lohfink*, Sammlung 49.
[89] So *Lohfink*, Sammlung 54.
[90] Die Samaritaner gehören für Lukas auch zum Zwölfstämmevolk; vgl. *Jervell*, Lost Cheep 113-132.
[91] Schon *Schrader*, Apostel Paulus 508f, hat auf diese Verse im Zusammenhang mit der Frage aus V6 verwiesen. - Anders *Wainwright*, Restoration 76-79; *Mußner*, Apg 16f und passim, die der Meinung sind, daß Lukas mit der endzeitlichen Wiederherstellung Israels bei der Parusie Christi rechnet, doch scheint mir *Jervell*, Israel 79-81, richtiger zu sehen, wenn er in Apg 15,16-18 die schon vollendete Wiederherstellung Israels ausgesagt findet; so auch *Pesch*, Anfang 29; vgl. auch *ders.*, Apg II 80; *Lohfink*, Sammlung 59.

wiederherstelle[92]. Und wie nach Joel 4 mit der Wiederherstellung der Stämme Israels ein Kriegsgeschehen verbunden ist, das in Jerusalem mit dem Gericht Gottes über die Heidenvölker und der Herrschaft Israels endet, so kann man auch erwägen, ob der Autor von Apg 1 die Frage in V6 nicht auch politisch verstanden wissen wollte als Frage nach der endzeitlichen Herrschaft Israels über die Heidenvölker[93], die dann im Folgenden von Lukas "entpolitisiert"[94] und seinem heilsgeschichtlichen Konzept entsprechend beantwortet wird. Eine solche politisch motivierte Frage würde der apokalyptischen Erwartung entsprechen, wie sie etwa Dan 7,27LXX ausgesprochen ist: "Er (sc. "der Höchste" V25) gab ihr Reich und ihre Macht und ihre Großartigkeit und die Herrschaft über alle Reiche unter dem Himmel dem heiligen Volk des Höchsten, auszuüben eine ewige Herrschaft, und alle Mächte werden ihm untertan sein und ihm gehorchen"[95]. Doch würde ein derartiger politischer Akzent in der Frage der Apostel voraussetzen, daß sie von der Botschaft Jesu noch nichts verstanden haben. Das ist aber keineswegs die Meinung des Lukas. Nun machen aber die oben angeführten Belege aus dem Lukasevangelium für die hinter der Frage von V6 stehende Erwartung deutlich, daß es um das Heil und die Erlösung Israels geht. Die Apostel fragen demnach nach dem Heil für Israel. Diese Frage drängt sich angesichts des Hinweises auf die Verkündigung an alle Völker angefangen von Jerusalem in Lk 24,47 unmittelbar auf: Wirst du in dieser Zeit, während wir noch

---

[92] In der LXX kann mit ἀποκαθιστάνω + βασιλεία die Wiederherstellung einer ehemals besessenen, aber dann verlorenen Herrschaft bezeichnet werden: 1Makk 15,3; Dan 4,36; vgl. auch 1.Esra 1,33; Mi 4,8.

[93] Zu dieser im Frühjudentum verbreiteten Vorstellung vgl. *Schnackenburg*, Gottes Herrschaft 23-32

[94] So *Oepke*, ThWNT I 388,11.

[95] Vgl. auch Dan 2,44LXX/θ, daß Gott die Basileia keinem anderen Volk geben wird. Beachtenswert scheint in diesem Zusammenhang die Vermutung von *Wehnert*, Wir-Passagen 177, "daß sich Lukas in V.6f (direkt oder indirekt) mit der daniel[ischen] Apokalyptik auseinandersetzt", "da Naherwartung und Aufrichtung eines endzeitlichen Reiches für Israel zentrale Theologumena in Dan sind". Für diese Vermutung könnte ferner die begriffliche - wenn auch nicht sachliche - Nähe der VV 6f zu Dan 4,36f LXX sprechen: vgl. aus V36 ἐν ἐκείνῳ τῷ καιρῷ ἀποκατεστάθη ἡ βασιλεία μου ἐμοί und aus V37 καιροὶ καὶ χρόνοι; vgl. *Wehnert*, a.a.O. 176f. Wendet sich Lukas hier gegen eine judenchristliche Richtung, in der die danielische Tradition lebendig war? Oder denkt er an eine Gruppe von Heidenchristen, die das AT auf Grund solcher Aussagen ablehnt? Letzteres ist wohl nicht völlig auszuschließen, kann aber dennoch nicht mehr als eine vage Vermutung sein.

in Jerusalem sind, das Heil für Israel verwirklichen und das Zwölfstämmevolk wiederherstellen?

Daß sich in der Fragestellung von V6 auch eine *Naherwartung* artikuliert[96], wird man auf Grund des Kontextes annehmen dürfen, denn die Frage legt sich gerade angesichts des Befehls, nicht aus Jerusalem zu weichen, und des unmittelbar bevorstehenden Pfingstereignisses nahe. Doch ist mit dieser Entscheidung noch nichts für die Theologie des Lukas gewonnen, denn dieser blickt auf die Wiederherstellung Israels, auf die Geistausgießung und auf die Zerstörung Jerusalems als vergangene Ereignisse zurück, so daß sie für ihn auf keinen Fall Vorzeichen einer baldigen Parusie sein können[97]. Als zum Heilsplan Gottes gehörendes Geschehen vermögen sie zwar die bisher ausgebliebene Parusie theologisch zu erklären helfen, aber damit ist noch in keiner Weise entschieden, ob diese für den auctor ad Theophilum nun in naher oder ferner Zukunft bevorsteht[98].

Soviel dürfte dennoch deutlich sein: Die Frage in V6 hat für den Verfasser der Apostelgeschichte zum einen die Funktion, die ausgebliebene Parusie theologisch zu bewältigen. Die Apostel fragen nach einem traditionell mit der Parusie verbundenen Ereignis. Jesus dagegen lenkt ihren Blick auf den Heilsplan Gottes und die ihnen zukommende Aufgabe in der Gegenwart (VV 7f). Zum anderen zielt die Frage der Apostel auf die endzeitliche Wiederherstellung und das Heil Israels. Nach Meinung des Lukas hat tatsächlich "in dieser Zeit" die Wiederherstellung Israels begonnen, weil diese die Voraussetzung für die Heidenmission ist. Die so verstandene ἀποκατάστασις τῆς βασιλείας τῷ Ἰσραήλ ist nach Lukas demnach der Teil des Heilsplanes Gottes (= βασιλεία τοῦ θεοῦ), der sich auf Israel bezieht. Die Frage der

---

[96] So *Haenchen*, Apg 149; *Conzelmann*, Apg 26f; *Wilson*, Gentiles 89; *Gräßer*, Parusieverzögerung 205; *ders.*, Parusieerwartung 112; *Schnackenburg*, Eschatologie 253-255; *Mußner*, Apg 16, u.a. - Ablehnend ist *Pesch*, Anfang 29f, für den Lukas mit dieser Frage die Apostel nach der neuen heilsgeschichtlichen Epoche fragen läßt.

[97] Vgl. hierzu *Bartsch*, Problem 72-76, dem *Schenk*, Naherwartung 49f, zugestimmt hat.

[98] *Conzelmanns* Meinung, daß die Parusieverzögerung der hermeneutische Schlüssel zum Verständnis der heilsgeschichtlichen Konzeption des Lukas sei, wird in den neueren Arbeiten zur Apostelgeschichte nicht mehr ernsthaft vertreten, weshalb sie hier undiskutiert bleiben kann; vgl. hierzu das Ergebnis des Forschungsberichtes von *Gasque*, 1988, 117: "One conclusion that unites nearly all recent study of Luke-Acts is that *Conzelmann*'s classic formulation of the purpose of the Lukan writings, put forward in `The Theology of St. Luke´, was incorrect."

2.Kapitel: Die Verkündigung der βασιλεία τοῦ θεοῦ *nach der Apg*

Apostel, ob Jesus "in dieser Zeit" die Basileia für Israel wiederherstellen wird, erhält nun in den folgenden Versen als Antwort: Gott wird das schon machen, aber der Zeitpunkt geht euch nichts an. Ihr habt vielmehr die Aufgabe, von mir Zeugen zu sein. Wenden wir uns mit diesem Vorblick der Antwort des Auferstandenen in VV 7f zu.

Die Frage nach dem Termin wird nun in *V7* als falsch abgelehnt. Danach haben die Jünger nicht zu fragen, denn das Wissen darum gebührt allein Gott, der in seiner eigenen Vollmacht schon längst χρόνους ἢ καιρούς festgesetzt hat (Ind. Aor.!)[99]. Lukas steht mit der Zurückweisung der Terminfrage in urchristlicher Tradition (vgl. 1.Thess 5,1f; Mk 13,32 par. Mt 24,36). Daß er dabei auf den in Lk 21 ausgelassenen Vers Mk 13,32 zurückgreift, könnte durch die Bezeichnung Gottes als "Vater" nahegelegt werden (vgl. aber V4), während die Termini χρόνοι und καιροί eher an eine 1.Thess 5,1 nahestehende Tradition denken lassen[100].

Nach Meinung vieler Exegeten beziehen sich die χρόνοι ἢ καιροί auf die Parusie[101]. Das trifft sicher für den traditionellen Gebrauch beider Begriffe wie etwa in 1.Thess 5,1 zu. Doch ist damit noch nicht über das lukanische Verständnis beider Termini entschieden. Der Plural von χρόνος begegnet neben Apg 1,7 und 3,21 im lukanischen Doppelwerk noch in Lk 8,29; 20,9; 23,8 und Apg 17,30. Er bezeichnet jeweils einen längeren Zeitraum. In Lk 20,9 dürfte der Evangelist bei diesem Wort an die Zeit zwischen Himmelfahrt und Parusie denken, während es in Apg 17,30 für die Epoche der Heiden vor Beginn der Heidenmission verwendet wird[102]. Ähnliches gilt auch für den Plural von καιρός, der sich abgesehen von Apg 1,7 und 3,20 noch in Lk 21,24; Apg 14,17; 17,26 findet und allgemein von Gott festgesetzte Zeiten ohne Bezug auf die Parusie bezeichnet, wobei auffällig ist, daß es an allen drei Stellen um Heiden geht.

---

[99] Nach Apg 17,31 ist es der Gerichtstag (Sg.!), den Gott festgelegt hat, doch dürfte Lukas in V7 nicht nur an die Parusie denken, sondern allgemein an die Zeiten, in denen Gott seine Verheißungen erfüllen wird (s.u.).

[100] Eine Stellungnahme zu der in Mk 13,32 erwähnten Unwissenheit des Sohnes wird man aus V7 wohl nicht entnehmen können. - So aber *Haenchen*, Apg 150 Anm. 3.

[101] Z.B. *Burchard*, Zeuge 181; *Conzelmann*, Apg 26f; *Haenchen*, Apg 150; *Wilson*, Gentiles 90; *Schille*, Apg 71; *Mußner*, Apg 16.

[102] In Lk 8,29 und 23,8 fehlt jegliche heilsgeschichtliche Bedeutung des Terminus.

Als nächste Parallele zu V7 ist *Apg 3,20f* anzusprechen, wo nicht nur beide Wörter in pluralischer Verwendung nebeneinander auftreten, sondern mit dem ntl. hapax legomenon ἀποκατάστασις auch ein Komplementärbegriff zu ἀποκαθίστημι aus V6 begegnet: "... damit die Zeiten (καιροί) der Erquickung vom Angesicht des Herrn kommen und er den für euch bestimmten Christus Jesus sende, welchen der Himmel aufnehmen muß bis zu den Zeiten (χρόνοι) der (Wieder-)Herstellung (ἀποκαταστάσεως) von allen Dingen, von denen Gott durch den Mund seiner heiligen Propheten von Ewigkeit her geredet hat." Daß 3,20-21a auf Tradition zurückgeht, dürfte *Hahn* mit guten Gründen wahrscheinlich gemacht haben[103]. Uns interessiert hier aber allein das lukanische Verständnis der beiden Verse, die er mit dem Zusatz in V21b versehen hat, und vor allem sein Verständnis der Zeitangaben. *Hübner*[104] hat nun vermutet, daß es sich bei χρόνοι ἢ καιροί in V7 "mit großer Wahrscheinlichkeit um ein Hendiadyoin" handelt und in diesem Zusammenhang auf 3,20f verwiesen, wo mit beiden Begriffen "die Endzeit" bezeichnet sei. Er befindet sich mit der letzten These in Übereinstimmung mit den meisten Exegeten[105]. Doch scheint mir diese Interpretation nicht die Meinung des Lukas zu treffen. Vielmehr dürften die καιροί in 3,20 die mit der Wiederkunft Christi anbrechenden Zeiten, die χρόνοι in 3,21 hingegen - zumindest im Verständnis des Lukas - die Zeit der Erfüllung göttlicher Verheißungen bis zur Parusie beschreiben[106], so daß nicht von einem Hendiadyoin die Rede sein kann. Das muß freilich die eschatologische Färbung beider Termini nicht ausschließen. Da z.B. die "in den letzten Tagen" geschehene Geistausgießung (2,17) sowohl in die Zeit der Erfüllung göttlicher Verheißungen als auch zur "Endzeit" gehört, zeigt sich, daß die Erfül-

---

103 Problem 140-151; vgl. auch *ders.*, Hoheitstitel 184-186.
104 EWNT III 1172.
105 Vgl. z.B. *Haenchen*, Apg 207 und Anm. 3; *Robinson*, Weg 18f; *Vielhauer*, Geschichte 373 Anm. 10; *Kränkl*, Knecht 194, und die ebd. Anm. 46 genannten Autoren; *Hahn*, Problem 138; *Schnackenburg*, Eschatologie 257f; *Radl*, Lukas-Evangelium 68.
106 Die Präposition ἄχρι kann sowohl inkludierend wie exkludierend sein; vgl. BDR 216,3; *Hoffmann/v.Siebenthal* 187h. Hier liegt ersteres vor. Vgl. auch *Plümacher*, Apostelgeschichte 516: "Act 3,21 läßt die Parusie von der ἀποκατάστασις (πάντων), der völligen Erfüllung dessen abhängen, was durch die Propheten angekündigt worden ist." Nach *Plümacher* ist dies vor allem - im Anschluß an *Schneider*, Parusiegleichnisse 89 - die Weltmission. Doch haben wir gesehen, daß zur ἀποκατάστασις πάντων unter anderem auch die Geistgabe sowie die ἀποκατάστασις τῆς βασιλείας τῷ Ἰσραήλ gehört; vgl. auch *Carroll*, Response 145-148.

2.Kapitel: Die Verkündigung der βασιλεία τοῦ θεοῦ *nach der Apg*

lungszeit, d.h. die χρόνοι ἀποκαταστάσεως πάντων, vom auctor ad Theophilum als die in der Geschichte schon angebrochene Endzeit verstanden wurde, die mit der Parusie Christi ihren Abschluß findet[107]. Wie für fast alle ntl. Autoren wäre dann auch für den Autor des Doppelwerkes die eschatologische Qualifizierung der Gegenwart nicht abhängig von der Nähe der Parusie. Nicht das τέλος, sondern die ἀρχή qualifiziert die Geschichte als Heilszeit[108], wobei als ἀρχή beim auctor ad Theophilum der Beginn der Erfüllungszeit anzusprechen ist[109]. Die Verkündigung der βασιλεία τοῦ θεοῦ, d.h. die Verkündigung des schon und noch immer in Verwirklichung begriffenen Heilsplanes Gottes, bestimmt dann aber auf Grund ihres Inhalts die Gegenwart als eschatologische Heilszeit.

Der Plural von χρόνος und καιρός kann also im lukanischen Doppelwerk mit der Parusie in Verbindung gebracht werden, bezeichnet aber - will man alle Belege unter einen Nenner bringen - allgemeiner die von Gott festgesetzten Zeiten der (Heils-)Geschichte. Dieser weite Gebrauch dürfte auch in V7 vorliegen. In der Antwort Jesu steht folglich nicht der Termin der Parusie und das Problem der Parusieverzögerung im Vordergrund[110]. Sind diese Überlegungen zutreffend, dann hat der auctor ad Theophilum die in der Tradition auf die Parusie bezogenen Termini χρόνοι und καιροί aufgegriffen, sie aber seiner heilsgeschichtlichen Konzeption entsprechend nicht auf den Endpunkt der Geschichte, sondern auf die gesamte von Gott gelenkte Heilsgeschichte bezogen[111].

Jesu Antwort läßt auf diese Weise keinen Spielraum für irgendein Spekulieren nach Terminen der Heilsgeschichte. "Was den Jüngern (und schließlich dem Theologen Lukas) zukommt, ist nicht die Kenntnis der Fristen, sondern die Erkenntnis der Schriftgemäßheit des Geschehens als der Taten Gottes (Lk 24,46f)"[112]. Die Frage nach dem Zeitpunkt der Wiederherstellung der Basileia für Israel wird also im ersten Teil der Antwort Jesu

---

[107] Vgl. *Schubert*, Struktur 349, der wohl mit Recht von einer "eschatologischen Geschichtstheologie" des Lukas spricht.

[108] Vgl. *Bovon*, Luc le Théologien 83 (= Luke the Theologian 76).

[109] Vgl. *Busse*, Nazareth-Manifest 91f.

[110] So aber *Haenchen*, Apg 150; ablehnend *Schmithals*, Apg 22, und *Schneider*, Apg I 202.

[111] In der LXX kommt die Wendung καιροὶ καὶ χρόνοι nur in Dan 2,21 (= θ), 4,37 und Sap 8,8 vor. In beiden Danielstellen sind mit dieser Wendung wie beim auctor ad Theophilum die von Gott gelenkten Zeiten der Geschichte gemeint.

[112] *Pesch*, Anfang 30.

zurückgewiesen. Dabei setzt die Antwort wie zuvor schon die Frage voraus, daß es eine derartig wiederhergestellte Basileia für Israel geben wird. Doch das Wissen um diesen Zeitpunkt, wie allgemein die Kenntnis der von Gott gesetzten Termine, ist Gottes und nicht der Apostel[113]. So macht Lukas seinen Lesern deutlich: Selbst die Apostel, mit denen der Auferstandene vierzig Tage lang über die Angelegenheiten der Herrschaft Gottes geredet hat, wurden über die von Gott festgesetzten Zeiten nicht unterrichtet! Vielmehr werden die Fragenden auf Gottes alleinige Vollmacht verwiesen. Das muß genügen. Terminaussagen gehören also nicht zum Inhalt des Redens Jesu über die βασιλεία τοῦ θεοῦ.

Mit seiner positiven Antwort in *V8* verweist der Auferstandene zurück auf die Verheißung des Geistes. Allerdings wird in V8 nicht noch einmal der Geist als Gabe angekündigt, sondern die δύναμις τοῦ ἁγίου πνεύματος[114]. Da Lk 24,49 die δύναμις in Parallele zum Verheißungsgut des Geistes steht[115], dürfte Analoges auch in Apg 1,8 anzunehmen sein. Es wird sich also um einen epexegetischen Genetiv handeln[116]. Die Kraft, die im Geist besteht, meint hier die Befähigung der Apostel zum Zeugnis[117]. Das Zeugnis der Apostel geschieht deshalb in Übereinstimmung mit dem Heiligen Geist (Apg 5,32)[118]. Das Zeugnis des Geistes aber begegnet schon in den Schriften und hat den Heilsplan Gottes zum Inhalt (Apg 1,16; 4,25;

---

[113] Vgl. hierzu auch *Jervell*, Gottes Ratschluß 51-53, der zu zeigen versucht, daß alle wichtigen Ereignisse der Heilsgeschichte schon als Verheißung in der Schrift erhalten sind und deshalb von der Kirche gewußt werden können. Aber "das einzige, was die Kirche nicht kennt und was Menschen überhaupt nicht kennen können, ist die von Gott bestimmte Zeit für das Eintreffen von dem, was er beschlossen hat" (53).
[114] Nach *Lake/Cadbury* (Beg IV 8; vgl. *Haenchen*, Apg 150 Anm. 4; *Wilson*, Gentiles 90) ist damit die Wunderkraft gemeint, die als Ausrüstung zur Mission dient, um so die Jünger zu wertvollen Zeugen zu machen und ihre Mission zu legitimieren. Doch ist diese Interpretation nur sinnvoll, wenn V8b als Aussendung zur Mission zu verstehen ist. Das dürfte jedoch eine Fehlinterpretation sein, wie der Exkurs zu μάρτυς deutlich gemacht hat.
[115] So auch Lk 1,17.35; Apg 6,5.8; 10,38; vgl. *Friedrich*, EWNT I 866.
[116] Vgl. *Kremer*, Voraussagen 162.
[117] Vgl. *Brox*, Zeuge 44; *Roloff*, Apostolat 191. - Daß damit die Funktion des Geistes für den Autor ad Theophilum bei weitem nicht ausreichend beschrieben ist, lehrt ein Blick in die Konkordanz zur Genüge.
[118] Ist es ein Zufall, daß in der Apostelgeschichte διαμαρτύρεσθαι außer von den dreizehn Zeugen nur noch vom Heiligen Geist ausgesagt wird: 20,23? Vgl. zu Apg 28,23.

28,25). Genau das ist auch der Inhalt des apostolischen Zeugnisses. Deshalb also brauchen die von Gott auserwählten Zeugen den Heiligen Geist, damit in ihrem Zeugnis das Zeugnis des Geistes und damit der in den Schriften vorausgesagte Heilsplan Gottes zur Sprache kommen kann. Zu Zeugen dieses Heilsplanes sind nach Lk 24,46-48 die Apostel vom Auferstandenen eingesetzt worden. Inhaltlich geht es auch in Apg 1,3-8 um nichts anderes[119].

Das Verb ἔσεσθε ist Ind. Fut. Da es in genauer Parallelität zu λήμψεσθε in V8a steht, kann es nicht als Imperativ interpretiert werden, sondern ist "primär auch futurisch zu verstehen"[120]. V8a benennt demnach die zukünftige Aufgabe der Apostel, die als Zeugesein beschrieben wird. Mit μάρτυρες, so haben wir gesehen[121], bezeichnet der auctor ad Theophilum diejenigen, die von Gott auserwählt wurden und vom Auferstandenen bzw. Erhöhten die Erkenntnis des Heilsplanes Gottes vermittelt bekamen, so daß sie nun in einzigartiger Weise Autoritäten der Schriftauslegung sind, weil die Schrift den Plan Gottes enthält.

Der Genetivus objectivus μου gibt den Inhalt des Zeugnisses an. Wie in Lk 24,46f steht die Christologie im Mittelpunkt. Ging es dort um das Todesleiden, Auferstehen und Verkündigtwerden als Erfüllung der Schrift, so wird Analoges auch in V8 anzunehmen sein, zumal mit dem unmittelbar folgenden ἕως ἐσχάτου τῆς γῆς eine alttestamentliche Stelle im Blick ist. Ist das richtig, dann steht auch hier das christologische Zeugnis der Apostel unter dem Thema der Heilsgeschichte, hat also keine eigenständige Funktion unabhängig oder neben diesem Thema[122].

---

[119] Die Parallele zu der Beschreibung des Beginns der Wirksamkeit Jesu in Lk 4,14ff ist auffällig: Jesus kehrt "in der Kraft des Geistes" aus der Wüste zurück nach Galiläa (V14) und lehrt in den Synagogen (V15). Das wird exemplarisch entfaltet mit der Predigt Jesu in Nazareth (V16), die eine in der Schrift ausgesagte christologische Verheißung als erfüllt proklamiert (VV 18-21). Was Jesus also verkündigt hat, ist nichts anderes als den Heilsplan Gottes oder - wie Lukas es in 4,43 sagt - die βασιλεία τοῦ θεοῦ. Diese Lehre in der Synagoge gehört nach Lukas jedoch zusammen mit der "Kraft des Geistes" (Lk 4,14f), vgl. *Grundmann*, Lk 118; *Fitzmyer*, Luke I 522f.

[120] *Burchard*, Zeuge 133.

[121] Vgl. oben den Exkurs zu μάρτυς.

[122] Nach *Lohfink*, Sammlung 79, besagt V8, daß die Apostel "von diesem Augenblick an nicht mehr nur das Reich Gottes verkünden, *sondern nun auch Zeugnis abzulegen haben von Jesus selbst, von seinem Leben, seinem Schicksal und dem Geheimnis seiner Person*". Für Lukas gehört die Christologie jedoch in die Basileiaverkündigung hinein (so auch *Pesch*, Anfang 24), und zwar nicht erst nach Ostern in der Zeit der Kirche (so

Es wird wohl zu Recht vielfach angenommen, daß die letzten Worte in V8 "*bis an das Ende der Erde*" auf Jes 49,6LXX anspielen, einen Vers, dessen zweiter Teil in Apg 13,47 zitiert wird, um die Wendung des Paulus im pisidischen Antiochien von den Juden zu den Heiden zu begründen, und auf den sich auch Lk 2,30-32 und Apg 26,23 beziehen[123]. Nach den letzten beiden Stellen ist der Jesajavers christologisch zu interpretieren. Das dürfte auch in Apg 1,8 der Fall sein[124]. Doch wird man hier die Anspielung auf den Vers des dritten Gottesknechtsliedes nur sinnvoll verstehen können, wenn man auch seinen ersten Teil mithört: "Größeres ist dir, als daß du mein Knecht genannt wirst, aufzustellen die Stämme Jakobs und die Diaspora Israels zurückzubringen: Siehe, ich habe dich zum Bund für das Geschlecht gesetzt, zum Licht für die Heiden, daß du seist zum Heil bis zum Ende der Erde." Das ist nun in der Tat eine Bestätigung dafür, daß die Voraussetzung der Frage in V6 korrekt war: Zwar wird der Gottesknecht das Zwölfstämmevolk wiederherstellen[125], aber - und damit geht V8 über die hinter V6 stehende Erwartung hinaus - darin erfüllt sich nicht seine Funktion, sondern diese schließt einen universalen Heilsaspekt für alle Völker mit ein. So hat es Gott verheißen, und dafür werden die Apostel Zeugen sein.

Ist dieses Verständnis richtig, dann ist es nahezu ausgeschlossen, daß mit der Wendung "bis zum Ende der Erde" Rom gemeint sei, denn mit dem Aufenthalt des Paulus in Rom fängt die eigentliche Heidenmission, die Jesus

---

freilich *Pesch* ebd.), sondern - wie noch zu zeigen sein wird - auch schon in der Zeit des vorösterlichen Jesus.

[123] Zwar ist der Ausdruck ἕως ἐσχάτου τῆς γῆς allgemein ein Septuagintismus - vgl. *van Unnik*, Ausdruck 348 - und begegnet in der LXX noch in 1.Makk 3,9; Jes 8,9; 48,20; 62,11; vgl. außerdem Ps Sal 1,4; doch sprechen die oben genannten Stellen dafür, daß Lukas auch in Apg 1,8 an Jes 49,6 denkt.

[124] *Prast*, Presbyter 327, hat die Meinung geäußert, daß in Apg 13,47 das auf Universalität hin angelegte Jesusgeschehen "seine nachösterlich-ekklesiologische Konkretion in der universalen Verkündigung der Missionare" erfahre. Sein Hinweis auf Apg 26,23, wonach Jesus Licht dem Volk und den Heiden verkünde, obwohl das nach 26,16-18 faktisch durch Paulus geschehe, scheint diese These zu unterstützen. Ist das richtig, dann wäre auch in Apg 13,47 die christologische Interpretation von Jes 49,6LXX wenigstens implizit vorhanden.

[125] Nach *Lohfink*, Sammlung 79, liegt die Meinung von V8 darin, daß "das wahre Israel, das die Heidenvölker mitumfaßt", wiederhergestellt werde. Interpretiert man jedoch von Jes 49,6 her, wird man zwischen Israel und Heidenvölker differenzieren müssen.

114 2.Kapitel: Die Verkündigung der βασιλεία τοῦ θεοῦ nach der Apg

als Licht den Völkern verkündigt (Apg 26,23), erst richtig an (28,28) und nimmt nun ungehindert ihren Lauf (28,31). Unter Berücksichtigung der christologischen Komponente dieser Wendung aus Jes 49,6LXX und des Zeitabstandes, der Lukas von den Tagen des Paulus in Rom trennt, wird man den hier angedeuteten universalen und ethnischen Aspekt nicht geographisch begrenzen dürfen.

Von Jes 49,6LXX her könnte aber auch ein neues Licht auf das Verständnis der Ortsangaben "*in Jerusalem und ganz Judäa und Samaria*" fallen. Man ist sich zwar heute[126] in der Forschung nahezu einig, daß Lukas mit V8b den in V3 vermißten Aufriß seines zweiten Bandes nachreicht, da der erste Teil der Apostelgeschichte "in Jerusalem, Judäa und Samaria" spielt, wenn auch die letzten beiden Gebiete im Gang der Erzählung in umgekehrter Reihenfolge begegnen (vgl. aber 8,1). Sobald man jedoch versucht, den in V8b angegebenen allgemeinen Aufriß am Text zu konkretisieren, gerät man in leichte Verlegenheit, wofür die Differenzen der Exegeten ein beredtes Zeugnis sind[127]. Das Problem läßt sich wahrscheinlich durch die Einsicht lösen, daß es Lukas mit den Ortsangaben gar nicht primär um die Geographie geht, sondern daß die Ortsnamen für ihn das Zwölfstämmevolk bezeichnen. "Bis zum Ende der Erde" meint demgegenüber die Heiden[128]. Ist das richtig, dann spricht V8b die Verheißung aus, daß die Apostel Zeugen

---

[126] Vgl. aber schon *Schneckenburger*, Zweck 191f, und seinen Hinweis, daß dies "viele Erklärer längst bemerkt haben" (192).

[127] Vgl. hierzu die Übersicht von *Hahn*, Erforschung 180.

[128] Dazu paßt, daß Apg 9,31 einen "Abschluß für Palästina literarisch markiert" (*Burchard*, Fußnoten 161), aber mit Kap. 10 die Heidenmission mitten in Palästina beginnt. Die Einschaltung der vorgegebenen Überlieferung über den Aufenthalt des Petrus in Lydda und Joppe (Apg 9,32-42) hat in diesem Kontext die Funktion, Petrus in die Nähe Caesareas zu bringen. – Geht nun – wie wir oben sahen – Apg 15,16-18 davon aus, daß der Heidenmission die Wiederherstellung Israels vorangegangen ist, so fügt sich der "geographische" Rahmen gut in diesen Zusammenhang ein.

Apg 1,1-8: Zusammenfassung und Folgerungen 115

Jesu für Juden und Heiden sind[129]. Der universalen Bedeutung Jesu für Israel und die Völker korrespondiert so die universale Funktion der Zeugen für Juden und Heiden. Ihre Zeugenfunktion besteht dann gerade darin, die universale Bedeutung Jesu als zum in der Schrift festgelegten göttlichen Heilsplan gehörig zu bezeugen. Diese Aufgabe nehmen die Zeugen auch über ihren Tod hinaus wahr, insofern ihr Zeugnis bzw. der von ihnen bezeugte Plan Gottes nun in der Apostelgeschichte zur Sprache kommt und Gültigkeit für die Zeit der Kirche behält. V8b gibt also weniger ein geographisches als vielmehr ein theologisches Programm der Apostelgeschichte an[130].

6) Zusammenfassung und Folgerungen

Hatte sich oben gezeigt, daß die VV 4-5.6-8 zwei konkret ausgestaltete Szenen des Summariums in V3 sind, dann ist auch das theologische Programm von V8b in das Reden über die βασιλεία τοῦ θεοῦ einzuordnen. Daraus folgt: Mit βασιλεία τοῦ θεοῦ ist das Thema gegeben, das als Überschrift über die Apostelgeschichte zu stehen kommt. Die Herrschaft Gottes in der Zeit des erhöhten Christus bzw. die Erfüllung der göttlichen Verheißungen, die mit der Erhöhung Christi einsetzen, bestimmen den Inhalt des zweiten Bandes des lukanischen Doppelwerkes. Indem nun der Auferstandene am Anfang der Apostelgeschichte zu den Aposteln τὰ περὶ τῆς βασιλείας τοῦ θεοῦ redet, spricht er wie am Ende des Evangeliums in Lk 24 vom göttlichen Heilsplan. Geschah dies dort vor allem unter dem Aspekt, daß vergangene Ereignisse wie Todesleiden und Auferstehen des Christus als den Schriften und damit als dem Plan Gottes gemäß gedeutet wurden, so blickt Apg 1 primär in die Zukunft und weist auf künftiges Heilshandeln Gottes bzw. des Erhöhten hin. VV 4f künden von der kommenden Sendung des Geistes. VV 6-8, vor allem V8, verweisen auf die Wiederherstellung Israels und auf die Verkündigung des Heils an die Heiden durch den erhöhten Christus. Damit bestätigt sich noch einmal unsere Auslegung von V1b: VV 1-2 geben als Inhalt des ersten Buches die Wirksamkeit des irdischen Jesus an, hingegen spricht der in den VV 4-8 entfaltete V3 von der Wirksamkeit des

---

[129] Ähnlich *Burchard*, Fußnoten 161, der meint, V8b drücke "geographisch aus, was sachlich 'vor Juden und Heiden' heißt".
[130] So auch *Panagopoulos*, Theologie 140.

Erhöhten. Beides ist als Erfüllung der Schrift Verwirklichung der Herrschaft Gottes. Beides wird den auserwählten Zeugen vom Auferstandenen authentisch erläutert und kommt entsprechend ihrem Zeugnis - so zumindest der Anspruch des Lukas - im Doppelwerk erzählerisch[131] zur Entfaltung.

Als Ergebnis ist damit für unser Thema vor allem festzuhalten: Die summarische Verbindung eines verbum dicendi mit βασιλεία τοῦ θεοῦ in V3 impliziert nicht einfach eine Wiederholung der Verkündigung des vorösterlichen Jesus. Sie beinhaltet auch nicht allgemein die Jesusüberlieferung des Evangeliums oder die mit der Parusie anbrechenden Endereignisse, sondern thematisiert das Heilshandeln Gottes, das auf Grund des von Gott im Alten Testament vorausgesagten Heilsplanes, der vom Auferstandenen den auserwählten Zeugen erläutert wurde, als solches erkannt, bezeugt und geglaubt werden kann. Die Erfüllung dieses Heilsplanes weist Gott als Herrn über die Geschichte sowie über Israel und die Heiden aus. In der Gegenwart, also in der Zeit der Kirche, erweist Gott seine Herrschaft vielfach durch das Handeln des Erhöhten, an dem und durch den sich die atl. Voraussagen erfüllen. Das Handeln des zur Rechten Gottes Sitzenden hat es - Gottes Plan entsprechend - mit der σωτηρία ἕως ἐσχάτου τῆς γῆς zu tun, so daß es nicht verwundert, die Verbindung von βασιλεία τοῦ θεοῦ, Christologie und "Heil" als das das ganze Buch umfassende Thema in den letzten drei Versen der Apostelgeschichte wiederzufinden.

Für das lukanische Verständnis des Heilsplanes Gottes läßt sich nun auf Grund der bisherigen Überlegungen zu Apg 28,17-31 und 1,1-8 folgendes sagen: Gott hat den auferweckten Christus zu seiner Rechten erhöht und ihm damit die verheißene (vgl. Lk 1,32f) endzeitliche Davidsherrschaft verliehen (Apg 2,30-36). Der Inthronisation des Christus folgt die Wiederherstellung des Volkes Israel, das durch den wiederhergestellten Zwölferkreis repräsentiert wird, und die verheißene endzeitliche Ausgießung des Heiligen Geistes. Wie nun die Herrschaft Gottes ante Christum natum nicht auf Israel beschränkt war, sondern - wenn auch in andersartiger Weise - die Heiden betraf[132], so gilt das auch für die Gottesherrschaft zur Zeit des erhöhten Christus. Der Erhöhte geht als κύριος πάντων (Apg 10,36) auch die Heiden an, die als Glaubende ebenso wie die Juden den Heiligen Geist empfan-

---

[131] *Dibelius*, Aufsätze 155, meint zurecht: Der auctor ad Theophilum "schreibt eine Geschichte, von der er glaubt, daß sie nach Gottes Willen geschehen sei. Aber er sagt das nicht unmittelbar, sondern zeigt es."

[132] Vgl. zu Apg 28,30.

gen haben (Apg 10,44.47; 11,15.17; 15,8). Der Erhöhung Jesu entspricht seine heilbringende Aufgabe "bis an die Enden der Erde" (Apg 1,8), wofür die Apostel und Paulus "Zeugen" sind. So hat es Gott seinem Volk Israel verheißen: Nachdem das eschatologische Israel wiederhergestellt ist, werden die Heidenchristen darin integriert (Apg 15,16-18). Das macht sie nicht zu Juden, weshalb sie auch - anders als die Judenchristen - die atl. Gesetze nicht in ihrer Gesamtheit zu halten brauchen, wohl aber die Gebote, die nach dem atl. Gesetz (vgl. Lev 17-18; Apg 15,21) für die Fremden in Israel gelten (Apg 15,20.28) und deren Übertretung mit der Strafe der Ausrottung aus dem Gottesvolk verbunden ist. Israel selbst aber spaltet sich unter der Christusverkündigung in christusgläubige und unbußfertige Juden. Weil das atl. Gottesvolk als Ganzes die Herrschaft Gottes in Christus ablehnt und - obwohl es die Schriften mit ihren Verheißungen hat - den Heilsplan Gottes nicht anerkennen will, erfolgt das schon bei Jesaja vorausgesagte Verstockungsurteil (Apg 28,26f) wie die völlige Zuwendung der christlichen Verkündigung zu den Heiden (28,28). Da Gott das alles vorausgesagt hat, zeigt sich darin seine Herrschaft. Insofern bleibt Gott und seine Herrschaft in der Zeit der Kirche bis zum letzten Vers der Apostelgeschichte das entscheidende Thema des Lukas.

2. Kapitel: Die Verkündigung der βασιλεία τοῦ θεοῦ nach der Apg

2. Die Funktion der Summarien mit der Verbindung von verbum dicendi und βασιλεία τοῦ θεοῦ

2.1 Die Abschiedsrede des Paulus in Milet (Apg 20,17-35)

1) Einleitung

Mit der Ankunft des Paulus in Milet (Apg 20,15) ist nicht nur die letzte Station des paulinischen Missionsgebietes genannt, die Lukas in seinem Stationenverzeichnis[1] vorgefunden hat, sondern steht auch seine freie missionarische Wirksamkeit unmittelbar vor ihrem Ende. Der auctor ad Theophilum fügt an dieser exponierten Stelle eine Abschiedsrede des Paulus an die Ältesten der von ihm gegründeten Gemeinde von Ephesus ein. Es ist die einzige Paulusrede an Christen. In ihr blickt er auf sein bisheriges Wirken zurück und stellt als sein Erbe für die zurückbleibenden Gemeinden die von ihm verkündete Botschaft heraus.

Bei keiner anderen Paulusrede der Apostelgeschichte ist die apostolische Herkunft ernsthafter erwogen worden als bei Apg 20,18-35. Nun wird ja in der Tat an einigen Stellen sichtbar, daß Lukas auf Traditionen zurückgegriffen hat, die z.T. als spezifisch paulinisch gelten können[2], so daß die The-

---

[1] Vgl. hierzu *Dibelius*, Aufsätze 166-169.

[2] Eine traditionelle Wendung dürfte in *V19a* vorliegen: δουλεύειν findet sich neben Mt 6,24 par. Lk 16,13 (je zweimal), Lk 15,29, Joh 8,33, Apg 7,7 (Zitat aus Gen 15,14) und 20,19 im NT vor allem in der paulinischen bzw. deuteropaulinischen Literatur und in den Pastoralbriefen (Röm 6,6; 7,6.25; 9,12; 12,11; 14,18; 16,18; Gal 4,8.9.25; 5,13; Eph 6,7; Phil 2,22; Kol 3,24; 1.Thess 1,9; 1.Tim 6,2; Tit 3,3). Ähnliches gilt für ταπεινοφροσύνη: Das Wort begegnet außer Apg 20,19 im NT nur bei Paulus und in der Literatur der Paulusschule (Phil 2,3; Kol 2,18.23; 3,12; Eph 4,2; 1.Petr 5,5).

Nach Paulus klingt auch die Wendung τὸ εὐαγγέλιον τῆς χάριτος τοῦ θεοῦ am *Ende von V24*. So findet sich das Wort εὐαγγέλιον 60mal im Corpus Paulinum, in den lukanischen Schriften begegnet es hingegen neben V24 nur noch Apg 15,7. χάρις ist ein Vorzugswort sowohl des Paulus (100mal im Corpus Paulinum), als auch der Apostelgeschichte (13mal: 4,33; 6,8; 7,10.46; 11,23; 13,43; 14,3.26; 15,11.40; 18,27; 20,24.32). Sind also beide Begriffe Vorzugswörter des Paulus, so fehlt bei ihm doch die Verbindung beider Termini wie in V24. Das spricht gegen unmittelbare paulinische Herkunft. Wahrscheinlich will Lukas aber die Wendung τὸ εὐαγγέλιον τῆς χάριτος τοῦ θεοῦ unter Aufnahme paulinischer Begriffe bewußt an den Apostel anklingen lassen.

sen einer paulinischen[3] oder zumindest vorlukanischen[4] Herkunft der Miletrede wie die Vermutung, in der Abschiedsrede läge eine Rezeption der

---

Hinzu kommt *V28b*, der sowohl aus sprachlichen wie auch aus inhaltlichen (vgl. oben S.46 Anm. 105) Gründen nicht lukanischen Ursprungs ist: ἡ ἐκκλησία τοῦ θεοῦ begegnet einzig an dieser Stelle im lukanischen Doppelwerk. Zudem bezeichnet der Begriff ἐκκλησία nur hier die universale Kirche, ansonsten ist die ἐκκλησία in der Apostelgeschichte immer konkret lokalisierbar. Hingegen findet sich ἡ ἐκκλησία τοῦ θεοῦ im NT sonst nur bei Paulus (1.Kor 1,2; 10,32; 11,22; 15,9; 2.Kor 1,1; Gal 1,13), wobei die strittige Frage nach der universalen Bedeutung der Wendung offen bleiben kann. Ferner ist διὰ τοῦ αἵματος in den lukanischen Schriften singulär, doch zeigen Eph 1,7; Kol 1,20; Hebr 9,12; 13,12, daß hier traditionell geprägte Terminologie vorliegt. 124

Paulinisch klingt auch die Wendung ὁ λόγος τῆς χάριτος in *V32*. Doch ist hier nicht nur χάρις ein paulinisches und lukanisches Vorzugswort (s.o.), sondern auch λόγος (84mal im Corpus Paulinum; 98mal im lukanischen Schrifttum, davon 65mal in der Apostelgeschichte). Gegen direkte paulinische Herkunft spricht jedoch vor allem die bei Paulus nicht belegte Verbindung beider Termini, für die Hand des Lukas dagegen die parallele Formulierung in Apg 14,3. Wie am Ende von V24 dürfte aber wohl wieder bewußter Anklang an Paulus impliziert sein.

Auf Tradition - wenn auch nicht unbedingt auf eine schriftliche Vorlage - gehen wohl auch die in *VV 33f* enthaltenen Informationen zurück - vgl. neben 1.Kor 4,12; 9,4-18; 2.Kor 11,7-10; 12,14f; Phil 4,15-18; 1.Thess 2,9 auch *Lambrecht*, Farewell-Address 321 - doch ist dies nicht sprachlich-stilistisch zu erweisen.

Die Nähe des Jesuswortes in *V35* zu 1.Clem 2,1 (ὑποτασσόμενοι μᾶλλον ἢ ὑποτάσσοντες, ἥδιον διδόντες ἢ λαμβάνοντες; vgl. auch Did 4,5) könnte darauf hinweisen, daß die Zuweisung dieser aus hellenistischen Parallelen bekannten Regel an Jesus, zumindest aber ihre Übernahme in die Gemeindeparänese nicht erst lukanisch ist.

Ansonsten mögen einzelne Begriffe in Lk/Apg selten - vgl. hierzu die Aufzählung bei *Weiser*, Apg II 571f -, bei Paulus - vgl. die Aufzählung bei *Lambrecht*, Farewell-Address 320 Anm. 49 - oder im sonstigen NT jedoch sehr häufig bzw. fest geprägt sein. Doch lassen sie sich einerseits nicht als unlukanisch erweisen, andererseits stehen sie in einem sprachlich ganz lukanisches Gepräge tragenden Kontext, so daß daraus keine weiteren Schlüsse zu ziehen sind.

[3] Z.B. die bei *Prast*, Presbyter 29f Anm. 8 genannten Autoren; ferner: *Marshall*, Acts 329f; *Bruce*, Acts 377: "Almost certainly Luke heard it (sc. Miletrede) himself ..., and may even have taken shorthand notes." Auch *Hemer*, Speeches I 78-85, will die Rede als lukanische Verkürzung einer echten Paulusrede in Milet verstehen.

[4] So *Bauernfeind*, Kommentar und Studien 239; *Schmithals*, Apg 186-191; ders., Paulusquelle 308-312(321); *Pesch*, Apg II 198-201.

Paulusbriefe[5] vor, bis heute ihre Befürworter haben. Dennoch dürfte der Verfasser der Acta apostolorum für diese Rede wohl keine schriftlichen Quellen zur Verfügung gehabt haben, zumindest erweist sich diese Rede sprachlich[6] und in ihren wesentlichen Aussageintentionen[7] als lukanisch[8].

Anlaß der Miletrede ist offenbar die "Abwehr von Irrlehrern in den paulinischen Gemeinden"[9], die sich auf Paulus und von ihm herkommende Geheimtraditionen beriefen. Daß diese Berufung zu Unrecht geschieht, versucht der Autor der Apostelgeschichte trotz seiner geringen Kenntnis bzw. Rezeption[10] paulinischer Theologie seinen (verunsicherten) Lesern zu vermitteln.

Im Rahmen des paulinischen Rückblicks auf seine Wirksamkeit begegnet wieder ein Summarium, in dem ein verbum dicendi mit βασιλεία τοῦ θεοῦ verbunden ist (V25b). Da die Miletrede nun relativ gut erkennen läßt, welches Anliegen Lukas an dieser Stelle vor allem verfolgt, empfiehlt es

---

[5] Für den 1.Thess haben das zu beweisen versucht: *Schulze*, Unterlagen, und *Aejmelaeus*, Miletrede.

[6] So schon *Bethge*, Reden 119f, der zwar scheinbare Paulinismen in dieser Rede findet, aber zugeben muß, daß hier in Wirklichkeit der auctor ad Theophilum den Sprachstil bestimmt. Freilich erklärt er diesen Befund - wie auch sonst in seiner Untersuchung - dadurch, "dass die freie Bewegung Lucae auf einem gemeinsamen Sprachgebiet und Verwendung Paulinischer Kunstausdrücke auf ein gemeinsames Leben zurückzuführen ist, aus dem die Identität der Sprache erwuchs" (120). Ähnlich haben auch schon vor der Mitte des letzten Jahrhunderts *Tholuck*, Reden 306f; und *Schneckenburger*, Zweck 135, die Rede aus sprachlichen Gründen als lukanische Komposition beurteilt, ohne freilich an der Augenzeugenschaft des Autors der Apostelgeschichte grundsätzlich Zweifel zu hegen. Im Gegenteil sucht etwa *Tholuck*, Reden 313-326, die inhaltliche Authentizität der Miletrede nachzuweisen, wobei er sich freilich vor allem auf die Pastoralbriefe berufen muß. Teilt man jedoch - wie in der vorliegenden Arbeit - die These von Lukas als dem Paulusbegleiter nicht und berücksichtigt man, daß nicht nur das Sprachgewand als lukanisch anzusprechen ist, wird man eine andere Erklärung des Befundes suchen müssen. - Zur Frage nach dem Umfang der lukanischen Redaktion vgl. ferner vor allem *Michel*, Abschiedsrede 28-33; *Lambrecht*, Farewell-Address 319-328; *Weiser*, Apg II 570-573, und *Aejmelaeus*, Miletrede 90-95.

[7] Vgl. die folgende Interpretation.

[8] So *Dauer*, Beobachtungen 103, und die von ihm a.a.O. 103f Anm. 144 angeführten Exegeten.

[9] *Knoch*, Testamente 34.

[10] Nach Meinung *Burchards*, Paulus 889, "sind paulinisierende Begriffe und Topoi, darunter auch welche, die Lukas nicht erkannte oder fälschlich dafür hielt, im Doppelwerk häufiger, als vielfach angenommen."

sich, anhand dieser Rede die Frage nach der Funktion des Summariums für den auctor ad Theophilum zu erörtern. Zuvor müssen aber die beiden Fragen nach Gliederung und Gattung der Rede geklärt werden, da ihre Beantwortung die Voraussetzung für die weitere Analyse bildet.

2) Gliederung

Die Gliederung der Rede von Apg 20,18b-35 ist schwierig und umstritten[11]. Trägt man den formalen Textsignalen (VV 22.25: καὶ νῦν ἰδού; V32: καὶ τὰ νῦν) Rechnung, dann empfiehlt es sich, mit diesen Versen jeweils einen neuen Abschnitt beginnen zu lassen. Hinzu kommt eine Zäsur zwischen V27 und V28, da mit dem Imperativ in V28a die Rede von der Ich-Erzählung in die Paränese umschwenkt[12]. Ein weiterer Einschnitt ist aus inhaltlichen Gründen zwischen V32 und V33 zu konstatieren. Damit ergibt sich die Einteilung der Rede in folgende Unterabschnitte: VV 18b-21; VV 22-24; VV 25-27; VV 28-31; V32 und VV 33-35. Das eigentliche Problem besteht nun in der Schwierigkeit, den Zusammenhang der einzelnen Teile aufzuzeigen. Zur Lösung des Problems dürfte die Beobachtung von Bedeutung sein, daß sich ein Thema wie ein roter Faden durch die ganze Rede zieht und jedes Einzelstück abschließt: Alle Unterabschnitte enden mit einem Hinweis auf die paulinische Verkündigung, das Evangelium bzw. das Wort Gottes:
- VV 18b-21 zielen auf die Aussage, daß Paulus allen überall alles verkündigt habe (VV 20f).
- VV 22-24 begründen die kommende Gefangenschaft des Paulus als Vollendung des von Jesus selbst empfangenen Dienstes zur Bezeugung des Evangeliums (V24b).
- VV 25-27 schließen mit der paulinischen Versicherung, den ganzen Heilsplan Gottes verkündigt zu haben (V27).
- VV 28-31 motivieren in V31b die Paränese mit dem Hinweis, daß Paulus Tag und Nacht unaufhörlich jeden ermahnte.

---

[11] Zum Problem vgl. *Dupont*, Seelsorger 17-20; *Michel*, Abschiedsrede 26f; *Prast*, Presbyter 42-50; *Lambrecht*, Farewell-Address 314-318; *Aejmelaeus*, Miletrede 84-88.
[12] In den folgenden Versen dient das Ich des Paulus dieser Paränese.

122   *2.Kapitel: Die Verkündigung der* βασιλεία τοῦ θεοῦ *nach der Apg*

- V32 thematisiert in seiner zweiten Hälfte ganz grundsätzlich die Wirkung des Gnadenwortes.
- VV 33-35 endlich lassen die Abschiedsrede mit einem Blick auf "die Worte des Herrn Jesus" ausklingen (V35b).

Ist mit dieser Beobachtung das Thema der Abschiedsrede und damit auch die Verbindung der Einzelabschnitte untereinander korrekt wiedergegeben, dann ergibt sich folgende Gliederung:

VV 18b-21: Rückblick auf die Vergangenheit: Das Wirken des Paulus in der Asia; seine vollständige, öffentliche und an alle Menschen ergangene Verkündigung.

VV 22-24: Paulus am Scheidepunkt: Das gegenwärtige Wissen um seine zukünftige Verhaftung als Vollendung seines in der Vergangenheit empfangenen Zeugendienstes.

VV 25-27: Selbstentlastung des Paulus angesichts seines endgültigen Abschieds von den Presbytern von Ephesus bezüglich der vollständigen Ausführung seines empfangenen Verkündigungsauftrags.

VV 28-31: Mahnung und Zukunftsansage: Das künftige Auftreten von Irrlehrern erfordert die Wachsamkeit der Gemeindeleiter analog der vergangenen seelsorgerlichen Verkündigung des Paulus.

V32: Abschiedssegen: Übergabe der Presbyter an Gott und sein wirksames Gnadenwort.

VV 33-35: Schlußparänese: Verweis auf das eigene Beispiel und die Worte Jesu.

3) Zur Gattung der Abschiedsrede bzw. des literarischen Testaments

Die letzte Rede des Paulus vor seiner Verhaftung in Jerusalem gehört zur Gattung der Abschiedsrede bzw. des literarischen Testaments[13], die in der alttestamentlich-jüdischen Tradition zu Hause ist, wie eine Fülle von Belegen für diese Gattung in der entsprechenden Literatur und umgekehrt ihr fast

---

[13] Auf den literarischen Charakter hat unter anderem *von Nordheim*, Lehre I 240 und Lehre II 92.146 besonders hingewiesen, vgl. auch *Berger*, Formgeschichte 76.

völliges Fehlen in griechisch-römischen Schriften[14] erkennen lassen[15]. Wir brauchen auf die Form des literarischen Testaments hier nicht im einzelnen einzugehen. Wichtig für unsere Überlegungen ist vor allem die Bestimmung der zu dieser Gattung gehörenden Elemente in Apg 20,17-38, um von daher die Besonderheit und den inhaltlichen Schwerpunkt dieser Rede erkennen zu können[16].

Folgende Einzelelemente des literarischen Testaments finden sich in Apg 20,17-38:

1. Typisch, wenn auch nicht konstitutiv für die Gattung ist die Nähe des Todes[17]: VV 24a. 25a. (29). 38[18].

---

[14] Zur Problematik der griechischen Philosophentestamente vgl. von *Nordheim*, Lehre I 241f. Zu den mit den literarischen Testamenten verwandten Texten der Gattung der ultima verba vgl. aber auch *Berger*, Hellenistische Gattungen 1257-1259.

[15] Vgl. zur Gattung vor allem *Stauffer*, Theologie 321-324; *Michel*, Abschiedsrede 48-53. 68-71; *von Nordheim*, Lehre I-II; den Exkurs "Die Gattung des literarischen Testaments" bei *Becker*, Johannes II 440-446, und *Berger*, Formgeschichte 75-80.

[16] Als Vergleichstexte werden der Einfachheit halber primär Parallelen aus dem AT herangezogen, zumal man bei diesen am ehesten davon ausgehen kann, daß der auctor ad Theophilum sie gekannt hat und durch sie geprägt wurde. Zudem wird dadurch der Einsicht Rechnung getragen, daß die Miletrede wie keine andere Passage des Paulusteiles der Apostelgeschichte von LXX-Stil geprägt ist; vgl. hierzu *Plümacher*, Lukas 48-50; und ihm zustimmend *Weiser*, Apg II 571; skeptisch *Burchard*, Paulus 894 Anm. 21.

Bei folgenden Personen finden sich im AT Abschiedsreden: Jakob: Gen 47,29-49,33; Mose: Dtn, speziell Dtn 31-33; Josua: Jos 23,1-24,28; Samuel: 1.Sam 12; David: 1.Kön 2,1-9; 1.Chr 28,1-29,20. Hinzu kommen für die LXX: Tobit: Tob 4 und 14; Mattathias: 1.Makk 2,49-69.

Für die sich bei diesem Vergleich mit den alttestamentlichen Texten ergebenden Besonderheiten der paulinischen Abschiedsrede müssen selbstverständlich auch die frühjüdischen Testamente Berücksichtigung erfahren. - Die Testamente der hellenistisch-römischen Zeit werden ausführlich bei *von Nordheim*, Lehre I, vorgestellt und besprochen; vgl. auch *Michel*, Abschiedsrede 40-57.

[17] Gen 47,29f; 48,21; 49,29-32; Dtn 31,2.14a.16a; 32,50; Jos 23,2.14; 1.Kön 2,1f; Tob 14,3; 1.Makk 2,49.

[18] *Burchard*, Paulus 889, hat gegen die Bestimmung der Gattung als Abschiedsrede eingewandt, daß Paulus die Rede nicht angesichts des Todes, sondern seiner endgültigen Abreise halte. Demgegenüber ist mit *von Nordheim*, Lehre I 238, darauf hinzuweisen, "daß nicht die Todesstunde an sich dem Sterbenden zur höheren Einsicht verhilft und dadurch das Testament konstituiert". Die "Funktion des Todes für die Testamentsform" liegt vielmehr zum einen darin, daß dadurch das Testament "wirklich und endgültig die letzten und daher auch besten Erfahrungen, die *Summe eines ganzen Lebens*" enthält (ebd.). Da es aber zum anderen der Tod einer äußerst angesehenen Person ist, kann man

2. Dort, wo nicht ein Vater zu seiner Familie redet, sondern eine führende Persönlichkeit zu der von ihr repräsentierten Gruppe, werden als Adressaten die Gesamtheit der Gruppe oder führende Vertreter derselben genannt[19] und diese ausdrücklich zur Abschiedsrede herbeordert[20]: V17.

3. Ein immer wiederkehrendes Element ist der - häufig am Beginn der Rede anzutreffende - Rückblick auf die Vergangenheit[21]: VV 18b-21. 24b. 25b. 27. 31b. 33-35. Da dieser Rückblick jeweils recht unterschiedliche Funktion hat, läßt er sich auch anderen Formelementen zuordnen.

4. a) Bisweilen begegnet eine Unschuldserklärung des Redners sein vergangenes Handeln betreffend[22]: Diese dient der Paradigmatisierung seines Verhaltens für seine Hörer[23]: VV 33-35.

b) Von der Unschuldserklärung zu unterscheiden ist die Selbstentlastung des Sterbenden, da ihr eine andere Funktion zukommt. Der Redner bekundet in der Selbstentlastung, daß er seiner "Aufgabe als Mahner und Warner für die Nachkommen"[24] sachgemäß nachgekommen ist[25]: VV 20-21. 25-

---

von ihr "die *Summe eines hochberühmten Lebens*" erwarten (ebd.). Für die Miletrede, die "ein vollgültiges Testament - sowohl nach ihren äußeren, stilistischen Merkmalen wie auch nach ihren inneren Kriterien" (ebd.) ist, kann gerade der endgültige Abschied des Paulus als "das auslösende Moment für das Testament" angesehen werden, denn "für die Leute von Ephesus stirbt Paulus, obwohl sein tatsächlicher Tod noch aussteht" (239). Daran aber "wird die Funktion des Todes in der Testamentsform besonders schön deutlich" (ebd.). - Ein zeitlicher Abstand von einigen Jahren zwischen der Situation der Abschiedsrede und dem tatsächlich eingetretenen Tod des Redners liegt auch 1.Sam 12 zugrunde.

[19] Dtn 31,1. 9. 25. 30; 32,45; Jos 23,2; 24,1f. 27f; 1.Sam 12,1. 6; 1.Kön 2,1; 1.Chr 28,1f.9; 29,6.

[20] Dtn 31,7. 14. 28; Jos 23,2; 24,1; 1.Chr 28,1. - Vgl. auch Gen 47,29; 49,1f

[21] Gen 48,3f.7; (Dtn 32,8ff); Jos 23,3f.8; 24,2-13; 1.Sam 12,6.8-13; (1.Kön 2,5-8); 1.Chr 28,2-7; 1.Makk 2,51-60.

[22] 1.Sam 12,3-5; 1.Chr 29,2-5.17.

[23] Vgl. 1.Chr 29,5b.18. - In den TestXII nimmt dieses Formelement breiten Raum ein (vgl. etwa TestRub 4,4; TestJud 1,4f; 17,4; TestIss 3,1-8; 7,1-6; TestSeb 1,4-7; TestAss 5,4; TestJos 1,3). Es hat hier die gleiche Funktion wie das nur in diesen Testamenten anzutreffende Schuldbekenntnis (vgl. TestRub 1,6-8; 2,11-15; 4,2f; TestSim 2,3-14; TestLev 6,7; TestJud 13,3-8; 14,5-6; 19,2-4; TestDan 1,4-8; TestGad 2,1-2): An dem jeweiligen Verhalten des Patriarchen sollen die Nachkommen bzw. die Hörer/Leser die entsprechende Lehre für die eigene Gegenwart ziehen; vgl. *Michel*, Abschiedsrede 51, und die dort genannten Belege; ferner: *von Nordheim*, Lehre I 234.

[24] *Michel*, Abschiedsrede 51.

27. In derartigen Aussagen artikuliert sich die eigentliche Motivation der Abschiedsrede[26].

5. Fast immer findet sich die Einsetzung eines Nachfolgers, wobei meist deutlich ist, daß dieser Nachfolger von Gott bestimmt und eingesetzt wurde[27]: (V28)[28].

6. Konstitutiv zur Abschiedsrede gehört die Paränese[29]: VV 28. 31. 35. Bemerkenswert ist in diesem Zusammenhang, daß die Mahnung von V35, sich der (wirtschaftlich) Schwachen anzunehmen, relativ häufig in den Testamenten der hellenistisch-römischen Zeit begegnet[30].

---

[25] Im AT fehlen direkte Parallelen zur Selbstentlastung in dem eben beschriebenen Sinn, auch wenn *Michel*, Abschiedsrede 51, auf Dtn 31,26-28; Jos 24,22.26f; 1.Chr 28,8 verweist. Die in diesen Stellen begegnende "Anrufung von Zeugen" ist jedoch kein Formelement des Testaments, sondern des Bundesformulars; vgl. *von Nordheim*, Lehre II 79. - Hingegen finden sich für die Selbstentlastung Parallelen in Testamenten aus hellenistisch-römischer Zeit:
TestSim 6,1: (Nach der Mahnung, nicht zu huren [5,2], und der Ankündigung künftigen Unheils auf Grund von Hurerei [5,3-6] spricht der scheidende Patriarch:) "Siehe, ich habe euch alles gesagt, so daß ich ohne Schuld an eurer Sünde bin." (Übersetzung nach *Becker*, Testamente 44).
TestLev 10,1f: "Und nun bewahrt, was ich euch befehle, Kinder! Denn was ich von meinen Vätern gehört habe, habe ich euch kundgetan. Unschuldig bin ich an jeder eurer Gottlosigkeit und Übertretung, die ihr am Ende der Zeiten üben werdet ..., indem ihr gottlos handelt, Israel in die Irre führt und (so) auf es großes Übel vom Herrn bringt" (Übersetzung nach *Becker*, Testamente 54).
SyrBar 84,7: "Darum sei zum Zeugnis zwischen mir und euch denn dieser Brief, daß ihr an die Gebote des (All)mächtigen denkt und daß er zur Entschuldigung für mich auch diene gegenüber dem, der mich gesandt hat" (Übersetzung nach *Klijn*, syrBar 181).
[26] Vgl. *von Nordheim*, Lehre I 97f.
[27] Dtn 31,7f. 14. 23; 1.Sam 12,1. 13; (1.Kön 2,1-4); 1.Chr 28,5-7. 10; 29,1. 22-24; 1.Makk 2,65f.
[28] Freilich geht V28 davon aus, daß die Nachfolger schon eingesetzt sind; d.h. die Einsetzung der Presbyter bzw. Episkopen geschieht nicht während der Rede, vielmehr wird sie in der Rede wie in ihrer Einleitung (V17) vorausgesetzt. Insofern hat *Prast*, Presbyter 123, Recht, wenn er hier eine Abweichung vom Schema der Abschiedsrede sieht.
[29] Dtn 31,10-13; 32,46f; Jos 23,6-8. 11-13; 24,14. 20; 1.Sam 12,14f. 24f; 1.Kön 2,2b-4; 1.Chr 28,7-10; Tob 14,9-11a; 1.Makk 2,61-64. 67f.
[30] Vgl. z.B. Tob 4,7-11.16; TestIss 3,8; TestHiob 45,2; slavHen 63,1; 1.Tim 6,6-10.17-19.

2.Kapitel: Die Verkündigung der βασιλεία τοῦ θεοῦ nach der Apg

7. Des öfteren enthält das literarische Testament eine Zukunftsschau des Sterbenden, die die Zeit und Situation des Lesers im Blick hat[31]: VV29f. Derartige Zukunftsansagen sind meist vaticinia ex eventu. Sie dienen dazu, die Brücke vom Redner zur Gegenwart des Lesers zu schlagen[32].

8. Angesichts des Abschieds erfolgt häufig ein Segen bzw. Segenswunsch für die Hinterbliebenen[33]: V32.

9. Vereinzelt wird im Zusammenhang der Abschiedsrede auch ein Gebet des Abschiednehmenden erwähnt[34]: V36.

Die Rede in Milet erweist sich also mit ihrem Rahmen auf Grund ihrer äußeren Form deutlich als literarisches Testament. Der Vergleich mit anderen Testamenten und die Berücksichtigung der Funktionen, die den einzelnen Gattungselementen innerhalb einer Abschiedsrede zukommen, erlauben nun einige wichtige Rückschlüsse für die Miletrede des Paulus:

1. Der Tenor dieser Abschiedsrede ist entscheidend durch die Selbstentlastung des Paulus geprägt. Die "Dringlichkeit und Häufigkeit", mit der dieses Motiv die Rede bestimmt, ist - wie *Michel* zu Recht bemerkt - "ohne Beispiel"[35]. Hier also liegt eine Besonderheit der Rede gegenüber anderen Abschiedsreden.

Die Selbstentlastung innerhalb des literarischen Testaments erfolgt im Blick auf eine kommende Unheilssituation[36]. Apg 20 bildet hier keine Ausnahme. Demnach wird das Thema der Selbstentlastung, die rechte und vollständige christliche Verkündigung, angesichts der in den VV 28f genannten Irrlehrer zur Sprache gebracht. Dann aber lassen sich zum einen mittels eines Rückschlußverfahrens aus den paulinischen Aussagen über seine Verkündigung einige Aspekte der Position der Irrlehrer näher bestimmen. Zum anderen wird man in dem Thema der Selbstentlastung, das sich zugleich als das Hauptthema der ganzen Rede erweist, die eigentliche Motivation der paulinischen Abschiedsrede erblicken dürfen.

2. Eine auffallende Parallele zur Selbstentlastung in den VV 25-27 liegt in TestLev 10,1f vor. Hier wird nun die Selbstentlastung verbunden mit dem Traditionsgedanken: "Was ich von meinen Vätern gehört habe, habe ich

---

[31] Gen 48,19. 21f; 49,2-27; Dtn 31,3-5. 16-21. 29; Jos 23,4f; Tob 14,4-7.
[32] Vgl. *von Nordheim*, Lehre I 235.
[33] Gen 48,15f. 20; 49,2-28; Dtn 33,1-29; 1.Makk 2,69.
[34] 1.Chr 29,10-20.
[35] Abschiedsrede 69.
[36] Vgl. oben S.124f zu Punkt 4b.

euch kundgetan." Der Hinweis auf Tradition, der das den Kindern Gesagte als die von den Vätern empfangene und zu bewahrende Überlieferung kennzeichnet, begegnet auch sonst in den TestXII[37]. Daraus folgt aber, daß das Thema der Sukzession der Verkündigung im Testament des Paulus zunächst nicht nach seiner Nähe zum sog. Frühkatholizismus zu befragen, sondern als gattungstypisches Element anzusehen ist. Daß die Verkündigung des Paulus diesem selbst vorgegeben war, wird in VV 24b. 35b explizit thematisiert: Die von Paulus vollständig verkündigte Botschaft geschah nicht nur im Auftrag des erhöhten Herrn (V24b), sondern beinhaltete auch seine Worte (V35b). Zudem nimmt V25b mit dem Stichwort βασιλεία auf das Zentralthema der Verkündigung Jesu Bezug. Für diese empfangene Botschaft war Paulus Zeuge, und zu ihrer Weitergabe werden jetzt die Presbyter in Pflicht genommen (s.u.).

3. Das Zentrum eines Testaments liegt gewöhnlich an der Stelle, die die Hinterlassenschaft des Sterbenden an seine Nachkommen anspricht. *Von Nordheim* hat nun in seiner Untersuchung der alttestamentlich-frühjüdischen Testamente die "Verhaltensanweisung" als "das Herz der Testamentsform"[38] bezeichnet. Das Urteil ist für die von ihm untersuchten Testamente durchaus korrekt[39]. In der paulinischen Abschiedsrede liegt der Fall aber offenbar anders. Das, was Paulus der Kirche hinterläßt, ist seine Botschaft. Entsprechend steht nicht eine Verhaltensanweisung, sondern das Evangelium als Erbe des Paulus an die Kirche im Zentrum der Miletrede.

4. Der paränetische Aspekt fehlt freilich auch in der paulinischen Abschiedsrede nicht. Er hat jedoch im Vergleich mit den alttestamentlich-frühjüdischen Testamenten einen anderen Stellenwert erhalten. Dadurch ist der weisheitliche Charakter mit der Weitergabe von Lebenserfahrungen und Lebensregeln, den die Gattung des literarischen Testaments sowohl im AT als auch im Judentum der hellenistisch-römischen Zeit trägt, verlorenge-

---

[37] TestSim 7,3; TestIss 6,3; TestDan 6,9 und TestBen 10,4f.
[38] Lehre I 233.
[39] Nicht sachgemäß scheint mir freilich die Meinung *von Nordheims*, Lehre I 233, in der Verhaltensanweisung sei "die Intention der Gattung 'Testament'" zu sehen. Die Intention der Gattung des literarischen Testaments ist vielmehr, das Erbe des Scheidenden zu artikulieren, das freilich im AT und der frühjüdischen Literatur vor allem in der Verhaltensanweisung besteht. Aber schon eine flüchtige Lektüre der ersten johanneischen Abschiedsrede (Joh 13,31-14,31) macht evident, daß die Paränese keinesfalls im Zentrum dieser Gattung stehen muß.

gangen. Ebenso fehlt die damit verbundene und an die Einsicht der Hörer appellierende Argumentationsstruktur der Abschiedsrede[40]. Der Paränese dienen jedoch z.T. die Hinweise des Paulus auf sein vergangenes Wirken. Jenes stellt das Vorbild dar, dem die Presbyter nacheifern sollen: So wie Paulus allen Menschen überall und zu jeder Zeit den ganzen Heilsplan Gottes verkündigt hat, so sollen nun die Presbyter dieser Aufgabe nachkommen, da sie von Paulus unterrichtet (VV 20f. 25b. 27. 31b. 35), vom Heiligen Geist als Bischöfe eingesetzt (V28) und dem Wort der Gnade Gottes übergeben (V32) wurden. Die Selbstentlastung des Paulus dient auf diese Weise der Verhaltensanweisung an die Presbyter. Für den künftigen Schaden an der Kirche kann demnach nicht Paulus, sondern können allenfalls die Presbyter verantwortlich gemacht werden, wenn sie das Wort der Gnade, das sie empfangen haben und dem sie unterstellt wurden, nicht in gleicher Weise wie Paulus zur Sprache bringen. Dieser Gedanke kommt jedoch nicht explizit, sondern nur indirekt zum Vorschein, doch dürfte die lukanische Intention von προσέχετε ἑαυτοῖς καὶ παντὶ τῷ ποιμνίῳ (V28a) in jener Richtung zu suchen sein[41]. Diese Paränese gilt also nicht jedem Christen, sondern nur den durch den Heiligen Geist eingesetzten Bischöfen (V28), die bedingt durch den Kontext der Abschiedsrede als Nachfolger des Paulus anzusprechen sind[42].

5. Ein literarisches Testament reflektiert nicht primär die Situation des Sterbenden[43], sondern zielt auf die gegenwärtigen Hörer bzw. Leser. Entsprechend zielt Apg 20,17ff auf die Kirche zur Zeit des Lukas. Diese gerät explizit in das Blickfeld durch die Zukunftsansage in VV 28f, in der das Auftreten von Irrlehrern angekündigt wird.

Als inhaltliches Ergebnis läßt sich an dieser Stelle schon festhalten: Im Zentrum der Abschiedsrede steht die wiederholte Selbstentlastung des Paulus, daß er den ganzen Heilsplan Gottes zu jeder Zeit und an jedem Ort allen Menschen verkündigt hat. Dieses Evangelium von der Gnade Gottes, zu dessen Bezeugung ihn der erhöhte Kyrios beauftragt hatte und das ihm inhaltlich vorgegeben war, bildet das Erbe des Paulus an die Kirche. Er hat

---

[40] Vgl. hierzu von *Nordheim*, Lehre I 233f. 239f
[41] Vgl. hierzu *Schürmann*, Testament 324.
[42] Vgl. oben Punkt 5 der gattungsspezifischen Formelemente.
[43] Von daher ist es wohl kaum sachgemäß, in V25a den Höhepunkt der Abschiedsrede zu sehen; so etwa *Exum/Talbert*, Structure 236; *Michel*, Abschiedsrede 27 und Anm. 23; *Prast*, Presbyter 47 mit Anm. 30; 111; 120.

ihr all das bezeugt, was zum Heil notwendig ist. Nachfolger des Paulus sind die durch den Heiligen Geist eingesetzten Bischöfe. Sie sind nun die Garanten der rechten christlichen Verkündigung. Ihre Aufgabe besteht darin, die empfangene Botschaft wie Paulus unverkürzt zur Sprache zu bringen. Diese Aufgabe wird akut angesichts des Auftretens von Irrlehrern in der Kirche des Lukas.

4) Das Auftreten von Irrlehrern und die Verkündigung des Paulus

a) Die Irrlehrer

Nur aus der Rede des Paulus an die Ältesten von Milet erfährt der Leser der Apostelgeschichte explizit von Irrlehrern in den (nach)-paulinischen Gemeinden. Ob der auctor ad Theophilum sich auch an anderen Stellen seines Werkes implizit mit Häretikern und ihren Lehren befaßt, kann deshalb nur vermutet werden und ist für jede in Frage kommende Stelle eigens zu prüfen. In der Lukasforschung begegnet man diesem Aspekt freilich eher mit Skepsis oder mit Schweigen[44]. Auch für die paulinische Abschiedsrede selbst ist strittig, inwieweit Lukas überhaupt Irrlehrer im Blick hat. Daß dies in V30 der Fall ist, wird kaum bezweifelt. V29 hingegen hat man immer wieder auf von außen kommende Verfolger im Unterschied zu den von innen kommenden Irrlehrern in V30 zu deuten versucht[45]. Doch spricht dagegen nicht nur, daß "Wölfe" eine weit verbreitete frühchristliche Metapher für Irrlehrer sind[46], sondern auch die beiden Imperative in V28 (προσέχετε ἑαυτοῖς)[47] und V31 (γρηγορεῖτε), da sie im Blick auf Verfolger nicht besonders angebracht erscheinen. Drittens schließlich ist die

---

[44] Vgl. *Plümacher*, Acta-Forschung 53-55.

[45] Z.B. Stählin, Apg 270; *Löning*, Lukas 226; *van Unnik*, Häresien 405; erwogen auch von *Barrett*, Paul's Address 115. - *Brawley*, Jews 83.157, denkt bei den äußeren Feinden an Juden; bei den inneren Feinden an mit Judenchristen sympathisierende ehemalige Gottesfürchtige, die Paulus vorwerfen, sein Evangelium sei unvollständig.

[46] Mt 7,15 (= *Justin*, Apol I 16,13); Did 16,3; IgnPhld 2,2; *Justin*, Dial 35,3ff. - Freilich muß zugegeben werden, daß das Bild von den Wölfen auch in Mt 10,16 par. Lk 10,3; 2.Clem 5,2-4 begegnet, wo offensichtlich keine Irrlehrer, sondern lebensbedrohende Gefahren gemeint sind. Ob Joh 10,12 an eine konkrete Gruppe denkt, darf bezweifelt werden.

[47] Vgl. zu dieser lukanischen Wendung Lk 12,1; 17,3; 21,34; Apg 5,35.

Ansage kommender Verfolgung nicht besonders sinnvoll angesichts der Tatsache, daß die Christen in Ephesus schon ihre erste Verfolgung hinter sich haben (Apg 19,23-40). Umgekehrt ist das Auftreten von Irrlehrern - im Unterschied zum Zeugnis der Paulusbriefe - nach lukanischer Vorstellung etwas völlig Neues, da die Häresie einen wesentlichen Unterschied zwischen apostolischer und nachapostolischer Zeit markiert[48]. Die Zukunftsansage der VV 29f wie die sie rahmenden Imperative in VV 28.31 beziehen sich also insgesamt auf das Auftreten von Irrlehrern.

Lassen sich die Irrlehren, die Lukas im Sinn hat, näher kennzeichnen? Bezieht sich das Auftreten von Irrlehrern speziell auf Ephesus bzw. die Provinz Asia?[49] Eine positive Beantwortung der letzten Frage würde erlauben, die Johannesoffenbarung (vgl. besonders 2,1-7), die beiden Timotheusbriefe (vgl. 1.Tim 1,3f; 2.Tim 1,15); den Epheserbrief des *Ignatius* (7,1f; 9,1)[50] bzw. die übrigen Briefe des *Ignatius* an die kleinasiatischen Gemeinden und - im Falle einer Spätdatierung[51] - den deuteropaulinischen Epheserbrief als weitere Quellen zur Beantwortung der ersten Frage heranzuziehen[52]. Da nun freilich weder für die Apostelgeschichte noch für die Pastoralbriefe mit Sicherheit gesagt werden kann, an welchem Ort die Irrlehrer vor allem aufgetreten sind, mag es im Zusammenhang des hier zu bearbeitenden Themas genügen, sich auf die inhaltlichen Aussagen der Miletrede zu beschränken. Was also gibt das Testament des Paulus für die Bestimmung der von Lukas bekämpften Häresie her?

Schon *J.Weiß*[53] bemerkte, an dieser Rede sei auffallend "die energische Verteidigung des Apostels gegen Vorwürfe, die *uns* unbekannt sind. Namentlich, dass immer wieder die Sorgfalt des Apostels hervorgehoben wird, mit der er den Ephesern nichts vom Evangelium vorenthalten habe (19.20;

---

[48] Vgl. *Schürmann*, Testament 327; *Talbert*, Gnostics 92; *Plümacher*, Apostelgeschichte 518f. Bestritten wird dies freilich von *Gräßer*, Acta-Forschung 33.
[49] So z.B. *Roloff*, Apostolat 231.
[50] Nach IgnEph 7,1; 9,1 scheint es sich um Wanderlehrer zu handeln. Solche könnten in Apg 20,29 mit den von außen in die Gemeinde eindringenden reißenden Wölfen gemeint sein. Nach IgnEph 7,2 ist ihre Lehre u.a. vom Doketismus geprägt, eine Gefahr, der implizit auch in Lk 24 und Apg 1 gewehrt werden soll.
[51] *Kümmel*, Einleitung 323, vermutet die Zeit zwischen 80-100; *Schnackenburg*, Epheser 30, denkt etwa an das Jahr 90.
[52] Zum Problem der Ketzerei in Kleinasien vgl. *Bauer*, Rechtgläubigkeit 81-93; speziell zu Ephesus a.a.O. 86-93.
[53] Absicht 34.

26.27;31) und die starke Betonung seiner Uneigennützigkeit machen den Eindruck, dass hierzu ganz konkrete Veranlassungen vorliegen. Und wenn gleichzeitig von Irrlehrern in der Ephesenischen Gemeinde - doch wohl ex eventu - geweissagt wird ..., so kommt man auf den Gedanken, dass die Rede zugleich den Paulus von der Verantwortung entlasten soll für Dinge, die z.Z. des Verf. in Ephesus geschehen, die er missbilligt und die nach seiner Meinung mit dem wahren Christentum, welches durch die Person des Paulus repräsentiert wird, nichts zu thun haben. Es werden gemeint sein die antinomistisch-libertinistischen Bewegungen, die auch in der Apokalypse gestreift werden. Weiter lässt sich nichts sagen."

Nach *Klein*[54], *Haenchen*[55], *Barrett*[56], *Aejmelaeus*[57] u.a. handelt es sich bei den Irrlehrern hingegen um Gnostiker. Doch sehr häufig wird auch darauf hingewiesen, daß die allgemeinen Angaben über die Irrlehrer keine konkrete Identifizierung zulassen, eine solche Lukas auch gar nicht beabsichtige, da er vielmehr an die allgemeine Situation der Kirche seiner Zeit denke, die von Synkretismus geprägt sei[58]. Hingegen wird die Charakterisierung der Häretiker als judaistische, antipaulinische Gegenbewegung für die Miletrede nur selten vertreten[59] und braucht hier nicht weiter erörtert zu werden.

Was nun die drei übrigen Positionen betrifft, so ist die Kennzeichnung der Irrlehrer als "Gnostiker" nicht sehr hilfreich, da niemand genau zu sagen vermag, was unter einem "Gnostiker" zur Zeit des Lukas zu verstehen ist. Dabei soll freilich in keiner Weise bestritten werden, daß die Lehre der von Lukas bekämpften Häretiker Züge aufweist, die für eine spätere Gnosis charakteristisch sind, wie etwa die doketistische Christologie oder die Berufung auf Geheimlehren. Auch die Meinung, Lukas warne ganz allgemein vor synkretistischen Tendenzen, dürfte wohl dem Textbefund nicht gerecht werden, denn in der Miletrede - und wohl auch darüber hinaus - werden relativ konkrete Positionen der Irrlehrer sichtbar (s.u.). Als wichtigstes Ar-

---

[54] Apostel 214.
[55] Apg 568.
[56] Paul´s Address 111.
[57] Miletrede 248.
[58] Mit unterschiedlicher Akzentuierung findet sich diese Position etwa bei *Schürmann*, Testament 313-321; *Stolle*, Zeuge 69 Anm. 73; *Prast*, Presbyter 134f. 167-170; *van Unnik*, Häresien 405; *Dömer*, Heil 198f; *Zingg*, Wachsen 302 Anm. 2.
[59] Z.B. *Zeilinger*, Lukas 169. - Hier wird übersehen, daß die Häretiker sich offenbar auf Paulus berufen (s.u.).

gument für diese These läßt sich freilich anführen, daß nach V.29 die Irrlehrer von außen in die Kirche eindringen. Schließlich ist die These, es handle sich bei den Irrlehrern um antinomistisch-libertinistische Bewegungen, für ihre Charakterisierung noch nicht ausreichend, auch wenn sie in den VV 33-35 einen Anhaltspunkt finden kann[60]. Damit ist deutlich, daß jede der drei Positionen eine particula veri in sich trägt und doch keine dem Sachverhalt völlig gerecht wird.

Auszugehen ist zunächst von der Beobachtung, daß der Paulus der Miletrede ebensowenig wie der Paulus der Pastoralbriefe[61] sich argumentativ mit den Inhalten der Irrlehre auseinandersetzt. Vielmehr werden in der Abschiedsrede nur Behauptungen und Versicherungen des Paulus vorgebracht. Dieser Befund spricht dafür, daß Lukas mit dem literarischen Testament auf Adressaten zielt, denen Paulus und sein Wort als Autorität gilt. Um so mehr stehen sie in Gefahr, sich von Irrlehrern verführen zu lassen, wenn diese sich für ihre Ansichten auf Paulus oder gar auf paulinische Geheimlehren berufen. Daß eine derartige Berufung tatsächlich vorgekommen ist, gilt nicht erst für Markion und einen Teil einer späteren Gnosis, sondern scheint sich auch von der Miletrede her nahezulegen (s.u.). Daß dies jedoch völlig zu Unrecht geschieht, versucht Lukas seinen Lesern zu verdeutlichen, indem er auf die Vollständigkeit und Öffentlichkeit der paulinischen Verkündigung verweist. Dieser gilt es sich jetzt anhand der Miletrede zuzuwenden.

b) Die paulinische Verkündigung nach den VV 18b-24

Schon gleich zu Beginn seiner Abschiedsrede in *V18b* betont Paulus, daß seine gesamte Wirksamkeit in der Asia den Presbytern bekannt sei. Diese Aussage ist insofern verwunderlich, als die Apostelgeschichte kein Wirken

---

[60] Nach *Schürmann*, Testament 316, könnte auch "die betonte Herausstellung der μετάνοια V.21" eine antilibertinistische Intention verfolgen; vgl. auch *ders.*, Lk 291.

[61] Zu den auffälligen Parallelen zwischen der Miletrede und den Pastoralbriefen vergleiche *Schmithals*, Apg 190f; *ders.*, Paulusquelle 313-321, und *Pesch*, Apg II 206f. Beide sind freilich der Meinung, daß diese Parallelen die von ihnen postulierte vorlukanische Quelle betreffen, wobei *Schmithals*, Paulusquelle 320f, den Autor der vorlukanischen Miletrede mit dem der Pastoralbriefe identifiziert. Zu den Gemeinsamkeiten zwischen Miletrede und 2.Tim sowie zur Kritik an den Thesen von *Schmithals* vgl. ferner, *Wolter*, Pastoralbriefe 223-225.

des Paulus in der Asia außerhalb von Ephesus beschreibt, obwohl erwähnt wird, daß alle Bewohner der Asia das Wort des Herrn gehört haben (19,10; vgl. 19,26)[62]. Aber man darf die Aussage in V18b wohl nicht geographisch begrenzen, denn letztlich wird in der Miletrede nicht die paulinische Wirksamkeit in Ephesus, sondern seine gesamte Missionstätigkeit thematisiert[63]. Sie ist allgemein und lückenlos bekannt. V18b schafft im Kontext der Miletrede damit die Voraussetzung für die folgenden apologetischen Aussagen. Im Grunde dient der Halbvers selbst schon dieser Apologetik, indem er indirekt die These bestreitet, daß es eine im Verborgenen geschehene Wirksamkeit des Paulus gegeben hat. Da diese Akzentsetzung in den folgenden Versen wieder begegnet, wird die Vermutung äußerst wahrscheinlich, in diesen Aussagen eine Bestreitung gegnerischer Positionen zu sehen. Die Irrlehrer werden sich demnach auf besondere Geheimlehren des Paulus berufen haben[64].

In *VV 20f* wird nun explizit auf die Vollständigkeit der paulinischen Verkündigung abgehoben. Paulus - so lautet die Grundthese dieser beiden Verse - habe nichts verschwiegen von dem, was zum Heil nötig ist[65]. Für ὑπο-

---

[62] Vgl. *Barrett*, Paul's Address 111.
[63] Vgl. *Schürmann*, Testament 310f; *Prast*, Presbyter 57; *Lambrecht*, Farewell-Address 334f. - Diese Vermutung findet eine Bestätigung in der Erwähnung der "Anschläge der Juden" in V19, denn solche jüdischen Nachstellungen werden von Lukas zwar an fast allen Orten der paulinischen Wirksamkeit erwähnt, aber gerade nicht in Ephesus; so mit Recht *Prast*, Presbyter 65; ähnlich *Schmithals*, Apg 187; vgl. hierzu aber auch *Dauer*, Beobachtungen 104-106. - Ferner ist auf V24 zu verweisen: Der Vers hat das ganze Christenleben des Paulus im Blick, angefangen von seiner Berufung vor Damaskus bis zur Vollendung seines Laufes. - Schließlich ist auch noch die Wendung ἡ ἐκκλησία τοῦ θεοῦ in V28 zu nennen. Im Blick auf die folgenden Worte erscheint es nämlich unwahrscheinlich, daß damit einfach die Kirche von Ephesus gemeint ist. Die Kirche Gottes ist vielmehr die ecclesia catholica. - Es erweist sich also deutlich, daß nicht nur die paulinische Wirksamkeit in Ephesus in dieser Rede zur Diskussion steht. Von daher kann die Meinung *Burchards*, Paulus 889, in der Miletrede blicke Paulus "nur auf Ephesus, nicht auf sein Leben zurück", nicht überzeugen.
[64] Ist das richtig, dann spricht das gegen eine Identifizierung der von Lukas bekämpften Gegner als Prämarcioniten (so *Schmithals*, Apg 12f), denn Marcion selbst hat sich - so weit wir wissen.- nie auf Geheimlehren berufen. *Schmithals*, Apg 189-191 und Paulusquelle 309ff, ist deshalb zu der Konsequenz genötigt, wesentliche Teile der Abschiedsrede einer vorlukanischen Überlieferung zuzuweisen, die sich gegen Gnostiker gerichtet habe.
[65] Das dürfte doch wohl mit τῶν συμφερόντων gemeint sein; so auch *Haenchen*, Apg 565.

στέλλομαι in V20 gibt es zwei Verständnismöglichkeiten: Zum einen kann angesichts der Anschläge der Juden (V19) der Akzent darauf liegen, daß Paulus nichts *feige* verschwiegen hat[66] und deshalb seine Verkündigung vollständig sei. Zum anderen kann der Akzent auf der Negierung einer paulinischen Geheimlehre liegen[67]. Die letzte Deutung ist auf Grund von V27, wo der Verfolgungsaspekt fehlt, und der Gesamtintention der Miletrede eindeutig vorzuziehen.

Die Grundthese wird nun in den folgenden Aussagen näher entfaltet. Betont V20a dabei die Vollständigkeit der paulinischen Verkündigung und Lehre, so fügt V20b mit δημοσίᾳ καὶ κατ' οἴκους hinzu, daß dies überall geschah. V21a ergänzt ferner, daß auch der Adressatenkreis unbegrenzt war, während V21b schließlich den Inhalt der verkündigten Botschaft summarisch zusammenfaßt.

Nach Meinung vieler Exegeten enthält *V21* einen Chiasmus[68], so daß Juden der Glaube an den Herrn Jesus, Griechen hingegen die Umkehr zu Gott bezeugt werde. Letztere sei nämlich in der Apostelgeschichte nur von den Heiden ausgesagt[69] und thematisiere die Wende vom Polytheismus zum Monotheismus. Doch läßt sich diese strikte Unterscheidung nicht aufrechterhalten. Zum einen spricht dagegen Apg 26,20, wo der lukanische Paulus seine Mission vor Juden und Heiden folgendermaßen kennzeichnet: τοῖς ἐν Δαμασκῷ πρῶτόν τε καὶ Ἱεροσολύμοις, πᾶσάν τε τὴν χώραν τῆς Ἰουδαίας καὶ τοῖς ἔθνεσιν ἀπήγγελλον μετανοεῖν καὶ ἐπιστρέφειν ἐπὶ τὸν θεόν, ἄξια τῆς μετανοίας ἔργα πράσσοντας. Also nicht nur den Heiden, sondern auch den Juden hat Paulus demnach die

---

[66] So z.B. *Schneider*, Apg II 294 Anm. 19; *Dupont*, Seelsorger 46f.50f. *Duponts* Argumentation ist freilich nicht überzeugend: Er beruft sich darauf, daß ὑποστέλλεσθαι in der griechischen Literatur häufig in Verbindung mit παρρησία auftritt, das Substantiv in der Apostelgeschichte aber ebenso wie das dazugehörige Verb παρρησιάζεσθαι für ein mutiges Bekenntnis im Gegensatz zum feigen Verschweigen steht. Daß Substantiv und Verb in diesem Sinne von Lukas gebraucht werden, wurde zu Apg 28,31 bejaht. Anders als in der griechischen Literatur - so ist freilich gegen *Dupont* einzuwenden - ist παρρησία in der Apostelgeschichte aber gerade nicht mit ὑποστέλλεσθαι verbunden. Diese Verbindung darf deshalb auch nicht durch den Exegeten nachgetragen werden.

[67] So z.B.*Barrett*, Paul´s Address 111; *Roloff*, Apg 303; *Weiser*, Apg II 574.

[68] Z.B. *Michel*, Abschiedsrede 30. 84; *Prast*, Presbyter 77. 79-81; *Roloff*, Apg 303; *Weiser*, Apg II 576; *Kliesch*, Apg 133; *Schmithals*, Paulusquelle 310.

[69] 14,15; 15,19; 20,21; 26,18.20; vgl. 16,34.

Umkehr zu Gott verkündigt. Umgekehrt gilt, daß nach der Apostelgeschichte zum Inhalt der Heidenpredigt auch der "Glaube an unseren Herrn Jesus" gehört (vgl. 10,43; 16,31; 26,18; 28,31). Zum zweiten spricht die Formulierung in 20,21 selbst gegen einen Chiasmus, denn der eine Artikel τήν bezieht sich sowohl auf μετάνοιαν als auch auf πίστιν und deutet somit an, daß die doppelte Inhaltsangabe des paulinischen Zeugnisses zusammengehört[70]. Drittens ist schließlich auf die Funktion dieser Aussage im Kontext der Miletrede zu achten. Alle Hinweise auf den Inhalt der paulinischen Verkündigung dienen dazu, ihre Vollständigkeit unabhängig vom jeweiligen Zuhörerkreis zu erweisen. Diese Funktion kommt der doppelten Adressatenangabe ebenso zu wie der Themenangabe. Mit einem Chiasmus hätte Lukas seine eigene Intention unterlaufen. Empfänger der paulinischen Botschaft sind Nichtchristen, das verbindet Juden mit Heiden[71]. Das ihnen vorgetragene Zeugnis zielt auf einen Gesinnungswechsel und damit auf die Hinwendung zum Christentum, dessen erster Schritt bei den Heiden (mit Ausnahme der Gottesfürchtigen) die Abkehr vom Polytheismus ist, bei den Juden hingegen die Anerkennung Jesu als des Messias, ohne daß jedoch in V21 auf diese Differenz angespielt ist. Die doppelte Inhaltsangabe τὴν εἰς θεὸν μετάνοιαν καὶ πίστιν εἰς τὸν κύριον ἡμῶν Ἰησοῦν gehört ebenso zusammen wie die doppelte Adressatenangabe Ἰουδαίοις τε καὶ Ἕλλησιν, die doppelte Kennzeichnung der Verkündigung in V20 mit ἀναγγεῖλαι ὑμῖν καὶ διδάξαι ὑμᾶς bzw. die zweifache Beschreibung des paulinischen Wirkungsraumes mit δημοσίᾳ καὶ κατ' οἴκους.

Wenn der Autor der Acta apostolorum nun den Inhalt der Pauluspredigt wiedergibt mit ἡ εἰς θεὸν μετάνοια καὶ πίστις εἰς τὸν κύριον ἡμῶν Ἰησοῦν, dann macht er seinen Lesern damit deutlich, daß die Botschaft des Paulus mit der Jesu (Lk 5,32; Apg 26,18) und der der Apostel (Apg 5,31; 10,43), ja sogar mit dem Alten Testament (Lk 24,47)[72] übereinstimmt. Lukas will auf diese Weise "gegenüber den Irrlehrern die Einheit der paulinischen Predigt mit der normativen, auf dem Alten Testament beruhenden

---

[70] So m.E. mit Recht *Bethge*, Reden 131; *Taeger*, Mensch 134.

[71] Vgl. *Taeger*, Mensch 135.

[72] In Lk 24,47 ist zwar nur von der Bußpredigt auf Jesu Namen, nicht aber vom Glauben an den Herrn Jesus als Voraussage der Schrift die Rede, doch wird die μετάνοια verkündigt εἰς ἄφεσιν ἁμαρτιῶν. Sündenvergebung aber gibt es nicht ohne die πίστις εἰς τὸν κύριον ἡμῶν Ἰησοῦν, so daß die Glaubensverkündigung in Lk 24,47 zumindest vorausgesetzt ist.

christlichen Predigt überhaupt herausstellen"[73]. Dem korrespondiert die Erwähnung des paulinischen Zeugnisses vor "Juden und Heiden", denn damit wird der Leser an die beiden großen Paulusreden in Apg 13,16-41 und 17,22-31 erinnert, die durch die Themen Verheißung und Erfüllung (13,16ff) bzw. Gottes Heilsplan für die Heiden seit der Schöpfung (17,22ff) bestimmt sind. Daß die Irrlehrer bezüglich dieser Themen anderer Meinung waren als der auctor ad Theophilum, ist nach unseren bisherigen Überlegungen mehr als wahrscheinlich.

Der Rückblick in die Vergangenheit in den *VV 18b-21* besagt demnach: Die Presbyter, mit denen Paulus seit Beginn seines Aufenthaltes in der Asia ständig zusammen war, wissen darum, daß er allen Menschen überall alles verkündigt hat. Nichts was zum Heil nötig ist, hat er verschwiegen. Die Irrlehrer scheinen hingegen den Anspruch zu erheben, auf Paulus zurückzuführende Geheimtraditionen zu besitzen, die dieser im privaten Kreis einigen Auserwählten kundgetan hat und die zu wissen heilsnotwendig ist. Die Nähe der von Lukas bekämpften Häresie zur späteren Gnosis wird an diesem Punkt besonders deutlich. Gegen die Thesen der Irrlehrer kann der lukanische Paulus die Presbyter als Zeugen anrufen. Sie sind es deshalb primär, bei denen sich verunsicherte Gemeindeglieder Auskunft über die Botschaft des Paulus verschaffen können.

In *V24* werden die Leser an den Anfang und das Ende des paulinischen Dienstes erinnert: Von dem Kyrios selbst hat Paulus sein Zeugenamt empfangen[74] und sein - freilich nicht ausdrücklich erwähnter - Märtyrertod ist Vollendung des damals begonnenen Laufes[75]. Mit der Erinnerung an das Damaskuserlebnis wird dem Inhalt der paulinischen Verkündigung die Autorität des Kyrios verliehen, da sein Zeugnis unmittelbar auf die Beauftragung durch den erhöhten Herrn zurückzuführen ist. Inhaltlich wird das paulinische Zeugnis bestimmt als "Evangelium von der Gnade Gottes". Was Lukas mit dieser wohl bewußt an Paulus anklingenden Wendung meint, sagt die

---

[73] *Schmithals*, Apg 187.

[74] An die Berufung des Paulus vor Damaskus denkt Lukas bei τὴν διακονίαν ἣν ἔλαβον παρὰ τοῦ κυρίου 'Ιησοῦ, διαμαρτύρασθαι τὸ εὐαγγέλιον τῆς χάριτος τοῦ θεοῦ. Vor Damaskus wurde Paulus zum μάρτυς berufen. Seitdem übt er den ihm zukommenden Dienst des διαμαρτύρεσθαι aus (vgl. zu Apg 28,23).

[75] "Dieser ist in der umschreibenden Redensart von der Vollendung des Laufes (vgl. 13,25; 2.Tim 4,7) deutlich angesprochen", *Roloff*, Apg 304.

folgende Selbstentlastung in den VV 25-27, die die ordungsgemäße Ausführung des Auftrages konstatiert.

c) Die Selbstentlastung des Paulus in den VV 25-27

Dem Relativsatz in *V25b* kommt eine nicht geringe Funktion zur Unterstützung der These von der Vollständigkeit der öffentlichen paulinischen Verkündigung zu. Freilich hat dieser Aspekt in der Forschung kaum Berücksichtigung gefunden[76]. V25b sagt mit anderer Terminologie das gleiche wie die VV 20f.24b.27, denn die verschiedenen Summarien über die paulinische Verkündigung lassen sich inhaltlich nicht differenzieren. Für die Miletrede kommt es hingegen auf die Formulierung an, mit der ein gleichbleibender Inhalt beschrieben wird. Geschah dies in V24b in paulinisierender Weise durch die Wendung "das Evangelium von der Gnade Gottes", so wird in V25b dieses Evangelium nun identifiziert mit dem Inhalt der Verkündigung Jesu. Das wird bestätigt durch die auffallende Parallelität von διῆλθον[77] κηρύσσων τὴν βασιλείαν[78] mit Lk 8,1:

διῆλθον   κηρύσσων   τὴν βασιλείαν
διώδευεν   κηρύσσων καὶ εὐαγγελιζόμενος   τὴν βασιλείαν τοῦ θεοῦ

Daß der auctor ad Theophilum die Übereinstimmung der paulinischen Verkündigung mit der Verkündigung des irdischen und auferstandenen Jesus sowie der Apostel hervorheben will[79], führt uns unter Absehung jeg-

---

[76] Z.B. können *Haenchen*, Apg z.St.; *Conzelmann*, Apg z.St.; *Schille*, Apg z.St.; *Roloff*, Apg z.St. diesen Halbvers in ihren Kommentaren mit Schweigen übergehen. - Vgl. aber *Prast*, Presbyter 263-352. - Daß in 20,25 βασιλεία Abbreviatur von βασιλεία τοῦ θεοῦ ist, dürfte durch das Summarium in 19,8 mit seiner Erwähnung der Verkündigung der βασιλεία τοῦ θεοῦ in der Synagoge von Ephesus eindeutig sein.

[77] Διέρχεσθαι ist an fast allen Stellen der Apostelgeschichte terminus technicus für missionarisches Wirken; vgl. *Ramsay*, Words 386-393.398; *Lake/Cadbury*, Beg IV 108; *Busse*, EWNT I 777. Das Verb findet sich entsprechend an 18 bzw. 19 Stellen - 11,22 ist textkritisch umstritten und kann hier auf sich beruhen - in der Apostelgeschichte, aber nur zwischen dem Beginn der Ausbreitung des Evangeliums über Jerusalem hinaus (8,4) und dem Ende der freien paulinischen Missionsverkündigung (V25).

[78] Vgl. zu κηρύσσων τὴν βασιλείαν oben S.75.

[79] So weit ist *Schnackenburg*, Gottes Herrschaft 184, durchaus zuzustimmen. Daß aber durch diese Wendung in V25 von der erst zukünftigen "eschatologischen Gottesherr-

licher inhaltlichen Fragestellung an die rein formale Funktion der summarischen Verbindung von verbum dicendi und βασιλεία τοῦ θεοῦ heran: Die formelhafte Wendung soll die Einheitlichkeit der Verkündigung sicherstellen. Indem Paulus die Basileia den Ältesten von Ephesus verkündigt hat, stehen diese mit ihrer Botschaft nicht nur in der Nachfolge des Paulus, sondern auch der Apostel und Jesu. Die Ältesten sind nun die Garanten der sachgemäßen Verkündigung. Sie sind es nicht in der Weise wie die dreizehn Zeugen, d.h. unmittelbar von Jesus beauftragt zur Bezeugung der Schriftgemäßheit des göttlichen Heilsplanes. Die Autorität der Ältesten beruht vielmehr auf der Sachgemäßheit und Vollständigkeit der von ihnen vernommenen Verkündigung des Paulus, die aber für den auctor ad Theophilum durch ihre Übereinstimmung mit der Verkündigung Jesu und der Apostel gegeben ist. Die Botschaft der Kirche ist nur eine[80]! Was das Ältestenamt nach dem Verfasser der Acta apostolorum also qualifiziert, ist das Wissen um den vollständigen Inhalt der rechten christlichen Verkündigung. Was die Ältesten gegenüber den anderen Christen in der Asia, denen Paulus das gleiche verkündigt hat, besonders heraushebt, ist ihre Einsetzung durch den Heiligen Geist (V28). Die Aufgabe, die den Ältesten nach Meinung des Lukas in der Kirche zukommen soll, entspricht der Aufgabe, die nach seiner Darstellung den dreizehn Zeugen in der Anfangszeit der Kirche zugekommen ist: Garanten der rechten christlichen Lehre zu sein. "Die Presbyter sind so etwas wie die Zeugen des Zeugen"[81].

Mit διότι (*V26*) wird aus V25 die Folgerung gezogen[82], die sich sowohl auf V25a als auch auf V25b beziehen kann. Eine Entscheidung darüber, welcher Bezugspunkt vorliegt, hängt zusammen mit der anderen Frage, worin die Folgerung besteht: auf dem Akt des Bezeugens am heutigen Tag oder auf dem Inhalt des Bezeugens, nämlich daß Paulus rein ist vom Blut

---

schaft" (ebd.) die Rede sein soll (so auch *Schmithals*, Apg 187), dürfte hier genausowenig zutreffen wie in Apg 1,3; 28,23.31.

[80] Vgl. *Conzelmann*, Apg 11: "Lk kennt keine Entwicklung der Lehre!" *Vielhauer*, Geschichte 403, fügt hinzu: "Sein eigentliches theologisches Interesse liegt in dem Nachweis, daß diese Tradition unverfälscht von Jesus über die Apostel, den Weltmissionar Paulus und die Ältesten der Gemeinde in die Gegenwart gelangt ist".

[81] *Burchard*, Paulus 892. - Vgl. dagegen den Titel von *Thorntons* Buch "Der Zeuge des Zeugen", womit Lukas als Reisebegleiter des Paulus gemeint ist.

[82] *Bauer*, Wb 400: "zu Beginn e. Folgerungssatzes *deshalb, daher* (= διὰ τοῦτο)"; ihm folgt *Prast*, Presbyter 117 Anm. 328.

aller. Anders ausgedrückt: Gibt Paulus deshalb eine feierliche Erklärung ab, weil die Presbyter sein Angesicht nicht mehr sehen werden, oder betont Paulus deshalb seine Unschuld, weil er die βασιλεία τοῦ θεοῦ verkündigt hat. Beides ist grammatisch möglich und inhaltlich sinnvoll. Doch vom Gesamttenor der Rede her ist letzeres wohl vorzuziehen. Die paulinische Selbstentlastung beruht demnach darauf, daß er die βασιλεία τοῦ θεοῦ verkündigt hat. Ein eventueller Heilsverlust seiner Zuhörer liegt also nicht an der Defizienz der Verkündigung des Paulus, denn er hat ihnen die Basileia bzw. - so wird V27 nun erläutern - den ganzen Heilsplan Gottes kundgetan.

Mit γάρ wird in *V27* nun die Selbstentlastung noch einmal begründet: Paulus hat nichts vom Heilsplan Gottes verschwiegen[83]. Durch die Parallelisierung der VV 24b.25b.27 sind εὐαγγέλιον, βασιλεία τοῦ θεοῦ und βουλὴ τοῦ θεοῦ unter inhaltlichem Aspekt austauschbare Begriffe. Damit bestätigt sich noch einmal unsere bisher gewonnene These, daß es in der summarischen Verbindung von verbum dicendi und βασιλεία τοῦ θεοῦ um den Heilsplan Gottes geht, d.h. um die Herrschaft dessen, der seinen in der Schrift festgelegten Ratschluß ausgeführt hat und gerade darin seine Herrschaft sichtbar werden läßt. Diesen Plan hatte der irdische und erhöhte Jesus authentisch seinen Zeugen erläutert. Da er in ihrem Zeugnis sachgemäß zur Sprache kommt, kann auch die paulinische Verkündigung mit dem Zentralbegriff der Botschaft Jesu wiedergegeben werden: βασιλεία τοῦ θεοῦ.

d) Zukunftsansage und Paränese (VV 28-31)

Die Zukunftsansage verbunden mit der sich darauf beziehenden Paränese richtet sich speziell an die Nachfolger des Paulus, die der Heilige Geist zu

---

[83] "Der ganze Ratschluß Gottes" in V27 umfaßt die gesamte christliche Verkündigung, "deren Inhalt der bereits geoffenbarte Heilsplan Gottes ist", *Michel*, Abschiedsrede 82; so auch *Conzelmann*, Mitte 142; *ders.*, Apg 127; *Schrenk*, ThWNT I 633; *Kränkl*, Knecht 140; *Cosgrove*, ΔEI 189. Die Aussage des Paulus in V27 erweckt dabei den Eindruck, "that the whole context of Christian preaching and teaching is regarded as an exposition to the purpose of God", *Marshall*, Luke: Historian and Theologian 105.

ihrer Aufgabe eingesetzt hat[84]. Die von den Presbytern wahrzunehmende Funktion in der Kirche wird gerade angesichts des Auftretens von Irrlehrern akut. Die Aufgabe, die die Ältesten im folgenden erhalten, gibt nun nicht zu der Vermutung Anlaß, daß ihre Pflichten darüber hinausgehen. Ihre Aufgabe ist also eine pastorale und keine evangelistische[85]. Qualifiziert sind die Presbyter als Hirten der Kirche Gottes dadurch, daß sie völlig über den ganzen Heilsplan Gottes unterrichtet wurden. Darauf beruht die kirchliche Verkündigung[86]. Die Gemeindeleiter sind so befähigt, ein Bollwerk gegen falsche Lehrer und Lehren in der nachpaulinischen Zeit zu sein[87].

Über die Irrlehrer selbst erfahren wir in den VV 29f nicht viel mehr als die Tatsache, daß es sie gibt, daß sie einerseits von außen in die Kirche eindringen und andererseits aus ihr selbst erwachsen. Auf jeden Fall sind die Irrlehrer eine die Existenz der von Gott durch den Tod Jesu erworbenen Kirche (V28b)[88] bedrohende Gefahr (V29), indem sie Verkehrtes reden (V30), d.h. die kirchliche Botschaft pervertieren[89]. Dieser Gefahr sollen die zu Episkopen eingesetzten Presbyter in doppelter Weise begegnen:

1. Zum einen haben sie die Aufgabe, achtzuhaben auf sich selbst und die ganze Kirche. Lukas wird bei dieser Ermahnung wohl vor allem an die Bewahrung und Tradierung der empfangenen Verkündigung denken[90].

2. Zum anderen werden sie zur Wachsamkeit ermahnt. Diesen Aspekt konkretisiert Lukas als μνημονεύοντες ὅτι τριετίαν νύκτα καὶ ἡμέραν οὐκ ἐπαυσάμην μετὰ δακρύων νουθετῶν ἕνα ἕκαστον. Gemeint ist damit offenbar nicht nur ein Erinnern, sondern ein dem Vorbild

---

[84] Zur Diskussion, ob ἐπίσκοπος in V28 Amts- oder Funktionsbezeichnung ist, vgl. zuletzt *Schmithals*, Paulusquelle 316-319, mit weiterführenden Literaturhinweisen. Die Frage kann hier unentschieden bleiben. - Divergierende Positionen zum lukanischen Amtsverständnis sind kurz dargestellt bei *Michel*, Abschiedsrede 93-97. Er selbst bestimmt als Ergebnis dieser Diskussion: "Ein Modellfall einer Sukzession liegt in Apg 20,17ff. nicht vor; wohl aber ist der Gedanke herauszulesen, daß es zur Sicherung der wahren apostolischen Lehre eine berufene Institution geben muß, die Gemeindeleitung" (97).

[85] So *Barrett*, Paul´s Address 117; vgl. auch *Burchard*, Paulus 893.
[86] So *Talbert*, Gnostics 50.
[87] So *Talbert*, Gnostics 54.
[88] Trotz des schwierigen Wortlauts in V28b ist der Sinn der aus der Tradition stammenden Formulierung relativ eindeutig: Das Blut Christi, d.h. sein Kreuzestod, ist der Grund der Möglichkeit der Existenz der Ekklesia Gottes.
[89] *Schürmann*, Testament 315.
[90] *Weiser*, Apg II 579.

Nacheifern[91]. Nicht angesichts der Häretiker in Resignation zu verfallen, sondern jedem vom Abfall bedrohten mit Fleiß nachzugehen, das ist die Aufgabe der Presbyter. Vorbild hierfür ist das in den VV 18b-27 beschriebene Verkündigungswirken des Paulus.

e) Der Abschiedssegen (V32)

Im Kontext der Abschiedsrede kommt V32 eine doppelte Funktion zu: Zum einen bestimmt der Vers das Verhältnis der Presbyter zu Gott und seinem Gnadenwort; zum anderen nennt er den Grund, warum die bisherigen paulinischen Ausführungen so bedeutungsvoll sind.

Auffällig an V32a ist zunächst, daß hier nicht, wie man auf Grund der VV 20-27 erwarten könnte, "das Wort Gottes den Presbytern, sondern umgekehrt, diese dem Wort Gottes anvertraut werden"[92]. D.h.: Die Presbyter "stehen nicht über, sondern unter dem Wort des Evangeliums"[93]. Dieses gut reformatorische Anliegen verdient sicher nicht die Kennzeichnung "frühkatholisch"[94].

Mit der Wendung τῷ λόγῳ τῆς χάριτος αὐτοῦ bezieht sich V32 zum einen zurück auf V24b und setzt das Gnadenwort Gottes auf diese Weise mit dem Inhalt der paulinischen Verkündigung gleich. Zum anderen erinnert

---

[91] Vgl. *Prast*, Presbyter 136f.
[92] *Prast*, Presbyter 143.
[93] *Weiser*, Apg II 579.
[94] Vgl. etwa *Käsemann*, Fragen 30, dessen scharfes Urteil zur lukanischen Theologie den in V32 charakterisierten Sachverhalt geradezu auf den Kopf stellt: "Das Wort ist nicht mehr das einzige Kriterium der Kirche, sondern die Kirche ist die Legitimation des Wortes, und der apostolische Ursprung des kirchlichen Amtes bietet die Gewähr für eine legitime Verkündigung." - *Klein*, Apostel 181f, erkennt mittels einer phantasievollen Exegese, daß hinter V32 die "Ratifikation des Prinzips apostolischer Sukzession" (182) steht, wobei er seine Exegese allein auf das Wort παρατιθέναι (mit Akkusativ der Person) aufbaut, den Rest des Verses - wie übrigens auch V24b; vgl. a.a.O..180 - nicht weiter berücksichtigt. Mit Recht hat deshalb *Prast*, Presbyter 140, dagegen eingewandt, daß in V32 "nicht so sehr der Übergebende, Paulus, als vielmehr der Terminus ad quem der Übergabe, Gott und sein Wort, im Blickfeld des Autors" steht. Die gleiche Akzentsetzung findet sich auch in der einzigen Parallele der Acta apostolorum, die von der Einsetzung von Presbytern redet: χειροτονήσαντες δὲ αὐτοῖς κατ' ἐκκλησίαν πρεσβυτέρους, προσευξάμενοι μετὰ νηστειῶν *παρέθεντο αὐτοὺς τῷ κυρίῳ* εἰς ὃν πεπιστεύκεισαν (14,23).

der auctor ad Theophilum an die Verkündigung Jesu (Lk 4,22), so daß wie bei βασιλεία τοῦ θεοῦ auch bei dieser Wendung die Parallele zwischen der jesuanischen und der paulinischen bzw. kirchlichen Verkündigung im Blick ist[95].

Das Partizip τῷ δυναμένῳ kann sich sowohl auf τῷ θεῷ[96] als auch auf τῷ λόγῳ[97] beziehen. Beides ist jedoch für Lukas gar nicht zu trennen, da die universale Verkündigung dem Heilsplan Gottes entspricht (Lk 24,47) und ihre Wirkung letztlich auf dem Heilshandeln Gottes beruht (Apg 15,12). Auf jeden Fall macht die Wendung deutlich, daß der Bau der Gemeinde[98] nicht vom kirchlichen Amt, sondern von Gott und seinem Wort abhängt[99]. "Das Erbe unter allen Geheiligten" dürfte primär präsentisch zu verstehen sein[100], da es Apg 26,18 in Parallele zur Sündenvergebung gesetzt wird. Gemeint ist damit die von Gott gewirkte, auf Buße, Taufe und Geistempfang folgende Zugehörigkeit zum neuen Gottesvolk aus Juden und Heiden.

V32 macht also evident, warum die sachgemäße Verkündigung so entscheidend ist: Das Wort der Gnade besitzt die Fähigkeit zur Heilsvermittlung! Darum ist die Sachgemäßheit der Predigt für den auctor ad Theophilum der Grund der Möglichkeit der Soteriologie. Mit den dreizehn Zeugen als den Garanten der rechten Verkündigung des Heilsplanes Gottes und mit der Bewahrung dieser Botschaft in der Kirche des Lukas werden heilsentscheidende Themen ins Spiel gebracht. Nur die durch Jesus autorisierte, durch die Apostel und Paulus glaubwürdig tradierte und in der Kirche der

---

[95] So zu Recht *Prast*, Presbyter 270. - Nach *Jeremias*, Sprache zu 1,30b Trad, spricht in Lk 4,22 der Plural ἐπὶ τοῖς λόγοις τῆς χάριτος im Unterschied zum Singular mit Personalpronomen τῷ λόγῳ τῆς χάριτος αὐτοῦ in Apg 14,3; 20,32 für vorlukanische Tradition. Das ist möglich, aber keinesfalls sicher. Auf jeden Fall dürfte Lukas hier keine inhaltlichen Differenzen zwischen Evangelium und Apostelgeschichte erblicken.

[96] So etwa *Vielhauer*, Oikodome 104.

[97] So z.B. *Prast*, Presbyter 144; *Taeger*, Mensch 157 und Anm. 639; *Weiser*, Apg II 579.

[98] Das absolut gebrauchte οἰκοδομῆσαι setzt als Objekt "ὑμᾶς, die Ältesten und die Gemeinde," voraus (vgl. 9,31); *Vielhauer*, Oikodome 104.

[99] Vgl. *Prast*, Presbyter 351f.

[100] Vgl. hierzu *Prast*, Presbyter 146-148; *Burchard*, Zeuge 118. - Anders jedoch *Vielhauer*, Oikodome 105 ("das eschatologische Heilsgut"); *Taeger*, Mensch 158 ("himmlische Zukunft"); *Schneider*, Apg II 298 ("bezogen auf das himmlische Erbe"); *Weiser*, Apg II 579, ("das vollendete Heil").

Gegenwart lebendige Verkündigung vermag Kirche zu bauen und das Heil zu vermitteln.

f) V35b: "...und der Worte des Herrn Jesus zu gedenken"

Das literarische Testament endet mit ethischen Anweisungen, die das Leben der durch Gott und sein Wort geschaffenen Kirche betreffen. Vorbild hierfür ist wiederum die Wirksamkeit des Paulus inmitten der von ihm gegründeten Gemeinden (VV 33-35a)[101]. Maßstab der Ethik sind jedoch - und das ist nach den bisherigen Überlegungen auch nicht weiter verwunderlich - "die Worte des Herrn Jesus" (V35b).

Ob der auctor ad Theophilum mit der Schlußparänese ebenfalls auf die Irrlehrer zielt, ist nicht mit Sicherheit zu entscheiden[102], da die Aufforderung zur Armenfürsorge[103] häufiger in der Testamentliteratur der hellenistisch-römischen Zeit begegnet[104], so daß hier ein gattungstypisches Element vorliegt, das zur Vorsicht mahnt gegenüber weitreichenden Schlußfolgerungen. Dennoch scheint ein konkreter Anlaß auch nicht völlig ausgeschlossen zu sein. Man wird zwar nicht an umherziehende Wanderlehrer denken dürfen, die sich von den Gemeinden versorgen lassen, da die Aufforderung, sich der sozial Schwachen anzunehmen (V35a), sonst unmotiviert wäre. Aber wenn unsere Vermutung zutrifft, daß für die doketistischen Irrlehrer eine Abwertung der Schöpfung charakteristisch ist, dann könnte

---

[101] Die Verse erinnern an Samuels Abschiedsrede (1.Sam 12,3), aber noch mehr an die Zurückweisung des Paulus, von anderen Gemeinden Geld zu empfangen; vgl. hierzu *Barrett*, Paul's Address 116. *Bauernfeind*, Kommentar und Studien 239, sowie *Lambrecht*, Farewell-Address 321, weisen freilich zu Recht darauf hin, daß der lukanische Paulus nicht nur für sich selbst - darauf liegt der Akzent beim historischen Paulus - sondern auch für seine Begleiter gearbeitet hat.

[102] *Aejmelaeus*, Miletrede 249, fragt: "Sollte man auch die Betonung der Uneigennützigkeit der Amtsführung des Paulus in der Miletrede (20:33-35) so verstehen, daß die Irrlehrer in dieser Hinsicht eine ganz andere Praxis hatten?" Aber diese Frage wird von ihm verneint, während z.B. *Prast*, Presbyter 151; *Schürmann*, Testament 31; *Dömer*, Heil 200f; *Roloff*, Apg 307, eine bejahende Antwort geben.

[103] Diese im NT sonst nicht übliche Bedeutung muß $\dot{\alpha}\nu\tau\iota\lambda\alpha\mu\beta\acute{\alpha}\nu\epsilon\sigma\theta\alpha\iota$ $\tau\hat{\omega}\nu$ $\dot{\alpha}\sigma\theta\epsilon\nuο\acuteύ\nu\tau\omega\nu$ an dieser Stelle haben; vgl. *Bauer*, Wb, Art. $\dot{\alpha}\sigma\theta\epsilon\nu\acute{\epsilon}\omega$, 231,3; und die bei *Michel*, Abschiedsrede 26 Anm. 18 genannten profangriechischen Belege.

[104] S.o. S.125 mit Anm. 30.

diese einhergegangen sein mit einer Vernachlässigung sozialer Aufgaben. Daß sich ein derartiges Verhalten nicht auf Paulus berufen darf[105], wäre somit das Ziel der VV 33-35a.

Doch V35 geht noch in zwei Punkten darüber hinaus. Zum einen verweist das δεῖ in V35a auf den göttlichen Willen für das menschliche Verhalten[106]. Zum andern wird die Paränese in V35b mit einem Herrenwort begründet. Nun gibt der Plural τῶν λόγων τοῦ κυρίου Ἰησοῦ zu der Vermutung Anlaß, daß Lukas allgemein die Worte Jesu im Blick hat und nicht nur das unmittelbar Folgende[107]. Für den auctor ad Theophilum liegt demnach die Bedeutung des Herrenwortes[108] vor allem "darin, daß das letzte Wort, das Paulus seinen Gemeinden sagt, ein Jesuswort ist. Paulus tritt hinter sein Werk zurück. Von daher bestimmt sich auch die inhaltliche Füllung. Wichtig ist, was Paulus der Gemeinde gegeben hat, das Evangelium ohne jede Einschränkung"[109]. So wird am Ende der Abschiedsrede noch einmal deutlich, daß die Botschaft des Paulus und die Verkündigung Jesu für den auctor ad Theophilum identisch sind.

5) Ergebnis und Folgerungen:

Die gesamte Abschiedsrede in Milet zielt letztlich auf die Bewahrung des "paulinischen" Erbes in der Kirche des Lukas. Dieses Erbe ist durch das Auftreten von Irrlehrern, die sich auf zum Heil notwendige Geheimtraditionen des Paulus beriefen, bedroht. Die Lösung, die der auctor ad

---

[105] Die Parallelen des paulinischen Verhaltens mit dem der Jerusalemer Urgemeinde zeigt, daß für den Autor der Acta apostolorum auch in dieser für ihn wichtigen Frage keine Differenzen zwischen Paulus und den Aposteln zu konstatieren sind.

[106] Das göttliche δεῖ zeigt bei Lukas nicht nur den Heilsplan Gottes an (Lk 4,43; 9,22; 13,33; 17,25; 19,5; 22,37; 24,7.26.44; Apg 1,16.21f; 3,21; 19,21; 23,11; 27,24), sondern auch - worauf *Talbert*, Promise 94, mit Verweis auf Lk 2,49; 11,42; 18,1; 22,7; Apg 4,12; 5,29; 9,6.16; 14,22; 15,5; 16,30; 20,35 mit Recht hingewiesen hat - "God´s expectations for human behavior".

[107] Vgl. *Prast*, Presbyter 154f.349. - *Lambrecht*, Farewell-Address 326 ist der Meinung, daß Lukas speziell die Worte seines Evangliums meine, die zur Nächstenliebe auffordern, und V35 "would function as a kind of summary of this teaching of Jesus".

[108] Für das Herrenwort gibt es hellenistische und frühchristliche Parallelen; Belege bei *Michel*, Abschiedsrede 90f.

[109] *Stolle*, Zeuge 70 Anm. 74.

Theophilum in dieser die Existenz der Kirche gefährdenden Situation anbietet, ist eine doppelte. Zum einen läßt er Paulus die Existenz von Geheimlehren negieren und die vom Heiligen Geist eingesetzten Presbyter auf Grund einer Sukzession der Lehre zu Garanten des rechten paulinischen Evangeliums in der Kirche seiner Zeit erklären. Zum anderen stellt er in vielfältiger Weise die Identität der Pauluspredigt mit der Verkündigung Jesu heraus. In diesen Zusammenhang gehört auch das Summarium mit der Verbindung von verbum dicendi und βασιλεία τοῦ θεοῦ. Es soll verunsicherte Gemeindeglieder über die Kontinuität der einen christlichen Verkündigung vergewissern. Indem Paulus die βασιλεία τοῦ θεοῦ verkündigt, redet er von dem Heilshandeln Gottes in der Geschichte als Erfüllung atl. Verheißung und vergewissert so den Leser über die Bedeutung des ATs für die Kirche. Zugleich redet Paulus vom Schöpferhandeln Gottes und vergewissert so den Leser über den Weltbezug christlichen Glaubens, wie er in der Armenfürsorge konkret Gestalt annehmen kann. Die zentrale, aus der Verkündigung Jesu übernommene Rede von der Herrschaft Gottes erschien Lukas demnach geeignet, eine antihäretische Funktion im Kampf gegen die Irrlehrer zu übernehmen. Der Sitz des Summariums in den Schriften des Lukas ist also zumindest teilweise in der Auseinandersetzung mit den Irrlehrern seiner Zeit zu suchen. Wo die Predigt von der βασιλεία τοῦ θεοῦ laut wird, da erklingt nach Meinung des Lukas die eine zentrale und heilschaffende christliche Botschaft, sei sie nun vom vorösterlichen und auferstandenen Christus, von den Aposteln, den Hellenisten oder Paulus zur Sprache gebracht.

Die Erkenntnis, daß sich die Irrlehrer auf Geheimlehren berufen haben, gibt nun freilich auch zur Vermutung Anlaß, daß sie solche Lehren nicht nur auf Paulus, sondern auch auf Jesus zurückführten. Zu Apg 1,1f wurde deshalb schon die Überlegung geäußert, die lukanische Betonung, er habe alles in seinem Evangelium aufgeschrieben, was Jesus getan und gesagt habe, diene der Negierung derartiger Ansprüche. Sollten sich die Irrlehrer aber - wie die späteren Gnostiker - auch auf Geheimoffenbarungen des Auferstandenen berufen haben[110], dann könnte auch das Summarium in Apg 1,3 der Negierung derartiger Ansprüche dienen und die vorgetragenen ex

---

[110] Derartige gnostische Anschauungen lassen sich freilich vorlukanisch nicht nachweisen, vgl. *Lohfink*, Himmelfahrt 134-136.

egetischen Überlegungen zur Abschiedsrede des Paulus in Milet noch wahrscheinlicher werden lassen.

2.2 Die Funktion von Apg 19,8 im Kontext von Apg 18,19-19,12

Die zweite hier zu untersuchende Stelle, die summarische Notiz über die Basileiaverkündigung des Paulus in Ephesus (19,8), wird nur auf dem Hintergrund der vorausgehenden Ereignisse und der Predigt des Alexandriners Apollos recht verstanden werden können.

1) Der Aufenthalt des Paulus in Ephesus am Ende seiner zweiten Missionsreise

Am Ende der zweiten Missionsreise folgt der auctor ad Theophilum wohl dem von ihm verarbeiteten Stationenverzeichnis, als er von der Reise des Paulus von Korinth nach Antiochien berichtet (18,18-22). Die kurze Szene während einer Zwischenstation in Ephesus, die den Reisebericht unterbricht (VV 19-21), ist sprachlich von Lukas gestaltet. Daß Paulus zuerst in die Synagoge geht, ist darüber hinaus typisch lukanisches Motiv. Die Verse dürften also als lukanisch anzusprechen sein[111]. Man wird die lukanische Intention mit dieser Szene wohl dahin interpretieren dürfen, daß der Verfasser der Acta apostolorum durch diese Ausführungen Paulus die Erstverkündigung in Ephesus - wie dann später auch in Rom - zukommen lassen will[112]. Er empfand dies offenbar deshalb für nötig, weil zum einen in dessen Gefolge (σὺν αὐτῷ: V18) Priszilla und Aquila nach Ephesus gekommen waren und dort nach seiner Abreise zurückblieben (VV 18f.26) und weil zum anderen während der Abwesenheit des Paulus nach Meinung der von Lukas verarbeiteten Tradition der Alexandriner Apollos in Ephesus missioniert hatte. Indem Paulus jedoch als erster in der bedeutendsten Stadt Kleinasiens das eine Evangelium darlegt, ist für den Autor der Apostelgeschichte die Kontinuität der Bezeugung des Heilsplanes Gottes von Jeru-

---

[111] Vgl. *Weiser*, Apg II 498f, mit Begründung.
[112] So auch *Conzelmann*, Apg 117; *Wolter*, Apollos 53.

salem bis Rom gewährleistet, so daß der dreizehnte Zeuge während seiner dritten Missionsreise da anknüpfen kann, wo er am Ende der zweiten Missionsreise aufgehört hat.

2) Apollos und seine Unterweisung durch Priszilla und Aquila

Mit Apollos begegnet nun in der Apostelgeschichte neben den "Hellenisten" ein urchristlicher Missionar, der - anders als diese - seinen Ursprung nicht in Jerusalem genommen hat und auch nicht - wie etwa die Ältesten von Ephesus - in der Nachfolge des Paulus steht. Im Unterschied zu Priszilla und Aquila (18,1-3.18.26), die nach der Darstellung der Acta apostolorum keine *missionarische* Wirksamkeit entfaltet haben, ist Apollos als Verkündiger tätig (18,25-28). Damit stellt sich für Lukas die Legitimationsfrage für den Inhalt seiner Botschaft. Bei den Aposteln einerseits und Paulus andererseits war diese kein Problem. Sie waren durch den auferstandenen und erhöhten Kyrios zu Zeugen seines Heilsplanes eingesetzt worden. Zum anderen zeigte das sog. Apostelkonzil in Jerusalem, daß zwischen ihnen keine Lehrdifferenzen vorhanden waren[113]. Für die Hellenisten stellte sich die Autoritätsfrage ebenfalls nicht. Die Sachgemäßheit ihrer Lehre beruhte - wenn auch nicht ausdrücklich gesagt, so doch durch die Darstellung der Apostelgeschichte impliziert - auf dem Zeugnis der Apostel und damit auf der Verkündigung Jesu. Ähnliches gilt wohl auch für Priszilla und Aquila. Sie waren vor Paulus in Korinth, werden aber von Lukas zunächst nicht als Christen, sondern als Juden vorgestellt (Apg 18,2), bei und mit denen Paulus wohnte und arbeitete (18,3). Auf diese Weise wird Paulus auch in Korinth die Erstverkündigung gesichert, ohne andererseits eine Bekehrung des Ehepaares zu erzählen. In unserem Zusammenhang wird ihr Christsein pauli-

---

[113] Diese Übereinstimmung hat der auctor ad Theophilum - worauf schon mehrfach hingewiesen wurde - vielfach in der Apostelgeschichte vermerkt. So läßt er etwa Paulus schon unmittelbar (εὐθέως) nach seinem Damaskuserlebnis in dieser Stadt missionieren (9,20f). Als dieser dann kurze Zeit später mit den Aposteln in Jerusalen ein- und ausgeht, erfolgt nicht - wie etwa bei Apollos - eine Belehrung durch die dortigen Autoritäten, sondern Lukas schildert die paulinische Predigttätigkeit in Jerusalem in Kontinuität zu der in Damaskus mit παρρησιάζεσθαι ἐν τῷ ὀνόματι τοῦ κυρίου (9,27b.28b). Die Parallelität der Formulierungen ist um so auffälliger, als Lukas sonst in analogen Fällen seine Predigtsummarien sprachlich variiert (vgl. nur die Miletrede).

148   *2.Kapitel: Die Verkündigung der* βασιλεία τοῦ θεοῦ *nach der Apg*

nischer und damit jesuanischer Prägung jedoch stillschweigend vorausgesetzt. Wie aber war das Verhältnis des Apollos und seiner Botschaft zu der einen christlichen Lehre und ihrer universalen Verbreitung zu bestimmen?

Ist mit dieser Frage[114] das für den auctor ad Theophilum bestehende Problem richtig anvisiert, dann könnte das lukanische Verständnis der schwierigen Verse Apg 18,24-19,7 wie auch die Funktion der summarischen Notiz über die Basileiaverkündigung des Paulus in 19,8 ein wenig verständlicher werden:

Apollos, gelehrt und schriftkundig, kommt nach Ephesus (18,24). Die christliche Botschaft vom "Weg des Herrn", die er selbst bei anderen gelernt hat (V25a), verdient - so weit sie τὰ περὶ τοῦ Ἰησοῦ betrifft - das gleiche Prädikat, das Lukas seinem Evangelium zukommen läßt: ἀκριβῶς (V25b; vgl. Lk 1,3). Dennoch ist sein Wissen defizitär, denn er kennt "allein die Taufe des Johannes" (V25c), d.h. ihm fehlt u.a. die Erkenntnis über die endzeitliche Gabe des Heiligen Geistes (Apg 1,5), so daß sich die Charakterisierung des Alexandriners mit ζέων τῷ πνεύματι (V25b) nicht auf den Heiligen Geist beziehen kann, sondern den menschlichen Geist meinen muß[115] und - zumindest nach lukanischem Verständnis - den Eifer des Apollos umschreibt. Wie Paulus so predigt auch Apollos in der Synagoge (V26a). Dort - so hat man sich offenbar vorzustellen - hören ihn die Paulusschüler Priszilla und Aquila, nehmen sich seiner an und setzen ihm genauer "den Weg Gottes" auseinander (V26b.c). Daß Apollos nach seiner Unterrichtung weiter in Ephesus wirkte, wird nicht berichtet. Stattdessen geht er - inzwischen über die eine christliche Lehre völlig informiert - nach Korinth mit Empfehlungsschreiben an die von Paulus gegründete Gemeinde und entfaltet dort eine segensreiche Tätigkeit, indem er den Juden aus den Schriften die Messianität Jesu beweist (VV 27f). Nur nebenbei erfährt der

---

[114] *Klein*, Apostel 179 Anm. 844, verschiebt den Akzent der Frage, wenn er meint, Lukas empfinde hier "die Problematik einer nicht auf die zwölf Apostel zurückführbaren Tradition", denn nach Darstellung der Apostelgeschichte ist die Botschaft des Paulus unmittelbar auf den Erhöhten zurückzuführen, auch wenn seine Lehre mit der der Apostel übereinstimmt, da auch diese den Inhalt ihres Zeugnisses der Belehrung durch den Auferstandenen verdanken.

[115] Daß die gleiche Wendung in Röm 12,11 begegnet und hier eindeutig den Heiligen Geist meint, ist kein Gegenargument, sondern zeigt nur, daß dieses Stück der lukanischen Vorlage entstammt und dort anders zu verstehen war. - Auf den Heiligen Geist bezogen interpretieren diese Wendung z.B. *Bauernfeind*, Kommentar und Studien 229; *Käsemann*, Johannesjünger 164; *Weiser* Apg II 508; *Barrett*, Apollos 36 mit Anm. 26.

Leser durch den Plural οἱ ἀδελφοί (V27), daß es neben Aquila und Apollos noch andere "Brüder" in Ephesus gab.

Für unseren Zusammenhang wichtig ist nun die Frage, worin das Lehrdefizit des Apollos und seine Unterweisung durch Priszilla und Aquila nach Meinung des Lukas bestand. Der in den Schriften mächtige Apollos ist über die ὁδὸς τοῦ κυρίου[116], d.h. τὰ περὶ τοῦ Ἰησοῦ, unterwiesen worden und verkündet dies in der Synagoge. Gemeint ist damit wohl Wort und Werk des vorösterlichen Jesus. Die nach seiner Unterweisung ausgeübte Lehrtätigkeit in Korinth zeigt, daß Apollos nun Schrift und Weg des Herrn miteinander in Verbindung bringt, indem er von den Schriften her Jesus als Messias beweist[117]. Die Belehrung muß demnach darin bestanden haben, daß Apollos der hermeneutische Schlüssel an die Hand gegeben wurde, sowohl die Schriften auf Jesus als auch Jesus von den Schriften her zu deuten. Die Möglichkeit dazu beruht aber - wie wir gesehen haben - darauf, daß der Auferstandene selbst seinen Jüngern das Verständnis der Schriften eröffnet hat (Lk 24, 25-27.44-48)[118]. Inhaltlich geht es dabei um den Heilsplan Gottes, d.h. um Gottes heilvolles Handeln in der Geschichte, oder - wie V26 sagt - um τὴν ὁδὸν τοῦ θεοῦ[119].

Das zweite Defizit besteht darin, daß Apollos "nur" die Johannestaufe kannte. In seiner programmatischen Einleitung zur Apostelgeschichte läßt Lukas den Auferstandenen das Pfingstereignis als das Neue gegenüber der Johannestaufe bezeichnen[120]. Da auch die Geistgabe Erfüllung atl. Verheißung ist, gehört sie ebenfalls zum "Weg Gottes", über den Apollos genauer belehrt wurde. Apollos ist demnach auch darüber aufgeklärt worden, daß die Heilsgeschichte seit Ostern weitergeht[121]!

---

[116] Der Ausdruck ist in der Apostelgeschichte singulär, findet sich aber in Lk 3,4 (vgl. 1,76) als Zitat aus Jes 40,3, mit dem Lukas analog zu den anderen drei Evangelisten (Mt 3,3; Mk 1,3; Joh 1,23) das Wirken des Täufers deutete.

[117] Vgl. *Schenk*, Glaube 90f; *Weiser*, Apg II 509f; *Wolter*, Apollos 64f.

[118] Vor allem die Belehrung der "Emmausjünger" in 24,25-27 als Korrektur ihres Wissens τὰ περὶ Ἰησοῦ τοῦ Ναζαρηνοῦ (24,19) - schon *Nösgen*, Apg 348, hat auf diesen Vers als Parallele zu Apg 18,25 verwiesen - scheint die vorgeschlagene Interpretation zu rechtfertigen.

[119] So schon *Nösgen*, Apg 349; vgl. auch *Michaelis*, ThWNT V 94f, der freilich ebd. auch die Wendung ὁδὸς τοῦ κυρίου in diesem Sinne verstehen will.

[120] Vgl. oben die Exegese zu Apg 1,5.

[121] Soweit ist *Conzelmann*, Apg 118, durchaus zuzustimmen: "Lk könnte sich die Sache etwa so zurechtgelegt haben, daß Apollos den Stoff des 'Evangeliums' (bis Lc 24)

Sind diese Überlegungen richtig, dann steht die Unterweisung des Apollos durch Priszilla und Aquila in genauer Parallele zur Unterweisung der Jünger durch den Auferstandenen. Die Eröffnung der Schrift zum Verständnis der Heilsgeschichte, die im Christusereignis ihr Zentrum hat, und die Information über die Geistgabe bilden somit den Inhalt der Aussage ἀκριβέστερον αὐτῷ ἐξέθεντο τὴν ὁδὸν τοῦ θεοῦ. Wir hatten gesehen, daß die Verkündigung der βασιλεία τοῦ θεοῦ inhaltlich analog bestimmt werden muß. Darauf wird gleich noch einmal zurückzukommen sein.

3) Die ungetauften "Jünger" in Ephesus

Ungefähr zwölf Männern (19,7), μαθηταί genannt (19,1), begegnet Paulus bei seiner Ankunft in Ephesus und spricht sie sogleich auf das Defizit des Apollos vor seiner Unterweisung durch Priszilla und Aquila an. Das sich entwickelnde Gespräch setzt ausdrücklich voraus, daß es sich bei den "Jüngern" um Zum-Glauben-Gekommene handelt (19,2a)[122]. Ihnen fehlt jedoch jedes Wissen um den Heiligen Geist (V2b), wie sie auch nur "auf die Johannestaufe" getauft wurden (V3). Damit erweist sich ihr Glaube als defizitär, denn auch wenn nach Darstellung der Apostelgeschichte Glaube, Taufe auf den Namen Jesu und Geistempfang als verschiedene Akte zeitlich auseinandertreten können, so gehören sie doch für Lukas sachlich zusammen, wobei zwar - wie im vorliegenden Fall - die Geistgabe dem Glauben folgt, aber die für das Heil nötige Sündenvergebung nachösterlich notwendig an den Namen Jesu Christi, d.h. an den erhöhten Kyrios gebunden ist[123]. Es folgt deshalb zunächst eine kurze Unterweisung über den Charakter der Johannestaufe (V4a), die als Aufforderung zum Glauben an Jesus interpretiert wird (V4b). Müßten von V4b her die μαθηταί und πιστεύσαντες eigentlich als "Johannesjünger" angesehen werden, denen jede Kenntnis von Jesus fehlt, so ist dies offenbar nicht die lukanische Sicht. Es folgt nun ihre

---

kannte, nicht aber die Ereignisse von Act 2 an". Freilich muß das "bis" der Klammerbemerkung exkludierend verstanden werden, wenn die lukanische Intention richtig interpretiert werden soll.

[122] Bestritten von *Lichtenberger*, Täufergemeinden 50f; vgl. aber die Einschränkung S.50 Anm. 58: "Jedenfalls keine wirklichen Christen im vollen Sinne".

[123] Vgl. Apg 2,38; 5,31; 10,43; 13,38; 26,18.

christliche Taufe (V5), das Kommen des Geistes via Handauflegung des Paulus (V6a) sowie Zungenrede und Prophetie als Dokumentation der Tatsächlichkeit des Geistempfangs (V6b; vgl. 2,4; 10,46; 11,27f), der als göttliche Bestätigung der paulinischen Belehrung zu verstehen ist[124]. Das Defizit der zwölf Jünger ist damit behoben. Das Kommen des Geistes hat die zur Taufe auf den Namen Jesu führende Orthodoxie der Verkündigung des Paulus und seine sich in der Handauflegung dokumentierende Vollmacht vor aller Welt bzw. vor den Lesern des Lukas kundgetan[125].

Ohne V4b[126] könnten die hier auftretenden "Johannesjünger" durchaus als Schüler des 18,25b.c charakterisierten Apollos anzusprechen sein. So hat es aller Wahrscheinlichkeit nach Lukas auch intendiert[127], als er die vorgegebenen Überlieferungen von Apollos in Ephesus und von den Johannesjüngern miteinander verband, wobei er die Apolloserzählung von 19,1-7 her gestaltete und umgekehrt die Johannesjünger als μαθηταί und πιστεύ-

---

[124] Ähnlich schon *Schneckenburger*, Zweck 56.

[125] Daß der "Scopus des Textes ... die Aufnahme kirchlicher Außenseiter in die Una sancta catholica" (*Käsemann*, Johannesjünger 162) sei, will mir nicht so recht einleuchten. *Schweizer*, Apollos 75, dürfte richtiger gesehen haben, "daß das Motiv der heilsgeschichtlichen Kontinuität das für Lukas eigentlich zentrale ist", freilich nicht in dem Sinne, wie *Schweizer* ebd. meint, daß es bei den geschilderten Ereignissen in Ephesus um "die Kirche ... als konsequente und allein legitime Fortsetzung des Judentums" geht, denn für Lukas sind weder Apollos, noch die zwölf Jünger Anhänger des Täufers. Vielmehr geht es dem auctor ad Theophilum um die heilsgeschichtliche Kontinuität bei der Ausbreitung des einen Evangeliums von Jerusalem bis Rom.

[126] V4b erweist sich deutlich als Tradition, denn Lukas selbst charakterisiert die Johannestaufe sonst nie als Aufforderung zum Glauben an Christus, sondern er betont die Differenz zwischen Johannestaufe und christlicher Taufe, die für ihn eine Differenz von Wasser- und Geisttaufe ist (Lk 3,16; Apg 1,5; 11,16), wie sie dann auch in den folgenden beiden Versen zum Ausdruck kommt. Zudem entspricht die Figura etymologica, die auch Lk 7,29 und 12,50 begegnet, nicht lukanischem Sprachgebrauch; vgl. *Jeremias*, Sprache zu 1,73 Trad samt Anm. 94 - Die traditionelle Sicht von V4 hat eine Parallele in Joh 1,29-31: Auch hier interpretiert der Täufer seine Taufe als Hinweis auf Jesus; vgl. *Lake/ Cadbury*, Beg. IV 238. Damit dürfte die von Lukas in 19,1-7 verarbeitete Überlieferung den gleichen Sitz im Leben haben wie die entsprechenden Ausführungen in Joh 1, nämlich eine Auseinandersetzung mit Täuferkreisen.

[127] Ähnlich *Wolter*, Apollos 61: "Dadurch, daß Lukas 19,1-7 unmittelbar auf 18,24-28 folgen läßt, macht er die Ephesusjünger zu 'Verwandten' des Apollos, denn der Leser, der gerade die Apollosepisode gelesen und 18,25c noch im Ohr hat, wird die Ephesusjünger sofort mit Apollos in Verbindung bringen. Lukas wäre nicht Lukas, wenn er diese Assoziation im Blick auf seine Leser nicht genau berechnet hätte."

152   *2.Kapitel: Die Verkündigung der* βασιλεία τοῦ θεοῦ *nach der Apg*

σαντες charakterisierte[128]. Dadurch ist nach Lukas eine Situation entstanden, in der zwar auf eine öffentliche christliche Predigt in Ephesus zurückgeblickt werden kann, zugleich aber der Leser um das Defizit dieser Verkündigung weiß, das einerseits durch die Paulusschüler Priszilla und Aquila und andererseits durch Paulus selbst behoben wurde.

4) Die paulinische Verkündigung der βασιλεία τοῦ θεοῦ in Ephesus

Mit 19,8 wird dieses Intermezzo endgültig beendet. Der auctor ad Theophilum beschreibt die paulinische Predigt in der Synagoge mit ἐπαρρησιάζετο ἐπὶ μῆνας τρεῖς διαλεγόμενος καὶ πείθων [τὰ] περὶ τῆς βασιλείας τοῦ θεοῦ. Dabei nimmt er den Strang der dritten Missionsreise von 18,23 auf, der in 19,1b schon einmal kurz angeklungen war, und spielt durch die nahezu parallele Formulierung an die paulinische Erstverkündigung in Ephesus an (vgl. εἰσελθὼν δὲ εἰς τὴν συναγωγὴν ... διαλεγόμενος in 19,8 mit αὐτὸς δὲ εἰσελθὼν εἰς τὴν συναγωγὴν διελέξατο in 18,19b). Daß das verbum finitum an die Beschreibung der Wirksamkeit des Apollos in der gleichen Synagoge erinnert (18,26a), wird von Lukas ebenfalls beabsichtigt sein[129]. Von daher ist es berechtigt, 19,8 auf dem Hintergrund von 18,19-21.24-28 zu interpretieren[130]. Das Summarium soll gegenüber der Defizienz der Lehre des Alexandriners nun die Vollständigkeit und Orthodoxie der christlichen Predigt in Ephesus beschreiben, indem mit βασιλεία τοῦ θεοῦ das die Verkündigung des vorösterlichen und auferstandenen Christus zusammenfassende Hauptstichwort genannt und dadurch die Botschaft des dreizehnten Zeugen legitimiert wird.

Der inhaltliche Aspekt dieses Summariums wurde bei der Exegese von Apg 28,23.31 und 1,3 geklärt und braucht hier nicht wiederholt zu werden. Nur auf zwei Punkte sei in diesem Zusammenhang noch einmal ausdrücklich hingewiesen. Zum einen legen weder der vorausgehende Bericht über die Ereignisse in Ephesus noch die folgende Reaktion eines Teiles der Juden es nahe, in V8 eine Umschreibung der futurisch-eschatologischen Gottesherrschaft zu erblicken, denn deren Verkündigung erschiene im Kontext recht

---
[128] Vgl. *Käsemann*, Johannesjünger 167.
[129] So auch *Schneider*, Apg II 261 Anm. 18.
[130] So weit ich sehe, hat dies merkwürdigerweise bisher noch niemand versucht.

unvermittelt. Damit zusammen hängt nun ein zweites: Die Bemerkung, daß der ungläubige Teil der Synagogenbesucher τὴν ὁδόν schmähte (V9), zeigt einerseits, daß die ὁδός zu der verkündigten βασιλεία τοῦ θεοῦ in genauer Parallele steht und wohl mit ihr zu identifizieren ist[131], und erinnert andererseits den Leser an 18,25f. Dadurch bestätigt sich unser oben gewonnenes Ergebnis, daß ἡ ὁδὸς τοῦ θεοῦ inhaltlich der βασιλεία τοῦ θεοῦ in den Summarien mit verbum dicendi entspricht.

Im Kontext der Ereignisse in Ephesus stellt somit das Summarium sicher, daß allein durch Paulus der Heilsplan Gottes in dieser Weltstadt sachgemäß verkündigt wurde. Priszilla und Aquila haben nach Darstellung der Apostelgeschichte nicht missioniert, während Apollos nach seiner Belehrung nach Korinth reiste, ohne - so muß man doch wohl das Schweigen des Lukas deuten - daß er seine missionarische Wirksamkeit in der Weltstadt Kleinasiens weiter fortsetzte. Nur durch Paulus ist also die sachgemäße Ausbreitung der einen christlichen Botschaft in Kontinuität zu Jesus und den Aposteln gewährleistet. Diesen Aspekt zu unterstreichen, ist die Funktion des Summariums in Apg 19,8[132]. Die hier erwähnte Basileiaverkündigung deutet die Einheitlichkeit der christlichen Botschaft an und spricht dem Verkündiger eine Mitschuld an der entstandenen Irrlehre bzw. an dem Unglauben der sich verweigernden Juden ab.

5) Der Zusammenhang von Basileiaverkündigung und göttlichen Machterweisen

In 19,8 hat der Hinweis auf den Inhalt der paulinischen Verkündigung in Ephesus nicht nur eine Funktion im Kontext der zuvor berichteten Ereignisse, sondern muß auch im Kontext mit den folgenden Versen, besonders mit den VV 11f, gesehen werden. Mit diesem Summarium über die von Gott "durch die Hände des Paulus" bewirkten Heilungen und Exorzismen verdeutlicht Lukas den Zusammenhang zwischen der Verkündigung der Gottesherrschaft und ihren Manifestationen in konkreten Ereignissen. Dabei soll

---
[131] Vgl. *Gräßer*, Parusieverzögerung 213.
[132] Ähnlich auch *Weiser*, Apg II 526, der allerdings das Summarium nicht im Zusammenhang der vorausgehenden Ereignisse interpretiert.

vielleicht auch die Überbietung der Herrschaft Satans, des Herrn der Dämonen, durch die Herrschaft Gottes aufgezeigt werden[133]. In Apg 8 wie im Lukasevangelium wird uns der gleiche Zusammenhang zwischen der Verkündigung der Basileia und ihrer Verwirklichung in konkreten Machttaten begegnen. Darauf wird an späterer Stelle in dieser Arbeit noch ausführlicher zurückzukommen sein[134]. Hier sei nur noch darauf hingewiesen, daß Gott durch die in den VV 11f beschriebenen Machttaten die Botschaft des Paulus und damit ihre Orthodoxie bestätigt, denn die folgende Exorzismusszene (19,13-20) zeigt, daß derartige Machttaten nicht selbstverständlich sind.

2.3 Die Funktion von Apg 8,12 im Kontext von Apg 8,4-40

Thema des Abschnittes Apg 8,4-40 ist die Ausbreitung des einen Evangeliums über Jerusalem hinaus nach Samaria[135] und der Küstenebene. Vorbereitet hat Lukas diesen Akzent seiner Darstellung in doppelter Weise: Zum einen durch die im Anschluß an Tritojesaja erfolgte Tempelkritik in der Stephanusrede (7,48-50), die mit Verweis auf Gott als Pantokrator den heilsgeschichtlichen Grund angibt, warum christliche Gemeinde nicht an Jerusalem, der Stadt des Tempels, gebunden bleiben muß; zum anderen durch die sich in der Steinigung des Stephanus dokumentierende Ablehnung der Jerusalemer Juden, die das im Paulusteil der Apostelgeschichte begegnende Schema vorwegnimmt, daß Ablehnung und Verfolgung letztlich nur der Ausbreitung der Heilsbotschaft dienen.

Daß Apg 8 in der Tat unter dem Gesichtspunkt der Ausbreitung der Verkündigung gelesen werden will, hat der Autor der Acta Apostolorum mit der inclusio εὐαγγελίζεσθαι angezeigt (VV 4.40) und damit zugleich das Stichwort gegeben, daß die sonstige Darstellung des Kapitels prägt (VV 12.25.35) und bei dem es zunächst gleichgültig ist, ob es für die Predigt des Philippus (VV 4.12.35.40), τοῦ εὐαγγελιστοῦ (21,8), oder der Apostel

---

[133] Vgl. hierzu *Garrett*, Demise 90f.
[134] Vgl. unten S.177ff.
[135] Samaria ist für Lukas anders als etwa für Mt 10,5 ein Teil Israels, wie *Jervell*, Lost Sheep 113-132, begründet dargelegt hat.

Die Funktion von Apg 8,12 im Kontext von Apg 8,4-40 155

Petrus und Johannes (V25) Verwendung findet[136]. Letzteres zeigt sich unter anderem daran, daß die Samariamission durch ein Summarium der Verkündigung der beiden Apostel abgeschlossen wird (V25), das deutlich in Parallele zum Ende des Berichtes über die Wirksamkeit des Philippus in der Küstenebene (V40) steht. Neben den genannten Notizen weisen ferner die VV 6f und V14 darauf hin, daß es Lukas in dem Abschnitt 8,4-40 um die Ausbreitung des Wortes Gottes geht.

Die die Verbreitung des Evangeliums beschreibenden summarischen Notizen in den VV 4.5.6.12.14.25.35.40 rahmen die dem auctor ad Theophilum vorgegebenen Traditionen und verbinden sie zu einer Einheit. Wahrscheinlich hat Lukas in Kap.8 auf zwei voneinander unabhängige Überlieferungen zurückgegriffen: Auf eine Tradition über die Wirksamkeit des Philippus in Samaria[137] und an der Mittelmeerküste zwischen Gaza und Caesarea maritima, zu der auch die Legende über die Begegnung mit dem äthiopischen Finanzminister gehörte (8,26-40), sowie auf eine Erzählung über die Begegnung und Auseinandersetzung zwischen Simon und Petrus[138]. Der genaue Umfang und Sinn der vom Autor der Apostelgeschichte verarbeiteten Überlieferung ist freilich schwer zu bestimmen, da er - einem "Grundgesetz antiker Quellenverarbeitung"[139] entsprechend - seine Vorlagen durchweg sprachlich gestaltet hat[140], doch hat Lukas durch die oben erwähnten summarischen Notizen einerseits und durch die Verknüpfung seiner beiden Traditionen andererseits relativ deutlich werden lassen, worauf es ihm bei seiner Schilderung vor allem ankam. Genau das aber ist es, was uns im Zusammenhang dieser Arbeit interessiert.

Mit der Zerstreuung der griechischsprachigen Judenchristen aus Jerusalem (8,1) geht deren missionarische Wirksamkeit einher (V4; vgl. 11,19f).

---

[136] Zum lukanischen εὐαγγελίζεσθαι vgl. S.171f. - Warum *Stuhlmacher*, Evangelium 234 Anm. 3, nicht alle fünf Belege in Kap.8 für lukanisch hält, sondern 8,35 als traditionell ansieht, wird nicht ersichtlich. Auch *Kümmel*, Gesetz 407 Anm. 24, vermißt eine Begründung. Der Vers erweist sich vielmehr sprachlich wie theologisch als redaktionell; vgl. *Weiser*, Apg. I 210 und 213.

[137] Hinter 8,5-8.12 läßt sich freilich als Tradition über die Tätigkeit des Philippus in Samaria kaum mehr erkennen, als daß er dort missionarisch gewirkt hat; vgl. *Weiser*, Apg I 199; *Koch*, Geistbesitz 68f und 68 Anm. 11.

[138] Daß Lukas hier zwei Traditionen miteinander verknüpfte, vermuten z.B. auch *Löning*, Lukas 207; *Weiser*, Apg I 200; *Koch*, Geistbesitz 78.

[139] *Hengel*, Zwischen Jesus und Paulus, 156.

[140] Vgl. auch ebd. 156f mit Anm. 17-19.

2.Kapitel: Die Verkündigung der βασιλεία τοῦ θεοῦ nach der Apg

Philippus, einer ihrer Hauptrepräsentanten (6,5), kommt nach Samaria und verkündet dort den Messias (V5). Seine Verkündigung ist begleitet von Wundertaten (VV 6f.13). Das verbindet ihn mit Jesus (Lk, 4,40f u.ö.; Apg 2,22; 4,30; 14,3), den Aposteln (Apg 2,43; 4,16; 5,12.15f), Stephanus (Apg 6,8) und Paulus (14,3; 15,12). Derartige Wundertaten werden von Lukas als Handlungen Gottes (Apg 2,22; 15,12; 19,11) bzw. des erhöhten Christus (Apg 4,30; 14,3) verstanden, mit denen die Verkündigung Jesu bzw. seiner Boten beglaubigt wird. Sie dokumentieren so zeichenhaft, was nach V12 Inhalt des verkündigten Wortes ist: die βασιλεία τοῦ θεοῦ[141]. So ist es kein Zufall, daß Lukas von den die Verkündigung begleitenden machtvollen Taten gerne dann spricht, wenn er in einer summarischen Notiz die Predigt der Basileia thematisiert (vgl. Lk 4,43 mit 4,33-41; 9,2.11; 10,9; 11,20)[142]. Die Folge der Wirksamkeit des Philippus ist die Gewinnung einer großen Anhängerschaft für seine Botschaft (V6)[143].

Mit V9 tritt nun Simon in die Erzählung ein. Seine Selbst- und Fremdbeurteilung werden kurz charakterisiert (VV 9f), worauf der Leser erfährt, daß die für die christliche Botschaft Gewonnenen ehemalige Anhänger des Simon[144] waren. V11 erklärt in diesem Zusammenhang, warum die Leute in

---

[141] Vgl. hierzu *Garrett*, Demise 63-65.

[142] Darauf wird im nächsten Kapitel noch näher einzugehen sein; vgl. unten S.177ff.

[143] Προσέχειν als Beschreibung einer Anhängerschaft begegnet neben den VV 10f auch noch in Apg 16,14. Der Unterschied zwischen 8,6; 16,14 einerseits und 8,10f andererseits ist für Lukas charakteristisch: In den letzten beiden Versen geht es um die Anhängerschaft einer Person, in den ersten beiden Stellen um die Anhängerschaft einer Lehre. Das ist nun gerade für V6 besonders hervorzuheben, da der Kontext mit dem Bericht über die Wundertaten des Philippus die Verehrung der Person nahelegen könnte. Aber darin liegt offenbar für Lukas gerade ein charakteristischer Unterschied zwischen den christlichen Verkündigern und dem Magier Simon: Christliche Verkündigung erreicht dann ihr Ziel, wenn die Hörer Anhänger der Botschaft werden; vgl. hierzu auch V12.

[144] Sollte Lukas den Simon bzw. dessen Verehrer schon als Gnostiker gekannt haben, dann würde unsere These, daß dem Summarium mit verbum dicendi und βασιλεία τοῦ θεοῦ eine antihäretische Funktion eignet, eine weitere Bestätigung finden. Doch gehört die Voraussetzung in den Bereich der Spekulation, da ohne die späteren Mitteilungen der Kirchenväter niemand auf Grund des Befundes in Apg 8 auch nur auf diesen Gedanken käme, wie z.B. *Barrett*, Light 285f, und *Koch*, Geistbesitz 65, mit Recht angemerkt haben. Auch der aus Samaria stammende *Justin* redet von Simon nicht als Gnostiker, sondern nur als Zauberer, der als Gott verehrt wurde (Apol 26,2f; 56,1.2; Dial 120,6); vgl. *van Unnik*, Häresien 404 - Die Versuche von *Lüdemann*, "Untersuchungen zur simonianischen Gnosis" bzw. "The Acts of the Apostles and the Beginnings of Simonian Gnosis", u.a., zu zeigen, daß sowohl Lukas als auch Justin mehr wußten und

Samaria dem Simon Gefolgschaft leisteten: Er hatte sie über lange Zeit durch Zaubereien verwirrt. Nun aber, so fährt V12 fort, kamen sie zum Glauben, indem sie die von Philippus verkündigte Botschaft anerkennen[145]. Die Anerkenntnis dieser Botschaft samt der folgenden Taufe bewirken, daß die lange Zeit der Verzauberung durch Simon ein Ende findet. Es sind also die von Philippus verkündete Herrschaft Gottes und der erhöhte Christus, deren Anerkenntnis das Ende der Macht des Magiers zur Folge hat.

Die Formulierung εὐαγγελίζεσθαι περὶ τῆς βασιλείας τοῦ θεοῦ soll den Leser natürlich an Lk 4,43; 8,1 und 16,16 erinnern und andeuten, daß Philippus in Kontinuität zur Verkündigung Jesu steht[146]. Der explikative Zusatz καὶ τοῦ ὀνόματος Ἰησοῦ Χριστοῦ, auf den schon bei der Exegese zu Apg 28,23 hingewiesen wurde und der den erhöhten Christus als Mitte der nachösterlichen Basileiaverkündigung angibt, macht deutlich, daß Philippus nicht - wie etwa der lukanische Apollos - auf irgendeiner vorösterlichen Erkenntnisstufe stehengeblieben ist. Die Wirksamkeit und der Erfolg des Philippus zeigen vielmehr, daß an seiner Verkündigung nichts auszusetzen ist. So kommt also auch Apg 8,12 in seinem Kontext die Funktion zu, die Ausbreitung des einen Evangeliums sicherzustellen. Lukas erachtete das offenbar deshalb für nötig, weil mit der Zerstreuung der Hellenisten, als

---

Simon als Gnostiker kannten, beruhen nicht auf direkten Aussagen der beiden Autoren, sondern auf indirekten Rückschlüssen aus der in Apg 8,10b (ἡ μεγάλη δύναμις [τοῦ θεοῦ]) und Apg 8,22 (ἐπίνοια) und Apol 26,3 (ἔννοια) begegnenden Begrifflichkeit, die mit Hilfe späterer Nachrichten auf eine simonianische Gnosis bezogen werden können. Zur Diskussion vgl. die Forschungsüberblicke bei *Gräßer*, Acta-Forschung 26-30, und *Meeks*, Simon Magus, sowie die entsprechenden im Literaturverzeichnis genannten Arbeiten von *Haenchen, McL.Wilson, Bergmeier, Beyschlag* und *Lüdemann*. - Für die Apostelgeschichte jedenfalls ist Simon kein Häretiker, sondern ein ehemaliger Magier, der Christ wurde. Sein Ansinnen gegenüber Petrus wird auch nicht als Irrlehre, - eine solche gibt es für Lukas noch nicht in der ersten urchristlichen Generation - , sondern als Fehl*verhalten* beurteilt.

[145] Πιστεύω cum dativo personae findet sich im lukanischen Doppelwerk neben V12 und Lk 20,5 (= Mk 11,31) noch in Apg 5,14 (τῷ κυρίῳ), 16,34 (τῷ θεῷ), 18,8 (τῷ κυρίῳ), 26,27 (τοῖς προφήταις), 27,25 (τῷ θεῷ). In Apg 5,14; 16,34 und 18,8 hat πιστεύειν τινί die Bedeutung "glauben an" (*BDR* 187$_2$); in 27,25 meint es das Vertrauen auf Gott (*Haenchen*, Apg 674); in 26,27 wird es wie in Lk 20,5 gebraucht im Sinne von "anerkennen, für wahr halten", wobei der dativus personae letztlich für die Botschaft der jeweiligen Person steht. Das ist auch in Apg 8,12 der Fall, wie die Partizipialkonstruktion expliziert.

[146] Vgl. *Weiser*, Reich Gottes 130.

2.Kapitel: Die Verkündigung der βασιλεία τοῦ θεοῦ nach der Apg

deren Hauptrepräsentant nach der Steinigung des Stephanus Philippus anzusehen ist, das Evangelium unabhängig von den Aposteln als den wahren Garanten der Jesustradition und autorisierten Zeugen des Heilsplanes Gottes über Jerusalem hinausgeht. Wie in 19,8 und 20,25 bei Paulus so soll auch für Philippus und damit für die Hellenisten insgesamt die Suffizienz ihrer Verkündigung ausgesagt werden. Auf diese Weise zeigt Lukas, daß die eine Botschaft, an deren Orthodoxie die Existenz der Kirche hängt, den Weg von Jerusalem über Samaria nach Rom genommen hat.

Wollte man das allgemein gehaltene Summarium in 8,12 inhaltlich konkreter fassen und für die Verkündigung des Philippus auswerten, dann ist man neben VV 4f[147] vor allem auf 8,35 verwiesen. Die an der letzten Stelle erwähnte Christusverkündigung von der Schrift her[148] erwies sich in Apg 28,23 als Hauptinhalt der nachösterlichen Basileiaverkündigung. Sie gründet auf der Eröffnung der Schrift durch den Auferstandenen, die nach Apg 1,3 unter die vierzigtägige Belehrung über die βασιλεία τοῦ θεοῦ fällt, und sie entspricht der Argumentation des Apollos in Korinth nach seiner Unterweisung durch Priszilla und Aquila (18,28). Wenn man 8,35 zur inhaltlichen Explikation von 8,12 benutzen darf, dann ist auch die letzte Stelle eine Bestätigung unseres bisherigen Ergebnisses, daß die summarische Notiz mit der Verbindung von verbum dicendi und βασιλεία τοῦ θεοῦ den in der Schrift vorhergesagten und im Christusereignis gipfelnden Heilsplan Gottes beinhaltet.

Ist das bisher Gesagte auch nur annähernd richtig, dann kann der folgenden Szene (VV 14-17), mit der Lukas eine Verbindung zwischen den Aposteln Petrus und Johannes und der Wirksamkeit des Philippus herstellt, nicht die Aufgabe zukommen, nun doch die Defizienz der Predigt der

---

[147] Vgl. hierzu *Gräßer*, Parusieerwartung 108: "'Das Wort verkünden' (εὐαγγελίζεσθαι τὸν λόγον) bzw. 'Christum predigen' (κηρύσσειν Χριστόν) sind jeweils nur andere Ausdrücke für dieselbe Sache: Das Evangelium vom Reich Gottes predigen." So weit ist *Gräßer* zuzustimmen. Freilich ist für ihn der verkündigte Christus nicht der "Christus praesens" und die Basileia "rein zukünftig gedacht" (110). Ähnlich beurteilt *Haenchen*, Apg 294, die Basileiapredigt des Philippus als "Predigt ... vom [kommenden] Gottesreich". Nimmt man jedoch neben den - vielen Deutungen offenstehenden - VV 4.5 noch V35 hinzu, um den Inhalt der Aussage von V12 zu kennzeichnen, dann ergibt sich ein eindeutigeres und anderes Bild, als *Gräßer* es gemalt hat.

[148] Eine solche ist natürlich auch in 8,5 mit ἐκήρυσσεν τὸν Χριστόν impliziert, denn Messiasverkündigung vor Juden heißt für Lukas, aus der Schrift zu beweisen, daß der verheißene Christus und Jesus identisch sind (vgl. 17,2f).

Hellenisten anzuzeigen, sondern sie erfüllt vielmehr umgekehrt die Funktion, die Korrektheit ihrer Verkündigung zu bestätigen[149]. Indem ohne vorausgehende Belehrung seitens der Apostel die Handauflegung den Geist vermittelt, bestätigt Gott durch die Gabe des Geistes (vgl. V20b!)[150], daß Philippus und die Hellenisten in apostolischer und damit jesuanischer Tradition stehen[151]. Die Ausbreitung des einen Evangeliums von Jerusalem bis Antiochien durch die Hellenisten ist somit gegeben[152].

---

[149] Vgl. *Roloff*, Apg 132; *Pesch*, Apg I 275; *Kilgallen*, Acts 66.

[150] Natürlich bezieht sich δωρεά in V20 nicht auf die ἐξουσία von V19, die Simon erwerben möchte, sondern wie an den drei anderen Stellen der Apostelgeschichte, in denen das Wort begegnet (2,38; 10,45; 11,17), auf den Geist selbst; vgl. *Koch*, Geistbesitz 76. - Die "Gabe" des Geistes wird somit für alle drei heilsgeschichtlichen Wendepunkte in der Apostelgeschichte in Anspruch genommen: Für das erste Pfingsten in Jerusalem, für die erste Gemeindegründung außerhalb Jerusalems in Samaria und für die erste Heidenbekehrung.

Barrett, Light 293-295, dürfte richtig gesehen haben, daß der Dialog des Simon mit Petrus (VV 18-24) vor allem verdeutlichen soll, daß der Geist nicht durch Handauflegung der Apostel oder etwas dergleichen vermittelt wird, sondern schlechthinnige Gabe Gottes ist (293), mit der Gott anzeigt, ob jemand Christ ist (295). Die beiden Traditionen über Philippus und Petrus habe Lukas in der Weise verbunden, daß er dem einen die Taufe, dem anderen die Bestätigung (confirmation) zuwies (293), um so die Zusammenarbeit von Philippus und Petrus anzuzeigen (295).

[151] Auf die Parallelität zwischen Apg 8,14-17 und 19,1-7 ist häufig hingewiesen worden. Aber der charakteristische Unterschied zwischen Apollos und seinen "Schülern" einerseits und den Hellenisten andererseits, nämlich die Defizienz bzw. Suffizienz der christlichen Botschaft, ist dabei kaum beachtet worden. Bestätigt in Apg 8 die Handauflegung des Petrus und die folgende Geistgabe die Korrektheit der Verkündigung des Philippus (!) bzw. der Frucht seiner Verkündigung, so fallen in Apg 19 Verkündiger und Handaufleger zusammen und durch die Geistgabe bestätigt Gott die paulinische Wirksamkeit im Gegenüber zu der des Apollos in Ephesus.

[152] Einen analogen Vorgang wie in Samaria berichtet Lukas für Antiochien in Apg 11,19-24: Die auf die Hellenisten zurückgehende Gemeindegründung (VV 19f), deren Legitimität für den Autor der Acta apostolorum schon dadurch gegeben ist, daß sie Gottes Werk ist (V21), wird noch einmal ausdrücklich durch die Visitation aus Jerusalem bestätigt (VV 22-24).

3. Zusammenfassung

Ausgangspunkt unserer Überlegungen war die Frage nach dem Inhalt dessen, was Lukas mit der Verbindung von verbum dicendi und βασιλεία τοῦ θεοῦ umschreibt. Die Schwierigkeit der Deutung dieser nur im lukanischen Doppelwerk begegnenden und immer summarischen Charakter tragenden Verbindung besteht darin, daß das Stichwort βασιλεία (τοῦ θεοῦ) außerhalb dieser Summarien mit Ausnahme von Apg 1,6 und 14,22 in der Apostelgeschichte nicht begegnet und der Gedanke einer futurisch-eschatologischen Basileia in den Acta apostolorum allenfalls eine Nebenrolle spielt. Dennoch findet sich das Reden über die βασιλεία τοῦ θεοῦ am Anfang und am Ende der Apostelgeschichte und bildet offenbar eine thematische Klammer um den zweiten Band des lukanischen Doppelwerkes.

Wir haben uns der Frage nach dem Inhalt zu nähern versucht durch eine Exegese von Apg 28,17-31, indem wir für die VV 23.31 neben textinternen Überlegungen vor allem die sonstige Verkündigung des lukanischen Paulus daraufhin befragt haben, was sie zum Verständnis dieser beiden allgemein-gehaltenen Summarien beiträgt. Dabei ergab sich, daß die βασιλεία τοῦ θεοῦ aus der Schrift bezeugt werden kann, weil im Zentrum der Basileiaverkündigung das Christusgeschehen als Erfüllung der atl. Verheißungen steht. Dadurch, daß Gesetz und Propheten den Heilsplan Gottes enthalten, der im Leben Jesu, seinem Kreuz, seiner Auferstehung und Erhöhung sowie seiner gegenwärtig sich vollziehenden weltweiten Verkündigung schon Wirklichkeit geworden ist, zeigt sich für den auctor ad Theophilum die Herrschaft Gottes, die gerade deshalb, weil sie Erfüllung göttlicher Verheißung ist, auch als solche verkündigt werden kann. Verkündigung der βασιλεία τοῦ θεοῦ meint unter diesem Gesichtspunkt die Botschaft von der Verwirklichung des göttlichen Heilsplanes im gesamten Christusgeschehen.

Mit der Christologie als dem Zentrum der Basileiaverkündigung rückt nun vor allem die Erhöhung Jesu in den Mittelpunkt, weil nach Lukas einzig der von Gott zum Kyrios und Messias eingesetzte Jesus Heilsbedeutung für die Kirche hat, insofern es Vergebung der Sünden und ein Erbe unter den Geheiligten nur durch den Erhöhten gibt und er der künftige Richter der Lebenden und der Toten ist. Da nun aber die gesamte lukanische Christologie theozentrischen Charakter trägt, steht auch hinter dem gegenwärtigen und zukünftigen Handeln des Erhöhten das Handeln Gottes. Gegenwärtige Sündenvergebung und zukünftiges Gericht gehören zum Heilsplan Gottes und kommen dort zur Sprache, wo die βασιλεία τοῦ θεοῦ verkündigt wird.

Als Realisierung seines Heilsplanes bleibt die Herrschaft Gottes jedoch nicht auf die Christologie beschränkt, sondern umfaßt sowohl die Verstokkung der ungläubigen Juden als auch die Sendung des Heils zu den Heiden, denn beides ist von Gott durch die Propheten vorhergesagt und läßt von daher die Herrschaft Gottes in der Geschichte deutlich werden.

Doch die Herrschaft Gottes nahm nach Lukas nicht erst mit der Erfüllung atl. Verheißungen im Christusgeschehen ihren Anfang, sondern bezieht auch die Zeit des Volkes Israels wie die der Heiden ante Christum natum ein, da Gott sich durch seine Schöpfung wie in der Geschichte seines auserwählten Volkes auch vor der Sendung Jesu wirksam zeigte. Diese Zeit der Gottesherrschaft bis zum Auftreten Christi ist für die Heiden die Zeit der Unwissenheit, die Gott übersehen hat, für das Volk Israel jedoch die Zeit der Verheißung sowie des Ungehorsams. Seit Beginn der Erfüllung dieser Verheißungen wird die Herrschaft Gottes verkündigt. Diese Verkündigung beinhaltet auch den Bußruf (zuerst) an die Juden und (später dann auch) an die Heiden, sich der Herrschaft Gottes zu unterwerfen. Für die Zeit nach der Himmelfahrt impliziert diese Unterwerfung den Glauben an den erhöhten Christus, um Vergebung der Sünden zu empfangen.

In den Summarien, die ein verbum dicendi mit βασιλεία τοῦ θεοῦ verbinden, umfaßt die verkündigte Gottesherrschaft also die Geschichte von Juden und Heiden und hat ihr Zentrum in der Realisierung des in der Schrift niedergelegten Heilsplanes Gottes, die seit dem Auftreten Jesu als Heilsbotschaft zur Sprache kommt.

Die Exegese zu Apg 1,1-8 konnte die bei der Untersuchung von Apg 28,17-31 gewonnenen Ergebnisse zum Inhalt der verkündigten Basileia in mehreren Punkten bestätigen. Das vierzigtägige Reden des Auferstandenen über die βασιλεία τοῦ θεοῦ steht in Parallele zur Eröffnung der Schrift in Lk 24,44ff und umfaßt die durch den Auferweckten geschehene authentische Erläuterung des Heilsplanes mit seinem christologischen Zentrum und der Verheißung der universalen Verkündigung. Τὰ περὶ τῆς βασιλείας τοῦ θεοῦ beinhaltet zudem die Ankündigung des Geistes als Teil dieses Heilsplanes. Zur Belehrung durch den Auferstandenen gehört jedoch nicht die futurisch eschatologische Basileia oder die Parusie. Die Frage der Jünger nach der Wiederherstellung der Basileia für Israel ist zu verstehen als Frage nach der eschatologischen Wiederherstellung des Zwölfstämmevolkes und damit verbunden nach dem Heil für Israel. Diese Frage wird vom auctor ad Theophilum in der Apostelgeschichte dahingehend beantwortet, daß die eschatologische Wiederherstellung des Zwölfstämmevolkes mit Beginn der Heidenmission abgeschlossen ist. Die zum Glauben gekommenen Heiden hingegen werden in das christusgläubige Israel integriert, ohne daß dies eine Herrschaft der Judenchristen über die Heidenchristen bedeutet. Vielmehr herrscht der erhöhte Christus über sein Volk aus Juden und Heiden. All das gehört zum Heilsplan Gottes und ist insofern Teil der verkündigten βασιλεία τοῦ θεοῦ, für die die Apostel Zeugen sind.

Auch nach Apg 1 umfaßt also das Reden über die βασιλεία τοῦ θεοῦ den Heilsplan Gottes. Auch hier ließ sich die Herrschaft Gottes in der Kirche konkretisieren als Herrschaft des erhöhten Christus, der den Geist zu Pfingsten ausgegossen hat und über sein Volk aus Juden und Heiden bis zum Ende der Erde herrscht. Da das Thema der βασιλεία τοῦ θεοῦ aus V3 den den Aufriß der Apostelgeschichte thematisierenden V8 miteinschließt, gibt Lukas mit diesem Stichwort das Gesamtthema der Acta apostolorum an, das bis zum letzten Vers die Darstellung seines zweiten Bandes inhaltlich bestimmt.

Ferner wurde an Apg 1 deutlich, daß die Gottesherrschaft neben dem Geist, den Aposteln und der Stadt Jerusalem zu den Themen gehört, mit denen der auctor ad Theophilum die Kontinuität von vorösterlichem Jesus, Auferstandenem und Kirche besonders herausstellt. Derartige Kontinuitätsbezeugungen scheinen für den Actaverfasser apologetische Funktion zu besitzen und auf eine Auseinandersetzung mit Irrlehrern hinzuweisen. Wurde bei unseren Überlegungen zu Apg 28 sichtbar, daß Lukas seinen dreizehnten Zeugen möglicherweise gegenüber judenchristlichen Vorwürfen verteidigt, so sehen wir ihn in Apg 1 gegen eine andere Extremposition argumentieren, die sich auf Geheimlehren berief und eine doketistische Christologie vertrat, auch wenn die judenchristlichen Leser wohl mit der Frage nach der Basileia für Israel nicht aus dem Blickfeld geraten sind.

Die beiden Beobachtungen, daß das lukanische Schrifttum Extrempositionen abzuwehren sucht und daß der auctor ad Theophilum den irdischen und auferstandenen Jesus, die Apostel und Paulus die βασιλεία τοῦ θεοῦ verkündigen läßt, führte nun zu der Frage, ob hier ein Zusammenhang besteht. Dieser Frage sind wir nachgegangen, indem wir anhand von Apg

20,25; 19,8 und 8,12 die Funktion des Summariums mit der Verbindung von βασιλεία τοῦ θεοῦ und einem verbum dicendi untersucht haben.

Die Analyse der Miletrede in Apg 20,18-35, die auf die Bekämpfung von Irrlehrern zielt, ließ nun einen derartigen Zusammenhang äußerst wahrscheinlich werden. Der lukanische Paulus betont hier die Vollständigkeit seiner öffentlichen und an alle Menschen gleichermaßen ergangenen Verkündigung, wobei die verkündigte Basileia mit dem Evangelium von der Gnade Gottes sowie dem Heilsplan Gottes identifiziert wird. Hinzukommende Parallelen bzw. Verweise auf die Verkündigung Jesu sollen den Lesern die Identität beider Botschaften bewußt machen und sie so der überlieferten Lehre vergewissern. Dem Summarium mit der Verbindung von βασιλεία τοῦ θεοῦ und verbum dicendi kommt in diesem Zusammenhang die Funktion zu, die Orthodoxie der paulinischen Lehre und ihre Übereinstimmung mit der Jesu und der Apostel zu kennzeichnen. Die Aufnahme des Zentralbegriffs der Verkündigung Jesu samt seiner spezifisch lukanischen Inhaltsbestimmung war für die Auseinandersetzung mit den Irrlehrern wohl deshalb besonders geeignet, weil die Botschaft von der Gottesherrschaft sowohl das Wirken Gottes in der Schöpfung als auch die Bedeutung des ATs für die christliche Lehre einschließt. Die Orthodoxie dieser Botschaft ist nun nach Apg 20 von entscheidender Bedeutung, weil sie den Grund der Möglichkeit für die Existenz der Kirche abgibt. Die Verkündigung der βασιλεία τοῦ θεοῦ gewährleistet so für den auctor ad Theophilum, daß das eine Evangelium, das Jesus zuerst verkündigte, bis nach Rom gekommen ist und durch die von Gott zu Nachfolgern des Paulus eingesetzten Presbyter auch in der Kirche seiner Zeit präsent und als Heilsbotschaft wirksam ist.

Die sachgemäße Predigt dieses einen Evangeliums im Gegenüber zu anderen frühchristlichen Verkündigern für die Weltstadt Ephesus sicherzustellen, ist die Funktion des Summariums in Apg 19,8. Lukas hat aus dem dort unabhängig von Paulus wirkenden Apollos deshalb einen Missionar gemacht, dessen Botschaft, über die er selbst unterwiesen wurde, auf einem vorösterlichen Standpunkt stehengeblieben ist, so daß seine Wirksamkeit in Ephesus entscheidende Defizite aufweist. Er wird zwar von Priszilla und Aquila über den Heilsplan Gottes genauer informiert und kann dann in Korinth den von Paulus gegründeten Gemeinden große Hilfe leisten, aber in Ephesus hat erst Paulus die christliche Botschaft vollständig erklingen lassen, was durch die Erwähnung der Basileiaverkündigung in 19,8 herausgestellt wird.

2.Kapitel: Die Verkündigung der βασιλεία τοῦ θεοῦ nach der Apg

Auch die summarische Notiz über die Basileiaverkündigung des Philippus, dem Hauptrepräsentanten der Hellenisten nach dem Tod des Stephanus, in Samaria (8,12) dient dem lukanischen Interesse, die Orthodoxie der verkündigten Botschaft hervorzuheben und damit die Ausbreitung des einen Evangeliums durch die Hellenisten von Jerusalem bis Antiochien sicherzustellen.

Es ergibt sich also, daß nach Meinung des Lukas überall dort, wo die Basileia verkündigt wird, die Orthodoxie der christlichen Lehre herausgestellt wird. Für die Hellenisten einerseits und Paulus andererseits hat der auctor ad Theophilum das durch die Summarien mit der Verbindung von verbum dicendi und βασιλεία τοῦ θεοῦ besonders hervorgehoben. Bei den Hellenisten wird damit die Ausbreitung des einen Evangeliums von den Aposteln bis zu Paulus sichergestellt. Im Paulusteil der Apostelgeschichte hingegen können diese Summarien dort begegnen, wo die Wirksamkeit des dreizehnten Zeugen mit der anderer Christen konkurriert (Ephesus) bzw. Häretiker abgewehrt werden sollen (Abschiedsrede in Milet). In Rom schließlich ist mit der verkündigten βασιλεία τοῦ θεοῦ die Ablehnung durch das Diasporajudentum und die Wendung dieser inhaltlich gleichbleibenden Predigt zu den Heiden verbunden. Indem also von Jerusalem bis Rom die βασιλεία τοῦ θεοῦ als Inhalt des verkündigten Evangeliums zur Sprache kommt, ist für den auctor ad Theophilum gewährleistet, daß die Botschaft vom Heilsplan Gottes, den der Auferstandene seinen Zeugen authentisch erläutert hat, als die die Existenz der Kirche bewirkende Heilsbotschaft ihren sachgemäßen Weg von den Juden zu den Heiden genommen hat. Die Autorität und Orthodoxie dieser Botschaft beruht auf der Belehrung des Auferstandenen bzw. Erhöhten, der die Apostel und Paulus zu Zeugen seines Heilsplanes eingesetzt hat. Deren Zeugnis kommt in der Kirche des Lukas durch die Presbyter zur Sprache, so daß die kirchenbauende Funktion des einen Evangeliums weiterhin gegeben bleibt.

3. Kapitel

Die Verkündigung der βασιλεία τοῦ θεοῦ nach dem Lukasevangelium

Vorbemerkung

Die bisher bei der Untersuchung der Apostelgeschichte über den Inhalt und die Funktion der Summarien mit einer Verbindung von verbum dicendi und βασιλεία τοῦ θεοῦ gewonnenen Ergebnisse, können nun nicht einfach für das Evangelium vorausgesetzt werden[1]. Stand im Zentrum der nachösterlichen Basileiaverkündigung die Erfüllung des Heilsplanes Gottes in Kreuz, Auferstehung und Erhöhung Jesu sowie der universalen Verkündigung, so ist diese Erfüllung für die Zeit der im Evangelium beschriebenen Ereignisse noch zukünftig. Wir sind also genötigt, für das Lukasevangelium noch einmal erneut die Frage nach dem Inhalt der verkündigten βασιλεία τοῦ θεοῦ zu stellen, um darauf das gewonnene Ergebnis mit dem über die nachösterliche Basileiaverkündigung zu vergleichen.

Methodisch kommt für die Untersuchung des Evangeliums eine zweite Schwierigkeit hinzu. Konnte bei der Apostelgeschichte - mit Ausnahme von 14,22 - davon ausgegangen werden, daß sämtliche Basileiastellen sich lukanischer Redaktion verdanken und bewußt an den jeweiligen Passagen im Aufriß der Apostelgeschichte eingesetzt wurden, so ist diese Annahme für das dritte Evangelium nur bedingt möglich, da der Zentralbegriff der Verkündigung des irdischen Jesus sich an vielen Stellen des ersten Teiles des Doppelwerkes der Überlieferung verdankt und von Lukas unbearbeitet übernommen wurde, demnach auch nicht oder nur bedingt für die lukanische Redaktion ausgewertet werden kann. Die in der gegenwärtigen Forschung zunehmend an Einfluß gewinnende Tendenz, die synoptischen Evangelien allein unter synchroner Fragestellung zu erörtern und jedes Wort als

---

[1] Vgl. *Weiser*, Apg II 527.

bewußte Setzung oder Übernahme des Autors zu interpretieren, kann m.E. der Arbeitsweise und dem Anliegen der Evangelisten nicht gerecht werden[2] und überfordert die redaktionsgeschichtliche Arbeit. Sicher kann man fragen, wie ein Autor eine übernommene Überlieferung verstanden hat, aber die Ergebnisse sind weit hypothetischer als unter der Voraussetzung, daß in einem Text der Autor des Gesamtwerkes bewußt selbständig formuliert. Wer nach der Theologie der Evangelisten fragt, muß deshalb zum einen die menschliche Begrenzung eines Autors berücksichtigen, die sich darin äußern kann, daß die verarbeitete Überlieferung einen Gehalt hat, der dem Autor nicht bewußt ist. Zum anderen ist die Autorität der synoptischen Überlieferung für die Evangelisten zu beachten. Zeigt der synoptische Vergleich, welches Ansehen die Worte Jesu für den dritten Evangelisten haben, so daß er sie vielfach unbearbeitet übernimmt, ohne daß sie zugleich seinem eigenen theologischen Anliegen Ausdruck verleihen[3], so wird eine Auswertung derartiger Passagen für die Theologie des Lukas nur mit aller Vorsicht unternommen werden dürfen oder muß in einigen Fällen ganz unterbleiben.

Im folgenden werden deshalb nur die Stellen näher untersucht, die sich eindeutig als lukanisch erweisen oder die das lukanische Verständnis mit relativ großer Wahrscheinlichkeit erheben lassen. Das gilt zunächst für die Verbindung eines verbum dicendi mit βασιλεία τοῦ θεοῦ, dann für die lukanischen Zusätze zum Markusstoff seines Evangeliums sowie für die Frage nach dem Zeitpunkt des Kommens der βασιλεία τοῦ θεοῦ. Mit der Erarbeitung des spezifisch lukanischen Verständnisses von βασιλεία τοῦ θεοῦ ist dann ein Maßstab gefunden, den man sowohl bei der Beantwortung der Frage nach Tradition und Redaktion der übrigen Basileiastellen des dritten Evangeliums anlegen kann, als auch bei der Frage nach dem möglichen lukanischen Verständnis traditioneller Texte. Dies soll in diesem Hauptteil an Lk 10,1-12 exemplarisch versucht werden, wird ansonsten jedoch nicht mehr Gegenstand der vorliegenden Arbeit sein.

---

[2] Zum Problem vgl. auch *Schramm*, Markus-Stoff 3f; *Stuhlmacher*, Thesen 24; *Merk*, Reich Gottes 202.

[3] Als Beispiel sei auf die Sühnetodvorstellung Jesu in Lk 22,19f verwiesen.

1. Lk 4,43: Die Basileiaverkündigung als Grund der Sendung Jesu

Innerhalb des lukanischen Doppelwerkes begegnet das Stichwort βασιλεία τοῦ θεοῦ zum ersten Mal in Lk 4,43 und zwar in der für Lukas typischen Verbindung mit einem verbum dicendi. Am Ende des für die Wirksamkeit Jesu programmatischen Abschnittes Lk 4,14-44 läßt der dritte Evangelist Jesus den Grund seiner Sendung proklamieren: "Auch den anderen Städten muß ich die Herrschaft Gottes verkündigen, denn deswegen wurde ich gesandt" (V43). Die Bedeutung dieser Aussage für das lukanische Jesusbild ist in der neutestamentlichen Forschung bisher in keiner Weise angemessen gewürdigt worden[4]. Da ihr erster Teil summarischen Charakter trägt, läßt sich ein Verstehen und eine entsprechende Würdigung nur unter Berücksichtigung des Kontextes durchführen. Dieser Aufgabe wollen die folgenden Ausführungen dienen.

1) Die lukanische Neuinterpretation von Mk 1,35-39 in Lk 4,42-44

Seit 4,31 folgt Lukas seiner Markusvorlage (Mk 1,21ff). Da er die Berufung der ersten vier Jünger aus Mk 1,16-20 fortläßt, um sie durch eine im wesentlichen auf Sondergut basierende Berufungserzählung in 5,1-11 zu ersetzen, kann er in 4,42 im Unterschied zu Mk 1,36 nicht "Simon und die mit ihm" als Gegenüber Jesu auftreten lassen, sondern nur die "Volksmenge". Ansonsten läßt der dritte Evangelist wie Markus der eintägigen Wirksamkeit Jesu in Kapernaum (4,31-41 par. Mk 1,21-34) eine kurze, am darauf beginnenden Morgen stattfindende und "an einem einsamen Ort" spielende Szene folgen (Lk 4,42f par. Mk 1,35-38), der noch ein Summarium über Jesu Verkündigungstätigkeit angeschlossen ist (Lk 4,44 par. Mk 1,39).

---

[4] Nach *Schürmann*, Lk I 445, ist der hier genannte Inhalt der Verkündigung Jesu "leicht hingeworfen". *Bovon*, Lk I 226, hingegen sieht zwar richtig: "Eine bessere Zusammenfassung der Mission und Botschaft Jesu nach Lukas gibt es nicht". Doch befragt man seinen Kommentar nach dem Inhalt der Botschaft, so liest man: "Herrschaft Gottes, deren Wesen wichtiger ist als ihre Nähe" (ebd.). Mehr erfährt man über das lukanische Verständnis von βασιλεία τοῦ θεοῦ nicht.

168   3.Kapitel: Die Verkündigung der βασιλεία τοῦ θεοῦ nach dem Lk-Ev

Wir nähern uns der Frage nach dem Verständnis der βασιλεία τοῦ θεοῦ in V43, indem wir zunächst von den lukanischen Änderungen seiner Markusvorlage in Lk 4,42-44 die theologisch bedeutenden notieren und bedenken.

a) In *V42* läßt Lukas die Bemerkung von Mk 1,35 κἀκεῖ προσηύχετο aus. Das ist insofern verwunderlich, als der dritte Evangelist sonst Jesus gerne als Betenden darstellt[5]. Angesichts der Änderungen, die im folgenden V43 an der Markusvorlage vorgenommen wurden, mußte Lukas jedoch an dieser Stelle das Gebetsmotiv ausfallen lassen. Durch das Gebet nämlich werden neue Erkenntnisse, Weisungen o.ä. vermittelt[6]. Es ist zudem verbunden mit wichtigen Momenten der Heilsgeschichte[7]. Das aber ist in dieser Szene offenbar nicht der Fall. D.h. dann aber: Der in V43 angegebene Zweck seiner Sendung ist dem lukanischen Jesus seit Beginn seines Wirkens gewiß[8]. Man wird sogar noch konkreter fragen dürfen: Hat der lukanische Jesus auch schon in Nazareth und Kapernaum die Basileia verkündigt, so daß er für seinen in V43 artikulierten Auftrag keiner neuen Offenbarung bedarf?

b) "Die Umwandlung von ζητέω [Mk 1,37] in ἐπιζητέω" hat keine Sinnverschiebung zur Folge, sondern "geschieht ... in Anlehnung an den allgemeinen Gebrauch der Begriffe in der LXX als Übersetzung vom hebräischen bkṣ und ist daher theologisch nicht weiter bedeutsam"[9].

Ist also bezüglich des Suchens keine Differenz zwischen dem zweiten und dritten Evangelisten festzustellen, so fügt Lukas aber in seine Vorlage die Bemerkung ein, daß die Suchenden Jesus festzuhalten trachten, damit er nicht von ihnen gehe. Die Reaktion in Kapernaum ist damit genau entgegengesetzt zu der in Nazareth. Dokumentiert sich dort die Ablehnung Jesu in einer versuchten Lynchjustiz (4,29), so zeigt sich hier eine Euphorie mit ihrem Heilsegoismus (4,42). Daß auch diese Position der Sendung Jesu entgegensteht, dokumentiert V43.

---

[5] Vgl. Lk 3,21; Lk 5,16 diff. Mk 1,45; Lk 6,12 diff. Mk 3,13; Lk 9,18 diff. Mk 8,27; Lk 9,28f diff. Mk 9,2; Lk 11,1; 22,41f; 23,34.46.
[6] Vgl. Lk 3,21f; 6,12f; 9,28f.
[7] Vgl. hierzu *Smalley*, Spirit 59-61, und die dort angegebenen Belege aus dem lukanischen Doppelwerk.
[8] Vgl. *Evans*, Luke 284.
[9] *Schlarb*, ZNW 1990, 159.

c) Begründet Jesus nach Mk 1,38, warum er frühmorgens Kapernaum verlassen hat (vgl. VV 35.38: ἐξῆλθεν - ἐξῆλθον), so gibt der lukanische Jesus in *V43* eine grundsätzliche Erklärung zu seiner Sendung ab (ἀπεστάλην). Durch diese Änderung wird zugleich auf das Schriftzitat in Lk 4,18 angespielt[10]. Hier wie dort besteht eine "enge Verbindung von Sendung und Verkündigung"[11]. Ferner weist das passivum divinum ἀπεστάλην darauf hin, daß Jesus seine Sendung "mit göttlicher Autorisation ausführt"[12].

d) Die Sendung Jesu besteht darin, καὶ ταῖς ἑτέραις πόλεσιν εὐαγγελίσασθαι τὴν βασιλείαν τοῦ θεοῦ. Καί[13] setzt ebenso wie ἑτέραις voraus, daß zuvor ebenfalls die βασιλεία τοῦ θεοῦ Thema der Predigt Jesu war. Da der Predigtinhalt für Kapernaum nicht angegeben wird, muß man für seine Bestimmung auf die Nazarethpredigt zurückgreifen[14]. Was Lukas unter βασιλεία τοῦ θεοῦ verstanden wissen will, muß demnach an der Nazarethperikope in Lk 4,16-30 ablesbar sein[15]. Doch wird man noch ein wenig präzisieren müssen. Lk 4,23ff können nicht allgemeiner Inhalt der

---

[10] Vgl. z.B. *Prast*, Presbyter 276; *Evans*, Luke 284.
[11] *Busse*, Nazareth-Manifest 35.
[12] *Busse*, Wunder 86.
[13] "Καί im Sinne von 'auch' vor der lokalen Bestimmung" hat Lukas aus Mk 1,38 (ἵνα καὶ ἐκεῖ κηρύσσω) übernommen; *Kirchschläger*, Wirken 219.
[14] So zu Recht *Völkel*, Reich Gottes 63. Auch nach *Busse*, Nazareth-Manifest 11, "[scheint] Lk 4,16-30 ... ein Teil der lukanischen Explikation der Reichsbotschaft Jesu zu sein."
[15] In 4,43 begegnet βασιλεία τοῦ θεοῦ zum ersten Mal im lukanischen Doppelwerk. Bei traditionsgeschichtlich nicht im Hellenismus beheimateten oder zumindest dort anders gebräuchlichen Begriffen pflegt der dritte Evangelist seinen heidenchristlichen Lesern häufig eine indirekte Erklärung beim ersten Auftreten zu geben. So verdeutlicht er den Titel χριστός in 2,11 als σωτήρ und κύριος (vgl. *Jeremias*, Sprache zu Lk 2,11 Red) und erklärt ihn als Salbung mit dem Geist (Lk 4,18; vgl. Apg 10,38). Oder der im Hellenismus in der Bedeutung "Sekretär, Schreiber" gebrauchte Begriff γραμματεύς wird vor seiner ersten Erwähnung in 5,21 als νομοδιδάσκαλος (5,17 diff. Mk 2,2) erklärt. Analoges gilt nun auch für βασιλεία τοῦ θεοῦ in 4,43. Durch das einleitende καί und den Hinweis auf die "anderen Städte" gibt Lukas seinen Lesern zu erkennen, was sie unter der Verkündigung der βασιλεία τοῦ θεοῦ inhaltlich zu verstehen haben. - Das ist nicht beachtet von *Fitzmyer*, Luke I 556, wenn er meint, Lukas gebe sich keine Mühe zu erklären, was βασιλεία τοῦ θεοῦ meine, weil er Leser voraussetze, für die dies selbstverständlich klar sei. *Fitzmyer* kann auch deshalb nicht auf die Nazarethperikope zurückgreifen, weil er die dort proklamierte Schrifterfüllung von der Basileiaverkündigung differenziert und dieser Verkündigung zeitlich und sachlich vorordnet (Luke I 153f).

Verkündigung Jesu sein, sondern sind nur für den Ort Nazareth verständlich. *Busse*[16] hat deshalb vorgeschlagen, "daß der erste Teil der Nazarethpredigt (sc. VV 18f.21) für den Inhalt der Lehre in seinem konkreten Wirken im Judenland bestimmend bleibt, der zweite Teil aber allein auf seine Heimat bezogen ist." So sei die positive Beurteilung der Lehre Jesu in 4,22 mit der in 4,15b und 4,32 vergleichbar. Als Inhalt der Basileiaverkündigung wären dann Lk 4,18-19.21 anzusprechen[17].

e) Nach Mk 1,38 will Jesus ἀλλαχοῦ εἰς τὰς ἐρχομένας κωμοπόλεις verkündigen. Wenn Lukas demgegenüber von ταῖς ἑτέραις πόλεσιν redet, zählt er nicht nur so kleine Dörfer wie Nazareth (vgl. 1,26; 2,4; 4,29) und Kapernaum (vgl. 4,31 diff. Mk 1,21) unter die "Städte", sondern auch

---

[16] Nazareth-Manifest 31.
[17] So auch *Schenk*, Glaube 85. - Die Richtigkeit dieser These setzt freilich voraus, daß 4,22 insgesamt als positive Reaktion der Zuhörer auf Jesu Predigt zu verstehen ist, doch ist das von *Jeremias*, Jesu Verheißung 37-39 (vgl. auch *ders.*, Theologie 200), mit einer sehr erwägenswerten Argumentation bestritten worden, indem er zu zeigen suchte, daß die Reaktion der Zuhörer als Protest gegen Jesu Verkündigung des Heils unter Absehung des Gerichts über die Heiden, wie es Jes 61,2 angesagt aber von Jesus ausgelassen wurde, zu verstehen ist. - Zu dieser Position von *Jeremias* und ihrer Rezeption in der ntl. Exegese vgl. *Baarlink*, Ein gnädiges Jahr 204-207.
Doch gegen diese Deutung spricht nicht nur der oben erwähnte Kontext (4,15.32), sondern auch der lukanische Sprachgebrauch:
Μαρτυρέω c.dat. findet sich im Evangelium nur an dieser Stelle, in der Apostelgeschichte begegnet es noch in 10,43; 13,22; 14,3; 15,8; 22,5. Hier handelt es sich jeweils eindeutig um einen Dativus commodi. Auch die übrigen Belege von μαρτυρέω bzw. μαρτυρέομαι ohne Dativ im lukanischen Doppelwerk (Apg 6,3; 10,22; 16,2; 22,15; [23,11]; 26,5) begegnen alle in dem Sinn "gutes Zeugnis ablegen bzw. haben". Vom lukanischen Sprachgebrauch her kann also der erste Satz nur als Zustimmung betrachtet werden.
Analoges gilt für intransitives θαυμάζω ἐπί cum dativo, das sich im NT nur beim auctor ad Theophilum findet, also sprachlich lukanisch ist; vgl. *Jeremias*, Sprache zu 2,33 Red. Da die Wendung nun an den übrigen vier Stellen (Lk 2,33; 9,43; 20,26; Apg 3,12) eindeutig einer positiven Bewertung Ausdruck verleiht, wird man Entsprechendes auch für 4,22 annehmen müssen.
Im Anschluß an Lk 3,23 läßt sich schließlich die Frage, ob Jesus nicht der Sohn Josephs sei, so verstehen, als ob die Zuhörer sich wundern, daß der von ihnen lediglich als "Sohn Josephs" Angesehene ihnen das Evangelium verkündet; so interpretiert z.B. *Dömer*, Heil 58.
Aber auch dann, wenn man in der Frage nach dem Josephssohn schon einen Stimmungsumschwung der Zuhörer konstatiert, so werden sich die ersten beiden Aussagen im Sinne des Lukas doch nur als Zustimmung zu Jesu Predigt interpretieren lassen.

die anderen galiläischen bzw. judäischen Ortschaften. Das Forum der Verkündigung Jesu wird durch diese Änderung - wohl im Blick auf hellenistische Leser - auf eine höhere Stufe gehoben. In 8,1 nimmt der Evangelist unter anderem diesen Gedanken aus 4,43 wieder auf, wobei deutlich wird, daß Lukas sich Jesus als Wanderprediger vorstellt.

f) Über Markus hinaus wird das δεῖ der Verkündigung hervorgehoben[18] und damit der Verkündigungsauftrag Jesu nicht nur als göttliche Anordnung, sondern zugleich als zum Heilsplan Gottes gehörig zur Sprache gebracht. Da dieser für Lukas schon im AT geschrieben steht, wird in diesem Aspekt ebenfalls eine Anspielung auf das Schriftzitat in Lk 4,18f zu erblicken sein. Die Verkündigung Jesu ist also selbst Teil des göttlichen Heilsplanes. Sie ist göttlicher Auftrag und Erfüllung der Schrift.

g) Das markinische κηρύσσειν wird durch εὐαγγελίζεσθαι ersetzt und verweist damit wiederum auf das Jesajazitat in 4,18[19].

Mediales εὐαγγελίζεσθαι gilt zu Recht allgemein als lukanisch. Strittig ist jedoch die Frage, ob das Verb von Lukas in der generellen Bedeutung "verkündigen" oder in der konkreten Bedeutung "das christliche Evangelium verkündigen" gebraucht wird, ob also mit der Verwendung des Verbs schon ein bestimmter Inhalt mitgesetzt wird[20].

Auffällig ist zunächst, daß seit Lk 4,43 εὐαγγελίζεσθαι häufig mit dem Akkusativobjekt βασιλεία τοῦ θεοῦ begegnet: Lk 4,43; 8,1; (9,6: εὐαγγελίζεσθαι = κηρύσσειν τὴν βασιλείαν τοῦ θεοῦ aus 9,2); 16,16[21]; Apg 8,12. Als weitere Verkündigungsinhalte treten auf: Wort, Werk und Person Jesu (Lk 2,10f; Apg 5,42; 8,12.35; 10,36; 11,20; 13,32f; 17,18), ὁ λόγος [τοῦ κυρίου] (Apg 8,4; 15,35 vgl. 8,25), Aufforderung der Umkehr zum Schöpfergott vor Heiden (Apg 14,15). Wo εὐαγγελίζεσθαι ohne Angabe eines Predigtinhalts verwendet wird (Lk 4,18 [= Jes

---

[18] Zur lukanischen Vorliebe für δεῖ vgl. *Kirchschläger*, Wirken 216 Anm. 16, und die dort angegebene Literatur, vor allem aber *Cosgrove*, ΔEI 168-190.

[19] So u.a. *Prast*, Presbyter 276; *Tannehill*, Mission 70.

[20] Zur Diskussion vgl. *Stuhlmacher*, Evangelium 225-234; *Prast*, Presbyter 267f; *Strecker*, EWNT I 174f; *Klinghardt*, Gesetz 78-80; *Frankemölle*, Evangelium 157-159.

[21] Hier allerdings nicht medial, sondern passivisch, was *Jeremias*, Sprache zu 16,16 Trad, dazu bewog, die Wendung in V16 für vorlukanisch zu halten. Nun muß zwar zugestanden werden, daß das einzige sonst noch im lukanischen Doppelwerk beggenende Passiv von εὐαγγελίζεσθαι in 7,22 durch die Parallele in Mt 11,5 als traditionell erwiesen ist, aber die im NT nur bei Lukas begegnende Verbindung von βασιλεία τοῦ θεοῦ mit einem verbum dicendi spricht doch eindeutig für lukanische Redaktion - so *Jeremias*, Theologie 54 Anm. 15.

172 3.Kapitel: Die Verkündigung der βασιλεία τοῦ θεοῦ nach dem Lk-Ev

61,1]; 7,22 [= Mt 11,5][22]; 9,6; 20,1; Apg 8,25.40; 14,7.21; 16,10), besteht für den Leser keine Frage, daß er im oben genannten Sinne zu ergänzen ist. Angesichts dieses einheitlichen Befundes sind nun auch die letzten beiden Stellen zu interpretieren, in denen das Verb bei Lukas begegnet: In Lk 1,19 wird ταῦτα als Inhalt des εὐαγγελίζεσθαι angegeben, womit die zuvor von Gabriel angekündigte Geburt und Aufgabe des Täufers gemeint sind (1,13-17), die damit ebenfalls in das zu verkündigende Evangelium hineingehören, wie es auch in den Reden der Apostelgeschichte geschieht (vgl. 10,37; 13,24f).

In Lk 3,18 schließlich wird im Anschluß an die Ankündigung des Messias in 3,15-17 das εὐαγγελίζεσθαι des Täufers näher gekennzeichnet als πολλὰ μὲν οὖν καὶ ἕτερα παρακαλῶν, wobei παρακαλῶν nicht so sehr die Bedeutung "ermahnen" als vielmehr "beschwören" trägt[23]. Doch besagt die Verwendung des Verbes in 3,18 noch nicht, daß der Täufer in die Zeit der Basileiaverkündigung gehört[24], denn Johannes verweist wie die atl. Propheten auf den noch Kommenden, die Basileiaverkündigung setzt hingegen sein Gekommensein voraus (s.u.). Da das Verb εὐαγγελίζεσθαι sich auch in der Bibel des Lukas, der LXX, findet[25], die Zeit von Gesetz und Propheten aber von der Zeit des εὐαγγελίζεσθαι τὴν βασιλείαν τοῦ θεοῦ unterschieden wird (Lk 16,16), muß mit dem Verb nicht notwendig der Verkündigungsinhalt βασιλεία τοῦ θεοῦ mitgesetzt sein[26]. Das Verb εὐαγγελίζεσθαι beinhaltet zwar im lukanischen Doppelwerk an den meisten Stellen die Botschaft von der Heilszeit und dem Auftreten des Messias, doch diese kann als Verheißung oder Erfüllung zur Sprache kommen. Nur im letzten Fall kann nach Lukas gesagt werden: ἡ βασιλεία τοῦ θεοῦ εὐαγγελίζεται (Lk 16,16).

Kehren wir mit diesen Überlegungen zurück zu 4,43 und zu der Beobachtung, daß im Kontext das εὐαγγελίζεσθαι von 4,43 auf das Jesajazitat in 4,18f verweist. Diese Bezugnahme deutet den Unterschied zwischen Jesu Evangeliumsverkündigung und der des Täufers an, insofern Jesus die Erfüllung dieser göttlichen Verheißung proklamiert. Darauf wird bei der Exegese von Lk 16,16 näher einzugehen sein.

---

[22] Die Parallele zeigt, daß das für Lukas ungewöhnliche Passiv der Tradition entstammt. Aber vgl. letzte Anmerkung!
[23] So einleuchtend *Bovon*, Lk I 178 Anm. 56.
[24] So auch *Burchard*, Zu Lukas 16,16, 114 und 119 Anm. 7.
[25] 2.Kön 1,20; 4,10; 18,26; 1.Chr 10,9; Ps 39,10; 67,12; 95,2; Jes 40,9 u.ö.
[26] Nach *Bultmann*, Theologie 89, ist in 3,18 "nur die Bedeutung 'verkündigen' vorausgesetzt"; so auch *Conzelmann*, Mitte 17 Anm. 1; *Stuhlmacher*, Evangelium 229 Anm. 4 und 234 mit Anm. 2.

h) Schließlich ist die Inhaltsangabe der Verkündigung, die βασιλεία τοῦ θεοῦ, eine gegenüber Mk 1,38 zusätzliche Information, mit der Lukas die gesamte Botschaft Jesu zusammenfassen kann[27]. Ihr Verständnis wird sogleich zu erheben sein.

i) Daß Lukas in *V44* an Stelle des markinischen "Galiläa" (1,39) "Judäa" schreibt, wird man noch nicht dahin deuten dürfen, daß er die Wirksamkeit Jesu in Galiläa auf die Kapitel 3-4 beschränkt hat[28], sondern verdankt sich doch wohl eher der Tatsache, daß der Bestimmung der Sendung Jesu in 4,43 auch eine Angabe über das Gebiet der tatsächlichen Ausübung dieser Sendung entsprechen muß[29]. Ἰουδαία ist für den dritten Evangelisten an dieser Stelle Oberbegriff für ganz Palästina[30]. Mit Ausnahme von Lk 8,26-39[31] war dies das Gebiet der gesamten Wirksamkeit Jesu, auf das Jesus sich nach Meinung des Lukas beschränkt hat, da eine Ausweitung der Verkündigung

---

[27] *Schürmann,* Lk I 256, hat die Vermutung geäußert, in der Wendung εὐαγγελίζεσθαι ... τὴν βασιλείαν liege der Einfluß "eines parallelen Q-Berichtes" vor, "wie - in unmittelbarer Abfolge - Mt 4,23b (κηρύσσων τὸ εὐαγγέλιον τῆς βασιλείας) zu beweisen scheint". Die Parallele ist in der Tat auffällig, zumal sie Mt 9,35 par. Lk 8,1 noch einmal begegnet. Zwar erweisen sich beide Formulierungen als für den jeweiligen Evangelisten charakteristisch - τὸ εὐαγγέλιον τῆς βασιλείας begegnet neben Mt 4,23; 9,35 im NT nur noch in 24,14 (diff. Mk 13,13) -, so daß sie für ihre Theologie ausgewertet werden dürfen. Das schließt aber nicht aus, daß ein traditionsgeschichtlich älterer Kern im Hintergrund steht. Auch *Schmithals,* Lk 65, erwägt Q-Einfluß; vgl. für Mt 4,23 auch *Hirsch,* Frühgeschichte II 48. - Ablehnend stehen dieser Position freilich die meisten Exegeten gegenüber; vgl. etwa *Kirchschläger,* Wirken 218 Anm. 22. Auch *Schürmann* hat gemeint, sich selbst teilweise korrigieren zu müssen; vgl. *ders.,* Gottes Reich 68 Anm. 13 und 14. - Zum Problem vgl. ausführlicher zu Lk 8,1.
[28] So etwa *Schürmann,* Lk I 146. 260 u.ö. Ihm folgt *Völkel,* Galiläa 225f.
[29] "V44 ist für diese Aussage [sc. V43] nur konsequentes Umsetzen in die Wirklichkeit"; *Kirchschläger,* Wirken 219. Einschränkender urteilt *Robinson,* Reisebericht 131: "Weil an dieser Stelle des Lukasevangeliums noch wenig mehr als der bloße Anfang einer Ausdehnung in den Blick gekommen ist, wird zwar die geographische Angabe 'Judäa' verwendet, aber noch ohne ὅλη."
[30] Vgl. *Schürmann,* Lk I 29 Anm. 12; und 60 mit Anm. 3; *Kirchschläger,* Wirken 220 Anm. 35, und die ebd. genannte Literatur. - Anders *Völkel,* Galiläa 231: "Judäa ... ist gerade nicht als Landschaft von Bedeutung, sondern dient vielmehr als Chiffre für das gesamte jüdische Volk" bzw. für "die gesamte jüdische Bevölkerung Palästinas" (226).
[31] Ob Lukas sich freilich dieser Ausnahme bewußt ist, wird man fragen können. Auf jeden Fall ist nicht gesichert, daß die Lokalisierung des Landes der Gerasener ἀντιπέρα τῆς Γαλιλαίας in 8,26 für Lukas auch einschließt "außerhalb Palästinas", wie offenbar *Conzelmann,* Mitte 43, meint.

174 *3.Kapitel: Die Verkündigung der* βασιλεία τοῦ θεοῦ *nach dem Lk-Ev*

über Palästina hinaus für den Autor des Doppelwerkes die Himmelfahrt zur Voraussetzung hat.

j) Warum die im markinischen Summarium in V39b erwähnte Exorzismustätigkeit Jesu in Lk 4,44 ausgelassen wurde, obwohl die Exorzismen für Lukas theologisch äußerst bedeutsam sind (s.u.), ist eine offene Frage. Will er damit "die Lehrtätigkeit Jesu" als das Wichtigere hervorheben[32]?

2) Zum "Wesen" der βασιλεία τοῦ θεοῦ

In den folgenden Ausführungen ist zunächst das Verhältnis von Lk 4,43 zu Mk 1,14f zu klären und dabei die bis heute aktuelle These von Conzelmann zu reflektieren, wonach Lukas die Ankündigung der Nähe der Basileia in eine Botschaft über das "Wesen" der Basileia verändert hat. Sodann wird zu erwägen sein, was sich von Lk 4,43 und seinem Kontext her über den Inhalt der Basileiaverkündigung sagen läßt, um abschließend das Verhältnis von Basileiaverkündigung und Wunderwirken Jesu zu erörtern.

Daß der dritte Evangelist mit βασιλεία τοῦ θεοῦ als Inhaltsangabe der Verkündigung Jesu "nach[holt], was er in Mk 1,14 [sic] übergangen hat"[33] und ihm das "Wesen" der βασιλεία τοῦ θεοῦ "wichtiger ist als ihre Nähe"[34], ist eine weitverbreitete These, die in der Einleitung schon dargestellt wurde, aber noch einer kritischen Prüfung bedarf.

Nun haben wir gesehen, daß Lk 4,43 in deutlichem Bezug zum ersten Teil der Nazarethpredigt steht und Lukas mit dem Stichwort βασιλεία τοῦ θεοῦ sein Verständnis derselben kommentiert[35]. Die Verkündigung in Jesu Heimatstadt zielt aber in ihrem ersten Teil nicht auf das in 4,18-21 beschriebene "*Wesen* des Reiches"[36], sondern auf die Proklamation der Schrifterfüllung (4,21), wobei mit σήμερον der Zeitaspekt nicht ausgeklammert ist[37]. Der Unterschied zu Mk 1,14f ist von daher folgendermaßen zu

---
[32] So die Vermutung von *Busse*, Wunder 73.
[33] *Bovon*, Lk I 220.
[34] *Bovon*, Lk I 226.
[35] Vgl. oben die Punkte 1d), f), g).
[36] So *Conzelmann*, Mitte 105.
[37] Wenn auch die Erfüllung "dieser Schrift" in der Tat Vergangenheit ist (vgl. *Conzelmann*, Mitte 30), so geht doch nach dem Autor des Doppelwerkes die Schrifterfüllung bis zum letzten Abschnitt der Apostelgeschichte weiter, zum anderen bestimmt sie die

charakterisieren: Heißt es bei Markus: "Die Zeit ist erfüllt und die βασιλεία τοῦ θεοῦ nahe herbeigekommen" (V15) und wird damit das Nahegekommensein der Basileia als Inhalt des verkündigten "Evangeliums Gottes" (V14) angegeben, so muß die Analogie bei Lukas lauten: Die Schrift hat sich erfüllt, und darin wird die βασιλεία τοῦ θεοῦ sichtbar, so daß sie nun als Erfüllungs- und Heilsgeschehen auch Gegenstand der Verkündigung ist[38]. Während bei Markus also die Basileia nahe herbeigekommen ist, ist sie nach Lukas schon angekommen. Die Charakterisierung der Basileia als "überzeitlich-jenseitig"[39] und die einseitige Rede von ihrem "Wesen" führen dazu, daß die Besonderheit des lukanischen Verständnisses aus dem Blick gerät. Die Verkündigung der βασιλεία τοῦ θεοῦ ist vor allem Verkündigung der gegenwärtigen Existenz der Gottesherrschaft, die sich in der Verwirklichung seines Heilsplanes zeigt[40]. Letztere umfaßt aber nicht nur "die Zeit Jesu", sondern auch "die Zeit der Kirche". Mit diesen Überlegungen stehen wir aber schon mitten in der Erörterung bezüglich des Inhalts der Basileiaverkündigung.

3) Zum Inhalt der Verkündigung der βασιλεία τοῦ θεοῦ

Auf Grund des Kontextes und der oben notierten lukanischen Änderungen an seiner Markusvorlage, die unseren Blick immer wieder auf Lk 4,18-21 gelenkt haben, dürfte deutlich sein, daß der dritte Evangelist mit 4,43 die bisherige Verkündigung Jesu summarisch zusammenfaßt und angibt, wie die Nazarethpredigt Jesu verstanden werden soll. Unabhängig von der kontrovers diskutierten Frage nach den in Lk 4,16-30 verarbeiteten Quellen läßt sich also an 4,43 ablesen, worauf es bei der Verkündigung Jesu nach Meinung des Lukas ankommt.

---

eigene Gegenwart als Erfüllungszeit und damit als Heilszeit (vgl. in 4,21 das Perfekt πεπλήρωται).

[38] Vgl. auch *Busse*, Wunder 58: "In der Erfüllung der Verheißung (Lk 4,18-21) wird zugleich die Basileia Gottes gegenwärtig". Nach *Busse* gilt das freilich deshalb, weil sich "die Verheißung der Schrift über sie erfüllt" (Wunder 87), nicht aber deshalb, weil die Herrschaft Gottes sich in der Erfüllung vorhergesagter Ereignisse offenbart.

[39] *Conzelmann*, RGG V 916.

[40] Zwar spricht auch *Conzelmann*, Mitte 95, vom "Sein" der Basileia, aber diese liegt für ihn deutlich in der Zukunft.

176 *3.Kapitel: Die Verkündigung der* βασιλεία τοῦ θεοῦ *nach dem Lk-Ev*

Dabei müssen wohl zwei Möglichkeiten erwogen werden: Die Anspielung von 4,43 auf das Jesajazitat in 4,18f würde es nahe legen, den Gegenstand des εὐαγγελίζεσθαι, die βασιλεία τοῦ θεοῦ, mit dem verkündigten Inhalt von 4,18f zu identifizieren. Die βασιλεία τοῦ θεοῦ wäre dann die ἄφεσις für die Gefangenen, die ἀνάβλεψις für die Blinden sowie der ἐνιαυτὸς κυρίου δεκτός. Oder aber - und diese Alternative liegt nach den bisherigen Ergebnissen unserer Untersuchung wesentlich näher - βασιλεία τοῦ θεοῦ meint: σήμερον πεπλήρωται ἡ γραφὴ αὕτη ἐν τοῖς ὠσὶν ὑμῶν (4,21), was freilich die Verkündigungsinhalte des Jesajazitates einschließen würde, wie die folgende Beschreibung der Wirksamkeit Jesu in Kapernaum demonstriert (4,31-41). Εὐαγγελίζεσθαι τὴν βασιλείαν τοῦ θεοῦ in 4,43 wäre dann die *Botschaft* von der Erfüllung der Verheißung aus 4,18f.

Ist das richtig, dann hat das Konsequenzen für die Beantwortung der Frage nach dem Kontinuum zwischen vorösterlicher und nachösterlicher Basileiaverkündigung. Die Kontinuität besteht darin, daß der Verkündigungsinhalt, der sein Zentrum in der Christologie hat, wenn auch nicht darauf beschränkt ist, als Erfüllung der Schrift zu charakterisieren ist[41]. Mit der Predigt und dem Wirken des irdischen Jesus verwirklicht sich ebenso der im AT vorhergesagte Heilsplan Gottes[42] wie in Jesu Sterben, Auferstehen, Erhöhung und Verkündigtwerden. Die Verwirklichung des Heilsplanes im Christusgeschehen ist Kennzeichen der Heilszeit[43] und kommt als Erfüllungsgeschehen in der Verkündigung der βασιλεία τοῦ θεοῦ zur Spra-

---

[41] *Völkel*, Reich Gottes 63, dürfte also richtig gesehen haben: "Wenn ... Jesus selbst die Erfüllung der Schriftvorhersagen in seiner Person konstatiert, ..., dann steht das Thema 'Reich Gottes' von Anfang an unter dem Zeichen der Erfüllung der Verheißung, dann muß aber auch von Anfang an aller Nachdruck auf die Person des Verkündigers fallen"; vgl. auch a.a.O. 66f. - Anders dagegen *Dunn*, Spirit 38, - ihm folgt *Smalley*, Spirit 64 -, der der Meinung ist, "it is not so much a case of Where *Jesus* is there is the Kingdom, as Where the *Spirit* is there is the Kingdom"; eine These, die exegetisch nicht zu überzeugen vermag.

[42] Vgl. Lk 10,23f par. Mt 13,16f.

[43] Vgl. *Ernst*, Herr 61, der mit Verweis auf Lk 4,21 meint, "daß für Lukas in der Person Jesu, in der Heilspredigt und in den diese Predigt bestätigenden Heilstaten die Basileia in die Gegenwart hineinwirkt". Ähnlich spricht *Betz*, Kerygma 132 und 135, in diesem Zusammenhang von einer realized eschatology.

che⁴⁴. Insofern ist auf Grund ihres Inhalts diese Verkündigung nach Lukas ein Signum der Heilszeit.

In der Nazarethpredigt wird also das Wirken des irdischen Jesus als Erfüllung atl. Verheißung und damit als Verwirklichung der Heilszeit proklamiert. Hier liegt die Programmatik, die der Antrittspredigt Jesu in Nazareth bezüglich des ganzen Evangeliums zukommt. Wenn Lukas diese Botschaft in 4,43 als Verkündigung der βασιλεία τοῦ θεοῦ charakterisiert und als Grund der Sendung Jesu beschreibt, dann erweist sich das Summarium mit der Verbindung von verbum dicendi und βασιλεία τοῦ θεοῦ für das Evangelium in ähnlicher Weise bedeutungsvoll wie für die Apostelgeschichte.

4) Zur Wirksamkeit der Verkündigung der βασιλεία τοῦ θεοῦ

Programmatisch für das Lukasevangelium ist neben der Antrittspredigt in Nazareth auch der aus Mk 1,21-34 übernommene Abschnitt, der von der Wirksamkeit Jesu in Kapernaum handelt (4,31-41). Dem Exorzismus in der dortigen Synagoge (4,33-37) wie der Krankenheilung (4,38f) kommen dabei beispielhafte Bedeutung zu⁴⁵. Es erhebt sich nun die Frage, ob der dritte Evangelist über die Nazarethpredigt hinaus zu εὐαγγελίζεσθαι τὴν βασιλείαν τοῦ θεοῦ auch das für Kapernaum berichtete Wunderwirken Jesu zählt, wie in der Forschung des öfteren vermutet wird⁴⁶. Doch wird man diese Frage noch differenzieren müssen: Läßt sich sagen, daß "die *Botschaft* von der Königsherrschaft Gottes ... sich mit der Verkündigung Jesu zugleich an den Armen in Israel realisiert"⁴⁷? Oder - so lautet die davon

---

44 Vgl. *Schenk*, Glaube 85.
45 So zu Recht *Schürmann*, Lk I 244.
46 Vgl. etwa *Prast*, Presbyter 277; er beruft sich dabei auf *Völkel*, Reich Gottes 63-67 [m.E. zu Unrecht]; *Merk*, Reich Gottes 208f [m.E. wohl auch zu Unrecht, vgl. *Merk*, a.a.O. 208: "Nach dem Aufriß in Lk 4 ist in Jesu Wort und Tat der Inhalt seiner Predigt, das Reich Gottes gegeben" - aber eben der Inhalt und nicht die Predigt selbst], und *Busse*, Wunder 86-89. Vgl. ferner: *Michel*, Heilsgegenwart 109; *Busse*, Nazareth-Manifest 80-84 u.ö.; *Nützel*, Jesus 28-30.36 und passim; *Frankemölle*, Evangelium 158f mit Anm. 215; *Weiser*, Reich Gottes 129.
47 *Busse*, Nazareth-Manifest 82 (Hervorhebung von mir). Nach *Prast*, Presbyter 277, meint Lukas mit εὐαγγελίζεσθαι τὴν βασιλείαν τοῦ θεοῦ "die Verkündigung Jesu in 'Wort und Tat'..., wie sie der Abschnitt 4,14-43 programmatisch-

zu unterscheidende Frage - realisiert sich in Jesu Machttaten die Königsherrschaft Gottes selbst, die dann auch Gegenstand der Verkündigung ist.

Daß der auctor ad Theophilum in der Tat die Vollmacht des Wortes Jesu bei seinen Heilungen und Exorzismen besonders hervorgehoben hat, macht der synoptische Vergleich von Lk 4,31-39 mit Mk 1,21-31 deutlich, denn die wenigen Änderungen, die Lukas an seiner Markusvorlage vorgenommen hat, haben einen doppelten Charakter: Zum einen wird das Gewicht stärker von Jesu Macht*wirken* auf sein Macht*wort* gelegt. Zum anderen werden die dämonischen Elemente der Markusvorlage verschärft und stärker pointiert. Das sei in den folgenden Ausführungen kurz dargelegt.

Im Anschluß an aber auch in Differenz zu Mk 1,21 berichtet Lukas in 4,31 über die Lehre Jesu an einer Reihe von Sabbaten in Kapernaum. In 4,32a übernimmt er wörtlich die Schilderung der Reaktion der Zuhörer aus Mk 1,22a: καὶ ἐξεπλήσσοντο ἐπὶ τῇ διδαχῇ αὐτοῦ. Die markinische Begründung in 1,22b: ἦν γὰρ διδάσκων αὐτοὺς ὡς ἐξουσίαν ἔχων καὶ οὐχ ὡς οἱ γραμματεῖς, formuliert Lk 4,32b jedoch neu: ὅτι ἐν ἐξουσίᾳ ἦν ὁ λόγος αὐτοῦ, wobei das Impf. genau wie bei Markus darauf hinweist, daß hier nicht von einem einmaligen Ereignis die Rede ist. Aber im Unterschied zum zweiten Evangelisten wird hier die ἐξουσία vom λόγος ausgesagt[48]. Von diesem vollmächtigen Logos ist dann in 4,36b erneut die Rede. Lautete bei Markus die Reaktion der Synagogenbesucher von Kapernaum auf die Heilung des Besessenen (1,23-26) in 1,27b: τί ἐστιν τοῦτο; διδαχὴ καινὴ κατ' ἐξουσίαν· καὶ τοῖς πνεύμασι τοῖς ἀκαθάρτοις ἐπιτάσσει, καὶ ὑπακούουσιν αὐτῷ, wobei das Staunen sich auf das Wunder bezieht (τοῦτο) und Jesu Lehre wie sein vollmächtiges Handeln in zwei Akte auseinanderfallen, so hat der dritte Evangelist das Staunen auf das Wort Jesu bezogen und mit Jesu Wunderwirken zu einer Einheit verbunden[49]: τίς ὁ λόγος οὗτος ὅτι[50] ἐν ἐξουσίᾳ καὶ δυνάμει ἐπιτάσσει τοῖς ἀκαθάρτοις πνεύμασιν καὶ ἐξέρχονται; (4,36b). Demnach kann

---

exemplarisch darstellt". Dagegen spricht nun freilich, daß Lukas sonst nie Taten Jesu, der Apostel oder sonst eines Menschen mit einem Verb des Verkündigens belegt, obwohl für ihn ohne Zweifel Wort und Tat zusammengehören (vgl. z.B. Lk 24,19; Apg 1,1; 8,5-7) und dem Abschnitt Lk 4,16-43 programmatische Funktion zukommt.

[48] Darauf hat *Kirchschläger*, Wirken 31.40, nachdrücklich hingewiesen.

[49] Vgl. *März*, Wort Gottes 39.

[50] "Sowohl kausale als auch konsekutive Färbung hat ὅτι bisweilen nach einem Fragesatz"; *BDR* 456,2. Nach Anm. 6 gilt das auch für 4,36.

Lukas also mit ὁ λόγος ἐν ἐξουσίᾳ Jesu Lehre ebenso wie sein Machtwort[51] über die Dämonen charakterisieren[52]. Aber ist das schon εὐαγγελίζεσθαι τὴν βασιλείαν τοῦ θεοῦ? Die Frage ist zu verneinen. Vielmehr zeigt sich in dem 4,33ff berichteten Geschehen, daß sich die in 4,18 zitierte Jesajaverheißung erfüllt, wobei Lukas bei der dort erwähnten ἄφεσις wohl unter anderem an die Exorzismen denkt[53], zu denen er im Unterschied zu Markus offenbar auch die Fieberheilung zählt[54]. Wenn nun die Exorzismen als Erfüllungsgeschehen zu

---

[51] Vgl. auch Mk 1,31a mit Lk 4,39a: Führt Markus die Heilung der Schwiegermutter des Petrus auf Jesu Handeln zurück, so Lukas auf Jesu Wort:
Mk 1,31a: προσελθὼν ἤγειρεν αὐτὴν κρατήσας τῆς χειρός· καὶ ἀφῆκεν αὐτὴν ὁ πυρετός.
Lk 4,39a: ἐπιστὰς ἐπάνω αὐτῆς ἐπετίμησεν τῷ πυρετῷ καὶ ἀφῆκεν αὐτήν.
Umgekehrt hat Lukas aber in 4,40 gegenüber Mk 1,34 die Handauflegung hinzugefügt. Hier fehlt auch eine Erwähnung der Heilung durch das Wort.

[52] So auch *Schürmann*, Lk I 246; *Kirchschläger*, Wirken 40.269.

[53] Vgl. *Rice*, Release 25-28; *Busse*, Wunder 79f u.ö. *Rice*, Call 55, vermutet, "that three aspects of the motif of release are developed: release from (1) Satan's power (4: 31-44), (2) the power of sin (5:1-32), and (3) cultic traditions (5:33-6:11)". - Mit Ausnahme von Lk 4,18 hat ἄφεσις im lukanischen Doppelwerk immer die Bedeutung "Vergebung", wie der jeweils beigefügte Genitiv ἁμαρτιῶν verdeutlicht; vgl. Lk 1,77; 3,3; 24,47; Apg 2,38; 5,31; 10,43; 13,38; 26,18. Doch dürfte *Turner*, Spirit 147, richtig gesehen haben: "In order for ἄφεσις to carry that sense it must be collocated with ἁμαρτιῶν (as indeed it always is in Luke-Acts outside 4:18 ...)". So auch *Busse*, Wunder 60.

[54] Vgl. Lk 4,39 ἐπετίμησεν τῷ πυρετῷ diff. Mk 1,31 und die parallele Formulierung beim vorausgehenden Exorzismus in Lk 4,35 par. Mk 1,25: ἐπετίμησεν αὐτῷ. Ferner Lk 4,38 ἦν συνεχομένη πυρετῷ μεγάλῳ (diff. Mk 1,30 κατέκειτο πυρέσσουσα): "Hinter dieser Formulierung ist wohl die Vorstellung einer außermenschlichen Fiebermacht zu vermuten"; *Kirchschläger*, Wirken 60; vgl. auch ders., Fieberheilung 517-519.- *Kirchschläger*, Wirken 267, hat mit Verweis besonders auf Lk 4,40f und 6,17-19 hervorgehoben, daß der dritte Evangelist "das exorzistische Handeln Jesu unter dem Stichwort θεραπεύειν [subsumiert]" und "unter dem Blickwinkel des Heilens betrachtet". Daraus freilich zu schließen, "daß Lukas an einer Spezifizierung des Wirkens Jesu als einem exorzistischen Handeln kein besonderes Interesse zeigt" (ebd.), überzeugt m.E. nicht. Eher wird man umgekehrt vermuten dürfen, daß jede Heilung von Lukas auch als Austreibung des Krankheitsdämons beschrieben werden könnte, wie Lukas es bei der ersten erzählten Krankenheilung seines Evangeliums (4,38f) exemplarisch vorführt; vgl. auch Apg 10,38. Die These von *Busse*, Wunder 79, "Lukas betrachte alle Krankheiten als von Dämonen verursacht", dürfte trotz des Widerspruchs von *Kirchschläger*, Fieberheilung 519 Anm. 44, das Richtige treffen; zum

180 3.Kapitel: Die Verkündigung der βασιλεία τοῦ θεοῦ nach dem Lk-Ev

verstehen sind, dann verwirklicht sich in ihnen die βασιλεία τοῦ θεοῦ. Die in Lk 4,33-41 beschriebenen Exorzismen ziehen demnach die Folgerung nach sich: ἄρα ἔφθασεν ἐφ' ὑμᾶς ἡ βασιλεία τοῦ θεοῦ (11,20)[55]. Jesu machtvolle Worte und Taten, durch die die Herrschaft des Satans vernichtet wird (11,21f; vgl. 13,16), bringen also die βασιλεία τοῦ θεοῦ zur Verwirklichung[56]. D.h. nun für unsere Frage: In Lk 4,33ff wird nicht von der Konkretion des εὐαγγελίζεσθαι τὴν βασιλείαν τοῦ θεοῦ gesprochen, wohl aber von der Wirklichkeit gewordenen βασιλεία τοῦ θεοῦ. Hingegen meint εὐαγγελίζεσθαι τὴν βασιλείαν τοῦ θεοῦ die Verkündigung dieser sich realisierenden Gottesherrschaft, aber nicht ein Sprachgeschehen, das die Basileia via vollmächtigem, wunderwirkendem Wort zur Verwirklichung bringt[57].

Daß nun aber Heilungen und Exorzismen nach Lukas in einem engen Zusammenhang mit der Verkündigung stehen, bestätigen neben 4,31-37 die Wundersummarien im dritten Evangelium, die die Zusammengehörigkeit von Verkündigung und Heilung hervorheben, wobei auffälligerweise an den meisten Stellen der Terminus βασιλεία τοῦ θεοῦ begegnet[58]. Die Verkündigung der Basileia, so muß nach diesen Stellen gesagt werden, wird von Manifestationen der Basileia begleitet, die die Wahrheit der Botschaft sicht-

---

Problem vgl. auch *Hoffmann*, Studien 249f mit Anm. 55-58. - Zur Vorstellung des Krankheitsdämons vgl. *Klauck*, Sündenvergebung 234 und die ebd. Anm. 35 genannte Literatur.

[55] Par. Mt 12,28. Lukas hat hier Jesu eigene Sicht wie die der Logienquelle übernommen.

[56] Vgl. *Betz*, Kerygma 136. - Analoges gilt auch von der Wirksamkeit der Jünger. Ihre Krankenheilungen ziehen die Folgerung nach sich: ἤγγικεν ἐφ' ὑμᾶς ἡ βασιλεία τοῦ θεοῦ (Lk 10,9); vgl. hierzu unten S.225-227.

[57] Apg 8,5-7.12 bestätigt diese Überlegungen: Das in den VV 5-7 beschriebene vollmächtige und die Verkündigung des Philippus begleitende Wunderwirken ist von dem in V 12 beschriebenen Akt der Verkündigung zu differenzieren, denn die Formulierung εὐαγγελίζεσθαι περὶ τῆς βασιλείας τοῦ θεοῦ läßt nur die Interpretation von Basileia als Inhalt der Verkündigung zu. Wären Wunderwirken und Basileiaverkündigung identisch, dürfte nicht περί stehen.

[58] Lk 5,15 diff. Mk 1,45; Lk 6,18a diff. Mk 3,8b; Lk 9,11 [βασιλεία τοῦ θεοῦ] diff. Mk 6,34b; vgl. ferner: Lk 9,2 [βασιλεία τοῦ θεοῦ] diff. Mk 6,7; Lk 8,1f [βασιλεία τοῦ θεοῦ]; 10,9 [βασιλεία τοῦ θεοῦ]; 11,20 [βασιλεία τοῦ θεοῦ]; vgl. auch *Busse*, Nazareth-Manifest 81.

bar dokumentieren[59]. Umgekehrt aber gilt auch: Die Manifestationen der Gottesherrschaft bedürfen der Verkündigung der βασιλεία τοῦ θεοῦ, um überhaupt als solche erkannt und geglaubt werden zu können (vgl. Lk 11,14-20)[60].

Für 4,43 heißt das nun: Mit βασιλεία τοῦ θεοῦ, die Jesus in Nazareth und Kapernaum verkündigt hat und die er in den anderen Städten Judäas verkündigen muß, kann der auctor ad Theophilum sowohl die Erfüllung der atl. Verheißungen als den Inhalt des verkündigten Logos[61] kennzeichnen als auch die in den Heilungen sichtbar werdende Wirkung des vollmächtigen Wortes. Die βασιλεία τοῦ θεοῦ bleibt aber in Verbindung mit einem verbum dicendi Gegenstand der Verkündigung Jesu, auch wenn in Jesu vollmächtigem Wort über Krankheiten und Dämonen Gott selbst am Werk ist[62] und seine Herrschaft verwirklicht.

2. Lk 8,1-3: Jesu Ausführung seines Sendungsauftrages und die Ohrenzeugen seiner Basileiaverkündigung

"Bis auf die Eigennamen ist Lk 8,1-3 Wort für Wort lukanisch"[63]. Diesem ausführlich von *Jeremias* begründeten Ergebnis wird sich schwer widersprechen lassen. Es ist m.W. in der exegetischen Forschung auch nicht strittig. Dennoch besagt die Erkenntnis, daß die drei Verse sprachlich in toto als lukanisch anzusprechen sind, noch nicht, daß der dritte Evangelist hier keine

---

[59] Vgl. etwa auch Apg 14,3: Die vom Kyrios bewirkten Zeichen und Wunder legen Zeugnis ab über das Wort seiner Gnade. Vgl. ferner Apg 4,29f sowie die oben gegebenen Hinweise auf den Zusammenhang von Basileiaverkündigung und Machterweisen in Apg 8 und 19 auf S.156 und S.153ff.
[60] Die Verkündigung der Gottesherrschaft ist aber nicht - wie *Busse*, Wunder 89, meint - "Voraussetzung des machtvollen Wirkens" bzw. - so *Busse*, Wunder 90 - "Vorbedingung ... für Jesu machtvolles Wort". Vielmehr ist das Wirken Gottes, d.h. die Verwirklichung seiner Herrschaft, Voraussetzung ihrer Verkündigung.
[61] In 4,22 wird er mit λόγοις τῆς χάριτος charakterisiert, in 5,1 als λόγος τοῦ θεοῦ. Letzteres "ist Abkürzung für 'Verkündigung der Gottesherrschaft': die Nachricht von Jesus als dem von Gott gesandten Heilsplanerfüller"; *Schenk*, Glaube 85.
[62] Lk 7,16; 8,39; 9,42-43a; 13,12f; 17,15; 18,42f (diff. Mk 10,52); Lk 19,37 Apg 2,22; 10,38; vgl. auch *Kirchschläger*, Wirken 274f.
[63] *Jeremias*, Sprache 178; vgl. seine Begründung a.a.O 174-178.

182   3.Kapitel: Die Verkündigung der βασιλεία τοῦ θεοῦ nach dem Lk-Ev

Tradition verarbeitet hat. Ist das für die Frauenliste schon mehr als wahrscheinlich[64], so gilt das auch für die VV 1-2a, denn die Parallele in Mt 9,35 mit vielen identischen Vokabeln und inhaltlichen Übereinstimmungen wird kaum als Zufall gewertet werden können, sondern als eine Kombination von "Mk 6,6b mit einer Vorlage wie Lk 8,1"[65] angesehen werden müssen. Die folgende Synopse mag die Parallelen zwischen Mt 9,35 und Lk 8,1-2a veranschaulichen:

Mt 9,35	Lk 8,1-2a
	Καὶ ἐγένετο ἐν τῷ καθεξῆς
Καὶ περιῆγεν ὁ Ἰησοῦς	καὶ αὐτὸς διώδευεν
τὰς πόλεις πάσας	κατὰ πόλιν
καὶ τὰς κώμας	καὶ κώμην
διδάσκων ἐν ταῖς συναγωγαῖς αὐτῶν	
καὶ κηρύσσων	κηρύσσων καὶ
τὸ εὐαγγέλιον	εὐαγγελιζόμενος
τῆς βασιλείας	τὴν βασιλείαν τοῦ θεοῦ
	καὶ οἱ δώδεκα σὺν αὐτῷ,
	καὶ γυναῖκές τινες
καὶ θεραπεύων	αἳ ἦσαν τεθεραπευμέναι
πᾶσαν νόσον καὶ πᾶσαν μαλακίαν.	ἀπὸ πνευμάτων πονηρῶν καὶ ἀσθενειῶν

Zu diesen Parallelen kommt eine weitere Beobachtung über die Stellung des jeweiligen Verses im Kontext: Bei Matthäus folgt dem Summarium über die Wirksamkeit Jesu die Aussendungsrede (9,37-10,42). Ein ähnlicher Zu-

---

[64] Vgl. etwa *Wellhausen*, Lc 34; *Conzelmann*, Mitte 41; *Hengel*, Maria Magdalena 247; *Lohfink*, Sammlung 67, der freilich in V3b Einfluß von Mk 15,41 sieht; *Fitzmyer*, Luke I 695f, der Einfluß von Mk 15,41 nicht ausschließt; *Bovon*, Lk I 397. - *Schürmann*, Lk I 448, vermutet einen vorlukanischen Zusammenhang mit den beiden Frauenerzählungen in Lk 7,11-17.36-50; was etwa von *Schneider*, Lk I 180, abgelehnt wird.

[65] *Schürmann*, Lk I 447. *Schürmann*, ebd., - ihm folgt *Miyoshi*, Anfang 72 mit Anm. 64 - will auch Mt 11,1 als Parallele zu Lk 8,1 ansehen. Doch vermag das nicht zu überzeugen, insofern der Vers außer der Erwähnung der zwölf Jünger keine über Mt 9,35 hinausgehenden Parallelen mit Lk 8,1 aufweist. Der Hinweis auf die Zwölf soll sie aber nicht als Begleiter Jesu wie in Lk 8,1 hervorheben, sondern als Adressaten der Aussendungsrede von Kap.10, wie Matthäus in 10,1.2-4.5 besonders betont hat.

sammenhang ergibt sich, wenn man den Markus-Block in 8,4-9,50[66] und die lukanische Einleitung des Reiseberichtes in 9,51 entfernt. In diesem Fall folgen nämlich auf das Summarium über die Wirksamkeit Jesu in 8,1-3 die Erzählung vom ungastlichen Samariadorf (9,52-56), in das Jesus seine Boten sendet (9,52)[67], sowie die Apophthegmata über drei Nachfolgewillige (9,57-62), die das Thema der Basileiaverkündigung als Inhalt der Botschaft des rechten Nachfolgers aufgreifen (9,60; vgl. 9,62) und möglicherweise erst von Lukas in diesen Kontext gestellt wurden, woran sich - wie bei Matthäus - die Aussendungsrede anschließt (10,1-12). Berücksichtigt man ferner, daß wohl ein überlieferungsgeschichtlicher Zusammenhang zwischen dem ungastlichen Samaritanerdorf bei Lukas und dem nur von Matthäus (10,5) überlieferten Befehl Jesu, nicht in eine Stadt der Samaritaner hineinzugehen, besteht[68], so ist sehr wahrscheinlich, daß hinter Lk 8,1-2a bzw. Mt 9,35 eine Überlieferung steht[69], die sich ursprünglich mit der Aussendung in einem wie auch immer näher zu kennzeichnenden überlieferungsgeschichtlichen Zusammenhang befand.

Ist dieses Ergebnis richtig, dann heißt das zum einen: Der dritte Evangelist unterbricht mit der Einschaltung des Markusblockes in 8,4-9,50 einen ihm vorgegebenen Zusammenhang zwischen der hinter 8,1(-3) und 9,52ff stehenden Tradition[70]. Zum anderen muß auf Grund der Parallele zwischen Mt 9,35 und Lk 8,1 die Vermutung naheliegen, daß κηρύσσων τὸ εὐαγγέλιον τῆς βασιλείας aus Mt 9,35 trotz der nur bei Matthäus vorkommenden Parallelen in 4,23 und 24,14 eine Formulierung der matthäischen Vorlage ist[71]. Daraus folgt dann aber, daß die spezifisch lukanische Verbindung

---

[66] Entspricht Mk 4,1-25; 3,31-35; 4,35-6,44; 8,27-9,40.

[67] Die Aussendungsformel in V52 ἀπέστειλεν ἀγγέλους πρὸ προσώπου αὐτοῦ ist zwar aller Wahrscheinlichkeit nach eine lukanische Formulierung, doch schließt das einen vorlukanischen Aussendungsbericht nicht aus; vgl. auch *Miyoshi*, Anfang 10f.15.

[68] *Schmidt*, Rahmen 268f, denkt an eine vorlukanische Korrektur des Verbots. In diese Richtung tendiert auch *Miyoshi*, Anfang 11.

[69] *Schneider*, Lk I 180, denkt an möglichen Einfluß der Q-Vorlage in V1. So auch *Schmithals*, Lk 100.

[70] Ähnlich auch *Hirsch*, Frühgeschichte II 205f, freilich mit anderer Begründung. Ihm folgt *Grundmann*, Lk 173. Erwogen auch von *Schweizer*, Lk 93; *Wiefel*, Lk 157 mit Anm. 1.

[71] Auf die Parallele von Mt 4,23 mit Lk 4,43 ist oben schon hingewiesen worden, wobei auch hier als Begründung nicht nur die analoge Formulierung, sondern ebenfalls

184   *3.Kapitel: Die Verkündigung der* βασιλεία τοῦ θεοῦ *nach dem Lk-Ev*

von verbum dicendi und βασιλεία τοῦ θεοῦ nicht ohne Anhalt an traditionellen Formulierungen entstanden ist.

Wenn also hinter Lk 8,1-3 aller Wahrscheinlichkeit nach vorlukanisches Überlieferungsmaterial steht, so berechtigt doch die bewußte sprachliche Gestaltung und die Komposition des dritten Evangelisten, diese Verse wie auch ihre Verbindung zum jetzigen Kontext für die lukanische Theologie auszuwerten.

Mit dem Summarium in 8,1-3 schafft Lukas einen Übergang[72] von dem vorausgehenden Nicht-Markusstoff (6,20-7,50) zum folgenden Markusblock (8,4-9,50). Die Verse fassen einen längeren Zeitraum der Wirksamkeit Jesu zusammen, in dem sich unter anderem die in V2 erwähnten, aber im Evangelium nicht näher beschriebenen Heilungen und Exorzismen ereignet haben. V1 greift im Kontext des dritten Evangeliums auf 4,43 zurück und zeigt Jesus als Wanderprediger bei der Ausübung seines Sendungs-

---

die gleiche Stellung im Kontext für vorgegebene Überlieferung sprach; vgl. S.173 Anm. 27. Mt 24,14 ist allerdings deutlich Matthäus-Redaktion von Mk 13,10, so daß man fragen könnte, ob nicht die spezifisch lukanische Verbindung von εὐαγγελίζεσθαι mit βασιλεία τοῦ θεοῦ der Tradition entstammt. Dagegen spricht nun einerseits, daß mediales εὐαγγελίζεσθαι nicht nur in Verbindung mit βασιλεία τοῦ θεοῦ als lukanisch anzusehen ist, wie andererseits umgekehrt für die Ursprünglichkeit von εὐαγγέλιον bei Matthäus spricht, daß Matthäus von den sieben Belegen, die ihm Markus anbot (1,1.14.15; 8,35; 10,29; 13,10; 14,9), nur die letzten beiden übernommen hat (Mt 24,14; 26,13), Lukas hingegen das Wort in seinem Evangelium völlig meidet und es nur Apg 15,7 und 20,24 bringt.

Daß Matthäus auch sonst in 4,23 und 9,35 einer Tradition folgt und die beiden Logien nicht völlig selbständig formuliert hat, zeigt die Wendung θεραπεύειν πᾶσαν νόσον, die außer an diesen beiden Stellen nur noch Mt 10,1 begegnet, aber für den matthäischen Sprachgebrauch ungewöhnlich ist, da er außer an diesen drei Stellen ein Verb des Heilens nie mit einem Sachobjekt, sondern immer mit einem Personalobjekt verbindet: θεραπεύειν mit Person als Akkusativobjekt: 4,24; 8,7.16; 10,8; 12,15.22; 14,14; 15,30; 17,16; 19,2; 21,14; Person im Nominativ mit Passiv von θεραπεύειν bzw. ἰᾶσθαι: 8,8.13; 15,28; 17,18. Analoges gilt für Lukas, wo nur 9,1 eine Ausnahme bildet, ein Vers, der mit Mt 10,1 parallel ist und deshalb die Wendung als traditionell erweist; vgl. hierzu *Tuckett*, Relationship 135f und 142 Anm. 26.

[72] Die Alternative von *Schürmann*, Lk I 445, daß die Verse "im heutigen Zusammenhang nicht als Abschlußnotiz zum Vorhergehenden, sondern als Einleitung zum Folgenden zu ziehen" seien, - so auch *Schneider*, Lk I 180; *Kirchschläger*, Wirken 237 -, ist falsch. Das gleiche Urteil trifft für *Fitzmyer*, Luke I 695f, zu, für den die Verse nur eine Funktion als Abschluß der sog. kleinen Einschaltung haben.

auftrages[73]. Der Vers erinnert aber den Leser nicht nur an den programmatischen Ausspruch Jesu am Ende seines Kapernaumaufenthaltes, sondern stellt mit dem Stichwort βασιλεία τοῦ θεοῦ eine Verbindung zu τὰ μυστήρια τῆς βασιλείας τοῦ θεοῦ in 8,10 her. Die lukanische Komposition verschiedener Überlieferungsstücke wie die erwähnte Stichwortverbindung nötigen deshalb zu der Frage nach dem Zusammenhang der Gleichnisrede 8,4-18 mit dem lukanischen Basileiaverständnis. Darauf wird im nächsten Abschnitt ausführlicher einzugehen sein. Hier nur so viel:

In dem folgenden Gleichnis (8,4-8) und seiner Deutung (8,11-15) geht es nach Lukas um das Wort Gottes[74], seine gläubige Annahme bzw. ungläubige Ablehnung und sein Festhalten im Christenleben. Auf die Frage der Jünger nach der Bedeutung dieses Gleichnisses (V9) wird ihnen zunächst gesagt: "Euch ist gegeben worden, die Geheimnisse der Gottesherrschaft zu erkennen" (V10 par. Mt 13,11). Diese Erkenntnis befähigt die Jünger zur Basileiaverkündigung und erklärt, weshalb die Zwölf (9,1-6) bzw. ein weiterer Jüngerkreis (9,60; 10,1-12) zur Basileiaverkündigung ausgesandt werden können. Mit dem Stichwort βασιλεία τοῦ θεοῦ ist für den dritten Evangelisten somit trotz des Einschnittes in 9,51 ein thematischer Zusammenhang der Kapitel 8-10 angedeutet. Zugleich ist damit erklärt, warum Lukas den überlieferungsgeschichtlichen Faden der hinter 8,1-3 und 9,52ff stehenden Tradition unterbricht: Die Beauftragung zur Basileiaverkündigung in 9,2.60; 10,9.11 bedarf als Vorbereitung des Hörens (8,1) und der Erkenntnis (8,10) von Jesu Verkündigung der Gottesherrschaft. Nur seine Botschaft ist der Grund der Möglichkeit und Garant für die Sachgemäßheit der Botschaft der Jünger.

Die im Anschluß an Markus und in paralleler Formulierung mit Matthäus übernommene Aussage von 8,10, daß den Jüngern die Erkenntnis der Geheimnisse der βασιλεία τοῦ θεοῦ gegeben wurde, hat Lukas zudem durch kleine Akzentverschiebungen seiner Markusvorlage in eigentümlicherweise Weise in der Gleichnisrede 8,4-18 entfaltet und interpretiert. Auch dies wird

---

[73] Da die Aufzählung der Nachfolger und Nachfolgerinnen in den VV 1c-3 von dem Hauptsatz in V1b abhängig ist, liegt bei diesem der "Akzent der Perikope"; *Kirchschläger*, Wirken 237.

[74] Vgl. die ausdrückliche Erwähnung in V5 (diff. Mk 4,3), daß der Sämann τὸν σπόρον αὐτοῦ sät, die Identifizierung dieses Samens mit dem Wort Gottes in V11 und die abschließende Bemerkung vom Hören und Tun des "Wort Gottes" (V21 diff. Mk 3,35).

186 *3.Kapitel: Die Verkündigung der* βασιλεία τοῦ θεοῦ *nach dem Lk-Ev*

uns beschäftigen müssen. Doch wenden wir uns zunächst kurz der lukanischen Intention von 8,1-3 zu.

Das Impf. διώδευεν in *V1*, das durch die beiden folgenden Partizipien nähere Bestimmungen erhält, bezeichnet die Ständigkeit des Tuns Jesu und zeigt von daher an, daß Jesus seinem in 4,43 artikulierten Auftrag beständig nachkommt.

Die Erwähnung der Zwölf als Begleiter[75] Jesu erfolgt erstmals seit ihrer Erwählung in Lk 6,13-16 und geschieht in V1 nicht ohne Absicht. Sie sind die entscheidenden Ohrenzeugen der in diesem Summarium zusammengefaßten Verkündigungstätigkeit Jesu[76]. Daß in diesem Zusammenhang die βασιλεία τοῦ θεοῦ als Inhalt der Predigt Jesu genannt wird, ist von Bedeutung, denn nun werden die Apostel zu Traditionsträgern, die über den Inhalt der Basileiaverkündigung sowohl in der Zeit Jesu (vgl. 9,2)[77] als auch in der Zeit der Kirche Auskunft geben können.

Indem Lukas dieses Summarium der aus Markus übernommenen Redeeinheit Lk 8,4ff vorschaltet, schafft er u.a. die Voraussetzung für die Zusage Jesu in Lk 8,10 (par. Mt 19,11), daß den Jüngern die Geheimnisse (diff. Mk 4,11: "das Geheimnis") der βασιλεία τοῦ θεοῦ anvertraut sind. Die Aussage in Lk 8,10 ist freilich nicht auf die Apostel beschränkt. Entsprechend werden in 8,1-3 nicht nur die Zwölf als Begleiter Jesu erwähnt, sondern auch γυναῖκές τινες, die von bösen Geistern und Krankheiten geheilt wurden und von denen Maria Magdalena, Johanna und Susanna namentlich genannt werden, sowie viele andere Frauen, die zur wirtschaftlichen Unterstützung Jesu und seiner Nachfolger beitrugen (*VV 2f*). Die Erwähnung von Frauen als Begleiterinnen Jesu in der galiläischen Episode seiner Wirksamkeit wiederholt sich in 23,49.55, wo die Frauen zusätzlich als

---

[75] Vgl. *Bovon*, Lk I 399: "Σύν ist nicht gleich μετά, deshalb sind die Zwölf hier noch nicht (vgl. 9,1-6) Mitarbeiter, sondern Begleiter." Freilich wären die Zwölf auch dann nur Begleiter, wenn μετά zu lesen wäre (vgl. Lk 2,51; 6,3.4.17; 12,58; Apg 24,1). Das gilt umso mehr, als Lukas hier wahrscheinlich die in 6,13 ausgelassene Bemerkung aus Mk 3,14, wonach die Auswahl der Zwölf erfolgte, ἵνα ὦσιν μετ' αὐτοῦ, erzählerisch nachträgt; vgl. *Schürmann*, Lk I 445.

[76] Vgl. *Prast*, Presbyter 311.

[77] Auf den Zusammenhang zwischen Lk 6,13; 8,1 und 9,2 hat *Schürmann*, Lk I 445, aufmerksam gemacht, indem er darauf hinwies, daß Lukas die beiden ἵνα-Sätze aus Mk 3,14, die dort das Ziel des ἐποίησεν δώδεκα angeben, nämlich ἵνα ὦσιν μετ' αὐτοῦ καὶ ἵνα ἀποστέλλῃ αὐτοὺς κηρύσσειν in 6,13 ausließ, um sie in 8,1 bzw. 9,2 nachzutragen.

Augenzeugen des Karfreitagsgeschehens und der Grablegung hervorgehoben, sowie in 24,1-11, wo die Frauen bei der Entdeckung des leeren Grabes an die ihnen zuteil gewordenen Voraussagen Jesu in Galiläa erinnert werden (24,6). Die so als Augenzeugen des gesamten Jesusgeschehens qualifizierten Frauen gehören nach Apg 1,14 zum Kern der Jerusalemer Urgemeinde. Wenn Lukas dennoch den zwölf Aposteln eine Priorität gegenüber den Frauen zuerkennt, dann liegt das nicht in ihrer Qualifikation als Augenzeugen des vorösterlichen Jesus begründet, sondern an ihrer göttlichen Erwählung sowie ihrer Belehrung und Einsetzung zu μάρτυρες durch den Auferstandenen. Gerade der Vergleich der Frauen mit den Aposteln, deren Begleitung Jesu wie bei den Nachfolgerinnen von Beginn seiner Wirksamkeit in Galiläa an ebenfalls besonders herausgestellt wird (Apg 1,21f; 10,37ff; 13,31; vgl. Lk 1,2), bestätigt noch einmal, daß Lukas nicht einfach zeigen will, was historisch gewesen ist, sondern was sich als Erfüllung des in den Schriften dargelegten Willens Gottes zugetragen hat. Dafür aber ist Augen- und Ohrenzeugenschaft noch keine hinreichende Qualifikation, selbst dann nicht, wenn die Frauen, wie 24,6-8 deutlich macht, das Passions- und Ostergeschehen als Erfüllung der Voraussagen des irdischen Jesus erkennen und bezeugen können. Indem aber nun in Lk 8,1-3 die Frauen als Ohrenzeugen der Basileiaverkündigung Jesu dargestellt werden, deren Geheimnisse nicht allein von den zwölf Aposteln erkannt werden können, nehmen sie an der nach Lukas jedem Christen zukommenden Verpflichtung teil, nun auch ihre von Gott gegebene Erkenntnis der Geheimnisse ans Licht zu bringen. Davon reden unter anderem die folgenden VV 4-18. Wenden wir uns deshalb mit diesen Überlegungen Lk 8,10 und seinem Kontext ausführlicher zu.

188 *3.Kapitel: Die Verkündigung der* βασιλεία τοῦ θεοῦ *nach dem Lk-Ev*

3. Die Gabe der Erkenntnis der Geheimnisse der βασιλεία τοῦ θεοῦ (Lk 8,10) und ihre Bedeutung nach der Gleichnisrede Lk 8,4-18

In der lukanischen Gleichnisrede (8,4-18)[78] folgt nach der Erwähnung des Zulaufs großer Volksmengen zu Jesus (V4) die Erzählung eines Gleichnisses (VV 5-8a), das mit dem Ruf zum rechten Hören abgeschlossen wird (V8b). Auf die Frage der Jünger nach der Bedeutung des erzählten Gleichnisses (V9) und dessen Deutung (VV 11-15) schließen sich ohne neue Redeeinleitung drei Logien an, die das bisher Gesagte weiterführen (VV 16-18). Die folgende Szene (VV 19-21), die auf Grund einer neuen Situationsangabe (V19) nicht mehr zur Gleichnisrede gehört, ist mit dieser jedoch thematisch verbunden, da es jeweils um das rechte Hören des Wortes Gottes geht (V21; vgl. VV 5.8.11.18).

Zwischen die Jüngerfrage in V9 und ihrer Beantwortung in VV 11-15 steht ein recht grundsätzlicher Ausspruch Jesu (V10), der zunächst jegliche Bindung zum Kontext vermissen läßt und dessen Auslassung den Sinn der Gesamtkomposition auf den ersten Blick nicht zu beeinträchtigen scheint. Daß dieser Vers jedoch im Kontext der Gleichnisrede wie überhaupt im Gesamtzusammenhang der Kapitel 8-10 von nicht geringer Bedeutung ist, wird sogleich zu begründen sein. Zuvor müssen aber einige grundlegende literarkritische Fragen angeschnitten und für die lukanische Intention ausgewertet werden, da nur auf dem Hintergrund des so gewonnenen Ergebnisses eine sachgemäße Interpretation des lukanischen Verständnisses von V10 und seiner Bedeutung für die VV 11-18 möglich ist.

---

[78] Nach *Wiefel*, Lk 159, will der dritte Evangelist in der Gleichnisrede ein Beispiel für die Verkündigung der βασιλεία τοῦ θεοῦ aus 8,1 geben, wobei er durch "Konzentration auf das Sämanngleichnis und seine Deutung ... die Botschaft vom Reiche Gottes zu einer Reflexion über das Wort Gottes und seine Wirkkraft werden" läßt. Wie die von Jesus verkündigte Botschaft über den Anbruch der Heilszeit zu einer hermeneutischen Besinnung auf das Wort werden kann, wird in den Ausführungen *Wiefel*s nicht deutlich und scheint mir auch der lukanischen Theologie nicht gerecht zu werden. - Die distributiven Wendungen κατὰ πόλιν in 8,1.4 stehen zudem nicht in direkter Korrespondenz zueinander, da nach 8,1 Jesus in jede Stadt geht, nach 8,4 die Menge aus jeder Stadt zu ihm kommt, so daß 8,4 gleichsam eine Gegenbewegung zu 8,1 schildert. Für die in 8,4 erwähnte Volksmenge gilt nach 8,1, daß sie die Basileiaverkündigung schon gehört hat! Die Botschaft des Gleichnisses an das Volk ist die Aufforderung, die gehörte Verkündigung anzunehmen; vgl. hierzu die folgenden Ausführungen.

1) Literarkritische und redaktionsgeschichtliche Überlegungen zu Lk 8,4-8.11-15

Ab 8,4 scheint Lukas wieder seiner Markusvorlage zu folgen, zumindest findet sich - mit Ausnahme von 8,19-21 - in 8,4-9,50 die markinische Perikopenreihenfolge. Dennoch begegnen in 8,4-8(10[79]) einige Auffälligkeiten, die begründeten Anlaß zu der Vermutung gegeben haben, daß in diesem Gleichnis zumindest Einfluß einer Sondertradition vorliegt[80]:

1. Lk 8,5-8 weist mit der Matthäusparallele (13,3-9) eine Reihe minor agreements - seien es gemeinsame Zusätze bzw. Änderungen[81] oder gemeinsame Auslassungen[82] - gegenüber Mk 4,3-9 auf.
2. Es begegnen im Vergleich zur Markusversion in Lk 8,4-8 eine Reihe ntl. und lukanischer hapax legomena[83].
3. Die lukanische Version hat gegenüber Markus kleine Akzentverschiebungen, die sich aber merkwürdigerweise nicht in der mit Markus parallelen Gleichnisdeutung wiederholen, ihren sprachlichen Ausdruck aber z.T. in den hapax legomena finden[84].

---

[79] Zu V10 vgl. weiter unten S.194f.
[80] Vgl. *Schramm*, Markus-Stoff 114-123; *Zingg*, Wachsen 79-85; *Bovon*, Lk I 404f; *Schweizer*, Lk 94. - *Grundmann*, Lk 176, rechnet hingegen damit, daß das kanonische Markusevangelium eine überarbeitete Fassung der matthäischen und lukanischen Vorlage ist.
[81] V5/Mt 13,3: Setzung des Artikels τοῦ vor den Infinitiv σπεῖραι bzw. σπρεί-ρειν zur Verdeutlichung seines finalen Gebrauchs (vgl. BDR 400,5). V5/Mt 13,4: Ergänzung des Personalpronomens αὐτόν als Objekt zu ἐν τῷ σπείρειν. V8/Mt 13,9: Änderung des markinischen ὃς ἔχει ὦτα (4,9) in ὁ ἔχων ὦτα. - Zu V10/Mt 13,11 s.u. - Vgl. aber auch V12/Mt 13,19, wo beide Evangelisten in der Deutung des ersten Beispiels das Stichwort καρδία mit folgendem Personalpronomen verwenden.
[82] Vor allem ist hier auf Mk 4,3 ἀκούετε, 4,4 ἐγένετο und 4,7 καὶ καρπὸν οὐκ ἔδωκεν zu verweisen.
[83] V4: συνιέναι, ἐπιπορεύεσθαι, λέγειν διὰ παραβολῆς. V6: ἡ ἰκμάς, φύω (nur noch in V8; im NT noch Hebr. 12,15 [LXX-Zitat]).; V7: συμφύεσθαι; V8: ἑκατονταπλασίων (im NT nur noch Mk 10,30 par. Mt 19,29).
Das gilt auch - freilich in geringerem Maße - für die lukanische Version der Gleichnisdeutung, obwohl diese nach allgemeiner Einschätzung auf Markus als alleinige Quelle zurückgeht: *V12*: εἶτα (vgl. aber Mk 4,17). *V14*: ἡ ἡδονή (im sonstigen NT nur noch in Tit 3,3; Jak 4,1.3; 2.Petr 2,13; also nur in den ntl. Spätschriften), τελεσφορεῖν.
[84] *V5:* Das Zertretenwerden des Samens (κατεπατήθη diff. Mk 4,4) hat in der Deutung in V12 keine Entsprechung. *VV 6-8*: Die Notiz des Wachstums in den letzten drei Beispielen (VV 6.8: φύω; V7: συμφύεσθαι [nach *Schlatter*, Lk 75, handelt es sich um

3.Kapitel: Die Verkündigung der βασιλεία τοῦ θεοῦ nach dem Lk-Ev

4. Umgekehrt gilt, daß die auf Markus basierende Deutung des Gleichnisses in einigen Punkten durch die lukanische Version des Gleichnisses nicht vorbereitet ist[85].

Ob man für die VV 4-8 tatsächlich mit dem Einfluß einer von Markus unabhängigen Überlieferung zu rechnen hat, kann für unsere Frage auf sich beruhen, denn ob Lukas nun von sich aus in das Gleichnis verändernd eingreift[86] oder die Änderungen unter Rückgriff auf eine Sonderüberlieferung erfolgt sind, auf jeden Fall lassen sich die Differenzen zur Markusversion, die auf Grund der zahlreichen wörtlichen Übereinstimmungen zumindest als

---

eine "Hellenisierung des [palästinischen] Ausdrucks" ἀνέβησαν αἱ ἄκανθαι aus Mk 4,7.] - jeweils diff. Mk) wird in der Deutung nicht explizit aufgenommen. *V6*: Das Austrocknen des auf den Felsen gefallenen Samens erklärt Lukas damit, daß er keine Feuchtigkeit hat, während die Deutung in V13 die Markusversion voraussetzt, wonach der Same keine Wurzel hat.

[85] In V5 hatte Lukas das Kommen (ἦλθεν) der Vögel aus Mk 4,4 unerwähnt gelassen, spricht nun aber in *V12* wie Mk 4,15 vom Kommen (ἔρχεται) des Teufels. Auf die fehlende Bezugnahme der "Wurzel" von *V13* auf V6 wurde in der letzten Anmerkung schon hingewiesen. *V14*: das οὐ τελεσφοροῦσιν ist in Mk 4,7 durch καρπὸν οὐκ ἔδωκεν vorbereitet, was in Lk 8,7 fehlt. - Zu weiteren Punkten, bei denen die fehlende sprachliche Kongruenz zwischen lukanischer Fassung des Gleichnisses und der auf der Markusvorlage basierenden Deutung deutlich wird, vgl. *Robinson*, Preaching 133f; *Schramm*, Markus-Stoff 118-121.

[86] Dafür spricht der durchdachte parallele Aufbau, wie die folgende schematische Darstellung der lukanischen Gleichnisversion nahelegt:

Ἐξῆλθεν ὁ σπείρων τοῦ σπεῖραι τὸν σπόρον αὐτοῦ. καὶ ἐν τῷ σπείρειν αὐτὸν

ὃ μὲν	ἔπεσεν	*παρὰ* τὴν ὁδόν	καὶ	καὶ τὰ πετεινὰ
			κατεπατήθη,	τοῦ οὐρανοῦ κατ-
				έφαγεν αὐτό.
καὶ ἕτερον	κατ- ἔπεσεν	*ἐπὶ* τὴν πέτραν,	καὶ φυὲν	ἐξηράνθη διὰ τὸ μὴ ἔχειν ἰκμάδα.
καὶ ἕτερον	ἔπεσεν	*ἐν μέσῳ* τῶν ἀκανθῶν	καὶ συμφυεῖσαι	αἱ ἄκανθαι ἀπ- έπνιξαν αὐτό.
καὶ ἕτερον	ἔπεσεν	*εἰς* τὴν γῆν τὴν ἀγαθήν	καὶ φυὲν	ἐποίησεν καρπὸν ἑκατονταπλα- σίονα.

Hauptquelle der lukanischen Fassung zugrundeliegt, als bewußte lukanische Änderungen ansehen und dürfen von daher für das lukanische Verständnis des Gleichnisses ausgewertet werden.

Auf zwei m.E. für die Gleichnisinterpretation konstitutiven Änderungen muß an dieser Stelle besonders hingewiesen werden: Zum einen auf die Einfügung von τὸν σπόρον αὐτοῦ in V5 und zum anderen auf die ausdrückliche Erwähnung des Wachstums in den letzten drei Beispielen[87], dem das Zertretenwerden des Samens beim ersten Beispiel korrespondiert.

Der erste Punkt ist in der Forschung allgemein gesehen worden und in seiner Deutung m.W. nicht besonders strittig: In V5 wird ausdrücklich hervorgehoben, daß der Sämann τὸν σπόρον αὐτοῦ sät. Dadurch bereitet Lukas die Deutung in V11 vor: "Der Same ist das Wort Gottes" (diff. Mk 4,14: "Der Sämann sät das Wort"). "Die Akzentverschiebung gegenüber Markus ist deutlich: Das Gleichnis vom Sämann wird bei Lukas zum Gleichnis vom Samen, d.h. vom λόγος τοῦ θεοῦ"[88]. "In der Verkündigung Jesu ist dieses Wort Gottes vernehmbar"[89], wie dann auch in der Verkündigung der Jünger.

Anders sieht es beim zweiten Punkt aus: Daß der dreifachen Wachstumsnotiz in den VV 6-8 in V5 die Erwähnung des Zertretenwerdens korrespondiert, ist - soweit ich sehe - bisher nicht für die Auslegung berücksichtigt worden. Warum hat Lukas in V5 aber κατεπατήθη eingefügt?[90] Offenbar

---

[87] Dreimal wird im Unterschied zu Markus das Wachsen als φύειν bzw. συμφύεσθαι beschrieben (VV 6.7.8). Beide Verben kommen nur an dieser Stelle im lukanischen Doppelwerk vor. Merkwürdigerweise ist dieser Hauptunterschied in der Deutung des Gleichnisses nicht explizit aufgenommen. Das könnte dafür sprechen, daß er nicht auf Lukas zurückgeht. Da diese lukanischen Besonderheiten sich aber sachlich sehr gut mit der Gleichnisdeutung vereinbaren lassen, insofern dort das zweite, dritte und vierte Beispiel Christen im Blick haben, sind diese ntl. bzw. lukanischen hapax legomena zwar auffällig, nötigen aber keinesfalls zur Annahme einer Sonderquelle.

[88] *Taeger*, Mensch 166.

[89] *Zingg*, Wachsen 80; vgl. auch *Schneider*, Lk I 183. - Anders *Robinson*, Preaching 132: "The discussion of the word of God is not a discussion of Jesus' teaching about his own teaching, but rather of Jesus' teaching about the preaching of the Christian church". Doch werden hier wohl falsche Alternativen aufgebaut. Es geht um die Predigt des Wortes Gottes und nicht um den Prediger!

[90] *Schramm*, Markus-Stoff 116 Anm. 3, hat die Hinzufügung dem Lukas abgesprochen, da der Zusatz keine Entsprechung in der Deutung hat. Das Wort begegnet neben Mt 5,13; 7,6; Hebr 10,29 im NT nur noch Lk 12,1. - *Robinson*, Preaching 134, hat unter

deshalb, weil dadurch ein Wachstum ausdrücklich ausgeschlossen wird. Steht im Gleichnis selbst der dreifachen Erfolgslosigkeit der große Erfolg gegenüber, gehören also unter diesem Aspekt die ersten drei Beispiele inhaltlich zusammen, so stehen unter dem Aspekt des Wachstums die letzten drei dem ersten gegenüber. Dem entspricht nun auffälligerweise in der Gleichnisdeutung, daß sich die letzten drei Beispiele auf Christen bzw. zum Glauben Gekommene beziehen, während im ersten Beispiel ungläubige Hörer im Blick sind. Die an die Jünger gerichtete Gleichnisdeutung ist von daher als Jüngerparänese zu verstehen: Sie, die zwar den gleichen Gefahren wie der auf den Felsen bzw. in die Dornen gefallene Samen ausgesetzt sind, sollen dem auf guten Land gesäten Samen gleichen. Das erste Schicksal, das sie nämlich hören und der Satan das zum Glauben Kommen verhindert, ist für sie keine reale Möglichkeit mehr, wohl aber stehen sie noch in der Gefahr, abzufallen (V13) bzw. ihre Früchte nicht zur Reife zu bringen (V14). Welche Bedeutung gemäß dieser Interpretation der Aussage von V10 zukommt und wie sich durch diesen Vers der Deutungshorizont noch einmal verschiebt, wird gleich zu erörtern sein.

Zunächst muß aber noch eine andere Frage geklärt werden: Verändert sich der Sinn des Gleichnisses im Unterschied zu der Deutung dadurch, daß es nicht an die Jünger gerichtet ist, also auch keine Jüngerparänese sein kann, sondern an das Volk? Dies scheint mir in der Tat die Ansicht des Lukas zu sein. Der Weckruf in V8b "wer Ohren hat zu hören, soll hören", ist im lukanischen Sinn keine Überleitung zur allegorischen Auslegung des Gleichnisses[91], sondern als "Umkehrruf"[92] zu interpretieren und unterstreicht "die Aufforderung zum verstehenden Hören"[93]. Im Bild des Gleichnisses gesprochen: Gleicht dem guten Land und nicht der Beschaffenheit des Bodens in

---

Verweis auf die LXX-Konkordanz (138 Anm. 32) darauf hingewiesen, daß es sich bei dem Verb um einen biblischen Begriff handelt, der die völlige Zerstörung ausdrückt.

[91] So *Berger*, Formgeschichte 118.
[92] *Schneider*, Lk I 184; vgl. auch *Wiefel*, Lk 160, der darauf hinweist, daß "die Mahnung zum Hören ... den proklamativen Charakter der Gleichnisrede unterstreicht: sie ordnet sich damit in den Zusammenhang seiner (sc. Jesu) öffentlichen Umkehrpredigt ein".
[93] *Gnilka*, Verstockung 122. - Wörtlich begegnet der Ruf in 14,35b (diff. Mk/Mt) wieder, wo er ebenfalls nicht auf einen tieferen Sinn der Worte aufmerksam machen will, sondern der Ermahnung dient.

den ersten drei Beispielen!⁹⁴ Unter diesem Aspekt stehen sich die dreifache Erfolgslosigkeit und der große Erfolg gegenüber. Der ὄχλος ist aufgefordert, das Wort Gottes (nach V1 die Verkündigung der βασιλεία τοῦ θεοῦ) nicht nur ad notam zu nehmen, sondern in rechter Weise zu hören, d.h. umzukehren und den Heilsplan Gottes anzuerkennen. Die Jünger hingegen, die das getan haben, werden in der Deutung desselben Gleichnisses aufgefordert, das Wort festzuhalten und durch Standhaftigkeit Frucht zu bringen (V15).

Welche Bedeutung kommt nun in diesem Kontext V10 zu? Wir nähern uns der Klärung dieses Problems, indem wir noch einmal nach dem Kontextbezug des Verses fragen und die literarkritischen Voraussetzungen erörtern.

2) Der Kontextbezug von V10, sein Verhältnis zu Mk 4,11f bzw. Mt 13,11 und das lukanische Verständnis des Verses

a) Die VV 9-10 haben ihre Entsprechung in Mk 4,11f (und Mt 13,10-13) und stehen wie beim zweiten Evangelisten zwischen dem Sämannsgleichnis und seiner Deutung. Im Unterschied zu Mk 4,10 findet kein Szenenwechsel statt. Zwar sind "die Jünger"⁹⁵ die unmittelbaren Adressaten der folgenden Rede Jesu, aber die Menge von V4 muß durchaus als Zuhörerschaft anwesend gedacht werden (vgl. auch 8,19). Das entspricht der häufig im dritten Evangelium zu beobachtenden Darstellungsweise, wonach das Volk die Jüngerbelehrungen mithört⁹⁶, weshalb sie nicht als Geheimlehren verstanden werden dürfen⁹⁷. Auch V10 spricht nicht von einer Geheimbelehrung, da die Gabe der Erkenntnis der Geheimnisse der Basileia vorausgesetzt, aber nicht vermittelt wird. Vielmehr geht es hier um ein Verstehen dessen, was Jesus nach 8,1 allen verkündet hat und was die Jünger nach 8,16f (s.u.) ebenfalls allen verkündigen sollen.

---

⁹⁴ Das ist zwar letztlich auch die Intention der Deutung, doch liegt hier stärker der Ton auf der Differenzierung der einzelnen Hörer.
⁹⁵ So auch Mt 13,10 diff. Mk 4,10 οἱ περὶ αὐτὸν σὺν τοῖς δώδεκα.
⁹⁶ Vgl. 6,19f; 7,1; 12,1; 16,1.14; 20,45; vgl. auch *Gnilka*, Verstockung 120f; *Schürmann*, Lk I 450 Anm. 52.
⁹⁷ Vgl. *Gnilka*, Verstockung 121; *Zingg*, Wachsen 86.

Wie in V4 (diff. Mk 4,2) steht auch hier in V9 παραβολή im Singular. Dieser wird in V11a wieder aufgenommen[98], wo die indirekte Jüngerfrage eine Antwort erfährt, während V10b von den Gleichnissen im Plural spricht. Da nun aber die Frage in V9 nach der Bedeutung dieses einen Gleichnisses - nicht wie bei Markus nach dem allgemeinen Zweck der Gleichnisse - erst in V11 weitergeführt wird, erhält V10 den Charakter einer "grundsätzlichen Vorbemerkung"[99] zur folgenden Gleichnisdeutung und muß als solche für die Interpretation der folgenden Verse berücksichtigt werden.

b) V10 weist zahlreiche Parallelen zu Mt 13,11 diff. Mk 4,11 auf:
1. Lk/Mt:
Ὑμῖν δέδοται γνῶναι τὰ μυστήρια τῆς βασιλείας τοῦ θεοῦ
(τῶν οὐρανῶν)

Mk:
Ὑμῖν τὸ μυστήριον δέδοται τῆς βασιλείας τοῦ θεοῦ

Diese Übereinstimmungen werden "schwerlich als zufällig bezeichnet werden können"[100]. Ob sie auf "Einfluß der mündlichen Tradition"[101] oder einer schriftlichen Quelle[102] oder einer ursprünglicheren Fassung unseres kanonischen Markusevangeliums[103] bzw. einer überarbeiteten Fassung desselben[104] oder gar einem Deuteromarkus[105] beruhen, kann dahingestellt bleiben. Auf keinen Fall lassen sich die Übereinstimmungen der markini-

---

[98] Vgl. die Korrespondenz von ἔστιν δὲ αὕτη ἡ παραβολή in V11a mit der indirekten Jüngerfrage aus V9b τίς αὕτη εἴη ἡ παραβολή (beides diff. Mk).

[99] *Schürmann*, Reflexionen 34. - Auch *Gnilka*, Verstockung 120, hebt hervor, daß durch die Aufnahme von V9 in V11 der V10 "ziemlich in der Luft" hänge und die "Selbständigkeit des Herrenwortes" andeute.

[100] *Kümmel*, Einleitung 36. So auch *Schürmann*, Lk I 461.

[101] So *Kümmel*, Einleitung 36; *Schneider*, Lk I 182; *Bovon*, Lk I 413.

[102] So *Zingg*, Wachsen 87 Anm. 2. - Eine Reihe von Exegeten denkt dabei sogar an Q; vgl. die Liste bei *Rauscher*, Messiasgeheimnis 13.

[103] So *Grundmann*, Lk 176.

[104] So *Gnilka*, Verstockung 123, und die bei *Rauscher*, Messiasgeheimnis 9f, genannten Exegeten. - Anders *Gnilka*, Mt I 480f, wo die Parallele des Wortlautes offenbar als zufällig betrachtet wird.

[105] Dies hat für unsere Stelle *Rauscher*, Messiasgeheimnis (besonders 25-165), in einer bei *A.Fuchs* gearbeiteten Dissertation nachzuweisen versucht. Nach *Rauscher* beruhen alle minor agreements von Matthäus und Lukas gegenüber Markus auf einem theologisch überarbeiteten Markusevangelium, in dem Q schon eingearbeitet war.

schen Seitenreferrenten als voneinander unabhängige Redaktionsarbeit der Evangelisten erklären[106].

2. Mt 13,13/Lk 8,10b haben eine kürzere Fassung des Zitates von Jes 6,9f als Mk 4,12[107]. Diese Parallele wird man kaum als solche gelten lassen dürfen, denn Matthäus hat Mk 4,12 wohl nicht als Zitat verstanden, weshalb er in VV 14f Jes 6,9f nach der LXX zitiert und dabei auch die in Mt 13,13 und Lk 8,10 ausgelassene Verstockungsaussage übernimmt[108]. Man wird also die Kürzung des Zitates in Lk 8,10b auf den dritten Evangelisten zurückführen und für seine Theologie auswerten können.

Für die lukanische Theologie auswertbar ist ebenfalls V10a, da die auf Lukas zurückgehende Komposition von Kap.8 V10 in Zusammenhang bringt mit V1[109]. Zudem streicht er wie Matthäus den Jüngertadel aus Mk 4,13[110], läßt im Unterschied zu Markus die Jüngerfrage in V9 der Antwort Jesu in V11a korrespondieren und versteht von daher V10 als Voraussetzung der Gleichnisdeutung.

c) Angeredet sind in V10 mit ὑμῖν die in V9 erwähnten μαθηταί. Für Lukas ist damit deutlich: Nicht nur den zwölf Aposteln (vgl. 8,1), sondern auch den sonstigen Nachfolgern (vgl. 8,2f) wurden die Geheimnisse der Basileia anvertraut. Das Passivum divinum δέδοται in V10a bringt dabei zum Ausdruck, daß Gott der Urheber der Erkenntnisse aller der die Basileia betreffenden Geheimnisse ist[111], während die Perfektform voraussetzt, daß

---

[106] Zu derartigen Versuchen vgl. *Schramm*, Markus-Stoff 115f Anm. 2, und *Rauscher*, Messiasgeheimnis 11f.

[107] Vgl. hierzu *Schramm*, Markus-Stoff 116 mit Anm. 1.

[108] Anders *Gnilka*, Mt I 481f, *Rauscher*, Messiasgeheimnis 80-90, und viele andere, die das LXX-Zitat in Mt 13,14f als nachmatthäische Interpolation betrachten. Dagegen wendet sich mit Recht *Luz*, Mt II 301f.

[109] Das ist nicht beachtet von *Bovon*, Lk I 413, wenn er meint, Lukas habe den Vers "nur aus Treue zur Tradition überliefert".

[110] Die Spannung, die zwischen dem Vorwurf Jesu in Mk 4,13 und der Zusage über die Gabe des Geheimnisses der βασιλεία τοῦ θεοῦ in 4,11 besteht, ist dadurch beseitigt.

[111] Nach Lk 10,22 geschieht die Erkenntnis freilich durch die Offenbarung des Sohnes, doch ist dies kein Widerspruch zu 8,10, da - wie schon häufig bemerkt - die theozentrisch strukturierte Christologie des Lukas es ihm erlaubt, das Wirken Jesu als Wirken Gottes zu deuten.

196 *3.Kapitel: Die Verkündigung der* βασιλεία τοῦ θεοῦ *nach dem Lk-Ev*

die Gabe der Erkenntnis der Geheimnisse schon erfolgt ist und die gegenwärtige Jüngerexistenz bestimmt. Die folgende Gleichnisdeutung ist deshalb keine Einführung in die Geheimnisse der Basileia[112], sondern setzt deren Erkenntnis voraus! Dieser Aspekt hat - so weit ich sehe - in der exegetischen Forschung bisher keine Beachtung gefunden. Die Erkenntnis der Geheimnisse der βασιλεία τοῦ θεοῦ ist zudem die Voraussetzung dafür, daß die Apostel wie sonstige Jünger nun auch zur Verkündigung der βασιλεία τοῦ θεοῦ ausgesandt werden können (Lk 9,2.60; 10,9.11; vgl. 8,16f).

Woran hat Lukas bei γνῶναι τὰ μυστήρια τῆς βασιλείας gedacht? Nach dem Summarium in 8,1 kann mit der Erkenntnis der Geheimnisse der βασιλεία τοῦ θεοῦ nur das Verstehen dessen gemeint sein, was Jesus verkündigt hat, also die Erfüllung des Heilsplanes Gottes, wie er in den Schriften gegeben ist, und damit die in Jesu Person und Wirken sich realisierende Heilszeit. Doch bleibt mit Talbert[113] festzustellen, daß dazu in der Zeit vor Ostern noch nicht die Leidensweissagungen gehören. Was die Jünger also erkennen, ist die Erfüllung der atl. Voraussagen in Person und Wirken Jesu und damit den Anbruch der Heilszeit, eine Erkenntnis, die für das Jüngersein konstitutiv ist, weil sie den entscheidenden Unterschied zu "den übrigen" markiert.

Wie ist nun der zweite Teil des Satzes τοῖς δὲ λοιποῖς ἐν παραβολαῖς zu verstehen? Zunächst ist deutlich, daß οἱ λοιποί den ὑμῖν antithetisch gegenüberstehen. Als verbum finitum ist auf jeden Fall δέδοται zu ergänzen. Die Frage ist jetzt, was "den übrigen" ἐν παραβολαῖς gegeben worden ist: ein Erkennen oder die Geheimnisse der βασιλεία τοῦ θεοῦ[114]. Im zweiten Fall müßte das vorausgehende Gleichnis wie die folgende Deutung von diesen Geheimnissen reden. Das ist aber insofern nicht der Fall, als die Deutung von der Erkenntnis der Geheimnisse zu unterscheiden ist. Letzteres ist den Jüngern bereits gegeben worden und wird vorausgesetzt (Perfekt!), ersteres wird ihnen erst im folgenden zuteil. Also wird "den übrigen" ein γνῶναι in Gleichnissen gegeben, was dann nur heißen kann: Sie verstehen zwar das Bild, nicht aber die Sache. Sie sehen als Sehende nicht und verstehen als Hörende nicht (V10b). Oder anders formuliert: Die Botschaft hören sie wohl, aber dann kommt der Teufel, und so fehlt ihnen der Glaube

---

[112] So aber *Schürmann*, Lk I 462.
[113] Vgl. *Talbert*, Gnostics 24.
[114] So *Jülicher*, Gleichnisreden I 127; ihm folgt *Bornkamm*, ThWNT IV 824 Anm. 134.

(V12). "Die übrigen" sind also mit denen, die auf den Weg gesät werden (V12), zu identifizieren, was Lukas dadurch noch verdeutlicht, daß er den in V10b ausgelassenen zweiten Teil des Jesajazitates sinngemäß in V12b nachholt. Ist das richtig, dann handeln die VV 13-15 von solchen, denen Gott die Erkenntnis der Geheimnisse der βασιλεία τοῦ θεοῦ gegeben hat! Indem Lukas nun in V10b das Ende des Zitats aus Mk 4,12 (μήποτε ἐπιστρέψουσιν καὶ ἀφεθῇ αὐτοῖς) an dieser Stelle ausgelassen und in V12 inhaltlich nachgetragen hat (ἵνα μὴ πιστεύσαντες σωθῶσιν), kann er die Anspielung auf das AT in V10b als solche stehen lassen, da sich das Nichtverstehen der "übrigen" zur Zeit Jesu erfüllt, nicht jedoch die völlige Verstockung. Somit ist in der Tat "aus dem ἵνα das Motiv der Schrifterfüllung herauszuhören"[115]. Die Verkürzung des Zitats in V10b beruht ferner darauf, daß Lukas noch eine Umkehrmöglichkeit für die Volksmenge sieht[116], denn nach der apostolischen Predigt läßt die ἄγνοια zunächst noch eine solche offen (Apg 3,17.19; vgl. 17,30). Erst nachdem das Weltjudentum insgesamt die Botschaft abgelehnt hat, zeigt sich die vollständige Erfüllung der Voraussage Jesajas (Apg 28,25-27). Schließlich gilt: "The removal of Mark's μήποτε κτλ. has reduced the emphasis upon the consequences for those without insight, with the result that in Luke 8:10 the stress is now upon the gift of understanding to the disciples"[117]. Wie die folgende Deutung des Gleichnisses vom Samen in den VV 11-15 unter der Voraussetzung zu verstehen ist, daß den Jüngern diese Gabe der Erkenntnis bereits gegeben ist, wird nun zu klären sein.

3) Zum Verständnis der Gleichnisdeutung Lk 8,11-15 auf dem Hintergrund der Aussage von V10

Anders als beim ursprünglichen Gleichnis Jesu, wo dem dreimaligen Mißerfolg der große Erfolg gegenübergestellt wird, besteht in der an die Jünger gerichteten Deutung eine Abstufung: Zunächst einmal ist der auf dem Weg gestreute Same, der kein Wachstum zu verzeichnen hat, von dem Samen in den drei anderen Beispielen zu trennen. Die Wirkung des Samens

---

[115] *Bornkamm*, ThWNT IV 824,21; vgl. auch *Jeremias*, Gleichnisse 13.
[116] Vgl. *Schneider*, Lk I 184.
[117] *Robinson*, Preaching 135.

im ersten Beispiel entspricht der Aussage in V10b von den "übrigen": Sie verstehen nicht und kommen deshalb nicht zum Glauben. Die restlichen drei Beispiele reden nach der Deutung von Menschen, bei denen das Wort Glauben geweckt hat. Hier werden demnach die Jünger angesprochen, also diejenigen, denen Gott die Erkenntnis der Geheimnisse der βασιλεία τοῦ θεοῦ gegeben hat. Ihnen wird gesagt: Die Erkenntnis allein garantiert noch nicht das Fruchtbringen.

Im Vergleich mit Mk 4,13-20 seien kurz einige wichtige lukanische Akzentsetzungen angemerkt:

V11: Lukas hebt stärker auf den Samen ab und bezeichnet ihn als λόγος τοῦ θεοῦ. Mit dieser Wendung kann sowohl die Verkündigung Jesu (Lk 5,1) als auch die christliche Verkündigung[118] bezeichnet werden. Ihre Annahme wie Bewahrung ist Thema der folgenden Gleichnisdeutung.

V12: Same und Hörer werden wie bei Markus zusammengesehen. Darin kommt zum Ausdruck, daß der Mensch nicht aus sich selbst heraus bestimmt wird, sondern in seinem Verhältnis zum Wort Gottes[119].

Die ἀκούσαντες sind nicht automatisch "Menschen, die auf das Wort hören"[120], sondern die das Wort hören.

Der lukanische Zusatz ἵνα μὴ πιστεύσαντες σωθῶσιν weist sachlich zurück auf den von Lukas ausgelassenen Schlußteil des Schriftzitates in Mk 4,12b[121]. Der Zusammenhang von Glaube und Rettung begegnet noch öfters im lukanischen Doppelwerk: Lk 7,50; 8,50; Apg 14,9; 15,11; 16,31. Da Glauben beim auctor ad Theophilum meist im Sinne von "Heilsplanerkenntnis" verstanden wird[122] - anders aber V13! -, ist hier von denjenigen die Rede, denen die Erkenntnis der Geheimnisse der Gottesherrschaft (V10) nicht gegeben wurde.

V13: Der von Lukas in V13 eingeführte Begriff δέχεσθαι wird in der Apostelgeschichte häufig zur Beschreibung der Hörerreaktion verwendet: δέχεσθαι τὸν λόγον in Apg 8,14; 11,1; 17,11 bezeichnet das Gläubigwerden. Im Unterschied zu V12 redet V13 also von Christen.

---

[118] Apg 4,29.31; 6,2; 8,14; 11,1; 13,5.7.46.48; 16,32; 17,13; 18,11.
[119] Vgl. *Schürmann*, Lk I 463; ders., Reflexionen 36f.
[120] So *Bovon*, Lk I 408.
[121] Vgl. *Robinson*, Preaching 134; *Schramm*, Markus-Stoff 117; *Bovon*, Lk I 409 Anm. 35.
[122] Vgl. S.66 Anm. 180.

V14: Wird bei Markus das Wort erstickt, so ersticken bei Lukas die Hörer. Es geht in diesem Vers um die Gefahren, denen Schon-gläubig-Gewordene erliegen[123]. Das bringt auch die Abschlußbemerkung des dritten Beispiels zum Ausdruck: οὐ τελεσφοροῦσιν.

V15: Die lukanische Betonung liegt zum einen auf dem κατέχειν des Wortes und zum anderen auf der Schlußwendung ἐν ὑπομονῇ. Beides sind lukanische Zusätze zu Mk 4,20 und benennen die Voraussetzung für das Fruchtbringen. Diese zwei Punkte unterscheiden neben dem Fruchtbringen die gläubig Gewordenen des vierten Beispiels von den zum Glauben Gekommenen der beiden vorigen Beispiele. "Es geht um die Bewährung im Christenleben"[124].

Woran hat Lukas bei dem aus Mk 4,20 übernommenen Stichwort καρποφορεῖν gedacht? Von Lk 3,8-14; 6,43f (Q) und 13,6-9 liegt es nahe, diesen Ausdruck auf das ethische Verhalten zu interpretieren[125]. Andererseits sollen nach 3,8-14 derartige Früchte schon der Taufe vorausgehen, so daß sie dann auch bei den Hörern des zweiten und dritten Beispiels vorauszusetzen wären. Berücksichtigt man nun, daß καρποφοροῦσιν an der Stelle steht, an der in den ersten drei Beispielen ἵνα μὴ σωθῶσιν (V12), ἀφίστανται (V13) und οὐ τελεσφοροῦσιν (V14) stehen, empfiehlt sich eine andere Deutung. Auszugehen ist hierbei von der Wendung ἐν ὑπομονῇ und dem lukanischen Zusatz dieses Ausdrucks in Lk 21,19[126] (diff. Mk 13,13): "Durch eure Standhaftigkeit erwerbt euch euer Leben". Gedacht ist hier an die Rettung im Endgericht als Folge des standhaften Aushaltens in der Verfolgung[127]. Die Paränese von V15 besteht dann bei Voraussetzung des gleichen Zusammenhangs in der Aufforderung, sich trotz aller äußeren und inneren Gefahren im Christenleben zu bewähren, während καρποφορεῖν

---

[123] "Das mit drei Genitiven konstruierte ὑπό ist hier von συμπνίγονται und nicht, wie manchmal angenommen wird, von πορευόμενοι abhängig"; *Bovon*, Lk I 410 Anm. 48.

[124] *Zingg*, Wachsen 94; vgl. auch *Taeger*, Mensch 166: "Lukas ist das Christwerden *und* dessen Bewährung genug".

[125] So auch *Schürmann*, Reflexionen 32; *Schneider*, Lk I 183; *Bovon*, Lk I 412. *Schürmann* und *Schneider* denken zusätzlich noch an den Missionserfolg.

[126] Ansonsten fehlt das Wort in den Evangelien und der Apostelgeschichte, während das Verb ὑπομένειν, das im lukanischen Doppelwerk nur in Lk 2,43 und Apg 17,14 begegnet, an beiden Stellen die Bedeutung "zurückbleiben" hat; vgl. *Bauer*, Wb 1685 ad 1.

[127] Vgl. *Conzelmann*, Mitte 120.

3.Kapitel: Die Verkündigung der βασιλεία τοῦ θεοῦ nach dem Lk-Ev

das Ziel des Christenlebens benennt, den Lohn im Endgericht[128]. Diese Interpretation vermag auch zu erklären, warum das Fruchtbringen in Lk 8,8.15 im Unterschied zu Mk 4,8.20 nicht näher differenziert wird[129].

Unter der Voraussetzung von V10 besagt also die Gleichnisdeutung der VV 11-15: Die Gabe der Erkenntnis der Geheimnisse der βασιλεία τοῦ θεοῦ, die den Jüngern gegeben worden ist, garantiert noch nicht die Rettung im Endgericht. Auch wer die entsprechende Gnosis hat, steht immer noch in Gefahr, vom Glauben abzufallen und das Ziel nicht zu erreichen. Deshalb muß zur geschenkten Heilsplanerkenntnis die Bewährung im Christenleben hinzukommen, was durch Festhalten des göttlichen Wortes und Standhaftigkeit in inneren und äußeren Bedrängnissen geschieht. Deshalb müssen auch Paulus und Barnabas die Jünger in Südgalatien ermahnen, ἐμμένειν τῇ πίστει καὶ ὅτι διὰ πολλῶν θλίψεων δεῖ ἡμᾶς εἰσελθεῖν εἰς τὴν βασιλείαν τοῦ θεοῦ (Apg 14,22).

4) Zum lukanischen Verständnis von Lk 8,16-18

Da Lukas die Redeeinleitung aus Mk 4,21 καὶ ἔλεγεν αὐτοῖς fortläßt, schließen VV 16-18 unmittelbar an V15 an und bilden mit den vorausgehenden Versen zusammen eine Einheit. Besagte die Gleichnisdeutung in den VV 11-15, daß die Gabe der Erkenntnis der Geheimnisse der βασιλεία τοῦ θεοῦ nicht von der ethischen Bewährung entbindet, da sie keine hinreichende Bedingung für das Bestehen im Endgericht ist, so verdeutlichen im Kontext von Kap.8 die VV 16f, "welche Pflicht den Jüngern aus der Mitteilung der Geheimnisse des Gottesreichs erwächst"[130].

---

[128] Der eschatologische Aspekt des "Fruchtbringens" ist zwar in der urchristlichen Literatur nicht gerade häufig (nur Herm sim 4,5.8), doch wird man ihn schon für die Markusversion nicht grundsätzlich ausschließen können; vgl. *Kuhn*, Sammlungen 121.

[129] Nach *Schramm*, Markus-Stoff 121, hat Lukas hingegen in V8 den Schluß des ursprünglichen Gleichnisses bewahrt. Sein Sinn sei: "Gutes Land bringt einheitlich gute Frucht". Es werde deshalb "durch eine jedes Maß übersteigende Fülle alle sonstigen Verluste und Rückschläge wettmachen".

[130] *Hirsch*, Frühgeschichte II 47. Ihm folgt *Schürmann*, Lk I 466. Vgl. auch *Schlatter*, Lk 77, der in den VV 16-18 eine Jüngerunterweisung sieht, "die ihnen zeigt, wie sie das anvertraute Wort zu verwalten haben". Ähnlich auch *Wiefel*, Lk 161.

Die VV 16f beziehen sich auf V10 zurück[131]. Das Bildwort von der Lampe in V16 ist dabei von Lukas als Aufforderung verstanden, die von Gott geschenkte und durch Jesus vermittelte Erkenntnis der Geheimnisse der βασιλεία τοῦ θεοῦ (= das Licht der angezündeten Lampe)[132] weiterzugeben[133], damit alle ihr Licht sehen, d.h. zu der entsprechenden Erkenntnis kommen.

Indem Lukas nun in V17 in seine Markusvorlage (4,22) das aus dem Q-Stoff stammende Passiv von γινώσκω (vgl. Mt 10,26/Lk 12,2) einfügt, knüpft er terminologisch an γνῶναι in 8,10 an. Für Lukas heißt das: Die Heilsplanerkenntnis darf nicht zu einer Geheimlehre führen, sondern drängt an die Öffentlichkeit[134]. Gedacht ist dabei an die Predigt der Jünger (V16)[135] und die durch sie vermittelte und von Gott bewirkte Erkenntnis.

Die Aufforderung zum rechten Hören in V18 βλέπετε οὖν πῶς ἀκούετε (diff. Mk 4,24: βλέπετε τί ἀκούετε) greift abschließend zurück auf die Gleichnisdeutung in 8,11-15[136] und hebt noch einmal die entscheidende Folgerung (οὖν) für die Jünger hervor. Nach V15 ist das rechte Hören verbunden mit dem Fruchtbringen, d.h. mit der Rettung im Endgericht. Der gleiche Gedankengang liegt in V18 vor, was deutlich wird, wenn man die parallele Aussage zu V18b im Gleichnis von den Minen in Lk 19,26 (par. Mt 25,29) berücksichtigt. Mit dem Ausspruch παντὶ τῷ ἔχοντι δοθήσεται, ἀπὸ δὲ τοῦ μὴ ἔχοντος καὶ ὃ ἔχει ἀρθήσεται begründet dort der das Urteil über seine Knechte sprechende König, warum der Knecht, der die zehn Minen erwirtschaftet hat, auch noch die Mine des unnützen Knechtes erhält. Da sich Lk 19,26 auf das Endgericht bezieht, wird Entsprechendes auch bei der analogen Formulierung in 8,18 gelten[137].

V18 ist also zu verstehen: Nur das rechte Hören, wie es V15 beschrieben ist, bringt die Rettung im Endgericht, nicht jedoch, wer sich auf ein Erkennen der Geheimnisse der βασιλεία τοῦ θεοῦ beruft und meint (ὃ δοκεῖ ἔχειν diff. Mk 4,25: ὃ ἔχει), eine derartige Gnosis würde ausreichen.

---

[131] So auch *Schmithals*, Lk 103.
[132] Anders *Robinson*, Preaching 132f, der ἅψας in 8,16 in Analogie zu τὸν λόγον κατέχουσιν aus 8,15 sehen will.
[133] Vgl. *Schürmann*, Lk I 467; *Zingg*, Wachsen 96.
[134] Vgl. *Gnilka*, Verstockung 125.
[135] Vgl. *Schürmann*, Lk I 468; *Schmithals*, Lk 103.
[136] Vgl. *Zingg*, Wachsen 96.
[137] An das Endgericht denken z.B. auch *Schmithals*, Lk 103; *Schweizer*, Lk 95f.

5) Ergebnis

Die lukanische Gleichnisrede in 8,4-18 thematisiert die Verkündigung des Wortes Gottes, seine Annahme, Bewahrung und Weitergabe. Nach Lukas ist das verkündigte Wort identisch mit der verkündigten βασιλεία τοῦ θεοῦ[138]. Die VV 4-18 setzen demnach die Verkündigung der βασιλεία τοῦ θεοῦ voraus (8,1) und reden von ihrer Rezeption, freilich unter verschiedenen Aspekten. Das an das Volk gerichtete Gleichnis ist von Lukas als Aufforderung, dem guten Land zu gleichen, und damit als Ruf zur Umkehr verstanden worden. Doch das Volk versteht nur das Bild des Gleichnisses, aber will den Heilsplan Gottes nicht anerkennen und damit auch nicht die Verkündigung der βασιλεία τοῦ θεοῦ. Das unterscheidet es von den Jüngern, denen die Gabe der Erkenntnis der Geheimnisse der βασιλεία τοῦ θεοῦ gegeben wurde, d.h. die Heilsplaneinsicht, die sich vor Ostern vor allem auf Person und Wirken Jesu als Erfüllung göttlicher Vorhersagen und damit als Anbruch der Heilszeit bezieht. Doch verbürgt diese Gnosis ebensowenig wie die nachösterliche das endgültige Heil, insofern der Jünger mancherlei Gefahren ausgesetzt ist, so daß er abfallen kann und seine Frucht nicht zur Reife bringt. Um dies zu erreichen, d.h. um im Endgericht bestehen zu können, bedarf es des Festhaltens am Wort Gottes und der ethischen Bewährung, d.h. des rechten Hörens. Zudem verpflichtet die Erkenntnis des Heilsplanes Gottes die Jünger zur Weitergabe desselben. Davon haben nicht nur die VV 16f geredet[139], sondern dazu werden die Jünger im folgenden ausdrücklich beauftragt (9,2.60; 10,9.11). Diesem Auftrag gilt es sich nun zuzuwenden.

---

[138] Vgl. S.181 Anm. 61.

[139] Daß Lukas mit den beiden Logien in VV 16f Irrlehrer im Blick hat, die sich auf Geheimlehren berufen, ist nach unseren Ergebnissen zur Funktion der Summarien mit der Verbindung von verbum dicendi und βασιλεία τοῦ θεοῦ recht wahrscheinlich. Entsprechendes dürfte aber auch für die Mahnung gelten, daß die Erkenntnis der Geheimnisse der βασιλεία τοῦ θεοῦ noch nicht die Rettung im Endgericht garantiert, sondern ein Scheinbesitz ist, wenn ihr nicht die Bewährung im Christenleben korrespondiert.

4. Die Aussendung der Zwölf zur Verkündigung der βασιλεία τοῦ θεοῦ (Lk 9,2)

Mit dem Bericht von der Aussendung der Zwölf in Lk 9,1-6 folgt der dritte Evangelist weiter seiner Markusvorlage und entsprechend basieren die Verse auf Mk 6,7-13. Anders als die beiden ersten Evangelisten läßt Lukas der Aussendung der Zwölf später noch die Aussendung der 72 folgen (10,1-12), die - wie die Parallelen in Mt 9,37-10,16 zeigen - auf Q-Stoff beruht. Hat Matthäus die Aussendungsrede aus Q mit der aus Markus kombiniert und seine beiden Quellen - wahrscheinlich zu Recht - als zwei Berichte des gleichen Ereignisses verstanden, so hat Lukas die Doppelung der Aussendung stehen gelassen, sie aber auf verschiedene Personenkreise bezogen. Dennoch ist auch bei ihm die aus Mk 6,7-13 übernommene Aussendung der Zwölf deutlich durch Q-Stoff beeinflußt[140].

Der Text ist klar gegliedert: Auf die Bevollmächtigung der Zwölf über alle Dämonen und zur Heilung von Krankheiten (V1) und der Aussendung zur Basileiaverkündigung und Krankenheilung (V2) folgen - durch eine neue Redeeinleitung abgesetzt - der Befehl, keine Reiseausrüstung mitzunehmen (V3), eine Logierregel (V4) und eine Verhaltensanweisung für den Fall der Nichtaufnahme (V5). Die Perikope endet mit einem Vollzugs-

---

[140] Auf Q geht in Lk 9,1-6 zurück:
V1: Die Notiz der Einleitung, daß sich die Vollmacht auch auf das Heilen von Krankheiten bezieht (Mt 10,1 diff. Mk 6,7). - Zum unlukanischen wie unmatthäischen Sprachgebrauch von θεραπεύειν mit Sachobjekt vgl. S.183 Anm. 71. Dieser den Evangelisten nicht entsprechende Sprachgebrauch ist von Hoffmann, Studien 245f, übersehen worden, weshalb er die Parallele von V1 mit Mt 10,1 als von einander unabhängige Redaktionsarbeiten der jeweiligen Evangelisten beurteilen konnte, so auch *Fitzmyer*, Luke I 753.
V2: Die Aussendung zur Basileiaverkündigung bzw. - so Q - zur Proklamation der Nähe der Basileia (Mt 10,7/Lk 10,9 diff. Mk 6,7) und zur Krankenheilung (Mt 10,8/Lk 10,9 diff. Mk 6,7).
V3: Das Verbot der Mitnahme des Stabes (Mt 10,10 diff. Mk 6,8, wo der Stab als Reiseausrüstung erlaubt ist) und von Silber (Lk: ἀργύριον; Mt 10,9: ἄργυρον diff. Mk 6,8) sowie die Auslassung von Mk 6,9a ἀλλὰ ὑποδεδεμένους σανδάλια (auf Grund des Verbots μη(δὲ) ὑποδήματα: Mt 10,10/Lk 10,4).
V4: εἰς ἣν ἄν (Mt 10,11/Lk 10,5 diff. Mk 6,10: ὅπου ἐὰν ... εἰς).
V5: ἐξερχόμενοι / ἀπό (ἔξω) τῆς πόλεως ἐκείνης / τὸν κονιορτόν (Mt 10,14/[vgl. Lk 10,10b.11] diff. Mk 6,11: ἐκπορευόμενοι / ἐκεῖθεν / τὸν χοῦν).

bericht, der davon erzählt, daß die Zwölf ihrem Sendungsauftrag von V2 nachgekommen sind (V6).

Im Kontext des lukanischen Gesamtwerkes müssen die Verse im Zusammenhang mit Lk 6,12; 8,1.10 gesehen werden: Nachdem die Zwölf, von Jesus auserwählt (6,12), mit ihm zusammen waren (8,1) und seine Botschaft gehört und verstanden haben (8,10), werden sie nun selbst zur Verkündigung gerade dieser Botschaft ausgesandt (9,2)[141]. Will Lukas also in 9,1-6 "die besondere Rolle und Funktion der Apostel herausstellen, indem er sie gezielt am Verkündigungswerk Jesu teilhaben läßt, um sie so für ihre spätere kirchliche Aufgabe, Träger der Verkündigungs-Kontinuität mit Jesus zu sein, zu qualifizieren"[142]? Gegen derartige Interpretationen, die speziell auf die Bedeutung der Apostel abheben[143], erheben sich freilich Bedenken[144]:

1. Die Erwähnung der Zwölf ist Lukas aus Mk 6,7 vorgegeben.
2. Nicht nur die Zwölf, sondern auch die 72 haben von Jesus ἐξουσία empfangen (10,19).
3. Nach Lk 9,60 gilt der Auftrag zur Basileiaverkündigung jedem Nachfolger (vgl. auch 10,9.11).
4. Wurde nach 8,10 allen Jüngern die Erkenntnis der Geheimnisse der βασιλεία τοῦ θεοῦ gegeben, so gilt nach 8,16f, daß es im Wesen der Botschaft von der βασιλεία τοῦ θεοῦ selbst liegt, daß sie nicht verborgen werden kann, sondern ihr Licht allen sichtbar werden soll.
5. In der Apostelgeschichte sehen wir Philippus und Paulus das Werk tun, das Jesus hier den Zwölf aufträgt (Apg 8,7.12; 19,8.12).

Man darf also die Erwähnung der Zwölf in dieser Perikope nicht überinterpretieren. In Jesu Vollmachtsgabe sowie seinem Auftrag zur Basileiaverkündigung und zur Krankenheilung liegen nach Lukas keine grundlegenden Differenzen zwischen den Aposteln und anderen Christen![145] Lk 9,1-6 trägt also weder etwas zum spezifisch lukanischen Apostelverständnis bei, noch läßt sich der in V2 gegebene Sendungsauftrag auf die Zeit vor Ostern beschränken. Von dem in V4 geforderten "Bleiben" an einem bestimmten

---

[141] Vgl. *Talbert*, Gnostics 24.40; *Uro*, Sheep 56.
[142] *Prast*, Presbyter 312f.
[143] So auch *Eltester*, Israel 83; *Ernst*, Herr 61; *Schmithals*, Lk 108.
[144] Ablehnend urteilen auch *Roloff*, Apostolat 179; *Uro*, Sheep 58f.
[145] Das ändert freilich nichts daran, daß für Lukas die Zwölf die entscheidenden Autoritäten sind, wenn es um den Inhalt der Basileiaverkündigung geht, nur kommt das in Lk 9,1-6 nicht zum Ausdruck.

Ausgangspunkt während der Mission weiß die Apostelgeschichte zu erzählen (Apg 9,43; 16,15; 18,3). Die in V5 gebotene symbolische Handlung, den Staub von den Füßen abzuschütteln, wird ebenfalls in der Zeit der Kirche weiter praktiziert (Apg 13,51; vgl. 18,6). Einzig den Befehl in V3, keine Reiseausrüstung mitzunehmen, widerruft Jesus in seiner Abschiedsrede (22,35f)[146].

Die Zwölf erhalten nach V1 nicht nur wie in Mk 6,7 ἐξουσίαν, sondern δύναμιν καὶ ἐξουσίαν[147]. Da Lukas in seine Markusvorlage dreimal δύναμις zur Charakterisierung der Vollmacht Jesu eingefügt hat[148], soll in Lk 9,1 wohl die den Zwölfen verliehene Macht an die Jesu angeglichen werden[149].

Die δύναμις Jesu ist die δύναμις κυρίου (Lk 5,17 diff. Mk 2,1), d.h. die Kraft, die Jesus von Gott erhalten hat (Apg 10,38), mit der er Exorzismen und Heilungen vollbringt[150] und die er an die Zwölf und andere Jünger weitergibt (9,1; vgl. 10,19)[151], so daß in ihrem Wunderwirken die

---

[146] Auch wenn in 22,35 die Apostel angeredet sind, greift die Formulierung nicht auf 9,3 sondern auf 10,4 zurück, wie die Korrespondenz der Vokabeln und der Reihenfolge der Aufzählung sichtbar macht. - Was *Conzelmann*, Mitte 5.9.73ff.97.186 u.ö., aus dieser Revozierung der Vorschriften von 10,4 (bzw. 9,3) in 22,35f im Rahmen seiner Theorie von der Jesuszeit als der ausgegrenzten Heilszeit gemacht hat, kann für unsere Überlegungen unberücksichtigt bleiben. Es sei hier nur darauf hingewiesen, daß die innerhalb der Abschiedsrede Jesu bei Lukas reflektierte Situation der Jünger nach Jesu Weggang (22,35-38) ihre sachlichen Parallelen in der johanneischen Abschiedsrede hat (vgl. besonders Joh 15,18ff; 16,1ff und allgemein die in 13,31-17,26 vorausgesetzte Situation). Wie wir bei unseren Gattungsüberlegungen zu Apg 20 gesehen haben, gehören analoge Reflektionen des Scheidenden zur Form des literarischen Testaments (vgl. Apg 20,29f und S.126).

[147] Die Verbindung von δύναμις und ἐξουσία begegnet im lukanischen Doppelwerk neben Lk 9,1 nur noch Lk 4,36 diff. Mk 1,27.

[148] Lk 4,36 diff. Mk 1,27; Lk 5,17 diff. Mk 2,1; Lk 6,19 diff. Mk 3,10.

[149] Vgl. *Ernst*, Lk 285; *Prast*, Presbyter 313.

[150] Lk 4,36; 5,17; 6,19; 8,46 (par. Mk 5,30); vgl. Apg 3,12+16; 10,38.

[151] Merkwürdigerweise streicht Lukas dann in 9,40 die aus Mk 9,18b (vgl. Mt 17,16) stammende Aussage über die Jüngerunfähigkeit gegenüber dem besessenen Knaben nicht, wenn er auch die Thematisierung dieses Motivs aus Mk 9,28f wegläßt. Dieses Problem würde sich lösen, wenn man mit *Schneider*, Lk 201, ἔδωκεν als komplexiven Aorist versteht oder mit *Schürmann*, Lk 500, die Gabe als "vorerst nur ... eine Begabung pro casu" interpretiert, doch würde dann eine Spannung zum apostolischen Wirken in der Apostelgeschichte entstehen, da der Auferstandene zwar neue Erkenntnisse, aber keine neue Vollmachten zu Krankenheilungen und Exorzismen vermittelt. So wird man doch

Macht Jesu am Werk ist (vgl. Apg 3,12+16; 4,7+10) und damit die Macht Gottes[152]. Da dieses Wirken in der δύναμις Jesu vor wie nach Christi Erhöhung geschieht, stellt es wie die Basileiaverkündigung eine Kontinuität zwischen der Zeit Jesu und der Kirche dar.

Die in V1 geschilderte Bevollmächtigung betrifft Exorzismen und Heilungen, nicht jedoch die Verkündigung, obwohl diese auch der δύναμις bedarf. Aber diese δύναμις ist der Heilige Geist selbst (Lk 4,14; Apg 1,8), den die Jünger erst nach der Himmelfahrt bekommen und der insofern hier noch nicht vorausgesetzt werden kann.

Mit ἀπέστειλεν αὐτοὺς κηρύσσειν in *V2* trägt Lukas die in 6,13 ausgelassene Bemerkung aus Mk 3,14 nach, daß Jesus die Zwölf auswählte, ἵνα ἀποστέλλῃ αὐτοὺς κηρύσσειν[153], wie der dritte Evangelist zuvor schon in 8,1 die ebenfalls in 6,13 ausgelassene Notiz aus Mk 3,14 nachgetragen hat, daß die Auswahl der Zwölf geschehen ist, damit sie "mit" Jesus sind[154]. Im Unterschied zu Mk 3,14 gibt der dritte Evangelist jedoch als Verkündigungsinhalt βασιλεία τοῦ θεοῦ an.

In deutlichem Anklang an 4,43 und 8,1, wo von dem Inhalt des Sendungsauftrages Jesu und seiner Ausübung gehandelt wird, spricht V2 nun von der Sendung der Zwölf und V6 von ihrer Ausübung:

```
4,43: [ἀπεστάλην]            εὐαγγελίσασθαί       τὴν βασιλείαν
                                                  τοῦ θεοῦ
9,2:  [ἀπέστειλεν αὐτοὺς]    κηρύσσειν            τὴν βασιλείαν
                                                  τοῦ θεοῦ
8,1:  διώδευεν  κατὰ πόλιν καὶ κώμην   κηρύσσων καὶ εὐαγγε-
                                                  λιζόμενος τὴν βασιλείαν
                                                  τοῦ θεοῦ
9,6:  διήρχοντο κατὰ       τὰς κώμας   εὐαγγελιζόμενοι.
```

---

besser ἔδωκεν als ingressiven Aorist verstehen und die Spannung zu Lk 9,40 als quellenbedingt erklären.

[152] Entsprechend wird in der Apostelgeschichte θεραπεύειν nie aktivisch vom Handeln der Jünger, sondern immer passivisch als Umschreibung des Gotteshandeln verwendet; vgl. Apg 4,14; 5,16; 8,7; 17,25; 28,9. Ähnliches gilt von ἰᾶσθαι: Von den vier Belegen beziehen sich zwei auf Jesus (9,34; 10,38), das Zitat aus Jes 6,10 auf Gott (28,27) und nur 28,8 wird die Heilungstätigkeit direkt von einem Menschen ausgesagt.

[153] Vgl. aber auch Mt 10,5/Lk 10,1: τούτους τοὺς δώδεκα ἀπέστειλεν / ἀπέστειλεν αὐτούς.

[154] Vgl. *Schürmann*, Lk I 445.

Die Sendung Jesu findet also in der Sendung der Zwölf wie überhaupt der Jünger ihre Fortsetzung[155]. Das gilt nicht nur bezüglich der Verkündigung, sondern auch der Exorzismen und Heilungen. Daß hier in der Tat eine bewußte Angleichung der Jüngerwirksamkeit an die Jesu vorliegt, bestätigt der unmittelbare Kontext in 9,11, der genau den doppelten Aspekt von Basileiaverkündigung und Heilung im Wirken Jesu hervorhebt: ἐλάλει αὐτοῖς περὶ τῆς βασιλείας τοῦ θεοῦ, καὶ τοὺς χρείαν ἔχοντας θεραπείας ἰᾶτο (diff. Mk 6,34: καὶ ἤρξατο διδάσκειν αὐτοὺς πολλά). Die beiden lukanischen Einfügungen in die Markusvorlage in 9,2.11 und ihr deutlicher Bezug aufeinander lassen an dem damit implizierten Anliegen des dritten Evangelisten wenig Zweifel:

V2 und V11 dienen der Angleichung der Wirksamkeit der Jünger an die Jesu (vgl. auch Lk 6,18f). Das gilt zum einen bezüglich des Inhalts der verkündigten Botschaft. Wer sich für seine Verkündigung auf Jesus beruft, der hat wie er und seinem Auftrag gemäß von der Gottesherrschaft zu reden. Das gilt zum anderen von der Zusammengehörigkeit von Basileiaverkündigung und Heilungen, wobei - im Unterschied zur in 10,9 enthaltenen Q-Version - der dritte Evangelist die Verkündigung den Heilungen vorordnet, auch wenn er letztere - wohl im Einklang mit 10,9 - als Wirksamwerden der Gottesherrschaft versteht[156].

Der Ausführungsbericht in V6 bezieht sich zurück auf V2, so daß als Inhalt des εὐαγγελίζεσθαι der Jünger die βασιλεία τοῦ θεοῦ anzusehen ist. Läßt sich dieser Inhalt noch näher konkretisieren?

Das scheint mir in der Tat der Fall zu sein, wenn man die Bemerkungen der VV 7-9 über die Ratlosigkeit des Herodes angesichts der Kunde sowie der diversen Meinungen über Jesus auf die Verkündigung der Zwölf zurückbeziehen darf[157]. Nach V7 wäre dann der Inhalt der Jüngerpredigt τὰ γινό

---

[155] Eine Entsprechung findet sich bei Matthäus, wenn man 9,35 mit 10,1.7 vergleicht; vgl. hierzu *Kirchschläger*, Wirken 200. Wenn unsere Vermutung richtig ist, daß Mt 9,35 - trotz allgemein gegenteiliger Auffassung - auf Tradition basiert, dann geht die Entsprechung von dem Wirken Jesu und dem der ausgesandten Boten auf Q zurück.

[156] Anzumerken ist an dieser Stelle, daß V2 in Mk 6,7-13 keine Parallele hat und deshalb wohl als lukanisches "Referat dessen, was in 10,9 etwas ausführlicher ausgesprochen ist" (*Schramm*, Markus-Stoff 28), angesehen werden kann. Ist das richtig, dann sagt Lukas in 9,2, wie die - in der Forschung umstrittene - Wendung in 10,9 ἤγγικεν ἐφ' ὑμᾶς ἡ βασιλεία τοῦ θεοῦ zu verstehen ist. Darauf ist an entsprechender Stelle zurückzukommen.

[157] Einen solchen Rückbezug vermutet auch *Schneider*, Lk I 203.

μενα πάντα (diff. Mk 6,14)[158], nach V9 τοιαῦτα über Jesus (diff. Mk 6,16). Beides bezieht sich eindeutig auf Jesu Wort und Werk, so daß Herodes denn auch die einzig angemessene Frage angesichts des von ihm Gehörten stellt: τίς δέ ἐστιν οὗτος (V9b diff. Mk 6,16)[159]. Wenn die Zwölf also die βασιλεία τοῦ θεοῦ verkündigt haben, dann haben sie offenbar von dem Anbruch der Heilszeit in Jesu Wirken geredet[160]. Wieso Lukas das "Gottesherrschaft" nennen kann, ist nach dem zu V1 Gesagten auch deutlich: Weil in Jesu Wirken - wie im Wirken der Zwölf - die δύναμις κυρίου wirksam ist und damit Gott selbst seine Herrschaft ausübt, indem er die durch die Propheten vorausgesagte Heilszeit Wirklichkeit werden läßt.

Daß die Verkündigung der βασιλεία τοῦ θεοῦ jedoch nicht an die Vollmacht zur Heilung gebunden ist, hebt der auctor ad Theophilum in Lk 9,60 hervor. Diesem Vers gilt es sich nun zuzuwenden.

5. Der Auftrag an den Nachfolger, die βασιλεία τοῦ θεοῦ zu verkündigen (Lk 9,60b)

Mit 9,51 hatte Lukas seine Markusvorlage verlassen. Erst 18,15 greift er wieder auf sie zurück. Entsprechend basiert der größte Teil des Reiseberichtes (9,51-19,27) auf sog. Q-Stoff und Sondergut. Die in diesen Kapiteln auftretenden literarkritischen Probleme, die uns bei der Auslegung von Lk 8,1-3 schon begegneten, sind in der exegetischen Forschung bei weitem noch nicht zufriedenstellend gelöst worden. Für unseren Zusammenhang wichtig wäre vor allem die Frage, ob das Matthäus und Lukas gemeinsame Spruchgut unmittelbar aus der gleichen Quelle stammt oder ob nicht etwa Lukas es zumindest teilweise schon in Verbindung mit anderem Stoff vorgefunden hat. Eine angemessene Behandlung dieser Probleme bedürfte einer gründ-

---

[158] *Wiefel*, Lk 171, denkt bei τὰ γινόμενα πάντα an Lk 8,22-56, ohne freilich "die Kunde von den Geschehnissen um Jesus" (ebd) mit der Kundgabe durch die Zwölf in Verbindung zu bringen.
[159] Vgl. auch Lk 5,21 diff. Mk 2,7; Lk 7,49; 8,25 par. Mk 4,41; vgl. ferner Lk 7,19 par. Mt 11,3; 9,20 par. Mk 8,29.
[160] Da die Leidensweissagungen erst ab 9,22 begegnen, können sie hier nicht Inhalt der zu verkündigenden Botschaft sein, (zumal die Jünger sie vor Ostern sowieso nicht verstehen); vgl. *Talbert*, Gnostics 40f.

licheren Untersuchung, weshalb hier nur einige Vermutungen geäußert werden können.

Eine solche Vermutung war bereits der weiter oben angedeutete überlieferungsgeschichtliche Zusammenhang von 9,52-56 und 10,1-12, den Lukas durch drei biographische Apophthegmata[161] über die Nachfolgethematik (9,57f.59f.61f) unterbrochen hat[162]. Nun haben die ersten beiden der drei Nachfolgeszenen eine Parallele bei Matthäus (8,19f.21f), während sich die dritte Szene nur bei Lukas findet. Ob diese Verbindung der beiden ersten mit der dritten Szene auf Lukas zurückgeht[163], ist in der Exegese ebenso strittig wie die These, daß Lukas das dritte Apophthegma selbst gebildet hat[164].

Fragt man zunächst, warum Lukas die drei Nachfolgeworte zwischen die Sendung von Boten in ein Samaritanerdorf und ihrer dortigen Ablehnung (9,52-56) und der Aussendung der 72 (10,1- 12) gestellt hat, so kann man auf die in V58 angesprochene Heimatlosigkeit des Menschensohnes und den Aussendungsbefehl "Du aber gehe weg[165] und verkündige die Gottesherrschaft!" in 9,60b verweisen. "Der in einem samaritanischen Dorf Abgewiesene ist der Heimatlose, von dem das erste Logion spricht. Die Verkündigung des Reiches Gottes, um die es im zweiten und auch im dritten Logion geht, bildet den Inhalt des Sendungsauftrages, von dem im folgenden Stück die Rede ist"[166].

Die für das lukanische Doppelwerk typische Verbindung von verbum dicendi und βασιλεία τοῦ θεοῦ in V60b hat in Mt 8,22 keine Parallele und ist von Lukas hier eingefügt worden. Das Stichwort "Königsherrschaft Gottes" verbindet zudem die zweite und dritte Nachfolgeszene, bei der es

---

[161] Vgl. zu dieser Gattungsbestimmung *Bultmann*, Geschichte 58-60.

[162] Vgl. S.182f.

[163] So *Wellhausen*, Lc 47; *Fitzmyer*, Luke I 833; vermutet auch von *Grundmann*, Lk 204. Für einen vorlukanischen Zusammenhang sprechen sich hingegen aus: *Hirsch*, Frühgeschichte II 97; *Hengel*, Nachfolge 4. Vgl. zum Problem *Schürmann*, Gottes Reich 93-96.

[164] So *Dibelius*, Formgeschichte 159 Anm. 1; *Glombitza*, Nachfolgeworte 16. *Bultmann*, Geschichte 28, hält hingegen V62 für "ein echtes Jesuswort". Für *Ernst*, Lk 320, stammt der Spruch "aus SLk (oder einer erweiterten Q-Vorlage)". Nach *Schneider*, Lk I 231, muß das Problem "offenbleiben".

[165] Mit ἀπελθών wird das ἀπελθόντι des Vorbehalts aus V59 aufgenommen, aber einem anderen Ziel zugewiesen. Der Nachfolgende soll zwar "weggehen", aber nicht um Totenklage zu halten, sondern um die βασιλεία τοῦ θεοῦ zu verkündigen.

[166] *Wiefel*, Lk 192.

darum geht, ob ein Nachfolger εὔθετός ἐστιν τῇ βασιλείᾳ τοῦ θεοῦ (9,62fin). Diese Formulierung ist im NT singulär. Daß Lukas sie verstanden hat als Aussage über die Eignung zur Basileiaverkündigung, dürfte sehr wahrscheinlich sein[167]. Da dieses Verständnis aber kaum die ursprüngliche Bedeutung des Logions gewesen sein wird[168], geht es auf vorlukanische Überlieferung zurück.

Wie auch immer man nun 9,61f quellenkritisch beurteilen wird, auf jeden Fall entstammt der Auftrag zur Basileiaverkündigung wie seine Einordnung im gegenwärtigen Kontext der lukanischen Feder. Ob das auch in V59 für die Stellung der Aufforderung zur Nachfolge vor und nicht wie bei Mt 8,21f nach der Bitte um Erlaubnis zum Begräbnis des Vaters gilt[169], kann dahingestellt bleiben, da wohl auch "die Q-Version sachlich einen Ruf in die Nachfolge voraussetzt"[170].

Lk 9,60 ist zunächst in den weiteren Kontext mit seinen Aussagen über βασιλεία τοῦ θεοῦ zu stellen: Im Anschluß an Jesu eigene Basileiaverkündigung (4,43; 8,1; 9,11) und auf dem Hintergrund der allen Jüngern geschenkten Erkenntnis der Geheimnisse der βασιλεία τοῦ θεοῦ (8,10), die nicht ins Verborgene, sondern ans Licht gehören (8,16f), ergeht der konkrete Verkündigungsauftrag an die Zwölf (9,2), den Nachfolger (9,60) sowie die 72 (10,9). Nun wird jedoch Lukas weder die Aufforderung zur Nachfolge in 9,59 noch den Auftrag zur Basileiaverkündigung in 9,60 als ein einmaliges historisches Ereignis verstanden haben, sondern als ein Paradigma von exemplarischer Bedeutung. Dabei kommt es zudem auf die Zusammengehörigkeit von Nachfolge und Basileiaverkündigung an. Der Verkündigungsauftrag kann auch ein "Verlassen von Heimat und Familie ('du aber geh fort')"[171] einschließen (vgl. auch 18,29), wobei - einem vergeistigten Verständnis von Nachfolge entsprechend - dieses Verlassen nicht

---

[167] So auch *Schneider*, Lk I 233; *Lindemann*, Gottes Herrschaft 211.
[168] Im Zusammenhang mit V61 geht es wohl um die Nähe der Gottesherrschaft, die für einen Abschied keine Zeit läßt. Warum ein solcher Abschied dem lukanischen Verständnis von der Verkündigung der Gottesherrschaft widersprechen soll, ist eigentlich nicht einsehbar, weshalb der Vers kaum erst von Lukas stammt.
[169] So *Hengel*, Nachfolge 4; *Schulz*, Q 434f; *Prast*, Presbyter 339; *Wiefel*, Lk 193. - Die lukanische Version hält hingegen *Miyoshi*, Anfang 39, für ursprünglicher.
[170] *Merklein*, Gottesherrschaft 56.
[171] *Schneider*, Lk I 232.

unbedingt ein räumliches Fortgehen implizieren muß, sondern die Grundeinstellung des Nachfolgers zum Ausdruck bringen soll.

Die Beauftragung der Zwölf zur Verkündigung der Gottesherrschaft aus 9,2 wird also in 9,60 auf jeden Nachfolger ausgeweitet. Wenn in 10,1-12 dann mit der Aussendung der 72 doch wieder eine begrenzte Gruppe auftritt, so liegt das an dem wie in 9,2 mit dem Predigtauftrag verbundenen Befehl zur Krankenheilung (10,9). Bedarf es hierzu einer besonderen ἐξουσία (9,1; 10,19) und sind derartige göttliche Machterweise offenbar auf den im lukanischen Doppelwerk dargestellten Zeitraum beschränkt und keine Erfahrungen der Kirche zur Zeit des Lukas, so gilt das nicht für den Auftrag zur Verkündigung der βασιλεία τοῦ θεοῦ. Der mit den in Apg 28 erzählten Ereignissen eingeleitete neue und letzte Abschnitt der Heilsgeschichte bedingt ja für die Verkündigung keine Diskontinuität. Juden wie Heiden hören von Paulus die Botschaft von der Gottesherrschaft (Apg 28,23.31). Daß sich die Gottesherrschaft in der Zeit Jesu stärker in Exorzismen und Heilungen realisiert, dann in Tod und Auferweckung Jesu, hingegen nach dem Ende der Apostelgeschichte in der Verstockung der Juden und der Sendung der Heilsbotschaft zu den Heiden, ändert nichts an der zu verkündigenden Botschaft der Nachfolger, all diese Ereignisse auf dem Hintergrund der Schrift als Handeln und sich realisierende eschatologische Herrschaft Gottes kundzumachen[172].

Wenden wir uns auf dem Hintergrund dieses spezifisch lukanischen Verständnisses von βασιλεία τοῦ θεοῦ nun einem Text zu, der im wesentlichen auf vorlukanischer Überlieferung beruht, aber dennoch häufig für die lukanische Theologie beansprucht wird. Gemeint ist Lk 10,1-12.

6. Lk 10,1-12: Die Aussendung der 72 zur Verkündigung der Nähe der βασιλεία τοῦ θεοῦ

Wir haben bisher gesehen, daß Lukas sehr bewußt zwischen der vor- und nachösterlichen Basileiaverkündigung differenziert. Nun gibt es in der ntl. Exegese die weit verbreitete Meinung, daß die zweite Aussendungsrede von

---

[172] In Lk 9,60 ist also nicht gemeint, das Wort der Verkündigung "tut künftige Dinge kund"; so *Conzelmann*, Mitte 205.

Lukas mit Blick auf die Heidenmission überliefert sei, demnach also auf die Situation nach Ostern zu beziehen wäre, was dann auch für den in den VV 9.11 genannten Inhalt der Verkündigung gelten würde[173]. Hauptargument für diese These ist die in V1 genannte Zahl der ausgesandten Boten und ihre symbolische Bedeutung. Wir müssen uns deshalb dieser Zahl etwas ausführlicher zuwenden.

Exkurs: 70 oder 72?

In den ntl. Handschriften zu Lk 10,1.17 differiert die Zahl der Ausgesandten bzw. Zurückgekehrten zwischen 70 oder 72. Trotz der bedeutenden Papyrifunde dieses Jahrhunderts gilt bezüglich einer textkritischen Entscheidung nach wie vor das Urteil von Zahn: "Ob 70 oder 72 die ursprüngliche LA [= Lesart] sei, was für die Bedeutung der Zahl nicht ganz gleichgiltig ist, läßt sich nach der äußeren Bezeugung schwerlich entscheiden"[174].

Eine Bewertung auf Grund innerer Kriterien hat von der Frage nach dem Symbolgehalt der jeweiligen Zahl auszugehen und von daher zu klären, ob eine Änderung in den Handschriften in die eine oder andere Richtung wahrscheinlich gemacht werden kann. Dabei ist zunächst unbestritten festzustellen, daß vom atl.-jüdischen Hintergrund her die Zahl 70 sehr symbolträchtig ist[175]. Wie aber sieht der Befund bei der Zahl 72 aus[176]?

---

[173] *Hiers*, Delay 150, hat diese Auslegung auf die Spitze getrieben: Während nach Lk 9,2 die Zwölf die βασιλεία τοῦ θεοῦ und nicht ihre Nähe verkündigen sollten, gelte für Lk 10: "It was the missionaries to the Gentiles who were to proclaim that the Kingdom of God had come *near*." Auf diese Weise habe der lukanische Jesus zwar nicht für sich und seine Zeitgenossen die nahe Parusie erwartet, wohl aber die Naherwartung für die Kirche ermöglicht.

[174] Lk 407. - Zu gleichem Ergebnis kam vor mehr als dreißig Jahren die Untersuchung von *Metzger*, Disciples 306. Auch die Mehrheit des Komitees, das für den Text des Novum Testamentum Graece und des Greek New Testament verantwortlich zeichnete, kam auf Grund des Handschriftenbefundes zu keinem eindeutigen Resultat; vgl. *Metzger*, Commentary 150f. Dabei lassen sich gegenüber früheren Generationen für die Lesart ἑβδομήκοντα δύο so bedeutende Papyri wie 𝔓75 und für V17 auch noch 𝔓45 anführen.

[175] Für die wichtigsten Belege sei neben *Rengstorf*, ThWNT II 630f; *Völkel*, EWNT I 891, und *Metzger*, Disciples 303f, vor allem auf die im Literaturverzeichnis genannten Aufsätze von *S.Krauss* sowie auf *Borst*, Turmbau I 126-129 (70 im AT), IV 1967 Anm.

Exkurs: 70 oder 72?

1. Im AT findet sich die Zahl 72 explizit nur Num 31,38[177]: Von den 36000 von den Midianitern erbeuteten Rindern fielen 72 als Abgabe Jahwe zu.
2. Der Aristeasbrief weiß von 72 Übersetzern der LXX zu erzählen[178], und daß diese Übersetzung in 72 Tagen fertiggestellt wurde[179]. Einer Baraita zufolge setzte der König Ptolemäos 72 Greise in 72 Häuser, damit sie den Pentateuch übersetzen[180].
3. Nach der Apokalypse des Mose (8) kündigt Gott nach dem Sündenfall Adam 72 Plagen an. Doch weiß das ältere "Leben Adams und Evas" (34) nur von 70 Plagen zu erzählen.
4. Die Feuerflamme, die die Sünder und Teufel am Ende vernichten wird, ist nach der Elias-Apokalypse (40,21) 72 Ellen hoch.

---

262 (70 Völker), 1970 Anm. 272 (70 Sprachen), 2018 Anm. 399 (70 Personen), und für die griechische Antike auf *Dreizehnter*, Die rhetorische Zahl 16-104, verwiesen. Für *Philo* s.u. S.217 Anm. 198.

[176] Einige wichtige Belege hat *Metzger*, Disciples 303f, zusammengestellt. Eine Fülle von Material für den ntl. Zeitraum bietet *Borst*, Turmbau I.

[177] Darauf hat *K.Aland*, in: *Metzger*, Commentary 151, mit Nachdruck hingewiesen.

[178] Arist 46-50: Zur Übersetzung werden aus jedem Stamm sechs Männer ausgewählt, - so auch *Josephus*, Ant XII,49.56; also: οἱ πάντες ἑβδομήκοντα δύο (Arist 50) - anders *Josephus*, Ant XII, 57: τὰ ὀνόματα τῶν ἑβδομήκοντα πρεσβυτέρων. - *Jellicoe*, Seventy(-two) 321, will in der Aristeasnotiz den traditionsgeschichtlichen Hintergrund von Lk 10,1 sehen und mit dem lukanischen Anliegen des Zutritts der Heiden zur christlichen Kirche in Verbindung bringen: "Just as the seventy-two emissaries of *Aristeas* had, by their translation, brought the knowledge of the Law to the Greek-speaking world, so the Seventy(-two) are divinely commissioned to proclaim its fulfilment in the Gospel message." Ob hier tatsächlich ein solcher Bezug auf die Heidenmission vorliegt, wird gleich noch zu erwägen sein.

[179] Arist 307.

[180] Meg 9a: R.Jehuda sagte: Die Erlaubnis unserer Lehrer, sie griechisch zu schreiben, erstreckt sich auf den Pentateuch, wegen des Ereignisses mit dem König Ptolemäos; es wird nämlich gelehrt: Einst berief der König Ptolemäos 72 Greise und setzte sie in 72 Häuser, ohne ihnen mitzuteilen, zu welchem Behuf er sie berufen hatte. Alsdann ging er zu jedem besonders und forderte ihn auf, die Gesetzeslehre des Meisters Mose zu übertragen.

5. Die Mischna kennt eine Überlieferung aus dem Munde Rabbi Simons ben Asai (um 110 n.Chr.), wonach es zur Zeit des Rabbi Eleazar ben Asarja, also um 100 n.Chr., 72 Mitglieder des Synhedriums gab[181].

6. Die zur Hekhalot-Literatur (vgl. 1,1) gehörende mystische Schrift des hebräischen Henochbuches (= 3.Hen) erwähnt in 17,8 72 Fürsten von Königsherrschaften, die mit 72 Weltsprachen korrespondieren und die himmlischen Repräsentanten der Völkerwelt darstellen[182]. Diese 72 Fürsten werden auch 18,2f und 30,2 genannt, doch weiß 48 C,9 nur von 70 Fürsten[183] samt Sprachen[184]. *"Probably under the influence of their sideric significance the number of the princes of kingdoms was changed from seventy to seventy-two (the number of the zodiac)"* (vgl. 17,6)[185], wobei dieser Wechsel die Erweiterung der Anzahl der Sprachen zur Folge hatte[186]. Nun kommt diese Schrift wegen ihres relativ jungen Alters als direkte Parallele zu Lk 10,1 nicht in Frage, aber die Erklärung von Odeberg, einem Kenner der rabbinischen Literatur, zeigt doch, daß die Zahl 72 offenbar nicht aus der jüdischen Tradition erklärt werden kann, also wohl auch keine bis in ntl. Zeit zurückgehende Tradition aufbewahrt hat[187].

Neben diesen Belegen der atl.-frühjüdischen Überlieferung, in denen die Zahl 72 zwar explizit vorkommt, ohne daß aber ihre traditionsgeschichtliche Relevanz für Lk 10,1.17 erkennbar würde, spielen in der Diskussion noch zwei Texte eine entscheidende Rolle, die implizit auf 72 Personen oder

---

[181] Yad III 5; IV 2; Zev I 3. - Nach San 1,6 waren es gewöhnlich 70 bzw. 71 Mitglieder; nach tSan 3,4 bestand das Synhedrium aus 71 Männern.

[182] Vgl. *Odeberg*, 3 Enoch II 6f.

[183] Nach Handschrift K handelt es sich um 70 Engel entsprechend den Völkern der Welt.

[184] Von 70 Sprachen bzw. - hier divergieren die Handschriften - Nationen spricht 3.Hen noch in 2,3; 3,2; 29,1; 48 D,3. Den 70 Sprachen entsprechen nach 3,2 und 29,1 die 70 Namen Metatrons (= Henochs), von denen auch 4,1; 48 C,9; 48 D,1.5 die Rede ist. - Zu den 70 Sprachen in der rabbinischen Literatur vgl. auch die bei *Bill* II 604-606 zusammengestellten Belege.

[185] Vgl. zur Zahl 72 im Tierkreis *Plinius*, Historia Naturalis II, XLI, 110. Daß der Tierkreis in der Zeit vom 4.-7.Jhdt im palästinischen Judentum eine nicht unbedeutende Rolle gespielt hat, beweisen die vielen Mosaikfunde aus den Synagogen jener Zeit mit entsprechenden Darstellungen; vgl. *Keel/Küchler*, Orte I 711, mit den dort angegebenen weiterführenden Hinweisen.

[186] *Odeberg*, 3 Enoch II 51.

[187] In späterer Zeit läßt sich dann die Angabe von 72 Sprachen noch öfters finden; vgl. MHG Ber zu X,32.

Nationen verweisen bzw. verweisen sollen, ohne daß die Zahl ausdrücklich angegeben wird:

7. Num 11 nennt neben den in VV 16f.24 genannten 70 Ältesten noch Eldad und Medad (V26), scheint demnach 72 Älteste zu kennen[188]. Die Parallele zwischen Num 11 und Lk 10 besteht jedoch einzig in der explizit genannten oder implizit vorausgesetzten Zahl 72. Schon die Bemerkung, daß es sich um ἐτέρους 72 handelt, durchbricht die Parallelität.

8. Nach Gen 10 LXX (bzw. Gen 11 LXX)[189] soll es statt der im masoretischen Text genannten 70 Nationen jetzt 72 geben[190]. Rechnet man freilich die Angaben in Gen 10 nach, so liest man im masoretischen Text 71[191], in der LXX 73[192] Namen. Es lag also nicht gerade nahe, allein auf Grund von Gen 10 bei der Zahl 70 bzw. 72 an die Völkertafel der Genesis zu denken. Die Deutung der Namen als Nationen läßt sich erst bei den Rabbinen[193] bzw. im hebräischen TestNaph[194] belegen, die in diesem Zusam-

---

[188] Daß Num 11 im Hintergrund von Lk 10,1.17 steht, vermutet etwa *Miyoshi*, Anfang 61.78-80.

[189] So *Metzger*, Disciples 303, doch ist nicht ersichtlich, wie er darauf kommt.

[190] So etwa *Wellhausen*, Lc 48; *Borst*, Turmbau I 142; *Rengstorf*, ThWNT II 630 Anm. 54; *Flender*, Heil 26; *Kasting*, Anfänge 97 Anm. 79; *Hoffmann*, Studien 251; *Wilson*, Gentiles 46; *Prast*, Presbyter 342; *Völkel*, EWNT I 891.

[191] Nach *Krauss*, Zahl II 40, ergibt sich diese Zahl in Gen 10 daraus, daß Israel den 70 Völkern gegenübersteht.

[192] Schon *Augustinus*, De civitate Dei XVI 3, hat die Namen in der LXX nachgezählt und ist zu dem Ergebnis gekommen: "Zusammengenommen zählen also alle Nachkommen der drei Söhne Noes: 15 aus Japhet, 31 aus Cham und 27 aus Sem, insgesamt 73." Er fährt freilich kurz darauf fort: "Hieraus schließen wir, daß es damals 73 oder, richtiger (wie später nachgewiesen werden soll), 72 Völker, nicht Einzelmenschen gegeben hat." Vgl. auch XVI 6 und den angekündigten Nachweis in XVI 11, wonach Heber und Thalek die gleiche Sprache gesprochen haben, weshalb es nur 72 Sprachen gab.

"Die Juden, welche 70 Völker zählen, zählen auch 70 Sprachen, die Christen zählen 72 Sprachen und so muß auch die Zahl der Völker nicht 73, sondern 72 betragen. Die im Texte nicht ausdrücklich genannte Zahl der Sprachen also stand in der Tradition so fest, dass man nach ihr die Zahl der Völker ummodelte" - so das Ergebnis der Kirchenväteruntersuchung von *Krauss*, Zahl I 11, der die These zu beweisen sucht, die Juden haben 70 Völker gezählt, die Christen 72; vgl. a.a.O. 7-11. Ähnlich *Borst*, Turmbau I 142, der den "Einzelgänger Nimrod" wie beim masoretischen Text so auch aus der Zählung der LXX ausschließt; vgl. nächste Anm.

[193] Einige Belege bei *Bill* III 49; *Krauss*, Zahl I; vor allem aber *Borst*, Turmbau I 190ff. - Ein Kenner des rabbinischen Schrifttums wie *S.Krauss* kann nicht nur die Meinung äußern, "sämtliche Stellen aufzählen zu wollen, an denen die 70 Völker erwähnt

menhang auch die Zahl 70 nennen[195], wobei wohl implizit vorausgesetzt wird, daß Israel als Volk diesen 70 gegenübersteht[196]. Die Zahl 72 läßt sich in diesem Zusammenhang bei den Rabbinen der tannaitischen Zeit eben-

---

werden, wäre ein unnützes Beginnen, da es solcher Stellen unzählige giebt" (Zahl I 2), sondern auch, es seien "doch hunderte von Stellen im Talmud und Midrasch, wo das Axiom von den 70 Völkerschaften aufgestellt wird, und dennoch konnte es geschehen, dass die Aufzählung im Einzelnen sich nirgends findet" (Zahl II 43). Wenn aber, wie etwa in dem aus jüngerer Zeit stammenden MHG Ber zu X,1, durch Auflistung die Angaben von Gen 10 nachgerechnet werden, kann die Zahl der 70 Völker ausdrücklich bestritten werden. - Anders der wohl aus dem 8.Jhdt. stammende Kommentar zum babylonischen Talmud Halachot Gedolot, der unter Auslassung der Philister (Gen 10,5) auf 70 Völker kommt - das nichterwähnte Israel nicht mitgerechnet (Text bei *Krauss*, Zahl I 6), während etwa ein moderner Autor wie *Borst*, Turmbau I 124-126, die Zahl 70 errechnet, indem er bei den Nachkommen Hams "die Philister und Kretenser mitzählt, aber Nimrod wegläßt; denn er wird nur als Städtegründer, nicht als Völkerstifter genannt: er habe Babylon erbaut" (a.a.O. 125).

[194] 8,3-10,2. - Da in Höhle 4 von Qumran Fragmente des hebräischen TestNaph gefunden wurden, ist das Alter der Tradition für das 1.Jhdt in Palästina belegt.

[195] Nach dem erst aus nachtannaitischer Zeit stammenden Midrasch Tehillim (zu 9,6) verteilen sich die 70 Völker auf die drei Söhne Noas wie folgt: Japhet 14; Ham 30 (Masoretischer Text 31); Sem 16. - Freilich sind nach Gen 11,10ff die in Gen 10,22-25 genannten Arpaschad, Schelach, Eber und Peleg Vorfahren Abrahams, müßten also zumindest teilweise zu den 70 Heidenvölkern gerechnet werden, damit die Zahl 70 erhalten bleibt. Wenn ferner nach dem hebräischen TestNaph 8,6 die heilige Sprache im Hause Sems, Ebers und Abrahams erhalten blieb, dann bleiben nach Gen 10 keine 70 Nationen mehr übrig, auf die sich 70 Sprachen aufteilen ließen. Das alles zeigt aber nur, daß die Verbindung der Zahl 70 mit Gen 10 erst eine sekundäre Konstruktion ist und sich nicht aus der Lektüre dieses Kapitels nahelegte. Sie erklärt sich vielmehr als eine Kombination von Dtn 32,8, wonach die Zahl der Völkergebiete der der Kinder Israels entspricht, und Gen 46,27; Ex 1,5; Dtn 10,22, wo die Zahl der Söhne Jakobs jeweils mit 70 angegeben wird - die LXX nennt übrigens an den ersten beiden Stellen die Zahl 75 wie auch Apg 7,14; vgl. *Zahn*, Lk 409 mit Anm. 62. Hingegen redet *Pseudo-Philo* 8,11 von 72 Nachkommen Jakobs! - Literarisch faßbar ist das Nebeneinander von 70 Nachkommen Jakobs und der Vorstellung von 70 Heidenvölkern zum ersten Mal in Jub 44,33f. Doch fehlt die Zahl noch in Jub 10 bei der Darstellung der Nachkommen Noahs und der Sprachenverwirrung.

[196] Vgl. Tanch 32^b bei *Bill* I 574: Israel ist das eine Schaf unter 70 Wölfen. - Zur Zahl 71 für Israel und die 70 Völker vgl. auch *Krauss*, Zahl II 40-42.

Exkurs: 70 oder 72?

sowenig nachweisen[197] wie die Vorstellung von 70 oder gar 72 Heidenvölkern in Gen 10 im griechischsprachigen Judentum[198].

Ende des letzten Jahrhunderts hat nun *S.Krauss* in einem sehr anregendem Aufsatz zu beweisen versucht, daß die Juden 70, die Christen 72 Völker zählen, wobei die Zahl 72 nicht aus Gen 10 gewonnen werde, sondern auf dem Axiom von 72 Völkersprachen beruhe[199]. Die These ist von *A.Borst* in einem vierbändigen Mammutwerk[200] beeindruckend untermauert worden. Er stellt die "genuin jüdische Zahl 70" der von den Christen übernommenen und "vom Hellenismus vermittelten babylonischen Zahl 72" gegenüber[201]. Wenn diese These sich auch in ihrer Ausschließlichkeit so nicht halten läßt, so gibt sie doch die Tendenz der Überlieferung treffend wieder.

Die Vorstellung von 72 Sprachen und Völkern der Welt[202] läßt sich in der alten Kirche zum ersten Mal bei *Irenaeus*[203] literarisch fassen[204]. Sie findet sich dann bei *Clemens Alexandrinus*[205] und *Hippolyt*, der die Zahl 72 auch ausdrücklich auf die 72 Völker beim Turmbau und auf die anschließende

---

[197] *Borst*, Turmbau I 183, vermutet im Anschluß an seine ausführliche Besprechung des antiken Materials, "daß im zweiten Jahrhundert [sc.: n.Chr.], vor 180, in Ägypten die Formel von 72 Völkern und Sprachen zum ersten Mal verwendet worden sein muß. Denn der palästinensische Talmud, Irenäus von Lyon und der Alexandriner Klemens kennen den Topos bereits."

[198] Zwar folgt *Josephus* in Ant I,122-147 der masoretischen Zählung von Gen 10, verkürzt die Söhne Japhets sogar um einen - nennt Gen 10,4 vier Söhne Jawans, so *Josephus*, Ant I,127f, nur drei - und erhält so die Zahl 70, doch wird weder diese Zahl genannt, noch läßt sie sich de facto nach *Josephus* errechnen, da er die Völkerliste aus Gen 10 mit dem Stammbaum aus Gen 11,10-26 verbindet (Ant I 148-150). *Josephus* liegt also eine Interpretation von Gen 10 auf 70 Völker völlig fern. - Analoges gilt für *Philo*. In seinem Schrifttum begegnet die Zahl 72 an keiner Stelle, während der Zahl 70 seiner Meinung nach keine geringe Bedeutung zukommt; vgl. besonders: de sobrietate 19; de migratione Abrahami 199-202; de fuga et inventione 186. Nirgends jedoch findet sich ein Bezug auf die Heidenvölker oder gar auf Gen 10!

[199] *Krauss*, Zahl I 7-11.

[200] Turmbau I-IV.

[201] Turmbau I 189 und passim.

[202] Der Ursprung dieser Vorstellung liegt für uns letztlich im Dunkeln. Im griechischen Altertum ist eine geprägte Bedeutung der Zahl 72 nicht nachzuweisen. Das gilt auch von den Pythagoreern, die unter den Griechen am intensivsten eine Zahlensymbolik betrieben haben.

[203] Adversus haereses III 22,3.

[204] Vgl. *Borst*, Turmbau I 230.

[205] Stromata I 142,2.

218 3.Kapitel: Die Verkündigung der βασιλεία τοῦ θεοῦ nach dem Lk-Ev

Sprachenverwirrung bezieht[206]. Mit der Verbreitung der Schriften von *Irenäus*, *Clemens* und *Hippolyt* konnte die Bekanntheit des Symbolgehalts der Zahl 72 allgemein vorausgesetzt werden. Um so mehr verwundert es, welch geringen Niederschlag die Rezeption dieser Vorstellung in den Schriften der Kirchenväter gefunden und wie oft sie mit der jüdischen Vorstellung der 70 Völker und Sprachen konkurriert[207]. Eine Verbindung mit Lk 10,1.17 ist dabei - so weit ich sehe - nicht belegt. Damit scheidet auch Gen 10 LXX als möglicher traditionsgeschichtlicher Hintergrund für die Zahl 72 aus.

Neben diesen Hauptdeutungen wird ein Symbolgehalt der Zahl entweder negiert[208] oder zumindest als unsicher[209] beurteilt. So spekuliert etwa auch *Eusebius*[210] im Anschluß an Vorgänger darüber, wer alles zu den 70 Jüngern gehörte, gibt aber keinen Deutungsversuch der Zahl 70.

Als Ergebnis der obigen Untersuchung können wir zusammenfassen: Nirgendwo in der atl.-jüdischen Literatur läßt sich eine geprägte Bedeutung der Zahl 72 erkennen. Wo die Zahl begegnet, konkurriert sie bisweilen wie in den Handschriften zu Lk 10,1.17 mit der Ziffer 70 (Plagen über Adam; Synhedrium, LXX-Übersetzer, 3.Hen: Fürsten und Sprachen), ohne daß immer ein Grund dafür angegeben werden könnte[211]. D.h. also: Für die in wertvollen Handschriften zu Lk 10,1.17 begegnende Zahl 72 läßt sich in ntl. Zeit kein Symbolgehalt nachweisen. Dieses Ergebnis hat Konsequenzen:

1. Die Zahl 72 ist die lectio difficilior, deren Veränderung zur geprägten Zahl 70 sich leicht erklären läßt[212], während der umgekehrte Vorgang sich nicht als bewußte Änderung, sondern allenfalls als Abschreibefehler verstehen ließe, was freilich nicht besonders wahrscheinlich ist. Die Lesart

---

[206] So z.B. seine syrische Einleitung zu den Psalmen, Fragment 1 (GCS 1,2 S.127f). Vgl. auch die bei *Borst*, Turmbau II/2 932-936 wiedergegebene Völkerliste Hippolyts aus dem Jahre 234/5.
[207] Vgl. hierzu die Darstellung von *Borst*, Turmbau I 233-275; II/1 366-404.
[208] So *Völkel*, EWNT I 892; *Wiefel*, Lk 195.
[209] So *Schweizer*, Lk 114; *Uro*, Sheep 64..
[210] Hist Eccl I 12,1-5; vgl. I.10,7.
[211] Die Belege für die Tendenz zur Zahl 72 ließen sich vermehren: So werden aus den Ri 1,7 genannten 70 Königen bei *Josephus*, Ant V 123, 72. Aus den Esra 8,35 erwähnten 77 Lämmern sind *Josephus*, Ant XI 137, ebenfalls 72 geworden. Ob hier mehr als Zufall waltet, ist freilich völlig offen.
[212] Vgl. *Fitzmyer*, Luke II 846: "The number seventy is surely an approximation or 'round number' for a more original seventy-two."

ἑβδομήκοντα δύο ist also als ursprüngliche Lesart anzusehen. Die eckigen Klammern in den Ausgaben des Novum Testamentum Graece von Nestle-Aland und des Greek New Testament sind zu streichen[213].

2. Mit der Zahl 72 als ursprüngliche Lesart, die keine symbolische Bedeutung erkennen läßt, fällt auch die häufig vertretene These, daß Lukas mit dieser Zahl - etwa in Anspielung an die Völkertafel von Gen 10 LXX - die Heidenmission antizipiere[214]. Nur wenn sich eine derartige symbolische Bedeutung durch entsprechende Belege nachweisen läßt, lohnt es sich, diese These weiter zu diskutieren. Ist dies nicht der Fall, sollte ihr endgültig der Abschied gegeben werden.

3. Werden aber nach Lukas die 72 zu Israel gesandt, dann sind die folgenden Verse im Rahmen des lukanischen Verständnisses des irdischen Jesus und nicht im Kontext der Ekklesiologie zu deuten. Für das Verständnis der Wendung ἤγγικεν (ἐφ' ὑμᾶς) ἡ βασιλεία τοῦ θεοῦ der VV 9.11 ist dabei der Zeitabstand zu berücksichtigen, der zwischen dem Auftreten Jesu und der Zeit der lukanischen Abfassung des Evangeliums liegt, so daß eine Interpretation im Sinne einer Naherwartung der Parusie ausgeschlossen ist, da Lukas sonst die 72 im Auftrag Jesu etwas verkündigen ließe, was sich zur Zeit der Niederschrift schon als falsch erwiesen hätte.

---

[213] So die zu Recht erhobene Forderung von *K.Aland*, in: *Metzger*, Commentary 151; vgl. auch die Synopse von *Huck/Greeven*, die ohne jegliche Klammer in Lk 10,1.17 ἑβδομήκοντα δύο liest.

[214] Eine Bezugnahme auf die Heidenmission ist nicht nur auf Grund des fehlenden Symbolgehalts der Zahl 72 für Lukas gänzlich unwahrscheinlich, denn er zeigt zum einen mit ἑτέρους in 10,1 an, daß es noch mehr Boten gibt (vgl. 9,52), was schlecht zur Andeutung der universalen Völkermission durch die Zahl 72 passen würde. Zum zweiten wird eine Anspielung auf die Heidenmission durch die von ihm stammende Bemerkung recht unwahrscheinlich, daß die Sendung erfolgte πρὸ προσώπου αὐτοῦ εἰς πᾶσαν πόλιν καὶ τόπον οὗ ἤμελλεν αὐτὸς ἔρχεσθαι, wonach die Ausgesandten die Aufgabe der "Vorbereitung von Jesu eigener Ankunft innerhalb Israels (10,1)" haben; *Völkel*, EWNT I 891; so auch *Uro*, Sheep 64; *Wiefel*, Lk 195. Drittens "wäre bei paar*weiser* Sendung ja an 35 (oder 36) Zielorte zu denken, also nicht an 70 Orte, die die Völker symbolisieren könnten"; so *Schweizer*, Lk 114, ihm folgt *Uro*, Sheep 64. Viertens schließlich hat Lukas den Beginn der Heidenmission in der Apostelgeschichte dargestellt, so daß er - im Unterschied zu den anderen Evangelisten - die Heidenmission gar nicht antizipatorisch ins Leben Jesu zu projizieren brauchte; vgl. *Wilson*, Gentiles 46 und passim.

An dieser Stelle stellt sich noch die Frage: Stammt die Zahl 72 von Lukas[215] oder seiner Quelle[216]? Daß Lukas neben den Zwölf mit einer größeren Gruppe von Jüngern rechnet, wird aus einer Reihe von Stellen deutlich[217]. Damit ist die *Möglichkeit* gegeben, die Zahl Lukas zuzusprechen. Gegen eine ursprüngliche Zugehörigkeit zu Q spricht zum einen das Fehlen bei Matthäus, dessen Komposition von Q und Markus bei der Aussendungsrede zudem leichter zu erklären ist, wenn er in Q nicht die Zahl 72 vorgefunden hat. Zum anderen paßt die große Zahl 72 schlecht zur Aussage in V2 (par. Mt 9,37f), daß nur "wenige Arbeiter" für die Ernte da sind[218]. Wenn die Zahl also aller Wahrscheinlichkeit nach nicht in Q stand, so ist damit noch nicht ausgeschlossen, daß sie der vorlukanischen Überlieferung entstammt. Da nach 22,35 (SLk) die Zwölf als Adressaten der Regelung der Ausrüstung von 10,4 vorausgesetzt werden, spricht das gegen eine vorlukanische Herkunft der 72 im Zusammenhang mit der Aussendungsrede[219]. Andererseits entspricht die Einfügung einer solch konkreten Zahl auch nicht lukanischem Stil[220], da Lukas gewöhnlich allgemeine Angaben bevorzugt. Sie ist zudem im dritten Evangelium ohne jede Parallele. Wenn Lukas in Apg 1,3.15; 2,41 und 4,4 wahrscheinlich konkrete "Zahlen von sich aus eingefügt hat", dann handelt es sich dabei besonders um "Zahlen, denen eine theologische Funktion zukommt"[221]. Eine solche könnte man bei der Zahl 70 vermuten, läßt sich jedoch für die Zahl 72 nicht erkennen. Das alles spricht dafür, daß Lukas die Zahl aus der Tradition übernommen hat, ohne daß sie unbedingt mit der Aussendungsrede verbunden gewesen sein muß.

---

[215] So z.B. *Lohfink*, Sammlung 69; *Völkel*, EWNT I 892; *Fitzmyer*, Luke II 845; *Uro*, Sheep 62f.
[216] So *Hirsch*, Frühgeschichte II 52; *Rengstorf*, ThWNT II 630; vgl. auch *Laufen*, Doppelüberlieferungen 203f.
[217] Lk 6,13 (diff. Mk 3,13f): "Er rief seine Jünger herbei und wählte von ihnen Zwölf aus"; 8,2f: viele Frauen im Gefolge Jesu; 19,37 (diff. Mk 11,9): "die ganze Menge der Jünger"; 24,33: "die Elf und die mit ihnen"; Apg 1,15: "120".
[218] Vgl. zu diesen Argumenten *Uro*, Sheep 62f.
[219] *Schweizer*, Lk 113.
[220] Vgl. *Hirsch*, Frühgeschichte II 52: "Die 70 können aber auch nicht Erfindung des Luk sein. In seiner ganzen Markusbenutzung ist kein Beispiel einer solchen Erfindung."
[221] *Lohfink*, Himmelfahrt 178.

1) Literarkritische Vorbemerkungen:

Ein Großteil der Forscher tendiert heute dahin, Lk 10,1-12 sowohl in der Reihenfolge der Sprüche als auch im Wortlaut im wesentlichen der Quelle Q zuzurechnen[222] und die Matthäusparallele in 9,37f.10,7-16 als redaktionelle Arbeit des ersten Evangelisten an seiner Q- und Markusvorlage zu verstehen[223]. Als lukanisch wird jedoch meist und völlig zu Recht die Einleitung Lk 10,1 bewertet[224]. Ferner wird dem dritten Evangelisten neben einzelnen Formulierungen, die uns hier nicht zu interessieren brauchen[225], bisweilen die Reihenfolge Krankenheilung - Verkündigung (V9 diff. Mt 10,7f)[226],

---

[222] Damit stimmt überein, daß in der Jesusrede der VV 2-16 nur κατὰ τὴν ὁδόν in V4 und κολληθέντα in V11 - anders *Schulz*, Q 407 Anm. 29, der meint, das Verb sei "trotz lk Einschlags in der Trad notwendig" - als lukanischer Sprachgebrauch eindeutig nachgewiesen werden können; vgl. *Jeremias*, Sprache 184-187.

[223] So *Wellhausen*, Lc 48; *Bultmann*, Geschichte 351; *Hahn*, Mission 33; *Schürmann*, Vorgeschichte 137, für den allerdings zwischen V7 und V8 in Q das Logion Mt 10,5b-6 zu lesen war (141-148); vgl. auch *ders.*, Lk I 504f; *Kasting*, Anfänge 111.125 Anm. 5; *Schulz*, Q 404-407; *Laufen*, Doppelüberlieferungen 201-246; *Fitzmyer*, Luke II 842; *Gnilka*, Mt I 361; *Uro*, Sheep 66-72. - Anders *Hirsch*, Frühgeschichte II 51-55, der die VV 1.4.8.9.17-20 der von ihm postulierten Quelle Lu II zuschreibt, die Lukas mit Q verbunden habe; *Hoffmann*, Instruktionsrede 37-50 und Studien 267-283, für den der dreigliedrige Aufbau in Lk 10,5.8.10 sowie die VV 7c.8.10f im wesentlichen auf Lukas selbst zurückgehen, während Lk 9,5 (par. Mt 10,14) der Q-Version sehr nahe komme. Ihm folgen *Prast*, Presbyter 340-344; *Wiefel*, Lk 196-198. - Daß freilich auch Lk 10,2-12 keine wörtliche Wiedergabe der Q-Version darstellt, zeigen die oben (S.203 Anm. 140) im Unterschied zu Mk 6,7-13 konstatierten Parallelen zwischen Lk 9,1-6 und Mt 10, die auf Q zurückgehen, aber teilweise in Lk 10 keine Entsprechungen haben.

[224] So etwa *Hoffmann*, Studien 248f; *Schulz*, Q 404 mit Anm. 4; *Miyoshi*, Anfang 59-62; *Laufen*, Doppelüberlieferungen 201f; *Jeremias*, Sprache zu 10,1Red.; *Fitzmyer*, Luke II 842; *Uro*, Sheep 61-64 - jeweils mit ausführlicher Begründung, die hier nicht wiederholt zu werden braucht. - Zur möglichen traditionellen Herkunft der Zahl 72 vgl. jedoch oben den letzten Abschnitt des Exkurses.

[225] Nach *Schulz*, Q 404-407 sind das z.B.: V2: ἔλεγεν δὲ πρὸς αὐτούς; die Umstellung der ursprünglichen Reihenfolge des ἐκβάλῃ ἐργάτης. V3: Einfügung von ὑπάγετε; Auslassung von ἐγώ nach ἰδού. V6: Einfügung der Partikel γε. V8: Zufügung von V8b. Zu VV9.11 s.u. - Mit Ausnahme der Einleitung von V2a wird man derartige redaktionelle Zuweisungen jedoch als Geschmackssache beurteilen können, die zwar möglich, aber völlig unbeweisbar sind. Bezüglich der Einfügung von ὑπάγετε in V3 dürfte hingegen die Einschätzung als lukanisch wohl auch eher unwahrscheinlich sein; vgl. *Jeremias*, Sprache zu 10,3 Trad.

[226] So etwa *Miyoshi*, Anfang 65-67.

häufig die im Vergleich mit Mt 10,7 zusätzlichen Worte ἐφ' ὑμᾶς in V9b[227] und der Schluß von V11 πλὴν τοῦτο γινώσκετε ὅτι ἤγγικεν ἡ βασιλεία τοῦ θεοῦ (diff. Mt 10,14)[228] zugeschrieben. Da die letzten drei Urteile zu VV 9.11 unmittelbar das Thema der vorliegenden Arbeit berühren, bedürfen sie einer genaueren Untersuchung. Dabei muß man zunächst feststellen, daß es sich hier um Alternativen handelt[229] und die Zuweisung an Lukas unterschiedlichen Motiven entspringt.

Wer ἐφ' ὑμᾶς dem dritten Evangelisten zuschreibt, sieht darin meist eine Korrektur der mit ἤγγικεν ἡ βασιλεία τοῦ θεοῦ ausgesagten Naherwartung. Das spricht entschieden gegen die Annahme, daß Lukas die von ihm in V9 korrigierte Wendung nun in V11 gerade wieder eingeführt hätte. Umgekehrt wird bei einer Zuweisung von V11b an den auctor ad Theophilum auf Grund des Fehlens bei Matthäus und einer Parallelisierungsabsicht bei Lukas kaum ein plausibler Grund dafür angegeben werden können, warum der dritte Evangelist in V9b einen Zusatz hätte einfügen sollen, wodurch er die von ihm beabsichtigte Parallelisierung wieder abgeschwächt hätte.

Doch sehen wir uns die Gründe genauer an, die für die lukanische Redaktion angeführt werden: Was den angeblichen Zusatz ἐφ' ὑμᾶς in V9 betrifft, so sieht Conzelmann[230] folgende Alternative als Grund für eine derartige Einfügung: "Entweder denkt Lukas an das Kommen des Reiches, das in Jesu erstem Advent geschah und bleibende Segensgaben hinterließ, oder[231] es liegt Angleichung an die für Lukas typische Verkündigungsterminologie vor: Das Reich ist als das gepredigte präsent ..., sein *künftiges* Erscheinen ist dadurch nicht aufgehoben." Die zweite Alternative ist jedoch

---

[227] So *Conzelmann*, Mitte 98; *Schulz*, Q 407; *Miyoshi*, Anfang 67; *Merk*, Reich Gottes 212; *Schneider*, Parusiegleichnisse 50f; *ders.*, Lk I 237; *Prast*, Presbyter 344; *Polag*, Fragmenta Q 46; *Gnilka*, Mt I 361 Anm. 4.

[228] So *Hirsch*, Frühgeschichte II 55; *Hoffmann*, Instruktionsrede 42; *Schulz*, Q 407; *Merk*, Reich Gottes 212; *Schneider*, Parusiegleichnisse 49.51; *Prast*, Presbyter 344; *Polag*, Fragmenta Q 46; *Kümmel*, Einleitung 112; *Schürmann*, Gottes Reich 68; *Uro*, Sheep 70, der unter Verweis auf Lk 4,43; 9,2.60 die Wiederholung von V9 damit erklärt, daß die Basileiapredigt ein wichtiger lukanischer Gedanke sei, ohne zu bemerken, daß Lukas selbst anders formuliert; *Wiefel*, Lk 198; *Merkel*, Gottesherrschaft 137.

[229] Das ist z.B. nicht beachtet von *Schulz*, Q 407; *Merk*, Reich Gottes 212; *Prast*, Presbyter 344; *Polag*, Fragmenta Q 46.

[230] Mitte 98.

[231] Hierfür entscheidet sich *Schulz*, Q 407.

völlig uneinsichtig: Typisch lukanische Verkündigungsterminologie findet sich in 9,2, aber nicht in 10,9. Zum anderen bezieht sich das zu den αὐτοῖς gesagte ἐφ' ὑμᾶς in V9b auf τοὺς ἐν αὐτῇ ἀσθενεῖς in V9a, so daß die Basileia gerade nicht in der Verkündigung, sondern in der Krankenheilung präsent ist[232]. Und wieso hier von Jesu erstem Advent und seinen Segensgaben die Rede sein soll, obwohl von dem Auftrag der 72 geredet wird, nach 10,16 im Hören auf die *Jünger* Jesus selbst zu Gehör kommt und nach der Apostelgeschichte Heilungswunder und Exorzismen weiterhin in der Kirche präsent sind, will auch nicht verständlich werden. So gibt es kein überzeugendes Argument, ἐφ' ὑμᾶς als lukanischen Zusatz zu bewerten. Nun ist zwar richtig gesehen worden, daß auf Grund des ἐφ' ὑμᾶς V9 eine Parallele zu 11,20 bildet[233], doch zeigt Lk 11,20 par. Mt 12,28, daß die Wendung ἐφ' ὑμᾶς ἡ βασιλεία τοῦ θεοῦ in Q gestanden hat, so daß von daher zunächst nichts dagegen spricht, daß auch die Formulierung in Lk 10,9 aus Q unmittelbar (und nicht mittelbar über Lk 11,20) übernommen wurde[234]. Umgekehrt läßt sich die Auslassung bei Matthäus leicht durch seine Tendenz erklären, die Aussendung der Jünger mit dem Wirken Jesu (vgl. 4,17; 9,35) zu parallelisieren[235].

Was die lukanische Reihenfolge Heilung - Verkündigung betrifft, so ist sie auf Grund der Parallele in 11,20 als zu Q gehörig anzusehen. Hinzu kommt, daß dort, wo Lukas eigenständig komponiert, die Basileiaverkündigung der Heilung vorgeordnet wird (Lk 9,2.11). Umgekehrt läßt sich die Reihenfolge bei Matthäus wiederum als Angleichung der Jüngeraussendung an das Wirken Jesu (vgl. Mt 4,23; 5-7/8-9; 9,35) einsichtig machen[236].

Wie sind nun die Argumente zu beurteilen, die V11b als lukanischen Zusatz begründen wollen? Zunächst hat man immer wieder darauf hingewiesen, daß die Einleitung πλὴν τοῦτο γινώσκετε ὅτι lukanischem

---

[232] Zutreffender dürfte daher schon die Vermutung von *Miyoshi*, Anfang 67 sein, daß Lukas ἐφ' ὑμᾶς gerade deshalb eingefügt habe, um "das Kommen der Basileia Gottes zu den Kranken zu betonen." Der Gedanke entspricht zwar, wie wir gesehen haben, lukanischer Theologie, aber auch dem Q-Logion Lk 11,20par. (s.u.).

[233] *Conzelmann*, Mitte 98; *Miyoshi*, Anfang 67.

[234] So auch *Hoffmann*, Studien 275.

[235] Vgl. *Hoffmann*, Studien 275; *Laufen*, Doppelüberlieferungen 222f; *Merkel*, Gottesherrschaft 137.

[236] Vgl. *Schulz*, Q 406 Anm. 22; *Laufen*, Doppelüberlieferungen 222f.

Sprachgebrauch entspreche[237]. Nun kann das für πλήν nicht völlig ausgeschlossen werden[238], aber τοῦτο (δὲ) γινώσκετε ὅτι begegenet nur noch Lk 12,39 und erweist sich durch die Parallele in Mt 24,43 ἐκεῖνο δὲ γινώσκετε ὅτι als auf Q-Stoff basierend. Es läßt sich für Lk 10,11b auch nicht einfach eine Wiederholung von V9b behaupten[239], denn erstens wird V9b nicht wörtlich wiederholt, und zweitens ging es dort um die Interpretation einer Heilshandlung, wovon hier nicht die Rede sein kann. Daß V11b hingegen den Zusammenhang zwischen dem Fluchgestus in V11a und der Gerichtsankündigung in V12 unterbricht und deshalb sekundär ist[240], wird man nicht sagen können, wenn man den in der Verkündigung Jesu wie in Q vorhandenen bedrohlichen Akzent der Ankündigung der Nähe der Basileia berücksichtigt. Gegen lukanische Bildung von V11 sprechen nun aber vor allem zwei ganz entscheidende Gründe: Zum einen ist die Wendung ἤγγικεν ἡ βασιλεία τοῦ θεοῦ im lukanischen Doppelwerk singulär, aber durch Mk 1,15 par. Mt 4,17 und Mt 3,2; 10,7 als traditionell gesichert; zum anderen will es nur mit Mühe gelingen, V11 einen Sinn zu geben, der zum eindeutig als lukanisch erkannten Basileiaverständnis passen will. Ein derartiges Basileiaverständnis muß aber Kriterium für die Entscheidung sein, ob das Vorkommen von βασιλεία τοῦ θεοῦ im lukanischen Sondergut dem

---

[237] *Schulz*, Q 407 mit Anm. 30; *Hoffmann*, Instruktionsrede 42; *ders.*, Studien 272; *Laufen*, Doppelüberlieferungen 226 [mit Einschränkungen].
[238] Freilich hat *Rehkopf* (Sonderquelle 8-11.19f.96, ihm folgt *Jeremias*, Sprache zu 6,24 Trad.) gemeint, daß adversatives πλήν ohne - wie im klassischen Griechisch üblich - folgendes ὅτι (so Apg 20,23) eine Spracheigentümlichkeit der lukanischen Sonderquelle sei, da es nur 15 mal im lukanischen Nicht-Markusstoff begegnet, wovon drei Belege durch die Parallelen bei Matthäus mit Sicherheit der Tradition zuzuweisen sind; 6,24.35; 10,11.14 (par. Mt 11,22).20; 11,41; 12,31; 13,33; 17,1 (par. Mt 18,7); 18,8; 19,27; 22,21f.42 (par. Mt 26,39); 23,28. Diese Argumentation setzt voraus, daß die lukanische Passionsgeschichte oder zumindest die genannten Verse auf Sondergut basieren, was in der Forschung schon äußerst strittig ist. Zudem wird den Hinweis auf sprachliche Eigenarten des Nicht-Markusstoff bei Lukas als Hinweis auf unlukanische Sprache nur anerkennen, wer damit die Möglichkeit eines Protolukasevangeliums oder zumindest einer vorlukanischen Verbindung von Q-Stoff und Sondergut in Rechnung stellt. Diese Möglichkeit wird aber in der deutschsprachigen Exegese im allgemeinen negiert. Doch auch bei lukanischem πλήν wäre über die Q-Zugehörigkeit von V11b noch keine Entscheidung gefällt.
[239] So *Schulz*, Q 407 Anm. 30.
[240] So *Schulz*, Q 407 Anm. 30; *Laufen*, Doppelüberlieferungen 226.

dritten Evangelisten oder seiner Überlieferung zuzuweisen ist. Für Lk 10,11 ist nur letzteres möglich.

Es ergibt sich somit, daß Lukas in den VV 9.11 seiner Vorlage folgt und keine eigenen theologischen Akzente gesetzt hat. Läßt sich dennoch sagen, wie der dritte Evangelist seine Vorlage verstanden hat? Eine solche Interpretation kann freilich nur Vermutung bleiben, aber es soll in den folgenden Überlegungen der Versuch gemacht werden, von dem eindeutig als lukanisch erkannten Verständnis von βασιλεία τοῦ θεοῦ her zwei als vorlukanisch erkannte Aussagen zu interpretieren. Lukanisch, so hatten wir gesehen, ist die Verbindung von verbum dicendi und βασιλεία τοῦ θεοῦ. Vorlukanisch ist die Formulierung ἤγγικεν (ἐφ' ὑμᾶς) ἡ βασιλεία τοῦ θεοῦ. Diese ist von Lukas nicht in ihrem ursprünglichen Sinn als Ankündigung des unmittelbar bevorstehenden Weltendes verstanden worden. In welche Richtung hat nun eine Deutung im Sinne des Lukas zu gehen?

2) Das lukanische Verständnis der Aussagen ἤγγικεν (ἐφ' ὑμᾶς) ἡ βασιλεία τοῦ θεοῦ *in VV 9.11*

Die ausgesandten Boten erhalten nach V9 den Auftrag, bei freundlicher Aufnahme (V8) die Kranken der jeweiligen Stadt (ἐν αὐτῇ) zu heilen. Ihnen (αὐτοῖς) sollen die Boten sagen: ἤγγικεν ἐφ' ὑμᾶς ἡ βασιλεία τοῦ θεοῦ. Das Perfekt ἤγγικεν bezeichnet, wie auch sonst im klassischen und ntl. Griechisch üblich, ein vorhergehendes Geschehen sowie den nun erreichten Zustand[241], ist also zu interpretieren: Die βασιλεία τοῦ θεοῦ hat sich genähert und ist jetzt nahe, wobei sonstigem ntl. Sprachgebrauch entsprechend[242] das Nahegekommensein noch nicht das Angekommensein zu implizieren scheint[243]. Anderseits läßt die Wendung ἐφ' ὑμᾶς in Verbindung mit der Krankenheilung, die Parallele in Lk 11,20 und die Andeutung der Präsenz der Basileia in 10,17f für 10,9 kaum eine andere Interpretationsmöglichkeit, als das Nahegekommensein als Angekommensein zu verstehen[244]. Die VV 9.11 gehören demnach innerhalb des lukani-

---
[241] Vgl. *Hoffmann/Siebenthal*, Grammatik 194k; *BDR* 341.
[242] Vgl. Röm 13,12; Jak 5,8; 1.Petr 4,7.
[243] Vgl. *Kümmel*, Verheißung 16-18, dessen Ausführungen freilich nicht redaktionsgeschichtlich orientiert sind.
[244] Vgl. auch *Schnackenburg*, Gottes Herrschaft 95.97; *Ellis*, Eschatologie 388 Anm. 25. – In diesem Sinn hat *Dodd*, Parables 36f, die Wendung im Kontext der Verkündigung

schen Doppelwerkes zu den Aussagen über die Präsenz der Basileia.'Εφ' ὑμᾶς bezieht sich zurück auf αὐτοῖς[245] und gilt den geheilten Kranken, deren Heilung als Exorzismus beschrieben (Lk 10,17a.20a) und als Ausübung der Herrschaft Gottes (vgl. auch 10,18f) gedeutet werden kann. Der Vers steht auch unter diesem Gesichtspunkt in Parallele zu 11,20 und kündet ebenfalls von der Wirksamkeit der Gottesherrschaft, wie sie sich in Krankenheilungen und Exorzismen manifestiert[246]. Dieses von Q übernommene und wohl auf Jesus selbst zurückgehende Verständnis[247] vermochte Lukas in den Gesamtkontext seines Basileiaverständnisses zu integrieren. Konnten Krankenheilungen und Exorzismen in Lk 4 deshalb als Gottesherrschaft interpretiert werden, weil in derartigem Handeln *Jesu* sich die Schrift erfüllte, so gilt nach Lk 10, daß in den *Jüngern* Jesus und in Jesus Gott begegnet (V16), wobei Lukas in der überlieferten Schaliachregel den Akzent auf das Hören (vgl. V16 diff. Mt 10,40)[248] und damit auf die Verkündigung gelegt hat. Diese lukanische Akzentsetzung zeigt, daß der dritte Evangelist V9b λέγετε αὐτοῖς· ἤγγικεν ἐφ' ὑμᾶς ἡ βασιλεία τοῦ θεοῦ im Sinne von κηρύσσειν/διαγγέλλειν τὴν βασιλείαν τοῦ θεοῦ (Lk 9,2.60) verstanden hat, aber nicht die unmittelbar bevorstehende Ankunft Jesu in den Städten[249] und auch keine Naherwartung der Parusie darin angekündigt

---

Jesu unter Berücksichtigung der aramäischen Urfassung zu interpretieren versucht, während er, kingdom 140f, zu zeigen suchte, daß diese Interpretation von der LXX her *möglich* ist. Letzteres hatte auch *Kümmel*, Verheißung 18, trotz gegenteiliger Interpretation der Botschaft Jesu anerkennen müssen. Zur Diskussion vgl. *Perrin*, Kingdom 64-66.

[245] Anders *Merk*, Reich Gottes 212, der hier eine "Applikation auf die Hörer der Jüngerpredigt" vermuten kann, da er V9b unabhängig von V9a bespricht.

[246] Vgl. *Schneider*, Lk I 237; *Ernst*, Herr 60.

[247] Vgl. *Leroy*, Jesus 76; *Hengel/Schwemer*, Königsherrschaft 10.

[248] Vgl. hierzu *Hirsch*, Frühgeschichte II 49; *Hoffmann*; Studien 285f; *Miyoshi*, Anfang 73; *Laufen*, Doppelüberlieferungen 230-233.

[249] So *Wellhausen*, Lc 49: "Das Reich Gottes ist nicht zukünftig, sondern schon da und im Begriff, bei den Einwohnern dieser bestimmten Stadt Wurzel zu fassen. ... Dann verkünden die Boten die vorhabende Ankunft *Jesu*, der das Reich Gottes bringt". - *Wiefel*, Lk 198, ist der Meinung: "Die Stelle entspricht einem Verständnis, in dem die Gottesherrschaft mit Jesus gleichgesetzt wird". Eine solche Gleichsetzung wurde bisher an keiner Stelle des lukanischen Doppelwerkes sichtbar. Man könnte allenfalls erwägen, ob die Gottesherrschaft mit der Herrschaft Jesu gleichgesetzt wird, aber diese Gleichsetzung wäre schwierig mit der theozentrisch strukturierten Christologie des Lukas in Einklang zu bringen. - Auf die den Boten folgende Ankunft Jesu beziehen die Aussage auch *Schneider*, Lk I 237 ("wahrscheinlich"); *Fitzmyer*, Luke II 849.

sah[250]. D.h.: Die Boten erhalten nach Lukas in V9b von Jesus den Auftrag, die in den Krankenheilungen sich manifestierende Basileia Gottes auch als solche zu verkünden und damit im Gesamtkontext der Heilsgeschichte und der mit Jesu Wirken angebrochenen Heilszeit darzulegen.

Schwieriger als V9 ist die Interpretation von V11[251], da hier nicht der Inhalt der Verkündigung der Boten angegeben wird, sondern der Inhalt dessen, was die die Jünger ablehnenden Stadtbewohner wissen sollen. Wie in V9 wird das Perfekt ἤγγικεν das Nahegekommensein als Dasein der Basileia beschreiben. Lukas denkt wohl an die Erfüllung der atl. Verheißungen. Dabei kann es für die ablehnenden Zuhörer aber nicht einfach um die Erkenntnis des Heilsplanes Gottes gehen, denn dieser ist nach 8,10 den Jüngern vorbehalten, nicht aber "den übrigen", von denen hier die Rede ist. Doch fragt es sich, ob überhaupt die die Boten ablehnenden Zuhörer nach Meinung des Lukas zu einer Erkenntnis kommen sollen oder ob nicht vielmehr wie in Apg 28,28 dem Leser etwas gesagt wird. Das könnte dann nur heißen, daß er der Erkenntnis vergewissert wird, daß Unglaube und Ablehnung der Heilsbotschaft nicht im Widerspruch zur Herrschaft Gottes stehen. Dies wurde den Jüngern von Jesus in 8,10.12b erklärt und kommt in Apg 28,26f noch einmal unter ausdrücklichem Bezug auf den Propheten Jesaja zur Sprache. Lk 10,11b ist dann im lukanischen Sinn nicht als Vergewisserung zu interpretieren, daß Umkehr immer noch möglich ist[252], sondern eher als Vergewisserung des Lesers, daß trotz aller Ablehnung die Heilsverkündigung sich ausbreitet. Für die nachösterliche Situation wird diese Interpretation nicht nur durch Apg 28,28 bestätigt - einem Vers, der

---

[250] Diese drängende Nähe der Parusie ist der bestimmende Faktor der Aussendungsrede in Q: Weil Erntezeit ist und das Gericht unmittelbar bevorsteht, sollen die ausgesandten Boten keine Zeit zum Grüßen verlieren (V4) und auch nicht für Skrupel bezüglich der Nahrung oder zur Suche eines besseren Quartiers; vgl. *Fitzmyer*, Luke II 844. Daß diese Interpretation der Aussendungsrede nicht der lukanischen Theologie entspricht, dürfte in der deutschsprachigen Forschung kaum strittig sein.

[251] Mir ist übrigens kein Autor bekannt, der V11b dem Lukas zuweist und eine befriedigende Erklärung zu geben vermag, wie der Vers auf dem Hintergrund lukanischer Theologie zu interpretieren ist. Exegeten wie *Schulz, Hoffmann, Polag, Laufen* u.a. sind bekanntlich an Q interessiert und verzichten deshalb auf eine derartige Erklärung.

[252] So *Wiefel*, Lk 198.

228 *3.Kapitel: Die Verkündigung der* βασιλεία τοῦ θεοῦ *nach dem Lk-Ev*

wie 28,23ff noch zum Inhalt des paulinischen Zeugnisses über die βασιλεία τοῦ θεοῦ gehört -, sondern auch durch Apg 18,6, wo das dem Gestus in Lk 10,11a vergleichbare Ausschütteln der Kleider von einer Gerichtsandrohung und der Ankündigung, sich nun den Heiden zuzuwenden, begleitet ist[253]. War Lk 10,11b also in der vorlukanischen Überlieferung wahrscheinlich als Androhung des nahen Gerichtes verstanden worden, so würde wohl Lukas, nach seinem Verständnis des Satzes befragt, auf den Heilsplan Gottes verweisen, wonach auch die Ablehnung ungläubiger Zuhörer nicht die Ohnmacht der Gottesherrschaft ausdrückt, sondern vielmehr unter Verweis auf die atl. Vohersagen ihre Allmacht, d.h. ihre (wirksame) Nähe bestätigt.

Diese - gewiß recht hypothetische - Interpretation vermag auf dem Hintergrund lukanischer Theologie die vorlukanische Überlieferung verständlich zu machen und - sofern Lukas richtig verstanden wurde - die Aussagen über den von Jesus allen Jüngern gegebenen Auftrag zur Verkündigung der βασιλεία τοῦ θεοῦ sinnvoll abzuschließen. Wurden nach Lk 9,2 die Apostel zur Verkündigung der βασιλεία τοῦ θεοῦ ausgesandt, so hatte 9,60 diesen Auftrag auf weitere Nachfolger ausgeweitet. In diese Linie gehört auch Lk 10,1-12. Der Kreis der Verkündiger der einen Botschaft weitet sich aus. Daß dieser Auftrag zur Basileiaverkündigung für die Zeit nach Ostern nicht aufgehoben ist, sondern weiterhin gültig bleibt und die Zeit Jesu mit der der Kirche fest verklammert, haben unsere Überlegungen zur Apostelgeschichte zur Genüge deutlich gemacht. Lk 16,16 bestätigen diese noch einmal.

7. Lk 16,16: Johannes der Täufer und die Verkündigung der βασιλεία τοῦ θεοῦ

1) Der Kontextbezug von Lk 16,16

Lk 16,16 ist die letzte Stelle im Evangelium, die ein verbum dicendi mit βασιλεία τοῦ θεοῦ verbindet. Da hier - für diese Verbindung einzig im lukanischen Doppelwerk - das Verb des Verkündigens im Passiv steht, faßt ἡ

---

[253] Die Verbindung von Ablehnung der Boten, Wendung zu den Heiden und Abschütteln des Staubes begegnet ferner Apg 13 (VV 45.50/46f/51), wenn auch in anderer Reihenfolge als in Apg 18 und Lk 10.

βασιλεία τοῦ θεοῦ εὐαγγελίζεται die Verkündigung Jesu und der Jünger zusammen. Sie beschreibt damit die Zeit Jesu und der Kirche als die gegenüber Gesetz und Propheten neue Zeit, als die Heilszeit. So wesentlich nun für die lukanische Theologie diese Einsicht ist, so muß für V16 im Kontext des 16. Kapitels doch gesagt werden, daß die Basileiaverkündigung hier keine besondere Rolle spielt und die Bedeutung, die *Conzelmann* gerade diesem Vers gegeben hat, nämlich "Schlüssel für die heilsgeschichtliche Ortsbestimmung" des Täufers zu sein[254], literarisch durch nichts gerechtfertigt ist[255].

Ein schwieriges Problem der VV 16-18 ist zunächst die Bestimmung ihrer Funktion im Kontext. Die Klage von J.Weiß[256], "dunkel ist uns, was den Lukas oder seine Quelle veranlaßt hat, die drei unzusammenhängenden Sprüche aus Q hierher zu setzen", hat trotz aller Versuche, Licht in das Dunkel zu bringen[257], nach wie vor Gültigkeit. Richteten sich die als Apologie seines Evangeliums zu verstehenden drei Gleichnisse Jesu vom Verlorenen in Lk 15,4-32 an Pharisäer und Schriftgelehrte (15,2f), so wechselt mit 16,1 der Adressatenkreis und das Thema der Rede Jesu. Angeredet sind mit dem Gleichnis vom ungerechten Haushalter (16,1ff) und seinen diversen Deutungen[258] nun die Jünger (V1a), doch scheinen auch die Pharisäer als Hörer weiterhin vorausgesetzt zu sein (V14a)[259]. Das Thema von Kap. 16 wird mit dem Stichwort πλούσιος (16,1) bzw. μαμωνᾶς (16,9) angegeben. Ad vocem μαμωνᾶς folgen weitere Logien (VV 10-13), während das Stichwort πλούσιος in der Einleitung des Gleichnisses vom reichen Mann und armen Lazarus (16,19-31) wieder begegnet (V19).

---

[254] Mitte 17.
[255] Mit Recht kritisiert von *Kümmel*, Gesetz 401.
[256] Evangelien 473.
[257] Vgl. *Rodenbusch*, Komposition; *Hoffmann*, Studien 53-56; *Fassl*, Verwalter 118-120; *Stegemann* in der nicht veröffentlichten Fassung seiner Habilitationsschrift (Synagoge 158-172), dem *Burchard* (Zu Lukas 16,16) in vielen Punkten zugestimmt hat, dessen Erklärung aber in der veröffentlichten Fassung fehlt; *Horn*, Glaube 68-72; *Kosch*, Gottesherrschaft 68-75; *Klinghardt*, Gesetz 24-29.81f.85-89.96. - Die Meinung von *Weiß* teilen unter den neueren Exegeten etwa *Wilckens*, Missionsreden 105 Anm. 2; *Kümmel*, Gesetz 401-404; *Ernst*, Täufer 108.
[258] Vgl. hierzu *Jeremias*, Gleichnisse 42-44.
[259] In V14a "bleibt freilich die Übersetzung von ἤκουον mit 'es kam ihnen zu Ohren' [möglich]"; *Jeremias*, Gleichnisse 44 Anm. 3.

Unterbrochen wird dieser Zusammenhang durch die VV 14-18, die ein Wort Jesu gegen die Pharisäer (VV 14f), zwei Logien über "Gesetz und Propheten" bzw. das Gesetz (VV 16.17) sowie eins über die Ehescheidung (V 18) beinhalten. Was die VV 14-18 mit dem folgenden Gleichnis verbindet, ist durch den Adressatenwechsel in VV 14.15a markiert, da nun nicht mehr die Jünger - erst mit 17,1 sind sie wieder die Adressaten der Rede Jesu -, sondern die Pharisäer angesprochen sind. V 14 hingegen verbindet die folgenden Verse locker mit dem Vorausgehenden, indem die Pharisäer als φιλάργυροι ὑπάρχοντες charakterisiert werden. Nun beruhen die VV 14f weitgehend auf lukanischer Redaktionsarbeit[260], doch könnte der ὅτι-Satz in V 15 auf vorlukanische Überlieferung zurückgehen[261]. VV 16-18 hingegen dürften dem dritten Evangelisten schon in dieser Zusammenstellung vorgelegen haben[262], womit aber noch nicht entschieden ist, ob dies auch für die Komposition in Kapitel 16 gilt.

---

[260] Zu ὑπάρχειν als lukanisches Vorzugswort und Ersatz für εἶναι mit Prädikatsnomen vgl. *Jeremias*, Sprache zu 7,25 Red mit Anm. 36. Hinzu kommt, daß V 14 als eine von vielen erläuternden lukanischen Zwischenbemerkungen zu verstehen ist; vgl. *Bultmann*, Geschichte 360f; *Jeremias*, Sprache zu 1,66 Red. Δικαιοῦν ἑαυτόν aus V 15 begegnet im NT nur noch Lk 10,29. Die Wendung hat ihre sachlichen und sprachlichen Parallelen in 18,9 und 20,20 (diff. Mk 12,13) und dürfte von daher lukanisch sein. - Anders *Jeremias*, Sprache zu 7,29 Trad., der aktivisches δικαιόω mit menschlichem Subjekt auf Grund seines Vorkommens nur im Nicht-Markusstoff bei Lk (7,29; 10,29; 16,15) für vorlukanisch hält, obwohl er 18,9; 20,20 als lukanisch ansieht; so Sprache zu 18,9 Red. - Das Wort ἐνώπιον, das in V 15 zweimal vorkommt, fehlt bei Markus und Matthäus, findet sich aber 22mal bei Lukas (darunter 5,18; 8,47 diff. Mk) und 13mal in Apostelgeschichte. Im sonstigen NT begegnet es 32mal in der Offenbarung, ansonsten noch 23mal. Das Wort dürfte deshalb lukanisch sein, auch wenn im Einzelfall Tradition vorliegen kann; vgl. *Jeremias*, Sprache zu 1,17 Red. Zudem artikuliert V 15 das lukanische Verständnis des rechten Umganges des Christen mit seinem Besitz: Während die vorlukanische Überlieferung Wert darauf legt, daß der Vermögende tatsächlich seinen Besitz für die Bedürftigen aufopfert, kommt es Lukas mehr darauf an, daß der Nachfolger sich nicht von seinem Besitz innerlich gefangennehmen läßt.

[261] Dafür spricht das Fehlen der Kopula; vgl. *Jeremias*, Sprache zu 1,5 Trad mit Anm. 25; *Schweizer*, Lk 170. Dagegen spricht die lukanische Vorliebe für ἐνώπιον (s. letzte Anmerkung).

[262] Freilich wird schon die Frage, ob der Zusammenhang von V 16 mit V 17 vorlukanisch ist, unter den Exegeten nicht einheitlich beantwortet, denn die Parallele zu V 16 steht bei Matthäus (11,12f) in einem Kontext, der "Johannes den Täufer" zum Thema (Mt 11,2-19) und seine Entsprechung in Lk 7,18-35 hat, während sich die Parallele zu V 17 bei Matthäus in der Bergpredigt (5,18) findet. Da es jedoch einerseits unwahrscheinlich ist,

Nun korrespondiert aber in 16,29.31 Μωϋσῆς καὶ οἱ προφῆται deutlich mit ὁ νόμος καὶ οἱ προφῆται in 16,16. Zugleich wird in diesen Versen hervorgehoben, daß Mose und die Propheten auch durch die Auferstehung nicht außer Kraft gesetzt werden. Damit ist eine sprachliche und inhaltliche Verbindung des Gleichnisses 16,19-31 mit 16,16f gegeben[263]: Die Kennzeichen der Heilszeit, als welche die Verkündigung der βασιλεία τοῦ θεοῦ und die Auferstehung eines Toten anzusehen sind, mindern die Bedeutung von Gesetz bzw. Mose und Propheten für diese Zeit in keiner Weise[264]. Das Verständnis der VV 27-31 auf dem Hintergrund der VV 16f wie der lukanischen Theologie insgesamt entspricht nun keineswegs dem Verständnis der Verse im Kontext des Gleichnisses 16,19-31, wo etwa bei der Auferstehung eines Toten an Lazarus und nicht an Jesus gedacht ist. Damit ist aber deutlich, daß Lukas durch die Einfügung der VV 14-18 in den Kontext von Kapitel 16 eine vorgegebene Thematik unterbricht und zugleich einen hermeneutischen Schlüssel gibt, wie seiner Meinung nach das Gleichnis der VV

---

daß Lukas V16 aus dem höchst sinnvollen Kontext von Kap.7 nach Kap.16 versetzt haben soll, es aber andererseits der Arbeitsweise des Matthäus entspricht, seine Tradition thematisch zu ordnen, wird man den vom dritten Evangelisten gebotenen Zusammenhang der beiden Verse für ursprünglicher halten dürfen. - Daß V16 ursprünglich in den Zusammenhang von Kap.7 bzw. Mt 11 gehört, vermuten *Bultmann*, Geschichte 177; *Lührmann*, Redaktion 27f; *Klinghardt*, Gesetz 16f. - Letzteres wird zwar von *Hübner*, Gesetz 29, bestritten, doch beurteilt er, a.a.O. 212, den Zusammenhang von V16 und V17 als wahrscheinlich lukanisch. Begründet wird diese These freilich nicht. - Nach *Schulz*, Q 263, hingegen soll "der Kontext [des sog. Stürmerspruches] in den beiden Großevangelien ... wahrscheinlich sekundär" sein. - Daß die VV 16-18 als zusammenhängende Tradition dem Lukas vorgegeben sind, vermuten auch *Rodenbusch*, Komposition 246; *Hirsch*, Frühgeschichte II 65f; *Wilckens*, Missionsreden 105 Anm. 2; *Merklein*, Gottesherrschaft 88; *Schweizer*, Lk 170; *Schürmann*, Reich Gottes 124-126; *Horn*, Glaube 70; *Kosch*, Gottesherrschaft 10.16f.50f.61-64.74f; *Salo*, Law 141. - Ablehnend ist *Kümmel*, Gesetz 403f; skeptisch *Wiefel*, Lk 294.

[263] Die thematische Verbindung der VV 16f mit den VV 27-31 ist auch schon früher gesehen worden - so etwa *Rodenbusch*, Komposition 246, - und m.W. heute nicht besonders strittig.

[264] So kann Apg 15 die bleibende gesetzliche Bedeutung von Mose und den Propheten zur Sprache bringen, während Paulus am Ende der Apostelgeschichte vom Gesetz des Mose und von den Propheten her über die βασιλεία τοῦ θεοῦ Zeugnis ablegt, indem er seine Zuhörer von Jesus, d.h. vor allem von seiner Auferstehung, zu überzeugen sucht (28,23) und so die bleibende heilsgeschichtliche Bedeutung des ATs sichtbar macht.

19ff zu lesen ist[265]. Angeregt zu dieser Einfügung wurde er durch die VV 27ff[266]. Damit ist aber für die Interpretation der VV 16f zugleich deutlich: Es geht dem dritten Evangelisten hier vor allem darum, die heilsgeschichtliche und ethische Bedeutung und damit die weiterhin bestehende Gültigkeit des Gesetzes einzuschärfen, gerade weil auf Grund des Anbruchs der Heilszeit das Mißverständnis aufkommen könnte, das Gesetz sei damit überholt. Die Botschaft von der Erfüllung der Verheißungen, d.h. die Verkündigung der βασιλεία τοῦ θεοῦ, entbindet nicht von der Ethik und hebt die Bedeutung des ATs nicht auf - diese Aussage will Lukas dem Leser vermitteln[267].

Es ergibt sich somit: Die ursprünglich zusammenhängenden Verse 16,1-12(13)[268].19-29(31) sind von Lukas durch die Einfügung der traditionell verbundenen VV 16-18 und des von ihm geschaffenen Überganges VV 14f unterbrochen worden. Aus der konkreten Ermahnung des zweiten Gleichnisses, seinen Reichtum zum Wohle der Armen zu verwenden, ist beim drit-

---

[265] Erwägenswert wäre auch noch das alternative Lösungsmodell, wonach eine ursprüngliche Beziehung zwischen 16,18 (Wiederverheiratung Geschiedener), 17,2 (Verhalten gegenüber Kindern) und 17,3f (Verhalten gegenüber dem Bruder) bestehe, wozu 16,16f eine Einleitung bilde, wobei dieser Zusammenhang jetzt durch Einfügung des Gleichnisses 16,19-31 unterbrochen worden wäre; so *Rodenbusch*, Komposition 254; *Degenhardt*, Lukas 133; vgl. auch *Schürmann*, Reich Gottes 124f.

[266] Zwar besteht in der heutigen Exegese die Tendenz, die Verse dem dritten Evangelisten zuzusprechen, doch dürfte dies schon aus sprachlichen Gründen mehr als unwahrscheinlich sein. Neben den von *Jeremias*, Sprache 261f, genannten Argumenten ist hier vor allem auf das Präsens historicum λέγει in V29 zu verweisen, denn der Wechsel vom Aorist zum Präsens historicum, wodurch grammatisch der Höhepunkt der Erzählung angezeigt wird, ist völlig unlukanisch und von daher traditionell; vgl. *BDR* 321,1 mit Anm.2. Die Möglichkeit freilich, daß die VV 30f auf Lukas zurückgehen und das vorlukanische Gleichnis mit V29 endete - vgl. hierzu die Rekonstruktion von *Hintzen*, Verkündigung 346f, und seine vorausgegangene Analyse -, ist nicht auszuschließen und würde das oben angedeutete doppelte Verständnis der Auferstehung eines Toten noch wahrscheinlicher werden lassen.

[267] Weil dies der lukanische Akzent in Kapitel 16 ist, tut man gut daran, die Aussagen über Reichtum und Armut und den rechten Umgang mit Besitz, die für das Sondergut des dritten Evangeliums so charakteristisch sind, innerhalb des Kontextes zu interpretieren, in den sie gehören, nämlich der vorlukanischen Überlieferung!

[268] Ob das auch Mt 6,24 begegnende Logion aus V13, das der lukanischen Intention von V14 am ehesten entspricht, erst von Lukas hierhergestellt wurde oder schon in der vorlukanischen Überlieferung mit dem Gleichnis verbunden war, muß auf Grund fehlender Entscheidungskriterien offengelassen werden.

ten Evangelisten in diesem Zusammenhang eine allgemeinere Aussage über die heilsgeschichtliche und ethische Gültigkeit des Gesetzes geworden. Mit dieser Erklärung ist zwar die Reihenfolge der VV 16-18 und vor allem die Funktion von V18 im Kontext nicht verständlich zu machen, was wahrscheinlich auch ein aussichtsloses Unterfangen ist[269], aber es ist zumindest auf dem Hintergrund lukanischer Theologie eine Möglichkeit aufgezeigt, wie es zu dieser doch etwas gewaltsam anmutenden Unterbrechung der beiden Gleichnisse samt ihren Erklärungen in Kapitel 16 gekommen ist.

2) Tradition und Redaktion in Lk 16,16

V16 basiert auf Q-Stoff, wie die Parallele in Mt 11,12f zeigt. Die Reihenfolge der beiden Versteile bei Lukas ist wahrscheinlich gegenüber Matthäus ursprünglich[270], da das auf vorlukanische Überlieferung zurückgehende ἀπὸ τότε[271] diese Reihenfolge erfordert. Schwieriger zu klären ist, ob V16a oder Mt 11,13 den Wortlaut der Vorlage besser bewahrt haben[272]. Doch dürfte auch hier Lukas die ältere oder zumindest seine Tradition wiedergeben[273]. Auf jeden Fall lukanisch ist jedoch die Verbindung des verbum dicendi mit βασιλεία τοῦ θεοῦ. Der matthäische Nachsatz καὶ βιασταὶ ἁρπάζουσιν αὐτήν stellt gegenüber dem lukanischen καὶ πᾶς εἰς αὐτὴν βιάζεται die schwierigere Version dar und wird deshalb ur-

---

[269] Erwägenswert scheint mir immer noch der Vorschlag von *Wellhausen*, Lc 89, daß V18 als Bestätigung von V17 zu verstehen ist und der Widerspruch zwischen beiden Versen nicht empfunden wurde.

[270] Die Lukasreihenfolge halten für ursprünglich: *Schulz*, Q 261; *Prast*, Presbyter 279; *Dömer*, Heil 38; *Kosch*, Gottesherrschaft 17. - Für die Ursprünglichkeit der Matthäusreihenfolge spricht sich *Klinghardt*, Gesetz 17, aus. - Unbeantwortbar halten die Frage *Kümmel*, Verheißung 114; *Hoffmann*, Studien 51.

[271] Vgl. *Schulz*, Q 262; *Jeremias*, Sprache zu 16,16 Trad; *Kosch*, Gottesherrschaft 17f.

[272] Die lukanische Version wird heute meist für ursprünglicher gehalten; vgl. *Dömer*, Heil 39, und die ebd. Anm. 88 gegebene Liste von Autoren. Ferner: *Kosch*, Gottesherrschaft 15f; *Salo*, Law 138. - Anders *Hoffmann*, Studien 56-60.

[273] Πάντες zu Beginn von Mt 11,13 wird Lukas kaum gestrichen haben, da πᾶς lukanische Vorzugsvokabel ist; vgl. *Jeremias*, Sprache zu 1,10 Red. Auch ἐπροφήτευσαν wird vom dritten Evangelisten kaum zugunsten eines Nominalsatzes geändert worden sein (so aber *Hoffmann*, Studien 56), zumal - wie gleich begründet wird - bei ihm ebenfalls ein verbum dicendi zu ergänzen ist.

sprünglicher sein²⁷⁴. Die Q-Version könnte dann gelautet haben: Ὁ νόμος καὶ οἱ προφῆται ἕως/μέχρι Ἰωάννου· ἀπὸ τότε ἡ βασιλεία τοῦ θεοῦ βιάζεται καὶ βιασταὶ ἁρπάζουσιν αὐτήν²⁷⁵.

3) Zum lukanischen Verständnis von Lk 16,16

a) Mit "Gesetz und Propheten" sind wie in Apg 28,23 die atl. Verheißungen gemeint²⁷⁶. Die Zeit der Verheißung wird abgelöst durch die Zeit der Erfüllung oder - wie der auctor ad Theophilum sagt - durch die Zeit der Verkündigung der βασιλεία τοῦ θεοῦ²⁷⁷. Beides verbindet die Jesuszeit mit der Zeit der Kirche.

---

²⁷⁴ Vgl. *Merklein*, Gottesherrschaft 81, und die ebd. Anm. 301 genannte Literatur.
²⁷⁵ So auch *Jüngel*, Paulus 191; *Merklein*, Gottesherrschaft 87; *Kosch*, Gottesherrschaft 18; ähnlich *Schulz*, Q 262, allerdings mit z.T. anderen Begründungen. Vgl. ferner *Polag*, Fragmenta Q 74 und die ebd. 75 gegebenen Hinweise. - Wieso *Hengel* den Wortlaut von Lk 16,16 auf Jesus bzw. Q zurückführen will, bleibt angesichts der obigen Überlegungen doch recht fraglich; vgl. *Hengel*, Geschichtsschreibung 41; *ders.*, Schriftauslegung 251f.
²⁷⁶ Anders z.B. *Conzelmann*, Mitte 92f: "Nicht von einer eschatologischen Vorläuferidee aus ist er (sc. Jesus) zu begreifen, sondern von ... der *gesamten Zeit* des Gesetzes und der Propheten" (Hervorhebung von mir). Damit ist der lukanische Akzent verkannt: Nicht von der *Zeit* des Gesetzes und der Propheten, sondern von ihren *Voraussagen* her muß Jesus nach Lukas begriffen werden, weil nur so an ihm die βασιλεία τοῦ θεοῦ aufgezeigt werden kann!
Stegemann, Synagoge 160, will die Wendung "Gesetz und Propheten" reduzierend als Tora verstehen und meint auf dem Hintergrund von Apg 13,38f; 15,10f und Lk 16,17f, in 16,16 sei von den "Vorschriften der Tora" die Rede. - Differenzierter urteilt *Burchard*, Zu Lukas 16,16, 115, nach dem hier von "Geboten" und "Weissagungen" die Rede ist. In seiner Interpretation läßt er dann aber den Weissagungsaspekt völlig unberücksichtigt. - Im lukanischen Sinn wird man dem Textbefund wohl nur gerecht, wenn man νόμος in V16 als den Pentateuch versteht, insofern er den göttlichen Heilsplan beinhaltet, in V17 hingegen als Tora interpretiert, die Maßstab der Ethik ist. Damit löst sich auch das Problem von *Schrage*, Ethik 160: "Die Stellung zum Gesetz ist umstritten und scheint bei Lukas selbst nicht einheitlich. Einerseits gehört das Gesetz zur Epoche des Alten Bundes (Lk. 16,16), andererseits aber fällt kein Strichlein vom Gesetz dahin (Lk. 16,17)".
²⁷⁷ Nach Meinung einiger Ausleger redet βασιλεία τοῦ θεοῦ hier von der künftigen Gottesherrschaft; so z.B. *Stegemann*, Synagoge 160; *Burchard*, Zu Lukas 16,16, 116. Damit ist jedoch die Gegenüberstellung von Gesetz und Propheten einerseits und Verkündigung der Gottesherrschaft andererseits nicht begreiflich zu machen.

b) Welches Verb ist nun aber in dem Nominalsatz von V16a ὁ νόμος καὶ οἱ προφῆται μέχρι' Ἰωάννου zu ergänzen? *Stegemann*[278] hat unter Verweis auf Apg 15,21 - "denn Mose hat seit alter Zeit in jeder Stadt seine Verkündiger (τοὺς κηρύσσοντας αὐτόν), da er in den Synagogen an jedem Sabbat vorgelesen wird" - "eine Form des Verbums κηρύσσειν" vorgeschlagen. Folgt man diesem Vorschlag, dann zeigt gerade Apg 15,21, daß mit Johannes nicht die Verkündigung von Gesetz und Propheten ein Ende findet, sondern auch weiterhin geschieht. Das Neue hingegen ist die Verkündigung der βασιλεία τοῦ θεοῦ, die nun zusätzlich zur Sprache kommt, insofern sie gerade in der Verkündigung von Gesetz und Propheten thematisierte Verheißungen als erfüllt proklamiert und so die Herrschaft Gottes erweist.

c) Es gehört zu den großen Rätseln des Buches von *Conzelmann*, Mitte der Zeit, daß er Lk 16,16 zum Ausgangspunkt seines dreiperiodigen heilsgeschichtlichen Schemas (Zeit Israels - Zeit Jesu = Mitte der Zeit - Zeit der Kirche) nehmen konnte[279], obwohl der Vers allenfalls eine Differenzierung von zwei Epochen zuläßt[280]. Noch größer freilich ist das Rätsel, das ihm darin so viele Ausleger gefolgt sind[281]. Inzwischen besteht jedoch ein relativ breiter Konsens, daß Lk 16,16 wie der lukanischen Theologie insgesamt nur eine zweigeteilte Heilsgeschichte als Interpretationsrahmen angemessen

---

[278] Synagoge 330 Anm. 84. Ihm folgen *Burchard*, Zu Lukas 16,16, 115 (vgl. auch 119 Anm. 17), der V16a paraphrasiert: "Das Gesetz und die Propheten (sind) bis (zuletzt durch meinen Wegbereiter) Johannes (gültig verkündet worden)"; *Klinghardt*, Gesetz 78 mit Anm. 1. - Ähnlich schon früher *Kümmel*, Gesetz 410: Lukas "stellt der bis Johannes den Täufer geltenden *Verkündigung* von Gesetz und Propheten die seither geschehene Predigt der Gottesherrschaft gegenüber" (Hervorhebung von mir). Vgl. auch *Busse*, Nazareth-Manifest 87.
[279] Vgl. - nach Ausweis des Stellenregisters - *Conzelmann*, Mitte 9. 14f. 17. 20. 33. 92. 103. 104f. 149f. 173. 205. - Das Schema freilich ist älter und begegnet m.W. zuerst bei *von Baer*, Geist 45-49.57f.76f.108-112. *Von Baer* unterscheidet hier zwischen Propheten-, Messias- und Pfingstgeist, ordnet Johannes den Täufer ersterem zu und erhält von dieser Unterscheidung her das oben genannte Periodenschema.
[280] Entsprechend sieht *Conzelmann*, ebd., mit Lk 16,16 die Grenze zwischen der ersten und der zweiten Epoche angezeigt, ohne zu berücksichtigen, daß die von ihm postulierte dritte Epoche ebenfalls durch die Basileiaverkündigung geprägt ist und damit keine von seiner postulierten zweiten Epoche zu unterscheidende dritte Epoche bildet.
[281] Vgl. zuletzt *Nebe*, Prophetische Züge 49; *Salo*, Law 31f. - *Schulz*, Stunde 284, konnte aus Lk 16,16 sogar herauslesen, daß Lukas hier "die Geschichte Jesu als Mitte der umgreifenden Heilsgeschichte dar[stellt]".

ist[282], auch wenn innerhalb der zweiten Epoche, der Zeit der Verkündigung der Basileia, eine Entwicklung zu konstatieren ist.

d) Ob Johannes der Täufer für Lukas noch in die Zeit der Verheißung oder schon in die Zeit der Erfüllung gehört, ist in der Forschung strittig[283], da μέχρι ebenso wie ἀπὸ τότε inklusiv wie exklusiv verstanden werden können[284]. Für Lk 16,16 wird man die Frage präzisieren müssen, indem man zwei Probleme unterscheidet:

1. Hat nach Lukas Johannes der Täufer selbst die βασιλεία τοῦ θεοῦ verkündigt?[285]

Die Frage wird in neuerer Zeit häufig mit Verweis auf das εὐαγγελίζεσθαι des Täufers in 3,18 bejaht, doch wurde oben zu 4,43 gezeigt, daß dieses Argument nicht stichhaltig ist. Auf dem Hintergrund unserer bisherigen Untersuchung läßt sich die Frage begründeter beantworten, als

---

[282] Vgl z.B. *Kümmel*, Einleitung 114; *Flender*, Heil 113; *Lohfink*, Himmelfahrt 255 mit Anm. 18; *Wilson*, Gentiles 66; *Michel*, Heilsgegenwart 113; *Schneider*, Lk II 338; *Ernst*, Herr 25; *Prast*, Presbyter 280f und passim; *Nützel*, Jesus 12f; *Betz*, Jesu Evangelium 133 Anm. 5; *Kosch*, Gottesherrschaft 67; *Kliesch*, Apg 18; *Bovon*, Lk I 26; *Weiser*, Reich Gottes 130.

[283] In die Zeit des Gesetzes ordnen ihn z.B. ein: *von Baer*, Geist 46f; *Conzelmann*, Mitte 17f u.ö.; *Wilckens*, Kerygma 232; *Gräßer*, Parusieverzögerung 183; *Flender*, Heil 112-115; *Betz*, Kerygma 132f; *ders.*, Jesu Evangelium 59.63; *Braumann*, Himmelreich 106; *Jeremias*, Theologie 54; *Schneider*, Lk II 338; *Nützel*, Jesus 114f; *Kremer*, Lk 164.

Zur Zeit der Erfüllung rechnen ihn z.B.: *Kümmel*, Gesetz 410-415; *Wilson*, Gentiles 66; *Michel*, Heilsgegenwart 106f; *Merk*, Reich Gottes 207f; *Prast*, Presbyter 280 Anm. 52; *Weiser*, Apg II 333; *Wiefel*, Lk 296 und Autorität 644.

Als eine Person "zwischen den Zeiten" sehen ihn z.B. an: *Dömer*, Heil 41; *Ernst*, Täufer 107.

Als Verbindung zwischen "Gesetz und Propheten" und Basileiaverkündigung im Sinne eines sowohl als auch verstehen ihn *Kränkl*, Knecht 96.211f; *Schmithals*, Lk 169f; *Bovon*, Lk I 15; *Ernst*, Täufer 110.112.

[284] Vgl. *Kümmel*, Gesetz 405f; *Ernst*, Täufer 108f. Nach *Jüngel*, Paulus 192 Anm. 2, - ihm folgt *Schulz*, Q 265 Anm. 618; vgl. auch *Schürmann*, Reich Gottes 128 Anm. 228 -, sah schon das Q-Logion und nicht erst Lukas in dem Täufer das Ende der alten Zeit. *Merklein*, Gottesherrschaft 85-87, hat diese These ausführlicher zu begründen versucht.

[285] So etwa *Busse*, Wunder 4; *Luz*, EWNT I 489. Nach *Conzelmann*, Mitte 16, ist das hingegen die These "der Tradition", die dann - so Mitte 17 - von Lukas in 16,16 bestritten wird. Demgegenüber hat aber *Robinson*, Weg 15, mit Recht darauf hingewiesen, daß sich der einzige Beleg für eine Basileiapredigt des Täufers in Mt 3,2 findet und redaktionell ist, so daß sich *Conzelmann*s These einer vorlukanischen Tradition nur postulieren, aber nicht beweisen läßt. Zum Problem vgl. die Ausführungen von *Kosch*, Gottesherrschaft 35-38.

das in der bisherigen Forschung möglich war. Wir hatten gesehen, daß zur Verkündigung der βασιλεία τοῦ θεοῦ notwendig die Proklamation der Erfüllung atl. Verheißung gehört[286], die im Christusgeschehen ihr Zentrum hat. Ob also der Täufer die βασιλεία τοῦ θεοῦ verkündigt hat, muß sich daran entscheiden, ob er von Christus als Erfüllung atl. Verheißung bzw. überhaupt von der Realisierung göttlicher Vorhersagen gesprochen hat. Dies ist aber entschieden zu verneinen. Im Gegenteil: Wenn der Täufer Jesus fragen läßt, "bist du der Kommende oder sollen wir einen anderen erwarten" (Lk 7,19f), dann ist deutlich, daß eine Basileiaverkündigung, wie sie Lk 4,18f.21 zur Sprache kam, für den Täufer eine Unmöglichkeit war. Unter Berücksichtigung der inhaltlichen Bestimmung der Basileiaverkündigung ist der Täufer nach Lukas eindeutig davon auszuschließen.

2. Gehört der Täufer inhaltlich in die Verkündigung der βασιλεία τοῦ θεοῦ hinein?

Diese Frage ist insofern zu bejahen, als mit dem Auftreten des Täufers die Erfüllung der atl. Voraussagen einsetzt (Lk 3,3f; 7,27)[287]. Doch im Unterschied zu Lk 4,21 hat der Täufer weder sich selbst im Zusammenhang mit der Realisierung des göttlichen Heilsplanes verstanden noch die mit Jesu Auftreten sich vollziehende Heilszeit als solche erkannt. Wie die Jüngern (vgl. Lk 24,44ff) so bedarf eben auch der Täufer (vgl. Lk 7,21) einer Erklärung Jesu, um die Schriften zu verstehen.

Nach V 16a.b, so können die bisherigen Überlegungen zusammengefaßt werden, läßt sich die Heilsgeschichte in zwei große Perioden einteilen, in die Zeit der Verheißung (= Gesetz und Propheten) und die Zeit der Erfüllung (= Verkündigung der Gottesherschaft). Letztere beginnt mit der Wirksamkeit Jesu, insofern er der erste ist, der die Erfüllung der Verheißung proklamiert (Lk 4,21). Der Täufer steht am Anfang der letzten Periode, gehört aber noch nicht völlig dazu. Er steht deshalb am Anfang, weil er schon in die Zeit der Erfüllung gehört (Lk 3,3f; 7,27); und insofern ist sein Wirken Gegenstand der Basileiaverkündigung. Er gehört aber deshalb nicht völlig dazu, weil er die Erfüllung nicht eigens thematisiert, also nicht selbst die βασιλεία τοῦ θεοῦ verkündigt.

---

[286] So auch *Busse*, Nazareth-Manifest 89.
[287] Vgl. auch Lk 1,17.76 mit Mal 3,1.23f; Sir 48,10.

e) Der abschließende Satz des Verses καὶ πᾶς εἰς αὐτὴν βιάζεται bereitet Schwierigkeiten: "Ist βιάζεται Medium[288] oder Passiv[289]? Heißt βιάζεσθαι εἰς 'Gewalt anwenden gegen'[290] oder 'hineindrängen'[291]? Ist das ganze Lob oder Tadel?"[292] Sollte ein Medium vorliegen, so wäre zu fragen: Handelt es sich um ein Medium in malam[293] oder in bonam partem[294]? Dringt jeder also gewaltsam oder heilsentschlossen ein? Handelt es sich aber um ein Passiv, darf man dann βιάζεσθαι in Analogie zum lukanischen Gebrauch von παραβιάζεσθαι interpretieren?[295]

Nun kann auf Grund der antiken Parallelen das in der LXX fehlende βιάζεσθαι εἰς eigentlich nur mit "durchbrechen nach"[296] oder "(gewaltsam) eindringen/sich hineindrängen" übersetzt werden[297]. Diese Überset-

---

[288] So *BDR* 311₁; *Stenger*, EWNT I 519.
[289] So *Taeger*, Mensch 171; *Schweizer*, Lk 171; *Kosch*, Gottesherrschaft 67; u.a.m.
[290] Nach *Schrenk*, ThWNT I 611,13, ist diese Übersetzung "unmöglich". Sie wird auch m.W. für Lk 16,16 nicht vertreten.
[291] So *BDR* 311₁; *Bauer*, Wb 281: Art. βιάζω 2d; *Schrenk*, ThWNT I 611,21; *Kümmel*, Gesetz 408: "jeder dringt gewaltsam ein"; *Stenger*, EWNT I 519; *Wiefel*, Lk 296; *Hengel*, Schriftauslegung 251.
[292] *Burchard*, Zu Lukas 16,16, 116.
[293] Dafür spricht sich z.B. *Danker*, Opposition Logion 234, aus.
[294] "Ad bonam partem" interpretieren βιάζεσθαι εἰς z.B. *Schulz*, Q 262 mit Anm. 602; *Gräßer*, Parusieverzögerung 183.
[295] Vgl. *Kosch*, Gottesherrschaft 22, und die folgenden Ausführungen.
[296] *Thuc I 63,1*: Aristeas beschloß, "im Laufschritt nach Poteidaia durchzubrechen" (δρόμῳ βιάσασθαι ἐς τὴν Ποτείδαιαν).
Thuc VII 69,4: "Demosthenes, Menandros und Euthydemos segelten gegen die Hafensperre und die verbliebene Durchfahrt, weil sie gewaltsam nach außen durchbrechen wollten" (βουλόμενοι βιάσασθαι ἐς τὸ ἔξω).
[297] *Demosth 7,32*: Von einem Kriegszug Philipps von Makedonien: "Er verwüstete das Land und nachdem er in die Städte eingedrungen war (εἰς τὰς πόλεις βιασάμενος), übergab er als Sklaven zu dienen dem Alexander ...".
Xenophon, Institutio Cyri III,3.69: "Wie aber Kyros erkannte, was vor sich ging, fürchtete er, daß sie - auch wenn sie gewaltsam hineindringen (εἰ καὶ βιάσαιντο εἴσω) - da sie wenige waren, von vielen zu Fall gebracht werden, und er gab Befehl ...
Polybius I 74,5: Von den Elefanten Hannos heißt es: "Nachdem aber die Tiere in das Lager eingedrungen waren ..." (τῶν δὲ θηρίων βιασαμένων εἰς τὴν παρεμβολήν).
Appian, Der syrische Krieg 45: "... den Heliodorus aber, der sich in die Herrschaft drängte, vertrieben Eumenes und Attalos" (τὸν δ' Ἡλιόδωρον Εὐμένης καὶ Ἄτταλος ἐς τὴν ἀρχὴν βιαζόμενον ἐκβάλλουσι).

zung macht aber nur dann Sinn, wenn entweder πᾶς wie häufig bei Lukas hyperbolische Redeweise ist[298], denn daß *jeder* sich in die βασιλεία τοῦ θεοῦ hineindrängt, entspricht keineswegs der Meinung des dritten Evangelisten. Oder aber man interpretiert das Präsens βιάζεται als Präsens de conatu: jeder *versucht* sich hineinzudrängen.

In neuerer Zeit wird jedoch vielfach erwogen, ob βιάζεσθαι in Analogie zur lukanischen Verwendung von παραβιάζεσθαι (Lk 24,29; Apg 16,15)[299] als Passiv zu verstehen sei und meine: jeder wird *dringend aufgefordert*, in sie einzutreten[300]. Das Problem dieser Deutung ist vor allem ein sprachliches, da Belege für eine Verbindung mit εἰς fehlen und für das Passiv von βιάζειν in der Bedeutung "jemanden nötigen" bisher nur eine Parallele bekannt ist[301]. Hingegen findet sich diese Bedeutung für das Medium βιάζεσθαι mit folgendem Akkusativ öfter[302]. Wäre βιάζεται in

---

Plutarch, Otho 12,10 [1072c]: Von den Soldaten Othos: "Sie drangen hinein und schlugen sich durch die siegreichen Feinde hindurch in das Lager" (ἐβιάσαντο καὶ διεξέπεσον διὰ τῶν πολεμίων κρατούντων εἰς τὸ στρατόπεδον).

Philo, Vita Mosis I 108: Von den Mücken in Ägypten: "Das Tier aber ist, obwohl sehr klein, doch sehr lästig, denn es verletzt nicht nur die äußere Haut durch unangenehmes und schädliches Jucken, sondern dringt auch durch Nase und Ohren in das Innere ein" (εἰς τἀντὸς βιάζεται διὰ μυκτήρων καὶ ὤτων).

Josephus, Bell III 423: "Viele der vor den Truppen Vespasians entflohenen Einwohner von Joppe suchten gegen widrigen Wellengang in das offene Meer einzudringen" (πρὸς ἀντίον κῦμα βιαζομένας εἰς τὸ πέλαγος).

[298] So *Schrenk*, ThWNT I 611,26. Vgl. etwa Lk 7,29; 15,1.

[299] Das Medium παραβιάζεσθαι heißt eigentlich "Zwang anwenden, Gewalt antun", hat aber mit folgendem Akkusativ in Lk 24,29; Apg 16,15 wie schon in der LXX (1.Kön 28,23; 4.Kön 2,17; 5,16) die Bedeutung "jmd. drängen, nötigen"; vgl. auch *Bauer*, Wb 1238.

[300] Vgl. *Kosch*, Gottesherrschaft 22.27.67. So auch *Schweizer*, Lk 171; *Taeger*, Mensch 171; *Cortés/Gatti*, Meaning 248-259; *Kremer*, Lk 164..

[301] *POxy II 294,16*: ἐγὼ δὲ βιάζομαι ὑπὸ φίλω[ν] γενέσθαι οἰκιακὸς τοῦ ἀρχιστάτορος Ἀπολλωνίον εἵνα σὺν αὐτῷ ἐπὶ διαλογισμὸν ἔλ[θ]ω. (Ich aber werde von Freunden genötigt, ein Hausgenosse [bzw. häuslich] zu werden des ersten Gerichtsdieners Apollonius, weil ich mit ihm zur Verhandlung kommen soll).

[302] Vgl. in der LXX: Gen 33,11; Ri 13,15f (A); 19,7; 2.Kön 13,25.27. Zudem ist auf Joseph und Aseneth 20,5 zu verweisen. Zu den Belegen siehe auch *Cortés/Gatti*, Meaning 252-254.

3.Kapitel: Die Verkündigung der βασιλεία τοῦ θεοῦ nach dem Lk-Ev

V16c aber Medium, dann ergibt der Satz "jeder fordert dringend auf(,) in sie (einzutreten)" keinen Sinn mehr.

Es ergibt sich also: Lukas hat das verbum finitum βιάζεται wörtlich in seiner Quelle vorgefunden (vgl. Mt 11,12 und die obige Rekonstruktion des Q-Wortlautes), aus seiner Überlieferung übernommen und mit der Präposition εἰς verbunden. Die Wendung βιάζεσθαι εἰς läßt sich aber bislang nur in der Bedeutung "durchbrechen nach" oder "(gewaltsam) eindringen in/sich hineindrängen" belegen. Hingegen ist die öfter vorgeschlagene Bedeutung "dringend auffordern, dringlich einladen, nötigen" zwar für mediales βιάζεσθαι bzw. παραβιάζεσθαι mit folgendem Akkusativ belegt, jedoch nur einmal für passivisches βιάζεσθαι, nie jedoch in Verbindung mit εἰς. Das macht eine Übersetzung des Passivs βιάζεσθαι mit "dringend auffordern" o.ä. äußerst unwahrscheinlich. Wir haben also für βιάζεσθαι εἰς von der Bedeutung "durchbrechen nach" oder "(gewaltsam) eindringen in/sich hineindrängen" auszugehen.

Nun ist diese Bedeutung sprachlich nicht nur die einzig mögliche, sondern inhaltlich wohl auch die von dem präpositionalen Ausdruck εἰς αὐτήν geforderte. In Verbindung mit εἰς meint nämlich βασιλεία τοῦ θεοῦ im lukanischen Doppelwerk immer eindeutig das zukünftige bzw. transzendente Gottesreich (Lk 18,17.24f; Apg 14,22)[303]. In diesem Sinn begegnet εἰς αὐτήν ebenfalls Lk 18,17 (par. Mk 10,15). D.h. nun aber: Die βασιλεία τοῦ θεοῦ meint als verkündigte in V16b ein gegenwärtiges Geschehen, nämlich die in der Erfüllung seiner Verheißungen sich realisierende Herrschaft Gottes, in V16c hingegen den zukünftigen bzw. transzendenten Heilsort. Da sich nun an allen oben genannten Stellen bei der Verbindung von εἰς mit βασιλεία τοῦ θεοῦ als Verb entweder εἰσέρχεσθαι oder εἰσπορεύεσθαι findet, dürfte eine ähnliche Bedeutung auch für βιάζεσθαι εἰς anzunehmen sein.

Nun vermögen Lk 18,24f (par. Mk 13,23.25) aber noch einen weiteren Beitrag zum Verständnis von V16c zu leisten, insofern das dort erwähnte Hineingehen in die Basileia in einem Kontext steht, der von der gleichen Thematik beherrscht wird wie Kapitel 16: "Wie schwer haben es die Reichen in die βασιλεία τοῦ θεοῦ hineinzugehen" (18,24). Das Gleichnis vom reichen Mann und armen Lazarus veranschaulicht dieses Jesuslogion. Hermeneutischer Schlüssel zum Verständnis des Gleichnisses, so haben wir oben

---

[303] Vgl. auch S.61 Anm. 155.

gesehen, sind für Lukas die VV 16f. Von daher empfiehlt es sich, das Präs. βιάζεται als Präs. de conatu zu deuten: jeder, auch der Reiche und seine Brüder, sucht sich in die βασιλεία τοῦ θεοῦ hineinzudrängen (vgl. Lk 13,24). Aber, so fährt V17, wie denn auch VV 29-31, fort, das ist ohne eine am Gesetz orientierte Ethik nicht möglich. Die gegenwärtig sich realisierende βασιλεία τοῦ θεοῦ bestätigt nach Lukas Gesetz und Propheten und hebt sie nicht auf. Vielmehr hat der Nomos eine bleibende Bedeutung auch für das Heil in der künftigen βασιλεία τοῦ θεοῦ.

Ist diese Interpretation von Lk 16,16 angemessen, dann stehen hier zwei verschiedene Vorstellungen von βασιλεία τοῦ θεοῦ nebeneinander: in V16b die spezifisch lukanische, in V16c die traditionelle. Beide Vorstellungen widersprechen sich nicht, sind aber auch nicht zu identifizieren. Für Lukas ist die in der Erfüllung seines Heilsplanes sich realisierende und als solche verkündigte Gottesherrschaft die Voraussetzung dafür, daß es ein Heil in der künftigen Basileia geben kann. Doch wird dieser Akzent in Kapitel 16 nicht hervorgehoben. Hier findet sich vielmehr die auch schon in Lk 8,10ff begegnende Betonung, daß die Proklamation der Erfüllungszeit die Ethik nicht aufhebt.

8. Lk 18,29: Das Verlassen von Familie und Besitz um der βασιλεία τοῦ θεοῦ willen

Da das Verhältnis von Besitz und Nachfolge bzw. Besitz und eschatologische Errettung den Kontext von Lk 18,18-30 bestimmt, gehört auch Lk 18,29 in den thematischen Zusammenhang von Nachfolge und Ethik. Auf das Wort des Petrus in V28, "Siehe, wir haben unser Eigentum verlassen und sind dir nachgefolgt", entgegnet Jesus: "(V29) Wahrlich ich sage euch, es ist keiner, der verläßt Haus oder Frau oder Geschwister oder Eltern oder Kinder um der Gottesherrschaft willen, (V30) der nicht ein Vielfaches in diesem Äon und im kommenden Äon ewiges Leben empfängt". V29 basiert auf Mk 10,29. Von einigen für unsere Überlegungen nicht besonders ins Gewicht fallenden Änderungen bei der Aufzählung abgesehen, hat Lukas eine theologisch bedeutende Umgestaltung seiner Markusvorlage vorgenommen, indem er als Motiv des Verlassens ἕνεκεν τῆς βασιλείας τοῦ θεοῦ an die Stelle des markinischen ἕνεκεν ἐμοῦ καὶ ἕνεκεν τοῦ εὐαγγελίου gesetzt hat[304]. Auf diese Weise wird deutlich, daß wie für Jesus so auch für Lukas die βασιλεία τοῦ θεοῦ "ein zentrales Motiv der Ethik" ist, "auch wenn er darunter etwas anderes versteht als Jesus"[305].

Welche Bedeutung ist nun aber an dieser Stelle für βασιλεία τοῦ θεοῦ vorauszusetzen? In den vorausgehenden Versen 18,16.17.24.25 begegnet dieser Begriff jeweils in Übereinstimmung mit der Markusvorlage im traditionellen Sinn der noch kommenden Gottesherrschaft als Umschreibung des zukünftigen Heilsortes bzw. Heils[306]. Gilt diese Bedeutung für V29, dann wäre das Verlassen mit der Erlangung des künftigen Heils motiviert[307]. Andererseits wurde in Lk 9,60.62 das Verlassen der Familie mit dem Auftrag zur Basileiaverkündigung begründet. Ist Entsprechendes für V29 anzunehmen[308], dann liegt hier der spezifisch lukanische Gebrauch von βασιλεία τοῦ θεοῦ vor. Dafür spricht nun auch, daß βασιλεία τοῦ θεοῦ von Lukas anstelle des markinischen ἕνεκεν ἐμοῦ καὶ ἕνεκεν τοῦ εὐαγγελίου eingefügt wurde. Zudem tritt der zukünftige Heilsaspekt erst in V30 mit den Stichworten "kommender Äon" und "ewiges Leben" in den Blick, die - im Unterschied zu Mk 10,30f - betont die Perikope abschließen.

Nun hat der auctor ad Theophilum in vergleichbarer Weise wie in V29 schon in der Bearbeitung von Mk 8,35 ein ἕνεκεν ἐμοῦ καὶ τοῦ εὐαγγελίου zu ἕνεκεν ἐμοῦ (9,24) gekürzt. Zudem hat er von den sieben Belegen des Begriffs εὐαγγέλιον in seiner Markusvorlage[309] keinen übernommen. *Hengel*[310] hat deshalb nach Gründen für das Fehlen des Ausdrucks im dritten Evangelium gesucht: "Sollte die lukanische Aversion gegen das Substantiv im Evangelium (im Gegensatz zum Verb εὐαγγελίζεσθαι) ein 'pauli-

---

[304] Nach *Bultmann*, Geschichte 116, hat hingegen die lukanische Formulierung am ehesten Anspruch auf Ursprünglichkeit. Für *Schlatter*, Lk 111, basiert ἕνεκεν τῆς βασιλείας τοῦ θεοῦ auf "einer anderen Fassung", die Lukas noch zusätzlich vorgelegen hätte und von ihm bevorzugt wurde. Beide Hypothesen sind jedoch nicht erforderlich, um die Differenz von Lk 18,29 zu Mk 10,29 befriedigend zu erklären.
[305] *Schrage*, Ethik 157f.
[306] Vgl. die im Kontext begegnenden thematisch verwandten Stichworte: V18: ζωὴν αἰώνιον κληρονομεῖν; V22: ἐν τοῖς οὐρανοῖς; V26: σωθῆναι; V30: ἐν τῷ αἰῶνι τῷ ἐρχομένῳ ζωὴν αἰώνιον.
[307] So etwa *Hauck*, Lk 225; *Marshall*, Luke 688; *Fitzmyer*, Luke II 1205.
[308] So etwa *Schneider*, Lk II 371; *Wiefel*, Lk 322.
[309] Mk 1,1.14.15; 8,35; 10,29; 13,10; 14,9.
[310] Evangelienüberschriften 24 Anm. 51.

nisches Rudiment' darstellen? Der irdische Jesus kann das volle Evangelium noch nicht verkündigen? Oder hat Lk eine Aversion gegen einen möglichen Mißbrauch des Begriffs?" Letzteres dürfte das Wahrscheinlichere sein, da die von Lukas bekämpften Irrlehrer sich auf Paulus beriefen, für den dieser Begriff im Zentrum seiner Verkündigung stand[311].

Wird in Mk 10,29 also die implizierte ethische Anweisung mit Jesus und dem Evangelium motiviert, so bei Lukas mit der βασιλεία τοῦ θεοῦ. Sachlich sind die Unterschiede freilich nicht so bedeutend, da für den dritten Evangelisten mit βασιλεία τοῦ θεοῦ der Erweis der Herrschaft Gottes in Gestalt der Verwirklichung seines in der Schrift enthaltenen Heilsplanes gemeint ist, der vor allem in Jesus Wirklichkeit geworden ist. Daß die so verstandene Basileia nicht von der Ethik entbindet, hatte Lukas wiederholt deutlich gemacht. Ging es in Lk 8,10ff darum, daß die Gabe der Erkenntnis der Geheimnisse der Gottesherrschaft noch keine hinreichende Bedingung für das künftige Heil ist, sondern der Ethik bedarf, so in Lk 16,16ff, daß die Basileiaverkündigung das Gesetz und seine ethische Bedeutung nicht außer Kraft setzt. Wie Lk 9,60.62 zeigt nun 18,29 noch einmal, welche ethischen Konsequenzen die Gottesherrrschaft für die Nachfolger mit sich bringen kann. Daß Lukas dabei auch die Verfolgungssituation im Blick hat, so daß das Verlassen von Besitz und Familie ein Loslassenkönnen bzw. Verlieren "um des Bekenntnisses zur Herrschaft Gottes willen"[312] impliziert, ist gut möglich. Deutlicher aber noch wird man die der indirekten ethischen Mahnung folgende Verheißung betonen dürfen, daß die um der Gottesherrschaft und ihrer Verkündigung eingegangenen Opfer den Empfang des ewigen Lebens im kommenden Äon nach sich ziehen wird (V30). Diese Verheißung gilt freilich nicht denjenigen, die von der sich realisierenden Gottesherrschaft wissen und sie verkündigen, sondern nur denen, die wie Petrus ihr Eigentum verlassen und Jesus nachfolgen (V28), d.h. denen, die aus ihrer Heilsplaneinsicht ethische Konsequenzen ziehen.

---

[311] Vgl. oben die Ausführungen auf S.129ff. Zu εὐαγγέλιον in Apg 20,24 vgl. S.118 Anm. 2 und S.136f.
[312] *Schmithals*, Lk 182.

9. Zusammenfassung

1. Inhalt der Basileiaverkündigung vor Ostern ist die Erfüllung des Heilsplanes Gottes, die bei Johannes dem Täufer beginnt und dann vor allem in Wort und Werk Jesu sichtbar wird. In seinem Wirken, besonders in den als Exorzismen verstandenen Heilungen, offenbart sich die Gottesherrschaft, die als Erfüllungsgeschehen Gegenstand der Basileiaverkündigung ist. Damit ist zugleich das Novum der mit Johannes dem Täufer angebrochenen Zeit gegenüber Gesetz und Propheten genannt. Hatten letztere den Heilsplan Gottes vorausgesagt, so beginnt Gott mit dem Auftreten des Täufers seine Realisierung. Da es dem Täufer jedoch an der für ihre Verkündigung notwendigen Heilsplaneinsicht mangelt, beginnt die Verkündigung der βασιλεία τοῦ θεοῦ erst mit der Predigt Jesu. Die Kennzeichnung eines Verkündigungsinhaltes als Realisierung des in den Schriften von Gott vorhergesagten Heilsplanes wie seine christologische Mitte bilden nun das Kontinuum zwischen der Verkündigung der βασιλεία τοῦ θεοῦ in der Zeit Jesu und der der Kirche.

2. Zur Voraussetzung der Basileiaverkündigung der Nachfolger gehört die Verkündigung Jesu (Lk 4,43; 8,1 u.ö.) und das Hören der Jünger (8,1-3), denn für Lukas ist Jesu Botschaft von der Realisierung des göttlichen Heilsplanes Maßstab für die Predigt der Jünger. Zur Voraussetzung gehört ferner die Gabe der Erkenntnis der Geheimnisse der Gottesherrschaft (8,10), d.h. die von Gott geschenkte Heilsplaneinsicht. Diese Heilsplaneinsicht ist kein Wissen, das die Jünger für sich behalten dürfen, sondern sie soll an die Öffentlichkeit gebracht werden (8,16f). Diesem Anliegen dient der wiederholt begegnende und auch für die Zeit nach Ostern in Gültigkeit bleibende Auftrag an die Nachfolger Jesu zur Verkündigung der βασιλεία τοῦ θεοῦ (9,2.60; 10,9.11). Daß der auctor ad Theophilum diesen Auftrag so besonders hervorhebt, könnte mit einer Tendenz in der Kirche seiner Zeit zusammenhängen, die empfangene Heilsbotschaft nur in esoterischen Zirkeln zu pflegen.

3. Erkenntnis der Geheimnisse der Gottesherrschaft ist noch keine hinreichende Bedingung für die Rettung im Endgericht, sondern bedarf der ethischen Bewährung der Nachfolger. Diese Ermahnung begleitet im dritten Evangelium des öfteren die Rede von der βασιλεία τοῦ θεοῦ (8,13-15.18; 9,60.62; 16,16ff; 18,29). Man wird darin deshalb ein wichtiges Anliegen des

Lukas sehen dürfen, mit dem er gegenteilige Tendenzen in seiner Kirche unterbinden will. Leser wie Theophilus sollen nicht nur der bleibenden Bedeutung des Gesetzes vergewissert werden, sondern auch der soteriologischen Bedeutung der Ethik. Ob hier nur ein pastorales Anliegen des Lukas waltet oder eine dogmatische Theorie, steht auf einem anderen Blatt. Daß Lukas aber in der Separation von Heilsplanerkenntnis und Ethik eine Gefahr für die Kirche erblickt hat, scheint deutlich. Für ihn ist zwar die sich realisierende und als solche zu verkündigende βασιλεία τοῦ θεοῦ notwendige Voraussetzung für das Hineingehen in die transzendente βασιλεία τοῦ θεοῦ, doch gehört es zum Heilsplan Gottes, daß der Erwerb des ewigen Heils auch an die ethische Bewährung gebunden ist.

4. Kapitel

Die Frage nach dem Zeitpunkt des Kommens der βασιλεία τοῦ θεοῦ und die Antwort Jesu

Einleitung

Während nach Lk 16,16 die für das lukanische Doppelwerk spezifische Verbindung von verbum dicendi und βασιλεία τοῦ θεοῦ im Evangelium nicht mehr begegnet, tritt mit 17,20 nun eine weitere Besonderheit der lukanischen Verwendung von βασιλεία τοῦ θεοῦ in das Blickfeld, nämlich die Frage nach dem Zeitpunkt ihres Kommens und den damit verbundenen Ereignissen (17,20; 19,11; 21,7; Apg 1,6)[1] sowie ihre Beantwortung durch Jesus. In der Frage selbst scheint die βασιλεία deutlich im Sinne der traditionellen Erwartung als die in Zukunft kommende verstanden zu sein. Es wird zu untersuchen sein, wie sich zu dieser Erwartung die Antwort Jesu und das spezifisch lukanische Verständnis von der sich bereits realisierenden Gottesherrschaft verhält.

Bei der Besprechung der Frage nach der βασιλεία τῷ Ἰσραήλ aus Apg 1,6 ist uns hierzu bereits Grundlegendes evident geworden. Die für das Ende der Geschichte erwartete Wiederherstellung des Zwölfstämmevolkes sowie die Erlösung Israels sind nach Lukas Voraussetzungen für die Heidenmission und damit schon in der Geschichte realisierte Ereignisse. Die Wiederherstellung Israels geschieht demnach nicht erst mit einem künftigen Kommen oder der Vollendung der gegenwärtig schon angebrochenen βασιλεία τοῦ θεοῦ, sondern ist Teil der schon realisierten Gottesherrschaft. Wie verhält

---

[1] Daß zwischen Lk 17,20; 19,11; 21,7 und Apg 1,6 ein Zusammenhang besteht, ist weithin anerkannt; vgl. *Conzelmann*, Mitte 112; *Gräßer*, Parusieverzögerung 194; *Schnackenburg*, Gottes Herrschaft 169; *Perrin*, Teaching 68; *Zmijewski*, Eschatologiereden 382-384; *Merk*, Reich Gottes 212; *Franklin*, Christ 10; *Merklein*, Gottesherrschaft 24; *Marshall*, Luke 654; *Schweizer*, Lk 180; *Carroll*, Response 77; *Wiefel*, Lk 307; *Radl*, Lukas-Evangelium 132; *Uro*, Neither here nor there 5.

sich nun Lk 17,20f zum lukanischen Verständnis der sich realisierenden Gottesherrschaft?

1. Lk 17,20f: Wann kommt die βασιλεία τοῦ θεοῦ?

1) Abgrenzung vom und Einordnung in den Kontext

Nach der vorausgegangenen Erzählung von der Heilung der zehn Aussätzigen und dem einen dankbaren Samariter (17,11-19) beginnt deutlich mit V20 ein neuer Abschnitt. Es findet sich ein neues Gegenüber Jesu (Pharisäer) und eine neue Thematik (Kommen des Gottesreiches).

Dennoch besteht ein Rückbezug der VV 20f zur vorausgehenden Perikope. So schwingt die Ortsangabe von V11a, nach der sich Jesus auf dem Weg nach Jerusalem befindet, in 17,20f mit[2]. Zudem zeigt für Lukas die Aussätzigenheilung wie alle sonstigen Heilungen "das Heil der Gottesherrschaft auf, so daß die Frage nach dem endgültigen und vollständigen Kommen des Gottesreiches nahe liegt"[3]. Sollte das richtig sein, dann hätten die Pharisäer nicht nach dem Kommen der rein zukünftigen Basileia, sondern nach der Vollendung der gegenwärtig schon angebrochenen Basileia gefragt. Das würde freilich voraussetzen, daß sie den Anbruch der Gottesherrschaft in Jesu Wirken akzeptiert hätten, was jedoch kaum die lukanische Meinung trifft. Steht somit die eschatologische Bedeutung der Heilungen nicht hinter der Pharisäerfrage, so ist sie jedoch für die Antwort Jesu in VV 20b-21 keinesfalls auszuschließen.

---

[2] Vgl. oben S.101f sowie *Conzelmann*, Mitte 112.
[3] *Geiger*, Endzeitreden 29, im Anschluß an *Grundmann*, Lk 338; vgl. auch *Zmijewski*, Eschatologiereden 330f. Alle drei Autoren heben dabei besonders auf die Aussätzigenheilung ab, weil sie nach rabbinischer Überzeugung der Totenerweckung gleichgestellt ist und damit den Anbruch des Eschatons anzeigt; Belege bei *Bill* I 593f. Doch ist es fraglich, ob Lukas diese Deutung gekannt hat. Freilich ist das Gegenargument von *Wiefel*, Lk 307 Anm. 1, daß für Lukas die Heilung Aussätziger kein eschatologisches Zeichen sei, nicht überzeugend, da für den dritten Evangelisten jegliche Heilung Jesu Ausdruck der angebrochenen Gottesherrschaft ist.

248   *4.Kapitel: Frage nach dem Zeitpunkt des Kommens der Basileia*

Für die Pharisäerfrage selbst aber dürfte ebenfalls ein Rückbezug auf die vorangegangene Perikope bestehen, denn die Rückkehr des Samariters (VV 15f), sein Gotteslob (VV 15.18) und seine empfangene Heilszusage (V19)[4] legen ja die Frage nach der Wiederherstellung des Zwölfstämmevolkes und damit nach dem Zeitpunkt des Kommens der βασιλεία τοῦ θεοῦ nahe. Wenig beachtet wurde in diesem Zusammenhang bisher, daß die Frage in V20 auf das Stichwort σώζειν in V19 folgt. Das ist deshalb beachtenswert, weil Entsprechendes auch für den 17,20a am nächsten stehenden Vers des lukanischen Doppelwerkes gilt, nämlich für 19,11. Hier geht in 19,9 das Stichwort σωτηρία und in 19,10 das Stichwort σώζειν voraus. Berücksichtigt man schließlich, daß auch sonst in Jerusalem die Erlösung Israels u.ä. erwartet wird[5], dann dürfte 17,11-19 die Motivation der Pharisäerfrage in V20a durchaus deutlich machen. Der schon erfolgte Heilszuspruch an einen Samariter durch den nach Jerusalem ziehenden Jesus fordert geradezu die Frage nach dem eschatologischen Heil und damit nach dem Zeitpunkt des Kommens der zukünftigen Gottesherrschaft. Beginnt mit V20a also eine neue Perikope, so ist ein Bezug zur vorangehenden Erzählung dennoch gegeben.

Bei weitem nicht so deutlich ist das Ende des mit V20 eingeleiteten Abschnittes anzugeben. Zwar sind die VV 22-37 nicht mehr wie die VV 20f an die Pharisäer, sondern an die Jünger gerichtet (V22), zwar begegnet das Stichwort βασιλεία τοῦ θεοῦ nur in den VV 20f, nicht aber in den VV 22-37, aber die eschatologische Thematik, die mit der Frage der Pharisäer nach dem Kommen der βασιλεία τοῦ θεοῦ angeschnitten ist, bestimmt auch die VV 22-37. Entsprechend dieser Problematik wird der Umfang der mit V20 beginnenden Texteinheit in der Forschung unterschiedlich beurteilt[6]. Doch

---

[4] Die Zusage in V19, die im Kontext der Erzählung deutlich zu spät kommt, da auch die anderen neun Aussätzigen geheilt wurden, gilt zu Recht häufig als redaktioneller Zusatz; vgl. etwa *Bultmann*, Geschichte 33; *Klostermann*, Lk 174; *Petzke*, Sondergut 156.

[5] Vgl. die Belege zu Apg 1,6 auf S.101.

[6] *a) VV 20f:* So *Bultmann*, Geschichte 24.128; *Kümmel*, Verheißung 26; *Sneed*, Kingdom 366; *Jüngel*, Paulus 193; *Grundmann*, Lk 338; *Fitzmyer*, Luke II 1158; *Wiefel*, Lk 307. – Nach *Schnackenburg*, Der eschatologische Abschnitt 214-216, bilden die VV 20b-37 einen ursprünglichen Zusammenhang, der von Lk durch die doppelte Einleitung in VV 20a.22 in zwei thematische Abschnitte aufgeteilt wurde, wobei die VV 20f apologetisch, die VV 22-37 paränetisch zu verstehen seien.

b) VV 20-37 (bzw. 17,20-18,8): *Strobel*, Passa-Erwartung 158; *Zmijewski*, Eschatologiereden 335-341 – [356f werden die VV 20f freilich "als ein abgerundetes Ganzes"

berechtigen die formgeschichtliche Geschlossenheit der VV 20f[7], das nur die beiden Verse bestimmende Stichwort βασιλεία τοῦ θεοῦ sowie die neue Adressatenangabe in V22 (εἶπεν δὲ πρὸς τοὺς μαθητάς) dazu, Lk 17,20f sowohl vom formgeschichtlichen Standpunkt aus als auch auf der literarischen Ebene des dritten Evangeliums als eine eigenständige literarische Einheit anzusehen und zu untersuchen. Das schließt natürlich nicht aus, daß Bezüge zur folgenden Jüngerrede Jesu vorhanden sind.

2) Tradition und Redaktion

Die Frage nach der Lk 17,20-37 zu Grunde liegenden Quelle, kann im Kontext unserer Arbeit nicht geklärt werden. Ob die Verse einmal zur Logienquelle gehörten und gar ihren Abschluß bildeten[8], oder ob Lukas sie zusammen mit dem Kontext oder isoliert von der folgenden Rede seiner Sonderquelle entnommen hat, bedarf einer eingehenderen Analyse, die hier nicht geleistet werden kann. Für die VV 20f insgesamt fehlt auf jeden Fall eine synoptische Parallele. Wir beschränken uns auf die Frage nach dem Anteil der lukanischen Redaktion in diesen beiden Versen, ohne die verbleibende Tradition einer bestimmten Quelle zuzuweisen. Freilich mehren sich heute die Stimmen, die die VV 20f insgesamt der Hand des dritten Evangelisten zusprechen[9], doch besteht dazu kein Anlaß.

Die einleitende indirekte Frage in *V20a*, wann denn die Herrschaft Gottes kommt, wird allgemein dem auctor ad Theophilum zugeschrieben[10]. Sprachlich läßt sich das nicht erweisen. Nun hat *Bultmann* darauf hin-

---

bezeichnet, 357 "als eine geschlossene, sinnvolle Einheit"]; *Geiger*, Endzeitreden 29, interpretiert "die beiden Fragen an Jesus in V20 und V37" als eine "stilistische Inklusio", die bezweckt, "einen in sich geschlossenen Eindruck zu erzielen"; *Baarlink*, Eschatologie 135-137; *Uro*, Neither here nor there 4.

[7] *Sneed*, Kingdom 366: "The Reader has before him a complete question and a complete answer".

[8] So *Geiger*, Endzeitreden 26.

[9] So etwa *Lührmann*, Redaktion 72; *Geiger*, Endzeitreden 47-50; *Schürmann*, Reich Gottes 69f; *Klein*, Barmherzigkeit 124; *Wiefel*, Lk 307.

[10] *Bultmann*, Geschichte 24: "hellenistische Bildung (wohl des Lk selbst)"; *Klostermann*, Lk 174; *Geiger*, Endzeitreden 29f; *Taeger*, Mensch 171. - Bestritten wird die lukanische Herkunft von *Nützel*, Jesus 122f.

gewiesen, daß "die Fassung der Einleitung ... nach dem Schema einer Gattung der griechischen Philosophen-Apophthegmata gebildet [ist]: (ἐπ)ερωτηθεὶς ὑπὸ ... εἶπεν"[11]. Mit dieser Einsicht ist zwar ein palästinischer Ursprung unwahrscheinlich geworden, aber noch nicht eine lukanische Herkunft wahrscheinlich, da das Schema im lukanischen Doppelwerk völlig singulär ist. Doch wird man für lukanische Redaktion anführen können, daß der auctor ad Theophilum gerne Worte Jesu mit einer einleitenden Frage versieht[12], sowie die inhaltlichen Parallelen zu V20a in Lk 19,11 und Apg 1,6. Geht die Frage der Pharisäer aber auf das Konto des Lukas, dann erweist sich Logion 113 des Thomasevangeliums[13] als von der Lukasfassung abhängig und braucht deshalb hier nicht weiter berücksichtigt zu werden.

Das Substantiv παρατήρησις in *V20b* ist im NT singulär. Das dazugehörige Verbum παρατηρεῖν begegnet neben Mk 3,2 und Gal 4,10 nur noch Lk 6,7 [Med.] (par. Mk 3,2 [Akt.]); Lk 14,1; 20,20 (diff. Mk 12,13); Apg 9,24. Da das Verb an den letzten drei genannten Stellen des Doppelwerkes aller Wahrscheinlichkeit nach auf Lukas zurückgeht, wird dies wohl auch

---

[11] Geschichte 24, vgl. 360. *Bultmann* verweist a.a.O. 24 auf *von Wartensleben*, Chreia, der auf den Seiten 31-124 seiner Arbeit mehr als hundert Belege dieser Gattung mit entsprechender Einleitung gesammelt hat, sowie auf 2.Klem. 12,2: ἐπερωθητεὶς γὰρ αὐτὸς ὁ κύριος ὑπό τινος, πότε ἥξει αὐτοῦ ἡ βασιλεία, εἶπεν· ὅταν ἔσται ... ; und Arist 10: παρόντων οὖν ἡμῶν ἐρωτηθείς, πόσαι τινὲς μυριάδες τυγχάνουσι βιβλίων, εἶπεν· ... . So ist es nicht verwunderlich, daß diese Formbestimmung allgemein Zustimmung gefunden hat; vgl. etwa *Dibelius*, Formgeschichte 162 Anm. 2; *Kümmel*, Verheißung 26 mit Anm. 49; *Strobel*, Passa-Erwartung 160; *Rüstow*, Deutung 206; *Zmijewski*, Eschatologiereden 361; *Evans*, Luke 628.

[12] Vgl. hierzu oben S.84 Anm. 73.

[13] "Es sprachen zu ihm seine Jünger: Das Reich, wann wird es kommen? - Es wird nicht kommen im Ausschauen danach. Man wird nicht sagen: Siehe hier! oder: Siehe dort! Sondern das Reich des Vaters ist ausgebreitet über die Erde und die Menschen sehen es nicht" (Übersetzung von *E.Haenchen*, in: Aland, K. (Hg.), Synopsis Quattuor Evangeliorum 530. - Vgl. auch Logion 3 und 51 sowie *Schrage*, Verhältnis 30-32.199f. "Die βασιλεία ist für Th[omas] nicht mehr die kommende Königsherrschaft Gottes, die mit Jesu Auftreten angebrochen ist, deren endgültige Verwirklichung aber noch aussteht, sondern sie ist eine spiritualisierte Größe, die sich primär hier und jetzt im Innern des Menschen selbst verwirklicht"; *Schrage*, Verhältnis 31, zu Logion 3 - Die Meinung von *Perrin*, Teaching 70-72, daß die Logien 3 und 113 des Thomasevangeliums auf einer von Lukas unabhängigen aramäischen Vorlage basieren, scheitert eben daran, daß sie die eindeutig als lukanisch zu beurteilende Frage in V20a als vorlukanische Überlieferung verstehen muß.

von dem Substantiv in 17,20 gelten[14]. Dann aber bleibt für οὐκ ἔρχεται ἡ βασιλεία τοῦ θεοῦ μετὰ παρατηρήσεως in V20b keine sinnvolle Aussage mehr übrig, die auf eine mögliche vorlukanische Überlieferung hin befragt werden könnte. Daß V20b dennoch nicht freie Bildung des Lukas ist, wird daran ersichtlich, daß οὐκ ἔρχεται κτλ. keine direkte Antwort auf die von Lukas in V20a formulierte Frage ist: Fragen die Pharisäer nach dem "Wann" (πότε) des Kommens der Basileia, so antwortet V20b auf die Frage, wie sie kommt bzw. nicht kommt[15].

V21a erweist durch seinen unlukanischen Sprachgebrauch[16] und seine Parallele in V23 (par. Mt 24,26; vgl. Mk 13,21) seine Herkunft aus der Tradition, doch ist damit noch nicht die Möglichkeit ausgeschlossen, daß Lukas den Halbvers im bewußten Anklang an und unter Aufnahme von V23 gebildet hat[17]. Dagegen spricht nun freilich wie bei V20b, daß die Antwort nicht zu der von Lukas in V20a gestellten Frage paßt. V21a erfordert vielmehr die Frage: Wo wird die Basileia (sichtbar) sein?

Die Antwort auf die von Lukas formulierte Frage in V20a kann man nun freilich *V21b* entnehmen. Das würde die Lösung von *Schnackenburg*[18] empfehlen, den Versteil als redaktionelle Bildung anzusehen. Unterstützt würde diese Lösung dadurch, daß die einleitende Formulierung ἰδοὺ γάρ als lukanische Wendung zu beurteilen ist[19]. Doch dürfte *Schweizer*[20] richtig gesehen haben, wenn er gegen redaktionelle Bildung von V21b einwendet:

---

[14] Vgl. *Jeremias*, Sprache zu 17,20 Red. Ihm hat *Schwarz*, Οὐκ ... μετὰ παρατηρήσεως 48, zugestimmt, obwohl er a.a.O. 46 noch einen zugrundeliegenden aramäischen Ausdruck postuliert hatte.

[15] Vgl. *Klostermann*, Lk 175; *Strobel*, Passa-Erwartung 160.

[16] Vgl. hierzu *Jeremias*, Sprache zu Lk 17,21 Trad.

[17] So z.B. *Dalman*, Worte Jesu 118; *Zmijewski*, Eschatologiereden 385; *Marshall*, Luke 653; *Merkel*, Gottesherrschaft 144f. Nach *Strobel*, Passa-Erwartung 159, nötigt sich sogar dieser Schluß zwingend auf, doch vermag diese These logisch nicht zu überzeugen. Hingegen meinen *Schulz*, Q 278; *Hampel*, Menschensohn 53-57; u.a. umgekehrt, daß Lk V23 nach V21 formuliert hat.

[18] Der eschatologische Abschnitt 217-219. So auch *Schneider*, Lk II 355; *Taeger*, Mensch 171.

[19] Ἰδοὺ γάρ findet sich im NT außer Mt 26,45(v.l.) und 2.Kor 7,11 nur 6mal im lukanischen Doppelwerk: Lk 1,44.48; 2,10; 6,23 (diff. Mt 5,12: ὅτι); 17,21; Apg 9,11. Auch wenn die fünf Belege des Evangeliums alle dem Nicht-Markusstoff angehören, so spricht Apg 9,11 doch für eine Formulierung des Lukas; vgl. auch *Schnackenburg*, Der eschatologische Abschnitt 218.

[20] Lk 180.

"Ohne den entscheidenden Satz von der Gegenwart des Reiches bleibt doch alles ohne Pointe."

Wir kommen somit zu dem *Ergebnis*: Lk 17,20b-21 beruht im wesentlichen auf Tradition. Lukas hat ihr die Frage in V20a vorangestellt und in V20b einen nicht mehr bestimmbaren Ausdruck durch μετὰ παρατηρήσεως ersetzt. Die Antwort auf die in V20a gestellte Frage sieht er in V21b. Die positive Aussage hat der dritte Evangelist mit der Wendung ἰδοὺ γάρ eingeleitet.

Ist das Ergebnis richtig, dann folgt daraus: Den hermeneutischen Schlüssel zum Verständnis der in den VV 20b-21 enthaltenen Überlieferung gibt Lukas mit der Pharisäerfrage in V20a: πότε ἔρχεται ἡ βασιλεία τοῦ θεοῦ. Wollen wir die lukanische Intention erfassen, müssen wir also von dieser Frage her die VV 20b-21 lesen.

3) Das lukanische Verständnis der VV 20f

V20a: Obwohl die Fragesteller in V20a Pharisäer sind, wird hier keine Polemik gegen diese Gruppe sichtbar[21], zumal die von ihnen artikulierte Frage in ähnlicher wenn auch zu unterscheidender Weise in 19,11 und Apg 1,6 als Erwartung bzw. Frage der Jünger begegnet[22]. Die Pharisäer artikulieren demnach eine die frühe christliche Gemeinde bewegende Frage. Alle Interpretationsversuche, Lk 17,20a von spezifischen Anschauungen der Pharisäer her zu verstehen, sind von daher wenig erfolgversprechend.

Welche Motivation aber steht hinter der Frage nach dem Zeitpunkt des Kommens der βασιλεία τοῦ θεοῦ? Ist es "die messianische Hoffnung des Judentums ..., das eine Änderung seiner bedrängten Lage nur noch durch ein direktes Eingreifen Gottes erwarten konnte"[23]? Dafür könnte sprechen, daß die Fragesteller Juden sind und auch in 19,11 sowie Apg 1,6 (vgl. Lk 17,11) die Frage mit Jerusalem bzw. Israel verbunden ist. Doch besteht für ein politisches Verständnis der Frage weder im gegenwärtigen Kontext der VV 20f noch im Zusammenhang des Gesamtwerkes ein Anlaß. Hingegen legt der schon erfolgte Heilszuspruch an einen Samariter für einen Juden die Frage

---

[21] So aber *Schnackenburg*, Der eschatologische Abschnitt 215f.
[22] Vgl. *Geiger*, Endzeitreden 33-35.
[23] *Geiger*, Endzeitreden 35; vgl. *Grundmann*, Lk 339f.

nach dem Zeitpunkt des Kommens der zukünftigen Gottesherrschaft durchaus nahe. Eine solche Frage können nach Lukas nicht die Jünger des Evangeliums stellen, denn in V20a wird nach dem endzeitlichen Anbruch der Gottesherrschaft gefragt. Diesen haben die Jünger jedoch selbst schon verkündigt. Ihre Erwartung zielt deshalb auch auf das Sichtbarwerden der Basileia (19,11) oder die Verwirklichung einzelner Elemente der schon angebrochenen Gottesherrschaft wie etwa die Wiederherstellung der Basileia für Israel (Apg 1,6), nicht aber auf das grundsätzliche Kommen.

Für das Verständnis der folgenden Antwort Jesu und des hier behandelten Themas ist nun eine Beobachtung von *Geiger* zu berücksichtigen: "Es fällt ... auf, daß an allen einschlägigen Stellen immer nur über das Kommen der βασιλεία verhandelt wird, nie über den doch sicher ebenso wichtigen Menschensohn!"[24] Sollte das vielleicht daran liegen, daß das Kommen beider zeitlich auseinanderfällt? Sollte etwa die Parusie des Menschensohnes von der Parusie der Basileia zu unterscheiden sein, weil die Basileia schon ἐντὸς ὑμῶν ist und die Parusie des Menschensohnes sie nur endgültig und universal sichtbar macht oder zur Vollendung bringt?[25] In diese Richtung könnte eine weitere Beobachtung *Geigers*[26] weisen: "Es ist eine lukanische Eigenart, daß das Interesse der Zuhörer am künftigen Heil sich immer mit dem Begriff der βασιλεία artikuliert[27], ebenso führt er diese Frage nie mit einer Rede über das Kommen der βασιλεία weiter, sondern er weist immer schon die Frage selbst ab; der Zukunftsaspekt der Botschaft Jesu hängt bei Lukas am Kommen des Menschensohnes, an der Wiederkunft Jesu als Menschensohn"[28]. *Fitzmyer* dürfte also Recht haben: "The kingdom is something different from the days of the Son of Man"[29].

---

[24] Endzeitreden 35f. - Ähnliches hat auch schon *Conzelmann*, Mitte 105 Anm. 3, gesehen: "Was künftig *kommt*, ist, streng genommen, nicht das Reich selbst, sondern der Christus". Freilich nahm *Conzelmann* diese Beobachtung doch nicht so streng, um von ihr her sein Verständnis von βασιλεία τοῦ θεοῦ zu korrigieren.

[25] So vermutet etwa *Vielhauer*, Gottesreich 59, Lukas meine "möglicherweise ... gar nicht das eschatologische Reich Gottes, sondern im Sinne von Lk 16,16 und der Apostelgeschichte die christliche Religion, eine Größe also, die mit Fug und Recht Lk 17 dem Tag des Menschensohnes zeitlich vorgeordnet ist."

[26] Endzeitreden 48.

[27] Vgl. neben 17,20 noch 19,11 und Apg 1,6.

[28] Vgl. neben 17,22ff noch 19,15ff; Apg 1,11; 10,42; 17,31. Ähnlich wie *Geiger* auch *Schweizer*, Lk 181, der meint, "daß zwar das sichtbare Kommen des Menschensohns

Läßt Lukas also die Pharisäer mit ihrer Frage nach dem Zeitpunkt des Kommens der Gottesherrschaft nach einem traditionell mit der Parusie verbundenen Ereignis fragen, so versucht er in der Antwort Jesu zu zeigen, daß der Zeitpunkt der Parusie von dem des Kommens der βασιλεία τοῦ θεοῦ zu unterscheiden ist. Der Tag des Menschensohns liegt in der Zukunft, die Gottesherrschaft vollzieht sich schon in der Gegenwart.

V20b: Mit οὐκ ἔρχεται ἡ βασιλεία τοῦ θεοῦ μετὰ παρατηρήσεως beginnt Jesus seine Antwort. Da "die Negation ... in der Regel vor dem zu Negierenden [steht]"[30], verneint sie entweder das verbum finitum oder aber den ganzen Satz. "V20b kann also entweder eine Frontstellung gegen Versuche, das Kommen der βασιλεία zu beobachten ...[,] bedeuten oder aber eine Abwehr der Redeweise vom Kommen der βασιλεία"[31]. Letzteres ist auf Grund der Überlieferung der Vaterunser-Bitte ἐλθέτω ἡ βασιλεία σου (Lk 11,2) eher unwahrscheinlich[32].

Der Begriff παρατήρησις geht - wie wir gesehen haben - im vorliegenden Zusammenhang auf Lukas zurück.

Die Interpretation des Wortes hat eine rege Diskussion hervorgerufen[33]. Der Ausdruck ist im NT singulär und fehlt in der LXX sowie in den griechischen Pseudepigraphen des ATs gänzlich. Er findet sich jedoch in der Übersetzung Aquilas von Ex 12,42 zur Bezeichnung der Passanacht. Von dieser Stelle ausgehend hat *Strobel*[34] die These vertreten, daß Lukas mit der Aussage, "die βασιλεία τοῦ θεοῦ kommt nicht mit Beobachtung", meine, die βασιλεία τοῦ θεοῦ komme nicht in der Passanacht (= "Nacht der Beobachtung"[35]), denn μετὰ παρατηρήσεως sei "in diesem Zusammenhang eigentüm-

---

zukünftig sein wird, nicht aber das Gottesreich ... . Als Gottes große Gabe dringt es durch Jesu Wort und Wirken schon in das Leben des Menschen ein". Vgl. auch noch *Maddox*, Purpose 136.

[29] Luke II 1158. Er fährt freilich fort: "at least in this part of the Lucan Gospel (but see 21:27, 31, 36)". Doch zu 21,31 vgl. unten S.278.
[30] *BDR* 433.
[31] *Geiger*, Endzeitreden 37; vgl. zum Problem auch *Zmijewski*, Endzeitreden 363f.
[32] *Geiger*, Endzeitreden 38.
[33] Vgl. *Riesenfeld*, ThWNT VIII 148-150; *Geiger*, Endzeitreden 37-42.
[34] Passa-Erwartung 164-183; vgl. auch *Grundmann*, Lk 339.
[35] So im Unterschied zur LXX Aquila in Ex 12,42.

licher Passafest-Terminus"[36]. Die Negation richte sich "gegen die Passafestgebundene Vulgärerwartung", die mit der Passanacht derartige eschatologische Erwartungen verbinde[37]. Entsprechend gelte: "das Reich Gottes ... kommt nicht mit [sc.: gemäß] der üblichen Passa-Erwartung, sondern ist grundsätzlich schon mit Christus angebrochen"[38]. Für diese Interpretation von *Strobel* spricht, daß jetzt V20b auf die Wann-Frage von V20a antwortet. Gegen diese Lösung spricht aber ganz entscheidend, daß der auctor ad Theophilum dann bei seinen Lesern dieses Verständnis von παρατήρησις voraussetzen müßte, was völlig seiner schriftstellerischen Gewohnheit widerspricht, spezifisch jüdische Vorstellungen und Begriffe zu erklären, zu ersetzen oder zu streichen[39]. -

Rüstow[40] hat nun versucht, die These *Strobels* zu verallgemeinern: "Mit der abgelehnten παρατήρησις wird jedwede Art von Vorausberechnung gemeint gewesen sein, ursprünglich einschließlich auch derjenigen auf Grund der Passa-Haggada, an die dann freilich Lukas nicht mehr dachte". V20b meine also: "Das Gottesreich kommt nicht unter Vorausberechnung, nicht so, daß der Zeitpunkt seines Kommens vorausberechnet werden könnte, es kommt nicht in vorausberechnender Weise"[41]. *Rüstow* geht dabei nicht nur davon aus, daß für Lukas das Kommen der βασιλεία τοῦ θεοῦ und die Parusie identisch sind, sondern er muß auch den hier zur Diskussion stehenden Begriff παρατήρησις als Vorausberechnung interpretieren und damit den für seine Interpretation entscheidenden Zusatz erst in den Text einfügen.

Diese Vorgehensweise von *Rüstow* ist in der exegetischen Diskussion nicht singulär. Ein Großteil der Ausleger versteht παρατήρησις als Beobachtung von *Vorzeichen* mit dem Ziel der Berechnung[42], so daß παρατήρησις de facto die Bedeutung "Berech-

---

[36] *Strobel*, Passa-Erwartung 183; vgl. hierzu die a.a.O. 164-182 reiche Materialsammlung, mit der *Strobel* diese These zu beweisen sucht. Bewiesen hat er freilich nur, daß im hebräisch- und griechischsprechenden Judentum der Gedanke des Beobachtens im Zusammenhang mit den eschatologischen Passaerwartungen belegt ist und der griechische Terminus παρατήρησις in nachlukanischer Zeit im Zusammenhang mit dem Passafest explizit - wenn auch nur vereinzelt - nachweisbar ist.
[37] *Strobel*, Passa-Erwartung 182; vgl. *ders.*, In dieser Nacht 27; *ders.*, Zu Lk 17,20f, 112. Nach *Strobel*, In dieser Nacht 21, steht die von Lukas korrigierte Erwartung hinter der auf vorlukanischer Tradition basierenden Wendung "in dieser Nacht" aus Lk 17,34.
[38] *Strobel*, Passa-Erwartung 183.
[39] Zu weiteren Gegenargumenten vgl. *Perrin*, Teaching 69f (= *ders.*, Jesus 71f); *Mußner*, Reich Gottes 108 Anm. 4a.
[40] Deutung 201.
[41] *Rüstow*, Deutung 203; vgl. auch *Wiefel*, Lk 308.
[42] Vgl. etwa *Kümmel*, Verheißung 26: "Das in der griechischen Bibel sonst nicht bezeugte hellenistische Wort παρατήρησις bezeichnet die Beobachtung, besonders von Vorzeichen und Symptomen. Hier wird also deutlich eine mehr oder weniger sicher

nung" erhält. Die Antwort Jesu in V20b würde demnach bedeuten: Das Kommen der βασιλεία τοῦ θεοῦ läßt sich nicht berechnen. Man fragt sich nur, warum Lukas das Jesus nicht direkt sagen läßt. Es ist deshalb zunächst nicht besonders naheliegend, παρατήρησις als Beobachtung möglicher Vorzeichen des Kommens der Gottesherrschaft zum Zwecke der Berechnung zu interpretieren.

In der griechischen Literatur bezeichnet παρατήρησις zunächst einmal die "rationalempirische *Beobachtung*"[43]. Alle über diese Grundbedeutung hinausgehenden Nuancen ergeben sich jeweils durch den Kontext bzw. einen beigefügten Genitiv[44]. Solche Akzentverschiebungen sind in Lk 17,20b nicht ersichtlich und brauchen auch nicht ergänzt zu werden. Die Aussage, daß die Gottesherrschaft nicht mit Beobachtung kommt, ist vielmehr in sich verständlich und sinnvoll. Es geht um die Zurückweisung der Meinung, "das Kommen und die Gegenwart der Gottesherrschaft müßten sich an deutlich erkennbaren Phänomenen ausweisen lassen"[45]. Wenn V20b also das Kommen der Gottesherrschaft als unbeobachtbar bezeichnet, dann wird damit die Voraussetzung für die Erklärung genannt, warum die Gottesherrschaft gegenwärtig und gleichzeitig den Pharisäern doch nicht sichtbar sein kann. Daß V20b mit der Negierung jeglicher Beobachtbarkeit des Kommens der

---

bestimmbare Zukünftigkeit der Gottesherrschaft abgelehnt." Ähnlich urteilt *Gräßer*, Parusieverzögerung 193: "Παρατήρησις kommt im NT nur an dieser Stelle vor. Im klassischen Griechentum wird es im Sinne von 'Beobachtung' gebraucht und zwar als παρατήρησις τῶν ἄστρων oder als Beobachtung der Zukunft aus gewissen Anzeichen". *Gräßer* verweist dabei auf die in den Wörterbüchern von *Bauer* und *Liddell-Scott* angegebenen Belege. Vgl. auch *Strobel*, Passa-Erwartung 161-164 und die Belege 162 Anm. 25 und 175; *Jüngel*, Paulus 194; *Schneider*, Lk II 355; *Marshall*, Luke 654f; *Schweizer*, Lk 180. – Allgemein zu Vorzeichen in der antiken heidnischen und jüdischen Literatur vgl. *Berger*, Prodigien 1428ff (besonders die 1455-1460 genannten Belege).

[43] *Riesenfeld*, ThWNT VIII 150; vgl. die Belege a.a.O. 148. In diesem Sinn wird auch das Medium bzw. Aktiv von παρατηρεῖν in Lk 6,7; 14,1; 20,20; Apg 9,14 gebraucht, auch wenn das Beobachten nach diesen Stellen jeweils in feindlicher Absicht geschieht.

[44] Das hat *Merkel*, Gottesherrschaft 145, zu Recht hervorgehoben. Vgl. etwa *Diodorus Siculus* I 9,6; I 28,1; V 31,3. – Daß "ein solcher Zusammenhang ... durch die einleitende Frage der Pharisäer ... gegeben" sei, wie *Schnackenburg*, Gottes Herrschaft 92, meint, ist wenig einsichtig.

[45] *Balz*, EWNT III 82.

Gottesherrschaft im Gegensatz zur traditionellen Basileiaerwartung steht, dürfte evident sein[46].

Mit οὐδέ schließt in *V21a* eine weitere Negation an: οὐδὲ ἐροῦσιν, ἰδοὺ ὧδε ἤ· ἐκεῖ. Ob ἐροῦσιν in die Zukunft weist oder in die Gegenwart, ist kaum entscheidbar. Entweder ist zu verstehen: "Man wird (in Zukunft) auch nicht sagen, ...", oder aber: "Man wird auch nicht sagen (dürfen), ...". Deutlich ist auf jeden Fall, daß jegliche Lokalisierbarkeit der βασιλεία τοῦ θεοῦ abgelehnt wird[47]. Wiederum wird damit die traditionelle Basileiaerwartung zurückgewiesen und die positive Aussage in V21b vorbereitet.

V21b: Mit ἰδοὺ γάρ wird nun die positive Antwort Jesu betont eingeleitet, und zugleich werden die beiden vorangegangenen Negationen begründet: ἰδοὺ γὰρ ἡ βασιλεία τοῦ θεοῦ ἐντὸς ὑμῶν ἐστιν. Die eigentlichen exegetischen Schwierigkeiten dieses Logions liegen im Verständnis von ἐντὸς ὑμῶν und ἔστιν.

ἐντός kann sowohl mit intra als auch mit inter übersetzt werden. Ersteres läßt sich mystisch oder spiritualistisch im Sinne von "mitten in euch", "in eurem Innern" verstehen, doch ist man sich heute im wesentlichen einig, daß diese von den Tagen der Alten Kirche bis zum Beginn des 20. Jahrhunderts bis auf wenige Ausnahmen allgemein anerkannte Deutung[48] unsachgemäß

---

[46] Nun hat *Gräßer*, Parusieverzögerung 193, die Meinung vertreten, daß V20b "offenbar in klarem Gegensatz zu Lc 21,29-31 [steht], wo Lukas aus der Tradition (Mc 13,28f. = Mt 24,32f.) gerade den Gedanken festhält, daß das Ende durch äußerlich sichtbare Zeichen angekündigt wird". Mit diesem Urteil unterliegt *Gräßer* freilich einer falschen Schlußfolgerung, die mit seiner unsachgemäßen Voraussetzung zusammenhängt, daß für Lukas das Kommen der βασιλεία τοῦ θεοῦ und das Kommen Christi zum Endgericht identisch seien. Zu Lk 21,31 vgl. oben S.278. - Die Spannung von V20b zu anderen Aussagen des dritten Evangeliums betonen auch *Berger*, Prodigien 1461; *Petzke*, Sondergut 156f.

[47] Anders interpretiert etwa *Kümmel*, Verheißung 26, der meint, hier werde "abgelehnt, daß man auf das Kommen der Gottesherrschaft einmal in Zukunft aufmerksam gemacht und zum Aufsuchen dieser Erscheinung an diesem oder jenem Orte veranlaßt werden könnte."

[48] Zur Geschichte der Auslegung seit dem 2.Jhdt. vgl. *Noack*, Gottesreich 3-38; *Sneed*, Coming 6-41.

ist⁴⁹. Intra hat man aber auch "aktivistisch-extrovertiert" verstehen wollen im Sinne von "'im Einflußbereich', 'im Verfügungsbereich', 'im Wirkungsbereich', 'im Machtbereich' usw."⁵⁰. V21b würde dann den Pharisäern sagen: "das Reich Gottes steht in eurer Hand", d.h. "es liegt bei euch, sich seiner würdig zu erweisen, um, wenn es kommt, darein aufgenommen zu werden, die Eintrittsbedingungen zu erfüllen"⁵¹. Inwiefern diese Ethisierung in V21b die beiden Negationen von VV 20b.21a begründen kann (γάρ), ist kaum einsichtig. Vor allem aber gilt: Wenn es um die Gottesherrschaft geht, dann ist Gott und nicht der Mensch allein handelndes Subjekt. Das ist bei Lukas nicht anders als im übrigen NT und bei Jesus selbst! In Verbindung mit V20a ist diese Deutung von ἐντός als intra also völlig ausgeschlossen, denn nach Lukas ist weder die Gottesherrschaft in den Pharisäern, noch steht sie in ihrem Macht- bzw. Verfügungsbereich.

Die Mehrzahl der Exegeten tendiert aber heute dahin, für ἐντός die Bedeutung inter anzunehmen⁵². Doch bleibt auch hier noch eine doppelte

---

⁴⁹ Ausnahmen: *Proctor*, Luke 17,20.21, für den ἐντὸς ὑμῶν bedeutet: "God reigns in the hearts and lives of men" (245); *Sneed*, Kingdom 372f, der Gottesherrschaft und Geist als Äquivalente ansieht.

⁵⁰ *Rüstow*, Deutung 214. Schon vor *Rüstow* hat sich unter den modernen Exegeten *Roberts*, Kingdom 5-7, auf Grund von zwei Papyrusbelegen und in Übereinstimmung mit *Tertullian* und anderen Kirchenvätern für diese Deutung ausgesprochen. Ihnen sind u.a. gefolgt: *Schnackenburg*, Gottes Herrschaft 93; *ders.*, Der eschatologische Abschnitt 218; *Merklein*, Gottesherrschaft 123; *Schneider*, Lk II 355 (anders seine Übersetzung 352); *ders.*, EWNT I 1126; *Lindemann*, Herrschaft Gottes 204; *Beasley-Murray*, Jesus 102; *Wiefel*, Lk 309 (anders seine Übersetzung 307). - Freilich sind die beiden von *Roberts* angeführten Belege von *Riesenfeld*, Ἐντός 11f, völlig anders interpretiert worden. *Riesenfeld* vertritt die m.E. durchaus überzeugende Vermutung, daß ἐντός ἑαυτοῦ Abbreviatur von ἐντὸς τοῦ οἴκου αὐτοῦ ist und begründet das neben drei Beispielen aus griechischen Papyri mit 1.Makk 4,48 LXX und Ez 3,24 Symm. *Wikgren*, ΕΝΤΟΣ 27, hat dieser Deutung von *Riesenfeld* zugestimmt und a.a.O. 27f dessen Begründung um weitere Belege vermehrt: Ps 87,5 Symm; Lam 1,3 Symm; Ps 140,5 Symm; Job 18,19 LXX (A). Auch *Rüstow*, Deutung 214f Anm. 35, hat die Möglichkeit dieses Verständnisses eingeräumt, aber zugleich hervorgehoben, daß die von ihm a.a.O. 214-216 gesammelten zusätzlichen Belege diese Deutung zum Großteil nicht zulassen. Dem ist wohl zuzustimmen. Doch ist auch die von *Rüstow* vorgeschlagene Interpretation sprachlich keineswegs zwingend und wirkt in den meisten Fällen recht künstlich.

⁵¹ *Rüstow*, Deutung 216; vgl. *Roberts*, Kingdom 7f.

⁵² So u.a. *Bultmann*, Geschichte 128; *Otto*, Reich Gottes 104-109; *Kümmel*, Verheißung 28; *Noack*, Gottesreich 44; *Gräßer*, Parusieverzögerung 194; *Strobel*, Passa-Erwartung 157f; *ders.*, In dieser Nacht 28f; *Schnackenburg*, Gottes Herrschaft 93;

Deutungsmöglichkeit: Entweder versteht man V21b futurisch als Ansage, daß die Gottesherrschaft plötzlich und unversehens "unter euch" da sein wird[53]. Oder man interpretiert den Satz präsentisch: Die Gottesherrschaft ist schon - z.B. in Jesus und seinem Wirken[54] - "mitten unter euch" da. Das präsentische ἐστιν[55] wie das sonstige lukanische Verständnis von βασιλεία τοῦ θεοῦ legt letzteres zumindest auf der Ebene des dritten Evangeliums nahe. Doch stellt sich hier noch eine weitere Frage: Heißt ἐστιν an dieser Stelle "da-sein" oder "wirksam-sein"? Dem dynamischen Charakter der βασιλεία τοῦ θεοῦ entsprechend wird man die zweite Nuance für die lukanischen Intention bevorzugen. "Die Herrschaft Gottes ist mitten unter

---

Riesenfeld, ThWNT VIII 150; *Perrin*, Teaching 74; *Geiger*, Endzeitreden 46; *Merk*, Reich Gottes 211; *Franklin*, Christ 17; *Carroll*, Response 79; *Merkel*, Gottesherrschaft 147. - Man wird auch nicht wie *Rüstow*, Deutung 212f, - vgl. auch *Dalman*, Worte Jesu 119; *Schneider*, Lk II 355; *Beasley-Murray*, Jesus 102; *Wiefel*, Lk 309; - einwenden können, daß Lukas für "mitten unter" ἐν μέσῳ + Gen. schreibt (Lk 2,46; 8,7 [diff. Mk 4,7]; 10,3 [par. Mt 10,16]; 21,21 [diff. Mk 13,14]; 22,27.55; 24,36: Apg 1,15; 2,22; 17,22; 27,21), da ἐντός aus demselben Grunde auch für vorlukanisch erachtet werden könnte; *Jeremias*, Sprache zu 17,21 Trad; vgl. auch *Mußner*, Reich Gottes 109 Anm. 10; *Zmijewski*, Eschatologiereden 386. - Freilich: Wer V21b für lukanische Bildung hält, der ist auf Grund des sonstigen lukanischen Sprachgebrauches genötigt, die Gleichung ἐντός = inter zu negieren. Umgekehrt gilt aber: Sollte im Kontext lukanischer Theologie nur die Gleichung ἐντός = inter sinnvoll sein, ist die Verwendung des Wortes ein starkes Argument für vorlukanische Herkunft von V21b.

[53] So u.a. *Bultmann*, Geschichte 128; ders., Theologie 5. - Vgl. zu dieser Interpretation, die die entscheidende Aussage im Text ergänzen muß, das ironische Urteil von *Otto*, Reich Gottes 108: "Eine eigene Methode von Interpretation, die einlegt, statt auszulegen." In diesem Sinne urteilen auch *Metzger*, Begriff 159; *Schnackenburg*, Gottes Herrschaft 93f; *Zmijewski*, Eschatologiereden 376; *Merkel*, Gottesherrschaft 146, und die ebd. Anm. 155 genannten Exegeten.

[54] Vgl. neben Lk 11,20 oben S.179f. - In diesem Sinne interpretieren *Strobel*, Passa-Erwartung 158; *Betz*, Kerygma 138; *Zmijewski*, Eschatologiereden 378.396 u.ö.; *Geiger*, Endzeitreden 47; *Schürmann*, Reich Gottes 69f. - Ähnlich verstehen auch schon für die Verkündigung Jesu *Kümmel*, Verheißung 28f, und die a.a.O. 29 Anm. 54 genannten Autoren. Ferner *Perrin*, Teaching 74: "the Kingdom is a matter of human experience". Die redaktionsgeschichtliche Frage steht hier (noch) nicht im Blickfeld.

[55] *Mußner*, Reich Gottes 110, hat hervorgehoben, daß "das Präsens ἐστιν ein-deutig als *Gegensatz* zu den vorausgehenden futurischen Aussagen" zu verstehen ist. Hingegen will *Noack*, Gottesreich 44, das Präsens in V21b der futurischen Aussage in V22 gegenüberstellen.

euch wirksam", d.h. - lukanisch gesprochen - die Erfüllung des Heilsplanes Gottes ist bereits im Vollzug.

Nun hat *Mußner*[56] für das jesuanische Verständnis von Lk 17,21b eine interessante Deutung vorgeschlagen: "Jesus beantwortet ... die Frage der Pharisäer mit einem Rätselwort, dessen Sinn sich nur dem entfaltet, der gläubig das Reich Gottes mit dem Auftreten des Messias Jesus in Zusammenhang zu bringen vermag." Die Antwort sei deshalb ein "*Appell* an die Pharisäer ..., doch ihre Augen aufzutun", um "das Geheimnis dieser heilsgeschichtlichen Stunde" zu begreifen[57]. Überträgt man diese Deutung - unter Absehung des Verständnisses als "Rätselwort"[58] - auf die Ebene der lukanischen Intention, dann geht es in V21b um die gläubige Erkenntnis, daß seit Johannes dem Täufer die Gottesherrschaft im Anbruch ist, insofern die Verwirklichung der atl. Verheißungen schon angefangen hat. Die so verstandene Gottesherrschaft kann zwar (glaubend) erkannt und verkündigt, aber nicht (objektiv) beobachtet oder (gegenwärtig bzw. zukünftig) lokalisiert werden. Im lukanischen Sinn kann deshalb ἡ βασιλεία τοῦ θεοῦ ἐντὸς ὑμῶν ἐστιν nur heißen: Die Gottesherrschaft ist schon mitten unter euch wirksam!

Es ergibt sich somit: Das Kommen der Basileia als Erfüllung des göttlichen Heilsplanes und insofern als Realisierung seiner Herrschaft vollzieht sich kontinuierlich in der Geschichte und kann deshalb nicht wie ein einmaliges Ereignis beobachtet werden. Es bedarf dieser Beobachtung auch nicht, sondern der Erkenntnis und des Glaubens. Die Basileia kann deshalb auch nicht allgemein aufzeigbar lokalisiert werden. Mit dieser Antwort erweist sich die Frage der Pharisäer, wann die Gottesherrschaft kommt, als korrekturbedürftig. Fragen die Pharisäer nach dem Zeitpunkt des Kommens der künftigen Gottesherrschaft, so antworten VV 20b-21: Die βασιλεία τοῦ θεοῦ ist gegenwärtig schon in eurer Mitte wirksam, insofern die Gegenwart mit ihren Heilserfahrungen (vgl. nur 17,11-19) sich als Gottesherrschaft interpretieren läßt!

---

[56] Reich Gottes 110. Ähnlich auch *Riesenfeld*, ThWNT VIII 150.
[57] Ebd.
[58] Vgl. zur Kritik: *Strobel*, Zu Lk 17,20f, 111; *Wiefel*, Lk 308.

Zu dieser Interpretation fügt sich auch *Lk 9,27* (diff. Mk 9,1). Nach diesem Vers sagt Jesus allen potentiellen Nachfolgern (vgl. 9,23), daß noch in diesem Leben einige seiner Zuhörer die βασιλεία τοῦ θεοῦ sehen werden: λέγω δὲ ὑμῖν ἀληθῶς, εἰσίν τινες τῶν αὐτοῦ ἑστηκότων οἳ οὐ μὴ γεύσωνται θανάτου ἕως ἂν ἴδωσιν τὴν βασιλείαν τοῦ θεοῦ. Dabei hat Lukas offenbar an ein Sehen mit den Augen des Glaubens gedacht, da sonst die Beschränkung des Sehens auf τινες kaum verständlich wäre[59]. Was gesehen wird, ist die gegenwärtig sich realisierende Basileia[60]. Diese kommt aber nicht so, daß sie sich vor aller Augen ereignet. Deshalb konnte Lukas die Redeweise von Mk 9,1, daß man die Basileia "in Macht kommen" sieht, nicht übernehmen. Ist dort an die Parusie gedacht, die noch einige der Umherstehenden erleben werden[61], so wird nach Lukas im Sehen der βασιλεία τοῦ θεοῦ nicht ihr künftiges Kommen thematisiert. Was künftig kommt ist der Menschensohn (9,26), während sich das Sehen der Basileia schon vor der Parusie ereignet[62].

2. Lk 19,11-27: Die Parabel von den anvertrauten Minen als Korrektur einer falschen Basileiaerwartung

Mit der Perikope Lk 19,11-27 endet der in 9,51 begonnene sog. lukanische Reisebericht. Die Erwartung der Zuhörer Jesu blickt schon deutlich voraus auf die unmittelbar bevorstehenden Ereignisse in Jerusalem. Doch ihre Meinung, die βασιλεία τοῦ θεοῦ würde sogleich in Erscheinung treten (V11), bedurfte einer Richtigstellung, die mit dem Gleichnis von den anvertrauten Minen gegeben wird (VV 12-27). Bevor wir diese Verse nach

---

[59] Τινες dürfte als Teilgruppe der in V23 erwähnten πάντες zu verstehen sein: Alle sind zur Nachfolge aufgefordert, nur einige von ihnen werden jedoch die βασιλεία τοῦ θεοῦ sehen; vgl. *März*, Wort Gottes 34.

[60] Lukas denkt beim Sehen der Basileia offenbar daran, "daß das Gottesreich schon im Wirken Jesu ..., deutlicher dann freilich mit Jesu Auferstehung, dem Pfingstfest und mit der Ausbreitung der Kirche 'sichtbar' wird" (*Schürmann*, Lk I 551).

[61] Vgl. *Conzelmann*, Mitte, 95; *Gräßer*, Parusieverzögerung 136.

[62] Indem Lukas am Beginn von V27 zur Markusvorlage ein adversatives δέ hinzufügt (λέγω δὲ ὑμῖν), grenzt er die Verheißung in V27 über die Basileia von dem Wort in V26 über die Parusie ab.

dem lukanischen Verständnis von βασιλεία τοῦ θεοῦ befragen, muß der redaktionelle Anteil an der Perikope geklärt werden.

1) Das literarkritische Problem

Die Parabel Lk 19,12-27 enthält deutlich zwei voneinander zu unterscheidende Motive: Zum einen handelt es von einem Menschen, der verreist (V12a), seinen Knechten Kapital zurückläßt, um damit zu wirtschaften (V13), nach seiner Rückkehr das Verhalten der Knechte im Umgang mit diesem Kapital beurteilt und entsprechend Lohn bzw. Strafe austeilt (VV 15-26). Zum anderen erzählt die Parabel von einem Thronprätendenten, der in ein fernes Land reist, seine Herrschaft zu empfangen (V12), dessen Bürger durch eine Gesandtschaft dies zu verhindern suchen (V14), die aber schließlich nach Empfang der Herrschaft und Rückkehr des Herrschers (V15a) auf Grund ihres Unwillens niedergemacht werden (V27). Beide Motive sind zwar in der Einleitung (V12: der verreisende Mensch ist der Thronprätendent), in der Rückkehr jenes Menschen (V15a) und in der Lohnzuweisung an die guten Knechte (VV17.19: Erhalt der Vollmacht über zehn bzw. fünf Städte) fest verklammert, doch stehen sie ansonsten so unvermittelt nebeneinander, daß ihre Verbindung als sekundär zu beurteilen ist. Dies wird durch die Parallele in Mt 25,14-30 bestätigt, in der das Thronprätendentenmotiv und alle entsprechenden Züge der Lukasversion fehlen.

So weit besteht im wesentlichen Einigkeit unter den Exegeten. Strittig sind vor allem die Fragen, ob die Thronprätendentenerzählung ehemals eigenständig war[63] oder lediglich eine redaktionelle Bearbeitungsschicht darstellt[64], sowie die Beurteilung, wer als Kompilator bzw. Redaktor anzusprechen ist: der dritte Evangelist[65] oder ein vorlukanischer Autor[66]. Mit diesen

---

[63] *Wellhausen*, Lc 106-108; *Hirsch*, Frühgeschichte II 161f; *Zerwick*, Thronanwärter 654-660; *Jeremias*, Gleichnisse 56; *Kuhn*, Giljonim 59-61; *Weiser*, Knechtsgleichnisse 253 u.ö.; *Weinert*, Throne Claimant 505-514.

[64] *Bultmann*, Geschichte 190; *Klostermann*, Lk 186; *Kamlah*, Kritik 30 Anm. 3; *Weder*, Gleichnisse 194f Anm. 124; *Schneider*, Lk II 380; *Wiefel*, Lk 329.

[65] *Wellhausen*, Lc 106; *Hirsch*, Frühgeschichte II 161.169; *Bultmann*, Geschichte 190; *Kamlah*, Kritik 30 Anm. 3; *Weder*, Gleichnisse 195; *Schneider*, Lk II 380; *Fitzmyer*. Luke II 1231.

Problemen hängt teilweise die Frage nach der zugrundeliegenden Quelle zusammen: Stammt die Lk 19,12-27 zugrundeliegende Parabel, die ihre Parallele in Mt 25,14-30 hat, unmittelbar aus der Quelle Q[67] oder hat der dritte Evangelist sie seinem Sondergut entnommen[68]? Relative Einigkeit besteht hingegen wieder darin, daß 19,11 der Hand des Evangelisten entstammt, wofür neben dem sprachlichen Befund[69] auch die sachlichen Parallelen in Lk 17,20 und Apg 1,6 (vgl. auch Lk 24,21) sprechen.

Bezüglich des Problems, ob das Thronprätendentenmotiv erst von Lukas eingebracht worden ist oder ihm schon im Kontext der Parabel vorgegeben war, sind zunächst die entsprechenden Verse (12b.14.15a.17fin.19fin.27) auf vorlukanische Sprache hin zu befragen:

V12: Die Parabeleinleitung ἄνθρωπός τις begegnet noch in Lk 10,30; 12,16; 14,16; 15,11; 16,1.19 und stammt vermutlich aus der lukanischen Sonderquelle[70]. Der gleichen Quelle zuzuweisen ist (ἐπορεύθη)[71] εἰς χώραν μακράν, da es sich hier um "eine feste Formel der Gleichniserzählung" handelt, die sich im NT nur noch im Sondergutgleichnis Lk 15,13 findet, deren vorlukanische Herkunft aber auf Grund frühjüdischer Parallelen äußerst wahrscheinlich ist[72]. *V14*: Ebenfalls nur noch in einem lukanischen Sondergutgleichnis findet sich im NT die Wendung ἀποστέλλειν πρεσβείαν (Lk 14,32), die somit ebenfalls der lukanischen Sonderquelle angehören wird. Das könnte auch für βασιλεύειν c.acc. gelten, das neben Röm 5,14 im NT nur noch im Nicht-Markusstoff des dritten Evangeliums Lk 1,33 und 19,14.27 begegnet. *V15a*: Wiederum nur eine Parallele in einem lukanischen Sondergutgleichnis weist innerhalb des NTs die Vokabel ἐπανέρχεσθαι auf (Lk 10,35). *V27*: Schließlich ist für den Sprach-

---

[66] *Jeremias*, Gleichnisse 56; *Weiser*, Knechtsgleichnisse 257.269 u.ö.

[67] *Klostermann*, Lk 186; *Lührmann*, Redaktion 71; *Schulz*, Q 288-298; *Hoffmann*, Redaktion 21; *Schneider*, Parusiegleichnisse 17; *Weder*, Gleichnisse 193; *Fitzmyer*, Luke II 1230f; *Baarlink*, Eschatologie 152; *Wiefel*, Lk 329.

[68] *Weiser*, Knechtsgleichnisse 255f u.ö.; *Schneider*, Lk II 379.

[69] Vgl. *Jeremias*, Gleichnisse 98f Anm. 5; *ders.*, Sprache zu 19,11Red.

[70] *Schürmann*, Spracheigentümlichkeiten 220f; *Weiser*, Knechtsgleichnisse 230. Vgl. *Jeremias*, Sprache zu 10,30Trad.

[71] Das im lukanischen Doppelwerk 88mal begegnende Verb πορεύεσθαι stammt zwar aller Wahrscheinlichkeit aus der Feder des Lukas, doch wird der dritte Evangelist damit nur ein entsprechendes Verb ersetzt haben.

[72] *Hengel*, Gleichnis 22 Anm. 72: dort auch Verzeichnis der Parallelen; ihm folgt *Weiser*, Knechtsgleichnisse 230 mit Anm. 12.

gebrauch des Nicht-Markusstoff bei Lukas das adversative πλήν[73] und die Negation von substantivierten Partizipien mit Artikel[74] charakteristisch.

Somit ergibt sich: Die VV 12.14.15a 27 weisen an sieben Stellen einen Sprachgebrauch auf, der im lukanischen Doppelwerk nur im Nicht-Markusstoff des Lukasevangeliums, insbesondere in den Sondergutgleichnissen seine Parallelen hat. Aus sprachlichen Gründen kann deshalb das Thronprätendentenmotiv der vorlukanischen Überlieferung zugewiesen werden[75].

Dieses Ergebnis wird durch weitere Argumente bestätigt. Inhaltlich geht es in den den Thronprätendenten betreffenden VV 12b.14.15a.27 vor allem darum, "daß die Bemühungen der Gegner erfolglos bleiben und er doch als ihr Herrscher erscheint und sie hart bestraft"[76]. Im Kontext der allegorischen Gleichnisdeutung (s.u.) kann mit der harten Bestrafung nur die Verdammung der ungläubigen Juden im Endgericht gemeint sein. Das ist aber - mit Ausnahme des Allegorieendes in Lk 14,24 - ein dem sonstigen lukanischen Schrifttum fremder Gedanke. Lukas weiß zwar von der Verstockung der Juden (Apg 28,26f), und er kann auch ex eventu die Zerstörung Jerusalems als eine dem Plan Gottes entsprechende Strafe verstehen (Lk 19,41-44; 21,22 diff. Mk 13,14), aber all dies muß ja von der eschatologischen Verdammung, wie sie in der Allegorie begegnet (V27), unterschieden werden[77]. Verstockung und Zerstörung Jerusalems sind Ereignisse in der Geschichte, nicht aber an ihrem Ende. Sie sind ferner kein endgültiges Geschehen, wie Lk 21,24b (diff. Mk 13,19) überaus deutlich hervorhebt: "Jerusalem wird von den Heiden zertreten werden, bis die

---

[73] Vgl. S.224 Anm. 236.

[74] Neben 19,27 noch 3,11; 11,23 (zweimal; par. Mt 12,30); 12,48; 19,26 (par. Mt 25,29); 22,36; vgl. auch *Jeremias*, Sprache zu 3,11 Trad (S.108).

[75] Zu diesem Ergebnis kommen ebenfalls *Weiser*, Knechtsgleichnisse 230f.234f. 239f.243f.253f.255f, und *Jeremias*, Sprache 278-280. Auch wenn die Begründungen beider Exegeten bisweilen voneinander divergieren und man im Einzelfall anders urteilen mag, am Gesamtergebnis scheint ein Zweifel solange nicht angebracht, solange man nicht zu erklären vermag, warum der Nicht-Markusstoff bei Lukas einen Sprachgebrauch aufweist, der nicht nur in der lukanischen Bearbeitung des Markusstoffes und der Apostelgeschichte keine Parallelen hat, sondern auch dem dort zu beobachtenden lukanische Sprachgebrauch des öfteren nicht entspricht.

[76] *Weiser*, Knechtsgleichnisse 257.

[77] Von der Vernichtung der Widersacher Jesu erzählt Lukas zwar auch im Gleichnis von den bösen Winzern (20,16 par. Mk 12,9), doch denkt Lukas hier wohl nicht an das Endgericht, sondern an die Zerstörung Jerusalems, was die im Unterschied zu Markus betonte Rede von "diesen" Winzern nahelegt.

Zeiten der Heiden erfüllt werden." Lk 19,27 läßt für eine derartige Befristung keinen Raum. Schließlich gilt es auch zu berücksichtigen, daß das Ende der Parabel dem von Lukas in V11 gesetzten Akzent in keiner Weise entspricht (s.u.). Man wird deshalb außer aus sprachlichen auch aus inhaltlichen Erwägungen heraus die Einfügung des Thronprätendentenmotivs in die Parabel von den anvertrauten Minen einem vorlukanischen Redaktor zuweisen dürfen.

Gegen lukanische wie überhaupt frühchristliche Bildung des Thronprätendentenmotivs als allegorische Bearbeitungsschicht der Minenparabel spricht ferner, daß die in V14 erwähnte Delegation zur Verhinderung des Königwerdens des Thronprätendenten allegorisch nicht deutbar ist. Die Konsistenz der den Thronprätendenten betreffenden Verse ergibt sich nur auf der Bildebene, nicht aber auf der Deutungsebene. Die Anspielung auf historische Vorgänge aus dem Jahre 4 v.Chr. auf den nach der Königsherrschaft strebenden Herodessohn Archelaos und den aus Palästina kommenden jüdischen Gesandten, die sich in der Erwähnung der Delegation spiegelt[78], zeigt zur Genüge, daß wir keine ursprüngliche Allegorie vorliegen haben[79]. Die Folgerung scheint deshalb recht wahrscheinlich, daß hinter dem Thronprätendentenmotiv eine ursprünglich selbständige Erzählung steht.

Wie aber ist nach Lukas die Parabel zu verstehen? Da der dritte Evangelist den hermeneutischen Schlüssel für das Verständnis der Parabel in V11 gibt[80], gilt es nun, sich dieser Leseanweisung zuzuwenden.

2) V11 als hermeneutischer Schlüssel für das lukanische Verständnis der Parabel von den anvertrauten Minen

Nach Meinung vieler Exegeten thematisiere V11 das *Problem der Parusieverzögerung*, das ein Problem der lukanischen Gemeinden sei, auf das die

---

[78] Vgl. *Josephus*, Bell II, 14ff; 80ff; Ant XVII, 219ff; 299ff.

[79] Vgl. die kritischen Anfragen von *Weinert*, Throne Claimant 507: "What sense could a Christian audience possibly make out of the image of a delegation sent after Jesus to prevent his heavenly enthronement? And if the nobleman in this story is simply an allegorical substitute for Jesus, how could a Christian audience reconcile the ruler´s vengeful treatment of his enemies with the teaching of Jesus on this matter? If early Christian created this story as an allegory, then they must be responsible for introducing two important narrative features which are allegorically unintelligible from a Christian point of view."

[80] So u.a. *Bultmann*, Geschichte 208.

Minenparabel die Antwort gebe und die Naherwartung abwehre[81]. Das ist in gewisser Weise durchaus sachgemäß. Doch wird mit keinem Wort etwas über einen Termin oder dessen Verzögerung gesagt, der für die Zeit des Lukas auswertbar wäre. Wenn man den ἄνθρωπός τις εὐγενής (V12) im lukanischen Sinn allegorisch auf Jesus deuten darf[82], dann meint das Gleichnis: Jesus geht in ein fernes Land (= Himmelfahrt), empfängt sein Königtum (= sessio ad dexteram) und kehrt zurück (= Parusie). Die Beurteilung der Knechte und die Vernichtung der Feinde (VV 15-27) beschreiben somit das Endgericht. Zwischen Himmelfahrt und Parusie haben sich die in V14 geschilderte Aussendung der Gesandtschaft, der in V15a vorausgesetzte Empfang der Königsherrschaft und das Geschäftetreiben mit bzw. das Aufbewahren der einen Mine (VV 16.18.20f) ereignet. Von mehr weiß Lk 19,12-27 nicht zu erzählen. Der Zeitraum kann also maximal eine Generation umfassen - wie lange braucht ein Knecht, um mit einer Mine zehn zu erwirtschaften, oder ein Thronprätendent, um seine Herrschaft zu empfangen und zurückzukehren? - ist somit geringer als der Zeitraum zwischen Himmelfahrt und Abfassung des dritten Evangeliums. Der Leser kann demnach aus seiner Lektüre von Lk 19,11-27 unmöglich den Eindruck gewinnen, daß die Parusie jetzt noch eine Weile auf sich warten läßt[83]. Andererseits wird dennoch eine gespannte Parusieerwartung abgeschwächt, indem der Blick nicht auf das Wann der Parusie gelenkt wird, sondern auf die Aufgabe, die den Knechten (= Jüngern) zwischen Himmelfahrt und Parusie zukommt, nämlich mit ihrer Mine Handel zu treiben[84]. Die durch die Parusieverzögerung gewährte Zeit dient also dazu, daß der Jünger der

---

[81] So u.a. *Weiser*, Knechtsgleichnisse 277; *Schneider*, Parusiegleichnisse 41; *Gräßer* Parusieverzögerung 115-118; *Weder*, Gleichnisse 209; *Baarlink*, Eschatologie 152f. - Bestritten wird jegliche Verbindung mit dem Problem der Parusieverzögerung von *Tiede* Prophecy 79, und vor allem von *Johnson*, Kingship-Parable 139ff (besonders 143-153).

[82] So weit ich sehe, ist dies in der exegetischen Diskussion nicht strittig.

[83] Damit soll nicht - wie z.B. von *Baarlink*, Eschatologie 154 - bestritten werden, daß Lukas eine entsprechende Meinung vertritt, sondern nur, daß der Akzent von Lk 19,11f darauf liegt, die Parusie in weite Ferne zu verschieben - so aber *Conzelmann*, Mitte 104 *Gräßer*, Parusieverzögerung 116. Eine Rückkehr des Herrn "nach langer Zeit" findet sic zwar Mt 25,19, aber nicht in Lk 19,11-27, wie *Schweizer*, Lk 195, zu Recht hervor gehoben hat.

[84] Dieser Akzent ist freilich nicht erst von Lukas gesetzt, sondern er findet sich scho in der vorlukanischen Überlieferung wie auch in der Matthäus-Fassung; vgl. *Schneide* Parusiegleichnisse 39-42.

ihm anvertrauten Aufgabe nachkommen kann. Wie in Apg 1,6-11 wird demnach auch in Lk 19,11-27 die Naherwartung zurückgewiesen und statt dessen der Blick auf die Erhöhung Jesu und die Aufgabe der Jünger gerichtet.

Läßt sich die von Lukas in V11 erwähnte und in der folgenden Parabel korrigierte Position noch etwas genauer bestimmen? Da der auctor ad Theophilum - von zwei gleich noch zu besprechenden kleineren Ausnahmen abgesehen - offenbar in die ihm vorgegebene Parabel nicht direkt mit einer theologischen Akzentsetzung eingegriffen hat, muß die Frage vor allem an *V11* gestellt werden. Sehen wir uns also diesen Vers noch etwas genauer an.

Mit ταῦτα zu Beginn des Verses verweist Lukas zurück auf das Ende der vorausgehenden Perikope (VV 9f). Das wird durch προσθεὶς εἶπεν bestätigt, womit εἶπεν ... ὁ Ἰησοῦς aus V9 fortgeführt wird[85]. Nach VV 9f haben die Zuhörer vernommen: Schon heute hat sich die σωτηρία an diesem Haus des Zachäus verwirklicht, der ein Sohn Abrahams ist, d.h. zum auserwählten Volk Israel gehört. Das hat seinen Grund darin, daß der Menschensohn zur Verwirklichung der σωτηρία bereits gekommen ist. Auf dem Hintergrund verwandter frühjüdischer oder urchristlicher Erwartungen lag es nahe, aus diesen Aussagen Jesu die unmittelbare Nähe des Erscheinens der βασιλεία τοῦ θεοῦ zu folgern[86]. Diese Naherwartung wird zudem durch das Jerusalemmotiv unterstützt[87].

Διὰ τὸ ἐγγὺς εἶναι Ἰερουσαλὴμ αὐτόν könnte allerdings doppeldeutig zu verstehen sein: Zum einen ist zu bedenken, daß seit Beginn des Reiseberichtes (9,51) Jerusalem das Ziel des Weges Jesu ist (vgl. 9,53; 13,22; 17,11; 18,31). Nun ist er fast am Ende seiner Reise angelangt. Seine in 9,51 erwähnte ἀνάλημψις in Jerusalem, die nach lukanischem Verständnis "Tod, Auferstehung und Himmelfahrt Jesu umfaßt"[88], steht unmittelbar

---

[85] Προσθεὶς εἶπεν παραβολήν heißt nicht "er sagte wiederum ein Gleichnis" - so *Bauer*, Wb 1440 -, sondern "'er fuhr fort und sagte ein Gl.' (was er vorher nicht getan hatte)" - so BDR 435$_5$.

[86] Vgl. *Kamlah*, Kritik 29: "Die Parabel gilt denen, die gehört haben, daß heute das Heil eingetreten ist, und daß der Menschensohn nicht erst erwartet wird, sondern bereits gekommen ist ... . Das wirft die Frage nach dem Anbruch der Gottesherrschaft auf, und auf diese Frage soll die Parabel antworten. Lukas gibt also der Parabel mit einem einleitenden Vers den sie bestimmenden Ort: Sie ist nun eine Antwort auf die Frage nach der Naherwartung." Vgl. ferner *Carroll*, Response 97f.

[87] Vgl. auch *Weiser*, Knechtsgleichnisse 271.

[88] *Lohfink*, Himmelfahrt 214; vgl. auch *Schnackenburg*, Der eschatologische Abschnitt 227.

bevor. So entsprach es dem Heilsplan Gottes. Doch Jesus war der einzige, der das vor Ostern wußte, während seine diesbezüglichen Bemerkungen von den Jüngern bisher unverstanden geblieben waren (vgl. 9,44f; 18,31-34). Grund genug, sie noch einmal in der folgenden Parabel auf den Heilsplan Gottes, vor allem auf seine bevorstehende Himmelfahrt (vgl. V12), und auf ihre Aufgabe bis zu seiner Rückkehr hinzuweisen. Von diesen Überlegungen her erklärt es sich auch, warum Lukas die Parabel an das Ende des Reiseberichtes gesetzt hat.

Zum anderen aber könnte hier neben dieser spezifisch lukanischen Sichtweise gerade auf die traditionelle Bedeutung Jerusalems und seiner Funktion bei den erwarteten Endereignissen angespielt sein[89]. Jerusalem ist das Ziel des Weges Jesu. An diesem Ziel angekommen wird er das Heil, das sich jetzt schon an diesem einen Sohn Abrahams verwirklicht hat, ganz Israel sichtbar machen. Die Parallele zu der Erwartung der Emmausjünger in 24,21, daß Jesus Israel erlösen werde, liegt auf der Hand. Von hier aus versteht sich auch die Frage der Apostel nach der Basileia für Israel in der Zeit nach der Auferstehung (Apg 1,6).

Die Meinung der beiden sog. Emmausjünger in Lk 24,21a, ἡμεῖς δὲ ἠλπίζομεν ὅτι αὐτός ἐστιν ὁ μέλλων λυτροῦσθαι τὸν Ἰσραήλ, dürfte wohl inhaltlich der in V11c wiedergegebenen Erwartung entsprechen. Damit steht eine traditionelle Erlösungsvorstellung dem tatsächlichen Heilsgeschehen gegenüber. Lk 1,68-71 scheint die traditionelle Erwartung klar formuliert zu sein: Die λύτρωσις, die Gott seinem Volk nach Lk 1,68 bereitet hat, ist die σωτηρία "von unseren Feinden und aus der Hand aller, die uns hassen" (1,71). In diesem Sinn kann auch Mose in Apg 7,35 als λυτρωτής bezeichnet werden, als Befreier Israels aus Ägypten. Auch wenn sich die Begrifflichkeit in Lk 1,68; 2,38 wie wohl auch Apg 7,35 der vorlukanischen Überlieferung verdankt, scheint doch das Verständnis von λύτρωσις durch Lk 1,68-71 so eindeutig, daß es auch in Lk 24,21 vorausgesetzt werden könnte. Die erhoffte Erlösung Israels wäre demnach politisch verstanden und stünde damit "noch recht urspr. im Lichte jüd. Erwartungen"[90]. Doch erheben sich gegen diese Interpretation Bedenken. Zum einen dient nach dem Benedictus der politische Befreiungsakt ja einzig dem Ziel, Gott zu dienen

---

[89] Zu Jerusalem als Hauptstadt des messianischen Weltreiches vgl. *Bill* IV/2, 883f. Die wichtigsten Belegstellen der frühjüdischen Literatur werden ebd. 919(π)-929(aβ) genannt. - In Verbindung mit dem Jahwe-König-Motiv findet sich die Vorstellung von der eschatologischen Bedeutung Jerusalems in Jes 24,23; vgl. auch Jer 3,17.

[90] *Kertelge*, EWNT II 905. In diesem Sinne interpretieren etwa auch *Hauck*, Lk 293; *Schneider*, Parusiegleichnisse 58 Anm. 8; *Marshall*, Luke 895; *Fitzmyer*, Luke II 1564.

(1,74f). Zum anderen aber müßte man davon ausgehen, daß die Emmausjünger Jesu Wirken völlig mißverstanden hätten und damit hinter die Einsichten der Frommen der Vorgeschichte (vgl. Lk 2,28-32.38) zurückgefallen wären. Das ist als lukanische Intention schwer vorstellbar. Die Erwartung der Emmausjünger, ὅτι αὐτός ἐστιν ὁ μέλλων λυτροῦσθαι τὸν Ἰσραήλ, ist deshalb eher von Stellen wie Ps 129,7f LXX her zu verstehen: ὅτι παρὰ τῷ κυρίῳ τὸ ἔλεος, καὶ πολλὴ παρ' αὐτῷ λύτρωσις, καὶ αὐτὸς λυτρώσεται τὸν Ἰσραὴλ ἐκ πασῶν τῶν ἀνομιῶν αὐτοῦ. Was die Jünger aber bisher noch nicht verstehen konnten, war der Heilsplan Gottes bezüglich Tod, Auferstehung und Himmelfahrt Jesu. Auch konnte Ihnen die Rolle der Heiden im Heilsplan Gottes nicht begreiflich werden, da diese bisher noch gar nicht zur Sprache gekommen war. D.h. nun: Die Emmausjünger erwarteten die Erlösung als ein auf Israel beschränktes oder zentriertes Ereignis, das sich anders als durch das tatsächliche Christusgeschehen ereignen würde. Ein partikularistisches Mißverständnis, wonach das Heil und die Erlösung auf Israel beschränkt sind, lag auf Grund der Wirksamkeit Jesu und seiner - so die lukanische Darstellung mit Ausnahme von 8,26ff - Beschränkung auf jüdischen Boden durchaus nahe. Daß ein derartiges Mißverständnis nicht nur in Lk 24,21 und Apg 1,6, sondern auch in Lk 19,11 vorliegt, deutet der Hinweis auf die Abrahamskindschaft in V9 und das Jerusalemmotiv in V11 an. Derartige Erwartungen waren aber nach Lukas auf Grund des Heilsplanes Gottes und seiner Erfüllung im Jesusgeschehen zu korrigieren. Geschah dies Lk 24,27 durch die Schrifterklärung des Auferstandenen, so Lk 19,12-27 durch ein Gleichnis des vorösterlichen Jesus. Beide Male erläutert Jesus seinen Jüngern den Heilsplan Gottes. So hat Lukas das folgende Gleichnis zwar nicht als Korrektur einer politisch motivierten, wohl aber einer auf Israel zentrierten Basileiaerwartung verstanden. Vielleicht muß man annehmen, daß derartige Vorstellungen, die zudem auch noch Anhalt an atl. Aussagen haben, die Gemüter des Theophilus und anderer in der kirchlichen Lehre unterwiesenen Christen verwirren konnten oder gar schon verwirrt haben. Lukas setzt ihnen deshalb seine Interpretation des göttlichen Heilsplanes entgegen.

Lukas hat also offenbar in 19,11 (wie in 24,21) bewußt so formuliert, daß sich hinter der verwendeten Begrifflichkeit falsche Erwartung und korrektes Heilsplanverständnis zugleich verbergen konnten. Ist das richtig, dann wird leicht verständlich, was nach Lukas die Zuhörer meinten, wenn er schreibt: παραχρῆμα μέλλει ἡ βασιλεία τοῦ θεοῦ ἀναφαίνεσθαι. Das Offenbarwerden des im Hause des Zachäus schon Wirklichkeit gewordenen Heils steht unmittelbar bevor. Demnach meint βασιλεία τοῦ θεοῦ in V11 die in Jesu Wirken schon angebrochene und am Ende der Zeiten hereinbrechende Gottesherrschaft, die nun vollends Israels Erlösung bewirkt. Dies entspricht dem jesuanischen und frühchristlichen Verständnis von βασιλεία τοῦ θεοῦ[91] sowie dem lukanischen Verständnis des Heilsplanes Gottes. Die oben besprochene Erwartung der Emmausjünger ist ja insofern richtig, als Jesus tatsächlich der Erlöser Israels ist. Aber diese Erlösung geschieht weder παραχρῆμα, noch ist sie auf Israel beschränkt, noch wird sie zunächst vor aller Welt sichtbar, sondern sie ist nach dem Heilsplan Gottes an die Himmelfahrt Jesu gebunden, der ja gerade deshalb zur Rechten Gottes erhöht wurde, "um Israel Umkehr und Vergebung der Sünden zu geben" (Apg 5,31). An dem Verhältnis zu ihm entscheidet sich dann auch im Endgericht, wer der endgültigen Erlösung teilhaftig wird. So entspricht es dem Heilsplan Gottes und so sagt es die folgende Parabel. D.h. nun aber: Mit der Parabel in Lk 19,12-27 korrigiert der dritte Evangelist eine falsche Basileiaerwartung, indem er ihr sein Verständnis des Heilsplanes entgegensetzt.

Wer aber sind nun die αὐτοί, die ταῦτα gehört haben und die falsche Basileiaerwartung vertreten? Entweder ist hier an die 19,3.7 erwähnte Volksmenge zu denken[92] oder an die Jüngerschar[93], die mit Jesus auf dem Weg hinauf nach Jerusalem ist (vgl. 18,31; 19,29.37). Da Lukas hier Stellung in einer christlichen Diskussion bezieht und die Meinung der Zuhörer von 19,11 in Lk 24,21 sowie Apg 1,6 als Erwartung von Jüngern begegnet, scheint letzteres wahrscheinlicher zu sein[94].

---

[91] Vgl. etwa *Gräßer*, Gottesherrschaft 10: "Gottesherrschaft [meint] jenes eschatologische, d.h. endgültige und entscheidende Handeln Gottes ..., das er zugunsten seines Volkes tut und wodurch er eben als König offenbar wird."
[92] So z.B. *Schweizer*, Lk 217.
[93] So u.a. *Schlatter*, Lk 405.
[94] Vgl. auch *Weiser*, Knechtsgleichnisse 271f.

3) Das lukanische Verständnis der Parabel Lk 19,12-27

Nach V11 läßt Lukas also die Jünger die Meinung vertreten, daß das In-Erscheinung-Treten der Gottesherrschaft nahe bevorsteht und ein auf Israel zentriertes Geschehen ist. Ihnen erklärt Jesus in einer im lukanischen Sinn allegorisch zu verstehenden Parabel, daß er seine Herrschaft im Himmel empfängt und sie bei seiner Parusie ausüben wird, daß diese sich aber vollzieht als eine Rechenschaftsforderung von den Christen (= Knechte) und als eine Vernichtung des ungläubigen Israels (= Feinde des Thronprätendenten). Dieser letzte Aspekt ist Lukas aus der Tradition vorgegeben, wird aber von ihm nicht weiter ausgebaut.

Anders sieht es mit der Ermahnung an die Jünger aus. Der Auftrag in V13, mit den Minen Handel zu treiben, der bei Matthäus fehlt, dürfte wohl lukanisch sein[95]. Hier sagt Lukas, worauf es für die Jünger in der Zeit zwischen Himmelfahrt und Parusie ankommt. Bei den Minen wird Lukas wohl an das den Christen anvertraute Evangelium denken[96], d.h. an die Geheimnisse der βασιλεία τοῦ θεοῦ (Lk 8,10)[97]. Der Erfolg ist deshalb in der Macht des Evangeliums begründet (vgl. VV 16.18: "deine Mine hat erbracht ..."). Wie in Lk 8-10 erhalten so die Jünger am Ende des Reiseberichtes noch einmal den Auftrag, die ihnen anvertraute Erkenntnis nicht zu verbergen, sondern Raum greifen zu lassen, weil ihr Umgang mit den empfangenen Geheimnissen der βασιλεία τοῦ θεοῦ der Maßstab für ihre Beurteilung im Endgericht ist. Wer diese Geheimnisse versteckt und für sich behält, der gleicht jenem bösen Knecht, der seine Mine im Schweißtuch aufbewahrt. Was von den Jüngern gefordert ist, ist deshalb die Verkündigung des Evangeliums, d.h. der βασιλεία τοῦ θεοῦ.

---

[95] So auch *Weiser*, Knechtsgleichnisse 258; doch wird sich das kaum sprachlich erweisen lassen, wie *Weiser*, a.a.O. 234, meint. Warum der Auftrag bei *Weiser* dann aber theologisch "für die vorlukanische Tradition" (a.a.O. 270) ausgewertet wird, ist völlig uneinsichtig.

[96] Vgl. *Weiser*, Knechtsgleichnisse 234, der als "Motiv dieser Einfügung" in V13 die "für Lukas typische Auffassung" sieht, "daß zwischen der Himmelfahrt und Parusie Jesu die Kirche ihre Aufgaben, besonders die Verkündigung des Evangeliums, zu erfüllen hat."

[97] *Fitzmyer*, Luke II 1232, sieht in diesem Vers den Schlüssel zum Verständnis des ursprünglichen Jesusgleichnisses, aber auch einen wichtigen Hinweis zur Interpretation des Gleichnisses im lukanischen Kontext.

Wir kommen somit zu dem Ergebnis: Es geht Lukas offenbar sowohl um die Abwehr einer Naherwartung, die in Passivität verweilt, als auch um die Korrektur einer Basileiavorstellung, die das Heil Israels anders als durch die vom Erhöhten gewährte Sündenvergebung erwartet. Das Gleichnis gibt nach Lukas eine Korrektur von beiden Mißverständnissen:

1. An die Stelle der Naherwartung der βασιλεία τοῦ θεοῦ setzt der auctor ad Theophilum die Gewißheit, *daß* die Parusie *Christi* kommen wird[98]. Und er ermahnt den Untätigen, nicht jenem faulen Knecht zu gleichen, der seine Mine im Schweißtuch aufbewahrt, anstatt sie arbeiten zu lassen[99].

2. An die Stelle einer falschen Basileiavorstellung tritt das lukanische Heilsplanverständnis und die Beschreibung des Endgerichts. Heil für die Landsleute Jesu, d.h. für Israel, gibt es nicht, wenn sie sein Königtum, d.h. seine Erhöhung, nicht anerkennen.

Lukas verwendet also in 19,11 eine traditionelle Basileiavorstellung, um damit eine falsche Erwartung zu artikulieren. Er korrigiert sie mit seinem Verständnis von βασιλεία τοῦ θεοῦ, indem er Jesus mit einer allegorisch zu interpretierenden Parabel auf den Heilsplan Gottes verweisen läßt. Diesem Plan entspricht nicht die sogleich sichtbar und universal in Erscheinung tretende sowie auf Israel zentrierte Basileia, sondern Jesu Weggang in den Himmel und sein Wiederkommen am Ende der Zeiten. Gerade in der Realisierung dieses Heilsplanes erweist sich für Lukas die Gottesherrschaft.

---

[98] Den Aspekt der Rückkehr hat Lukas mit καὶ ὑποστρέψαι in V12 noch einmal besonders hervorgehoben. Die Vokabelstatistik zeigt, daß es sich bei diesem Verb um eine lukanische Vorzugswendung handelt: Von den 35 ntl. Belegen entfallen 32 auf das lukanische Doppelwerk. - Überhaupt begegnen in der lukanischen Allegorie im Vergleich zur Matthäusparallele gehäuft Hinweise auf die Rückkehr des Herrn. Neben ὑποστρέψαι in V12 sind hier zu nennen: V13: ἐν ᾧ ἔρχομαι; V15: ἐν τῷ ἐπανελθεῖν; V23 (par. Mt 25,27): ἐλθών. Damit wird hervorgehoben: Die Wiederkunft Christi zum Endgericht ist gewiß!

[99] So weit hat *Kamlah*, Kritik 30, völlig richtig gesehen: "Die Antwort auf die in dem einleitenden Vers gestellte Frage lautet also: An Stelle der Naherwartung tritt nun das Wissen von dem Ablauf der Heilsgeschichte und die Aufgabe, sich im Sinne von Gabe und Auftrag zu bewähren."

3. Lk 21: Die Frage nach dem Zeitpunkt der Tempelzerstörung (V7) und die Nähe der βασιλεία τοῦ θεοῦ (V31)

Im Zusammenhang mit Lk 17,20; 19,11 und Apg 1,6 ist auch die Frage von Lk 21,7 zu bedenken. Als einige die Schönheit des Tempels loben (21,5), kündigt Jesus seinen Untergang an (V6), woraufhin er nach dem Zeitpunkt des angekündigten Ereignisses und möglichen Zeichen gefragt wird (V7: διδάσκαλε, πότε οὖν ταῦτα ἔσται καὶ τί τὸ σημεῖον ὅταν μέλλῃ ταῦτα γίνεσθαι;). Im Unterschied zu 17,20 und 19,11 fällt in 21,7 das Stichwort βασιλεία τοῦ θεοῦ nicht. Es fehlt ebenfalls in der Vorlage[100] Mk 13,4: εἰπὸν ἡμῖν, πότε ταῦτα ἔσται καὶ τί τὸ σημεῖον ὅταν μέλλῃ ταῦτα συντελεῖσθαι πάντα; Doch zeigt die Parallele bei Markus, daß es eine frühchristliche Erwartung gab, in der Tempelzerstörung und Endvollendung in einem festen Zusammenhang stehen, insofern dort die Fragesteller nicht wie bei Lukas nach den Vorzeichen der Tempelzerstörung (ὅταν μέλλῃ ταῦτα γίνεσθαι), sondern nach den Vorzeichen der Endvollendung (ὅταν μέλλῃ ταῦτα συντελεῖσθαι πάντα; vgl. Dan 12,7 LXX) fragen[101]. Demnach wird in 21,7 wie in Apg 1,6 nach dem Zeitpunkt

---

[100] Lk 21,5ff kann als lukanische Interpretation von Mk 13,1ff verstanden und interpretiert werden. Das gilt auch dann, wenn Lukas, wie man bisweilen vermutet hat, in Kapitel 21 neben dem ältesten Evangelium noch eine weitere Quelle benutzt haben sollte, da er in der Reihenfolge der einzelnen Abschnitte mit Mk 13 parallel geht, obwohl diese Reihenfolge seiner Ansicht nach nicht der Chronologie der angekündigten Ereignisse entspricht. Wenn Lukas also noch weiteres Material verarbeitet haben sollte, dann hat er es bewußt in den Markusrahmen eingebaut und sich damit als seine Meinung zu eigen gemacht. - Zur Beurteilung der Quellenfrage von Lk 21 in den letzten 20 Jahren vgl. den von *Verheyden*, Source(s) 491ff; gegebenen Überblick.

[101] Weithin akzeptiert ist die Ansicht, daß in Mk 13,4 die Tempelzerstörung und die Zeichen der Endvollendung zueinander in Beziehung gesetzt sind (vgl. *Kümmel*, Verheißung 92; *Marxsen*, Markus 113f; *Zmijewski*, Eschatologiereden 86-88; *Geiger*, Endzeitreden 166; *Gnilka*, Mk II 183; *Schmithals*, Mk II 571; *Lührmann*, Mk 218). Strittig ist aber, ob für Markus die Tempelzerstörung "Teil des Endgeschehens" ist (*Kümmel*, Verheißung 92; ihm folgt *Marxsen*, Markus 113; vgl. ferner *Schmithals*, Mk II 571) oder der Endvollendung vorausgeht (so *Lührmann*, Mk 218) und im Unterschied zu seinen Adressaten als Zeichen der Parusie abzulehnen ist (so *Zmijewski*, Eschatologiereden 88; *Geiger*, Endzeitreden 167.249; *Gnilka*, Mk II 183). Die Streitfrage braucht hier nicht entschieden zu werden, da für unsere Überlegungen die Einsicht genügt, daß Mk

eines Ereignisses gefragt, das in der Tradition mit der Parusie verbunden worden ist. Daß Lukas diese traditionelle Vorstellung korrigiert, wird schon durch seine Neuformulierung der Frage sichtbar, die die Tempelzerstörung nicht mehr in Zusammenhang mit der Endvollendung bringt[102]. Es wird aber auch deutlich in der Antwort, die Lukas der Frage widerfahren läßt, insofern er die folgende Rede nutzt, um eine Gliederung der letzten Phase der Heilsgeschichte seinen Lesern aufzuzeigen und dabei zu differenzieren zwischen der Zerstörung Jerusalems als einem schon geschehenen Ereignis und den noch ausstehenden Vorzeichen der Parusie[103]. Versuchen wir uns den von Lukas in Kapitel 21 vorgestellten heilsgeschichtlichen Ablauf kurz zu vergegenwärtigen, indem wir uns Aufbau und Gedankengang der eschatologischen Rede Jesu deutlich machen.

Die mit ὁ δὲ εἶπεν in V8 eingeleiteten Ausführungen weisen eine erste Zäsur in V10 auf, wo Lukas mit τότε ἔλεγεν αὐτοῖς eine neue Redeeinleitung in seine Markusvorlage (13,8) eingefügt hat. Der dritte Evangelist will damit auf eine zeitliche Differenz zwischen den in V9 und V10 genannten Geschehnissen aufmerksam machen. Ebenfalls lukanischer Zusatz ist die Zeitangabe πρὸ δὲ τούτων πάντων zu Beginn von V12 (diff. Mk 13,9), die die in den VV 12-19 geschilderte Verfolgungssituation zeitlich den in VV 10f genannten Ereignissen vorordnet[104]. Ob die Zeitangabe sich auch auf die VV 8f zurückbezieht und die Voraussage der Zerstörung Jerusalems in den VV 20-24 miteinbezieht, wird gleich noch zu erwägen sein. Abgeschlossen werden die Voraussagen Jesu auf jeden Fall mit der

---

13,4 eine Tradition zu Grunde liegt, für die Tempelzerstörung und Parusie einen festen Zusammenhang bilden.

[102] Vgl. *Geiger*, Endzeitreden 168; *Keck*, Abschiedsrede 98.

[103] Vgl. auch *Zmijewski*, Eschatologiereden 78f; *Fitzmyer*, Luke II 1329; *Carroll*, Response 111; *Wiefel*, Lk 349. - Diese Trennung von Tempelzerstörung und Parusie berechtigt freilich noch nicht dazu, mit *Conzelmann*, Mitte 119, von einer Enthistorisierung der Eschatologie zu sprechen. Bei Lukas bedingt zwar die sich dehnende Zeit eine längere Dauer bis zur Parusie, doch ist nach ihm diese sich dehnende Zeit insofern letzte Zeit, als seit dem Auftreten des Täufers die eschatologische Erfüllungszeit angebrochen ist, die sich qualitativ von der vorausgehenden Zeit der Verheißung unterscheidet. Als ein Erfüllungs- und damit als ein eschatologisches Geschehen wird aber von Lukas die Zerstörung Jerusalems in 21,22 ausdrücklich bezeichnet.

[104] Das Geschehen, von dem die VV 12-19 reden, geht zeitlich mit den in der Apostelgeschichte berichteten Ereignissen parallel; vgl. *Baarlink*, Eschatologie 159 mit Anm. 65; *Carroll*, Response 118.

Ankündigung der Parusie und ihrer Vorzeichen (VV 25-28). Nach einer neuen Redeeinleitung in V29a (diff. Mk 13,28) folgen das Gleichnis vom Feigenbaum und von allen Bäumen (VV 29-31), die Versicherung über die Gültigkeit der Worte Jesu (VV 32f) und Ermahnungen zur Wachsamkeit (VV 34-36). Die aufgezeigte Gliederung der Verse ist m.w. in der Forschung nicht besonders strittig. Ebenfalls unstrittig ist die Einsicht, daß die in den VV 12-28 genannte Reihenfolge Verfolgung, Zerstörung Jerusalems, Parusie und Erlösung chronologisch der lukanischen Vorstellung des Geschichtsverlaufes entspricht. Uneinigkeit besteht hingegen darin, wie die VV 8f.10f in diese Chronologie einzuordnen sind und was mit den in V24fin genannten καιροὶ ἐθνῶν, deren Erfüllung die Zerstörung Jerusalems von den in V25 genannten kosmischen Vorzeichen der Parusie trennt, gemeint ist.

Was zunächst die chronologische Einordnung der in den VV 10f genannten Geschehnisse betrifft, so liegt es nahe, sie mit V25 zeitlich parallel zu setzen, da V11 mit der Ankündigung himmlischer "Zeichen" schließt und V25a mit einer entsprechenden Ankündigung beginnt[105]. Zudem liegt die Realisierung dieser Voraussagen für den dritten Evangelisten noch in der Zukunft, während die in den dazwischenliegenden Versen genannte Verfolgung und Zerstörung Jerusalems für ihn schon Ereignisse der Vergangenheit sind.

Schwieriger ist die Einordnung der VV 8f in die von Lukas vorausgesetzte Chronologie. Geht man zunächst von V9 aus, dann wird man bei den hier erwähnten "Kriegen und Aufständen" im Unterschied zu dem im V10 genannten universalen Kriegsgeschehen wohl an den jüdisch-römischen Krieg vor der Tempelzerstörung denken dürfen[106]. Was aber liegt dann näher, V8 zeitlich V9 vorzuordnen und nicht auf innergemeindliche Verführer, sondern auf die von *Josephus* erwähnten Erlösergestalten zu beziehen[107]? Das von Lukas in seine Markusvorlage eingefügte ὁ καιρὸς ἤγγικεν gilt dann

---

[105] Das Stichwort σημεῖα hat Lukas in V11 und V25 jeweils in seine Markusvorlage eingefügt (diff. Mk 13,8.24).
[106] So z.B. *Ernst*, Lk 556; *Carroll*, Response 111.
[107] Bell II 258-263. In Bell II 259 nennt *Josephus* sie πλάνοι ἄνθρωποι. Vgl. auch den Ant XX, 97-99 erwähnten und zur Zeit des Fadus (44-46 n.Chr.) auftretenden Theudas sowie den schon zuvor in Ant XVIII 4ff erwähnten Judas, den Galiläer. Daß Lukas von derartigen Personen wußte, zeigt Apg 5,36f mit der Erwähnung von Theudas und Judas, wenn letzterer auch chronologisch falsch eingeordnet wird, sowie Apg 21,38 mit der Nennung des Bell II 261-263 genannten Ägypters. - Vgl. hierzu auch *Maddox*, Purpose 119.

nicht einer Abwehr der Naherwartung in der Kirche[108], sondern beschreibt die Ankündigung der Messiasprätendenten vor bzw. während des römisch-jüdischen Krieges[109]. Ist das richtig, dann beantworten die VV 8f die beiden Fragen von V7. V8 nennt mit dem Hinweis auf Verführer das erfragte Zeichen, während der ὅταν-Satz in V9 Antwort auf die πότε-Frage gibt. Zugleich werden in V9 mit πρῶτον (diff. Mk 13,7) und οὐκ εὐθέως τὸ τέλος (ähnlich Mk 13,7: οὔπω τὸ τέλος) die Ereignisse des jüdisch-römischen Krieges ausdrücklich von den Parusieereignissen unterschieden. Mit τότε ἔλεγεν αὐτοῖς in V10 leitet Lukas dann die Rede Jesu neu ein und stellt die Ankündigung der Tempelzerstörung in einen größeren geschichtlichen Zusammenhang.

Lk 21 würde demnach folgende Chronologie nahelegen: Verfolgung (VV 12-19), Auftreten von Messiasprätendenten (V8), römisch-jüdischer Krieg (V9), Belagerung und Zerstörung Jerusalems (VV 20-24), Erfüllung der "Zeiten der Heiden" (V24fin), weltweites Kriegsgeschehen und kosmische Katastrophen sowie himmlische Zeichen (VV 10f.25f), als Abschluß die Parusie (V27) und die Erlösung der Gläubigen (V28)[110]. Deutlich dürfte dabei sein, daß die καιροὶ ἐθνῶν die eigene Gegenwart des auctor ad Theophilum bezeichnen, während die zuvor genannten Ereignisse schon

---

[108] "Im Zusammenhang mit dem ersten Ausspruch der Falschlehrer" könnte ὁ καιρὸς ἤγγικεν dann ja "nur bedeuten: Das Endgeschehen hat begonnen; der Parusie-Christus ist schon gekommen. Nur der grandiose Schlußpunkt der längst begonnenen Endereignisse steht noch aus; aber er steht unmittelbar bevor"; *Keck*, Abschiedsrede 100.

[109] Vgl. hierzu *Josephus*, Bell VI 312f: "Was sie (sc. die Juden) aber am meisten zum Krieg aufstachelte, war eine zweideutige Weissagung, die sich ebenfalls in den heiligen Schriften fand, daß in jener Zeit (κατὰ τὸν καιρὸν ἐκεῖνον) einer aus ihrem Land über die bewohnte Erde herrschen werde. Dies bezogen sie auf einen aus ihrem Volk, und viele Weise täuschten sich (ἐπλανήθησαν) in ihrem Urteil. Der Gottesspruch zeigt vielmehr die Herrscherwürde des Vespasian an, der in Judäa zum Kaiser ausgerufen wurde" (Übersetzung nach *Michel/Bauernfeind*). Auch *Tacitus*, Historien V 13,2, weiß von einem entsprechenden Rätselspruch aus "den alten Schriften der Priester", den die Juden fälschlicherweise auf sich bezogen hätten, obwohl in Wirklichkeit Vespasian und Titus gemeint gewesen seien. Schließlich findet sich ein Nachklang dieser Vorstellung noch einmal bei *Sueton*, Vespasianus IV 5, wo sie als ein im Orient verbreiteter Glaube angesehen wird, den die Juden auf sich bezogen, obwohl er auf einen römischen Kaiser zu deuten sei.

[110] Vgl. *Geiger*, Endzeitreden 168ff; *Schneider*, Lk II 417; *Wiefel*, Lk 347.

Vergangenheit sind (VV 8f.12-24), die danach genannten Ereignisse noch in der Zukunft liegen (VV 10f.25-28).

Ob die in V24 erwähnten "Zeiten der Heiden" die Zeit der Heidenmission[111] oder die Zeit der Bedrückung Jerusalems durch die Heiden[112] oder beides[113] meinen, ist umstritten. Nun hat die Zeit der Heidenmission schon vor der Zerstörung Jerusalems begonnen. Sie bleibt auch für die Zeit der Bedrückung Jerusalems durch die Heiden bestimmend. Ihre universale Realisierung ist aber für den auctor ad Theophilum die einzige Verheißung, deren Erfüllung vor Anbruch des Parusiegeschehens noch aussteht. Deshalb wird die Erfüllung der "Zeiten der Heiden" die zum Heilsplan Gottes gehörende universale Heidenmission meinen[114]. Da diese sich an "alle Völker" richtet (Lk 24,47) und bis zum "Ende der Erde" erstreckt (Apg 1,8), dürfte Lukas kaum mit der baldigen Wiederkunft Christi gerechnet haben. Doch wie auch immer nun die Wendung zu verstehen ist, auf jeden Fall bildet die Erfüllung der "Zeiten der Heiden" die conditio sine qua non der Parusie. Letztere ist also nicht von der Tempelzerstörung abhängig, wie die Frage der Lukasvorlage Mk 13,4 vorausgesetzt hat.

Insofern der lukanische Jesus nun die Tempelzerstörung dem noch ausstehenden τέλος zeitlich vorordnet (V8), kann der ἀσφάλεια benötigende Leser wie Theophilus die genannten Ereignisse als zum Heilsplan Gottes gehörig begreifen. Wer immer Zweifel an den Worten Jesu gehegt hat, weil seine eschatologischen Voraussagen nicht eingetroffen seien, wird durch Lk 21,8-28 über diese Voraussagen eines Besseren belehrt. Der jüdische Krieg mußte (δεῖ) zuvor (πρῶτον) geschehen (V8) und die Zerstörung Jerusalems entspricht den Vorankündigungen der Schrift (V22). Die in Gültigkeit bleibenden Worte Jesu (V33) führen den Leser also zur Erkenntnis der Wirksamkeit Gottes, insofern das Geschehen seinem Heilsplan gemäß abläuft, wie ihn Jesus im Tempel seinen Jüngern vor den Ohren der Öffent-

---

[111] So *Marxen*, Markus 129; *Eltester*, Israel 120; *Geiger*, Endzeitreden 207; *Hiers*, Delay 154; *Maddox*, Purpose 120.
[112] So *Schneider*, Lk II 424; *Baarlink*, Eschatologie 160.
[113] So *Wiefel*, Lk 353.
[114] Vielleicht aber hat Lukas, der die Heidenmission erst den Auferstandenen ankündigen läßt (Lk 24,47), mit dem Stichwort "Zeiten der Heiden" bewußt doppeldeutig formuliert.

lichkeit erklärt hat[115]. Wenn sie also sehen, daß das Angekündigte geschieht, dann können sie erkennen, daß die Vollendung der sich realisierenden Gottesherrschaft nahe ist (V31).

Dieses vorgeschlagene Verständnis von V31 (ὅταν ἴδητε ταῦτα γινόμενα, γινώσκετε ὅτι ἐγγύς ἐστιν ἡ βασιλεία τοῦ θεοῦ) entspricht zwar keineswegs der üblichen Interpretation, scheint mir aber von den vorgetragenen Überlegungenen und dem spezifisch lukanischen Verständnis von βασιλεία τοῦ θεοῦ her naheliegend. Gewöhnlich versteht man unter βασιλεία τοῦ θεοῦ an dieser Stelle die zukünftige himmlische Basileia[116], während man sich darüber streitet, ob ταῦτα auf die VV 25f[117], die VV 25-27[118] oder nur V27[119] zu beziehen ist. Im Kontext von Lk 21 gäbe dieses Verständnis von βασιλεία τοῦ θεοῦ zwar einen guten Sinn: Wenn ihr die angekündigten Vorzeichen bzw. die Parusie geschehen seht, dann wißt, daß das künftige Gottesreich nahe ist. Gegen diese Deutung spricht aber, daß Lukas sonst nie von sich aus Jesus dieses Verständnis von βασιλεία τοῦ θεοῦ gebrauchen läßt, vielmehr das Kommen der βασιλεία τοῦ θεοῦ und die Parusie Christi deutlich differenziert. Nun hat Lukas aber in V31 βασιλεία τοῦ θεοῦ in seine Markusvorlage eingefügt. Hieß es in Mk 13,29: ὅταν ἴδητε ταῦτα γινόμενα, γινώσκετε ὅτι ἐγγύς ἐστιν ἐπὶ θύραις, so schreibt Lukas: ὅταν ἴδητε ταῦτα γινόμενα, γινώσκετε ὅτι ἐγγύς ἐστιν ἡ βασιλεία τοῦ θεοῦ. Deshalb scheint eine Deutung vom spezifisch lukanischen Verständnis von βασιλεία τοῦ θεοῦ her näher zu liegen. Lukas will dann mit V31 sagen: Die sich realisierende Gottesherrschaft kommt mit der Parusie Christi zu ihrer Vollendung, insofern Gott dann seinen Heilsplan erfüllt hat. Unter diesem Aspekt betrachtet bedeutet die Erkenntnis der Nähe der βασιλεία τοῦ θεοῦ die Erkenntnis, daß die endgültige Erfüllung des Heilsplanes Gottes nahe ist.

---

[115] Anders als nach Mk 13,3 ist die Rede in Lk 21 nicht nur vor den Jüngern gehalten. Vielmehr werden die in 20,45 genannten Menschen als Zuhörer vorausgesetzt. Von einer esoterischen Lehre Jesu oder gar einer Geheimlehre kann so nach Lukas keine Rede sein.

[116] So etwa *Geiger*, Endzeitreden 232f; *Keck*, Abschiedsrede 286; *Lindemann*, Herrschaft Gottes 211; *Wiefel*, Lk 355.

[117] So *Schneider*, Lk II 430.

[118] So *Wiefel*, Lk 355 .

[119] So *Keck*, Abschiedsrede 283f, für den damit gemeint ist "das Gericht des Menschensohnes über die Völker: wenn dieses Gericht stattfindet, dann steht auch das Gottesreich für die angesprochenen Gläubigen unmittelbar bevor" (284).

4. Zusammenfassung

In 17,20; 19,11; 21,7 und Apg 1,6 hat der auctor ad Theophilum eine traditionelle eschatologische Erwartung zum Anlaß genommen, um seinen Lesern den Heilsplan Gottes zu erklären. Dabei mußte für jeden, der das Evangelium bis 17,20 gelesen hatte, deutlich sein, daß die βασιλεία τοῦ θεοῦ nicht erst zukünftig kommt, sondern gegenwärtig schon wirksam ist. Auch war auf Grund der inzwischen vergangenen Zeit für jeden Leser von Lk 19,11 klar, daß mit der Ankunft Jesu in Jerusalem nicht das zukünftige Gottesreich vor aller Welt sichtbar werden wird. Ebenso konnte zur Zeit des Lukas keiner mehr die Tempelzerstörung in unmittelbaren Zusammenhang mit der Parusie bringen. Schließlich war auch die Antwort auf die Frage von Apg 1,6, ob Jesus "in dieser Zeit" zwischen Ostern und Pfingsten die βασιλεία τῷ ᾽Ισραήλ wiederherstellen werde, schon durch den Lauf der Geschichte selbst gegeben worden.

Nun ist aber deutlich, daß in den in Lk 17,20; 19,11 und Apg 1,6 thematisierten Erwartungen die βασιλεία im Sinne der traditionellen Vorstellung verstanden ist und entsprechend futurischen Charakter trägt. Sie wird jedoch in der Antwort Jesu jeweils auf den Heilsplan Gottes hin interpretiert. Auf diese Weise erfährt das traditionelle Basileiaverständnis eine Korrektur. Die Gottesherrschaft und viele in der Tradition mit ihrem Kommen verbundenen Ereignisse beginnen nach Lukas nicht erst mit der Parusie Christi, sondern haben sich schon in der Gegenwart realisiert. Die βασιλεία τοῦ θεοῦ bringt das Heil Israels, ist aber nicht auf Israel beschränkt. Sie realisiert sich in der Zerstörung Jerusalems, aber auch in der Heidenmission. Es geht deshalb für die Christen nicht darum, auf das zukünftige Kommen der βασιλεία τοῦ θεοῦ zu warten. Was zukünftig kommt, ist die Parusie Christi zum Endgericht. Hier wird Rechenschaft gefordert über den Umgang mit der anvertrauten Gabe der Heilsplanerkenntnis in der Gegenwart.

Auf der Bewältigung der Gegenwart liegt deshalb der Ton in den Ausführungen des Lukas. Die eigene Existenz in der Gegenwart gilt es zu verstehen auf dem Hintergrund der schon realisierten und gegenwärtig sich realisierenden eschatologischen Gottesherrschaft. In der Gegenwart verwirklichen sich gemäß dem Heilsplan Gottes die "Zeiten der Heiden". Für die Christen kommt es jetzt darauf an, diesen Heiden die Herrschaft Gottes zu verkündigen. Erst wenn sie gehört haben und das Zeugnis der Apostel an das Ende der Erde gelangt ist, geschieht die Parusie Christi. Dann erst gilt: Die Vollendung der sich realisierenden Gottesherrschaft ist nahe; der Heilsplan Gottes hat sich erfüllt. Indem Lukas also Jesus die traditionellen Erwartungen mit einer Darlegung des Heilsplanes Gottes korrigieren bzw. präzisieren läßt, erweist er das vergangene, gegenwärtige und zukünftige Geschehen als vorausbestimmt und von Gott gewirkt. Zugleich vergewissert er den Leser, daß auch das noch ausstehende Parusiegeschehen mit der gleichen Zuverlässigkeit wie die vergangenen Ereignisse eintreten wird.

5. Kapitel
Ergebnis

Inhalt der Basileiaverkündigung: Mit der für das lukanische Doppelwerk spezifischen Verbindung von verbum dicendi und βασιλεία τοῦ θεοῦ wird die christliche Botschaft thematisiert. Diese Botschaft beinhaltet für Lukas den Heilsplan Gottes und seine teilweise Realisierung. Dazu gehören Schöpfung und Erwählung Israels ebenso wie die Zuwendung von Schöpfungsgaben an die Heiden, auch wenn Gott sie ihre eigenen Wege gehen ließ.

Mit dem Auftreten Johannes des Täufers tritt die Realisierung des Heilsplanes in ein neues und letztes Stadium ein, insofern das Geschehen sich nun als Erfüllung göttlicher Vorhersagen darstellt und als Handeln Gottes erweisen läßt. Im Zentrum dieses Erfüllungsgeschehens steht das Wirken, Sterben und Auferwecktwerden Jesu, seine Himmelfahrt sowie seine Wirksamkeit als Erhöhter. Daneben erweisen sich die Geistgabe, die Wiederherstellung Israels, die Heidenmission, die Verstockung der ungläubigen Juden sowie die Zerstörung Jerusalems - um nur die wichtigsten Ereignisse der sich realisierenden Gottesherrschaft zu nennen - als Erfüllung des Heilsplanes Gottes.

Da die Gottesherrschaft eine sich realisierende ist und ihre Verkündigung das Wirken Gottes als Erfüllung seines Heilsplanes thematisiert, mußte sich der Inhalt der Basileiaverkündigung während des im lukanischen Doppelwerk beschriebenen Zeitraumes entsprechend der Verwirklichung des Heilsplanes und der wachsenden Heilsplaneinsicht der Jünger ausweiten. Erst nach Ostern ist deshalb Kreuz und Auferweckung Jesu Teil ihrer Basileiaverkündigung. So konnte auch erst am Ende der Apostelgeschichte Paulus die Verstockung der ungläubigen Juden und die völlige Hinwendung der Heilsbotschaft zu den Heiden als Gottesherrschaft zur Sprache bringen.

Heilsplanerkenntnis: Erweisen läßt sich dieses Geschehen als eschatologische Realisierung der Gottesherrschaft auf Grund von Heilsplanerkenntnis. Seinen Heilsplan hat Gott durch seinen Geist in Gesetz und Propheten kundgetan. Seine Erkenntnis fehlt dem Täufer noch und begegnet zum ersten Mal in der Verkündigung Jesu, weshalb die Verkündigung der Gottesherrschaft erst mit Jesu Auftreten begonnen hat. Er hat als der mit dem Heiligen Geist Gesalbte erstmalig die Heilsplanerfüllung als Gottesherrschaft proklamiert.

Schon vor Ostern werden die Jünger mit dieser Verkündigung beauftragt, nachdem ihnen die Erkenntnis der Geheimnisse der Gottesherrschaft als eine Gabe Gottes geschenkt wurde. Doch fehlt ihnen in dieser Zeit noch die Heilsplaneinsicht bezüglich Tod und Auferweckung Jesu. Diese Geschehnisse begegnen zwar als Voraussage in der Verkündigung Jesu, werden jedoch den Jüngern erst nach ihrer Realisierung auf Grund einer Offenbarung Jesu als Heilsplanerfüllung und damit als Gottesherrschaft verständlich. Dabei machte der Auferweckte die elf Apostel zu Zeugen dieses Heilsplanes, denen er später Matthias als zwölften und Paulus als den dreizehnten Zeugen an die Seite stellte. Ihre von Jesus eröffnete Heilsplaneinsicht und ihre darauf gründende und durch die Geistgabe ermöglichte Verkündigung der βασιλεία τοῦ θεοῦ sind deshalb Autorität für die Verkündigung der Kirche. Insbesondere den Presbytern ist ihre Botschaft anvertraut. Die Sukzession des Evangeliums steht deshalb im Hintergrund, wenn Lukas als Inhalt der Verkündigung von Jesus bis Paulus die βασιλεία τοῦ θεοῦ angibt. Dadurch sollen in Verunsicherung geratene Christen wie Theophilus angesichts des Auftretens von Irrlehrern in der Kirche der zu glaubenden Botschaft und des göttlichen Heilsplanes vergewissert werden.

Eschatologie: Insofern es sich bei diesen Geschehnissen um ein Erfüllungsgeschehen handelt, ist es berechtigt, von der sich realisierenden eschatologischen Gottesherrschaft zu sprechen. Diese beginnt also nicht erst mit der Parusie Christi, sondern findet mit dem Kommen Jesu zum Gericht ihren Abschluß. Die sich dehnende Zeit zwischen dem ersten und zweiten Kommen Christi führt deshalb nicht dazu, daß das Eschaton in weite Ferne rückt. Vielmehr qualifizieren entsprechend dem Heilsplan Gottes die nacheinander sich realisierenden Ereignisse auf Grund der ihnen als Erfüllungsgeschehen aneignenden eschatologischen Qualität die sich dehnende Zeit als eschatologische. Dabei wird nicht die vom irdischen Jesus als unmittelbar bevorstehend angekündigte und in seinem Wirken schon Wirklichkeit gewordene Gottesherrschaft historisiert, sondern umgekehrt das in der Geschichte des Täufers, Jesu und der Kirche sich vollziehende Heilshandeln Gottes eschatologisiert. Daß eine existentialistisch orientierte Exegese mit der Betonung des Augenblicks als der eschatologischen Entscheidungssituation und damit zusammenhängend mit einem Verständnis von "Eschatologie als aktuelle Naherwartung"[1] mit dieser Konzeption des Lukas ihre Schwierigkeiten hatte und hat, ist nur zu verständlich.

Ethik: Gegen antinomistische, durch Irrlehrer in die Kirche eingebrachte Tendenzen richtet sich die lukanische Betonung der bleibenden Gültigkeit von Gesetz und Propheten sowie von der Notwendigkeit der Ethik. Dem im Heilshandeln Gottes begegnenden Weltbezug entspricht ein sich etwa in der Armenfürsorge äußernder Weltbezug christlichen Tuns. Doch bedeutet dies kein Einrichten in der Welt, da der mit der Nachfolge verbundene Auftrag zur Basileiaverkündigung das Loslassenkönnen von Heimat und Besitz erfordert. Neben der von Gott geschenkten Erkenntnis der Geheimnisse der Gottesherrschaft ist somit das christliche Tun Maßstab für die Beurteilung im Endgericht und für das Eingehen in die transzendente Basileia.

Verkündigungsauftrag: Gegen Irrlehrer richtet sich wohl auch die häufige Hervorvorhebung des Auftrags zur Basileiaverkündigung. Die Erkenntnis des Heilsplanes Gottes ist kein in esoterischen Zirkeln zu pflegendes Geheimnis, sondern muß unverkürzt von allen Nachfolgern zur Sprache gebracht werden, da ihre Verkündigung die Existenz der Kirche bedingt und als Erfüllungsgeschehen selbst zur verkündigten Gottesherrschaft gehört. Diesem Auftrag ist auch der auctor ad Theophilum nachgekommen, indem er in seinen Schriften "die unter uns zur Erfüllung gekommenen Ereignisse" (Lk 1,1) zur Sprache gebracht hat und sie noch im letzten Vers der Apostelgeschichte Paulus als βασιλεία τοῦ θεοῦ verkündigen läßt (Apg 28,31).

---

[1] *Conzelmann*, Mitte 89.

Literaturverzeichnis

1. Abkürzungsverzeichnis

Die Abkürzungen richten sich - soweit nicht allgemein bekannt und verständlich - nach *S.Schwertner*, Internationales Abkürzungsverzeichnis für Theologie und Grenzgebiete, Berlin 1974, sowie den Ergänzungen dess. im Abkürzungsverzeichnis der Theologischen Realenzyklopädie, Berlin 1976. Die Abkürzungen der antiken paganen Schriftsteller entsprechen dem Abkürzungsverzeichnis im ThWNT X 53-85.

Ferner wurden folgende Abkürzungen verwendet:

Bill	*(H.L.Strack)/P.Billerbeck*: s. Literaturverzeichnis
BDR	*Blaß/Debrunner/Rehkopf*: s. Literaturverzeichnis
EWNT	Exegetisches Wörterbuch zum Neuen Testament
POxy	Papyrus Oxyrhynchus
SLk	Sondergut im Lukasevangelium

Die in den Anmerkungen genannte Literatur wird dort mit Verfassernamen und Kurztitel verzeichnet, der im Literaturverzeichnis jeweils in eckigen Klammern angegeben ist, z.B. bei Kommentaren: *Haenchen*, Apg; bei Monographien und Aufsätzen: *Haenchen*, Quelle. Artikel aus Lexika werden hingegen meist mit Verfassernamen und Fundort vermerkt, z.B.: *Bornkamm*, ThWNT IV.

2. Quellen

Die ältesten Apologeten. Texte mit kurzen Einleitungen, hg. v. *E.J.Goodspeed*, Göttingen 1984 (Nachdruck der 1.Auflage 1914)

Appiani historia romana. Vol.I. Prooemium. Iberica. Annibaica. Libyca. Illyrica. Syriaca. Mithridatica. Fragmenta, hg. v. *P.Viereck/A.G.Roos*, Editio stereotypa correctior, addenda et corrigenda adiecit *E.Gabba*, BSGRT, Leipzig 1962

Appian von Alexandria; Römische Geschichte. 1.Teil: Die römische Reichsbildung, übersetzt von *O.Veh*, durchgesehen und erläutert von *K.Broderson*, Bibliothek der Griechischen Literatur 23, Stuttgart 1987

Die Apostolischen Väter. I.Der Hirt des Hermas, hg. v. *M.Whittaker*, GCS 48, Berlin [2]1967

[Aristeasbrief:] *A.Pelletier*, Lettre d´Aristée à Philocrate, Sources Chrétiennes 89, Paris 1962

Artemidorus Daldiani; Oneirocriticon, hg. v. *R.A.Pack*, Leipzig 1963

Aurelius Augustinus; Der Gottesstaat, in deutscher Sprache von *C.J.Perl*, 3 Bde., Salzburg 1951-1953

Der Babylonische Talmud mit Einschluß der vollständigen Mischnah, 9 Bde., hg. und übersetzt von *L.Goldschmidt*, Den Haag 1929-1936

Becker, J.; Die Testamente der zwölf Patriarchen, JSHRZ III/1, Gütersloh [2]1980 [= Testamente]

Biblia Hebraica Stuttgartiensia. Editio funditus renovata, hg. v. *K.Elliger/W.Rudolph*, Textum Masoreticum curavit *H.P.Rüger*, Stuttgart 1977

Bibliotheca Rabbinica. Eine Sammlung alter Midraschim, zum ersten Male ins Deutsche übertragen von *A.Wünsche*, 5 Bde., Nachdruck: Hildesheim 1967

Brandenburger, E.; Himmelfahrt Moses, JSHRZ V/2, Gütersloh 1976, 57-84

Burchard, Chr.; Joseph und Aseneth, JSHRZ II/4, Gütersloh 1987

Clemens Alexandrinus; Stromata Buch I-VI, GCS 52 (15), hg. v. *O.Stählin*, neu hg. v. L.Früchtel, Berlin [3]1960

Demosthenes; 3 Bde., hg. und übersetzt v. *J.H.Vince* (Bd. 2 gemeinsam mit *C.A.Vince*), LCL, 1930-1935

Denis, A.-M.; Concordance Greque des Pseudépigraphes d´Ancient Testament. Concordance. Corpus des textes. Indices, par *A.-M.Denis* avec la collaboration d´*Y.Jansens* et le concours du CETEDOC, Louvain-la-Neuve 1987

Dietzfelbinger, Chr.; Pseudo-Philo: Antiquitates Biblicae (Liber Antiquitatum Biblicarum), JSHRZ II/2, Gütersloh 1979

Dio´s Roman History, 9 Bde., hg. und übersetzt v. *E.Cary*, LCL, 1914-1927

Diodorus of Sicily, 12 Bde., hg. und übersetzt v. *C.H.Oldfather* u.a., LCL, 1933-1967

Dionis Chrysostomi orationes, hg. v. *G.de Budé*, 2 Bde., BSGRT, Leipzig 1916/1919

Dion Chrysostomos; Sämtliche Reden, eingeleitet, übersetzt und erläutert von *W.Elliger*, BAW, Zürich/Stuttgart 1967

Eusebius von Caesarea; Kirchengeschichte, hg. und eingeleitet von *H.Kraft*, Darmstadt [3]1984

Die Fragmente der Griechischen Historiker, hg. v. *F.Jacoby*, 3 Teile, Berlin bzw. Leiden 1926-1958

Frühchristliche Apologeten und Märtyrerakten, aus dem Griechischen und Lateinischen übersetzt, Bd. 1, BKV 12, Kempten und München 1913

The Greek New Testament, ed. by *K.Aland, M.Black, C.M.Martini, B.M.Metzger, A.Wikgren* in cooperation with the Institute for the New Testament Textual Research, Münster/Westphalia ^{3}1975

Herodian; 2 Bde. hg. und übersetzt v. *C.R.Whittaker*, LCL, 1969/ 1970

Hippolyt´s kleinere exegetische und homiletische Schriften, hg. v. *H.Adelis*, GCS 1,2, Leipzig 1897

Hofmann, H.; Das sogenannte hebräische Henochbuch (3 Henoch). Nach dem von *Hugo Odeberg* vorgelegten Material zum erstenmal ins Deutsche übersetzt, BBB 58, Bonn ^{2}1985

A.Huck/H.Greeven; Synopse der drei ersten Evangelien mit Beigabe der johanneischen Parallelstellen, Tübingen ^{13}1981 [= *Huck/Greeven*, Synopse]

Irenäus; Adversus haereses, Bücher I-V hg. und übersetzt v. *A.Rousseau* u.a.; I: SC 264, 1979; II: SC 294, 1982; III: SC 211, 1974; IV: SC 100, 1965; V: SC 153, 1969

Irenäus; Fünf Bücher gegen die Häresien, übersetzt von *E.Klebba*, 2 Bde., BKV 3-4, Kempten & München 1912

Josephus Flavius; De bello Judaico, hg. und übersetzt v. *O.Michel* und *O.Bauernfeind*, 3 Bde., Darmstadt 1959-1969

Josephus; 10 Bde., hg. und übersetzt v. *H.S.J.Thackeray* u.a., LCL, 1926-1965

Justinus; Dialog mit dem Juden Tryphon, aus dem Griechischen übersetzt und mit einer Einleitung versehen von *Ph.Haeuser*, BKV 33, Kempten & München 1917

Klijn, A.F.J.; Die syrische Baruch-Apokalypse, JSHRZ V/2, Gütersloh 1976

Midrasch Tehillim, hg. v. *S.Buber*, Wilna 1892 (Nachdruck: Jerusalem 1966)

Midrasch Tehillim oder haggadische Erklärung der Psalmen. Nach der Textausgabe von *Salomon Buber* zum ersten Male ins Deutsche übersetzt und mit Noten und Quellenangaben versehen von *A.Wünsche*, Trier 1892 (Nachdruck: Hildesheim 1967)

Die Mischna. Text, Übersetzung und ausführliche Erklärung, hg. v. *G.Beer, O.Holtzmann, S.Krauss* u.a., Gießen/Berlin 1912ff

Mischnajot. Die sechs Ordnungen der Mischna. Hebräischer Text mit Punktation, deutscher Übersetzung und Erklärung, 6 Bde., Basel ^{3}1986

Neutestamentliche Apokryphen in deutscher Übersetzung, hg. v. *W.Schneemelcher*, 2 Bde., Tübingen ^{6}1990 und ^{5}1989

Novum Testamentum Graece cum apparatu critico curavit *Eberhard Nestle*, novis curis elaboraverunt *Erwin Nestle* et *Kurt Aland*, Editio vicesima quinta, Stuttgart ^{25}1963

Novum Testamentum Graece, post *Eberhard Nestle* et *Erwin Nestle* communiter ediderunt *K.Aland/M.Black/C.M.Martini/ B.M.Metzger/A.Wikgren*, Stuttgart ^{26}1979

Novum Testamentum Graecum Editionis Receptae, hg. v. *J.J. Wettstein*, 2 Bde., Amsterdam 1751/52 (Nachdruck: Graz 1962)

Odeberg, H.; 3 Enoch or The Hebrew Book of Enoch. Edited and translated for the first time with introduction commentary & critical notes, LBS, New York 1973 (First printed: Cambridge 1928) [= 3 Enoch I-II]

Oxyrynchus Papyri, hg.v. *B.Grenfell, A.S.Hunt* u.a., London 1898ff
Philo; Opera quae supersunt hg. v. *L.Cohn* und *P.Wendland*, 7 Bde., Berlin 1896-1930
Philo von Alexandrien; Die Werke in deutscher Übersetzung, hg. v. *L.Cohn* u.a., 7 Bde., Berlin ^{2}1962-1964
Platon; Werke in acht Bänden. Griechisch und Deutsch, hg. v. *G.Eigler*, Darmstadt 1970-1983
C.Plinius Secundus d.Ä.; Naturkunde, Lateinisch-deutsch hg. und übersetzt von *R.König*, Tusculum, 1973ff
Plutarchus; Vitae Parallelae, hg. v. *K.Ziegler*, 3 Bde. (6 Teilbde.), BSGRT, Leipzig 1964-1973
Polybius; hg. v. *W.R.Paton*, 6 Bde., LCL, 1922-1927
Riessler, P.; Altjüdisches Schrifttum außerhalb der Bibel, Freiburg/ Heidelberg 1928 (= ^{5}1984)
Saint Justin Apologies. Introduction, texte critique, traduction, commentaire et index par *A.Wartelle*, Études Augustiniennes, Paris 1987
Schreiner, J.; Das 4. Buch Esra, JSHRZ V/4, Gütersloh 1981
Schriften des Urchristentums. 1.Teil: Die Apostolischen Väter. Griechisch-deutsch, eingeleitet, hg., übertragen und erläutert von *J.A.Fischer*, München/Darmstadt ^{9}1986
Schriften des Urchristentums. 2.Teil: Didache (Apostellehre). Barnabasbrief. Zweiter Klemensbrief. Schrift an Diognet, eingeleitet, hg., übertragen und erläutert von *K.Wengst*, Darmstadt 1984
Septuaginta. Id est Vetus Testamentum graece iuxta LXX interpretes, 2 Bde., hg. v. A.Rahlfs, Stuttgart 1935
Septuaginta. Vetus Testamentum Graecum. Auctoritate Societatis Litterarum Gottingensis editum, Göttingen 1931ff
Suetonius; with an English Translation by *J.C.Rolfe*, 2 Vol., Cambridge and London 1913/1914 (Nachdruck: 1979)
Synopsis Quattuor Evangeliorum. Locis parallelis evangeliorum apocryphorum et patrum adhibitis, hg. v. *K.Aland*, Stuttgart ^{13}1985
Tacitus; Historien. Lateinisch-deutsch, hg. v. *J.Borst*, München 1959
Tertullians ausgewählte Schriften, Bd. 2: Tertullians apologetische, dogmatische und montanistische Schriften, hg. v. *G.Esser*, BKV 24, 1915
Thukydides; erklärt v. *J.Classen*, 8 Bde., Berlin I ^{5}1919; II ^{5}1914; III ^{3}1892; IV ^{3}1900; V ^{3}1912; VI ^{3}1905; VII ^{3}1908; VIII ^{2}1895
Tosephta, hg. v. *M.S.Zuckermandel*, Pasewalk 1881
Xenophon; Anabasis, hg. v. *C.Hude*, BSGRT, Stuttgart 1969 (Nachdruck von 1931)
Xenophon; Institutio Cyri, hg. v. *W.Gemoll*, BiTeu, Leipzig 1968

3. Hilfsmittel und Sekundärliteratur

Adam, A.; Geschichte und Heil bei Flavius Josephus und Lukas, Diss. (masch.), Berlin 1988

Aejmelaeus, L.; Die Rezeption der Paulusbriefe in der Miletrede (Apg 20: 18-35), STAT Ser.B 232; Helsinki 1987 [= Miletrede]

Albertz, R.; Die "Antrittspredigt" Jesu im Lukasevangelium auf ihrem alttestamentlichen Hintergrund, ZNW 74, 1983, 182-206

Ambrozic, A.; The Hidden Kingdom. A Redaction-Critical Study of the References to the Kingdom of God in Mark's Gospel, CBQ MS 2, Washington 1972

Baarlink, H.; Die Eschatologie der synoptischen Evangelien, BWANT 120, Stuttgart u.a. 1986 [= Eschatologie]

Ders.; Ein gnädiges Jahr des Herrn - und Tage der Vergeltung, ZNW 73, 1982, 204-220 [= Ein gnädiges Jahr]

Bachmann, M.; Jerusalem und der Tempel. Die geographisch-theologischen Elemente in der lukanischen Sicht des jüdischen Kulturzentrums, BWANT 109, Stuttgart u.a. 1980 [= Jerusalem]

Ders.; Johannes der Täufer bei Lukas: Nachzügler oder Vorläufer?, in: Wort in der Zeit. Neutestamentliche Studien, FS *K.H.Rengstorf*, hg. v. *W.Haubeck* und *M.Bachmann*, Leiden 1980, 123-155

Baer, H. von; Der Heilige Geist in den Lukasschriften, BWANT 39, Stuttgart 1926 [= Geist]

Balz, H.; Art. μίσθωμα, EWNT II, 1065f [= EWNT II]

Ders.; Art. παρατηρέω/παρατήρησις, EWNT III, 81f [= EWNT III]

Ders.; Art. παρρησία/παρρησιάζομαι, EWNT III, 105-112 [= EWNT III]

Ders.; Art. συναλίζομαι, EWNT III 711f [= EWNT III]

Bammel, E.; Is Luke 16,16-18 of Baptist Provenience?, HThR 51, 1958, 100-109

Barnes, T. D.; Trajan and the Jews, JJS 40, 1989, 145-162

Barrett, C.K.; Acts and Christian consensus, in: Context. Essays in Honour of *P.J.Borgen*, ed. by *P.W.Bockman / R.E.Kristiansen*, Publikasjoner utgitt av Religionsvitenskapelig institutt Universitetet i Trondheim 24, Tapir 1987, 19-33 [= Acts and Christian consensus]

Ders.; Apollos and the Twelve Disciples of Ephesus, in: The New Testament Age. Essays in Honour of *Bo Reicke*, Macon GA, Bd. I, 1984, 29-39 [= Apollos]

Ders.; Light on the Holy Spirit from Simon Magus (Acts 8, 4-25), in: Les Actes des Apôtres: Traditions, rédactions, théologie, ed. *J. Kremer*, BETL 48, Leuven 281-295 [= Light]

Ders.; Luke the Historian in Recent Study, London 1961

Ders.; Paul's Address to the Ephesian Elders, in: God's Christ and His People. Studies in Honour of *N.A.Dahl*, ed. by *J.Jervell* and *W.A.Meeks*, Oslo-Bergen-Tromsö 1977, 107-121 [= Paul's Address]

Bartsch, H.-W.; Wachet aber zu jeder Zeit! Entwurf einer Auslegung des Lukasevangeliums, Hamburg-Bergstedt 1963 [= Wachet]

Ders.; Zum Problem der Parusieverzögerung bei den Synoptikern, in: *ders.*, Entmythologisierende Auslegung. Gesammelte Aufsätze, ThF 26, Hamburg 1962, 69-80; (= EvTh 19, 1959, 116-131) [= Problem]

Bauer, W.; Griechisch-deutsches Wörterbuch zu den Schriften des Neuen Testaments und der übrigen urchristlichen Literatur, Berlin ^{5}1958

Ders.; Griechisch-deutsches Wörterbuch zu den Schriften des Neuen Testaments und der frühchristlichen Literatur, hg. von *K.Aland/B.Aland*, Berlin/New York ^{6}1988 [= Wb]

Ders.; Rechtgläubigkeit und Ketzerei im ältesten Christentum, BHTh 10, zweite, durchgesehene Auflage mit einem Nachtrag hg. v. *G.Strecker*, Tübingen 1964 [= Rechtgläubigkeit]

Bauernfeind, O.; Kommentar und Studien zur Apostelgeschichte. Mit einer Einleitung von *M.Hengel*, hg. v. *V.Metelmann*, WUNT 22, Tübingen 1980 [= Kommentar und Studien]

Baumbach, G.; Das Verständnis des Bösen in den synoptischen Evangelien, ThA 19, Berlin 1963 [= Verständnis]

Baur, F.Chr.; Ausgewählte Werke in Einzelausgaben, hg. v. *K.Scholder*, Bd 3: Das Christenthum und die christliche Kirche der drei ersten Jahrhunderte (mit einer Einführung von *U.Wickert*), Stuttgart-Bad Cannstatt 1966 (= Tübingen ^{2}1860) [= Christenthum]

Ders.; Paulus, der Apostel Jesu Christi. Sein Leben und Wirken, seine Briefe und seine Lehre. Ein Beitrag zu einer kritischen Geschichte des Urchristenthums, Stuttgart 1845 [= Paulus]

Beare, F.W.; The Mission of the Disciples and the Mission Charge: Matthew 10 and Parallels, JBL 89, 1970, 1-13

Beasley-Murray, G.R.; Jesus and the Kingdom of God, Grand Rapids 1986 (Nachdruck: 1987) [= Jesus]

Becker, J.; Auferstehung der Toten im Urchristentum, SBS 82, Stuttgart 1976 [= Auferstehung]

Ders.; Das Evangelium nach Johannes, 2 Bde., ÖTK 4/1-2, Gütersloh und Würzburg 1979/1981 [= Joh I-II]

The Beginnings of Christianity. Part I. The Acts of the Apostles, ed. *F.J.F.Jackson/ K.Lake*, Vol. 1-5, London 1920-1933

Berger, K.; Formgeschichte des Neuen Testaments, Heidelberg 1984 [= Formgeschichte]

Ders.; Die Gesetzesauslegung Jesu. Ihr historischer Hintergrund im Judentum und im Alten Testament. Teil I: Markus und Parallelen, WMANT 40, Neukirchen-Vluyn 1972

Ders.; Hellenistisch-heidnische Prodigien und die Vorzeichen in der jüdischen und christlichen Apokalyptik, ANRW II 23.2, Berlin / New York 1980, 1428-1469 [= Prodigien]

Ders.; Hellenistische Gattungen im Neuen Testament, ANRW II, 25.2, Berlin / New York 1984, 1031-1432 [= Hellenistische Gattungen]

Bergmeier, R.; Die Gestalt des Simon Magus in Act 8 und in der simonianischen Gnosis - Aporien einer Gesamtdeutung, ZNW 77, 1986, 267-275 [= Simon Magus]

Bethge, F.; Die paulinischen Reden der Apostelgeschichte. Historisch-grammatisch und biblisch-theologisch ausgelegt, Göttingen 1887 [= Reden]

Betz, H.D.; Ursprung und Wesen des christlichen Glaubens nach der Emmauslegende (Lk 24,13-32), ZThK 66, 1969, 7-21

Betz, O.; Jesu Evangelium vom Gottesreich, in: Das Evangelium und die Evangelien. Vorträge vom Tübinger Symposium 1982, hg. v. *P.Stuhlmacher*, WUNT 28, Tübingen 1983, 55-77 (= in: *ders.*, Jesus, der Messias Israels. Aufsätze zur biblischen Theologie, WUNT 42, Tübingen 1987, 232-254) [= Jesu Evangelium]

Ders.; The Kerygma of Luke, Interp. 22, 1968, 121-146 (= in: *ders.*, Jesus, der Messias Israels. Aufsätze zur biblischen Theologie, WUNT 42, Tübingen 1987, 257-272) [= Kerygma]

Ders.; Die Vision des Paulus im Tempel von Jerusalem. Apg 22,17-21 als Beitrag zur Deutung des Damaskuserlebnisses, in: Verborum Veritas, FS *G.Stählin*, hg. v. *O.Böcher / K.Haacker*, Wuppertal 1970, 113-123

Beutler, J.; Art. μαρτυρέω κτλ., EWNT II, 958-964 [= EWNT II]

Beyer, H.W.; Die Apostelgeschichte, NTD 5, Göttingen ^{9}1959

Beyschlag, K.; Simon Magus und die christliche Gnosis, WUNT 16, Tübingen 1975

Ders.; Zur Simon-Magus Frage, ZThK 68, 1971, 395-426

Biblia Patristica. Index des citations et allusions bibliques dans la littérature patristique, ed. *J.Allenbach/A.Benoit*, Vol. I-IV + Suppl., Paris 1975-1987

Bieder, W.; Die Königsherrschaft Gottes in der Apostelgeschichte des Lukas, EMM 104, 1960, 2-8

(Strack, H.L.)/Billerbeck, P.; Kommentar zum Neuen Testament aus Talmud und Midrasch, 6 Bde., Bd. 5-6 hg. v. *J.Jeremias* und *K.Adolph*, München I: ^{9}1986; II: ^{8}1983; III: ^{8}1985; IV/1-2: ^{8}1986; V-VI: ^{6}1986 [= Bill I-VI]

Billerbeck, P.; Ein Synagogengottesdienst in Jesu Tagen, ZNW 55, 1964, 143-161

Bindemann, W.; Verkündigter Verkündiger. Das Paulusbild der Wir-Stücke in der Apostelgeschichte: seine Aufnahme und Bearbeitung durch Lukas, ThLZ 114, 1989, 705-720 [= Verkündigter Verkündiger]

Blass, F. / Debrunner, A. / Rehkopf, F.; Grammatik des neutestamentlichen Griechisch, Göttingen ^{15}1979 [= BDR]

Blinzler, J.; Die literarische Eigenart des sogenannten Reiseberichts im Lukasevangelium, in: Synoptische Studien, FS *A.Wikenhauser*, München 1953, 20-52

Blomberg, C.L.; The Law in Luke-Acts, Journal for the Study of the New Testament 22, 1984, 53-80

Bock, D.L.; Proclamation from Prophecy and Pattern. Lucan Old Testament Christology, Journal for the Study of the New Testament. Supplement Series 12, Sheffield 1987

Böcher, O.; Das sogenannte Apostledekret, in: Vom Urchristentum zu Jesus, FS *J.Gnilka*, hg. v. *H.Frankemölle* und *K.Kertelge*, Freiburg/Basel/Wien 1989, 325-336

Bornhäuser, K.; Studien zum Sondergut des Lukas, Gütersloh 1934

Bornkamm, G.; Art. μυστήριον, ThWNT IV, 809-834 [= ThWNT IV]

Ders.; Jesus von Nazareth, Stuttgart ^{10}1975

Borse, U.; Der Evangelist als Verfasser der Emmauserzählung, in: *A.Fuchs* (Hg.), Studien zum Neuen Testament und seiner Umwelt, Serie A, Bd. 12, Linz 1987, 35-67

Borst, A.; Der Turmbau von Babel. Geschichte der Meinungen über Ursprung und Vielfalt der Sprachen und Völker, 4 Bde., Stuttgart 1957-1963 [= *Borst*, Turmbau I-IV]

Bovon, F.; Das Evangelium nach Lukas. 1.Teilband Lk 1,1-9,50, EKK III/1, Zürich/Neukirchen-Vluyn 1989 [= Lk I]
Ders.; Luc le Théologien. Vingt-cing ans de recherches (1950-1975), Le Monde de la Bible, Genf ²1988 [= Luc le Théologien]
Ders.; Lukas in neuer Sicht. Gesammelte Aufsätze, BThSt 8, Neukirchen-Vluyn 1985 [= Lukas in neuer Sicht]
Ders.; Luke the Theologian. Thirty-Three Years of Research (1950-1983), Princeton Theological Monograph Series 12, Allison Park 1987 [= Luke the Theologian]
Ders.; "Schön hat der heilige Geist durch den Propheten Jesaja zu euren Vätern gesprochen" (Act 28,25), ZNW 75, 1984, 224-232 [= Act 28,25]
Bowen, C.R.; The Meaning of συναλιζόμενος in Acts 1:4, ZNW 13, 1912, 247-259
Braumann, G.; "Dem Himmelreich wird Gewalt angetan" (Mt 11,12 par.), ZNW 52, 1961, 104-109 [= Himmelreich]
Ders.; Das Mittel der Zeit. Erwägungen zur Theologie des Lukasevangeliums, ZNW 54, 1963, 117-145
Brawley, R.L.; Centering on God: Method and message in Luke-Acts, Louisville 1990
Ders.; Luke-Acts and the Jews. Conflict, Apology, and Conciliation, SBLMS 33, Atlanta 1987 [= Jews]
Brown, Sch.; Apostasy and Perserverance in the Theology of Luke, AnBib 36; Rom 1969
Ders.; The Prologues of Luke - Acts in their Relation to the Purpose of the Author, SBL-Seminar-Papers 111, 1975, Vol. II, 1-14
Brox, N.; Zeuge und Märtyrer. Untersuchungen zur frühchristlichen Zeugnis-Terminologie, StANT 5, München 1961 [= Zeuge]
Bruce, F.F.; The Acts of the Apostles. The Greek Text with Introduction and Commentary, Grand Rapids/Leicester ³1990 [= Acts]
Ders.; The Acts of the Apostles: Historical Record or Theological Reconstruction?, ANRW II, 25.3, Berlin/New York 1985, 2569-2603
Ders.; Commentaries on Acts, BiTr 40, 1989, 315-321
Ders.; Commentary on the Books of Acts (NIC/NLC), London-Edinburgh 1954
Ders.; Paul's Use of the Old Testament in Acts, in: Tradition and Interpretation in the New Testament. Essays in Honor of *E.E.Ellis*, ed. by *G.F.Hawthorne* with *O.Betz*, Michigan/Tübingen 1987, 71-79 [= Paul's Use]
Budesheim, Th.L.; Paul's *Abschiedsrede* in the Acts of the Apostles, HThR 69, 1976, 9-30
Büchsel, F.; Art. λύω κτλ., ThWNT IV, 337-359 [= ThWNT IV]
Bultmann, R.; Die Geschichte der synoptischen Tradition, FRLANT NF 12, Göttingen ⁸1970 [= Geschichte]
Ders.; Geschichte und Eschatologie, Tübingen ²1964
Ders.; Theologie des Neuen Testaments, hg. v. *O.Merk*, Tübingen ⁹1984 [= Theologie]
Ders.; Das Verhältnis der urchristlichen Christusbotschaft zum historischen Jesus, SHAW.PH 1960, 5-27 (= *ders.*, Exegetica. Aufsätze zur Erforschung des Neuen Testaments, hg. v. *E.Dinkler*, Tübingen 1967, 445-469) [= Verhältnis]
Ders.; Zur Frage nach den Quellen der Apostelgeschichte, in: *ders.*, Exegetica. Aufsätze zur Erforschung des Neuen Testaments, hg. v. *E.Dinkler*, Tübingen 1967, 412-423

Burchard, Chr.; Der dreizehnte Zeuge. Traditions- und kompositionsgeschichtliche Untersuchungen zu Lukas' Darstellung der Frühzeit des Paulus, FRLANT 103, Göttingen 1970 [= Zeuge]
Ders.; Fußnoten zum neutestamentlichen Griechisch, ZNW 61, 1970, 157-171 [= Fußnoten]
Ders.; Paulus in der Apostelgeschichte, ThLZ 100, 1975, 881-895 [= Paulus]
Ders.; Zu Lukas 16,16, in: Lese-Zeichen für *Annelies Findeiß* zum 65. Geburtstag am 15. März 1984, hg. v. *Chr.Burchard* und *G.Theißen*, DBAT Beiheft 3, Heidelberg 1984, 113-120 [= Zu Lukas 16,16]
Burger, Chr.; Jesus als Davidssohn. Eine traditionsgeschichtliche Untersuchung, FRLANT 98, Göttingen 1970 [= Davidssohn]
Buss, M.F.-J.; Die Missionspredigt des Apostels Paulus im Pisidischen Antiochien. Analyse von Apg 13,16-41 im Hinblick auf die literarische und thematische Einheit der Paulusrede, FzB 38, Stuttgart 1980
Busse, U.; Art. διέρχομαι, EWNT I 776-778 [= EWNT I]
Ders.; Das "Evangelium" des Lukas. Die Funktion der Vorgeschichte im lukanischen Doppelwerk, in: Der Treue Gottes trauen. Beiträge zum Werk des Lukas, FS *G.Schneider*, hg. v. *C.Bussmann* und *W.Radl*, Freiburg/ Basel/Wien 1991, 161-179
Ders.; Das Nazareth-Manifest Jesu. Eine Einführung in das lukanische Jesusbild nach Lk 4,16-30, SBS 91, Stuttgart 1978 [= Nazareth-Manifest]
Ders.; Die Wunder des Propheten Jesus. Die Rezeption, Komposition und Interpretation der Wundertradition im Evangelium des Lukas, FzB 24, Stuttgart ^{2}1979 [= Wunder]
Cadbury, H.J.; The Making of Luke-Acts, London ^{2}1958
Ders.; The Style and Literary Method of Luke, HThS 6, 1920
Caird, G.B.; Saint Luke, PNTC 3, Middlesex 1981
Callan, T.; The Preface of Luke-Acts and Historiography, NTS 31, 1985, 576-581
Camponovo, O.; Königtum, Königsherrschaft und Reich Gottes in den frühjüdischen Schriften, OBO 58; Göttingen 1984
Carroll, J.T.; Response to the End of History. Eschatology and Situation in Luke-Acts, SBLDS 92, Atlanta 1988 [= Response]
Chance, J.B.; Jerusalem, the Temple and the New Age in Luke-Acts, Macon 1988
Christiansen, E.J.; Taufe als Institution in der Apostelgeschichte, StTh 40, 1986, 55-79
Collins, J.J.; The Kingdom of God in the Apocrypha and Pseudepigrapha, in: *W.Willis* (Ed.), The Kingdom of God in 20th-Century Interpretation, Peabody 1987, 81-95
Computer-Konkordanz zum Novum Testamentum Graece von *Nestle-Aland*, 26.Auflage und zum Greek New Testament, 3rd Edition, hg. v. Institut für neutestamentliche Textforschung und vom Rechenzentrum der Universität Münster, Berlin/New York 1980
Conzelmann, H.; Die Apostelgeschichte, HNT 7, Tübingen 1963 [= Apg]
Ders.; Art. Reich Gottes I. Im Judentum und NT, RGG^3 V 912-918 [= RGG V]
Ders.; Geschichte, Geschichtsbild und Geschichtsdarstellung bei Lukas, ThLZ 85, 1960, 241-250 [= Geschichte]
Ders.; Der geschichtliche Ort der lukanischen Schriften im Urchristentum, in: *G.Braumann* (Hg.), Das Lukas-Evangelium. Die redaktions- und kompositionsgeschichtliche Forschung, WdF 280, Darmstadt 1974, 236-260

Ders.; Die Mitte der Zeit. Studien zur Theologie des Lukas, BHTh 17, Tübingen ⁶1977 [= Mitte]

Ders.; Zur Lukasanalyse, in: *G.Braumann* (Hg.), Das Lukas-Evangelium. Die redaktions- und kompositionsgeschichtliche Forschung, WdF 280, Darmstadt 1974, 43-63 (= ZThK 49, 1952, 16-33)

Cortés, J.B. / Gatti, F.M.; On the Meaning of Luke 16:16, JBL 106, 1987, 247-259 [= Meaning]

Cosgrove, C.H.; The Divine ΔEI in Luke-Acts. Investigations into the Lukan Understanding of God's Providence, NT 26, 1984, 168-190 [= ΔEI]

Craddock, F.B.; Luke, Interpretation, a Bible commentary for teaching and preaching, Louisville 1990

Creed, J.M.; The Gospel According to St. Luke. The Greek Text with Introduction, Notes, and Indices, London u. a. 1957

Cullmann, O.; Die Christologie des Neuen Testaments, Tübingen ³1963

Ders.; Christus und die Zeit. Die urchristliche Zeit- und Geschichtsauffassung, Zürich ³1962

Ders.; Heil als Geschichte. Heilsgeschichtliche Existenz im Neuen Testament, Tübingen 1965

Ders.; Königsherrschaft Christi und Kirche im Neuen Testament, ThSt 10, Zürich ²1946

Dahl, N.A.; "A People for His Name" (Acts XV.14), NTS 4, 1957/58, 319-327 [= People]

Dalman, G.; Die Worte Jesu. Mit Berücksichtigung des nachkanonischen jüdischen Schrifttums und der aramäischen Sprache. Bd I: Einleitung und wichtige Begriffe, Leipzig ²1930 (Nachdruck: Darmstadt 1965) [= Worte Jesu]

Danker, F.W.; Jesus and the New Age. According to St. Luke. A Commentary on the Third Gospel, St. Louis, Missouri 1980 (⁵pr.)

Ders.; Luke, Proclamation Commentaries, Philadelphia ²1987

Ders.; Luke 16,16 - an Opposition Logion, JBL 77, 1958, 231-243 [= Opposition Logion]

Daube, D.; On Acts 23: Sadducees and Angels, JBL 109, 1990, 493-497 [= Sadducees]

Dauer, A.; Beobachtungen zur literarischen Arbeitstechnik des Lukas, BBB 79, Frankfurt 1990 [= Beobachtungen]

Ders.; "Ergänzungen" und "Variationen" in den Reden der Apostelgeschichte gegenüber vorausgegangenen Erzählungen. Beobachtungen zur literarischen Arbeitsweise des Lukas, in: Vom Urchristentum zu Jesus, FS *J.Gnilka*, hg. v. *H.Frankemölle/K.Kertelge*, Freiburg/Basel/Wien 1989, 307-324 [= Ergänzungen]

Ders.; Johannes und Lukas. Untersuchungen zu den johanneisch-lukanischen Parallelperikopen Joh 4,46-54/Lk 7,1-10 - Joh 12,1-8/Lk 7,36-50;10,38-42 - Joh 20,19-29/Lk 24,36-49, FzB 50, Würzburg 1984

Dautzenberg, G.; Der Wandel der Reich-Gottes-Verkündigung in der urchristlichen Mission, in: *ders.* u. a. (Hg.), Zur Geschichte des Urchristentums, QD 87, Freiburg/Basel/Wien 1979, 11-32

Dawsey, J.; The Literary Unitiy of Luke-Acts: Questions of style - a task for literary critics, NTS 35, 1989, 48-66 [= Literary Unitiy]

Degenhardt, H.-J.; Lukas - Evangelist der Armen. Besitz und Besitzverzicht in den lukanischen Schriften. Eine traditions- und redaktionsgeschichtliche Untersuchung, Stuttgart 1965 [= Lukas]

Delling, G.; Die Bedeutung der Auferstehung Jesu für den Glauben an Jesus Christus. Ein exegetischer Beitrag, in: *W.Marxsen* u. a., Die Bedeutung der Auferstehungsbotschaft für den Glauben an Jesus Christus, Gütersloh 1966, 65-90

Ders.; Die Bewältigung der Diasporasituation durch das hellenistische Judentum, Göttingen 1987 [= Diasporasituation]

Ders.; Die Jesusgeschichte in der Verkündigung nach Acta, NTS 19,1972/3, 373-389

Ders.; Das letzte Wort der Apostelgeschichte, NT 15, 1973, 193-204 [= Wort]

Ders.; Die Zueignung des Heils in der Taufe. Eine Untersuchung zum neutestamentlichen "taufen auf den Namen", Berlin 1961 [= Zueignung]

Derrett, J.D.M.; Law in the New Testament: The Parable of the Talents and two Logia, ZNW 56, 1965, 184-195

Ders.; New Resolutions of old Conundrums. A fresh insight into Luke´s Gospel, Warwickshire 1986

De Jonge, M./Van der Woude, A.S.; 11 Q Melchizedek and the New Testament, NTS 12, 1965/66, 301-326

Dibelius, M.; Aufsätze zur Apostelgeschichte, hg. v. *H.Greeven*, FRLANT NF 42, Göttingen ^{5}1968 [= Aufsätze]

Ders.; Die Formgeschichte des Evangeliums, hg. v. *G.Bornkamm*, Tübingen ^{6}1971 [= Formgeschichte]

Ders.; Die urchristliche Überlieferung von Johannes dem Täufer, FRLANT 15, Göttingen 1911 [= Täufer]

Dietrich, W.; Das Petrusbild der lukanischen Schriften, BWANT 94, Stuttgart 1972

Dietzfelbinger, Chr.; Das Gleichnis von den anvertrauten Geldern, Berliner Theologische Zeitschrift 6, 1989, 222-234

Dillon, R.J.; From Eye-Witnesses to Ministers of the Word. Tradition and Composition in Luke 24, AnBib 82, Rom 1978

Dodd, C.H.; The kingdom of God has come, ET 48, 1936/37, 138-142 [= kingdom]

Ders.; The Parables of the Kingdom, London ^{13}1953 [= Parables]

Dömer, M.; Das Heil Gottes. Studien zur Theologie des lukanischen Doppelwerkes, BBB 51, Bonn 1978 [= Heil]

Donelson, L.R.; Cult Histories and the Source of Acts, Biblica 68, 1987, 1-21

Dormeyer, D.; Literarische und theologische Analyse der Parabel Lukas 14,15-24, BiLe 15, 1974, 206-219 [= Analyse]

Dreizehnter, A.; Die rhetorische Zahl. Quellenkritische Untersuchungen anhand der Zahlen 70 und 700, Zet. 73, München 1978 [= Die rhetorische Zahl]

Dschulnigg, P.; Die Rede des Stephanus im Rahmen des Berichtes über sein Martyrium (Apg 6,8-8,3), Jud. 44, 1988, 195-213

Dunn, J.D.G.; Spirit and Kingdom, ExpT 82, 1970/71, 36-40 [= Spirit]

Dupont, J.; Paulus an die Seelsorger. Das Vermächtnis von Milet (Apg 20,18-36), KBANT, Düsseldorf 1966 [= Seelsorger]

Ego, B.; Gottes Weltherrschaft und die Einzigkeit seines Namens. Eine Untersuchung zur Rezeption der Königsmetapher in der Mekhilta de R. Yishma'el, in: *M.Hengel/ A.M.Schwemer* (Hg.); Königsherrschaft Gottes und himmlischer Kult im Judentum, Urchristentum und in der hellenistischen Welt, WUNT 55, Tübingen 1991, 257-283

Elliger, W.; Paulus in Griechenland. Philippi, Thessaloniki, Athen, Korinth, Stuttgart 1978 [= Paulus]

Ellis, E.E.; "Das Ende der Erde" (Apg 1,8), in: Der Treue Gottes trauen. Beiträge zum Werk des Lukas, FS *G.Schneider*, hg. v. *C.Bussmann* und *W.Radl*, Freiburg/Basel/ Wien 1991, 277-287

Ders.; Die Funktion der Eschatologie im Lukasevangelium, in: *G.Braumann* (Hg.), Das Lukas-Evangelium. Die redaktions- und kompositionsgeschichtliche Forschung, WdF 280, Darmstadt 1974, 378-397 (= ZThK 66, 1969, 387-402) [= Eschatologie]

Ders.; The Gospel of Luke, CeB New Edition, London/ Edinburgh 1966 [= Luke]

Eltester, W.; Israel im lukanischen Werk und die Nazarethperikope, in: *E.Gräßer* u.a., Jesus in Nazareth, BZNW 40, Berlin/New York 1972, 76-147 [= Israel]

Ernst, J.; Das Evangelium nach Lukas, RNT, Regensburg 1977 [= Lk]

Ders.; Herr der Geschichte. Perspektiven der lukanischen Eschatologie, SBS 88, Stuttgart 1978 [= Herr]

Ders.; Johannes der Täufer. Interpretation - Geschichte - Wirkungsgeschichte, BZNW 53, Berlin/New York 1989 [= Täufer]

Ders.; Lukas. Ein theologisches Portrait, Düsseldorf 1985

Ders.; Schriftauslegung und Auferstehungsglaube bei Lukas, in: *ders.* (Hg.), Schriftauslegung. Beiträge zur Hermeneutik des Neuen Testaments und im Neuen Testament, München, Paderborn und Wien 1972, 177-192 [= Schriftauslegung]

Esler, P.F.; Community and Gospel in Luke-Acts. The social and political motivations of Lucan theology, MSSNTS 57, Cambridge 1987

Evans, C.A.; To See and not Perceive. Isaiah 6.9-10 in Early Jewish and Christian Interpretation, Journal for the Study of the Old Testament. Supplement Series 64, Sheffield 1989

Evans, C.F.; Saint Luke, TPI New Testament Commentaries, London/Philadelphia 1990 [= Luke]

Ders.; "Speeches" in Acts, in: Mélanges Bibliques, FS *B.Rigaux*, hg. v. *A.Descamps* und *A.de Halleux*, Gembloux 1970, 287-302

Even-Shoshan, A. (Ed.); A new Concordance of the Bible. Thesaurus of the language of the bible. Hebrew and Aramaic roots, words, proper names, phrases and synonyms, Jerusalem 1989

Exum, C./Talbert, C.; The Structure of Paul's Speech to the Ephesian Elders (Acts 20,18-35) CBQ 29, 1967, 233-236 [= *Exum/Talbert*, Structure]

Fassl, P.; "Und er lobte den ungerechten Verwalter" (Lk 16,8a). Komposition und Redaktion in Lk 16, in: Eschatologie. Bibeltheologische und philosophische Studien zum Verhältnis von Erlösungswelt und Wirklichkeitsbewältigung, FS *E.Neuhäusler*, hg. v. *R.Kilian / K.Funk / P.Fassl*, St. Ottilien 1981, 109-143 [= Verwalter]

Ferguson, E.; The Kingdom of God in Early Patristic Literature, in: *W.Willis* (Ed.), The Kingdom of God in 20th-Century Interpretation, Peabody 1987, 191-208

Fitzmyer, J.A.; The Gospel According to Luke. Introduction, Translation, and Notes, 2 Bde., AncB 28-28A, New York 1981/1985 [= Luke I-II)]

Ders.; Luke the Theologian. Aspects of His Teaching, New York - Mahwah 1989

Flender, H.; Heil und Geschichte in der Theologie des Lukas, BEvTh 41, München 1965 [= Heil]

Ders.; Die Kirche in den Lukas-Schriften als Frage an ihre heutige Gestalt, in: *G.Braumann* (Hg.), Das Lukas-Evangelium. Die redaktions- und kompositionsgeschichtliche Forschung, WdF 280, Darmstadt 1974, 261-286

Foerster, W.; Das Gleichnis von den anvertrauten Pfunden, in: Verbum Dei manet in aeternum, FS *O.Schmitz*, hg. von *W.Foerster*, Witten 1953, 37-56

Frankemölle, H.; Evangelium - Begriff und Gattung. Ein Forschungsbericht, SBB 15, Stuttgart 1988 [= Evangelium]

Franklin, E.; The Ascension and the Eschatology of Luke-Acts, SJTh 23, 1970, 191-200 [= Ascension]

Ders.; Christ the Lord. A Study in the Purpose and Theology of Luke-Acts, Philadelphia 1975 [= Christ]

Friedrich, G.; Art. δύναμις, EWNT I, 860-867 [= EWNT I]

Ders.; Art. εὐαγγελίζομαι, ThWNT II 705-718

Fuller, R.H., The Mission and Achievment of Jesus. An examination of New Testament theology, SBT 12, London 1954 (diverse Nachdrucke)

Gager, J.G.; Jews, Gentiles, and Synagogues in the Book of Acts, HThR 79, 1986, 91-99 (= in: Christians among Jews and Gentiles. Essays in Honor of *K.Stendahl*, ed. by *G.W.E.Nickelsburg* with *G.W.MacRae*, Philadelphia 1986, 91-99)

Garett, S.R.; The Demise of the Devil. Magic and the Demonic in Luke's Writings, Minneapolis 1989 [= Demise]

Gasque, W.W.; A Fruitful Field. Recent Study of the Acts of the Apostles, Interp. 42, 1988, 117-131 [= 1988]

Ders.; A History of the Criticism of the Acts of the Apostles, BGBE 17, Tübingen 1975 [= 1975]

Ders.; A History of the Interpretation of the Acts of the Apostles, Peabody 1989

Gaventa, B.R.; Toward a Theology of Acts. Reading and Rereading, Interp. 42, 1988, 146-157

Geiger, R.; Die Lukanischen Endzeitreden. Studien zur Eschatologie des Lukas-Evangeliums, EHS.T 16, Bern-Frankfurt 1973 [= Endzeitreden]

Geldenhuys, N.; Commentary of the Gospel of Luke, NIC, Grand Rapids 1979

Gerhardsson, B.; The Parable of the Sower and its Interpretation, NTS 14, 1967/68, 165-193

Gesenius, W.; Hebräisches und Aramäisches Handwörterbuch über das Alte Testament, bearbeitet von *F.Buhl*, unveränderter Neudruck der 1915 erschienenen 17. Auflage, Berlin/ Göttingen/Heidelberg 1962

Glasswell, M.E.; Art. ἔθος, EWNT I, 929-931

Glöckner, R.; Die Verkündigung des Heils beim Evangelisten Lukas, WSAMA.T 9, Mainz 1975

Glombitza, O.; Acta XIII. 15-41. Analyse einer lukanischen Predigt vor Juden, NTS 5, 1958/59, 306-317

Ders.; Die christologische Aussage des Lukas in seiner Gestaltung der drei Nachfolgeworte, Lukas IX 57-62, NT 13, 1971, 17-23 [= Nachfolgeworte]

Glover, W.W.; "The Kingdom of God" in Luke, in: BiTr 29, 1978, 231-237

Gnilka, J.; Das Evangelium nach Markus, 2 Bde., EKK II/1-2, Zürich u. a. 1978/1979 [= Mk I-II]

Ders.; Das Matthäusevangelium, HThK 1, 2 Bde., Freiburg/ Basel/Wien 1988 [= Mt I-II]

Ders.; Die Verstockung Israels, Isaias 6,9-10 in der Theologie der Synoptiker, StANT 3, München 1961 [= Verstockung]

Goppelt, L.; Theologie des Neuen Testaments, hg. v. J.Roloff, UTB 850; Göttingen ^{3}1978

The Gospel of Luke. A cumulative Bibliography 1973-1988, compiled by *F.van Segbroeck*, BEThL LXXXVIII, Leuven 1989

Goulder, M.D.; Luke. A New Paradigm, 2 Vol., Journal for the study of the New Testament. Supplement Series 20, Sheffield 1989

Gräßer, E.; Acta-Forschung seit 1960, ThR 41, 1976, 141-194. 259-290; 42, 1977, 1-68 [= Acta-Forschung]

Ders.; Die Parusieerwartung in der Apostelgeschichte, in: Les Actes des Apôtres. Traditions, rédactions, théologie, hg. v. *J.Kremer*, BEThL XLVIII, Leuven 1979, 99-127 [= Parusieerwartung]

Ders.; Das Problem der Parusieverzögerung in den synoptischen Evangelien und in der Apostelgeschichte, BZNW 22, Berlin/New York ^{3}1977 [= Parusieverzögerung]

Ders.; Ta peri tès basileias (Apg 1,6; 19,8), in: À cause de l' Évangile, Étude sur les Synoptiques et les Actes, FS *J.Dupont*, LeDiv 123, Paris 1985, 709-725

Ders.; Zum Verständnis der Gottesherrschaft, ZNW 65, 1974, 3-26

Grassi, J.A; God Makes Me Laugh. A New Approach to Luke, Good News Studies 17, Wilmington 1986

Grundmann, W.; Das Evangelium nach Lukas, ThHK 3, Berlin ^{10}1984 [= Lk]

Haacker, K.; Das Bekenntnis des Paulus zur Hoffnung Israels nach der Apostelgeschichte des Lukas, NTS 31, 1985, 437-451 [= Hoffnung]

Haenchen, E.; Die Apostelgeschichte, KEK 3, Göttingen ^{10}1956

Ders.; Die Apostelgeschichte, KEK 3, Göttingen ^{16}1977 [= Apg]

Ders.; Die Apostelgeschichte als Quelle für die christliche Frühgeschichte, in: *ders.*, Die Bibel und wir. Gesammelte Aufsätze Bd. 2, Tübingen 1968, 312-337 [= Quelle]

Ders.; Gab es eine vorchristliche Gnosis?, ZThK 49, 316-349 (= in: *ders.*, Gott und Mensch. Gesammelte Aufsätze Bd. 1, Tübingen 1965, 265-297)

Ders.; Das Gleichnis vom großen Mahl, in: *ders.*, Die Bibel und wir. Gesammelte Aufsätze Bd. 2, Tübingen 1968, 135-155 [= Gleichnis]

Ders.; Historie und Verkündigung bei Markus und Lukas, in: *G.Braumann* (Hg.), Das Lukasevangelium. Die redaktions- und kompositionsgeschichtliche Forschung, WdF 280, Darmstadt 1974, 287-316 (= in: *ders.*, Die Bibel und wir. Gesammelte Aufsätze Bd. 2, Tübingen 1968, 156-181)

Ders.; Judentum und Christentum in der Apostelgeschichte, in: *ders.*, Die Bibel und wir. Gesammelte Aufsätze Bd. 2, Tübingen 1968, 338-374 (= ZNW 54, 1963, 155-187) [= Judentum]

Haenchen, E.; Schriftzitate und Textüberlieferung in der Apostelgeschichte, ZThK 51, 1954 [= Schriftzitate]

Ders.; Simon Magus in der Apostelgeschichte, in: *K.W.Träger* (Hg.), Gnosis und Neues Testament, Gütersloh 1973, 267-279

Ders.; Der Weg Jesu. Eine Erklärung des Markus-Evangeliums und der kanonischen Parallelen, STö.H 6, Berlin 1966

Hahn, F.; Christologische Hoheitstitel. Ihre Geschichte im frühen Christentum, FRLANT 83, Göttingen ⁴1974 [= Hoheitstitel]

Ders.; Der gegenwärtige Stand der Erforschung der Apostelgeschichte. Kommentare und Aufsatzbände 1980-1985, ThRv 82, 1986, 177-190 [= Erforschung]

Ders.; Die Himmelfahrt Jesu. Ein Gespräch mit *Gerhard* Lohfink, Bib 55, 1974, 418-426

Ders.; Das Problem alter christologischer Überlieferungen in der Apostelgeschichte unter besonderer Berücksichtigung von Act 3,19-21, in: Les Actes des Apôtres. Traditions, rédactions, théologie, hg. v. *J.Kremer*, BEThL XLVIII, Leuven 1979, 129-154 [= Problem]

Ders.; Das Verständnis der Mission im Neuen Testament, WMANT 13, Neukirchen-Vluyn ²1965 [= Mission]

Hampel, V.; Menschensohn und historischer Jesus. Ein Rätselwort als Schlüssel zum messianischen Selbstverständnis Jesu, Neukirchen-Vluyn 1990 [= Menschensohn]

Harnack, A.von; Beiträge zur Einleitung in das Neue Testament:
I Lukas der Arzt. Der Verfasser des dritten Evangeliums und der Apostelgeschichte, Leipzig 1906
II Sprüche und Reden Jesu. Die zweite Quelle des Matthäus und Lukas, Leipzig 1907
III Die Apostelgeschichte, Leipzig 1908
IV Neuere Untersuchungen zur Apostelgeschichte und zur Abfassungszeit der synoptischen Evangelien, Leipzig 1911

Ders.; Marcion. Das Evangelium vom fremden Gott. Eine Monographie zur Geschichte der Grundlegung der katholischen Kirche. Neue Studien zu Marcion; Leipzig ²1924 (Nachdruck: Darmstadt 1960)

Harnisch, W.; Die Gleichniserzählungen Jesu. Eine hermeneutische Einführung, UTB 1343, Göttingen 1985

Harrisville, R.A.; Acts 22:6-21, Interp. 42, 1988, 180-185

Hartl, H.; Die Aktualität des Gottesreiches nach Lk 17,20f, in: Biblische Randbemerkungen, FS *R.Schnackenburg*, hg. v. *H.Merklein* und *J.Lange*, Würzburg 1974, 25-30

Hatch, E. / Redpath, H.A.; A Concordance to the Septuagint and the Other Greek Versions of the Old Testament (Including the Apocryphal Books), Voll I-III Oxford 1897-1906 (Nachdruck: Graz 1975) [= Hatch/Redpath]

Hauck, F.; Das Evangelium des Lukas (Synoptiker II), ThHK III, Leipzig 1934 [= Lk]

Haufe, G.; Reich Gottes bei Paulus und in der Jesustradition, NTS 31, 1985, 467-472

Hauser, H.J.; Strukturen der Abschlußerzählung der Apostelgeschichte (Apg 28,16-31), AnBib 86, Rom 1979 [= Strukturen]

Hawkins, J.C.; Horae Synopticae. Contributions to the Study of the Synoptic Problem, Oxford ²1909 (Nachdruck 1968) [= Horae Synopticae]
Hegermann, H.; Zur Theologie des Lukas, in: ... und fragten nach Jesus. Beiträge aus Theologie, Kirche und Geschichte, FS *E.Barnikol*, Berlin 1964, 27-34
Hemer, C.J.; The Book of Acts in the Setting of Hellenistic History, WUNT 49, Tübingen 1989
Ders.; The Speeches of Acts. I. The Ephesian Elders at Miletus, TynB 40, 1989, 77-85 [= Speeches I]
Hengel, M.; Die Evangelienüberschriften, SHAW.PH, Heidelberg 1984 [= Evangelienüberschriften]
Ders.; Das Gleichnis von den Weingärtnern Mc 12,1-12 im Lichte der Zenonpapyri und der rabbinischen Gleichnisse, ZNW 59, 1968, 1-39 [= Gleichnis]
Ders.; Der Historiker Lukas und die Geographie Palästinas in der Apostelgeschichte, ZDPV 99, 1983, 147-183
Ders.; Judentum und Hellenismus. Studien zu ihrer Begegnung unter besonderer Berücksichtigung Palästinas bis zur Mitte des 2.Jh.s v.Chr., WUNT 10, Tübingen ³1988
Ders.; Maria Magdalena und die Frauen als Zeugen, in: Abraham unser Vater. Juden und Christen im Gespräch über die Bibel, FS *O.Michel*, hg. v. *O.Betz/M.Hengel/ P.Schmidt*, AGSU 5, Leiden/Köln 1963, 243-256 [= Maria Magdalena]
Ders.; Nachfolge und Charisma. Eine exegetisch-religionsgeschichtliche Studie zu Mt 8,21f und Jesu Ruf in die Nachfolge, BZNW 34, Berlin 1968 [= Nachfolge]
Ders.; Proseuche und Synagoge. Jüdische Gemeinde, Gotteshaus und Gottesdienst in der Diaspora und in Palästina, in: Tradition und Glaube. Das frühe Christentum in seiner Umwelt, FS *K.G.Kuhn*, hg. v. *G.Jeremias/H.-W.Kuhn/H.Stegemann*, Göttingen, 1971, 157-184
Ders.; Reich Christi, Reich Gottes und Weltreich im Johannesevangelium, in: *M.Hengel/ A.M.Schwemer* (Hg.); Königsherrschaft Gottes und himmlischer Kult im Judentum, Urchristentum und in der hellenistischen Welt, WUNT 55, Tübingen 1991, 163-184
Ders.; Die Schriftauslegung des 4. Evangeliums auf dem Hintergrund der urchristlichen Exegese, JBTh 4, 1989, 249-288 [= Schriftauslegung]
Ders.; Der Sohn Gottes. Die Entstehung der Christologie und die jüdisch-hellenistische Religionsgeschichte, Tübingen ²1977
Ders.; Die Ursprünge der christlichen Mission, NTS 18, 1971/72, 15-38
Ders.; Zur urchristlichen Geschichtsschreibung, Stuttgart ²1984 [= Geschichtsschreibung]
Ders.; Zwischen Jesus und Paulus. Die "Hellenisten", die "Sieben" und Stephanus (Apg 6,1-15; 7,54-8,3), ZThK 72, 1975, 151-206 [= Zwischen Jesus und Paulus]
Hengel, M./Schwemer, A.M. (Hg.); Königsherrschaft Gottes und himmlischer Kult im Judentum, Urchristentum und in der hellenistischen Welt, WUNT 55, Tübingen 1991 [= Königsherrschaft]
Hiers, R.H.; The Problem of Delay of the Parousia in Luke-Acts, NTS 20, 1974, 145-155 [= Delay]
Hintzen, J.; Verkündigung und Wahrnehmung. Über das Verhältnis von Evangelium und Leser am Beispiel Lk 16,19-31 im Rahmen des lukanischen Doppelwerkes, BBB 81, Frankfurt am Main 1991 [= Verkündigung]

Hirsch, E.; Frühgeschichte des Evangeliums. Zweites Buch: Die Vorlagen des Lukas und das Sondergut des Matthäus, Tübingen 1941 [= Frühgeschichte II]
Hoffmann, E.G./Siebenthal, H. von; Griechische Grammatik zum Neuen Testament, Riehen 1985 [= Grammatik]
Hoffmann, M.; Das eschatologische Heil Israels nach den lukanischen Schriften, Diss. masch., Heidelberg 1988 [= Heil Israels]
Hoffmann, P.; Art. Auferstehung I/3. Neues Testament, TRE IV, 450-467
Ders.; Lk 10,5-11 in der Instruktionsrede der Logienquelle, in: EKK.V 3, Zürich/Köln/ Einsiedeln/ Neukirchen 1971, 37-53 [= Instruktionsrede]
Ders.; Studien zur Theologie der Logienquelle, NTA NF 8, Münster ³1982 [= Studien]
Holtz, T.; Untersuchungen über die alttestamentlichen Zitate bei Lukas, TU 104, Berlin 1968 [= Untersuchungen]
Holtzmann, H.J.; Die Apostelgeschichte, HC I/2, Tübingen/Leipzig ³1901
Hommel, H.; Juden und Christen im kaiserzeitlichen Milet. Überlegungen zur Theaterinschrift, in: ders., Sebasmata. Studien zur antiken Religionsgeschichte und zum frühen Christentum II, WUNT 32, Tübingen 1984, 200-230
Horn, F.W.; Glaube und Handeln in der Theologie des Lukas, GTA 26, Göttingen 1983 [= Glaube]
Hornung, A.; Zur Theologie der Armut. Reich Gottes, Besitz und Besitzverzicht nach den lukanischen Schriften, in: Ordenkorrespondenz 16, 1975, 424-454
Hübner, H.; Art. χρόνος, EWNT III, 1170-1173 [= EWNT III]
Ders.; Das Gesetz in der synoptischen Tradition. Studien zur These einer progressiven Qumranisierung und Judaisierung innerhalb der synoptischen Tradition, Witten 1973 [= Gesetz]
Hückelheim, J.F.; Der Zweck der Apostelgeschichte. Eine biblische Studie, Paderborn 1908
Hutton, W.R.; The Kingdom of God has Come, ET 64, 1952/53, 89-91
Jacobs, L.; Art. Herrschaft Gottes/Reich Gottes III. Judentum, TRE 15, 190-196
Jastrow, M.; A Dictionary of the Targumim, The Talmud Babli and Yerushalmi, and the Midrashic Literature. With an Index of Scriptural Quotations, 2 Vol., New York 1950
Jellicoe, S.; St Luke and the "Seventy (-two)", NTS 6, 1959/60, 319-321 [= Seventy (-two)]
Jeremias, J.; Die Abendmahlsworte Jesu, Göttingen ⁴1967
Ders.; Die Gleichnisse Jesu, Göttingen ⁹1977 [= Gleichnisse]
Ders.; Jesu Verheißung für die Völker, Franz Delitzsch-Vorlesungen 1953, Stuttgart ²1959 [= Jesu Verheißung]
Ders.; Neutestamentliche Theologie. Teil 1: Die Verkündigung Jesu, Gütersloh ³1979 [= Theologie]
Ders.; Paarweise Sendung im Neuen Testament, in: *ders.*, Abba. Studien zur neutestamentlichen Theologie und Zeitgeschichte, Göttingen 1966, 93-97
Ders.; Perikopenumstellungen bei Lukas?, NTS 4, 1957/58, 115-119 (= *ders.*, Abba. Studien zur neutestamentlichen Theologie und Zeitgeschichte, Göttingen 1966, 93-97)
Ders.; Die Sprache des Lukasevangeliums. Redaktion und Tradition im Nicht-Markusstoff des dritten Evangeliums, KEK Sonderband, Göttingen 1980 [= Sprache]

Ders.; Unbekannte Jesusworte, unter Mitwirkung von *O.Hofius*, Gütersloh ³1963 [= Unbekannte Jesusworte]
Jervell, J.; Das gespaltene Israel und die Heidenvölker. Zur Motivierung der Heidenmission in der Apostelgeschichte, StTh 19, 1965, 68-96 [= Israel]
Ders.; "Gottes Ratschluß". Zum Thema Gott und Geschichte in den Lukasschriften, in: Gott und Geschichte, Wissenschaftliche Beiträge der Ernst-Moritz-Universität Greifswald, Greifswald 1988, 47-54 [= Gottes Ratschluß]
Ders.; Gottes Treue zum untreuen Volk, in: Der Treue Gottes trauen. Beiträge zum Werk des Lukas, FS *G.Schneider*, hg. v. *C.Bussmann* und *W.Radl*, Freiburg/Basel /Wien 1991, 15-27 [= Gottes Treue]
Ders.; The Lost Sheep of the House of Israel. The Understanding of the Samaritans in Luke-Acts, in: *ders.*, Luke and the people of God. A new look at Luke-Acts, Minneapolis 1972, 113-132 [= Lost Sheep]
Ders.; Luke and the people of God. A new look at Luke-Acts, Minneapolis 1972 [= Luke]
Ders.; The Mighty Minority, StTh 34, 1980, 13-38, (= in: *ders.*, The Unknown Paul. Essays on Luke-Acts and Early Christian History, Minneapolis 1984, 26-51.162-164)
Ders.; Die Mitte der Schrift. Zum lukanischen Verständnis des Alten Testaments, in: Die Mitte des Neuen Testaments. Einheit und Vielfalt neutestamentlicher Theologie, FS *E.Schweizer* zum 70. Geburtstag, hg. v. *U.Luz* und *H.Weder*, Göttingen 1983, 79-96 [= Schrift]
Ders.; Paulus - Der Lehrer Israels. Zu den apologetischen Paulusreden in der Apostelgeschichte, NT 10, 1968, 164-190 [= Paulus]
Ders.; Paulus in der Apostelgeschichte und die Geschichte des Urchristentums, NTS 32, 1986, 378-392 [= Paulus in der Apostelgeschichte]
Ders.; The Twelve on Israel´s Thrones. Luke´s Understanding of the Apostolate, in: *ders.*, Luke and the People of God. A New Look at Luke-Acts, Minneapolis 1972, 75-112 [= Twelve]
Ders.; Der unbekannte Paulus, in: *S.Pedersen* (Hg.), Die paulinische Literatur und Theologie, Aarhus/Göttingen 1980, 29-49
Ders.; The Unknown Paul. Essays on Luke-Acts and Early Christian History, Minneapolis 1984
Ders.; Das Volk des Geistes, in: God´s Christ and His People. Studies in Honour of *N.A.Dahl*, ed. by *J.Jervell* and *W.A.Meeks*, Oslo/Bergen/Tromsö 1977, 87-106
Ders.; Die Zeichen des Apostels: Die Wunder beim lukanischen und paulinischen Paulus, in: *A.Fuchs* (Hg.), Studien zum Neuen Testament und seiner Umwelt 5, 1980, 54-75
Johnsonn, E.E.; A Study of ΒΑΣΙΛΕΙΑ ΤΟΥ ΘΕΟΥ in the Gospel of Luke, diss., Dallas 1968 {mir nicht zugänglich}
Johnson, L.M.; The Lukan Kingship Parable (Lk 19,11-27), NT 24, 1982, 139-159 [= Kingship Parable]
Juel, D.; Luke-Acts. The Promise of History, Atlanta 1983
Jülicher, A.; Die Gleichnisreden Jesu, 2 Teile, Tübingen ²1910 (Nachdruck: Darmstadt 1976) [= Gleichnisreden I-II]
Jüngel, E.; Paulus und Jesus. Eine Untersuchung zur Präzisierung der Frage nach dem Ursprung der Christologie, HUTh 2, Tübingen ⁶1986 [= Paulus]

Käsemann, E.; Die Johannesjünger in Ephesus, in: *ders.*, Exegetische Versuche und Besinnungen 1, Göttingen ⁶1970, 158-168 (= ZThK 49, 1952, 144-154) [= Johannesjünger]
Ders.; Neutestamentliche Fragen von heute, in: *ders.*, Exegetische Versuche und Besinnungen 2, Göttingen ³1970, 11-31 [= Fragen]
Ders.; Das Problem des historischen Jesus, in: ders., Exegetische Versuche und Besinnungen 1, Göttingen ⁶1970, 187-214 [= Problem]
Ders.; Der Ruf der Freiheit, Tübingen ⁵1972 (Nachdruck: 1981)
Kahl, B.; Armenevangelium und Heidenevangelium. "Sola scriptura" und die ökumenische Traditionsproblematik im Lichte von Väterkonflikt und Väterkonsens bei Lukas, Berlin 1987
Kamlah, E.; Kritik und Interpretation der Parabel von den anvertrauten Geldern - Mt. 24,14ff.; Lk 19,12ff., KuD 14, 1968, 28-38 [= Kritik]
Kasting, H.; Die Anfänge der urchristlichen Mission. Eine historische Untersuchung, BEvTh 55, München 1969 [= Anfänge]
Keck, F.; Die öffentliche Abschiedsrede Jesu in Lk 20,45-21,36. Eine redaktions- und motivgeschichtliche Untersuchung, FzB 25, Stuttgart 1976 [= Abschiedsrede]
Keck, L.; Jesus' Entrance upon His Mission, RevExp 64, 1967, 465-483
Keel, O. / Küchler, M. / Uehlinger, Chr.; Orte und Landschaften der Bibel. Ein Handbuch und Studien-Reiseführer zum Heiligen Land. Bd 1: Geographisch-geschichtliche Länderkunde; Zürich/ Einsiedeln/Köln/Göttingen 1984 [= *Keel/Küchler*, Orte I]
Kelber, W.H.; The Kingdom in Mark. A New Place and a New Time, Philadelphia 1974
Kemmler, D.W.; Faith and Human Reason. A Study of Paul's Method of Preaching as Illustrated by 1-2 Thessalonians and Acts 17,2-4, NT.S 40, Leiden 1975 [= Faith]
Kertelge, K.; Art. τὸ λύτρον, EWNT II, 901-905 [= EWNT II]
Kilgallen, J.J.; A brief Commentary on the Acts of the Apostles, New York/Makwah 1988 [= Acts]
Ders.; A brief Commentary on the Gospel of Luke, New York 1988
Kilpatrick, G.D.; The Gentiles and the Strata of Luke, in: Verborum Veritas, FS *G.Stählin*, hg. v. *O.Böcher/K.Haacker*, Wuppertal 1970, 83-88
Kirchschläger, W.; Fieberheilung in Apg 28 und Lk 4, in: Les Actes des Apôtres. Traditions, rédactions, théologie, hg. v. *J.Kremer*, BEThL XLVIII, Leuven 1979, 509-521 [= Fieberheilung]
Ders.; Jesu exorzistisches Wirken aus der Sicht des Lukas. Ein Beitrag zur lukanischen Redaktion, Österreichische Biblische Studien 3, Klosterneuburg 1981 [= Wirken]
Klauck, H.-J.; Die Frage der Sündenvergebung in der Perikope von der Heilung des Gelähmten (Mk 2,1-12 parr), BZ NF 25, 1981, 223-248 [= Sündenvergebung]
Klein, G.; Lukas 1,1-4 als theologisches Programm, in: *G.Braumann*, Das Lukas-Evangelium. Die redaktions- und kompositionsgeschichtliche Forschung, WdF 280, Darmstadt 1974, 170-203 [= Programm]
Ders.; "Reich Gottes" als biblischer Zentralbegriff, EvTh 30, 1970, 642-670 [= Reich Gottes]
Ders.; Die zwölf Apostel. Ursprung und Gehalt einer Idee, FRLANT NF 59, Göttingen 1961 [= Apostel]

Klein, H.; Barmherzigkeit gegenüber den Elenden und Geächteten. Studien zur Botschaft des lukanischen Sonderguts, BThSt 10, Neukirchen-Vluyn 1987 [= Barmherzigkeit]
Kleinknecht, H.; Art. βασιλεύς (im Griechentum), ThWNT I, 562f
Kliesch, K.; Apostelgeschichte, Stuttgarter Kleiner Kommentar: Neues Testament (N.F.) 5, Stuttgart 1986 [= Apg]
Ders.; Das heilsgeschichtliche Credo in den Reden der Apostelgeschichte, BBB 44, Bonn 1975
Klinghardt, M.; Gesetz und Volk Gottes. Das lukanische Verständnis des Gesetzes nach Herkunft, Funktion und seinem Ort in der Geschichte des Urchristentums, WUNT 32, Tübingen 1988 [= Gesetz]
Klostermann, E.; Das Lukasevangelium, HNT 5, Tübingen ²1929 [= Lk]
Knoch, O.; Die "Testamente" des Petrus und Paulus. Die Sicherung der apostolischen Überlieferung in der spätneutestamentlichen Zeit, SBS 62, Stuttgart 1973 [= Testamente]
Knox, J.; Marcion and the New Testament. An Essay in the Early History of the Canon, Chicago 1942
Koch, D.-A.; Geistbesitz, Geistverleihung und Wundermacht. Erwägungen zur Tradition und zur lukanischen Redaktion in Act 8,5-25, ZNW 77, 1986, 64-82 [= Geistbesitz]
Koet, B.J.; Five Studies on Interpretation of Scripture in Luke-Acts, Studiorum Novi Testamenti Auxilia 14, Leuven 1989
Kogler, F.; Das Doppelgleichnis vom Senfkorn und vom Sauerteig in seiner traditionsgeschichtlichen Entwicklung. Zur Reich-Gottes-Vorstellung Jesu und ihren Aktualisierungen in der Urkirche, FzB 59, Würzburg 1988
Kosch, D.; Die Gottesherrschaft im Zeichen des Widerspruchs. Traditions- und redaktionsgeschichtliche Untersuchung von Lk 16,16//Mt 11,12f bei Jesus, Q und Lukas, EHS.T 257, Bern/ Frankfurt a. M./New York 1985 [= Gottesherrschaft]
Kraabel, A.T.; Greek, Jews, and Lutherans in the Middle Half of Acts, in: Christians among Jews and Gentiles. Essays in Honor of *K.Stendahl*, ed. by *G.W.E.Nickelsburg* with *G.W.MacRae*, Philadelphia 1986, 147-157
Kränkl, E.; Jesus der Knecht Gottes. Die heilsgeschichtliche Stellung Jesu in den Reden der Apostelgeschichte, BU 8, Regensburg 1972 [= Knecht]
Kraft, H.; Clavis Patrum Apostolicorum. Catalogum vocum in libris patrum qui dicuntur Apostolici, Darmstadt 1963
Krauss, S.; Die Zahl der biblischen Völkerschaften, ZAW 19, 1899, 1-14 [= Zahl I]
Ders.; Zur Zahl der biblischen Völkerschaften, ZAW 20, 1900, 38-43 [= Zahl II]
Kremer, J.; Einführung in die Problematik heutiger Acta-Forschung anhand von Apg 17,10-13. ἀνακρίνοντες τὰς γραφάς, in: *ders.* (Hg.), Les Actes des Apôtres. Traditions, rédactions, théologie, BEThL XLVIII, Leuven 1978, 11-20
Ders.; Lukasevangelium, Die Neue Echter-Bibel: Kommentar zum Neuen Testament mit der Einheitsübersetzung Bd 3; Würzburg 1988 [= Lk]
Ders.; Pfingstbericht und Pfingstgeschehen. Eine exegetische Untersuchung zu Apg 2,1-13, SBS 63/64, Stuttgart 1973

Ders.; Die Voraussagen des Pfingstgeschehens in Apg 1,4-5 und 8. Ein Beitrag zur Deutung des Pfingstberichts, in: Die Zeit Jesu, FS H.Schlier, hg. v. G.Bornkamm und K.Rahner, Freiburg/Basel/Wien 1970, 145-168 [= Voraussagen]

Kretzer, A.; Die Herrschaft der Himmel und die Söhne des Reiches. Eine redaktionsgeschichtliche Untersuchung zum Basileiabegriff und Basileiaverständnis im Matthäusevangelium, SBM 10, Stuttgart/Würzburg 1971

Krodel, G.; Acts; Proclamation commentaries, Philadelphia 1981

Kümmel, W. G.; Einleitung in das Neue Testament, Heidelberg ^{21}1983 [= Einleitung]

Kümmel, W.G.; "Das Gesetz und die Propheten gehen bis Johannes" - Lukas 16,16 im Zusammenhang der heilsgeschichtlichen Theologie der Lukasschriften, in: *G.Braumann* (Hg.), Das Lukas-Evangelium. Die redaktions- und kompositionsgeschichtliche Forschung, WdF 280, Darmstadt 1974, 416-436 (= in: Verborum Veritas. FS *G.Stählin*, hg. v. *O.Böcher* und *K.Haacker*, Wuppertal 1970, 89-102 = in: *W.G. Kümmel*, Heilsgeschehen und Geschichte II. Gesammelte Aufsätze 1965-1977, hg. v. *E.Gräßer* und *O.Merk*, MThSt 16, Marburg 1978, 75-86) [= Gesetz]

Ders.; Heilsgeschichte im Neuen Testament?, in: Neues Testament und Kirche, FS *R.Schnackenburg*, hg. v. *J.Gnilka*, Freiburg/Basel/Wien 1974, 434-457 (= in: *ders.*, Heilsgeschehen und Geschichte II. Gesammelte Aufsätze 1965-1977, hg. v. *E.Gräßer* und *O.Merk*, MThSt 16, Marburg 1978, 157-176)

Ders.; Lukas in der Anklage der heutigen Theologie, in: *G. Braumann* (Hg.), Das Lukas-Evangelium. Die redaktions- und kompositionsgeschichtliche Forschung, WdF 280, Darmstadt 1974, 416-436 (= ZNW 63, 1972, 149-165) [= Anklage]

Ders.; Verheißung und Erfüllung. Untersuchungen zur eschatologischen Verkündigung Jesu, AThANT 6, Zürich ^{3}1956 [= Verheißung]

Kuhn, H.-W.; Ältere Sammlungen im Markusevangelium, STUNT 8, Göttingen 1971 [= Sammlungen]

Kuhn, K.G.; Art. βασιλεύς κτλ. (rabbinische Literatur), ThWNT I, 570-573

Ders.; Giljonim und sifre minim, in: Judentum - Urchristentum - Kirche, FS *J.Jeremias*, hg. v. *W.Eltester*, BZNW 26, Berlin 1960, 24-61 [= Giljonim]

Kurz, W.S.; Luke-Acts and Historiography in the Greek Bible, in: *P.J.Achtemeier* (Ed.), Society of Biblical Literature Seminar Papers Series 19, 1980, 283-300

Lake K. / Cadbury H.J., The Beginnings of Christianity. Part I The Acts of the Apostles, ed. *F.J.F.Jackson/K.Lake*, Vol. IV: English Translation and Commentary; Vol. V: Additional Notes to the Commentary, London 1933 [= Beg IV-V]

Lambrecht, J.; Paul´s Farewell-Address at Miletus (Acts 20,17-38), in: Les Actes des Apôtres. Traditions, rédactions, théologie, hg. v. *J.Kremer*, BEThL XLVIII; Leuven 1979, 307-337 [= Farewell-Address]

Lampe, G.W.H.; The Holy Spirit in the Wiritings of St. Luke, in: Studies in the Gospels: Essays in Memory of *R.H.Lightfood*, hg. v. *D.E.Nineham*, Oxford 1955, 159-200

Lattke, M.; Art. ἀπαντάω/ἀπάντησις, EWNT I, 274f

Laufen, R.; Die Doppelüberlieferungen der Logienquelle und des Markusevangeliums, BBB 54, Königstein/Ts.-Bonn 1980 [= Doppelüberlieferungen]

Leaney, A.R.C.; A Commentary on the Gospel according to St. Luke, BNTC, London 1958 (= ^{2}1976) [= Luke]

Lehnhardt, Th.; Der Gott der Welt ist unser König. Zur Vorstellung von der Königsherrschaft Gottes im Shema und seinen Benedictionen, in: *M.Hengel/A.M.Schwemer* (Hg.); Königsherrschaft Gottes und himmlischer Kult im Judentum, Urchristentum und in der hellenistischen Welt, WUNT 55, Tübingen 1991, 285-307

Leroy, H.; Jesus. Überlieferung und Deutung, EdF 95, Darmstadt 1978 [Jesus]

Lichtenberger, H.; Täufergemeinden und frühchristliche Täuferpolemik im letzten Drittel des 1. Jahrhunderts, ZThK 84, 1987, 36-57 [= Täufergemeinden]

Liddell, H.G. / Scott,R.; A Greek-English Lexicon, revised and augmented by *H.St.Jones*. With a supplement ed. by *E.A.Barber*, Oxford ⁹1977 (= Nachdruck von 1940)

Lindemann, A.; Art. Herrschaft Gottes/Reich Gottes IV. Neues Testament und spätantikes Judentum, TRE 15, 196-218 [= Herrschaft Gottes]

Linnemann, E.; Gleichnise Jesu. Einführung und Auslegung, Göttingen ⁴1966 [= Gleichnisse]

Ders.; Überlegungen zur Parabel vom großen Abendmahl (Lk.14,15-24/Mt.22,2-14), ZNW 1960, 246-255 [= Überlegungen]

Löning, K.; Das Evangelium und die Kulturen. Heilsgeschichtliche und kulturelle Aspekte kirchlicher Realität in der Apostelgeschichte, ANRW II, 25.3, Berlin/New York 1985, 2604-2646

Ders.; Lukas - Theologe der von Gott geführten Heilsgeschichte [Lk, Apg], in: *J.Schreiner - G.Dautzenberg* (Hg.), Gestalt und Anspruch des Neuen Testaments, Würzburg 1969, 200-228 [= Lukas]

Ders.; Die Saulustradition in der Apostelgeschichte, NTA NF 9, Münster 1973 [= Saulustradition]

Lövestam, E.; Paul's Address at Miletus, StTh 41, 1987, 1-10

Lohfink, G.; Die Himmelfahrt Jesu. Untersuchungen zu den Himmelfahrts- und Erhöhungstexten bei Lukas, StANT 26, München 1971 [= Himmelfahrt]

Ders.; Die Sammlung Israels. Eine Untersuchung zur lukanischen Ekklesiologie, StANT 39, München 1975 [= Sammlung]

Lohmeyer, E.; Galiläa und Jerusalem bei Lukas, in: *G.Braumann* (Hg.), Das Lukas-Evangelium. Die redaktions- und kompositionsgeschichtliche Forschung, WdF 280, Darmstadt 1974, 7-12

Lohse, E.; Die Bedeutung des Pfingstberichtes im Rahmen des lukanischen Geschichtswerkes, EvTh 13, 1953, 422-436

Lohse, E.; Die Gottesherrschaft in den Gleichnissen Jesu, EvTh 18, 1958, 145-157

Ders.; Lukas als Theologe der Heilsgeschichte, in: *G.Braumann* (Hg.), Das Lukas-Evangelium. Die redaktions- und kompositionsgeschichtliche Forschung, WdF 280, Darmstadt 1974, 64-90 (= EvTh 14, 1954, 256-275) [= Lukas]

Ders.; Missionarisches Handeln Jesu nach dem Evangelium des Lukas, ThZ 10, 1954, 1-13

Lorenzmeier, T.; Zum Logion Mt 12,28 Lk 11,20, in: Neues Testament und christliche Existenz, FS *H.Braun*, hg. v. *H.D.Betz/L.Schottroff*, Tübingen 1973, 289-304

Luck, U.; Kerygma, Tradition und Geschichte Jesu bei Lukas, in: *G.Braumann* (Hg.), Das Lukas-Evangelium. Die redaktions- und kompositionsgeschichtliche Forschung, WdF 280, Darmstadt 1974, 95-114

Lüdemann, G.; The Acts of the Apostles and the Beginnings of Simonian Gnosis, NTS 33, 1987, 420-426 [= Simonian Gnosis]
Ders.; Das frühe Christentum nach den Traditionen der Apostelgeschichte. Ein Kommentar, Göttingen 1987 [= Christentum]
Ders.; Untersuchungen zur simonianischen Gnosis, GTA 1, Göttingen 1975 [= Untersuchungen]
Lührmann, D.; Das Markusevangelium, HNT 3, Tübingen 1987 [= Mk]
Ders.; Die Redaktion der Logienquelle, WMANT 33, Neukirchen-Vluyn 1969 [= Redaktion]
Lütgert, W.; Das Reich Gottes nach den synoptischen Evangelien. Eine Untersuchung zur neutestamentlichen Theologie, Gütersloh 1895 [= Reich Gottes]
Lundström, G.; The Kingdom of God in the Teaching of Jesus. A History of Interpretation from the Last Decades of the Nineteenth Century to the Present Day, Edinburgh and London 1963
Luomanen, P. (Hg.); Luke-Acts. Scandinavian Perspectives, Publications of the Finnish Exegetical Society 54, Helsinki/ Göttingen 1991
Luz, U.; Art. βασιλεία, EWNT I, 481-491 [= EWNT I]
Ders.; Das Evangelium nach Matthäus. 1. Teilband Mt 1-7 und 2. Teilband Mt 8-17, EKK I/1-2, Zürich u.a. 1985/1990 [= Mt I-II]
Maddox, R.; The Purpose of Luke-Acts, FRLANT 126, Göttingen 1982 [= Purpose]
März, C.-P.; Das Wort Gottes bei Lukas. Die lukanische Worttheologie als Frage an die neuere Lukasforschung, EThS 11, Leipzig 1974 [= Wort Gottes]
Mannzmann, A.; Art. Βασιλεύς, KP 1, 831-835
Marcus, J.; The Mystery of the Kingdom of God, SBLDS 90, Atlanta 1986
Marshall, I.H.; The Acts of the Apostles. An Introduction and Commentary, TNTC, Leicester 1980 [= Acts]
Ders.; The Gospel of Luke, The New International Greek Testament Commentary, Exeter 1978 [= Luke]
Ders.; Luke: Historian and Theologian, Exeter 1970 [= Luke: Historian and Theologian]
Ders.; Luke and his "Gospel", in: *P.Stuhlmacher* (Hg.); Das Evangelium und die Evangelien. Vorträge vom Tübinger Symposium 1982, WUNT 28, Tübingen 1983, 289-308
Marxsen, W.; Der Evangelist Markus. Studien zur Redaktionsgeschichte des Evangeliums, FRLANT 67, Göttingen 1956 [= Markus]
Mattill, A.J.; Naherwartung, Fernerwartung, and the Purpose of Luke-Acts: Weymouth Reconsidered, CBQ 34, 1972, 276-293
Mattill, A.J. jr./Mattill, M.J.; A classified Bibliography of Literature on the Acts of the Apostles, NTTS 7, Leiden 1966
Mayer, B.; Art. ἐλπίς κτλ., EWNT I, 1066-1075 [= EWNT I]
Mealand, D.L.; "After Not Many Days" in Acts 1.5 and its Hellenistic Context, Journal for the Study of the New Testament 42, 1991, 69-77 [= After Not Many Days]
Ders.; The Close of Acts and its Hellenistic Greek Vocabulary, NTS 36, 1990, 583-597 [= Close]
Ders.; Hellenistic Historians and the Style of Acts, ZNW 82, 1991, 42-66

Ders.; The Phrase "Many Proofs" in Acts 1,3 and in Hellenistic Writers, ZNW 80, 1989, 134f

Meeks, W.A.; Simon Magus in Recent Research, Religious Studies Review 3,1977, 137-142 [= Simon Magus]

Merk, O.; Das Reich Gottes in den lukanischen Schriften, in: Jesus und Paulus, FS W.G. Kümmel, hg. v. E.E.Ellis und E.Gräßer, Göttingen 1975, 201-220 [= Reich Gottes]

Merkel, H.; Die Gottesherrschaft in der Verkündigung Jesu, in: *M.Hengel/A.M.Schwemer* (Hg.); Königsherrschaft Gottes und himmlischer Kult im Judentum, Urchristentum und in der hellenistischen Welt, WUNT 55, Tübingen 1991, 119-161 [= Gottesherrschaft]

Merklein, H.; Die Gottesherrschaft als Handlungsprinzip. Untersuchung zur Ethik Jesu, FzB 34, Würzburg [3]1984 [= Gottesherrschaft]

Merklein, H.; Jesu Botschaft von der Gottesherrschaft. Eine Skizze, SBS 111, Stuttgart 1983

Metzger, B.M.; Seventy or Seventy-Two Disciples?, NTS 5, 1958/59, 299-306 [= Disciples]

Ders.; A Textual Commentary on the Greek New Testament. A Companion Volume to the United Bible Societies´ Greek New Testament (third edition), Stuttgart 1975 (corrected edition) [= Commentary]

Metzger, P.; Der Begriff des Reiches Gottes im Neuen Testament, Stuttgart 1910 [= Begriff]

Michaelis, W.; Art. ὁδός, ThWNT V, 42-101 [= ThWNT V]

Ders.; Täufer, Jesus, Urgemeinde. Die Predigt vom Reiche Gottes vor und nach Pfingsten, NTF II/3, Gütersloh 1928

Michel, H.J.; Die Abschiedsrede des Paulus an die Kirche Apg 20,17-38, Motivgeschichte und theologische Bedeutung, StANT 35, München 1970 [= Abschiedsrede]

Ders.; Heilsgegenwart und Zukunft bei Lukas, in: Gegenwart und kommendes Reich, FS A.Vögtle, hg. v. P.Fiedler/D.Zeller, Stuttgart 1975, 101-115 [= Heilsgegenwart]

Miesner, D.R.; The Circumferential Speeches of Luke-Acts: Patterns and Purpose, Society of Biblical Literature Seminar Papers, 1978/II, Missoula 223-237

Minear, P.S.; Die Funktion der Kindheitsgeschichten im Werk des Lukas, in: *G.Braumann* (Hg.), Das Lukas-Evangelium. Die redaktions- und kompositionsgeschichtliche Forschung, WdF 280, Darmstadt 1974, 204-235

Miyoshi, M.; Der Anfang des Reiseberichts. Lk 9,51-10,24. Eine redaktionsgeschichtliche Untersuchung, AnBib 60, Rom 1974 [= Anfang]

Moessner, D.P.; Lord of the Banquet. The Literary and Theological Significance of the Lukan Travel Narrative, Minneapolis 1989

Moessner, D.P.; Paul in Acts: Preacher of Eschatological Repentance to Israel, NTS 34, 1988, 96-104

Moore, W.E.; Βιάζω, ἁρπάζω and Cognates in Josephus, NTS 21, 1975, 519-543

Morgenthaler, R.; Die lukanische Geschichtsschreibung als Zeugnis. Gestalt und Gehalt der Kunst des Lukas, 2 Bde., AThANT 14-15, Zürich 1948

Ders.; Statistik des neutestamentlichen Wortschatzes, Zürich/Stuttgart [3]1982

Morris, L.; Luke. An Introduction and Commentary (Revised Edition), TNTC, Leicester/Michigan 1988 (Nachdruck: 1989)

Moulton, W.F. / Geden, A.S.; A Concordance to the Greek New Testament according to the texts of *Westcott/Hort, Tischendorf* and the English Revisers, Edinburgh ⁵1978

Moxnes, H.; The Economy of the Kingdom. Social conflict and economic relations in Luke´s gospel, Philadelphia 1988 [= Economy]

Müller, K.W.; König und Vater. Streiflichter zur metaphorischen Rede über Gott in der Umwelt des Neuen Testaments, in: *M.Hengel/A.M.Schwemer* (Hg.); Königsherrschaft Gottes und himmlischer Kult im Judentum, Urchristentum und in der hellenistischen Welt, WUNT 55, Tübingen 1991, 21-43

Müller, P.-G.; Art. ἀποκαθίστημι, ἀποκαθιστάνω, EWNT I, 310-312 [= EWNT I]

Ders.; Lukas-Evangelium, Stuttgarter Kleiner Kommentar - NT 3, Stuttgart 1984

Müller, U.B.; Zur frühchristlichen Theologiegeschichte. Judenchristentum und Paulinismus in Kleinasien an der Wende vom ersten zum zweiten Jahrhundert n. Chr., Gütersloh 1976 [= Theologiegeschichte]

Munck, J.; The Acts of the Apostles; revised by W.F.Albright and C.S.Mann, AncB 31, New York 1967

Mußner, F.; Apostelgeschichte, Die Neue Echter-Bibel: Kommentar zum Neuen Testament mit der Einheitsübersetzung Bd 5; Würzburg 1984 [= Apg]

Ders.; Die Erzählintention des Lukas in der Apostelgeschichte, in: Der Treue Gottes trauen. Beiträge zum Werk des Lukas, FS *G.Schneider*, hg. v. *C.Bussmann* und *W.Radl*, Freiburg/ Basel/Wien 1991, 29-41 [= Erzählintention]

Ders.; Die Idee der Apokatastasis in der Apostelgeschichte, in: Lex tua veritas, FS *H.Junker*, Trier 1961, 293-306 [= Apokatastasis]

Ders.; "In den letzten Tagen" (Apg 2,17a), BZ NF 5, 1961, 263-265 [= In den letzten Tagen]

Ders.; "Wann kommt das Reich Gottes?" Die Antwort Jesu nach Lk 17,20b.21; BZ NF 6, 1962, 107-111 [= Reich Gottes]

Nebe, G.; Prophetische Züge im Bilde Jesu bei Lukas, BWANT 127, Stuttgart/ Berlin/Köln 1989 [= Prophetische Züge]

Neirynck, F. (Ed.); L´Évangile de Luc - The Gospel of Luke. Revised and Enlarged Edition of L´Évangile de Luc. Problèmes littéraires et théologiques, BEThL XXXII, Leuven 1989

Ders.; The Minor Agreements of Matthew and Luke against Mark with a Cumulative List, BEThL 37, Leuven 1974

Nellessen, E.; Zeugnis für Jesus und das Wort. Exegetische Untersuchungen zum lukanischen Zeugnisbegriff, BBB 43, Köln 1976 [= Zeugnis]

Nielsen, A.E.; The Purpose of the Lucan Writings with Particular Reference to Eschatology, in: *P.Luomanen* (Hg.); Luke-Acts. Scandinavian Perspectives, Publications of the Finnish Exegetical Society 54, Helsinki/Göttingen 1991, 76-93

Noack, B.; Das Gottesreich bei Lukas. Eine Studie zu Luk. 17,20-24, SyBU 10, Uppsala 1948 [= Gottereich]

Nösgen, C.F.; Commentar über die Apostelgeschichte des Lukas, Leipzig 1882 [= Apg]

Noorda, S.J.; Historia Vitae Magistra. Een becordeling van de geschiedenis van de uitley van Lucas 4,16-30 als bijdrage aan de hermeneutische discussie, Amsterdam 1989

Norden, E.; Agnostos Theos. Untersuchung zur Formgeschichte religiöser Rede, Darmstadt ⁴1956
Nordheim, E. v.; Die Lehre der Alten. I. Das Testament als Literaturgattung im Judentum der hellenistisch-römischen Zeit; II. Das Testament als Literaturgattung im Alten Testament und im alten vorderen Orient, ALGHL 13/18; Leiden 1980/1985 [= Lehre I-II]
Nordsieck, R.; Reich Gottes - Hoffnung der Welt. Das Zentrum der Botschaft Jesu, NStB 12, Neukirchen-Vluyn 1980
Noack, B.; Das Gottesreich bei Lukas. Eine Studie zu Luk. 17,20-24, Sy BU 10, Uppsala 1948 (= Gottesreich)
Nützel, J.M.; Jesus als Offenbarer Gottes nach den lukanischen Schriften, FzB 39, Würzburg 1980 [= Jesus]
Oepke, A.; Art. ἀποκαθίστημι, ἀποκατάστασις, ThWNT I, 386-392 [= ThWNT I]
Ohm, T.; Die Unterweisung der Apostel nach Act 1,3-8, ZMR 37, 1953, 1-10
O'Neill, J.C.; The Theology of Acts in its Historical Setting, London 1961 [= Theology]
O'Reilly, L.; Word and Sign in the Acts of the Apostles. A Study in Lucan Theology, Rom 1987
O'Toole, R.F.; Activity of the Risen Jesus in Luke-Acts, Bib 62, 1981, 471-498
Ders.; Acts 26. The Christological Climax of Paul's Defense (Ac 22:1-26:32), AnBib 78, Rom 1978
Ders.; Luke's Message in Luke 9:1-50, CBQ 49, 1987, 74-89
Ders.; The Kingdom of God in Luke-Acts, in: W.Willis (Ed.), The Kingdom of God in 20th-Century Interpretation, Peabody 1987, 147-162 [= Kingdom]
Ders.; The Unity of Luke's Theology, New York 1984
Ott, W.; Gebet und Heil. Die Bedeutung der Gebetsparänese in der lukanischen Theologie, StANT 12, München 1965
Otto, R.; Reich Gottes und Menschensohn. Ein religionsgeschichtlicher Vergleich, München ³1954 [= Reich Gottes]
Palmer, D.W.; The Literary Background of Acts 1.1-14, NTS 33, 1987, 427-438 [= Background]
Panagopoulos, J.; Zur Theologie der Apostelgeschichte, NT 14, 1972, 137-159 [= Theologie]
Parsons, M.C.; The Departure of Jesus in Luke-Acts. The Ascension Narratives in Context, Journal for the study of the New Testament. Supplement Series 21, Sheffield 1987 [= Departure]
Patrick, D.; The Kingdom of God in the Old Testament, in: W.Willis (Ed.), The Kingdom of God in 20th-Century Interpretation, Peabody 1987, 67-79
Perrin, N.; The Kingdom of God in the Teaching of Jesus, NTL, London 1963 [= Kingdom]
Ders.; Rediscovering the Teaching of Jesus, NTL, London 1967 [= Teaching]
Ders.; Was lehrte Jesus wirklich? Rekonstruktion und Deutung, Sammlung Vandenhoeck, Göttingen 1972 [= Jesus]

Perro, R.I.; Profit with Delight. The literary genre of the Acts of the Apostles, Philadelphia 1987
Pesch, R.; Der Anfang der Apostelgeschichte: Apg 1,1-11. Kommentarstudie, in: EKK.V 3, Zürich u.a. 1971 [= Anfang]
Ders.; Die Apostelgeschichte, 2 Bde., EKK V/1-2, Zürich u.a. 1986 [= Apg I-II]
Ders.; Voraussetzungen und Anfänge der urchristlichen Mission, in: Mission im Neuen Testament, hg. v. *K.Kertelge*, QD 93, Freiburg/Basel/Wien 1982, 11-70
Peterson, E.; Art. ἀπάντησις, ThWNT I, 380
Ders.; Die Einholung des Kyrios, ZSTh 7, 1929/30, 682-702
Petzke, G.; Das Sondergut des Evangeliums nach Lukas, Züricher Werkkommentare zur Bibel, Zürich 1990 [= Sondergut]
Pittner, B.; Studien zum lukanischen Sondergut. Sprachliche, theologische und formkritische Untersuchungen zu Sonderguttexten in Lk 5-19, EThS 18, Leipzig 1991
Plemik, J.; The Eyewitnesses of the Risen Jesus in Luke 24, CBQ 49, 1987, 90-103
Plümacher, E.; Acta-Forschung 1974-1982, ThR 48, 1983, 1-56; 49, 1984, 105-169 [= Acta-Forschung]
Ders.; Art. Apostelgeschichte, TRE 3, 483-528 [= Apostelgeschichte]
Ders.; Lukas als hellenistischer Schriftsteller. Studien zur Apostelgeschichte, StUNT 9, Göttingen 1972 [= Lukas]
Plummer, A.; A Critical and Exegetical Commentary on the Gospel According to S. Luke, ICC, Edinburgh [5]1922 (Nachdruck: 1964)
Polag, A.; Die Christologie der Logienquelle, WMANT 45, Neukirchen-Vluyn 1977
Ders.; Fragmenta Q. Textheft zur Logienquelle, Neukirchen-Vluyn [2]1982 [= Fragmenta Q]
Powell, D.; Art. Clemens von Rom, TRE 8, 113-120
Prast, F.; Presbyter und Evangelium in nachapostolischer Zeit. Die Abschiedsrede des Paulus in Milet (Apg 20,17-38) im Rahmen der lukanischen Konzeption der Evangeliumsverkündigung, FzB 29, Stuttgart 1979 [= Presbyter]
Preisker, H.; Art. ἔθος, ThWNT II, 370f [= ThWNT II]
Preuschen, E.; Die Apostelgeschichte, HNT IV/1, Tübingen 1912
Proctor, K.S.; Luke 17,20.21, BiTr 33, 1982, 245 [= Luke 17,20.21]
Puskas, Ch.B.Jr.; The Conclusion of Luke-Acts: An Investigation of the Literary Function and Theological Significance of Acts 28:16-31, St. Louis Univ. diss. 1980, University Microfilms International [= Conclusion]
Rad, G. v.; Art. βασιλεύς κτλ. (Altes Testament), ThWNT I, 563-569
Radl, W.; Das Lukas-Evangelium, EdF 261, Darmstadt 1988 [= Lukas-Evangelium]
Ders.; Paulus und Jesus im lukanischen Doppelwerk. Untersuchungen zu Parallelmotiven im Lukasevangelium und in der Apostelgeschichte, EHS.T 49, Frankfurt/M. 1975 [= Paulus und Jesus]
Ders.; Rettung in Israel, in: Der Treue Gottes trauen. Beiträge zum Werk des Lukas, FS *G.Schneider*, hg. v. *C.Bussmann* und *W.Radl*, Freiburg/ Basel/Wien 1991, 43-60
Räisänen, H.; The Redemption of Israel: A Salvation-Historical Problem in Luke-Acts, in: *P.Luomanen* (Hg.); Luke-Acts. Scandinavian Perspectives, Publications of the Finnish Exegetical Society 54, Helsinki/Göttingen 1991, 94-114

Ramsey, W.M.; The Words in Acts denoting missionary Travel, Exp. 5. Ser. 1, 1895, 385-399 [= Words]
Rauscher, J.; Vom Messiasgeheimnis zur Lehre der Kirche. Die Entwicklung der sogenannten Parabeltheorie in der synoptischen Tradition (Mk 4,10-12 par Mt 13,10-17 par Lk 8,9-10), Desselbrunn 1990 [= Messiasgeheimnis]
Ravens, D.A.S.; Luke 9,7-62 and the Prophetic Role of Jesus, NTS 36, 1990, 119-129
Rehkopf, F.; Die lukanische Sonderquelle. Ihr Umfang und ihr Sprachgebrauch, WUNT 5, Tübingen 1959 [= Sonderquelle]
Ders.; Septuaginta-Vokabular, Göttingen 1989
Reicke, B.; Jesus in Nazareth - Lk 4,16-30, in: Das Wort und die Wörter, FS G.Friedrich, hg. v. H.Balz und S.Schulz, Stuttgart 1973, 47-55
Rengstorf, K.H.; Art. ἑπτά κτλ., ThWNT II, 623-631 [= ThWNT II]
Ders. (Hg.); A Complete Concordance to Flavius Josephus, 4 Bde. + 1 Supplement, Leiden 1968-1983
Ders.; Das Evangelium nach Lukas, NTD 3, Göttingen ^{9}1962 [= Lk]
Ders.; "Geben ist seliger denn nehmen". Bemerkungen zu dem außerevangelischen Herrenwort Apg. 20,35, in: Die Leibhaftigkeit des Wortes, FS *A.Köberle*, hg. v. *O.Michel* und *U.Mann*, Hamburg 1958, 23-33
Rese, M.; Alttestamentliche Motive in der Christologie des Lukas, StNT 1, Gütersloh 1969
Ders.; Die Funktion der alttestamentlichen Zitate und Anspielungen in den Reden der Apostelgeschichte, in: Les Actes des Apôtres. Traditions, rédactions, théologie, ed. *J. Kremer*, BEThL XLVIII, Leuven 1978, 61-79 [= Funktion]
Ders.; "Die Juden" im lukanischen Doppelwerk. Ein Bericht über eine längst nötige "neuere" Diskussion, in: Der Treue Gottes trauen. Beiträge zum Werk des Lukas, FS *G.Schneider*, hg. v. *C.Bussmann* und *W.Radl*, Freiburg/ Basel/Wien 1991, 61-79
Ders.; Das Lukas-Evangelium. Ein Forschungsbericht, ANRW II, 25.3, Berlin/New York 1985, 2258-2328
Resenhöfft, W.; Jesu Gleichnis von den Talenten, ergänzt durch die Lukas-Fassung, NTS 26, 1980, 318-331
Rice, G.E.; Luke 4:31-44: Release for the Captives, AUSS 20, 1982, 23-28 [= Release]
Ders.; Luke's thematic use of the call to discipleship, AUSS 19, 1981, 51-58 [= Call]
Richard, E.; The Divine Purpose: The Jews and the Gentile Mission (Acts 15), in: *P.J.Achtemeier* (Ed.), Society of Biblical Literature Seminar Papers Series 19, 1980, 251-265
Riesenfeld, H.; Art. παρατηρέω/παρατήρησις, ThWNT VIII, 146-151 [= ThWNT VIII]
Ders.; Ἐμβολεύειν - Ἐντός, NSNU 2, 1949, 11f
Riesner, R.; Jesus als Lehrer. Eine Untersuchung zum Ursprung der Evangelien-Überlieferung, WUNT 7, Tübingen ^{3}1988
Ringgren, H.; Luke's Use of the Old Testament, HThR 79, 1986, 227-235 (= in: Christian among Jews and Gentiles. Essays in Honor of *K.Stendahl*, ed. by *G.W.E.Nickelsburg* with *G.W.MacRae*, Philadelphia 1986, 227-235)
Ritz, H.-J.; Art. βουλή, EWNT I, 538-540

Roberts, C.H.; The Kingdom of Heaven (Lk. XVII.21), HThR 41, 1948, 1-8 [= Kingdom]

Robinson, J.M.; Das Geschichtsverständnis des Markus-Evangeliums, AThANT 30, Zürich 1956

Robinson. W. C. jr.; On Preaching the Word of God (Luke 8:4-21), in: Studies in Luke-Acts. Essays presented in honor of *P.Schubert,* ed. by *L.E.Keck/J.L.Martyn*, Nashville-New York 1966, 131-138 [= Preaching]

Ders.; Der theologische Interpretationszusammenhang des lukanischen Reiseberichts, in: *G.Braumann* (Hg.), Das Lukas-Evangelium. Die redaktions- und kompositionsgeschichtliche Forschung, WdF 280, Darmstadt 1974, 115-134 [= Reisebericht]

Ders.; Der Weg des Herrn. Studien zur Geschichte und Eschatologie im Lukas-Evangelium. Ein Gespräch mit Hans Conzelmann, ThF 36, Hamburg-Bergstedt 1964 [= Weg]

Rodenbusch, E.; Die Komposition von Lucas 16, ZNW 4, 1903, 243-254 [= Kompositon]

Rohde, J.; Die redaktionsgeschichtliche Methode. Einführung und kritische Sichtung des Forschungsstandes, ThA 22, Berlin 1964

Roloff, J.; Apostolat-Verkündigung-Kirche. Ursprung, Inhalt und Funktion des kirchlichen Apostelamtes nach Paulus, Lukas und den Pastoralbriefen, Gütersloh 1965 [= Apostolat]

Ders.; Die Apostelgeschichte, NTD 5, Göttingen [17]1981 [= Apg]

Ders.; Konflikte und Konfliktlösungen in der Apostelgeschichte, in: Der Treue Gottes trauen. Beiträge zum Werk des Lukas, FS *G.Schneider,* hg. v. *C.Bussmann* und *W.Radl*, Freiburg/Basel/ Wien 1991, 111-126

Rost, L.; Einleitung in die alttestamentlichen Apokryphen und Pseudepigraphen einschließlich der großen Qumran-Handschriften, Heidelberg 1971

Ruager, S.; Das Reich Gottes und die Person Jesu, ANTJ 3, Frankfurt a.M./Bern/ Cirencester 1979

Rüstow, A.; ΕΝΤΟΣ ΥΜΩΝ ΕΣΤΙΝ. Zur Deutung von Lukas 17,20-21; ZNW 51, 1960, 197-224 [= Deutung]

Sahlin, H.; Der Messias und das Gottesvolk. Studien zur protolukanischen Theologie, ASNU 12, Uppsala 1945

Salo, K.; Luke´s Treatment of the Law. A Redaction-Critical Investigation, AASF 57, Helsinki 1991 [= Law]

Sanders, J.; From Isaiah 61 to Luke 4, in: Christianity, Judaism and Other Greco-Roman Cults. Studies for Morton Smith 1, ed. by *J.Neusner*, Leiden 1975, 75-106

Sanders, J.T.; The Jews in Luke-Acts, London 1987 [= Jews]

Schäfer, P.; Der synagogale Gottesdienst, in: Literatur und Religion des Frühjudentums. Eine Einführung, Würzburg 1973, 391-413. 459-461

Schenk, W.; Glaube im lukanischen Doppelwerk, in: Glaube im Neuen Testament. Studien zur Ehren von *H.Binder*, hg. v. *F.Hahn/H.Klein*, BThSt 7, Neukirchen-Vluyn 1982, 69-92 [= Glaube]

Ders.; Naherwartung und Parusieverzögerung. Die urchristliche Eschatologie als Problem der Forschung, in: Theologische Versuche IV, Berlin 1972, 47-69 [= Naherwartung]

Schille, G.; Die Apostelgeschichte des Lukas, ThHK 5, Berlin 1983 [= Apg]
Schlatter, A.; Die Apostelgeschichte, Erläuterungen zum Neuen Testament 4, Stuttgart 1913
Ders.; Das Evangelium des Lukas. Aus seinen Quellen erklärt, Stuttgart 1931 [= Lk]
Schmid, J.; Das Evangelium nach Lukas, RNT 3, Regensburg ^{3}1955 [= Lk]
Schmidt, K.L.; Der Rahmen der Geschichte Jesu. Literarkritische Untersuchungen zur ältesten Jesusüberlieferung, Berlin ^{2}1919 (Nachdruck: Darmstadt 1969) [= Rahmen]
Schmithals, W.; Apg 20,17-38 und das Problem einer "Paulusquelle", in: Der Treue Gottes trauen. Beiträge zum Werk des Lukas, FS *G.Schneider*, hg. v. *C.Bussmann* und *W.Radl*, Freiburg/Basel/Wien 1991, 307-322 [= Paulusquelle]
Ders.; Die Apostelgeschichte des Lukas, ZBK NT 3,2, Zürich 1982 [= Apg]
Ders.; Einleitung in die drei ersten Evangelien, De-Gruyter-Lehrbuch, Berlin/New York 1985
Ders.; Das Evangelium nach Lukas, ZBK NT 3,1, Zürich 1980 [= Lk]
Ders.; Das Evangelium nach Markus, 2 Bde., ÖTK 2/1-2, Gütersloh ^{2}1986 [= Mk I-II]
Schmoller, O.; Die Lehre vom Reich Gottes in den Schriften des Neuen Testaments, Leiden 1891
Schnackenburg, R.; Der Brief an die Epheser, EKK 10, Zürich/Einsiedeln/Köln/Neukirchen-Vluyn 1982 [= Epheser]
Ders.; Der eschatologische Abschnitt Lk 17,20-37, in: Mélanges Bibliques, FS *B.Rigaux*, hg. v. *A.Descamps* und *A.deHalleux*, Gembloux 1970, 213-234 [= Der eschatologische Abschnitt]
Ders.; Gottes Herrschaft und Reich. Eine biblisch-theologische Studie, Freiburg/Basel/Wien ^{4}1965 [= Gottes Herrschaft]
Ders.; Die lukanische Eschatologie im Lichte von Aussagen der Apostelgeschichte, in: Glaube und Eschatologie, FS *W.G.Kümmel*, ed. *E.Gräßer* und *O.Merk*, Tübingen 1985, 249-265
Schneckenburger, M.; Über den Zweck der Apostelgeschichte. Zugleich eine Ergänzung der neueren Kommentare, Bern 1841 [= Zweck]
Schneider, G.; Die Apostelgeschichte, 2 Bde., HThK V/1-2, Freiburg u.a. 1980/1982 [= Apg I-II]
Ders.; Art. ἐντός, EWNT I 1125-1127 [= EWNT I]
Ders.; Das Evangelium nach Lukas, 2 Bde., ÖTK 3/1-2, Gütersloh/Würzburg 1977 [= Lk I-II]
Ders.; Lukas, Theologe der Heilsgeschichte. Aufsätze zum lukanischen Doppelwerk, BBB 59, Bonn 1985
Ders.; Neuere Literatur zum dritten Evangelium (1987-1989), ThRv 86, 1990, 353-360
Ders.; Parusiegleichnisse im Lukas-Evangelium, SBS 74, Stuttgart 1975 [= Parusiegleichnisse]
Ders.; Stephanus, die Hellenisten und Samaria, in: *ders.*, Lukas, Theologe der Heilsgeschichte. Aufsätze zum lukanischen Doppelwerk, BBB 59, Bonn 1985, 227-252
Ders.; Verleugnung, Verspottung und Verhör Jesu nach Lukas 22,54-71. Studien zur lukanischen Darstellung der Passion, StANT 22, München 1969 [= Verleugnung]
Schniewind, J.; Die Parallelperikopen bei Lukas und Johannes, Hildesheim ^{2}1958

Schottroff, L. / Stegemann, W.; Jesus von Nazareth - Hoffnung der Armen, UB 639, Stuttgart u.a. 1978

Schrader, K.; Der Apostel Paulus. Fünfter Theil oder Uebersetzung und Erklärung der Briefe des Apostels Paulus an die Thessalonicher, die Epheser, die Colosser, den Philemon, die Philipper, die Galater, den Timotheus und den Titus, und der Apostelgeschichte, Leipzig 1836 [= Apostel Paulus]

Schrage, W.; Ethik des Neuen Testaments, GNT 4, Göttingen ²1989 [= Ethik]

Ders.; Das Verhältnis des Thomas-Evangeliums zur synoptischen Tradition und zu den koptischen Evangelienübersetzungen. Zugleich ein Beitrag zur gnostischen Synoptikerdeutung, BZNW 29, Berlin 1964 [= Verhältnis]

Schramm, T.; Der Markus-Stoff bei Lukas. Eine literarkritische und redaktionsgeschichtliche Untersuchung, MSSNTS 14, Cambridge 1971 [= Markus-Stoff]

Schrenk, G.; Art. βιάζομαι, βιαστής, ThWNT I, 608-613 [= ThWNT I]

Ders.; Art. βουλή, ThWNT I 631-634 [= ThWNT I]

Schubert, P.; Struktur und Bedeutung von Lukas 24, in: *P.Hoffmann* (Hg.), Zur neutestamentlichen Überlieferung von der Auferstehung Jesu, WdF 522, Darmstadt 1988, 331-359 [= Struktur]

Schürmann, H.; Der "Bericht vom Anfang". Ein Rekonstruktionsversuch auf Grund von Lk. 4,14-16, in: ders., Traditionsgeschichtliche Untersuchungen zu den synoptischen Evangelien, KBANT, Düsseldorf 1968, 69-80

Ders.; "Es tut not, der Worte des Herrn Jesus zu gedenken", KatBl 79, 1954, 254-261

Ders.; Evangelienschrift und kirchliche Unterweisung. Die repräsentative Funktion der Schrift nach Lk 1,1-4, in: *G.Braumann* (Hg.), Das Lukas-Evangelium. Die redaktions- und kompositionsgeschichtliche Forschung, WdF 280, Darmstadt 1974, 135-169 (= in: Miscellanea Erfordiana, EThST 12, Leipzig 1962, 48-73; = in: *ders.*, Traditionsgeschichtliche Untersuchungen zu den synoptischen Evangelien, KBANT, Düsseldorf 1968, 251-271) [= Evangelienschrift]

Ders.; Gottes Reich - Jesu Geschick. Jesu ureigener Tod im Licht seiner Basileia-Verkündigung, Freiburg/Basel/Wien 1983 [= Gottes Reich]

Ders.; Jesu Abschiedsrede Lk 22,21-38. III. Teil einer quellenkritischen Untersuchung des lukanischen Abendmahlsberichtes Lk 22,7-38, NTA XX,5, Münster 1957

Ders.; Lukanische Reflexionen über die Wortverkündigung in Lk 8,4-21, in: *ders.*, Ursprung und Gestalt. Erörterungen und Besinnungen zum Neuen Testament, KBANT, Düsseldorf 1970, 29-41 [= Reflexionen]

Ders.; Das Lukasevangelium. 1. Teil: Kap. 1,1-9,5, HThK III/1, Freiburg u.a. ³1984 [= Lk]

Ders.; Mt 10,5b-6 und die Vorgeschichte des synoptischen Aussendungsberichtes, in: *ders.*, Traditionsgeschichtliche Untersuchungen zu den synoptischen Evangelien, KBANT, Düsseldorf 1968, 137-149, (= in: Neutestamentliche Aufsätze, FS *J.Schmid*, Regensburg 1963, 270-282 [= Vorgeschichte]

Ders.; Der Paschamahlbericht Lk 22, (7-14.) 15-18. I. Teil einer quellenkritischen Untersuchung des lukanischen Abendmahlsberichtes Lk 22,7-38, NTA XIX,5, Münster ²1968

Ders.; Protolukanische Spracheigentümlichkeiten? Zu Fr. Rehkopf, Die lukanische Sonderquelle. Ihr Umfang und ihr Sprachgebrauch, in: *ders.*, Traditionsgeschichtliche Untersuchungen zu den synoptischen Evangelien, KBANT, Düsseldorf 1968, 209-227 (= BZ 5, 1961, 266-286) [= Spracheigentümlichkeiten]

Ders.; Das Testament des Paulus für die Kirche, in: *ders.*, Traditionsgeschichtliche Untersuchungen zu den synoptischen Evangelien, KBANT, Düsseldorf 1968, 310-340 (= in: Unio Christianorum, FS *L.Jaeger*, Paderborn 1962, 108-146) [= Testament]

Ders.; Die Warnung des Lukas vor der Falschlehre in der "Predigt am Berge" Lk 6,20-49, in: *ders.*; Traditionsgeschichtliche Untersuchungen zu den synoptischen Evangelien, KBANT, Düsseldorf 1968, 290-309

Ders.; "Wer daher eines dieser geringsten Gebote auflöst...". Wo fand Matthäus das Logion Mt 5,19? in: *ders.*, Traditionsgeschichtliche Untersuchungen zu den synoptischen Evangelien, KBANT, Düsseldorf 1968, 126-136

Schütz, F.; Der leidende Christus. Die angefochtene Gemeinde und das Christuskerygma der lukanischen Schriften, BWANT 89, Stuttgart u.a. 1969

Schulz, S.; "Die Gottesherrschaft ist nahe herbeigekommen" (Mt 10,7/Lk 10,9). Der kerygmatische Entwurf der Q-Gemeinde Syriens, in: Das Wort und die Wörter, FS *G.Friedrich* hg. v. *H.Balz* und *S.Schulz*, Stuttgart/ Berlin/Köln/Mainz 1973, 57-67

Ders.; Gottes Vorsehung bei Lukas, ZNW 54, 1963, 104-116

Ders.; Q. Die Spruchquelle der Evangelisten, Zürich 1972 [= Q]

Ders.; Die Stunde der Botschaft. Einführung in die Theologie der vier Evangelisten, Hamburg und Zürich ²1970 [= Stunde]

Schulze, H.; Die Unterlagen für die Abschiedsrede zu Milet in Apostelgeschichte 20,18-38, ThStKr 73, 1900, 119-125

Schwarz, G.; "Auch den anderen Städten"? (Lukas IV. 43a), NTS 23, 1977, 344

Ders..; Οὐκ ... μετὰ παρατηρήσεως?, in: Biblische Notizen. Beiträge zur exegetischen Diskussion 59, München 1991, 45-48

Schweizer, E.; Art. πνεῦμα κτλ.: E. Das Neue Testament, ThWNT VI, 394-449 [= ThWNT VI]

Ders.; Die Bekehrung des Apollos, Apg 18,24-26, in: *ders.*, Beiträge zur Theologie des Neuen Testaments, Zürich 1970, 71-79 (= EvTh 15, 1955, 247-254) [= Apollos]

Ders.; The Concept of the Davidic "Son of God" in Acts and its Old Testament Background, in: *L.E.Keck/J.L. Martyn* (Hg.), Studies in Luke-Acts, Nashville 1966, 186-193 [= Son of God]

Ders.; Erniedrigung und Erhöhung bei Jesus und seinen Nachfolgern, AThANT 28, Zürich ²1962 [= Erniedrigung]

Ders.; Das Evangelium nach Lukas, NTD 3, Göttingen ¹⁸1982 [= Lk]

Ders.; Theologische Einleitung in das Neue Testament, GNT 2, Göttingen 1989 [= Einleitung]

Ders.; Zu den Reden der Apostelgeschichte, TZ 13, 1957, 1-11 (= in: *ders.*, Neotestamentica, Zürich/Stuttgart 1963, 418-428) [= Reden]

Ders.; Zur lukanischen Christologie, in: Verifikationen. FS *G.Ebeling*, Tübingen 1982, 43-65

Schwemer, A.M.; Gott als König und seine Königsherrschaft in den Sabbatliedern aus Qumran, in: *M.Hengel/A.M.Schwemer* (Hg.); Königsherrschaft Gottes und himmlischer Kult im Judentum, Urchristentum und in der hellenistischen Welt, WUNT 55, Tübingen 1991, 45-118

Seidensticker, Ph.; Die Auferstehung Jesu in der Botschaft der Evangelisten. Ein traditionsgeschichtlicher Versuch zum Problem der Sicherung der Osterbotschaft in der apostolischen Zeit, SBS 26, Stuttgart 1967

Seifrid, M.A.; Messiah and Mission in Acts: A Brief Response to J.B.Tyson, Journal for the Study of the New Testament 36, 1989, 47-50

Sellin, G.; Komposition, Quellen und Funktion des lukanischen Reiseberichtes (Lk IX,51-XIX,28), NT 20, 1978, 100-135

Ders.; Lukas als Gleichniserzähler: Die Erzählung vom barmherzigen Samariter (Lk 10,25-37), ZNW 65, 1974, 166-189; 66, 1975, 19-60

Shin, G.K.-S.; Die Ausrufung des endgültigen Jubeljahres durch Jesus in Nazaret. Eine historischkritische Studie zu Lk 4,16-30, EHS.T 378, Bern u.a. 1989 [= Ausrufung]

Simonis, W.; Jesus von Nazareth. Seine Botschaft vom Reich Gottes und der Glaube der Urgemeinde. Historisch-kritische Erhellung der Ursprünge des Christentums, Düsseldorf 1985

Smalley, S.S.; Spirit, Kingdom and Prayer in Luke-Acts, NT 15, 1973, 59-71 [= Spirit]

Sneed, R.; "The Kingdom of God is within you" (Lk 17,21), CBQ 24, 1962, 363-382 [= Kingdom]

Ders.; The Kingdom's Coming: Luke 17,20-21, Studies in Sacred Theology 133; Diss. masch. (Microfilm), Washington 1962 [= Coming]

Stählin, G.; Die Apostelgeschichte, NTD 5, Göttingen ^{16}1980 [= Apg]

Stagg, F.; The Unhindered Gospel, RExp 71, 1974, 451-462 [= Gospel]

Staudinger, F.; "Verkündigen" im lukanischen Geschichtswerk, ThPQ 120, 1972, 211-218 [= Verkündigen]

Stauffer, E.; Art. Abschiedsreden, RAC I, 1950, 29-35

Ders.; Die Theologie des Neuen Testaments, Gütersloh ^{4}1948 [=Theologie]

Steck, O.H.; Israel und das gewaltsame Geschick der Propheten. Untersuchungen zur Überlieferung des deuteronomischen Geschichtsbildes im Alten Testament, Spätjudentum und Urchristentum, WMANT 23, Neukirchen-Vluyn 1967

Stegemann, W.; "Licht der Völker" bei Lukas, in: Der Treue Gottes trauen. Beiträge zum Werk des Lukas, FS *G.Schneider*, hg. v. *C.Bussmann* und *W.Radl*, Freiburg/Basel/Wien 1991, 81-97

Ders.; War der Apostel Paulus ein römischer Bürger?, ZNW 78, 1987, 200-229 [= Bürger]

Ders.; Zwischen Synagoge und Obrigkeit. Ein Beitrag zur historischen Situation der lukanischen Christen, Theol. Habil.-Schrift (masch.), Heidelberg 1982 [= Synagoge]

Ders.; Zwischen Synagoge und Obrigkeit. Zur historischen Situation der lukanischen Christen, FRLANT 152, Göttingen 1991 [= Synagoge II]

Steichele, H.; Geist und Amt als kirchenbildende Elemente in der Apostelgeschichte, in: *J.Hainz* (Hg.), Kirche im Werden. Studien zum Thema Amt und Gemeinde im Neuen Testament, München/Paderborn/Wien 1976, 185-203 [= Geist]

Steinhauser, M.G.; Putting One's Hand to the Plow. The Authenticity of Q 9:61-62, Forum 5, 1989, 151-158
Stempvoort, P.A. van; De betekenis van λέγων τὰ περὶ τῆς βασιλείας τοῦ θεοῦ in Hand. 1:3, Ned ThT 9, 1954/55, 349-355 [= betekenis]
Stenger, W.; Art. βιάζομαι, βιαστής, EWNT I 518-521 [= EWNT I]
Stolle, V.; Der Zeuge als Angeklagter. Untersuchungen zum Paulusbild des Lukas, BWANT 102, Stuttgart/Berlin/ Köln/Mainz 1973
Strack, H.L. / Stemberger, G.; Einleitung in Talmud und Midrasch, München [7]1982
Strathmann, H.; Art. μάρτυς κτλ., ThWNT IV, 477-520 [= ThWNT IV]
Strecker, G.; Art. εὐαγγελίζω, EWNT I, 173-176 [= EWNT I]
Ders.; Art. Judenchristentum, TRE 17, 310-325
Streeter, B.H.; The Four Gospels. A Study of Origins. Treating of the Manuscript Tradition, Sources, Authorship, & Dates, London 1936 (5th impr.)
Strobel, A.; A. Merx über Lc 17,20f., ZNW 51, 1960, 133f
Ders.; In dieser Nacht (Luk 17,34). Zu einer älteren Form der Erwartung in Luk 17,20-37, ZThK 58, 1961, 16-29 [= In dieser Nacht]
Ders.; Lukas der Antiochener. (Bemerkungen zu Act 11,28 D), ZNW 49, 1958, 131-134
Ders.; Die Passa-Erwartung als urchristliches Problem in Lc 17,20f, ZNW 49, 1958, 157-183(196) [= Passa-Erwartung]
Ders.; Zu Lk 17,20f, BZ NF 7, 1963, 111-113 [= Zu Lk 17,20f]
Stuhlmacher, P. (Hg.); Das Evangelium und die Evangelien. Vorträge vom Tübinger Symposium 1982, WUNT 28, Tübingen 1983
Ders.; Jesus von Nazareth - Christus des Glaubens, Stuttgart 1988
Ders.; Zur Methoden- und Sachproblematik interkonfessioneller Auslegung des Neuen Testaments, EKK.V 4, Zürich u.a. 1972, 11-55
Ders.; Das paulinische Evangelium. I. Vorgeschichte, FRLANT 95, Göttingen 1968 [= Evangelium]
Ders.; Das paulinische Evangelium, in: *ders.* (Hg.), Das Evangelium und die Evangelien. Vorträge vom Tübinger Symposium 1982, WUNT 28, Tübingen 1983, 157-182
Ders.; Schriftauslegung auf dem Wege zur biblischen Theologie, Göttingen 1975
Ders.; Thesen zur Methodologie gegenwärtiger Exegese, ZNW 63, 1972, 18-26 [= Thesen]
Ders.; Versöhnung, Gesetz und Gerechtigkeit. Aufsätze zur biblischen Theologie, Göttingen 1981
Ders.; Vom Verstehen des Neuen Testaments. Eine Hermeneutik, GNT 6, Göttingen [2]1986 [= Verstehen]
Ders.; Weg, Stil und Konsequenzen urchristlicher Mission, ThBeitr 12, 1981, 107-135
Taeger, J.W.; Der Mensch und sein Heil. Studien zum Bild des Menschen und zur Sicht der Bekehrung bei Lukas, StNT 14, Gütersloh 1982 [= Mensch]
Talbert, Ch.H.; Die antidoketische Frontstellung der lukanischen Christologie, in: *G.Braumann* (Hg.), Das Lukas-Evangelium. Die redaktions- und kompositionsgeschichtliche Forschung, WdF 280, Darmstadt 1974, 354-377
Ders.; The Lukan Presentation of Jesus' Ministry in Galilee. Luke 4:31-9:50, RExp 64, 1967, 485-497 [= Galilee]

Ders.; Luke and the Gnostics. An Examination of the Lucan Purpose, New-York 1966 [= Gnostics]

Ders.; Once Again: The Gentile Mission in Luke-Acts, in: Der Treue Gottes trauen. Beiträge zum Werk des Lukas, FS *G.Schneider*, hg. v. *C.Bussmann* und *W.Radl*, Freiburg/Basel/Wien 1991, 99-109

Ders.; Promise and Fulfillment in Lucan Theology, in: *ders.* (Hg.), Luke-Acts. New Perspectives from the Society of Biblical Literature Seminar, New York 1984, 91-103 [= Promise]

Ders.; Reading Luke: A Literary and Theological Commentary on the Third Gospel, New York 1982 (Nachdruck: 1986)

Tannehill, R.C.; The Mission of Jesus according to Luke IV,16-30, in: *E Gräßer* u.a., Jesus in Nazareth, BZNW 40, Berlin/New York 1972, 51-75 [= Mission]

Ders.; The Narrative Unity of Luke-Acts. A Literary Interpretation, Vol. 1: The Gospel according to Luke, Philadelphia 1986; Vol. 2: The Acts of the Apostles, Minneapolis 1990 [= Unity I-II]

Tatum, W.B.; Die Zeit Israels: Lukas 1-2 und die theologische Intention der lukanischen Schriften, in: *G.Braumann* (Hg.), Das Lukas-Evangelium. Die redaktions- und kompositionsgeschichtliche Forschung, WdF 280, Darmstadt 1974, 317-336

Taylor, V.; Important Hypotheses Reconsidered: I. The Proto-Luke Hypothesis, ET 67, 1955, 12-16

Ders.; The Passion Narrative of St Luke. A Critical and Historical Investigation, ed. by *O.E.Evans*, MSSNTS 19, Cambridge 1972

Tholuck, A.; Die Reden des Apostels Paulus in der Apostelgeschichte, mit seinen Briefen verglichen, ThStKr 12, 1839, 305-328 [= Reden]

Thornton, C.-J.; Der Zeuge des Zeugen. Lukas als Historiker der Paulusreisen, WUNT 56; Tübingen 1991 [= Zeuge]

Tiede, D.L.; The Exaltation of Jesus and the Restoration of Israel in Acts 1, HThR 79, 1986, 278-286 (= in: Christian among Jews and Gentiles. Essays in Honor of *K.Stendahl*, ed. by *G.W.E.Nickelsburg* with *G.W.MacRae*, Philadelphia 1986, 278-286) [= Exaltation]

Ders.; Luke, Augsburg Commentary on the New Testament, Minneapolis 1988

Ders.; Prophecy and History in Luke-Acts, Philadelphia 1980

Tolbert, M.; Die Hauptinteressen des Evangelisten Lukas, in: *G.Braumann* (Hg.), Das Lukas-Evangelium. Die redaktions- und kompositionsgeschichtliche Forschung, WdF 280, Darmstadt 1974, 337-353

Townsend, J.T.; The Date of Luke-Acts, in: *Ch.H.Talbert* (Ed.), Luke -Acts. New Perspectives from the Society of Biblical Literature Seminar, New York 1984, 47-62

Tuckett, C.M.; On the Relationship between Matthew and Luke, NTS 30, 1984, 130-142 [= Relationship]

Turner, M.; The Spirit and the Power of Jesus' Miracles in the Lucan Conception, NT 33, 1991, 124-152 [= Spirit]

Tyson, J.B.; The Death of Jesus in Luke-Acts, Columbia 1986

Ders.; The Emerging Church and the Problem of Authority in Acts, Interp. 42, 1988, 132-145 [= Emerging Church]

Ders.; The Gentile Mission and the Authority of Scripture in Acts, NTS 33, 1987, 619-631
Ders. (Ed.); Luke-Acts And The Jewish People. Eight Critical Perspectives, Minneapolis 1988
Ders.; Scripture, Torah, and Sabbath in Luke-Acts, in: Jesus, the Gospels, and the Church. Essays in Honor of *W.R.Farmer*, ed. by *E.P.Sanders*, Macon 1987, 89-104 [= Scripture]
Übelacker, W.; Das Verhältnis von Lk/Apg zum Markusevangelium, in: *P.Luomanen* (Hg.); Luke-Acts. Scandinavian Perspectives, Publications of the Finnish Exegetical Society 54, Helsinki/ Göttingen 1991, 157-194
Umemoto, N.; Die Königsherrschaft Gottes bei Philon, in: *M.Hengel/A.M.Schwemer* (Hg.); Königsherrschaft Gottes und himmlischer Kult im Judentum, Urchristentum und in der hellenistischen Welt, WUNT 55, Tübingen 1991, 207-256
Unnik, W.C. van; Der Ausdruck ἕως ἐσχάτου τῆς γῆς (Apostelgeschichte 1:8) und sein alttestamentlicher Hintergrund, in: Studia Biblica et Semitica, FS *Th.Chr.Vriezen*, hg. v. *W.C.van Unnik/A.S.van der Woude*, Wagewingen 1966, 335-349 (= in: Sparsa Collecta. The Collected Essays of *W.C.van Unnik*, NT.S 29, 1973, 386-401) [= Ausdruck]
Ders.; Die Apostelgeschichte und die Häresien, in: Sparsa Collecta. The Collected Essays of *W.C.van Unnik*, NT.S 29, 1973, 402-409 [= Häresien]
Ders.; The "Book of Acts" the Confirmation of the Gospel, in: Sparsa Collecta. The Collected Essays of *W.C.van Unnik*, NT.S 29, 1973, 340-373
Ders.; Luke-Acts, A Storm Center in Contemporary Scholarship, in: Sparsa Collecta. The Collected Essays of *W.C.van Unnik*, NT.S 29, 1973, 92-110
Ders.; Remarks on the Purpose of Luke´s Historical Writing (Luke I 1-4), in: Sparsa Collecta. The Collected Essays of *W.C.van Unnik*, NT.S 29, 1973, 6-15
Uro, R.; Neither Here Nor There: Luke 17:20-21 and Related Sayings in Thomas, Mark and Q, Occasional papers of the Institute for Antiquity and Christianity 20, Claremont 1990 [= Neither here nor there]
Ders.; Sheep among the Wolves. A Study on the Mission Instructions of Q, AASF 47, Helsinki 1987 [= Sheep]
Verheyden, J.; The Source(s) of Luke 21, in: *Neirynck, F.* (Ed.); L´Évangile de Luc - The Gospel of Luke. Revised and Enlarged Edition of L´Évangile de Luc. Problèmes littéraires et théologiques, BEThL XXXII, Leuven 1989, 491-516 [= Source(s)]
Vielhauer, Ph.; Das Benedictus des Zacharias (Lk 1,68-79), ZThK 49, 1952, 255-272 (= in: *ders.*, Aufsätze zum Neuen Testament, TB 31, München 1965, 28-46) [= Benedictus]
Ders.; Geschichte der urchristlichen Literatur. Einleitung in das Neue Testament, die Apokryphen und die Apostolischen Väter, De-Gruyter-Lehrbuch, durchgesehener Nachdruck, Berlin/New York 1978 [= Geschichte]
Ders.; Gottesreich und Menschensohn in der Verkündigung Jesu, in: *ders.*, Aufsätze zum Neuen Testament, TB 31, München 1965, 55-91 [= Gottesreich]
Ders.; Oikodome. Aufsätze zum Neuen Testament Bd.2, hg. v. *G.Klein*, TB 65, München 1979 [= Oikodome]

Ders.; Zum "Paulinismus" der Apostelgeschichte, EvTh 10, 1950/51, 1-15 (= in: *ders.*, Aufsätze zum Neuen Testament, TB 31, München 1965, 9-27) [= Paulinismus]

Viviano, B.T.; The Kingdom of God in the Qumran Literature, in: *W.Willis* (Ed.), The Kingdom of God in 20th-Century Interpretation, Peabody 1987, 97-107

Vögtle, A.; Die Einladung zum großen Gastmahl und zum königlichen Hochzeitsmahl. Ein Paradigma für den Wandel des geschichtlichen Verständnishorizonts, in: Das Evangelium und die Evangelien. Beiträge zur Evangelienforschung, KBANT, Düsseldorf 1971, 171-218 [= Einladung]

Völkel, M.; Der Anfang Jesu in Galiläa. Bemerkungen zum Gebrauch und zur Funktion Galiläas in den lukanischen Schriften, ZNW 64, 1973, 222-232 [= Galiläa]

Ders.; Art. ἑβδομήκοντα, EWNT I, 891f [= EWNT I]

Ders.; Zur Deutung des "Reiches Gottes" bei Lukas, ZNW 65, 1974, 57-80 [= Reich Gottes]

Voss, G.; Die Christologie der lukanischen Schriften in Grundzügen, SN II, Paris und Brügge 1965 [= Christologie]

Wainwright, A.W.; Luke and the Restoration of the Kingdom to Israel, ET 89, 1977/78, 76-79 [= Restoration]

Walaskay, P.W.; "And so we came to Rome". The political perspective of St Luke, MSSNTS 49, Cambridge u.a. 1983

Walker, W.O. Jr.; "Nazareth": A clue to Synoptic Relationship?, in: Jesus, the Gospels, and the Church. Essays in Honour of *W.R.Farmer*, ed. by. *E.P.Sanders*, Macon 1987, 105-118

Wartensleben, G. von; Begriff der Griechischen Chreia und Beiträge zur Geschichte ihrer Form, Heidelberg 1901 [= Chreia]

Weder, H.; Art. Hoffnung II. Neues Testament, TRE 15, 484-491 [= TRE XV]

Ders.; Die Gleichnisse Jesu als Metaphern. Traditions- und redaktionsgeschichtliche Analysen und Interpretationen, FRLANT 120, Göttingen ^{4}1990 [= Gleichnisse]

Wehnert, J.; Die Wir-Passagen der Apostelgeschichte. Ein lukanisches Stilmittel aus jüdischer Tradition, GTA 40, Göttingen 1989 [= Wir-Passagen]

Weinert, F.D.; The Parable of the Throne Claimant (Luke 19:12,14-15a,27) Reconsidered, CBQ 39, 1977, 505-514 [= Throne Claimant]

Weiser, A.; Die Apostelgeschichte, 2 Bde., ÖTK 5/1-2, Gütersloh 1981/1985 [= Apg I/II]

Ders.; Die Knechtsgleichnisse der synoptischen Evangelien, STANT 29, München 1971 [= Knechtsgleichnisse]

Ders.; "Reich Gottes" in der Apostelgeschichte, in: Der Treue Gottes trauen. Beiträge zum Werk des Lukas, FS *G.Schneider*, hg. v. *C.Bussmann* und *W.Radl*, Freiburg/Basel/Wien 1991, 127-135 [= Reich Gottes]

Weiß, H.-F.; Art. διδάσκω, EWNT I, 764-769

Weiß, J.; Die Predigt Jesu vom Reiche Gottes, Göttingen ^{3}1964

Ders.; Über die Absicht und den literarischen Charakter der Apostelgeschichte, Göttingen 1897 [= Absicht]

Weiß, J. / Bousset, W.; Die drei älteren Evangelien, SNT 1, Göttingen ^{3}1917 [= Evangelien]

Wellhausen, J.; Das Evangelium Lucae, Berlin 1904 [= Lc]

Wiefel, W.; Die Autorität der Schrift und die Autorität des Evangeliums, ThLZ 115, 1990, 641-654 [= Autorität]
Ders.; Das Evangelium nach Lukas, ThHK 3, Berlin 1988 [= Lk]
Wieser, T.; Kingdom and Church in Luke-Acts, Diss. masch. (Microfilm), New York 1962 [= Kingdom]
Wikenhauser, A.; Die Apostelgeschichte, RNT 5, Regensburg [4]1961
Ders.; Die Apostelgeschichte und ihr Geschichtswert, NTA 8 (3.-5. Heft), Münster 1921 [= Geschichtswert]
Ders.; Die Belehrung der Apostel durch den Auferstandenen nach Apg 1,3; in: Vom Wort des Lebens, FS *M.Meinertz*, hg. v. *N.Adler*, NTA Ergänzungsband 1, Münster/ Westf. 1951, 105-113
Wikgren, A.; ΕΝΤΟΣ, NSNU 4, 1950, 27f
Wilckens, U.; Kerygma und Evangelium bei Lukas. (Beobachtungen zu Acta 10,34-43), ZNW 49, 1958, 223-237 [= Kerygma]
Ders.; Lukas und Paulus unter dem Aspekt dialektisch-theologisch beeinflußter Exegese, in: *ders.*, Rechtfertigung als Freiheit. Paulusstudien, Neukirchen-Vluyn 1974, 171-202
Ders.; Die Missionsreden der Apostelgeschichte. Form- und traditionsgeschichtliche Untersuchungen, WMANT 5, Neukirchen-Vluyn [3]1974 [= Missionsreden]
Ders.; Die Überlieferungsgeschichte der Auferstehung Jesu, in: *W.Marxsen* u.a., Die Bedeutung der Auferstehungsbotschaft für den Glauben an Jesus Christus, Gütersloh 1966, 41-63
Williams, C.S.C.; A Commentary on the Acts of the Apostles, BNTC, London [2]1964
Williams, D.J.; Acts, A Good News Commentary, San Francisco 1985
Williams, D.S.; Reconsidering Marcion's Gospel, JBL 108, 1989, 477-496
Willis, W. (Ed.); The Kingdom of God in 20th-Century Interpretation, Peabody 1987
Wilson, R. McL.; Art. II. Apokryphen des Neuen Testaments, TRE 3, 316-362
Ders.; Simon and Gnostic Origin, in: Les Actes des Apôtres. Traditions, rédactions, théologie, hg. v. *J. Kremer*, BEThL XLVIII, Leuven 1978, 485-491
Wilson, S.G.; The Gentiles and the Gentile Mission in Luke-Acts, MSSNTS 23, Cambridge 1973 [= Gentiles]
Ders.; Law and Judaism in Acts, in: *P.J.Achtemeier* (Ed.), Society of Biblical Literature Seminar Papers Series 19, 1980, 251-265 [= Law]
Ders.; Luke and the Law, MSSNTS 50, Cambridge 1983
Windisch, H.; Die Sprüche vom Eingehen in das Reich Gottes, ZNW 27, 1928, 163-192
Wink, W.; John the Baptist in the Gospel Traditions, MSSNTS 7, Cambridge 1968
Wolter, M.; Apollos und die ephesinischen Johannesjünger (Act 18,24-19,7), ZNW 78, 1987, 49-73 [= Apollos]
Ders.; Die anonymen Schriften des Neuen Testaments. Annäherungsversuch an ein literarisches Phänomen, ZNW 79, 1988, 1-16 [= Die anonymen Schriften]
Ders.; Die Pastoralbriefe als Paulustradition, FRLANT 146, Göttingen 1988 [= Pastoralbriefe]
Zahn, Th.; Die Apostelgeschichte des Lucas, KNT 5, 2 Bde., Leipzig 1919/1921

Ders.; Das Evangelium des Lucas. Mit einem Geleitwort von *M.Hengel*, TVG, Wuppertal 1988 (= Nachdruck der 3. und 4. durchgesehenen Auflage, KNT 3, Leipzig/Erlangen 1920) [= Lk]

Zeilinger, F.; Lukas, Anwalt des Paulus. Überlegungen zur Abschiedsrede von Milet Apg 20,18-35, BiLi 54, 1981, 167-172 [= Lukas]

Zerwick, M.; Die Parabel vom Thronanwärter, Bib. 40, 1959, 654-674 [= Thronanwärter]

Zingg, P.; Das Wachsen der Kirche. Beiträge zur Frage der lukanischen Redaktion und Theologie, OBO 3, Freiburg (Schweiz) und Göttingen 1974 [= Wachsen]

Zmijewski, J.; Apg 1 als literarischer und theologischer Anfang der Apostelgeschichte, in: ders., Das Neue Testament - Quelle christlicher Theologie und Glaubenspraxis. Aufsätze zum Neuen Testament und seiner Auslegung, Stuttgart 1986, 67-84 [= Anfang]

Ders.; Die Eschatologiereden des Lukas-Evangeliums. Eine traditions- und redaktionsgeschichtliche Untersuchung zu Lk 21,5-36 und Lk 17,20-37, BBB 40, Königstein/Ts. und Bonn 1972 [= Eschatologiereden]

Ders.; Die Eschatologiereden Lk 21 und Lk 17. Überlegungen zum Verständnis und zur Einordnung der lukanischen Eschatologie, in: *ders.*, Das Neue Testament - Quelle christlicher Theologie und Glaubenspraxis. Aufsätze zum Neuen Testament und seiner Auslegung, Stuttgart 1986, 171-183 (= BiLe 14, 1973, 30-40)

Bibelstellenregister

1. AT

Gen
10	215; 217; 218; 219
10,5	216
10,22-25	216
11	215
11,10ff	216
15,14	118
17,17	102
33,1	239
43,7	102
46,27	216
47,29-49,33	123
47,29	124
48,3f	124
48,7	124
48,15f	126
48,19-22	126
48,20	126
49,1f	124
49,2-28	126

Ex
1,5	216
12,42	254
20,11	75
24,18	91
34,28	91

Lev
17-18	28; 117

Num
11,16f	215
11,24	215
11,26	215
31,38	213

Dtn
9,9	91
9,11	91
9,18	91
9,25	91
10,10	91
10,22	216
31-33	123
31,1	124
31,3-5	126
31,7f	125
31,7	124
31,9	124
31,10-13	125
31,14	124; 125
31,16-21	126
31,23	125
31,25	124
31,26-28	124
31,29	126
31,30	124
32,8ff	124
32,8	216
32,45	124
32,46f	125
33,1-29	126

Jos
23,1-24,28	123
23,2	124
23,3f	124
23,4f	126
23,6-8	125
23,8	124
23,11-13	125
24,1f	124
24,2-13	124
24,14	125
24,20	125
24,22	124
24,26f	124
24,27f	124
32,2	124

Ri
1,7	218
13,15f	239
19,7	239

1.Sam
12	123
12,1	124; 125
12,3-5	124
12,3	143
12,6-13	124
12,13	125
12,14f	125
12,24f	125

1.Kön
2,1-9	123
2,1-4	125
2,1	124
2,2-4	125
2,5-8	124
28,23	239

2.Kön
1,20	172
4,10	172
13,25	239
13,27	239
18,26	172

1.Chr
10,9	172
28,1-29,20	123
28,1f	124
28,2-7	124
28,5-8	125
28,7-10	125
28,8	124
28,9	124
28,10	125
29,1	125
29,2-5	124
29,6	124
29,10-20	126
29,17f	124
29,22-24	125

2.Chr
2,17	239
5,16	239

Esra
1,33	106
8,35	218

Hi
18,19	258

Ps
2,7	80
15,9	32
15,10	32
39,10	172
67,12	172
87,5	258
95,2	172
129,7f	269
140,5	258
145,6	75

Jes
6,9	23
6,9f	67; 71; 195
6,10	206
8,9	113
24,23	268
25,8	36
26,18	36
40,3	149
40,5	23; 71; 72
40,9	172
43,9	58
43,10	58
43,12	58
44,8	58
48,20	113
49,6	113; 114
61,1	171
62,11	113

Jer
3,17	268
16,15	104
23,8	104
24,5f	104
27,19	104

Ez
3,24	258
16,55	104
17,23	104

Dan
2,21	110
2,44	106
4,36f	106
4,37	110
7,27	106
12,2	36; 37
12,7	273

Bibelstellenregister

Hos
11,11   104

Joel
2,27   104
3,1-5   103; 104
3,1   98
4,1ff   106

Jon
2,1   47

Mi
4,8   106
7,20   68

Sach
12,10   104

Mal
3,1   237
3,23f   237
3,23   104

2. NT

Mt
3,2   224; 236
3,3   149
3,11   99
4,17   224
4,23   173; 183; 184; 223
4,24   184
5,3   7
5-7   223
5,12   251
5,13   191
5,18   230
5,19   8
5,20   6
6,10   7
6,24   118; 232
6,33   7
7,6   191
7,11   99
7,15   129
7,21   6
8-9   223
8,2   79

8,7   184
8,8   184
8,11   7; 8
8,13   184
8,16   184
8,19-23   209
8,21f   210
8,22   4
9,20   208
9,35   173; 182; 183; 184; 207; 223
9,37-10,42   182
9,37-10,16   203
9,37f   220; 221
10,1-14   203
10,1-5   182
10,1   184; 207
10,5f   221
10,5   154; 206
10,7-16   221
10,7   7; 207; 222; 224
10,8   184
10,14   221; 222
10,16   129; 258
10,26   201
10,40   226
11,1   182
11,2-19   230
11,3   208
11,5   171; 172
11,11   7; 8
11,12   4; 7; 240
11,12f   233
11,22   224
12,10   103
12,12   184
12,22   184
12,28   7; 180; 223
12,30   264
12,40   47
13,3-9   189
13,10-13   193-195
13,11   7; 185; 189
13,14f   195
13,16f   176
13,19   189
13,31   7
14,14   184
15,28   184
15,30   184
16,23   22
17,11   104
17,16   184; 205
17,18   184
18,1   8

18,3	6	3,8	180
18,4	8	3,13f	220
18,7	224	3,13	168
19,2	184	3,14	88; 186; 206
19,3	103	3,31-35	183
19,11	186	3,35	185
19,28	105	4,1-25	183
19,29	189	4,2	194
20,33	79	4,3-9	189
21,14	184	4,3	185
23,29-32	68	4,4	190
23,30	68	4,7	189; 258
23,32	68	4,8	200
24,14	173; 183; 184	4,10	193
24,26	251	4,11	7; 186; 195
24,32f	257	4,11f	193-195
24,36	108	4,12	197; 198
24,43	224	4,13-20	198
25,14-30	262; 263	4,14	191
25,19	266	4,15	190
25,29	201; 264	4,17	189
25,46	36	4,20	199; 200
26,13	184	4,21	74; 200
26,29	8	4,22	201
26,39	224	4,24	201
26,45	251	4,25	201
		4,26	7
Mk		4,35-6,44	183
1,1	184; 242	4,41	208
1,3	149	5,27	79
1,8	99	5,30	205
1,14f	174; 175; 184; 242	6,6	182
1,15	7; 10; 224	6,7-13	203; 207; 221
1,16-20	167	6,7	4; 180; 204; 205
1,21	170	6,14	208
1,21ff	167; 177; 178	6,16	208
1,25	179	6,21	23
1,27	205	6,34	4; 180; 207
1,30	179	8,23	103
1,31	179	8,27-9,40	183
1,34	179	8,27	168
1,35-38	167	8,29	208
1,35	22; 168	8,33	22
1,36	167	8,35	184; 242
1,37	168	9,1	7; 261
1,38	2; 4; 92; 169; 170; 173	9,2	168
1,39	167; 173; 174	9,12	104
1,40	79	9,18	205
1,44	98	9,28f	205
1,45	168; 180	9,32	48
2,1	205	9,34	8
2,2	169	9,36	8
2,7	208	9,47	6; 7
2,21	22	10,14	7
3,2	250	10,15	7; 240

Bibelstellenregister

10,23-25	6	1,17	111; 237
10,23	7	1,26	170
10,25	7	1,32f	38; 80; 116
10,29	184; 241; 242; 243	1,33	1; 64; 263
10,30f	242	1,35	80; 111
10,30	189	1,43	79
10,33f	46	1,44	251
10,34	48	1,48	251
10,42-45	47	1,55	68
10,51	79	1,68-71	268
10,52	181	1,72	68
11,9	220	1,74f	269
11,18	23	1,76	149; 237
11,20	22	1,77	179
11,31	157	2,4	170
12,13	230; 250	2,10f	171
12,34	7	2,10	251
12,9	264	2,11	79; 169
13,1ff	273	2,25	96; 101
13,3	278	2,28-32	96; 269
13,4	277	2,30-32	20; 71; 113
13,7	276	2,30	71
13,8	274; 275	2,33	170
13,9	274	2,36	96
13,10	184; 242	2,38	96; 101; 268; 269
13,13	173; 199	2,42	24
13,14	258; 264	2,43	199
13,19	264	2,46	23; 258
13,21	251	2,49	144
13,23	240	2,51	186
13,24	275	3,3f	237
13,25	240	3,3	179
13,28f	257	3,4	149
13,28	275	3,6	20; 24; 71
13,29	278	3,11	264
13,32	108	3,16	99; 100; 151
13,35	22	3,18	236
14,9	184; 242	3,21f	168
14,25	8	3,21	168
14,56-58	25	3,22	80
15,1	22	3,23	170
15,16	23	4,3	80
15,41	182	4,9	80
15,43	7	4,14ff	112
16,2	22	4,15	170
		4,16-43	177
Lk		4,16-30	169; 170
1-2	96	4,17	223
1,1-4	22	4,18-21	48
1,1	18; 63; 283	4,18f	75; 171; 237
1,2	88	4,18	169; 179
1,3	18; 86; 148	4,21	237
1,8ff	96	4,22	142; 181
1,9-11	85	4,25-27	71
1,9	24	4,29	168; 170

4,31-44	179	7,27	237
4,31ff	167	7,28	1; 7; 8
4,31	170	7,29	151; 230
4,32	170	7,36-50	182
4,33-41	156	7,49	208
4,35	179	8,1-3	181-187; 244
4,36ff	205	8,1f	180
4,36	205	8,1	1; 4; 6; 7; 8; 9; 15; 75; 137; 157; 171; 173; 188; 244
4,38f	179		
4,40f	156; 179		
4,40	179	8,2f	220
4,41	80	8,4-18	188-202
4,42-44	167-181	8,5	185
4,42	22	8,7	258
4,43f	83	8,10ff	241; 243
4,43	1; 2; 4; 6; 7; 15; 75; 92; 112; 144; 156; 157; 222; 236; 244	8,10	7; 227; 244; 271
		8,11	185
		8,12	227
4,44	75	8,13-15	244
5,1	181	8,16f	244
5,1-11	167	8,16	74
5,1-32	179	8,18	244
5,12	79	8,21	185
5,14	98	8,22-56	208
5,15	180	8,25	208
5,16	168	8,26ff	269
5,17	169; 205	8,28	80
5,18	230	8,29	108
5,21	169; 208	8,39	75; 181
5,32	135	8,40	74
5,33-6,11	179	8,46	205
5,36	22	8,47	230
6,3f	186	9,1-6	186; 203-207; 221
6,7	250; 256	9,1	23; 184
6,12f	88; 168	9,2	1; 4; 6; 7; 9; 75; 156; 171; 180; 212; 222; 223; 226; 228; 244
6,12	168		
6,13	52; 186; 220		
6,16	52	9,6	171; 172
6,17	186	9,11	1; 4; 5; 6; 9; 74; 156; 180; 223
6,18	180		
6,19f	193	9,18	168
6,19	205	9,22	46; 144; 208
6,20	1; 7	9,23	261
6,23	68; 251	9,24	242
6,24	224	9,26	261
6,26	68	9,27	1; 7; 15; *261*
6,35	224	9,28f	168
7,1	193	9,35	80; 223
7,11-17	182	9,37	181
7,16	181	9,40	205
7,18-35	230	9,42f	181
7,19f	237	9,43	170
7,19	208	9,44f	268
7,21	237	9,44	29
7,22	171	9,45	48

Bibelstellenregister 329

9,51	96; 183; 261; 267	13,33	144; 224
9,52	219	13,34f	97
9,53	267	14,1	250; 256
9,57-62	208-211	14,15	1; 7; 8
9,60	1; 4; 7; 8; 9; 12; 15; 59; 222; 226; 228; 242; 243; 244	14,16	263
		14,24	264
		14,32	263
9,62	1; 7; 8; 12; 242; 243; 244	14,35	192
		14-44	167
10,1-12	166; 211-228	15,2f	229
10,1	206	15,4-32	229
10,3	129; 258	15,6	23
10,4	205	15,9	23
10,9	7; 15; 156; 180; 207; 244	15,11	263
		15,13	100; 263
10,11	7; 8; 15; 224; 244	15,29	118
10,14	224	16,1-13	232
10,16	223; 226	16,1-9	229
10,17f	225	16,1	193; 263
10,20	224	16,9	263
10,22	195	16,10-13	229
10,23f	176	16,13	118
10,29	230	16,14-18	230; 231; 232
10,30	263	16,14	193; 229
10,35	263	16,15	230
10-17-20	226	16,16ff	243; 244
11,1	168	16,16-18	229; 233
11,2	1; 7; 254	16,16	1; 4; 6; 7; 9; 15; 78; 96; 157; 171; 228-241; 246; 253
11,13	99		
11,20	1; 7; 15; 156; 180; 223; 225; 226; 259		
		16,17	230; 234; 241
11,23	264	16,18	232
11,27	7	16,19-31	229; 231; 232
11,33	74	16,28	49
11,41	224	16,29-31	48; 241
11,42	144	16,31	65
11,47f	68	17,1	224
11,48	50; 68	17,2-4	232
12,1	129; 191; 193	17,3	129
12,2	201	17,11-19	247; 248; 260
12,16	263	17,11	101; 252; 267
12,31	1; 7; 224	17,15	181
12,32	1; 7; 8; 15	17,20-18,8	248
12,39	224	17,20f	2; 6; 7; 8; 15; 247-261
12,48	264	17,20	1; 5; 8; 17; 101; 246; 263; 273; 279
12,50	151		
12,58	186	17,21	1
13,12f	181	17,22-37	248; 249
13,18	1; 7	17,22ff	253
13,20	1; 7	17,22	259
13,22	267	17,23	251
13,23	103	17,25	46; 144
13,24	241	17,34	254
13,28	1; 7; 8	18,1	144
13,29	1; 7; 8	18,8	224

18,9	230	22,15	89
18,16-30	242	22,16	1; 7; 8; 15
18,16f	242	22,18	1; 7; 8; 15
18,16	1; 7	22,19f	46; 166
18,17	1; 7; 240	22,21f	224
18,18-30	241	22,24-27	47
18,22	29	22,27	258
18,24f	240; 242	22,29f	1; 64
18,24	1; 7; 240	22,29	15; 38
18,25	1; 7	22,30	105
18,28	243	22,35	220
18,29	1; 7; 15; 241-249	22,36	264
18,30	243	22,37f	48
18,31-34	268	22,37	46; 144
18,31-33	46; 48	22,39	24; 25
18,31	267; 270	22,41f	168
18,34	48	22,42	224
18,41	79	22,49	103
18,42f	181	22,55	258
19,1-7	151	22,69	38
19,3	270	22,70	80
19,5	144	23,4	29
19,7	270	23,8	97; 108
19,9f	248	23,13	23
19,11-27	38; 261-272	23,14	29
19,11	1; 5; 6; 7; 8; 15; 17; 92; 101; 246; 248; 250; 252; 253; 273; 279	23,22	29
		23,28	224
		23,34	66; 168
19,15ff	253	23,42	1; 64
19,27	70; 224	23,46	168
19,29	270	23,49	89
19,37	220; 270	23,51	1; 7; 15; 101
19,41-44	97; 264	23,55	90
19,47	23	24,1ff	22
20,1	75	24,2	22
20,6	65	24,3	90
20,9	108	24,6-8	89; 93
20,16	264	24,6	48; 99
20,20	230; 250; 256	24,7	29; 144
20,21	75	24,11	66
20,25	157; 278	24,19-25	48
20,26	170	24,19	79; 91; 177
20,27	40	24,21	32; 101; 263; 268; 269; 270
20,45	193		
21,5-36	273-278	24,23	90
21,7	5; 6; 8; 17; 101; 102; 246; 279	24,25-27	99; 149
		24,26	144
21,20-24	97	24,26f	46; 61
21,21	258	24,27	48
21,22	61; 97; 264	24,27	79; 89; 91
21,24	108; 264	24,29	239
21,29-31	257	24,32	48
21,31	1; 7; 15	24,33	52; 220
21,34	129	24,36-49	91
22,7	144	24,36ff	85; 89

24,36	52; 258	1,6	1; 2; 5; 6; 8; 17; 160; 246; 248; 250; 252; 253; 263; 268; 269; 270; 273; 279
24,41-43	95		
24,41	66		
24,44-49	36; 87; 93; 95; 115; 161; 237	1,8	50; 52; 54; 56; 206; 277
24,44-48	149	1,11	253
24,44-46	99	1,14	187
24,44	26; 48; 52; 89; 144	1,15	220; 258
24,45-48	52	1,16	24; 67; 68; 111; 144
24,45-47	48	1,21-26	105
24,45f	46	1,21f	51; 52; 79; 101; 144; 187
24,45	48		
24,46-48	52; 56; 58; 112	1,22	50; 88
24,46f	38; 61; 110	2,1ff	100
24,46	48; 50; 59 89	2,4	151
24,47	46; 57; 71; 75; 78; 96; 97; 106; 135; 142; 277	2,5	105
		2,14ff	96
24,48	48; 50	2,14	71
24,49	98; 99; 111	2,16ff	99
24,51	87	2,16f	67
24.47	179; 269	2,17-21	98
		2,17	103; 109
Joh		2,19	62
1,6ff	151	2,21	78
1,23	149	2,22-39	46
1,29-31	151	2,22	62; 64; 87; 104; 156; 181; 258
1,33	99		
3,5	6	2,24	34; 64
6,31	68	2,26	32
6,49	68	2,27	32
8,33	118	2,29	24; 74; 81
10,12	129	2,30-36	116
13,31-17,26	205	2,30f	38
13,31-14,31	127	2,32	34; 38; 50; 51
15,18ff	205	2,33f	38
16,1ff	205	2,33	62; 64; 87; 98; 99
18,38	29	2,36	80
19,4	29	2,37	24
19,6	29	2,38	59; 150; 159; 179
19,40	24	2,39	60; 65
20,9	47	2,40	49; 59
		2,41	74; 220
		2,43	156
Apg		2,47	65
1,1-14	84	3,1ff	96
1,1-8	84-117; 161; 162	3,2	74
1,1	177	3,11-26	46
1,1f	145	3,12	170; 206
1,2	52	3,13	29; 68; 205
1,3	1; 2; 4; 5; 6; 9; 13; 79; 83; 137; 145; 152; 158; 220	3,15	34; 50; 51
		3,16	34; 60; 62; 205; 206
		3,17f	66
1,5	148; 149; 151	3,17	77; 197
1,6-11	267	3,18	64; 89
1,6-8	13	3,19	77; 197

3,20f	108; 109f	7,11	68
3,21-36	61	7,12	68
3,21	144	7,14	216
3,23	24; 31; 70	7,15	68
3,25	68	7,21	42
3,26	34; 46; 69; 77	7,35	268
4,1f	35	7,38	68
4,2	34; 75	7,39	68
4,4	220	7,44	68
4,7	206	7,45	68
4,10	34; 60; 62; 71; 206	7,46	118
4,12	78; 144	7,48-50	154
4,13	81	7,51	68
4,14	206	7,52	68
4,16	156	7,55f	38
4,18	75	7,57-60	45
4,25	67; 68; 111	7,58	50
4,29f	181	8,1	45; 97
4,29	74; 81; 198	8,2	163
4,30	156	8,4-40	154-159
4,31	74; 81; 198	8,4f	97
4,33	118	8,4	45; 137
5,9	22	8,5-7	177; 180
5,12	156	8,5	75
5,14	157	8,7	204; 206
5,15f	156	8,12	1; 2; 4; 5; 6; 9; 43; 59;
5,17	39		61; 62; 92; 164; 171;
5,21	23		180; 204
5,28	75	8,14	97; 198
5,29	144	8,25	49; 60
5,30	34; 50; 68	9,6	144
5,30-32	51	9,11	251
5,31	38; 39; 64; 65; 135;	9,14	256
	150; 179; 270	9,15	29
5,32	50; 111	9,16	144
5,35	129	9,19f	23
5,36f	275	9,20f	147
5,36	65	9,20	75
5,37	65	9,22	46
5,39	65	9,24	250
5,42	75; 171	9,27f	74; 147
6,2	198	9,27	81
6,3	170	9,28f	23
6,5	111; 156	9,28	81
6,8	111; 118; 156	9,31	114; 142
6,11	25	9,32-42	114
6,12	45	9,34	206
6,13f	25; 26	9,43	205
6,13	50	10	114
6,14	24	10,22	170
6,16	206	10,24	23
7,1	103	10,36-38	87
7,2	24	10,36	79; 116
7,7	118	10,37ff	187
7,10	118	10,37-39	62

10,37	86; 172	13,34	34; 38
10,38	64; 169; 179; 181; 205; 206	13,37	34
		13,38f	39; 78; 234
10,39	50	13,38	24; 71; 150; 179
10,40f	64	13,43	44; 45; 70; 118
10,40	34; 50; 51	13,44	70
10,41f	36; 49	13,45-51	228
10,41	34; 50; 90; 95	13,45f	70
10,42	36; 38; 54; 60; 65; 75; 80; 92; 253	13,45	44
		13,46	44; 69; 74; 81; 198
10,43	39; 78; 135; 150; 170; 179	13,47	29; 46; 57; 113
		13,48	65; 73; 198
10,44	117	13,50	23
10,45	159	13,51	44; 205
10,46	151	14,1	23; 70
10,47	100; 117	14,2-7	70
11,1-18	97	14,2	73
11,1	198	14,3	74; 81; 118; 119; 142; 156; 170; 181
11,4	42		
11,14	65	14,4f	73
11,15	117	14,8ff	70
11,16	99; 100; 151	14,9	198
11,17	100; 117; 159	14,15	134
11,18	65; 72	14,15-17	45; 75-78
11,19-24	159	14,17	108
11,19f	155	14,20f	70
11,22	97; 137	14,22	1; 6; 61; 98; 144; 160; 165; 200; 240
11,23	118		
11,27f	151	14,23	141
11,30	98	14,26	118
13,5-12	70	15,1ff	96; 231
13,5	23; 198	15,1	24; 26
13,7	198	15,5	39; 144
13,13	70	15,7	24; 118; 184
13,14ff	23	15,8	100; 117; 170
13,15	24	15,10f	55; 234
13,16-41	55; 136	15,10	68
13,16	24; 70	15,11	78; 118; 198
13,17-22	77	15,12	142; 156
13,17	68	15,13	24
13,22	170	15,14	24; 32
13,23	46; 62; 64	15,15	22
13,24f	172	15,16-18	105; 114; 117
13,25	136	15,19f	26; 28
13,26	24; 70	15,19	134
13,27-29	46	15,20	28; 117
13,28	29	15,21	28; 117; 235
13,29	79; 91	15,22-29	97
13,30	34; 50; 51	15,28f	26; 28
13,31-33	58	15,28	117
13,31	47; 50; 52; 91; 187	15,35	75
13,32-37	37; 46; 47	15,40	118
13,32f	38	16,2	170
13,33	34; 38; 80	16,9f	57
13,34-37	32	16,12-14	23

16,13	70	18,28	46; 158
16,14	65; 156	19,1-7	159
16,15	205; 239	19,2	103
16,19	32; 73	19,8f	44; 70
16,21	24	19,8	1; 2; 4; 5; 6; 9; 23; 45; 74; 79; 81; 92; 137; 158; 163; 204
16,22	73		
16,30-32	70		
16,30	144	19,10	133
16,31	76; 78; 135; 198	19,11	156
16,32	198	19,12	204
16,34	134; 157	19,13	75
16,35-39	82	19,21	20; 144
17,1ff	23	19,23-40	130
17,2-4	70	19,26	44; 133
17,2f	47	20,17-35	118-146
17,3	34; 46; 61; 89; 98	20,18-35	163
17,4	65	20,18	9
17,10-12	70	20,20	75; 86
17,10f	23	20,21	49; 59; 61; 78;
17,11	198	20,23	49; 111; 224
17,13	198	20,24f	73
17,14	199	20,24	49; 59; 184; 243
17,16	70	20,25	1; 2; 4; 6; 9; 75; 158; 162
17,17	23; 34; 44; 70		
17,18	34; 76	20,27	56; 86
17,22-31	45; 75-78; 136	20,28	46
17,22	258	20,29f	205
17,25	206	20,31	73
17,26	108	20,35	62; 88
17,30	64; 108; 197	20.37f	73
17,31	34; 35; 36; 65; 80; 108; 253	21,7	97
		21,8	154
17,32	34; 65; 73	21,11	29
17,34	65	21,14	65
18,1-3	147	21,17	74
18,2	20; 40	21,18	98
18,3	205	21,21	24; 26; 27; 75
18,4	23; 44; 45; 70	21,23-29	25
18,5	46; 49; 59; 61	21,25	26; 28
18,6	44; 70; 205; 228	21,28	31; 75
18,8	44; 157	21,31-33	29
18,9f	57	21,37	103
18,10	24	21,38	275
18,11	75; 198	22,1	24
18,12-17	82	22,3-21	55f
18,13	25	22,3	24; 25
18,18-22	146	22,5	170
18,18	147	22,6-10	35
18,19-19,12	146-154	22,14f	56
18,19-21	21	22,14	50; 68
18,19	23	22,15	50; 59; 170
18,22	97	22,17-21	35; 45; 57; 96
18,25	75; 79; 91	22,20	50
18,26	42; 74; 81	22,21	29
18,27	74; 118	22,25	103

Bibelstellenregister

23,1	24; 25	26,27	61; 157
23,6	24; 31; 32; 33; 34; 35f; 37	26,28	44
		26,31	29
23,7-9	35	26,32	30
23,8	33	27,11	65
23,11	20; 35; 49; 57; 59; 61; 79; 91; 96; 144; 170	27,14	100
		27,20	32
23,15	79; 91	27,21	258
23,21	65	27,23f	57
23,22	98	27,24	20; 144
23,27	29	27,25	157
23,29	29	28,7	23
23,31	96	28,8	206
24,1-23	29	28,9	206
24,1	186	28,15	20; 40; 79
24,3	74	28,16	20; 21; 73
24,5	40	28,17	96
24,10	79; 91	28,17-31	18; 19; 20-83; 92; 116; 160; 161; 162; 211
24,14-16	25		
24,14f	36f; 46	28,23ff	228
24,14	24; 40	28,23	1; 2; 4; 6; 9; 111; 136; 137; 152; 157; 158; 231; 234
24,15	31; 32; 33; 38		
24,16	36		
24,21	34; 37f	28,25-27	97; 197
24,22f	29	28,25	111
24,22	79	28,26f	117; 227; 264
24,27	73	28,27	206
25,2	23	28,28	114; 117; 227
25,4f	98	28,30	116
25,8	24	28,31	1; 2; 4; 6; 9; 91; 114; 134; 135; 137; 152; 283
25,9-12	23		
25,9	30		
25,10-12	20; 30	**Röm**	
25,15	34	5,14	263
25,16	24	6,6	118
25,18f	29	7,6	118
25,19	37	7,25	118
25,25	29	9,12	118
26,3	24	12,11	118; 148
26,4-7	25	13,12	225
26,5	39; 40; 170	14,18	118
26,6ff	37	16,18	118
26,6f	31; 32; 33; 38		
26,6	68	**1.Kor**	
26,7	32; 33	1,2	119
26,8	34	4,12	119
26,16-18	113	9,4-18	119
26,16f	56	10,1	68
26,16	25; 50; 56f; 59; 82	10,32	119
26,17f	29; 78	11,19	40
26,18	134; 135; 142; 150; 179	11,22	119
26,20	78; 134	15,4	47
26,22f	37f; 57f; 61	15,5-8	51
26,23	34; 46; 63; 89; 113; 114	15,9	119
26,26	65; 74		

2.Kor
1,1	119
5,19	61
7,11	251
11,7-10	119
12,14f	119

Gal
1,13	119
3,17	104
4,8f	118
4,10	250
4,25	118
5,13	118
5,20	40

Eph
1,7	119
4,2	118
6,7	118
6,20	74
6,22	79

Phil
1,27	79
2,3	118
2,19f	79
2,22	118
4,15-18	119

Kol
1,20	119
2,18	118
2,23	118
3,12	118
3,24	118
4,8	79

1.Thess
1,9	118
2,2	74
2,14	68
2,19	119
5,1f	108

1.Tim
1,3f	130
1,15	23
2,6	47
6,2	118
6,6-10	125
6,17-19	125

2.Tim
1,15	130
4,7	136

Tit
3,3	118; 189

Phlm
22	22

Hebr
3,9	68
8,9	68
9,20	119
9,26	89
10,25	24
10,29	191
12,15	189
13,12	89; 119

Jak
4,1	189
4,3	189
5,8	225

1.Petr
4,7	225
5,5	118

2.Petr
2,1	40
2,13	189

Apk
2,1-7	130

Wissenschaftliche Untersuchungen zum Neuen Testament

Alphabetische Übersicht der ersten und zweiten Reihe

Anderson, Paul N.: The Christology of the Fourth Gospel. 1996. *Band II/78.*
Appold, Mark L.: The Oneness Motif in the Fourth Gospel. 1976. *Band II/1.*
Arnold, Clinton E.: The Colossian Syncretism. 1995. *Band II/77.*
Avemarie, Friedrich und *Hermann Lichtenberger* (Hrsg.): Bund und Tora. 1996. *Band 92.*
Bachmann, Michael: Sünder oder Übertreter. 1992. *Band 59.*
Baker, William R.: Personal Speech-Ethics in the Epistle of James. 1995. *Band II/68.*
Bammel, Ernst: Judaica. Band I 1986. *Band 37* – Band II 1997. *Band 91.*
Bauernfeind, Otto: Kommentar und Studien zur Apostelgeschichte. 1980. *Band 22.*
Bayer, Hans Friedrich: Jesus' Predictions of Vindication and Resurrection. 1986. *Band II/20.*
Bell, Richard H.: Provoked to Jealousy. 1994. *Band II/63.*
Betz, Otto: Jesus, der Messias Israels. 1987. *Band 42.*
– Jesus, der Herr der Kirche. 1990. *Band 52.*
Beyschlag, Karlmann: Simon Magus und die christliche Gnosis. 1974. *Band 16.*
Bittner, Wolfgang J.: Jesu Zeichen im Johannesevangelium. 1987. *Band II/26.*
Bjerkelund, Carl J.: Tauta Egeneto. 1987. *Band 40.*
Blackburn, Barry Lee: Theios Anēr and the Markan Miracle Traditions. 1991. *Band II/40.*
Bockmuehl, Markus N. A.: Revelation and Mystery in Ancient Judaism and Pauline Christianity. 1990. *Band II/36.*
Böhlig, Alexander: Gnosis und Synkretismus. Teil 1 1989. *Band 47* – Teil 2 1989. *Band 48.*
Böttrich, Christfried: Weltweisheit – Menschheitsethik – Urkult. 1992. *Band II/50.*
Büchli, Jörg: Der Poimandres – ein paganisiertes Evangelium. 1987. *Band II/27.*
Bühner, Jan A.: Der Gesandte und sein Weg im 4. Evangelium. 1977. *Band II/2.*
Burchard, Christoph: Untersuchungen zu Joseph und Aseneth. 1965. *Band 8.*
Cancik, Hubert (Hrsg.): Markus-Philologie. 1984. *Band 33.*
Capes, David B.: Old Testament Yaweh Texts in Paul's Christology. 1992. *Band II/47.*
Caragounis, Chrys C.: The Son of Man. 1986. *Band 38.*
– siehe *Fridrichsen, Anton.*
Carleton Paget, James: The Epistle of Barnabas. 1994. *Band II/64.*
Crump, David: Jesus the Intercessor. 1992. *Band II/49.*
Deines, Roland: Jüdische Steingefäße und pharisäische Frömmigkeit. 1993. *Band II/52.*
Dobbeler, Axel von: Glaube als Teilhabe. 1987. *Band II/22.*
Dunn, James D. G. (Hrsg.): Jews and Christians. 1992. *Band 66.*
– Paul and the Mosaic Law. 1996. *Band 89.*
Ebertz, Michael N.: Das Charisma des Gekreuzigten. 1987. *Band 45.*
Eckstein, Hans-Joachim: Der Begriff Syneidesis bei Paulus. 1983. *Band II/10.*
– Verheißung und Gesetz. 1996. *Band 86.*
Ego, Beate: Im Himmel wie auf Erden. 1989. *Band II/34.*
Ellis, E. Earle: Prophecy and Hermeneutic in Early Christianity. 1978. *Band 18.*
– The Old Testament in Early Christianity. 1991. *Band 54.*
Ennulat, Andreas: Die ›Minor Agreements‹. 1994. *Band II/62.*
Ensor, Peter W.: Paul and His ›Works‹. 1996. *Band II/85.*
Feldmeier, Reinhard: Die Krisis des Gottessohnes. 1987. *Band II/21.*
– Die Christen als Fremde. 1992. *Band 64.*
Feldmeier, Reinhard und *Ulrich Heckel* (Hrsg.): Die Heiden. 1994. *Band 70.*
Forbes, Christopher Brian: Prophecy and Inspired Speech in Early Christianity and its Hellenistic Environment. 1995. *Band II/75.*
Fornberg, Tord: siehe *Fridrichsen, Anton.*
Fossum, Jarl E.: The Name of God and the Angel of the Lord. 1985. *Band 36.*

Frenschkowski, Marco: Offenbarung und Epiphanie. Band 1 1995. *Band II/79* – Band 2 1997. *Band II/80.*
Frey, Jörg: Eugen Drewermann und die biblische Exegese. 1995. *Band II/71.*
Fridrichsen, Anton: Exegetical Writings. Hrsg. von C. C. Caragounis und T. Fornberg. 1994. *Band 76.*
Garlington, Don B.: ›The Obedience of Faith‹. 1991. *Band II/38.*
– Faith, Obedience, and Perseverance. 1994. *Band 79.*
Garnet, Paul: Salvation and Atonement in the Qumran Scrolls. 1977. *Band II/3.*
Gräßer, Erich: Der Alte Bund im Neuen. 1985. *Band 35.*
Green, Joel B.: The Death of Jesus. 1988. *Band II/33.*
Gundry Volf, Judith M.: Paul and Perseverance. 1990. *Band II/37.*
Hafemann, Scott J.: Suffering and the Spirit. 1986. *Band II/19.*
– Paul, Moses, and the History of Israel. 1995. *Band 81.*
Heckel, Theo K.: Der Innere Mensch. 1993. *Band II/53.*
Heckel, Ulrich: Kraft in Schwachheit. 1993. *Band II/56.*
– siehe *Feldmeier, Reinhard.*
– siehe *Hengel, Martin.*
Heiligenthal, Roman: Werke als Zeichen. 1983. *Band II/9.*
Hemer, Colin J.: The Book of Acts in the Setting of Hellenistic History. 1989. *Band 49.*
Hengel, Martin: Judentum und Hellenismus. 1969, ³1988. *Band 10.*
– Die johanneische Frage. 1993. *Band 67.*
– Judaica et Hellenistica. Band 1. 1996. *Band 90.*
Hengel, Martin und *Ulrich Heckel* (Hrsg.): Paulus und das antike Judentum. 1991. *Band 58.*
Hengel, Martin und *Hermut Löhr* (Hrsg.): Schriftauslegung im antiken Judentum und im Urchristentum. 1994. *Band 73.*
Hengel, Martin und *Anna Maria Schwemer* (Hrsg.): Königsherrschaft Gottes und himmlischer Kult. 1991. *Band 55.*
– Die Septuaginta. 1994. *Band 72.*
Herrenbrück, Fritz: Jesus und die Zöllner. 1990. *Band II/41.*
Hoegen-Rohls, Christina: Der nachösterliche Johannes. 1996. *Band II/84.*
Hofius, Otfried: Katapausis. 1970. *Band 11.*
– Der Vorhang vor dem Thron Gottes. 1972. *Band 14.*
– Der Christushymnus Philipper 2,6–11. 1976, ²1991. *Band 17.*
– Paulusstudien. 1989, ²1994. *Band 51.*
Hofius, Otfried und *Hans-Christian Kammler*: Johannesstudien. 1996. *Band 88.*
Holtz, Traugott: Geschichte und Theologie des Urchristentums. 1991. *Band 57.*
Hommel, Hildebrecht: Sebasmata. Band 1 1983. *Band 31* – Band 2 1984. *Band 32.*
Hvlavik, Reidar: The Struggle of Scripture and Convenant. 1996. *Band II/82.*
Kähler, Christoph: Jesu Gleichnisse als Poesie und Therapie. 1995. *Band 78.*
Kammler, Hans-Christian: siehe *Hofius, Otfried.*
Kamlah, Ehrhard: Die Form der katalogischen Paränese im Neuen Testament. 1964. *Band 7.*
Kim, Seyoon: The Origin of Paul's Gospel. 1981, ²1984. *Band II/4.*
– »The ›Son of Man‹« as the Son of God. 1983. *Band 30.*
Kleinknecht, Karl Th.: Der leidende Gerechtfertigte. 1984, ²1988. *Band II/13.*
Klinghardt, Matthias: Gesetz und Volk Gottes. 1988. *Band II/32.*
Köhler, Wolf-Dietrich: Rezeption des Matthäusevangeliums in der Zeit vor Irenäus. 1987. *Band II/24.*
Korn, Manfred: Die Geschichte Jesu in veränderter Zeit. 1993. *Band II/51.*
Koskenniemi, Erkki: Apollonios von Tyana in der neutestamentlichen Exegese. 1994. *Band II/61.*
Kraus, Wolfgang: Das Volk Gottes. 1996. *Band 85.*
Kuhn, Karl G.: Achtzehngebet und Vaterunser und der Reim. 1950. *Band 1.*
Lampe, Peter: Die stadtrömischen Christen in den ersten beiden Jahrhunderten. 1987, ²1989. *Band II/18.*

Wissenschaftliche Untersuchungen zum Neuen Testament

Lau, Andrew: Manifest in Flesh. 1996. *Band II/86.*
Lichtenberger, Hermann: siehe *Avemarie, Friedrich.*
Lieu, Samuel N. C.: Manichaeism in the Later Roman Empire and Medieval China. ²1992. *Band 63.*
Löhr, Hermut: siehe *Hengel, Martin.*
Löhr, Winrich Alfried: Basilides und seine Schule. 1995. *Band 83.*
Maier, Gerhard: Mensch und freier Wille. 1971. *Band 12.*
– Die Johannesoffenbarung und die Kirche. 1981. *Band 25.*
Markschies, Christoph: Valentinus Gnosticus? 1992. *Band 65.*
Marshall, Peter: Enmity in Corinth: Social Conventions in Paul's Relations with the Corinthians. 1987. *Band II/23.*
Meade, David G.: Pseudonymity and Canon. 1986. *Band 39.*
Meadors, Edward P.: Jesus the Messianic Herald of Salvation. 1995. *Band II/72.*
Meißner, Stefan: Die Heimholung des Ketzers. 1996. *Band II/87.*
Mell, Ulrich: Die »anderen« Winzer. 1994. *Band 77.*
Mengel, Berthold: Studien zum Philipperbrief. 1982. *Band II/8.*
Merkel, Helmut: Die Widersprüche zwischen den Evangelien. 1971. *Band 13.*
Merklein, Helmut: Studien zu Jesus und Paulus. 1987. *Band 43.*
Metzler, Karin: Der griechische Begriff des Verzeihens. 1991. *Band II/44.*
Metzner, Rainer: Die Rezeption des Matthäusevangeliums im 1. Petrusbrief. 1995. *Band II/74.*
Mittmann-Richert, Ulrike: Magnifikat und Benediktus. *1996. Band II/90.*
Niebuhr, Karl-Wilhelm: Gesetz und Paränese. 1987. *Band II/28.*
– Heidenapostel aus Israel. 1992. *Band 62.*
Nissen, Andreas: Gott und der Nächste im antiken Judentum. 1974. *Band 15.*
Noormann, Rolf: Irenäus als Paulusinterpret. 1994. *Band II/66.*
Obermann, Andreas: Die christologische Erfüllung der Schrift im Johannesevangelium. 1996. *Band II/83.*
Okure, Teresa: The Johannine Approach to Mission. 1988. *Band II/31.*
Park, Eung Chun: The Mission Discourse in Matthew's Interpretation. 1995. *Band II/81.*
Philonenko, Marc (Hrsg.): Le Trône de Dieu. 1993. *Band 69.*
Pilhofer, Peter: Presbyteron Kreitton. 1990. *Band II/39.*
– Philippi. Band 1 1995. *Band 87.*
Pöhlmann, Wolfgang: Der Verlorene Sohn und das Haus. 1993. *Band 68.*
Prieur, Alexander: Die Verkündigung der Gottesherrschaft. 1996. *Band II/89.*
Probst, Hermann: Paulus und der Brief. 1991. *Band II/45.*
Räisänen, Heikki: Paul and the Law. 1983, ²1987. *Band 29.*
Rehkopf, Friedrich: Die lukanische Sonderquelle. 1959. *Band 5.*
Rein, Matthias: Die Heilung des Blindgeborenen (Joh 9). 1995. *Band II/73.*
Reinmuth, Eckart: Pseudo-Philo und Lukas. 1994. *Band 74.*
Reiser, Marius: Syntax und Stil des Markusevangeliums. 1984. *Band II/11.*
Richards, E. Randolph: The Secretary in the Letters of Paul. 1991. *Band II/42.*
Riesner, Rainer: Jesus als Lehrer. 1981, ³1988. *Band II/7.*
– Die Frühzeit des Apostels Paulus. 1994. *Band 71.*
Rissi, Mathias: Die Theologie des Hebräerbriefs. 1987. *Band 41.*
Röhser, Günter: Metaphorik und Personifikation der Sünde. 1987. *Band II/25.*
Rose, Christian: Die Wolke der Zeugen. 1994. *Band II/60.*
Rüger, Hans Peter: Die Weisheitsschrift aus der Kairoer Geniza. 1991. *Band 53.*
Sänger, Dieter: Antikes Judentum und die Mysterien. 1980. *Band II/5.*
– Die Verkündigung des Gekreuzigten und Israel. 1994. *Band 75.*
Salzmann, Jorg Christian: Lehren und Ermahnen. 1994. *Band II/59.*
Sandnes, Karl Olav: Paul – One of the Prophets? 1991. *Band II/43.*
Sato, Migaku: Q und Prophetie. 1988. *Band II/29.*
Schaper, Joachim: Eschatology in the Greek Psalter. 1995. *Band II/76.*

Wissenschaftliche Untersuchungen zum Neuen Testament

Schimanowski, Gottfried: Weisheit und Messias. 1985. *Band II/17.*
Schlichting, Günter: Ein jüdisches Leben Jesu. 1982. *Band 24.*
Schnabel, Eckhard J.: Law and Wisdom from Ben Sira to Paul. 1985. *Band II/16.*
Schutter, William L.: Hermeneutic and Composition in I Peter. 1989. *Band II/30.*
Schwartz, Daniel R.: Studies in the Jewish Background of Christianity. 1992. *Band 60.*
Schwemer, Anna Maria: siehe *Hengel, Martin*
Scott, James M.: Adoption as Sons of God. 1992. *Band II/48.*
– Paul and the Nations. 1995. *Band 84.*
Siegert, Folker: Drei hellenistisch-jüdische Predigten. Teil I 1980. *Band 20* – Teil II 1992. *Band 61.*
– Nag-Hammadi-Register. 1982. *Band 26.*
– Argumentation bei Paulus. 1985. *Band 34.*
– Philon von Alexandrien. 1988. *Band 46.*
Simon, Marcel: Le christianisme antique et son contexte religieux I/II. 1981. *Band 23.*
Snodgrass, Klyne: The Parable of the Wicked Tenants. 1983. *Band 27.*
Söding, Thomas: Das Wort vom Kreuz. 1997. *Band 93.*
– siehe *Thüsing, Wilhelm.*
Sommer, Urs: Die Passionsgeschichte des Markusevangeliums. 1993. *Band II/58.*
Spangenberg, Volker: Herrlichkeit des Neuen Bundes. 1993. *Band II/55.*
Speyer, Wolfgang: Frühes Christentum im antiken Strahlungsfeld. 1989. *Band 50.*
Stadelmann, Helge: Ben Sira als Schriftgelehrter. 1980. *Band II/6.*
Strobel, August: Die Stunde der Wahrheit. 1980. *Band 21.*
Stuckenbruck, Loren T.: Angel Veneration and Christology. 1995. *Band II/70.*
Stuhlmacher, Peter (Hrsg.): Das Evangelium und die Evangelien. 1983. *Band 28.*
Sung, Chong-Hyon: Vergebung der Sünden. 1993. *Band II/57.*
Tajra, Harry W.: The Trial of St. Paul. 1989. *Band II/35.*
– The Martyrdom of St. Paul. 1994. *Band II/67.*
Theißen, Gerd: Studien zur Soziologie des Urchristentums. 1979, ³1989. *Band 19.*
Thornton, Claus-Jürgen: Der Zeuge des Zeugen. 1991. *Band 56.*
Thüsing, Wilhelm: Studien zur neutestamentlichen Theologie. Hrsg. von Thomas Söding. 1995. *Band 82.*
Twelftree, Graham H.: Jesus the Exorcist. 1993. *Band II/54.*
Visotzky, Burton L.: Fathers of the World. 1995. *Band 80.*
Wagener, Ulrike: Die Ordnung des »Hauses Gottes«. 1994. *Band II/65.*
Watts, Rikki: Isaiah's New Exodus and Mark. 1997. *Band II/88.*
Wedderburn, A. J. M.: Baptism and Resurrection. 1987. *Band 44.*
Wegner, Uwe: Der Hauptmann von Kafarnaum. 1985. *Band II/14.*
Welck, Christian: Erzählte ›Zeichen‹. 1994. *Band II/69.*
Wilson, Walter T.: Love without Pretense. 1991. *Band II/46.*
Zimmermann, Alfred E.: Die urchristlichen Lehrer. 1984, ²1988. *Band II/12.*

Einen Gesamtkatalog erhalten Sie gern vom Verlag
Mohr Siebeck, Postfach 2040, D-72010 Tübingen.